20세기 이야기

1900년대

20세기 이야기 _1900년대

기우는 조선 왕조(國內) ㅣ 과학의 질주와 도약(國外)

1판 1쇄 발행일 2017년 5월 15일

지은이 김정형
발행인 한숙희
발행처 답다출판
출판등록 제2012-000343호(2012년 11월 1일)
주소 (06161) 서울시 강남구 선릉로94길 7 현죽빌딩 7층
전화 02)733-9389 ㅣ **팩스** 02)6280-9387
전자우편 dabda12@naver.com

편집디자인 오숙이
인쇄 상지사 P&B
용지 동남지류유통

ISBN 978-89-98451-00-4 04900
ISBN 978-89-98451-10-3(세트)

20세기 이야기

1900년대

기우는 조선 왕조(國內)
과학의 질주와 도약(國外)

무한질주 20세기 발자취와
대한민국의 뚝심 추적史

　20세기는 무한질주의 시대였습니다. 과학과 기술이 비약적으로 발전하고 전혀 새로운 상품이 쏟아졌습니다. 인류는 유사 이래 처음 물질적 풍요를 경험했습니다. 불치병은 치료되고 수명은 연장되었습니다. 농업생산력은 폭발적으로 증가하고 기아가 사라졌습니다. 항공기의 발달은 세계를 지구촌으로 묶어주고 인터넷과 휴대폰의 대량 보급은 인류를 이웃으로 만들었습니다.

　문제는 인간의 무지와 탐욕, 야만과 광기였습니다. 20세기 전반기에 겪은 두 차례의 세계대전은 인류를 죽음의 구렁텅이로 몰아넣었습니다. 20세기 후반기에는 미소 냉전과 이로 인한 국지전, 민족과 종교의 이름으로 가해진 무차별적 학살, 독재자들의 만행, 악덕 자본가들의 탐욕, 환경오염으로 인한 자연파괴 등으로 인류는 혼돈의 시대를 살아야 했습니다. 이런 와중에도 생활이 나아지고 문화가 꽃을 피우고 민주주의가 확산되었습니다.

이 책은 이 모든 것을 수록한 20세기 전기록입니다. 중요하고 의미가 있는 과학, 산업, 정치, 경제, 전쟁, 문화, 예술, 스포츠, 학문, 언론 등을 망라했습니다. 요약하자면 '브레이크 없이 무한질주한 20세기 발자취와 대한민국의 뚝심 추적사'입니다.

20세기 초, 세계는 여전히 적자생존과 약육강식으로 대표되는 제국주의 시대였습니다. 약소국들은 강대국의 식민지로 전락했습니다. 우리 역시 일본 제국주의의 먹잇감이 되어 질곡에 빠졌습니다. 36년 간 고통과 희망 부재의 삶을 살아야 했던 우리 민족이 비로소 '대한민국'이라는 명패를 내걸고 존재를 인정받은 것은 1948년입니다. 하지만 곧 전 세계를 짓누른 미소 냉전의 틈바구니 속에서 또다시 민족의 비극 6·25를 경험해야 했습니다. 모든 것은 재가 되었고 우리는 참혹한 현실 앞에서 망연자실했습니다.

우리 국민은 참으로 위대했습니다. 경제적으로는 절대 가난에서 벗어나 물질적 성취를 이뤄내고 정치적으로는 민주주의를 완벽하게 정착시켰습니다. 식민지를 경험한 국가 중 '산업화'와 '민주화'를 모두 일궈낸 세계적 모범 국가로 발돋움했습니다. 이 과정에서 남북 대치와 개발 독재로 인한 인권 유린, 자본의 논리로 인한 노동자·농민의 희생이 잇따랐습니다.

우리 사회는 진보와 보수 간에 도그마, 합리화, 독선, 진영 논리 등에 매몰되어 있습니다. 압축 성장에 따른 정신적 황폐화와 상대적 박탈감, 속물 자본주의 근성도 집요하게 우리 주변을 배회하고 있습니다. 사회적 갈등과 극단적 이념대립은 심각한 수준에 이르렀습니다. 정치 성향에 따라 '상식'의 기준과 개념도 다르게 인식합니다. '사실' 조차 각각의 입맛대로 해석하거나 취사선택합니다.

그런데도 대한민국은 꿋꿋하게 버티고 있습니다. 이것은 더 나은 삶을 위한 민초들의 근면과 지도자들의 리더십이 빚어낸 결과물입니다. 무엇보다 대한민국이라는 공동체를 유지·발전시키려 한 건강한 시민의식이야말로 오늘의 대한민국을 있게 한 중심추였습니다.

이 책은 이렇게 살아온 우리의 20세기 100년 이야기입니다. 진보 보수 양쪽 모두를 긍정했습니다. 두 시각 모두 우리 사회를 지탱하는 소중한 두 축이라고 믿기 때문입니다. 그렇다고 공동체의 건강성을 해치는 일부 보수의 '부패'와 '탐욕', 일부 진보의 '경박'과 '독선'까지 수용하지는 않았습니다. 빛과 그림자는 늘 함께하는 것인데도 이런 사실을 외면한 채 어느 한쪽 면만을 지나치게 부각하려는 외눈박이에 대해서도 경계합니다.

이 책은 독창적이거나 학문적인 저술이 아닙니다. 그런 점에서 국내·외 학자, 작가, 기자들이야말로 이 책의 진정한 저자들입니다. 그들의 책, 작품, 논문, 기사를 일일이 소개하는 것이 마땅하나 책의 분량이 너무 늘어난다는 것을 핑계로 부득이 제외했습니다.

책이 나오기까지 심적·물적으로 도움을 주신 분들께 감사의 말을 전합니다. 10여년 전 '역사 속의 오늘'을 조선일보에 연재하도록 기회를 준 김태익 당시 조선일보 문화부장과 변용식 편집국장, '20세기 이야기'가 발간될 때마다 원고를 꼼꼼이 읽고 격려하는 이희용 연합뉴스 부국장, 책 출판의 물꼬를 터 준 김애숙 법무사 등이 그들입니다. 정독·종로도서관의 사서들께도 감사의 뜻을 전합니다.

'20세기 이야기'(전 10권) 시리즈를 내며
김 정 형

1800년대

고종의 즉위와 44년의 치세

고종에게 친정(親政)의 기회를 제공해준 것은 대원군의 실정을 공격하는 최익현의 상소였다.

고종(1852~1919)은 조선조 역대 군주 가운데 영조(52년)에 이어 두 번째로 긴 44년의 격변기를 온몸으로 부딪히며 살았다. 고종이 1864년 1월(이하 양력) 12살의 어린 나이로 즉위할 무렵 조선조는 외척 세력이 전횡을 일삼는 세도정치 하에서 망국의 길을 치닫고 있었다.

고종의 즉위 역시 세도정치의 갈등과 대결 속에서 이뤄진 정치적 타협의 산물이었다. 이 때문에 즉위 후 10년간은 고종의 아버지인 흥선대원군의 섭정으로 정치적 리더십을 발휘할 기회가 없었다. 1873년 12월 친정(親政)을 시작하며 겨우 홀로서기에 나섰을 때도 권력을 되찾으려는 흥선대원군, 답답한 세상을 뒤엎으려는 개화파와 동학농민운동 세력, 한반도를 자신들의 손아귀에 넣으려는 청·러시아·일본 등이 끊임없이 고종의 옥좌와 한반도를 노려 정상적인 정치력을 발휘하지 못했다. 집권 후반기에는 고종의 목숨을 노린 것을 포함해 10번 이상의 쿠데타 음모에 시달렸다.

고종은 친정 후 개방과 개화를 추구했다. 비록 자발적인 결정은 아니었지만 일본·미국·영국·독일 등과 잇따라 수교통상조약을 체결했다. 그러나 1882년 7월 예상치 못한 임오군란이 일어나고 이를 빌미로 청국이 속방화 정책을 폄으로써 개방개화 정책은 위기를 맞았다. 이후 10여 년간 무기력한 시기를 보낸 것으로도 모자라 1894년 7월 일본에 경복궁을 침범당하는 수모를 겪고 1895년 10월 왕비가 시해당하는 수난까지 겪었다.

더구나 을사조약(1905)이라는 미증유의 사건을 당해 오늘날 고종에 대

고종의 어진. 어용화사 채용신이 그렸다.

한 이미지는 '흥선대원군의 등에 업혀 있거나 마누라(민비)의 치마폭 속에 있다가 결국은 나라를 망친 왕'이라는 부정적 인식이 강하다. 물론 "결과적으로 시대적 격랑 속에서 헤쳐나오지 못한 것일 뿐 근대화를 추진한 개명군주"라는 반론도 있지만 일본의 물리력을 막지 못해 결국 나라를 통째로 내주었다는 불명예를 피하진 못했다.

고종은 1864년 1월 21일(음 1863.12.13) 조선의 제26대 왕으로 즉위했다. 전임 왕인 철종은 후사가 없었고 살아 있는 왕실의 혈족으로는 사도세자의 서자인 은신군의 후손(입양자)이 유일했다. 사도세자는 부인 혜경궁 홍씨 사이에서 정조를 낳았고 궁녀들에게서 은언군, 은신군, 은전군 세 아들을 얻었다. 은언군의 손자는 철종이었고, 은신군은 17세에 아들 없이 죽어 사후에 남연군을 입양자로 삼았다. 이 남연군의 아들이 흥선대원군이다. 은전군은 역모 사건에 연루되어 후사 없이 죽임을 당했다.

철종의 재위기간(1849~1864)은 안동 김씨가 무소불위의 전횡을 행사하는 세도정치 시기였다. 흥선대원군은 병약한 철종 사후, 혹여 왕실 종친으로 남아 있는 자신에게 어떤 위해가 가해질까 늘 불안했다. 그래서 자신이 왕실 후계에 미련과 능력이 없음을 행동으로 보여주었다. 그러면서도 가슴속에는 야망을 불태웠다. 궁중의 최고 어른인 신정왕후(조대비)와 긴밀한 관계를 유지한 것은 그 일환이었다.

1864년 1월 17일 철종이 승하하고 조대비가 "흥선대원군의 적자 중에

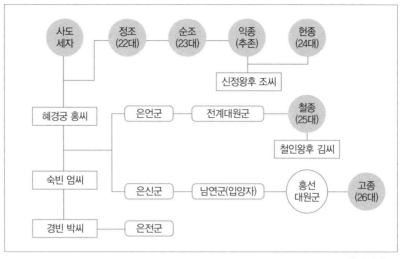

서 둘째 아들 이재황을 익종의 양자로 삼아 대통을 계승케 하라"고 지시를 내리면서 조대비와 흥선대원군의 꿈은 구체화되었다. 익종은 순조의 아들로 태어나 왕세자에 책봉되고 조대비와 결혼했으나 왕위에 오르기 전 21살에 병사해 그의 아들 헌종이 즉위한 뒤 익종으로 추존되었다. 고종을 익종의 양자로 삼은 것은 새로 등극한 왕이 어리면 성장할 때까지 모후가 수렴청정을 하게 되는데 만약 고종을 철종의 양자로 삼는다면 조대비가 아닌 철종의 왕후 즉 철인왕후(안동 김씨)가 수렴청정을 하게 되는 상황을 피할 수 있어서였다. 또한 흥선대원군의 장남 이재면이 아니고 둘째를 선택한 것은 이재면이 19살의 성인이고 고종은 12살에 불과해 수렴청정이나 섭정에 유리했기 때문이다.

조대비는 1864년 6월 조두순을 영의정으로 임명, 조정을 풍양 조씨가 독주하는 체제로 바꾸었다. 대원군은 경복궁 중건의 총책임을 맡아 어느 정도 독자적인 세력을 구축했다. 1866년 2월에는 조대비가 3년 만에 수렴청정을 거둬들여 전권이 대원군 손에 쥐어졌다.

고종의 즉위는 정치적 타협의 산물

고종은 14살 때인 1866년 5월, 한 살 위인 민왕후(민비)를 왕비로 맞았다. 대원군이 그녀를 아들의 배필로 점찍은 데는 정치적인 이유가 있었다. 우선 자신의 할머니·어머니·부인과 같은 여흥 민씨 집안이고 민왕후의 아버지 민치록이 죽고 없어 잠재적 경쟁자가 될 사돈이 없다는 점에서 착안한 결정이었다.

고종은 나이가 들면서 친정을 꿈꿨다. 민비를 비롯해 여흥 민씨들도 고종이 직접 정사를 주재하지 못하는 것이 늘 불만이었다. 이런 고종에게 친정의 기회를 제공해준 것은 대원군의 실정을 공격하는 최익현의 상소였다. 최익현은 1868년 10월 경복궁 중건 공사 중지, 원납전 징수 금지, 당백전 폐지 등을 건의하는 상소문을 올리는 것으로 대원군을 향해 포문을 열었다. 별 반응을 보이지 않던 고종이 적극적으로 반응한 것은 최익현의 2차 상소 때였다.

최익현은 1873년 12월 14일, 2차 상소에서 대원군이 전국의 사원을 철폐하고 청나라 돈을 수입해 경제 질서를 훼손했다며 대원군을 비난했다. 조정의 대신들이 최익현의 처벌을 청했으나 고종은 상소를 문제 삼지 말도록 지시했다. 그래도 최익현이 12월 22일 또다시 상소를 올리자 최익현을 제주도로 유배보내고 친대원군 대신들은 대대적으로 교체했다. 그리고 별도의 선언이나 기념식 없이 친정을 시작했다.

대원군은 거처하던 운현궁을 떠나 경기도 양주로 내려갔다. 그렇게 1년이 지났을 무렵 대원군을 모셔와야 한다는 유생들의 상소문이 빗발쳤다. 대원군이 다시 기세를 올린 것은 1875년 9월 일본이 강화도에 침입해 살육·약탈·방화한 운요호 사건 후였다. 고종이 운요호 사건을 계기로 굳게 닫혀 있던 문을 여는 강화도조약을 체결하려 하자 대원군과 위정척사파가 연대해 반대 세력을 형성했다. 경복궁 안에서 화재 사건도 끊이지 않앉다.

대원군이 마침내 아들에게 칼끝을 겨눈 것은 1881년 10월이었다. 대원군을 등에 업은 일부 세력이 이재선(고종의 이복형)을 왕으로 추대해

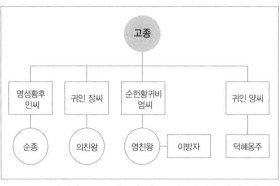

고종의 가계도 2. 고종은 9남 4녀를 두었으나 일찍 죽은 후손은 제외

대원군을 권좌에 복귀시키려는 쿠데타를 계획했다가 발각된 것이다. 체포된 자들은 모두 대원군과 가까운 인물이었고 역모의 배후에 대원군이 있음은 누가 봐도 명백했다. 다수 관련자가 처형되고 이재선은 제주도로 유배되었다가 12월 18일 사약을 받고 죽었다.

이처럼 대원군의 공세를 꿋꿋하게 지켜내던 고종이 자진해서 권력을 대원군에게 내놓은 것은 1882년 7월 발발한 임오군란 후였다. 고종은 군란으로 무정부 상태가 되자 민중의 지지를 받는 대원군을 전면에 내세우는 것이 사태 진정에 도움이 된다고 판단했다. 대원군은 10년 만에 권토중래했고 고종을 대리해 정치 전면에 나섰다. 그러나 임오군란을 진압하기 위해 조선에 상륙한 청군은 대원군의 장자 이재면을 비롯해 친대원군 계열의 무장들을 체포하고 투옥했다. 대원군도 중국으로 압송해 3년간 연금했다.

대원군이 국내에 없는 사이 조선에서는 1884년 12월 4일(음력 10.17) 갑신정변이 일어나 그동안 고종이 후원했던 젊은 개화파들이 죽거나 망명하는 등 몰락했다. 고종의 권위도 임오군란과 갑신정변을 거치면서 급전직하로 추락했다.

이후 1894년 동학농민운동이 일어날 때까지는 이른바 '잃어버린 10년'으로 불렸다. 도를 넘은 청나라의 간섭과 여흥 민씨의 세도정치로 겉으로는

나라가 평화로웠으나 속으로는 곪으면서 세월만 헛되이 지나간 것이다. 하지만 고종이 마냥 손을 놓고 있었던 것만은 아니었다. 외국어 학습을 위한 육영공원을 설치하고 배재학당·이화학당 등 개화 학문을 배우는 학교를 후원했으며 조선 최초의 서양식 의료기관인 제중원을 설립했다.

문제는 세도 가문을 이루며 정권을 농단한 여흥 민씨 일족이었다. 민씨 일족 중 중앙과 지방의 요직을 차지한 자만 1,000명이 넘었다. 이들의 매관매직과 가렴주구는 민심 이반을 자초해 조선의 앞날을 어둡게 했다. 고종 또한 민씨 척족의 매관매직에 일조했다는 점에서 비난을 면하기는 어렵다.

무엇보다 개혁과 자주의 가장 큰 걸림돌은 청나라였다. 청나라는 고종이 임오군란과 갑신정변이라는 두 번의 변란을 겪고도 청나라에서 독립하려는 의지를 꺾지 않자 1885년 10월 억류하고 있던 대원군을 돌려보내 고종을 견제하게 했다. 대원군은 조선에서 권력을 휘두르는 청의 사절 원세개와 짜고 1886년 자신의 손자이자 이재면의 아들인 이준용을 왕위에 앉히려는 음모를 꾸몄으나 계획이 사전에 탄로나 불발로 끝났다.

고종이 자기 자신과 국가의 안전을 도모하느라 여념이 없는 사이, 내정의 폐단은 곪을 대로 곪고 있었다. 1885년부터 1893년까지 전국에서 32차례의 크고 작은 민란이 일어났다. 1894년 2월에는 민중의 한과 분노가 동학농민운동으로 폭발했다. 조선 정부의 진압 요청에 따라 1894년 5월 청군이 조선으로 파병되자 일본도 청국과 맺은 천진조약을 근거로 조선에 파병했다. 사태가 심각해지자 동학농민운동 세력은 조정과 '전주화약'을 체결한 뒤 해산했다. 소요가 진정되었으니 청군과 일본군은 조선에서 철군해야 했으나 그대로 눌러앉았다.

이처럼 긴장이 고조되고 있던 1894년 6월 21일 새벽 일본군이 경복궁에 난입하고 고종을 강제 연금하는 사태가 발생했다. 6월 23일에는 일본 해군이 충남 아산만 앞바다의 풍도 근해에서 청군 군함을 격침하면서 청일 전쟁이 발발했다. 일본은 경복궁을 점거한 뒤 대원군을 옹립하고 김홍집·박정양 등 친일 개화파 인사들로 구성된 군국기무처를 설립해 정부 변혁을 꾀했다. 일본으로서는 격앙된 조선 백성의 지지를 받는 대원군과 손을 잡아 일본의 침략 행위를 희석하고 반일 감정을 무마할 필요가 있었다.

'나라를 망하게 한 왕' 부정적 인식 많아

일본군의 경복궁 난입 이튿날 고종은 대원군에게 권한을 넘긴다는 전교를 내렸다. 이로써 대원군은 임오군란 시기의 2차 집권에 이어 3차 집권을 하게 되었다. 고종으로서는 다시 한 번 권좌를 아버지에게 내주는 통한의 순간이었다. 대원군은 한껏 고조된 상태에서 입궐하자마자 고종의 실정을 나무랐다. 2~3개월 후에는 손자인 이준용을 국왕으로 옹립하려는 모반 사건까지 일으켜 부자 관계는 더 이상 회복할 수 없는 단계로 악화했다.

그래도 군주는 여전히 고종인지라 일본은 고종을 강요해 7월 27일 김홍집을 의정부 영의정 겸 내정 개혁의 본부격으로 그날 새로 설치한 군국기무처의 총재로 임명했다. 초대 주미공사를 지낸 박정양은 부총재로 임명해 갑오개혁에 시동을 걸었다. 이른바 갑오파로 불리는 김홍집·박정양 등은 청나라와 민씨 척족 정권에 반감을 품고 있는 개화 그룹이었다.

그러던 중 일본은 대원군이 1894년 말부터 은밀히 청나라·동학군과 내통해 반일 공작을 펼치는 것을 알게 되자 고종과 협상을 시도했다. 그 결과 대원군을 몰아내고 고종에게 정권을 돌려주는 대신 고종이 일본의 감독 역할을 인정하고 박영효·서광범·윤치호·서재필 등 갑신정변 실패 후 일본에 망명 중이거나 친일 성향을 띤 개화파 지도자들을 사면·귀국시켜 각료로 기용한다는 선에서 합의가 이뤄졌다.

하지만 1895년 4월 삼국간섭이 일어나면서 상황이 돌변했다. 삼국간섭은 일본이 청일전쟁 승리 후 청국과 체결한 시모노세키 조약(1895.4)에 따라 중국의 요동반도를 차지하려 하자 러시아·프랑스·독일 3국이 요동반도를 중국에 되돌려주라고 간섭한 것이다. 결국 일본은 요동반도를 돌려주었고 국제적 지위가 실추했다.

그러자 조선 조정에서는 러시아가 일본보다 더 강하다고 판단해 러시아 정부와의 친선을 도모했다. 왕실의 이런 친러 분위기에 힘입어 박정양·안경수·이완용·이범진 등의 친미·친러적인 정동파가 부상했다. 고종은 1895년 5월 친일적인 김홍집 내각을 무너뜨리고 박정양을 총리대신으로 하는 새 내각을 구성했다.

박정양은 박영효(내무대신)와 함께 연립내각을 이끌었으나 사실상의 실권은 내각, 군부, 경찰 등의 핵심 요직에 자신의 측근들을 포진시킨 박영효 손에 쥐어져 있었다. 그런 와중에 박영효가 주도한 민비 시해 역모사건이 드러나 박영효는 7월 초 일본으로 또다시 망명길에 올랐다. 이로써 박정양 내각이 무너지고 다시 김홍집 중심의 친일 내각이 조직되었다.

그러던 중 1895년 9월 이노우에 가오루 일본 공사가 물러나고, 무식하고 난폭한 미우라 고로가 신임 공사로 부임했다. 미우라는 일본의 대조선 정책의 걸림돌이자 조선 정부의 핵심 인물인 민비를 제거하기 위해 1895년 10월 8일 경복궁에 난입, 민비를 시해하는 이른바 '을미사변'을 자행했다. 고종은 경복궁에 강제 연금했다.

불안해진 고종은 1895년 11월 28일 새벽, 이른바 '춘생문 사건'을 통해 경복궁에서 탈출하려 했으나 실패했다. 그래도 포기하지 않고 다시 탈출을 시도해 1896년 2월 10일 새벽 가까스로 경복궁 건춘문을 빠져나가 오전 7시 정동에 있는 러시아공사관으로 피신했다. 아라사(러시아) 공사관을 의미하는 '아관(俄館)'에 임금이 궁궐을 떠나 다른 곳으로 피신하는 것을 의미하는 '파천(播遷)'에 성공한 것이다. 이른바 '아관파천'이었다.

고종은 러시아공사관에 도착한 후 을미사변 관계자들을 참수하라는 조칙을 내리고 김홍집·어윤중·김윤식·유길준·정병하·이재면 등 김홍집 내각의 대신들을 면관(免官)했다. 이 때문에 김홍집과 정병하는 광화문 네거리에서, 어윤중은 경기도 용인에서 성난 군중에게 타살당했다. 유길준 등은 일본으로 망명하고 김윤식은 제주도로 유배되었다. 대원군도 사실상 운현궁에 유폐되었다. 내각은 박정양(총리대신 겸 내부대신), 이완용(외부대신 겸 학부대신), 이범진(법부대신 겸 경무사), 윤치호(학부협판) 등 정동파 인사들로 채워졌다.

그런데 아관파천 직후부터 환궁을 요청하는 상소가 쇄도했다. 원로대신들도 환궁을 강력히 주장했다. 결국 고종은 환궁하라는 각계 요로의 상소와 청원을 받아들여 1897년 2월 20일 러시아공사관에서 경운궁(덕수궁)으로 환궁했다.

그로부터 반 년 뒤인 1897년 8월 연호를 '광무'로 고쳐 부국강병의 의지를 천명하고 두 달 뒤인 10월 12일 환구단에서 황제 즉위식을 거행했다. 국호를 '대한'으로 바꿔 대한제국을 선포함으로써 조선 개국 500여 년 만에 중국과의 관계를 청산하고 새로운 국제사회의 일원이 되었음을 천명했다. 비명에 간 민비도 명성황후로 추존했다.

대한제국을 출범시킨 후 고종은 황권의 절대화와 강력한 군대 육성을 꾀하면서 '광무개혁'으로 불리는 근대화 사업을 추진했다. 그러나 고종이 자주독립 국가를 꿈꾸며 실행에 옮긴 일련의 정책들은 사실 러시아와 일본의 팽팽한 세력 균형이 있었기에 가능한 일이었다. 따라서 광무개혁이든 왕권 강화든 이 모든 것이 러일 간의 세력균형 위에서만 생명력을 발휘할 수 있다는 데 대한제국의 한계가 있었다. 결국 광무개혁이라는 이름의 근대화 작업은 미처 그 성과를 보기도 전에 1904년 2월 일어난 러일전

쟁으로 종말을 고하고 조선은 일본의 국권 침탈에 의해 사실상 일본 제국
주의의 식민지로 전락했다.

고종은 1907년 헤이그 밀사 사건으로 강제 퇴위했다. 왕위에서 물러난
후 1907년의 정미7조약과 군대해산, 1910년의 한일합방까지 지켜보다가
1919년 1월 21일 덕수궁 함녕전에서 67세로 승하했다.

흥선대원군의 섭정… 개혁에서 쇄국과 수구로

병약한 철종이 죽는다면 누가 왕위를 계승할 것인가를 은밀히 계산했다.

흥선대원군(1820~1898)은 긍정과 부정의 양면적 평가를 받
고 있지만 전체적으로는 부정적 이미지가 더 강한 편이다. 그토록 견고
했던 외척 세력(안동 김씨)의 힘을 약화시키고 서원 철폐와 세제 개편으로
조선 사회를 쇄신한 개혁정치가의 이미지가 없진 않지만 시대적 흐름을
읽지 못해 개방을 거부하고 쇄국정책을 고집함으로써 조선의 근대화를
늦추고 조선을 망국의 길로 접어들게 한 수구적 이미지가 더 강하기 때문
이다. 당시 조선이 당면한 시대적 과제는 개방을 통한 근대화와 부국강병
이었다. 그러나 대원군은 이러한 시대적 흐름을 간파하지 못하고 위정척
사론의 배타적 이데올로기에 얽매여 쇄국정책을 고수함으로써 내우외환
의 위기를 심화시켰다.

본명이 이하응인 흥선대원군은 남연군의 아들로 태어났다. 남연군이
사도세자의 서자이자 정조의 이복동생인 은신군의 양자로 입적된 덕분에
이하응은 피 한 방울 섞이지 않았는데도 영조로부터 이어지는 왕가의 가
계에 편입되었다. 문제는 안동 김씨의 세도정치 상황에서 직계가 아닌 왕
족은 그다지 축복이 아니라는 사실이었다. 당시 안동 김씨는 순조비의 아

버지인 김조순으로부터 60여 년간 이어온 조선조 최대의 외척으로 왕권을 쥐락펴락할 정도로 권력이 막강했다. 헌종의 뒤를 이어 1849년 즉위한 강화도령 철종도 안동 김씨 세력이 골라 세운 허수아비 왕이었다. 이런 상황에서 철종마저 후사가 없자 왕이 될 가능성이 있는 모든 왕족은 안동 김씨로부터 온갖 견제를 받았다.

흥선대원군

가계상 왕권과 제법 가까운 자리에 있던 이하응은 왕위 후계에 미련이 없다는 것을 보여주기 위해 시정잡배들과 어울리면서 난봉꾼 생활을 했다. 안동 김씨 가문을 찾아다니며 구걸을 서슴지 않아 '궁도령', '상갓집 개'라는 비웃음을 샀다는 소문도 돌았다. 그러면서도 이하응은 병약한 철종이 죽는다면 누가 왕위를 계승할 것인가를 은밀히 계산했다. 아버지 남연군의 묘를 장차 임금이 날 자리라고 하는 충남 덕산으로 이장한 것도 자신의 정치적 야망 때문이었다.

이하응은 철종 사후에 왕의 지명권을 갖게 될 신정왕후(조대비)를 주목했다. 조대비는 효명세자(순조의 아들)의 세자빈으로 궁궐에 들어왔으나 젊은 나이에 청상과부가 되어 아들이 헌종으로 즉위했어도 안동 김씨를 친정으로 둔 시어머니 순원왕후(순조비)가 수렴청정을 해 한 많은 세월을 보내고 있었다. 1849년 헌종이 죽고 철종이 즉위한 후에도 사정은 마찬가지였다. 그러다가 1857년 순원왕후가 죽어 궁중의 최고 어른이 되자 안동 김씨에게 친정의 원한을 갚을 길을 찾았다.

이하응은 조대비에게 접근, 철종이 후사 없이 죽을 경우 자신의 아들을 철종의 왕위 계승자로 지명하도록 설득했다. 조대비는 왕위 계승 문제를 자신과 풍양 조씨의 입지 강화를 위한 포석으로 활용했다. 그러던 중 1864년 1월 17일 철종이 오랜 병고 끝에 후사 없이 죽었다. 조대비는 이하응의 둘째 아들인 이재황을 이미 죽고 없는 효명세자(사후 익종으로 추존)의 양자로 삼아 익성군으로 봉한 뒤 왕위에 옹립했다. 온갖 수모와 멸시를 받으면서도 세도가들에게 철저하게 자신을 숨겨온 이하응에게 마침내 정치적 야망을 펼칠 기회가 찾아온 것이다.

고종은 1864년 1월 21일(음 1863.12.13) 조선의 제26대 왕으로 즉위했다. 이하응은 대원군에 봉직되었다. 참고로 대원군 명칭은 선대의 왕이 후사를 남기지 못하고 승하하면 그 방계 종친이 타계한 왕의 아들로 입적해 왕위를 계승하는데 이때 신왕의 생부에 대한 예우로 주는 존호(尊號)다.

조선을 망국의 길로 접어들게 한 수구적 이미지 강해

즉위 당시 고종은 12세의 미성년자였다. 이 때문에 고종의 즉위는 흥선대원군 시대의 개막이기도 했다. 흥선대원군은 실추된 왕권을 강화하기 위해 강력한 개혁 정책을 펼쳤다. 먼저 안동 김씨들을 축출하고 당색과 문벌을 초월해 인재를 등용했으며 토색과 주구에 열중하는 탐관오리들을 처벌했다. 과세 균등의 원칙을 세워 양반계급에는 면제되던 병역의 의무를 신분에 관계없이 모두 부담하게 하는 호포제를 시행했다. 안동 김씨의 기반이기도 한 최고 권력기구 비변사를 혁파해 의정부를 복설하고 삼군부를 최고 군사기관으로 설치해 통치기구를 정비했다. 대전회통, 육전조례 등 법전도 편찬해 질서를 잡았다.

무엇보다 획기적인 일은 서원 철폐였다. 당시 서원은 정치 세력에 기생하려는 양반 유생들이 들끓던 붕당의 근거지로, 세금을 면제받아 국가 재정을 악화하는 원인으로 비판받고 있었다. 흥선대원군은 1865년 3월 화

양서원과 만동묘에 첫 칼을 내려친 것을 시작으로 전국 700개의 서원 중 47개소를 제외한 모든 서원을 정리하고 그에 딸린 토지와 노비를 몰수했다. 양반들은 크게 반발했지만 국고는 풍족해지고 양민의 부담은 줄어들었다. 서원 철폐는 중앙정부의 권위와 통제력을 회복시켜 토반(土班)들의 대민 착취를 줄이고 국고 수입을 늘리는 일석이조의 효과를 보았다.

흥선대원군의 정책 중에는 부정적인 것도 적지 않았다. 비록 그가 시작한 것은 아니지만 임진왜란 때 소실된 경복궁 중건을 위해 무리하게 노동력을 징발하고 당백전과 원납전 등을 발행해 백성의 삶을 다시 피폐하게 했다. 위정척사를 앞장서 끌고 나간 것도 사회를 혼란케 했다. 위정척사(衛正斥邪)는 정학(正學)과 정도를 지키고 사학(邪學)과 이단을 물리친다는 사상으로 위정은 성리학을 수호하고 척사는 성리학 이외의 모든 종교와 사상을 배격하는 것이다. 처음엔 천주교 등 서구 종교와 문화를 배격하다가 1860년대 들어 서양과의 교역을 반대하는 통상 반대 운동으로 전개되면서 쇄국정책의 근간을 형성했다.

대원군이 처음부터 천주교에 부정적인 것은 아니었다. 아내는 천주교 교리문답을 배우고 아들(고종)을 키운 유모도 천주교 신자였다. 하지만 대원군이 천주학쟁이와 결탁한다는 소문이 퍼져 위정척사의 수구 세력들로부터 정치적 공세를 받게 되자 권력 기반을 유지하기 위해 1866년 정초부터 천주교 금압령을 내렸다. 이후 몇 개월 동안 프랑스 천주교 조선교구장인 베르뇌 시므온 주교를 포함해 12명의 프랑스 신부 중 9명을 새남터에서 처형했다.

그러자 3명의 신부가 조선을 탈출해 중국 천진에 있는 프랑스 극동함대 사령관 피에르 로즈 제독에게 구원을 요청했다. 프랑스 함대는 1866년 9월 한강을 거슬러 올라와 서울 근교 서강에 이르렀다가 1주일만에 중국으로 물러났다. 10월에는 7척의 프랑스 함선과 600명의 해병대가 강화성을 점령하고 문수산성 등지에서 조선군과 교전을 벌였다가 정족산성에서 패해 1개월 만에 철수했다. 프랑스군은 이 병인양요를 일으킨 후 철수하면서 강화성의 모든 관아에 불을 지르고 외규장각 도서 340여 권과 은괴 19상자 등 많은 서적과 재화를 약탈했다. 1868년 4월에는 유대인계 독일 상인 오페르트가 충남 덕산에 있는 대원군의 부친 남연군의 묘를 도굴하려다 실패하는 사건이 일어났다.

대원군의 분노는 극에 달해 사건에 연루된 천주교도들을 대대적으로 탄압했다. 1866년 프랑스 신부를 처형하면서 시작된 병인박해는 더욱 기세등등해져 1872년까지 모두 8,000여 명의 천주교도를 처형했다. 대원군은 1871년 4월 서울 등지에 척화비를 세워 양이(洋夷)와의 전쟁 불사를 다짐했다. 이후 '대원군께서 분부하셨다'라는 뜻의 '대원위분부(大院位分付)' 다섯 글자는 모든 관리와 백성을 두려움에 떨게 만들었다. 대원군이 무소불위의 권력을 휘두르고 있을 때 지난 10년간 아버지에게 권력을 위임했던 고종의 마음속에 아버지의 짙은 그늘에서 벗어나려는 갈망이 꿈틀거렸다.

고종과 민비 그리고 민비의 척족 세력인 여흥 민씨들이 대원군의 권력을 빼앗기 위해 최익현과 반대원군 세력을 부추겼다. 최익현은 대원군의 서원 철폐 등에 악감정을 품고 있었다. 그는 1873년 12월 14일 서원을 철폐하고 청나라 돈을 수입해 경제 질서를 훼손했다는 점을 들어 대원군의 내정 개혁을 비판하면서 고종이 이제는 성인이 되었으니 더 이상 아버지가 섭정할 필요가 없다며 2차 상소를 올렸다. 고종은 이런 분위기를 이용해 주요 신하들을 물러나게 해 정권 교체를 밀어붙였다. 대원군이 운현궁에서 창덕궁으로 들어가는 전용문도 사전 통보 없이 폐쇄함으로써 대원군을 실각시켰다. 고종은 1873년 12월 말 친정(親政)을 시작했다.

그런데도 대원군은 권력에 대한 집착을 포기하지 않았다. 그 과정에서 대원군의 소행으로 의심되는 각종 화재와 폭발 사고를 일으켜 고종과 민비의 분노를 샀다. 1881년에는 자신의 서자이자 고종의 이복형인 이재선을 국왕으로 추대하려는 고종 폐립 사건에도 관여했다. 이렇듯 재집권에 대한 야망은 민비와의 갈등으로도 이어져 시아버지와 며느리 두 사람은 평생 불구대천의 원수 사이가 되었다.

지나친 집권욕으로 아들·며느리와의 관계 파국으로 치달아

대원군이 재집권한 것은 1882년 7월 23일 일어난 임오군란 후였다. 고종은 백성의 지지를 받는 대원군을 전면에 내세우는 것이 임오군란 사태를 진정시키는 데 도움이 된다고 판단해 군란 이튿날인 7월 24일 사태 수습을 위한 전권을 대원군에게 위임했다. 대원군이 개화 정책을 폐지하고 군인 급료의 정상적 지급을 약속하자 혼란했던 분위기는 점차 가라앉았다. 문제는 대원군이 경기도 장호원으로 피신한 민비가 죽었다고 국상을 선포한 것이다. 이 문제는 결국 부자 간의 약한 고리마저 끊게 하는 결정적인 계기가 되었다. 게다가 고종이 추진하던 개화정책을 대원군이 전면 백지화해 두 사람의 관계는 돌이킬 수 없는 파국으로 치달았다.

그런 와중에 임오군란 진압을 위해 조선에 군대를 상륙시킨 청국이 대원군을 임오군란의 배후 조종자로 체포해 1882년 8월 중국 천진으로 끌고가 억류했다. 결국 대원군은 33일 만에 권좌에서 내려오고 고종은 다시 권력을 되찾았다. 하지만 군란을 진압해준 대가로 청국의 간섭이 지나쳐 고종과 민비는 청의 간섭과 위세에서 벗어나기 위해 러시아와의 관계 개선을 도모했다.

조정은 1885년 6월 러시아공사와 비밀리에 접촉해 유사시 러시아 황제의 보호를 요청하는 비밀외교를 추진했다. 이 사실을 알게된 청국은 고종과 민비를 견제할 사람은 대원군밖에 없다고 판단해 1885년 10월 대원군을 조선으로 귀국시켰다. 대원군은 청국이 조선을 감시하기 위해 파견한 원세개와 결탁, 1886년 고종을 폐위하고 장손 이준용을 옹립하려다가 실패해 운현궁에 칩거했다.

그러던 중 1894년 동학농민군이 봉기하면서 또다시 기회가 찾아왔다. 일본은 동학농민군을 진압하기 위해 군대를 조선에 진주시켰다가 1894년 7월 23일 경복궁에 침입한 후 갑오개혁을 추진했다. 일본은 동학농민군과 백성의 지지를 받는 대원군을 집정으로 임명해 갑오개혁이 대원군의 주도 아래 진행되는 것처럼 꾸몄다. 결국 고종은 대원군에게 권한을 넘긴다는 전교를 내려야 했고 대원군은 3번째 집권에 성공했다.

그러나 대원군은 일본이 추진하는 갑오개혁이 불만이었다. 그래서 청나라 군사 및 동학군과 손을 잡고 고종을 폐위한 뒤 장손인 이준용을 옹립하려고 했다. 일본은 이 사실을 알고 대원군을 몰아낸 뒤 고종과 협상해 고종이 일본의 의중에 따라 갑오개혁을 추진하도록 했다. 또한 박영효·서광범·윤치호·서재필 등 갑신정변 실패 후 일본에 망명 중이거나 친일 성향을 띤 개화파 지도자들은 사면하고 귀국시켜 각료로 기용하기로 고종과 합의했다.

1895년 러시아·독일·프랑스 3국이 일본에 압력을 가한 '삼국간섭' 후 민비가 앞장서서 러시아와 긴밀하게 손을 잡자 일본은 칩거 중인 75세의 대원군을 앞세워 1895년 10월 8일 경복궁에 난입, 민비를 살해하는 을미사변을 일으켰다. 일본공사관은 책임을 최소화하기 위해 흥선대원군을 음모의 배후자로 몰아갔다. 이 때문에 각국 공사나 영사들은 흥선대원군을 배후로 알았다.

하지만 그런 판단은 오래가지 않았다. 일본군의 경복궁 침입, 흥선대원군의 경복궁으로의 출발 지체, 일본공사관의 문서 위조 등 흥선대원군을 배후라고 볼 수 없는 많은 사실이 드러났기 때문이다. 그렇더라도 대원군의 을미사변 연루는 그의 정치적 이미지에 돌이킬 수 없는 큰 상처를 남겼다. 1898년 2월 22일 고종의 반생에 결정적인 영향을 미친 생을 마감함으로써 조선은 전환점을 맞았다.

제너럴 셔먼호 사건, 병인양요, 신미양요

흥미로운 사실은 개신교가 토머스 선교사의 죽음을 순교로 여긴다는 것이다.

미국의 무장상선 제너럴 셔먼호(배수량 187t, 길이 51m)가 중국 천진을 떠나 평안도 용강 앞바다에 모습을 드러낸 것은 1866년 8월 15일(음 7.6)이었다. 배에는 미국인 선주(프레스턴)와 선장(페이지)을 포함해 모두 20여 명의 중국인·말레이시아인 선원이 타고 있었으나 핵심 인물은 통역을 담당한 영국의 개신교 선교사 로버트 토머스였다. 그는 1년 전 9월 황해도의 창린도로 밀입국해 선교활동을 하다가 중국으로 돌아간 적이 있어 비교적 조선 사정에 밝은 편이었다.

셔먼호는 8월 16일 대동강 하류에서 평양으로 올라가는 길목인 급수문에 정박했다. 그 지역의 조선 관리가 다가가 셔먼호를 탐문하자 선장은 비단, 유리그릇, 천리경, 자명종 등 각종 물건을 보여주며 조선의 쌀, 사금, 홍삼, 호피 등과 교역하자고 제안했다. 조선 관리가 "국법상 외국 선박의 영해 항행이 금지되어 있다"며 "상거래도 하지 않겠다"고 통보했는데도 셔먼호는 대동강 상류로 서서히 올라가 평양 인근에 정박한 후 부족한 식량과 땔감을 요청했다. 조선 관리는 낯선 사람을 잘 대접한다는 '유원지의(柔遠之義)' 원칙에 따라 쌀, 쇠고기, 닭, 계란, 땔감 등 모두 3차례나 음식물과 땔감을 제공했다.

셔먼호는 다시 상류로 거슬러 올라가 8월 22일 평양 만경대 아래 포구에 정박했다가 강물이 불어나고 물살이 빨라지자 8월 23일 강 언덕 주변으로 이동해 한동안 꼼짝하지 않았다. 8월 24일에는 토머스 등 3명이 셔먼호에 딸린 종선을 타고 강변에 상륙, 인근 지역을 둘러본 뒤 돌아갔다. 이후에도 상류로 계속 올라가 8월 27일 한사정 여울목에 정박했다. 그리고는 소형 배를 타고 셔먼호의 동태를 감시하는 조선의 중군(군사 책임자) 이현익을 셔먼호로 유인·억류했다.

8월 28일에는 강변으로 몰려든 군민을 향해 소총과 대포를 발사해 사태를 악화시켰다. 셔먼호는 또다시 대동강 상류로 올라가 황강정 앞에 정박했다. 이현익은 8월 28일 강변의 군민이 돌팔매, 활, 소총으로 대항하는 틈을 타 셔먼호를 탈출했다.

셔먼호는 8월 29일 강의 수위가 낮아지고 조수가 밀려나면서 대동강 한가운데 있는 양각도 서쪽 모래톱에 선체가 걸려 꼼짝달싹 못 하게 되었다. 불안해진 선원들은 8월 31일(음 7.22) 지나가는 상선을 약탈하는가 하면 강변의 군민에게 대포를 발사해 평양군민 7명을 죽게 하고 5명을 다치게 했다. 이에 격분한 평안도 관찰사 박규수가 화공(火攻)으로 셔먼호를 불태우라고 지시했으나 셔먼호가 밧줄로 엮은 그물을 교묘히 설치해 화선의 접근을 막아 화공에는 실패했다. 그 무렵 셔먼호는 식량 부족에 시달리고 탄약도 거의 고갈 상태였다.

조선군은 새로운 화공을 준비했다. 9월 2일(음력 7.24) 마른나무를 잔뜩 실은 소형 배 수십 척과 폭약을 실은 2척의 배를 밧줄로 묶고 기름을 뿌린 뒤 불을 붙여 상류에서 셔먼호 쪽으로 띄워 보내 셔먼호와 충돌하도록 했다. 총수와 사수들은 셔먼호 선원들이 배에서 탈출해 상륙할 경우에 대비해 강변에서 감시했다. 곧 셔먼호에 불이 붙고 화약이 터졌다. 바람까지 세차게 불어 셔먼호는 불길에 휩싸인 채 침몰했다.

선장을 비롯해 선원 대부분은 화약이 폭발할 때 죽거나 불이 붙은 채 강물로 뛰어들었다가 물에 빠져 죽었다. 토머스와 선원 1명이 가까스로 탈출했지만 강변에서 군민에게 뭇매를 맞고 죽었다. 24명 중 살아남은 사람은 한 명도 없었다. 셔먼호의 종선도 불에 탔다. 이후 미국은 셔먼호 사건을 조사하기 위해 와추셋호(1867)와 셰넌도어호(1868)를 조선에 파견했으나 정보만 수집하고 돌아가 별다른 충돌은 없었다.

흥미로운 사실은 오늘날 개신교가 토머스 선교사의 죽음을 순교로 여긴다는 것이다. 토머스가 조선의 존재를 알게 된 것은 선교를 위해 1863년 12월 도착한 중국에서였다. 토머스는 중국 해관의 통역관으로 활동하던 중 천주교 박해를 피해 산동성으로 피난 온 조선인 천주교도를 만나 조선 선교의 뜻을 품게 되었다.

1865년 9월 황해도의 창린도에 도착, 2개월 반 동안 한국어를 습득한 후 선교를 위해 배를 타고 서울 쪽으로 갔지만 심한 풍랑을 만나 뜻을 이루지 못하고 다시 중국으로 돌아갔다. 그러던 중 1866년 8월 셔먼호가 대동강을 거슬러 평양으로 올라간다는 말을 전해 듣고 통역관 자격으로 승선했다.

토머스는 대동강 강변에 상륙했을 때 군민에게 중국 성경을 전해 주었다. 셔먼호가 불에 타 뭍으로 올라갔을 때는 자기를 죽이려는 퇴역 장교 박춘권에게도 성경을 건넸다. 하지만 박춘권은 성경을 받지 않고 토머스에게 칼을 휘둘러 살해했다. 개신교에서 말하는 한국 최초의 개신교 순교자의 죽음이었다.

개신교 학자들에 따르면 그 후 박춘권은 "도대체 무슨 책이길래 죽어가면서도 건네주려고 했을까" 하는 생각이 들어 동료 몰래 현장으로 달려가 흩어진 성경을 가지고 집으로 돌아갔다. 그리고 성경을 읽고 예수를 믿게 되었다. 토머스가 살해될 때 군중 속에 있던 12살의 최치량도 토머스에게서 한문 성경 3권을 건네받았는데 성경이 금서라는 사실을 알고 겁이 나서 평양의 영문주사(포졸) 박영식에게 전달했다.

박영식은 질 좋은 종이로 만들어진 성경으로 자기 집 도배를 했는데 어느 날 물끄러미 벽을 바라보다가 몇몇 성경 구절에 감화되어 예수를 영접하게 되었다. 최치량은 나중에 성장해서 평양교회를 창립한 인물 중 한 사람으로 거듭났다. 박영식의 집은 나중에 평양 최초 교회인 널다리골교회(장대현교회의 전신)로 바뀌는 역사가 일어났다.

강화도를 떠나면서 수천 권 불태워(병인양요)

제너럴 셔먼호 사건이 일어나고 1개월도 안 되어 또 다른 이양선이 나타나 조선을 혼란에 빠뜨렸다. 1866년 9월 18일(음 8.10) 중국 천진에 주둔하고 있던 프랑스 함대의 로즈 피에르 제독이 3척의 군함을 이끌고 조선 바다로 출동한 것이다. 그해 초 일어난 병인박해에 대한 보복이 목적이었다. 1866년 1월부터 수개월간 자국 선교사 9명과 조선인 천주교도 다수가 처형되는 병인박해가 일어나자 이것을 빌미로 조선 원정에 나선 것이다.

조선 원정에는 병인박해 때 중국으로 탈출했던 펠릭스 리델 신부가 통역 겸 향도로 동행했다. 프랑스 군함이 9월 21일 인천 앞 작약도에 집결했을 때 조선은 수차례 문정(사정을 물음)을 시도했으나 프랑스 선박이라는 사실밖에 알아내지 못했다. 무엇보다 강력한 대포를 갖추고 신속히 항행하는 증기선을 제어할 수 없었다. 프랑스 군함은 9월 23일 강화해협을 통과해 한강에 진입했다. 9월 26일 한강의 양화진을 거쳐 서강까지 거슬러 올라와 하루동안 머물며 주변을 정찰하고 항행을 위한 해도를 작성한 뒤 중국으로 돌아갔다.

이후 로즈 제독은 사전 정찰을 통해 한강 연안의 방비가 있음을 알고 서울로 진격하는 대신 서울로 통하는 강화도를 점령해 한강 입구를 봉쇄하는 작전을 세웠다. 그러면 보급로가 끊겨 조선의 조정이 곤경에 처할 것이라고 본 것이다.

프랑스 함대는 1차 침입 때 동원한 3척의 군함에 일본 요코하마에 정박 중이던 4척을 추가해 전함 7척과 정예 병사 600명으로 구성된 대규모 원정대를 다시 꾸려 10월 14일(음 9.6) 강화도 갑곶진에 상륙했다. 병인양요의 시작이었다. 갑곶돈대에는 조선군 부대가 있었으나 신무기로 무장한 프랑스군을 당해내지 못했다. 조선 조정이 증원군을 강화도로 출동시켰으나 이 부대는 강화도로 들어가지 않고 갑곶진이 보이는 강화도 건너편의 통진에 머물렀다. 프랑스군이 10월 16일 강화부를 점령하자 판서를 지낸 이시원과 군수를 지낸 이지원 형제가 분을 참지못해 극약을 먹고 자결했다.

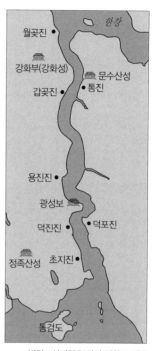

병인 · 신미양요 당시 강화도 진지

프랑스군 정찰대는 10월 26일 통진의 문수산성에서 조선군과 첫 교전을 벌였다. 프랑스군은 매복 중이던 조선군의 공격을 받아 3명이 죽고 여러 명이 부상했으나 결국 조선군을 물리치고 문수산성에 입성, 건물을 불태우고 강화도로 철수했다.

프랑스군이 강화도를 장기간 점령하고 방화와 약탈을 자행하자 조선군이 육지에서 강화해협을 건너 11월 8일 전등사를 품고 있는 정족산성으로 잠입했다. 프랑스군은 11월 9일 정족산성으로 접근했으나 매복한 조선군의 기습 사격을 받고 다수의 부상자를 낸 채 도주했다. 11월 11일에는 강화부 내 장녕전 등의 건물에 방화한 뒤 군함을 타고 강화도를 빠져나갔다. 조선군 포수들이 철수하는 프랑스 군함과 총격전을 벌인 것을 마지막으로 병인양요는 종결되었다.

프랑스군은 철수하기 전 강화유수부에서 보관하고 있던 은괴 19상자를 비롯해 각종 문서와 책을 약탈했다. 대포 80여 문, 화승총 6,000자루, 화약, 화살 등도 전리품으로 챙겼다. 강화유수부 안에 있는 외규장각도 약탈했다. 당시 외규장각에는 1,000여 종 약 6,000권 정도의 책이 보관되어 있었는데 프랑스군은 강화도를 떠나면서 상당량의 책을 불태우고 외규장각 도서 340여 권을 약탈했다.

미군의 완벽한 승리로 끝나고 결과 참담해(신미양요)

제너럴 셔먼호 사건 후 미국의 프레드릭 로 북경 주재 공사가 셔먼호 사건을 해명하고 장차 표류 선박 구조에 관한 조약을 체결하자는 내용의 서한을 조선 조정에 보내온 것은 1871년 4월이었다. 그런데 로 공사는 조선이 답서를 보내기도 전에 조선 원정을 강행했다. 당시 중국 상해에는 존 로저스 제독이 지휘하는 함대가 대기 중이었다. 군함 5척, 함재대포 85문, 해군·육전대원 1,230명으로 구성된 미 함대는 1871년 5월 8일 상해를 출항, 일본의 나가사키를 거쳐 5월 19일 서해상에 도착했다. 영종도 인근 작약도에 함대를 정박시킨 로저스는 통상 문제를 협의하자는 서한을 우리 관헌에 전달했다.

미 함대가 한강으로 진입할 수 있는 강화해협으로 선발대를 파견했을 때, 당시 강화도 해안에는 다량의 조선군 대포가 설치되어 있었고 1,000여 명의 군사가 배치되어 있었다. 그래도 정부는 강화도 방어를 강화하기 위해 어재연을 진무중군으로 임명하고 500명의 병력을 증파했다. 어재연이 강화도 광성보에 진을 치고 있던 6월 1일 군함 2척과 작은 배 4척으로 구성된 미 함대 정찰대가 강화해협을 측량하며 북상하다가 광성보 주변의 손돌목에까지 올라왔다. 광성보의 조선군과 강화해협 건너편의 덕포진에서 일제히 미 군함을 포격하자 미 함대도 함포사격으로 대응했다. 그

날의 충돌은 덕포진의 포
군 1명이 전사했을 뿐 큰
피해 없이 끝이 났다. 미
함대는 "10일 이내에 우
리에게 사과하고 통상 협
상을 하자"고 조선 정부
에 요구했으나 이번에도
정부는 "미 함대가 먼저

강화도 덕진진을 함락한 미군

우리 수역 안으로 침범했기 때문에 포격한 것"이라고 응수했다.

미군은 마침내 강화도 상륙작전을 결행했다. 미 군함이 강화도 남단의
초지진 앞에 나타난 것은 1871년 6월 10일이었다. 초지진의 조선군이 강
화해협을 북상하는 미 함대를 향해 또다시 선제 포격을 가하면서 신미양
요가 시작되었다. 미군은 함포사격으로 초지진을 무력화한 뒤 650여 명
의 수병과 해병을 초지진 부근에 상륙시켜 무혈점령했다. 미군은 초지진
의 모든 군사시설을 파괴하고 이튿날 초지진 북쪽의 덕진진을 향해 북상
했다. 앞을 가로막는 것은 아무것도 없었다.

덕진진 다음의 목표지는 북쪽의 광성보였다. 광성보에는 여전히 어재
연 장군과 600여 명의 조선군이 진을 치고 있었다. 결코 적지 않은 수였
지만 무기 성능은 비교할 수 없을 정도로 빈약했고 군사들의 훈련 상태는
허술했다. 전투는 처절했다. 미군은 해상 함포와 지상 대포 등으로 광성
보를 초토화한 뒤 광성보로 진격했다. 조선군은 방향도 맞지 않는 대포를
발사하다가 급기야 미군이 성벽을 넘어오자 칼과 창으로 맞서거나 돌을
성벽 아래로 굴리는 방식으로 분전했다. 전투는 미군의 완벽한 승리로 끝
나고 결과는 참담했다.

미군은 광성보 진중에 계양되어 있던 조선군 대장의 군기인 '수(帥)'자

기를 끌어내리고 성조기를 달았다. 이 '수(帥)'자 기는 미국 아나폴리스 해군사관학교 박물관에 소장되다가 2007년 장기 대여 방식으로 136년 만에 돌아왔다. 미군은 더 이상의 공격은 중단하고 6월 12일 강화도 인근으로 철수했다가 7월 3일 청국으로 돌아갔다. 미군 기록에 의하면 조선군은 최대 243명(미군이 헤아린 시체 숫자)이 전사하고 20여 명이 포로로 잡혔다.

그러나 나중에 우리 군이 현장을 살펴봤을 때 온전하게 수습된 조선군 시신은 53구밖에 없었다. 최후까지 부하들을 독려하며 적과 맞섰던 어재연 장군과 그의 아우 어재순, 그리고 51구의 시신만이 남아 있었다. 미군은 3명이 전사하고, 10명이 부상하는 데 그쳤다.

신해박해, 신유박해, 기해박해, 병인박해
프랑스 선교사들이 자유롭게 조선을 드나들 수 있게 된 것은 조불수호통상조약 체결 뒤였다.

17세기 초, 조선의 지식인들이 '유럽'이란 또 하나의 세계를 알게 되었다. 18세기 들어 그들은 서양의 천문, 역법, 수리, 의학 서적에 익숙해졌고 중국 북경에 간 사신들은 으레 천주교 선교사가 거주하는 천주당을 방문했다. 당시 서양 학문에 가장 해박했던 인물은 이익이었다. 그로 인해 서학(西學)이 국내에 풍미하고 그의 문하에서 이른바 '친서파'(親西派)로 일컬어지는 이가환, 권철신, 정약전·정약용 형제 등이 배출되었다.

그들은 1777년 경기 광주의 천진암과 여주 주어사에서 서학을 연구하는 강학회를 열었다. 하지만 그들에게 서학은 새로운 지식일 따름이지 유교를 대신하는 새 가르침은 아니었다. 그런데 홀연 학문에서 신앙과 신념으로 건너뛴 인물이 있었다. 이벽이었다. 그는 서학 서적을 접하면서 서

왼쪽부터 김대건, 김범우, 이벽, 이승훈, 정약종, 황사영

학을 학문이 아닌 종교로 받아들였다. 1779년 처음 참여한 강학회에서 천주교 교리를 토론 주제로 제시하고 다른 회원들에게는 천주교를 종교로 받아들일 것을 제안하면서 훗날 우리나라 최초의 천주교 신자로 불렸다. 외국인 선교사가 없는 조선에서 서적을 통해 자발적으로 천주교를 받아들이고 자생적으로 조직을 키워나간 것은 세계 기독교 역사상 초유의 일이었다.

이벽은 1783년 겨울 이승훈이 청나라 사신으로 파견되는 아버지와 함께 북경으로 간다는 소식을 듣고 이승훈에게 북경에서 세례를 받도록 권유했다. 이승훈은 40여 일 북경에 머물며 선교사들에게 필담으로 교리를 배우고 프랑스 예수회의 장 그라몽 신부에게서 세례를 받아 한국 최초의 영세자가 되었다. 1784년 초 귀국 후에는 이벽, 권일신, 정약용 등에게 세례를 주었는데 이는 조선에서 거행된 최초의 세례식으로 '한국 천주교회의 창설'로 간주되고 있다.

이승훈, 권철신·일신 형제, 정약전·약종·약용 3형제, 이벽, 이가환 등이 참가하는 강학회가 천진암에서 계속 이어져 천진암은 한국 천주교의 발상지가 되었다. 이후 천주교 연구자들은 역관 출신 김범우의 서울 명례동 집(지금의 명동성당 자리)에서 정기적으로 만나 전례 활동을 했다. 자생적인 평신도로 운영된 한국 천주교회의 시작이었다.

그러던 중 1785년 3월 이들의 모임이 발각되어 10여 명의 관련자들이 체포되는 '추조적발사건'이 일어났다. 조정은 사대부 집안 자제들은 돌려

보내고 중인인 김범우만 충북 단양으로 귀양을 보냈다. 김범우는 고문 후유증으로 1년 만에 순교함으로써 조선 최초의 천주교 순교자가 되었다. 이승훈은 가혹한 심리에 배교했다가 석방 후에는 성직자 대신 평신도가 교인들에게 세례와 견진성사를 집전하는 '가성직제도(假聖職制度)'를 이끌었다. 이벽은 사건이 일어난 그해 31살의 나이로 병사했다.

천주교에 대대적인 박해가 가해진 것은 신해년인 1791년 전라도 진산(지금은 충남 금산군에 속함)에서 윤지충과 권상연이 제사를 폐지하고 조상의 위패를 불태우는 '폐제분주사건' 후였다. 이 신해박해 때 윤지충과 권상연은 처형되고 이승훈은 관직을 삭탈당했으며 권일신은 유배되었다. 다만 정조가 박해를 확대하지 않아 그럭저럭 무마되었다.

한편 천주교 교인들은 가성직제도의 한계를 깨닫고 천주교 신부를 조선에 파견해주도록 북경교구에 요청했다. 그래서 파견된 중국인 신부 주문모는 1794년 12월 조선으로 건너와 조선어를 배우고 전교 활동을 펼쳤다. 그러나 수개월 만에 누군가의 밀고로 도피 생활을 해야 했다. 주문모는 도피 중에도 전국을 돌아다니면서 교인들에게 성사를 주고 미사를 집전했다. 그 덕에 천주교인은 주문모가 입국할 당시 4,000명에서 그가 순교한 1801년까지 6년 사이에 1만 명으로 급증했다. 이처럼 천주교를 믿는 사람이 늘어나자 천주교를 공격하는 성토와 상소가 이어졌다. 그래도 정조는 천주교를 적극적으로 박해하지 않았다. 천주교를 신봉하는 남인 채제공이 재상으로 있으면서 천주교를 묵인한 것도 박해를 받지 않은 요인으로 작용했다.

자발적인 천주교 수용은 세계 기독교 역사상 초유의 일

1800년 천주교에 비교적 우호적이던 정조가 죽고 11세의 순조가 즉위하면서 상황이 돌변했다. 영조의 계비인 정순왕후가 수렴청정을 하고 정조 치하에서 한직으로 밀려나 있던 노론 벽파가 정권을 장악한 것이 발단이었다. 정순왕후는 노론 벽파와 손을 잡고 집안의 원수인 남인들을 대대적으로 숙청하기 위해 1801년 신유박해의 칼을 뽑아들었다. 천주교가 주로 남인 학자들에 의해 수용·발전되었기 때문에 남인을 숙청하는 전 단계로 천주교를 박해한 것이다.

조정은 주문모 신부의 수배령을 내리고 천주교 신자들을 걸러내기 위해 '오가작통법'(다섯 집을 한 통으로 묶은 호적의 보조조직)을 강화했다. 수많은 교인이 체포되어 처형되었다. 이승훈·이가환·정약종·홍낙민 등도 서대문 밖에서 참수되었다. 주문모는 중국으로 돌아가려다가 포기하고 1801년 4월 자수해 5월 31일 새남터에서 처형되었다.

이런 와중에 1801년 '황사영 백서 사건'이 터지면서 신유박해는 더욱 극렬해졌다. 사건은 정약용의 조카사위 황사영이 박해를 피해 숨어든 충청도 제천의 산골짜기 배론에서 북경교구장에게 보내는 장문의 편지를 쓰면서 불거졌다. 편지가 북경교구에 전달되기도 전에 황사영이 체포되고 편지가 공개되면서 또다시 피바람이 몰아쳤다.

황사영은 편지에서 주문모 신부와 조선의 천주교인들이 참혹하게 죽어가는 조선 교회의 참상과 교회 재건책을 호소했다. 그러면서 서양의 기독교 국가들이 수백 척의 군함과 5만~6만 명의 군사를 조선에 파견해 줄 것을 요청했다. 결국 '황사영 백서'로 많은 교인이 가혹한 고문을 받고 사형에 처해졌다. 황사영은 목이 잘린 뒤 여섯 토막으로 잘리는 육시형에 처해졌다. 체포를 면한 천주교인들은 박해를 피해 경기도, 강원도, 충청도의 깊은 산속으로 숨어들었다. 이는 지식인들이 주로 믿던 천주교가 중인과 천민들에게도 확산되는 결과를 낳았다. 신유박해로 100여 명이 처형되고 400여 명이 귀양을 떠났다. 그러나 집계되지 않은 교인까지 합치면 300여 명이 처형되었을 것으로 천주교 측은 보고 있다. 결국 신유박해

왼쪽부터 로랑 조제프 마리위스 앵베르, 베르뇌 시므온, 자크 오노레 샤스탕, 피에르 모방, 주문모, 펠릭스 리델

로 초창기 한국 천주교회는 거의 폐허가 되었다.

교인들은 북경교구를 통해 새로운 성직자 영입을 추진했으나 좀처럼 성사되지 않았다. 그러다가 1831년 9월 9일 교황청이 독립된 조선교구 설정을 선포하고 파리외방전교회 선교사 바르텔레미 브뤼기에르를 초대 교구장에 임명했다. 하지만 브뤼기에르는 3년 후 입국을 목전에 둔 상태에서 중국에서 병사했다.

이후 1834년 중국인 유방제 신부, 1836년 피에르 모방 신부와 자크 오노레 샤스탕 신부가 조선에 파견되었고 1837년 로랑 조제프 마리위스 앵베르 주교가 조선교구 제2대 교구장으로 임명되었다. 이로써 한국 천주교는 서양의 성직자를 갖춘 교회로 성장했고 김대건·최양업·최방제 세 소년을 1836년 마카오로 보낼 수 있었다.

그런 가운데 1839년 3월 기해박해(기해사옥)가 시작되었다. 이는 벽파인 풍양 조씨가 시파인 안동 김씨의 세도를 빼앗기 위해 일으킨 박해사건이었다. 이 사건은 시파인 김조순의 딸이 순조의 비로 간택되어 안동 김씨 세도가 지루하게 이어지다가 김조순(1832)과 순조(1834)가 죽고 순조의 손자인 헌종이 8세의 나이로 왕위에 오르면서 헌종의 생모인 신정왕후 조대비의 일족(풍양 조씨)이 정권을 잡은 것이 발단이었다. 벽파인 풍양 조씨는 천주교를 적대시하고 시파인 안동 김씨는 천주교에 관용적인 정치 구도 속에서 풍양 조씨가 안동 김씨로부터 권력을 탈취하기 위해 대대적으로 천주교를 박해한 것이다.

1839년 4월 배교를 거부하는 9명의 교인이 서소문 밖에서 처형된 것을 시작으로 1년 내내 참수가 끊이지 않았다. 지방에서 처형된 교인까지 합치면 수백 명에 이르렀고 3명의 프랑스 신부도 9월 순교했다. 그래도 천주교 신자는 계속 증가했다. 파리외방전교회 소속으로 1856년 제4대 교구장에 임명되어 입국한 베르뇌 시므온의 적극적인 선교에 힘입어 1863년경에는 천주교인이 2만여 명에 이르렀다.

병인박해, 과거와는 비교가 안될 정도로 잔혹

그러나 과거의 박해와는 비교가 안 될 정도로 잔혹한 박해가 또다시 기다리고 있었으니 1866년의 병인박해가 그것이었다. 당시는 대원군의 집권기였다. 대원군의 부인과 딸은 물론 아들(고종)의 유모도 천주교인일 정도로 집권 초기의 대원군은 천주교를 적대시하지 않았다. 러시아의 남침 야욕을 막기 위해 조선 교구장인 베르뇌에게 협조를 요청하기도 했다.

하지만 대신들이 끈질기게 천주교 탄압을 주장하면서 사정이 달라졌다. 당시 대원군과 서원 철폐로 대립하고 있던 대신들은 유교의 근본인 서원은 철폐하면서 서교(천주교)를 용인하는 이유가 무엇이냐며 대원군을 압박했다. 북경에 파견된 조선 사절은 청나라 천주교도들이 백성의 재산을 약탈하고 부녀자를 겁탈하는 등 폐해가 심각하다는 서찰을 보내와 조정의 여론을 들끓게 했다. 결국 대원군이 천주교인들을 체포하라고 명령을 내리면서 전국에 피바람이 몰아쳤다. 고종이 왕위를 계승하는 데 결정적으로 영향을 미친 대왕대비 신정왕후도 천주교도를 소탕하라고 전교를 내려 사태를 악화시켰다.

1866년 1월 시작된 병인박해로 베르뇌 주교를 포함해 9명의 외국인 신부가 3월에 처형되었다. 조정은 아직 체포하지 못한 리델·페롱·칼레 등 3명의 신부를 색출하기 위해 많은 천주교인을 가혹하게 고문·처형했다. 그러자 3명의 신부는 조선에서 벌어지고 있는 가혹한 박해를 알리고 새로운 신부를 보내줄 것을 청하기 위해 펠릭스 리델 신부를 중국에 보냈다. 리델은 11명의 조선 교인과 함께 위험을 무릅쓰고 1866년 7월 중국 산동 해안에 도착, 천진에 주둔하고 있던 프랑스 피에르 로즈 제독에게 이런 사실을 알렸다. 로즈 제독이 함대를 이끌고 9월 조선 앞바다에 나타났으니 병인양요였다.

병인양요는 병인박해를 더욱 악화시켰다. 병인양요가 일어난 것은 천주교인들의 밀고 때문이라며 대대적으로 박해를 가한 것이다. 대원군은 천주교인이라면 남녀노소를 막론하고 잡아 죽이라는 명을 내렸다. 이후 전국이 피로 물들고 통곡이 그치지 않았다. 기록상으로는 200명 안팎의 천주교인이 숨진 것으로 알려졌으나 오늘날 천주교 측은 1866년부터 1872년까지 8,000여 명에서 1만 명이 순교한 것으로 보고있다.

프랑스 선교사들이 자유롭게 조선을 드나들 수 있게 된 것은 병인박해로부터 20년 뒤 체결한 조불수호통상조약 덕분이었다. 천주교인의 완전한 종교의 자유는 1899년 조선교구장인 귀스타브 뮈텔이 조선 조정과 교민조약을 체결함으로써 비로소 공식적으로 인정되었다.

운요호 사건과 강화도조약
이로써 조선은 제국주의, 기술 문명, 자본주의 시대인 근대세계에 비로소 편입되었다.

조선 외교정책의 근간은 사대교린(事大交隣)이었다. 중국에는 큰 나라를 받들어 섬기는 '사대'를 하고, 일본과 여진에는 사대 질서 안에서 대등하게 사귄다는 의미의 '교린'을 적용했다. 교린 외교는 교류는 하되 동맹처럼 밀접한 관계는 맺지 않는, 멀지도 가깝지도 않은 상태 유지를 원칙으로 삼았다. 조선과 일본은 300년 이상 교린 외교를 펼치면서 잘 지내왔다. 다만 조선 조정은 일본이 조선과 달리 중앙정부가 확실치 않아 천황이나 막부와 직접 교류하기보다 쓰시마번

부산 초량 앞바다에 선명 미상의 일본 함선이 정박해 있다.(1876.1)

을 매개로 간접적이고 제한적으로 교류했다. 따라서 쓰시마번의 서계(여권)와 조선이 발급한 도서(비자)를 소지한 일본인만 입국을 허가하고 왜관에서만 활동할 수 있게 했다.

이런 교린 관계에 결정적으로 금이 가기 시작한 것은 19세기 후반 들어서였다. 균열의 원인은 일본이 제공했다. 일본은 1868년 메이지 유신을 단행한 후 쓰시마번의 번주와 부산의 관리 사이에 이뤄져온 그동안의 외교 업무를 새로 설치한 외무성 소관으로 옮기고 부산의 왜관은 일방적으로 일본의 외교 공관으로 바꾸었다. 그러면서 조선에 보내는 공문서에 종전처럼 쓰시마 번 번주의 직인 대신 천황의 옥새를 찍고 "우리 천황(天皇)께옵서", "조칙(詔勅)을 내리시와" 등의 문구를 사용했다.

그런데 조선의 입장에서 황제를 의미하는 이런 표현들은 종주국인 중국 황제만이 사용할 수 있는 것이었다. 따라서 조선과 대등한 교린 관계에 있는 일본이 마치 황제국의 위치에서 조선을 제후국 대하듯이 외교문서를 보내는 것을 받아들일 수 없었다. 이후 두 나라는 몇 년간 공식 접촉이 단절되고 교착 상태에 빠졌다. 더구나 당시 조선은 제너럴 셔면호 사건(1866), 병인양요(1866), 신미양요(1871) 등의 영향을 받아 위정척사를 신주단지 모시듯 하는 대원군 집권기였다.

이처럼 조선이 일본의 달라진 위상을 인정하지 않자 일본 조야에서 교류 재개를 촉구하되 듣지 않으면 무력을 사용해야 한다는 이른바 '정한론'이 고개를 내밀었다. 정한론은 1871년의 폐번치현(廢藩置縣)과 1872년의 국민징집령으로 하루아침에 실직에 처한 수십만 명 무사 계급의 처리 문제를 해결하기 위해서도 필요했다.

정한론 주창자 중 대표적인 인물은 에도 막부를 타도하고 메이지 유신을 성공으로 이끈 '유신 삼걸' 중 한 사람인 사이고 다카모리였다. 그는 무사들의 불만이 반란으로 표출되기 전에 전쟁을 일으켜 이를 해소해야 한다며 1873년 정한론을 강력하게 주장했다. 그러나 정한론은 1873년 9월 오쿠보 도시미치, 이토 히로부미 등의 반대에 부닥치고 내치 우선을 주장하는 점진주의자들이 힘을 얻으면서 잠시 소강상태에 빠졌다.

그즈음 조선에서 쇄국정책을 펴오던 대원군이 1873년 12월 12일(이하 양력) 실각하고 고종의 친정과 민씨 척족의 집정이 시작되었다. 그러자 조일관계의 걸림돌이었던 일본의 공문서 표현을 받아들이자는 주장이 일부에서 제기되었다. 물론 조정 안팎의 절대 다수는 여전히 일본의 공문서 형식을 문제 삼았다.

이런 점을 감안해 1874년 8월 조선에서 열린 조선·일본 간의 회담에서 일본은 '황', '칙' 등의 표현을 자제하고, 조선은 일본과의 교류를 재개하며, 조일 양국은 러시아의 위협에 공동으로 맞선다는 원칙에 대강 합의했다. 그런데도 일본은 1875년 2월 조선에 보낸 공문서에서 또다시 '황', '칙'의 표현을 사용했다. 조선 조정에서는 또다시 격식에 어긋난다며 돌려보냈다.

이런 상황에서 1875년 3월 일본이 숙적인 러시아와 사할린 귀속 문제를 타결지어 두 나라 사이에 화해 무드가 조성되었다. 더구나 청나라가 영국 부영사 살해 사건으로 인한 영국과의 긴장 고조로 조선 문제에 쏟을 여력이 없어 일본으로서는 호기가 아닐 수 없었다. 일본은 영국에서 사들인 신식 전함 운요호(245t)로 하여금 해안 측량을 핑계로 조선의 영해를 침범토록 했다.

운요호는 동해안으로 북상해 영흥만까지 순항한 뒤 부산에 닿았고 그곳에서 사격 훈련을 하며 위력을 과시했다. 뒤이어 남해와 서해를 굽이돌아 1875년 9월 20일 강화도 초지진 앞바다까지 접근했다. 운요호는 무장한 병사 14명을 태운 소형 선박을 내려 초지진으로 접근했다. 해안을 경계하던 초지진의 조선군은 예고도 없이 침입하는 정체불명의 배를 보고 접근하지 말라면서 경고용 포격을 가했다. 병인양요와 신미양요를 겪었던 터라 타국의 군함이 다가와 침입으로 알고 대응했던 것이다.

운요호는 기다렸다는 듯 이튿날 신형 대포로 초지진에 맹포격을 퍼부어 초지진을 쑥밭으로 만들었다. 22일에는 영종도의 영종진까지 쳐들어갔다. 영종진에는 400여 명에 달하는 조선군이 있었지만 일본의 근대화된 무기를 당해낼 수 없었다. 일본군은 영종도에 상륙, 민가를 습격하고 약탈과 강간을 자행한 뒤 돌아갔다. 초지진과 영종진 두 전투에서 조선군은 36명이 전사하고 16명이 포로로 잡혔다. 반면 일본군은 2명의 경상자만 냈다.

고종에 대한 예우에만 신경을 쓰다가 중요한 것을 놓치는 우 범해

일본은 조선군이 먼저 포문을 열었다고 강변하며 조선의 사과를 요구하고 새로운 조약 체결을 종용했다. 조선은 국제적 동정도 얻지 못해 일본의 요구를 받아들여야 했다. 일본은 구로다 기요타카를 전권대표로 하는 대표단을 1876년 1월 30일, 조선에 보내 운요호 문제 등을 교섭토록 했다. 교섭단에는 6척의 전함과 300명의 병력을 딸려 보내 사실상 점령군의 모양새를 취했다. 조선 조정은 판중추부사 신헌을 전권대관으로 내세웠다.

신헌과 구로다는 1876년 2월 10일 첫 상견례를 한 후 2월 11일부터 본격적으로 회담했다. 구로다는 적반하장 격으로 운요호 사건과 서계 문제를 집중 거론하며 조선의 사과와 개항을 요구했다. 조선이 거절한다면 군사행동도 불사하겠다고 협박했다. 조약안이 사실상 확정되자 2월 20일 일본 대표단이 조약문에 고종의 어보(御寶·임금의 도장)를 찍고 어명(御名)도 써넣어야 한다고 주장했다. 그러나 조선 측은 "어명어보는 막중막엄해서 신하가 감히 입에 올릴 수도 없는 것인데 하물며 어찌 감히 문서에 쓸 수 있겠는가"라면서 "다른 것은 양보해도 그 문제에서만은 일본의 요구를 들어줄 수 없다"며 어명 없이 어보만 찍을 것을 강력히 주장했다.

지금의 관점으로 보면 국가 간의 조약에 대통령이나 총리의 서명이 들어가는 것이 당연한 것이지만 당시 조선의 상황에서는 있을 수 없는 일이었다. 결국 더 중요한 안건도 많았지만 왕의 체통을 지키는 일에만 온통 매달려서 옥신각신하다가 고종의 서명 대신에 어보를 새로 만들어 사용하기로 했다. 조선 측 대표는 이렇게 고종에 대한 예우에만 신경을 썼을 뿐 정작 중요한 것들은 놓치는 우를 범했다.

이런 과정을 거쳐 1876년 2월 27일 강화부 연무대에서 신헌·윤자승과 구로다·이노우에가 역사적인 '조일수호조규'를 체결했다. 우리나라가 외국과 맺은 첫 근대적인 조약인 조일수호조규는 병자년인 1876년에 맺어졌다고 해서 '병자수호조약'이라고도 한다.

조약은 전문과 12개조로 구성되었다. 당초 일본이 제시한 조약문 초안에는 전문 서두에 '대일본제국 황제 폐하와 조선 국왕 전하께서는'이라는 조약 주체를 명시했는데 그것은 당시의 국제적 관행이었다. 그러나 조선이 '황', '칙'이라는 표현을 완강히 거부함에 따라 '대일본국과 대조선국'으로 바뀌 국가원수가 아닌 국가가 조약 주체로 명시되었다.

제1조 '조선국은 자주 국가로 일본국과 동등한 권리를 보유한다'는 조항에 대해 일본은 조선이 청국에서 독립한 것으로 이해했으나 조선은 중국에 사대하면서도 국가 운영은 자율적으로 했으니 그것을 재천명한 것으

로 이해했다. 제4조와 제5조에서는 부산 외에 새로운 항구 개항을 명시했으나 조선의 반대로 구체적 개항지는 명시하지 않은 채 조약문을 마무리 했다가 1880년 원산, 1883년 인천을 개항했다.

문제는 제7조였다. '일본국 항해자들이 수시로 조선국 해안을 측량하고 도면을 만들어서 양국의 배와 사람들이 위험한 곳을 피하고 안전히 항해할 수 있도록 한다'라고 규정함으로써 일본이 조선의 지리 정보를 상세히 파악할 수 있는 근거를 제공하고 측량을 이유로 일본의 군함이 아무 때나 조선 바다에 출몰할 수 있게 했다.

조일수호조규는 이렇듯 불평등조약이었으나 당시 상황에서 고종과 조정의 신하가 조약의 의미와 문제점을 제대로 파악하는 건 무리였다. 어쨌든 조선은 제국주의, 기술 문명, 자본주의 시대인 근대세계에 비로소 편입되었다. 척화론자들과 유림들은 연일 척화를 주장하는 상소를 올렸다. 최익현은 도끼를 들고 자신의 목을 자르기 전에는 나라 문을 열 수 없다며 개항 반대 상소를 올렸다.

오늘날 대체적인 의견은 조일수호조규가 불평등하다는 것이지만 당시 조선이 초안에서 최혜국 조항을 제외할 것을 요구하고 12개 조항 중 9개 조항에 대해 문안 수정 및 용어 변경을 요구했기 때문에 고종의 능동적인 의지에 따라 체결된 것이라는 주장도 있다.

일본의 개항, 막부 체제 붕괴, 메이지 시대 개막
일본 헌법, 천황이 국가원수이자 국가 최고통치자임을 명백히 했다.

에도(도쿄)를 근거지로 한 도쿠가와 막부 체제가 수립된 1603년 이래 일본은 쇄국주의를 고수했다. 규슈의 나가사키·히라도에서 네덜

메이지 천황

란드·포르투갈 상인과의 국지적이고 단순한 교역은 예외적으로 허용했으나 일본 근해로 접근하는 외국 배들은 모두 쫓아내는 것을 원칙으로 삼았다. 그래도 서양 배들이 계속 접근하자 1825년 2월 에도 막부의 11대 쇼군 도쿠가와 이에나리가 전국의 번주(다이묘)들에게 이양선을 몰아내라는 이른바 '이국선 타불령'을 선포했다.

그러던 중 1840년 청나라가 영국과의 아편전쟁에서 패해 굴욕적인 남경조약(1842)을 체결했다는 소식이 일본에 전해졌다. 에도 막부는 위기의식을 느껴 1842년 7월 '이국선 타불령'을 폐기하고 이양선이 원하면 물, 식량, 연료 등을 제공하도록 했다. 이런 가운데 1846년 7월 미국의 동인도함대 사령관 제임스 비들이 2척의 전함을 이끌고 에도만 우라가항에 입항했다. 비들은 통상조약을 제시했으나 일본이 거부하자 더 이상의 요구는 하지 않고 일본을 떠났다.

그로부터 7년이 지난 1853년 7월 3일 이번에는 미국의 매슈 페리 제독이 4척의 검은 증기선을 이끌고 우라가항 앞바다에 나타났다. 1852년 미국의 노퍽항을 떠나 대서양, 남아공의 케이프타운, 인도양, 남중국해를 거쳐 220여 일 만에 일본에 도착한 이 시커먼 증기선을 일본인들은 '흑선'으로 불렀다. 갑작스러운 흑선의 출현에 쇄국 체제를 고집해온 에도 막부는 대경실색하고 혼비백산했다.

페리 제독은 통상, 석탄·식량 공급, 난파선 보호를 이유로 개항을 요구했다. 하지만 겁을 집어먹은 막부의 노중(총리) 아베 마사히로가 이듬해 답서를 주겠다고 해 페리 제독은 "1년 후 다시 올 때까지 가부를 결정하라"고 통고한 뒤 일본을 떠났다.

페리 제독이 1,200여 명의 군인과 7척의 군함을 이끌고 다시 일본 앞바다에 나타난 것은 1854년 2월 13일이었다. 미 함대는 막부의 결단을 촉구하기 위해 연일 함포를 쏘아대며 공포 분위기를 조성했다. 아베 마사히로는 막부의 수장인 쇼군에게서 정무 일체를 위임받았지만 어찌할 바를 몰라 그동안 거들떠보지도 않았던 천황가(家) 조정에 의견을 구했다. 그때까지 천황은 막부의 통제와 간섭을 받는 무력한 존재였다. 에도에서 멀리 떨어진 교토의 황궁에서 제사나 지내며 소일하고 정치적 권한도 없었다. 이처럼 에도 막부로부터 완전히 따돌림을 받고 있던 천황가에 의견을 물었으니 아베 마사히로의 행동은 결과적으로 천황의 권위를 높여주는 결과를 낳았다.

당시는 천황을 받들어 서양 오랑캐를 몰아내자는 '존왕양이(尊王攘夷)' 운동이 막 움틀 때여서 천황은 개항을 반대했다. 그런데도 에도 막부는 1854년 3월 31일 미일화친조약(가나가와 조약)을 체결함으로써 애써 기존의 권위를 유지하려 했다. 조약에 따라 막부 정권은 시모다와 하코다테 2개 항구를 개항하고, 영사 주재와 최혜국 대우 등을 약속했다. 뒤를 이어 영국, 러시아, 네덜란드와도 같은 조건의 조약을 맺음으로써 에도 막부의 강력한 쇄국정책은 사실상 막을 내렸다. 그런데 개국·개항이 결과한 것은 쇄국 체제의 붕괴만이 아니었다. 그동안 천황가에 의견을 구하지 않았던 막부의 정무 원칙이 이를 계기로 중대한 기로에 서게 된 것이야말로 막부 정권으로서는 가장 큰 위기였다.

1856년 시모다 주재 초대 미국 총영사로 부임한 타운젠드 해리스가 '미일수호통상조약' 체결을 요구했을 때도 에도 막부의 관료가 고메이 천황 칙허를 얻기 위해 1858년 교토를 찾아갔다. 천황은 또다시 조약 칙허를 거절했다. 그런데 그 무렵 영국과 프랑스 함대가 청나라를 굴복시키고 굴욕적인 불평등조약을 체결했다는 소식이 전해졌다.

그러자 아베 마사히로에 이어 막부의 실권자로 등장한 대로(총리) 이이 나오스케가 1858년 7월 29일 14개조의 미일수호통상조약을 고메이 천황의 칙허 없이 일방적으로 체결했다. 시모다와 하코다테 외에 요코하마, 나가사키, 니가타 등 항구를 추가로 개항하고 자유무역을 원칙으로 하며 개항장에 외국인 거류지를 설치하되 외국인의 국내 여행은 금지한다는 등의 내용이었다. 하지만 힘에 밀려 체결한 조약이다 보니 일본 내 미국인의 치외법권은 인정한 반면 일본은 미국으로부터 관세자주권은 물론 최혜국대우조차 인정받지 못했다. 이이 나오스케는 조약 체결이 부당하다는 국내 반발에도 네덜란드, 러시아, 영국, 프랑스와 연이어 수호통상조약을 체결했다.

에도 막부 체제가 이처럼 천황의 반대에도 불구하고 개항·개국을 허용하자 고메이 천황이 조약 체결에 불만을 표시하는 칙령을 내렸다. 그동안 막부의 영향 아래 있던 지방의 각 번(藩)도 '존왕양이' 기치를 내세워 굴욕적 불평등조약에 반기를 들고 반막부파를 형성했다.

도쿠가와 막부, 264년 만에 역사 속으로 사라져

이런 상황에서 이이 나오스케는 자신이 제14대 쇼군으로 옹립하려는 도쿠가와 이에모치 대신 도쿠가와 요시노부를 옹립하려는 정치적 반대파들을 제거하기 위해 1858년 이른바 '안세이 대옥'을 일으켜 요시다 쇼인 등 100명이 넘는 존왕양이파를 처형해 반발을 증폭시켰다. 막부의 이 같은 강경 조치는 무사들의 격렬한 반발을 불렀다. 더구나 무사들은 이질적인 외국인이 일본의 중심 도시를 활보하는 것을 보면서 무기력한 막부와 외국인에 대해 분노를 느꼈다.

당시 무사들이 좇는 대의명분도 존왕양이였다. 특히 에도 막부에서 철저히 소외되고 중앙에서 멀리 떨어져 있는 사쓰마번(현재의 가고시마현),

조슈번(야마구치현), 도사번(고치현), 히젠번(나가사키현) 등의 하급 무사는 존왕양이의 강력한 옹호 세력이었다. 이들은 막부 체제의 해체와 강력한 중앙집권국가 수립을 목표로 삼았다.

이에 공감하는 인물들이 세력을 결집하면서 일본은 엄청난 변혁의 소용돌이에 빠져들었다. 이는 사쓰마번, 조슈번, 도사번 출신의 존

개항과 메이지 시대 관련 주요 지명

왕양이파가 중앙 정국에 태풍의 눈으로 등장했음을 알리는 신호탄이었고, 막부에게는 몰락의 출발점이었다. 존왕양이파는 암살과 테러를 전술로 삼았다. 이이 나오스케도 1860년 3월 에도성 성곽의 사쿠라다문 밖에서 살해되었다. 1861년 미국영사관의 통역관과 영국 공사관의 직원도 피살되었다.

먼저 행동에 나선 세력은 사쓰마번과 조슈번의 하급 무사들이었다. 그 중에서도 사쓰마번의 사이고 다카모리와 오쿠보 도시미치, 조슈번의 기도 다카요시는 '메이지 유신 3걸'로 회자될 만큼 활약이 컸다. 도사번 출신으로 국제 정세에 밝았던 사카모토 료마, 도미 경험을 통해 국제적 감각을 지닌 막부의 중신 가쓰 가이슈, 문사 이와쿠라 도모미 등도 반막부파에 가담했다. 천황이 거주하는 교토궁의 조정 대신들도 '존왕토막(尊王討幕)'의 기치를 내세워 반막부파의 한 축을 이뤘다.

문제는 남부 지역의 양대 기둥인 사쓰마번과 조슈번이 오랜 세월 앙숙이었다는 것이다. 두 번(藩)의 동맹을 도모하기 위해 1864년 9월 가쓰 가이슈가 사쓰마번의 대표 격인 사이고 다카모리를 만나 조슈번과 연합해 서양의 압력에 대처하자고 설득했다. 사카모토 료마도 사이고 다카모리와 기도 다카요시를 은밀히 찾아가 "일단 다시 한 번 만나 주십시오. 그리고 딱 반걸음만 양보해 주십시오. 그다음은 제가 알아서 하겠습니다"라며 설득하고 종용했다. 결국 두 번은 오랜 세월 서로를 향해 쌓았던 앙금을 씻어내고 힘을 합쳤다. 그래서 1866년 3월 7일 체결된 것이 '삿초동맹'이다. 이에 위기의식을 느낀 막부가 대군을 동원해 1866년 5월 조슈번 정벌을 감행했으나 조슈번의 완강한 저항에 부닥쳐 실패했다. 그때 활약한 인물이 조슈번의 해군총독 다카스키 신사쿠이다.

정국이 이처럼 긴박하게 돌아가고 있을 때 막부의 쇼군 이에모치가 1866년 8월 병사했다. 1867년 1월 30일에는 고메이 천황이 죽고 아들 메이지 무쓰히토(1852~1912)가 15세 나이로 제122대 천황에 즉위했다. 이후 메이지 천황의 측근은 사쓰마와 조슈의 하급 무사와 연계된 젊은 혁신파로 채워졌다.

사면초가의 위기에 놓인 막부 내 '공무합체파'가 중재안을 내놓은 것은 이런 상황 변화의 반영이었다. '공무합체(公武合體)'는 막부의 쇼군이 유력 번주들과 함께 국사를 협의하고 그 결정 사항에 대해 천황의 재가를 받는다는 타협안이었다. 양측은 논의 끝에 쇼군이 각 번의 번주와 같은 지위를 유지하고, 쇼군직은 천황에 책임을 지는 추밀원(지금의 의회)으로 대체한다는 것에 합의했다.

1866년 12월 제15대 쇼군에 즉위한 도쿠가와 요시노부는 자신이 추밀원장이 되어 추밀원을 장악하면 내전을 막으면서도 실리를 챙길 수 있다는 계산으로 중재안을 수락했다. 그 결과 1867년 10월 14일 쇼군이 국가 통치를 포기하고 통치권을 천황에게 바친다는 이른바 '대정봉환(大政奉還)'이 이뤄졌다. 이는 천황과 에도 막부가 화합해 쇼군의 권위도 살리고 천황가의 왕정복고도 이룬다는 외형상 '윈윈 전략'으로 보이지만 실은 형식만 천황 체제로 삼고 실권은 쇼군이 계속 장악하겠다는 막부 체제의 기만책이었다.

그러자 당시 천황을 보필하던 이와쿠라 도모미가 1867년 12월 9일, 삿초동맹을 포함해 5개 번의 반막부파 세력과 함께 쿠데타를 일으킨 뒤 어린 메이지 천황을 대신해 '왕정복고의 대호령'을 선언했다. 막부를 지지하는 번벌들과 신료들을 제거하고 메이지 천황을 중심으로 신정부를 수립한다는 선언이었다. 이로써 일본에는 교토의 왕정복고 정권과 에도의 막부 정권으로 나뉜 2개의 중앙정부가 병립했다.

결국 두 세력은 1868년 1월 패권을 가리는 '보신 전쟁'을 벌였으나 3월 에도의 막부군이 항복하고 신정부군이 에도에 무혈입성함으로써 도쿠가와 막부는 264년 만에 역사 속으로 사라지고 천황의 신정부가 일본 유일의 중앙정부가 되었다. 내전에서 전사한 신정부군(천황군)을 위해 지은 사당이 오늘날의 야스쿠니 신사다.

1868년 3월 14일 메이지 천황이 친정(親政)을 선언했다. 그동안 허수아비에 불과했던 자신에게 모든 실권을 집중한다는 자신감의 발로이자 일본 근대국가 수립의 불을 댕긴 '메이지 유신'의 전주곡이었다. 하지만 백성들에게 천황은 이미 오래전 잊힌 존재였다. 그러자 하급 무사들이 주축을 이룬 유신의 주역들은 자기들보다 신분이 높은 번주(藩主)나 사무라이들을 누르고 정부의 권위를 세워줄 상징이 필요했다. 그들은 자신들조차 숭배하지 않던 어린 왕을 '현인신(現人神)'이라 치켜세우며 국가 지배를 위한 도구로 이용했다. '천황은 신의 나라인 일본을 통치하는 현인신이다. 일본인은 신의 자손이다. 천황을 위해 기꺼이 죽을 수 있어야 한다'는 논리가 개발되었다.

주변국들은 불행한 질곡 속으로 빠져들어

신정부는 천황의 정치적 존재를 국민에게 알리기 위해 전국을 순행하는 프로젝트를 구상했다. 전국을 100여 차례 이상 행차하는 정치 이벤트가 끝나고서야 천황의 실체가 국민들 마음속에 자리잡기 시작했다. 메이지 자신은 끊임없는 학습과 자기 수련을 통해 서서히 천황의 위엄과 권위를 갖춰나갔다. 신정부의 젊은 지도자들도 천황을 내세워 서구 열강과 어깨를 나란히 할 수 있는 민족국가를 만드는 데 총력을 기울였다. 먼저 1869년 3월 사쓰마, 조슈, 도사번의 번주들이 자발적으로 자신들의 토지와 백성을 메이지 천황에게 반환한다는 '판적봉환(版籍奉還)' 건백서를 제출했다. 1869년 7월에는 다른 번주들도 판적봉환에 동참했다.

1869년 10월 메이지 천황이 교토를 떠나 도쿠가와 막부 정권의 아성이던 에도로 천도해 새 출발을 다짐한 데 이어 1871년 기존의 모든 번을 폐지하고 3부 43개 현을 설치하는 '폐번치현(廢藩置縣)'의 행정개혁을 단행했다. 이로써 봉건적인 분할 행정에 종지부를 찍고 실질적인 중앙집권화가 이루어졌다.

국내 정세가 안정되자 1871년 11월 메이지 천황이 이와쿠라 도모미를 정사, 이토 히로부미, 오쿠보 도시미치, 기도 다카요시 등을 부사로 하는 46명의 견외사절단을 미국에 파견했다. 사절단은 1872년 7월 두 번째 행선지 영국을 방문, 영국의 발전이 산업혁명과 대량생산 체제에 있음을 깨달았다. 무엇보다 식민지를 통해야 부국강병이 될 수 있다는 사실과, 약육강식의 제국주의 방법론을 배운 것이 가장 큰 수확이었다. 사절단은 미국과 유럽의 11개국을 돌며 각국 정상을 만났다. 사절단은 1년 10개월 만인 1873년 9월 돌아와 100권에 달하는 견학 실록을 작성했다.

사절단이 해외로 나간 사이 국내 개혁은 사이고 다카모리, 이노우에 가오루 등이 담당했다. 특히 사이고는 정한론을 앞장서 주창했다. 그러던 중 사절단이 미국·유럽에서 귀국하면서 정한론을 둘러싸고 극심한 대립 양상이 벌어졌다. 사이고의 죽마고우 오쿠보가 내치 우선을 주장하며 정한론에 반대하자 천황은 오쿠보의 손을 들어주었다.

결국 사이고는 공직에서 물러나 자신의 본거지인 가고시마(사쓰마)에서 독자적으로 세력을 키웠다. 그러나 정부의 견제로 난관에 봉착하자 1877년 세이난 전쟁을 일으켰다. 결국 반란은 실패하고 사이고는 1877년 9월 24일 자결했다. 이로써 '메이지 시대'의 앞길을 막고 있던 모든 걸림돌은 제거되었고 메이지 유신은 부국강병과 군국주의로 내쳐 달릴 수 있었다.

신정부의 실권을 장악한 오쿠보는 서양에서 배운 지식과 경륜을 내치에 쏟아부었다. 부국강병, 식산흥업, 문명개화라는 메이지 유신의 3대 목표를 실현하기 위해 획기적인 개혁 정책을 실시했다. 식산흥업 계획에 따라 프랑스식 제사공장, 독일식 광산제련소, 영국식 군수공장을 신설하고 서양의 기술자들을 초빙했다. 민간기업의 발전도 도모해 미쓰비시, 미쓰이, 스미토모 등이 비약적으로 성장했다.

1871년 문부성이 설치되고, 이듬해 프랑스 제도를 모방한 학제가 공포되었다. 그 결과 전국에 2만여 개 소학교가 설치되는 등 근대적 학교가 속속 보급되었다. 1872년 음력을 폐지하고 태양력을 도입했으며 하루를 24시간제로 바꾸고 일요일 휴무제를 실시했다. 도쿄의 신바시와 요코하마를 연결하는 최초의 철도가 1872년 부설되었다.

문명개화는 의식주 생활에도 큰 변화를 가져왔다. 전통 옷과 전통 나막신(게다) 대신 서양의 신사복과 가죽구두가 민간에 퍼졌고 서양식 단발이 유행했다. 쇠고기 소비량이 문명의 바로미터라는 말이 퍼지면서 쇠고기를 먹자는 운동이 펼쳐졌다. 쇠고기 국물냄비는 문명개화냄비로 불리며 장안의 인기 상품이 되었다.

1873년 1월 징병제, 1876년 3월 폐도령(廢刀令), 8월 금녹공채증서 발행

조서를 선포해 사무라이들만이 칼을 차는 특권과 녹봉 지급을 금지하는 조치를 취했다. 이로써 사무라이는 경제적으로 몰락하고 사회적 신분을 상실했다. 무사들이 연이어 반란을 일으켰으나 모조리 진압되었다.

오쿠보 내각은 군비가 확충되자 오랫동안 묵혀두었던 정한의 기치를 높이 내걸었다. 1875년 8월 운요호를 서울의 관문인 강화도에 보내 포격을 유발하고 이 사건을 빌미 삼아 조선에 강력한 개항 공세를 펼친 끝에 1876년 2월 조일수호조규를 체결하는 데 성공했다.

메이지 신정부는 해를 거듭할수록 자신감이 생겼다. '내각제 채택'(1885) '메이지 헌법 공포'(1889) '의회 소집'(1890) 등 굵직굵직한 정책들을 속속 발표하며 절대주의적 천황제 국가를 구축해 나갔다.

메이지 치세 동안 중앙집권제를 정비하고 입헌군주제를 확립하고 산업혁명을 추진한 결과 일본은 봉건국가의 틀에서 벗어나 근대 산업국가로 재탄생했다. 보잘것없는 동양의 외딴섬을 서구 열강과 어깨를 견주는 근대 제국으로 발돋움시킨 메이지의 45년 치세는 일본이 청일전쟁과 러일전쟁의 승리를 통해 아시아의 패자로 우뚝 서게 한 원동력이 되었다.

하지만 메이지 시대가 찬란한 빛을 발할수록 조선과 대만, 류큐 등 주변국들은 불행한 질곡 속으로 빠져들었다. 일본은 1879년 동중국해 서남부에 자리한 섬나라 류큐를 오키나와현으로 편입시키고 대만과 조선을 목표로 1895년 청일전쟁을 일으켰다. 1904년 러일전쟁을 통해 조선과 요동반도, 사할린 남부 지역을 빼앗아 영토를 2배 이상 늘림으로써 일약 동아시아의 최강자로 떠올랐다.

메이지 천황은 지병인 당뇨병이 악화되어 1912년 7월 30일 사망했다. 장례일인 9월 13일, 러일전쟁을 승리로 이끈 일본 육군대장 노기 마레스케가 일본군도로 자신의 배를 십자로 그어 할복했다. 부인은 호신용 칼을 심장에 대고 앞으로 엎어져 자결했다. 1877년 일어난 '세이난 전쟁'에서 천황이 준 연대 깃발을 빼앗긴 죄를 용서해주고, 러일전쟁의 여순전투에서 엄청난 사상자를 낸 것에 치욕을 느껴 종전 후 사죄의 자살을 청했다가 허락하지 않은 메이지 천황에 대한 배려를 죽음으로 보답한 것이다. 노기의 할복 자결은 일본 메이지 정신의 상징으로 추앙받으면서 이후 제국주의 군대에 큰 영향을 주었다.

조미수호통상조약과 박정양 초대 주미 공사
청렴결백하고 자신의 직무를 충실히 수행한 전형적인 관료형 정치가였다.

조선과 미국의 첫 접촉은 1853년 1월 29일(이하 양력) 미국 포경선 '사우스 아메리카호'가 부산 용당포 앞바다로 표류하면서 이뤄졌다. 부산의 관리들이 배에 올라 심문했으나 "며리계", "며리계"만 반복적으로 들릴 뿐 무슨 얘기를 하는지 도무지 알 수 없었다. 사실은 그들이 "아메리카"라고 말한 것을 '아'자를 듣지 못하고 '며리계'로만 들었을 것으로 추정된다. 선원들은 육지에 상륙하지 않고 배에서만 머물다 1853년 2월 8일 조선을 떠났다.

조선 땅을 처음 밟은 미국인은 미국 포경선 '투 브러더스호'에 타고 있던 4명의 선원이었다. 그들은 선장의 횡포에 시달리다가 작은 배를 타고 탈출해 표류하던 중 1855년 7월 2일 강원도 통천 해안가에 상륙했다. 조선 관리들이 의사소통을 시도했으나 말이 통하지 않아 서울을 거쳐 북경으로 보냈다. 청나라 정사인 '청사고'에 따르면 그들은 미국인으로 밝혀져 상해 주재 미국영사를 거쳐 미국으로 건너갔다. 1866년 6월 24일에는 당시 문헌에 '사불(土佛)호'로 기록된 미국 상선 '스쿠너 서프라이즈호'가 풍랑을 만나 표류하다가 선원 8명이 평안도 철산부 선천포 해안에서 구조되어 청국을 거쳐 미국으로 돌아간 일도 있었다. 이른바 제너럴 셔먼호 사건이 일어난 것은 그로부터 2개월이 지난 1866년 8월 16일(음력 7월 7일)이었다.

이후 10년 동안 잠잠하던 미국이 다시 조선에 관심을 보이기 시작한 것은 1876년 조선과 일본이 조일수호조규를 체결한 후였다. 1880년 5월 로버트 슈펠트 제독이 부산에 도착, 부산 주재 일본영사를 통해 교섭을 원한다는 국서를 조정에 전달했다가 거부당하자 청국에 중재를 요청했다.

당시 청국의 실세인 이홍장은 러시아의 남하와 일본의 조선 진출을 우려하고 있었다. 특히 1879년 4월 일본이 류큐 왕국을 일방적으로 병합한 뒤에는 조선의 방어책 마련에 골몰했다. 그는 조선이 서양 각국과 조약을 체결하면 이 국가들이 일본의 조선 침략을 저지해 줄 것으로 판단했다. 1879년 조선의 원로대신 이유원에게 서신을 보내 서양 여러 나라와 수교할 것을 권고한 것도 그런 이유였다. 그러나 조선 조정은 서양과 조약을 체결할 생각이 없었다.

하지만 1880년 김홍집이 일본에서 가지고 온, 일본 주재 청국공사관의 외교관 황준헌이 쓴 '조선책략'을 고종이 읽고 미국을 '영토 욕심이 없는 양대인(洋大人)'으로 인식하면서 사정이 달라졌다. 고종은 청국의 비호 하에 미국 등 우호적 국가들과 수교하면 조선에서 세력균형을 유지할 수 있다고 판단했다. 그 결과 1880년 10월 청국의 이홍장에게 밀사를 보내 미국과 수교할 뜻이 있음을 전했다.

이홍장은 슈펠트와 1880년 8월, 1881년 7월, 1882년 3월 중국 천진에서 세 차례 만나 미국과 조선 간의 조약 문제를 논의했다. 그리고 1882년 4월 슈펠트와 조약 문안에 최종 합의한 뒤 막료인 마건충을 슈펠트의 조선행에 동행시켜 조약 체결을 감시하도록 했다.

슈펠트는 1882년 5월 22일 조선의 전권대신 신헌과 '조미수호통상조약'

을 제물포에서 체결했다. 전문 14개조로 구성된 조약에서 주목할 부분은 '제3국으로부터 불공경모(不公輕侮)하는 일이 있을 경우 필수상조한다'(제1조), '치외법권은 잠정적으로 한다'(제4조), '수출입 상품에 대한 관세부과권은 조선 정부에 속한다'(제5조), '거류지는 조선 영토의 불가결한 부분이다'(제6조) 등이었다.

이 가운데 가장 중요한 제1조를 풀어쓰면 '일방이 제3국에 의해 강압적 대우를 받을 때 다른 일방은 중재를 한다'는 내용이다. 이는 국제법상 '거중조정'에 해당하는데 고종은 이 거중조정 조항에 따른 미국의 중재가 열강의 침략을 막아주는 바람막이가 되어 줄 것으로 믿었으나 미국 입장에서는 외교적 수사에 불과했다. 조선이 일본의 식민지로 전락할 때까지 철저히 일본 편에 섰기 때문이다. 이후 조선은 청의 손을 거치지 않고 영국, 독일, 러시아와 직접 교섭 및 조약을 체결하면서 그때마다 동일한 내용을 상대국에 보냈다. 조선으로서는 청의 '속국'임을 부정하지는 않으면서 '외교의 자주'를 행사한 것이다.

청의 '속국'임을 부정하지 않으면서 '외교 자주' 행사해

조미수호통상조약은 기본적으로 불평등조약인데다 체결 과정에서 중국의 입김이 크게 작용하고 조약 체결 후 미 정부의 조선 정책이 불개입·친일 정책으로 일관해도 아무런 손을 쓸 수 없었다는 점에서 부정적 평가가 대세를 이룬다. 반면 제반 여건을 감안할 때 치외법권의 잠정적 인정, 관세자주권과 고율의 관세 조항 등은 당시 청국이나 일본이 서구 제국과 맺은 조약에 비해 불평등이 약화된 주권국 간의 쌍무적 협약이라는 점에서 의미가 있다는 견해도 있다. 조·청 간의 전통적인 조공 관계를 청산하고 주권독립국가로 새롭게 출발했다는 점에서 역사적 의의가 크다는 학자도 있다.

1883년 1월 9일 미 상원이 조약의 비준에 동의함에 따라 그해 5월 루시어스 푸트가 초대 주조선 미국특명전권공사로 부임했다. 조선도 상호주의 원칙에 따라 미국에 공사를 파견해야 했으나 재정 부담이 커 먼저 견미사절단을 보내기로 했다. 그래서 이뤄진 것이 1883년 7월 미국에 파견된 보빙사였다. 보빙은 '답례로 외국을 방문하는 것'을 뜻한다.

우리 역사상 최초로 서양 문물을 체험하게 될 사절단은 민영익(정사), 홍영식(부사), 서광범(종사관) 등 모두 11명으로 구성되었다. 모두가 한결같이 20대의 젊은이들이었다. 유길준, 고영철, 변수, 현흥택, 최경석 등 조선인 외에도 통역을 담당할 중국인 오례당, 미국인 퍼시벌 로웰, 일본인 미야오카 쓰네지로 등이 수행했다. 이 가운데 미국 현지를 안내할 로웰은 우리말은 모르지만 일본어를 어느 정도 구사해 영어에 능통한 일본인을 개인 비서로 채용했다. 로웰은 훗날 명왕성 발견의 길을 연 천문학계의 거물로 성장한다.

박정양, '영약삼단' 무시하고 독자적 외교활동 펼쳐

보빙사 일행은 1883년 7월 16일 미 군함을 타고 제물포항을 떠나 일본 요코하마에서 태평양 횡단 여객선으로 갈아타고 9월 2일 미국 샌프란시스코항에 입항했다. 9월 18일 뉴욕 5번가 호텔에서 체스터 아서 대통령에게 신임장을 제정할 때 마룻바닥에 엎드려 이마가 닿을 정도의 큰절을 해 아서를 당황하게 했다.

문제는 복잡한 통역이었다. 조선어-영어 통역을 할 수 있는 사람이 없어 '중국어-영어', '일본어-영어', '조선어-중국어', '조선어-일본어' 통역 절차를 밟아야 했다. 예를 들면 아서 대통령이 영어로 말하면, '중국어-영어 통역'이 중국어로 옮기고, 이어 '조선어-중국어 통역'이 조선어로 옮기는 식이었다. 이걸로는 불안했는지 똑같은 방식으로 '일본어-영어 통역'과 '조선어-일본어 통역'을 활용해 의사소통에 만전을 기했다.

보빙사는 미국의 공공기관, 산업박람회, 시범 농장, 병원, 전신 회사, 소방서, 우체국, 상점, 제당 공장, 해군기지 등을 시찰했다. 특히 신식 농업기술과 농기구 등에 관심이 많아 751달러를 들여 타작기, 벼 심는 기계, 쇠스랑, 서

보빙사 관료들. 앞줄은 왼쪽부터 홍영식, 민영익, 서광범, 퍼시벌 로웰이고 뒷줄은 왼쪽부터 현흥택, 최경석, 유길준, 고영철, 변수이다.

양 저울 등 농기구들을 사서 조선으로 탁송했다. 시찰단은 두 팀으로 나눠 귀국했는데 홍영식, 고영철, 로웰, 일본인 통역은 10월 중순 먼저 귀국길에 올라 그해 12월 19일 조선에 도착했다.

민영익, 서광범, 변수는 11월 10일 뉴욕항을 떠나 6개월 동안 프랑스 파리, 영국 런던, 이탈리아 로마, 이집트 카이로 등 유럽 각국을 비롯해 인도, 스리랑카, 싱가포르, 홍콩을 경유하는 조선인 최초의 세계일주 여행을 한 뒤 1884년 5월 31일 귀국했다. 민영익은 이때의 경험을 두고 "암흑세계에서 태어나 광명세계에 갔다가 다시 암흑세계로 돌아왔다"고 표현했다. 유길준은 국비 유학생 자격으로 미국에 남아 한국 최초의 미국 유학생으로 기록되었다.

고종은 이후에도 미국에 공사를 파견하지 못하다가 1887년 8월 내무협판 박정양(1841~1904)을 주미 특명전권공사, 심상학을 주유럽 5개국(영국·독일·러시아·이탈리아·프랑스) 전권공사로 임명했다. 하지만 조선에서 상전 노릇을 하던 원세개가 "청국과 사전에 협의하지 않았으니 사절 계획을 백지화하라"고 으름장을 놓으면서 사정이 복잡해졌다.

원세개는 미국의 항의가 있고서야 마지못해 공사 파견을 허락했다. 하

지만 ▲조선공사가 주차국에 가면 먼저 청국 공사에게 보고하는 것은 물론 그를 경유한 뒤 외무부에 가야 하고 ▲공식 행사나 연회석상에서 조선공사는 청국 공사 다음에 앉아야 하며 ▲중대 사건이 있을 경우 반드시 청국 공사와 미리 협의해야 한다는 이른바 '영약삼단'을 조건으로 달았다. 이는 조선이 청국의 속국임을 대내외에 널리 알리려는 계산이었다.

청국의 압력이 얼마나 드셌던지 심상학은 병을 이유로 유럽 전권공사직을 사임할 정도였다. 심상학의 후임자인 조신희 역시 원세개를 의식해 유럽 현지에 부임하지 않고 홍콩에서 1년 이상 머물다 병을 핑계로 1890년 1월 임의로 귀국해 서울로 들어오지도 못하고 인천에서 곧바로 전라도로 유배되었다.

주미전권공사 박정양을 비롯해 이완용(참찬관), 이하영(2등 서기관), 이상재(3등 서기관), 이채연(번역관) 등 모두 10명으로 구성된 최초의 주미 공사단이 조선을 떠난 것은 1887년 11월 12일이었다. 일행은 일본 나가사키에서 미국인 의사 호러스 알렌과 합류한 뒤 12월 10일 영국 여객선을 타고 일본을 출발했다.

공사단은 18일간의 항해 끝에 12월 28일 미국 샌프란시스코에 도착했으나 선객 중에 두창(천연두) 환자가 있어 바로 상륙하지 못하고 1주일 동안 배에 갇혀 있다가 1888년 1월 1일 미국 땅을 밟았다. 공사단은 1월 4일 대륙횡단열차를 타고 1월 10일 워싱턴에 도착했다. 영약삼단을 알지 못하고 있던 알렌은 워싱턴에서 이 사실을 알고 박정양이 영약삼단 지침에 따라 청국 공사관을 먼저 방문하면 공사단에서 발을 빼겠다며 반발했다. 결국 박정양은 영약삼단을 무시하고 독자적으로 외교활동을 펼쳤다.

박정양은 1888년 1월 17일 그로버 클리블랜드 대통령에게 국서를 봉정했다. 다만 과거 보빙사 일행이 아서 대통령에게 큰절을 한 것과 달리 목례와 악수로 인사를 나누고 국서를 봉정했다. 이때 박정양은 대통령이 이미 접견실에 들어와 있는데도 평범한 복장의 대통령을 알아보지 못하고 화려한 복장의 대통령이 들어오기만을 기다리는 실수를 범했다. 박정양은 워싱턴 주재 각국 공사와 미국의 각부 장관을 순방

초대 주미공사단. 앞줄 왼쪽부터 이상재, 이완용, 박정양(주미공사), 이하영, 이채연이고 뒷줄은 수행원들이다

한 뒤 워싱턴 15번가 피셔옥을 임대해 임시공사관을 열었다.

주미공사 일행이 미국으로 출발할 때 그들의 영어 실력은 형편없었다. 조금이라도 영어를 할 줄 아는 사람은 이하영과 이완용뿐, 박정양 공사조차 영어를 전혀 몰랐다. 3등 서기관이었던 이상재는 훗날 "미국의 반벙어리와 조선의 반벙어리가 적당히 절충해 의사를 소통했다"고 회고했다.

박정양 공사가 부임했을 당시, 이미 미국에는 조선인 엘리트가 여럿 머물고 있었다. 갑신정변의 주역이었던 서재필, 서광범, 정난교를 비롯해 민영익의 돈을 훔쳐 미국에 온 민상호와 윤정식, 그리고 갑신정변 후 본국의 소환령에 불응하고 일본에 있다가 미국으로 도망온 이계필 등이 그들이다. 박정양은 이계필 말고는 아무도 만나지 않았다.

박정양이 청나라 공사관에 알리지 않고 독자적으로 신임장을 제정하자 청국의 시비가 끊이지 않았다. 주미 청국 공사가 박정양의 독단 행동을 일일이 본국으로 보고하면 본국의 이홍장은 이를 한양의 원세개에게 훈령으로 보내고, 원세개가 다시 조선 정부에 따지면 조선 정부가 박정양을 힐책하는 식으로 괴롭혔다. 결국 박정양은 부임 1년 만에 본국으로 송환되는 신세가 되어 1888년 11월 공사관 업무를 이하영에게 맡기고 이상재 등과 함께 귀국길에 올랐다. 이에 따라 미국 상주 공사관원은 이하영, 강

진희, 알렌 등 3명으로 축소되었다.

박정양이 일본에 도착했을 때 분이 덜 풀린 원세개가 그에게 사약을 내리라고 목소리를 높이는 통에 박정양은 귀국도 못 하고 4개월 동안 일본 땅에 머물렀다. 귀국 후에도 남대문 밖에서 70여 일 동안이나 기다리다 1889년 8월 20일 어렵게 고종을 만나 결과를 보고했다. 고종은 한때 원세개의 압력에 굴복하긴 했지만 박정양을 도승지·호조판서 등 요직에 잇따라 기용해 여전히 깊은 신뢰를 보였다. 박정양의 공사 후임은 이하영(1888.11~1889.6), 이완용(1889.6~1890.9), 이채연(1890.9~1893.5) 등으로 이어졌다.

박정양은 1895년 김홍집의 2차 내각에 학부대신으로 임명되어 갑오개혁을 추진했다. 1895년 삼국간섭으로 김홍집 내각이 붕괴했을 때는 내각 총리대신 서리에 임명되어 과도 내각을 이끌었다. 을미사변 후에는 위정척사파 및 수구파의 대대적인 탄핵과 정치 공세를 받고 파면되었다가 3차 김홍집 내각 때 다시 내부대신으로 복귀했다. 1896년 아관파천으로 김홍집이 군중에 살해된 후에는 총리대신 서리와 궁내부대신 서리를 겸임하다가 내각이 의정부로 개혁되면서 의정부 참정대신이 되었다. 이처럼 박정양은 줄곧 고종의 신임 아래 정부의 요직을 두루 거치면서 점진적인 개혁을 펼쳤다. 특히 각국 외교관들이 인정할 정도로 청렴결백하고 자신의 직무를 충실히 수행한 전형적인 관료형 정치가였다.

임오군란 발발

대원군은 10년 만에 권토중래했고 이후 한 달간 고종을 대리해 정치 전면에 나섰다.

1880년대 초, 민씨 일족의 인사행정 문란, 매관매직, 부정부패, 국고 낭비 등에 대한 민심의 불만이 팽배했다. 민씨 일족과 개화파가 일본에 문호를 개방해 백성의 삶이 더욱 피폐해졌다고 믿는 사람도 많아졌다. 이에 더해 봉급을 제대로 받지 못한 구식 군대 병사들의 불만도 폭발 일보 직전이었다. 조선 정부가 신식 군대인 별기군을 창설하는 과정에서 구5군영 소속 군병의 대부분은 실직하고, 운이 좋아 무위영과 장어영으로 개편된 군병이라 할지라도 신설된 별기군에 비해 열악한 대우를 받았기 때문이다. 더욱이 무위·장어영 소속 군병들은 13개월이나 군료를 받지 못해 불만이 최고조에 달했다.

이런 상황에서 임오년인 1882년 7월 19일(이하 양력) 무위영 소속의 구 훈련도감 군병들에게 봉급이 쌀로 지급되었다. 그런데 반가워해야 할 군병들 사이에 불만의 목소리가 터져 나왔다. 13개월 만에 밀린 봉급을 쌀로 지급하면서도 1개월 봉급에 해당되는 쌀만 지급한 데다 쌀이 정량에 미치지 못하고 겨와 모래가 섞여 있었기 때문이다.

흥분한 병사들이 쌀을 지급하는 관청인 선혜청과 무위영 관리들에게 항의하면서 난투극이 벌어졌다. 선혜청 당상 민겸호는 4명의 주동자를 의금부에 가두었다. 그러자 4명의 군병이 살고 있는 이태원과 왕십리 일대의 군병들이 동료들을 풀어줄 것을 요구하는 통문을 사방에 돌렸다. 이 사실을 전해 들은 백성들이 적극적으로 가담하면서 사태는 걷잡을 수 없이 확대되었다.

7월 23일 군병과 백성들이 의금부로 쳐들어가 투옥된 동료를 구출하면서 마침내 임오군란이 발화했다. 군병들은 안국동의 민겸호 집에 찾아갔으나 민겸호가 집에 없자 집을 습격하고 동별영의 무기고를 열어 무기를 탈취했다. 일부는 대원군이 있는 운현궁으로 몰려갔다. 그들은 대원군이 자신들의 하소연을 들어주자 대원군이 자신들의 행동을 지지하는 것으로 이해했다.

폭동은 더욱 과격해졌다. 별기군의 일본인 교관을 살해하고 일본공사관에 불을 질러 반일적인 성격을 드러냈다. 살해된 일본인은 32명이나 되었다. 하나부사 요시타다 공사 일행은 인천으로 피신, 그곳에 정박 중인 영국 측량선을 타고 7월 29일 일본 나가사키로 돌아가 군란 사실을 본국 정부에 보고했다.

군병들은 내친 김에 부패의 온상인 민씨 일파와 개화파 인물들까지 제거할 작정을 하고 민태호를 비롯한 민씨 일족의 주요 인물들과 개화파 관료들의 집을 습격했다. 7월 24일에는 민겸호와 그의 손자 민창식, 그리고 전 선혜청 당상 김보현, 대원군의 형으로 고종 정권에서 영의정을 지낸 이최응 등을 보는 대로 죽였다. 기세가 올라 창덕궁 안으로도 난입, 대원군의 복귀를 요구했다.

이처럼 사태가 무정부 상태로 치닫자 고종은 7월 24일 대원군에게 전권을 위임하는 조치를 내렸다. 대다수 민중의 지지를 받는 대원군을 전면에 내세우는 것이 사태 진정에 도움이 된다고 판단한 것이다. 대원군은 10년 만에 권토중래했고 이후 한 달간 고종을 대리해 정치 전면에 나섰다. 백성들은 개화 정책으로 인한 혼란과 경제적 어려움을 대원군이 일거에 해결해줄 것으로 기대했다.

대원군은 정권을 다시 잡게 되자 고종이 주도해온 개화 정책을 전면 백지화했다. 그동안에 이뤄진 모든 제도 개혁을 혁파하고 구제도로 복귀하는 반동적인 정책을 펼쳤다. 개화 정책 추진의 본산이던 통리기무아문을 폐지해 삼군부로 바꾸고 별기군을 폐지해 종래의 5군영을 복구시켰다. 민씨 척족은 제거하고 자신의 측근을 기용했다. 맏아들인 이재면을 훈련대장 겸 호조판서·선혜청 당상에 임명한 것은 병재(兵財) 양권을 장악하겠다는 계산이었다.

군민들은 민비가 자신들을 못살게 만든 민씨 일족의 핵심이고 원흉이라고 생각해 민비를 제거하려고 궁궐 안을 뒤졌으나 민비는 이미 탈출하고 없었다. 민비는 경기도 광주·여주를 거쳐 충주 장호원의 충주목사 민응식 집으로 피신했다. 군민들은 민비를 찾지 못하자 해산하지 않고 추이를 살폈다. 대원군은 군민을 해산시키기 위해 민비의 시신도 없고 정확한 사망 시간도 알지 못하면서 민비가 죽었다고 국상을 선포했다. 고종은 민비의 생사가 확실히 밝혀지지도 않은 상태에서 망자 취급을 한 대원군이 원망스러웠다. 이 문제는 결국 고종이 대원군과 부자 간의 약한 고리마저 끊게 하는 계기가 되었다.

민씨 일족의 전횡과 일본의 조선 시장 진출이 원인

사건이 확대되자 미국과의 수호조약 체결을 위해 청국에서 북양대신 이홍장과 교섭 중이던 김윤식과 어윤중이 본국의 긴급 훈령을 받고 이홍장에게 파병을 요청했다. 8월 10일 청의 마건충과 정여창이 지휘하는 3척의 군함이 제물포항으로 들어왔다. 8월 20일에는 오장경이 거느린 3,000여 명의 청군이 경기도 화성시 남양반도의 서남부 끝자락에 위치한 마산포에 도착, 8월 25일 서울로 입성했다.

청국의 대병력이 진주하자 군란에 앞장섰던 군인들은 아무런 저항 없이 해산했다. 그런데도 청군은 구식 군대 병사들이 주로 모여 살던 왕십리와 이태원 등지로 병력을 출동시켜 병사들과 가족을 몰살했다. 조선 땅에서 외국 군대가 그토록 참혹한 대살육을 벌인 것은 병자호란 이후 245년 만의 일이었다. 청군은 대원군의 장자 이재면을 비롯해 이경하 등 친대원군 계열의 무장들도 체포하고 투옥했다. 또한 대원군이 이 사건을 원격 조종했다고 보고 8월 26일 대원군을 체포해 중국 천진으로 압송했다. 이로써 대원군 정권은 33일 만에 무너지고 대원군은 3년 동안 연금되었다.

권력은 다시 고종에게로 돌아왔지만 3,000여 명의 청군이 서울 각 지역에 분산 배치됨에 따라 조선의 대중국 종속 관계는 더욱 심화되었다. 청국은 진수당을 재정고문으로, 친청파인 묄렌도르프를 외교고문으로 임명해 조선의 경제 외교를 좌지우지했다.

일본은 일본대로 큰 실속을 챙겼다. 군란 때 살해당한 자국민 피해와 안전과 자위권 강화를 명분으로 시비를 걸어와 8월 30일 조선과 제물포조약을 체결했기 때문이다. 일본으로 피신했던 하나부사 공사가 일본에서 대책을 세운 뒤 인천에 다시 도착한 것은 8월 12일이었다. 그의 뒤를 이어 군함 4척, 수송선 3척, 1개 대대 병력 1,500여 명도 인천으로 들어왔다. 8월 16일 서울에 도착한 하나부사는 8월 20일 고종을 알현한 자리에서 고종을 압박했다. 그리고 조선의 전권대사 이유원과 사실상 강제 협상을 벌인 끝에 제물포조약을 체결했다.

제물포조약은 ▲조선은 흉도를 체포하고 수괴를 가려내 중벌로 다스릴 것 ▲일본국 관리로 피해를 본 자는 조선국이 융숭한 예로 장사를 지낼 것 ▲조선은 일본국 관리 피해자의 유족 및 부상자에게 보상할 것 ▲일본 공사관에 군인 약간 명을 두어 경비하게 하며, 병영의 설치·수선은 조선이 책임을 질 것 ▲조선은 일본에 대관(大官)을 특파하고 국서를 보내어 일본국에 사죄할 것 등 온통 조선에 불리한 내용 뿐이었다.

일본은 이와 별개로 조선 내에서의 상업 활동을 보장받기 위해 별도로 '조일수호조규 속약'을 체결했다. ▲부산·원산·인천 각 항의 간행이정(間行里程)을 확장해 사방 각 50리로 정하고, 2년 후를 기해 다시 각 100리로 한다. 1년 후 양화진을 개시장(開市場)으로 한다는 조항은 항구의 크기를 확장해 그 안에서 일본인이 자유롭게 활동하게 하기 위함이었다. ▲일본의 공사·영사와 그 수행원 및 그 가족의 조선 내지 여행을 허용하고, 여행지를 지정해 증서를 급여하되, 지방관은 그것을 대조하고 호송한다는 조항은 조선의 지방관에게 일본 외교관의 호송 임무까지 부담지운 것이다.

조약에 따라 조선 조정은 군란 주모자들을 처형하거나 유배하고 배상금을 지불했다. 대원군파에 대한 숙청도 단행했다. 군란 종결 후 민비는 9월 12일 환궁하고 민씨 척족 정권은 다시 세력을 회복해 정권 유지에 급급했다.

갑신정변과 김옥균
지적 호기심이 강하고 기존의 틀과 인습에 얽매이지 않는 자유분방한 기질의 소유자였다.

갑신정변에 대한 평가는 대체적으로 긍정적이지만 부정적 목소리도 적지 않다. 외세 의존적이라는 한계가 없진 않지만 조선을 자주·독립적이고 부국강병한 나라로 개조하겠다는 개화의 몸부림과, 봉건적이고 종속적인 국제 질서가 붕괴하는 상황에서 어떻게든 중국과의 관계를 주종 관계로 복귀시키려는 수구 보수 세력에 대한 척결 시도 등이 긍정적 요인으로 꼽히는 반면 준비 부족과 조급성으로 인한 정변 실패로 개화는커녕 일본의 조선 침탈에 이용되었다는 점에서는 부정적 평가를 받는다. 갑신정변에는 여러 개화파 인사가 참여했지만 주역은 단연 김옥균(1851~1894)이다.

김옥균은 충남 공주의 양반 가문에서 태어났으나 집안이 벼슬·재산과는 거리가 멀어 6세 때 경제적으로 풍족한 당숙의 양자로 입적했다. 15세 때는 부모를 따라 서울 북촌에 정착했는데 당시 북촌 일대는 개화사상의 산실이었다. 김옥균은 북촌의 박규수 사랑방을 드나들면서 개화사상을 접하고 '해국도지', '영환지략', '이언' 등 해외에서 들어온 개화 관련 책자를 탐독하면서 개화의 당위성을 깨우쳤다. 박영효·홍영식·서재필·서광범 등 양반집 젊은 엘리트들과도 어울리면서 개화사상의 깊이를 더해갔다.

김옥균은 지적 호기심이 강하고 기존의 틀과 인습에 얽매이지 않는 자유

김옥균

분방한 기질의 소유자였다. 시·글씨·그림에 재주가 뛰어나고 활쏘기·바둑·노름 등에도 일가견이 있어 사실상 만능 엔터테이너였다. 1872년 3월 알성시 갑과에 장원급제한 후 주로 홍문관에서 근무하던 김옥균이 개화의 필요성을 절감한 것은 1882년 1월 서광범 등과 함께 일본으로 건너가 조선소, 제련소, 군수공장, 조폐국 등을 둘러보고 메이지 유신의 성과를 직접 눈으로 확인하면서였다. 계몽사상가 후쿠자와 유키치도 만나 개화 세례를 받았다.

김옥균은 1882년 7월 임오군란이 발발했을 때 노골적인 내정 간섭과 조선을 속국으로 취급하는 청국의 시대착오적 행태에 분개했다. 청국의 조선 속방화 정책으로 나라의 독립이 크게 침해되고 자주 근대화가 저지되는데도 사리사욕을 채우는 민씨 척족에 분통을 터뜨렸다. 청의 간섭과 개입을 유도한 김윤식과 어윤중 등 친청 개화파에도 불만이 많았다. 김윤식과 어윤중 등은 청에 친밀감을 품은 개화파 관료였다. 임오군란 후 청에 군대 파견을 요청한 것도 이들 친청 개화파였다. 반면 김옥균 일파는 일본을 통해 신문물을 경험하고 학습한 일본통이었다.

친청이든 친일이든 개화파는 박규수 밑에서 동문수학했던 동지들이었으나 결국 현실 인식과 개화 추진 방법에서 의견이 분열되었다. 김옥균·박영효·홍영식·서광범 등은 급진 개화파, 김윤식·김홍집·어윤중 등은 온건 개화파로 각기 다른 길을 걸었다. 급진 개화파는 자신들을 개화당 또는 독립당으로 자칭하고 '충의계'라는 비밀결사를 만들어 세력을 규합했다.

고종은 1882년 9월 제3차 수신사를 일본에 파견했다. 박영효를 특명전권대사로 내세운 수신사의 임무는 일본 정부에 임오군란 때 빚어진 일을 사과하고 임오군란에 따른 제물포조약을 비준교환하는 것이었다. 김옥균은 수신사와는 별도로 민영익과 함께 일본의 정책을 살펴보고 오라는 고종의 명을 받고 도일했다. 수신사 일행은 1883년 1월 귀국했으나 김옥균은 일본에 남아 차관 교섭을 벌였다.

김옥균은 1883년 6월 일본을 세 번째 방문했다. 그때 인솔한 50명의 유학생 중 서재필을 포함해 14명을 일본 도야마 군사학교에 입교시켰다. 훗날의 거사에 대비하기 위한 사전 포석이었다. 사관생도들은 1884년 7월 귀국, 갑신정변의 전위부대 역할을 했다.

김옥균은 1884년 3월 귀국해 미국에 보빙사로 파견된 민씨 척족의 기대주 민영익의 귀국을 고대했다. 당시 개화파 인사들은 민영익이 자신들과 개화에 뜻을 같이하는 인물로 여겼다. 그러나 민영익이 1884년 5월 서울로 돌아와 친청 세력에 기울고 개화파와 거리를 두면서 그에 대한 기대와 희망은 물거품이 되었다. 김옥균은 민영익을 응징해야겠다고 결심했다.

당시 김옥균과 개화당 동지들은 개화 정책을 추진하려면 조정의 핵심 권력 기구를 장악해야 했으나 그럴 힘이 없었다. 결국 김옥균 일행은 조선의 개화와 독립을 가로막는 민씨 척족을 제거하기로 마음을 굳혔다.

그 무렵 청국과 프랑스가 베트남 영유권을 놓고 신경전을 벌이며 사태가 악화했다. 청국은 1884년 5월 조선에 주둔해 있는 3,000명의 병력 중 1,500명을 베트남 국경으로 이동시켰다. 1884년 8월 발발한 청불전쟁에서 프랑스 함대가 청국의 함대를 격파하는 등 전쟁 상황이 청국에게 불리하게 전개되자 김옥균 등 개화당은 마침내 정변을 일으킬 시기가 왔다고 판단했다. 게다가 조선인에 대한 청군 병사와 청국 상인들의 폭행 사건이 빈발해 조선 백성들의 반청 감정이 고조되고 있었다.

본격적으로 정변을 준비하고 있던 1884년 10월 일본공사 다케조에 신이치로가 개화당에 호의를 보이면서 접근해 왔다. 다케조에는 김옥균과 박영효에게 힘을 실어주고 정변을 부추겼다. 그러면서 일본군이 비록 1개

중대에 불과하나 청군을 상대할 수 있다고 호언했다. 김옥균 일파는 일본 공사를 반신반의하면서도 공사관 병력 150명과 차관을 제공하겠다는 다케조에의 허언에 의지했다. 김옥균은 미국공사 루시어스 푸트와 영국 총영사 윌리엄 애스턴에게 정변 의사를 밝히고 의중을 떠보았으나 두 사람은 성급하게 나서지 말고 후일을 기약하라고 조언했다.

정변 세력은, 외곽은 1,000명의 조선군, 중간은 150명의 일본군, 왕실은 서재필의 사관생도 14명과 충의계 소속 40여 명이 지키는 것으로 계획을 짰다. 이는 청국군 1,500명과 거의 맞먹는 병력이었으나 실제로 쿠데타 당일 동원된 무력은 서재필이 주도하는 사관생도 14명, 조선군 70여 명, 김옥균이 포섭한 장사 30여 명, 부상(負商) 100여 명, 일본군 150여 명이 전부였다. 무엇보다도 상황이 불리할 경우 발을 뺄 가능성이 높은 일본군 150명의 지원을 믿은 것은 치명적인 판단 착오였다.

조선을 속국으로 취급하는 청국의 시대착오적 행태에 분개

D-데이는 우편 업무를 취급하는 우정국 건물 낙성식 축하연이 열린 1884년 12월 4일(음력 10월 17일)이었다. 저녁 7시 시작된 낙성식은 국내외 주요 인사들로 북적거렸다. 국외 인물로는 미국공사 푸트, 영국 총영사 애스턴, 청국총판조선상무 진수당, 독일인이면서 조선 정부의 외무협판으로 활동하는 묄렌도르프 등이 참석했다. 다케조에 공사는 와병을 핑계로 참석하지 않았다. 국내 인물로는 우정국 총판 홍영식을 비롯해 김홍집, 한규직, 민영익, 윤치호, 김옥균, 서광범, 박영효 등이 눈에 띄었다.

축하연이 파장할 무렵인 오후 9시쯤 갑자기 우정국 인근 민가에서 "불이야" "불이야" 하는 다급한 소리가 들려왔다. 민영익이 다급하게 연회장 밖으로 뛰쳐나갔으나 그를 기다리는 건 개화파 요원들의 칼부림이었다. 결국 민영익은 중상을 입은 채 연회장 안으로 기어 들어왔고 축하연장은 아수라장이 되었다. 민영익은 미국공사관 주치의 호러스 알렌의 치료를 받아 다행히 목숨은 건졌다.

김옥균·홍영식·박영효·서광범·서재필 등은 혼란해진 틈을 이용해 고종과 민비의 거처인 창덕궁 대조전으로 달려가 고종에게 우정국 변란 소식을 전하고 거처를 다른 곳으로 옮길 것을 주청했다. 당시 고종은 김옥균을 신뢰했기 때문에 창덕궁 서쪽 경우궁으로 거처를 옮겨야 한다는 김옥균의 말만 듣고 무작정 김옥균 일행을 따라나섰다. 순간 천지를 진동하는 폭음이 들려왔다. 정변 세력과 사전에 밀약한 궁녀 고대수가 대궐 앞 통명전에서 터뜨린 폭약 소리였다.

김옥균 일행이 고종과 민비를 모시고 경우궁에 다다르자 다케조에 일본 공사가 일본군 150여 명을 이끌고 와 경우궁을 안팎으로 에워쌌다. 서재필이 이끄는 사관생도와 행동대원들도 경우궁을 철통같이 지켰다. 정변 세력은 밤 11시경 군사 지휘권을 가진 수구파 거물 한규직·윤태준·이조연, 민씨 수구파 거물인 민태호·민영목 등을 고종의 이름으로 경우궁으로 오게 해 처단했다. 개화당의 배신자인 환관 유재현은 고종의 면전에서 살해했다. 이날 개화당의 칼에 날아간 대신의 목숨은 11명에 이르렀다. 이름조차 남기지 못한 죽음도 부지기수였다. 고종은 그제서야 정변이 자신의 생각과 다르게 진행되고 있고 개화파가 집권할 경우 왕권이 위협받을 수 있다는 사실을 깨달았다.

개화파는 12월 5일 신정부 조각을 발표했다. 영의정 이재원(대원군의 둘째형인 흥완군의 장남), 좌의정 홍영식, 전후영사 겸 좌포장 박영효, 좌우영사 겸 대리외무독판 겸 우포장 서광범, 좌찬성 겸 우참찬 이재면(대원군의 장남), 병조판서 이재완(이재원의 동생), 예조판서 김윤식, 한성판윤 김홍집, 호조참판 김옥균, 병조참판 겸 정령관 서재필 등이 포진한 내각이었다. 급진개화당 동지, 민씨 척족에 억눌려 지냈거나 고종과 사이가 좋지 않았던 흥선대원군 계열의 종친과 왕실 외척, 온건 개화파 세력이 연합한 모양새였다.

민비는 경우궁에 사실상 유폐되어 있으면서도 심복인 한성판윤 심상훈을 통해 사태의 실상을 파악했다. 심상훈은 12월 5일 개화파인 것처럼 위장해 경우궁으로 잠입한 뒤 경우궁 뒷문을 이용해 민비와 청나라군의 연락책 역할을 했다. 민비는 경우궁이 좁아 불편하다며 창덕궁으로 환궁을 강력히 고집했다. 청군이 수적으로 열세인 개화파 병력을 공격할 때 수비 범위가 넓은 창덕궁이 용이했기 때문이다.

김옥균도 이런 사실을 잘 알고 있어 적극적으로 반대했으나 고종의 명을 거역할 수 없어 경우궁 옆 이재원의 사저인 계동궁으로 거처를 옮겼다. 계동궁은 경우궁보다는 넓었으나 창덕궁보다는 방어에 유리했다. 고종과 민비는 계동궁으로 옮긴 뒤에도 계속 창덕궁 환궁을 요구했다. 김옥균은 계속 거절했으나 다케조에 공사가 일본군 병력이면 청군의 공격을 물리칠 수 있다고 장담해 환궁을 받아들였다. 그 결과 고종과 민비는 12월 5일 오후 5시 창덕궁으로 환궁했는데 다만 창덕궁 중에서도 가장 협소한 관물헌으로 이어했다.

갑신정변 실패의 가장 큰 원인은 개화파의 오판

정변 세력은 12월 6일 오전 9시경, 혁신정강을 발표했다. 정강은 원래 80여 개 조항이었으나 현재는 김옥균의 수기 '갑신일록'을 통해 알려진 14개 조항만 전해진다. ▲대원군을 하루빨리 청국에서 모셔올 것 ▲문벌을 폐지해 인민이 평등한 권리를 갖는 제도를 마련할 것 ▲지조법(地租法)을 개혁해 간사한 관리들을 근절하고 백성의 곤란을 구하며 국가 재정을 유족하게 할 것 ▲간악하고 탐오해 나라를 병들게 한 자는 정죄할 것 ▲유배·금고된 사람들을 재조사해 석방할 것 등 근대사회를 향한 혁신적인 주장

들이 대부분이었다. 대원군을
청국에서 모셔와야 한다는 조
항은 민씨 척족에 억눌려 지낸
대원군 계열의 종친을 의식한
측면도 있지만 김옥균 자신이
대원군의 쇄국정책에는 반대
하면서도 개인적으로는 공명
정대한 일 처리와 굳건한 지조
를 지지했기 때문이다.

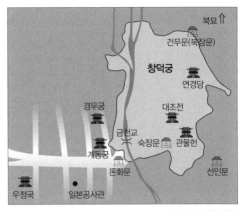

갑신정변 관련 장소

하지만 12월 6일 오후 3시쯤 청나라의 오조유와 원세개가 1,500명의 병
력을 두 부대로 나누어 창덕궁의 돈화문과 선인문으로 각각 공격해 들어
옴으로써 혁신정강은 하루도 안 되어 무용지물이 되었다. 청군의 공격에
조선군이 응전했으나 수십 명의 전사자를 낸 뒤 줄행랑을 치거나 청군에
합류했다. 일본군은 제대로 전투도 하지 않고 철병했다.

민비는 왕세자와 세자빈을 데리고 창덕궁 북쪽으로 빠져나가 북묘(북관
종묘)를 거쳐 지금의 노원구 월계동 각심사로 피신했다. 고종 역시 몇 명
의 신하만 거느리고 창덕궁 뒷산으로 도망치다가 곧 뒤를 쫓아온 김옥균
과 서광범의 설득으로 창덕궁 후원 연경당으로 돌아갔다. 하지만 곧 사태
가 위급함을 깨닫고 그날밤 건무문을 지나 북묘 방향으로 이동했다.

김옥균 일행은 사태가 정변 세력에 불리하게 돌아가자 다케조에 공사
와 함께 창덕궁 북쪽 건무문(북장문)을 거쳐 12월 6일 밤 일본공사관으로
피신했다. 반면 같은 개화당이면서도 홍영식과 박영교(박영효의 동생)는
북묘로 이동하는 고종을 호위했다. 그러던 중 청국의 오조유가 이동 중인
고종을 발견하고 자기가 모시겠다고 하자 홍영식과 박영교는 고종의 옷
깃을 끌어당기며 가지 말라고 만류하다가 사관생도 7명과 함께 살해되었

다. 고종은 오조유의 진영을 거쳐 12월 7일 동대문 근처의 원세개 진영으로 옮겼다가 12월 10일 창덕궁으로 환궁했다.

12월 7일 아침이 되자 민중이 일본공사관과 김옥균 집으로 몰려가 돌을 던지거나 불을 질렀다. 다케조에는 오후 2시 30분경 자국의 군대와 민간인을 이끌고 공사관을 빠져나왔다. 김옥균·박영효·서광범·서재필·변수·유혁로·이규완·정난교·신응희 9명도 그 틈에 끼어 밤새도록 걷고 걸어 12월 8일 아침 인천의 일본영사관에 도착했다. 그리고 12월 11일 제물포에 정박해 있는 일본 우편선을 타고 빠져나감으로써 갑신정변은 완전히 실패로 돌아갔다. 국내에 남은 나머지 개화당들은 민씨 수구파에 의해 색출되어 피살되었다. 정변과 관련해 처형된 희생자는 50명으로 추산되지만 정변 관련자의 가족까지 포함하면 그 수는 훨씬 더 늘어난다.

정변 가담자의 가족들도 연좌법에 의해 처형되거나 투옥되었다. 김옥균의 친모는 자살하고 친부는 투옥되었다가 10년 후 교수형에 처해졌다. 홍영식과 함께 정변 현장에서 살해된 박영교의 부모와 아들도 자살했다. 홍영식의 부친 홍순목 역시 손자·며느리와 함께 자살하고 서광범의 부친은 8년 동안 수감되었다가 옥사했다. 서재필의 부모도 자살하고 형은 옥사했다.

갑신정변의 실패 원인은 복합적이었다. 일본공사의 배신과 일본군의 계획된 철병, 청군의 불법적인 궁궐 침범과 군사적 공격, 개화에 대한 민중의 냉담과 무관심, 개화파의 준비와 역량 부족, 조선군의 핵심 세력 포섭 실패, 민비와 청군의 연락망에 대한 감시 소홀, 개화파의 자금 부족 등이 주로 거론된다. 그중에서도 1876년 개항 이후 일본을 침략자로 여기는 민심의 소재를 제대로 파악하지 못하고 일본을 끌어들여 공공의 적을 자초한 개화파의 오판이 가장 큰 이유였다. 갑신정변의 실패로 막 싹트기 시작한 개화에 대한 사회분위기는 경색되고 추진하던 개화 정책은 침체되었다.

일본은 갑신정변의 주모자인데도 정변 때 희생당한 일본인들과 공사관

피해에 대해 배상을 요구했다. 외무대신 이노우에를 특명전권대사로 파견하고 군함 7척과 병력 2개 대대를 1885년 1월 인천으로 파병했다. 정부는 김홍집을 전권대신으로 내세워 일본과 협상했으나 일본의 위력에 눌려 끽소리 한 번 못하고 일본의 요구를 수용했다. 그 결과 1885년 1월 9일(이하 양력) 일본에 대한 사죄와 희생자에 대한 배상 등 일본의 요구만 일방적으로 명시한 굴욕적인 한성조약이 체결되었다.

일본은 청국과도 협상을 벌여 1885년 4월 18일 천진조약을 체결했다. ▲양국은 조선에서 4개월 안에 철수를 완료한다 ▲양국은 조선에 군사고문을 파견하지 않는다 ▲장래 조선에 출병할 경우 상호 통지한다. 파병이 불가피할 경우에도 속히 철수해 주둔하지 않는다는 조약 내용은 얼핏 양국 군대가 조선에서 철수하고 조선에 대한 간섭을 포기하는 것처럼 보이나 실상은 상황에 따라 언제든지 조선에 출병할 수 있다는 고도의 계산이었다. 천진조약에 따라 두 나라 군대는 7월 21일 철수했다.

불신의 골 깊어지자 각자 살길 찾아 나서

갑신정변 실패 후 김옥균 등 망명객들은 12월 13일 일본에 도착했으나 일본 정부의 태도에 촉각을 곤두세워야 했다. 조선 정부가 공식 비공식으로 송환을 요구한 데다 일본 정부도 미온적인 태도를 보여 언제 본국으로 송환될지 불안했기 때문이었다. 다행히 일본 정부는 조선과 범인 인도 조약을 맺지 않았다는 이유로 거절했다.

망명객들은 벌이도 없고 사회 경제적 기반도 없는 생활이 계속되자 서로가 서로에게 불편하고 힘든 존재가 되어 갔다. 양반 세도가였던 김옥균, 박영효, 서광범, 서재필은 행동대원들을 집사처럼 부려 동지들 간에 사회적 신분과 위상을 경계로 갈등이 빚어지기도 했다. 일행 사이에 불신의 골이 깊어지고 반목이 악화하자 각자 제 살길을 찾아 나서기로 했다.

김옥균은 일본에 남고 박영효, 서광범, 서재필 등 주동자 3명과 행동대원 몇 명은 1885년 5월 일본을 떠나 6월 미국 샌프란시스코에 도착했다. 서광범은 10년 후 갑오개혁 때 귀국해 법부대신이 되었고 서재필은 미국에 정착했다. 박영효는 철종의 부마였던 자신을 알아주지 않는 미국에 실망해 그해 말 일본으로 되돌아왔다.

　　김옥균은 일본에서 권토중래의 뜻을 품고 기회를 엿보았다. 갑신정변 때 영의정으로 추대했던 이재원과 몇 차례 주고받은 편지에서는 "1,000명 정도는 당장이라도 동원해 조선을 공격할 수 있다"며 큰소리를 쳤다. 편지 내용이 국내에 알려지자 조선 정부가 김옥균의 송환을 집요하게 요구했다. 그러면서 몇 차례 자객을 보내 암살을 기도했으나 모두 실패로 끝났다. 그런데도 일본 정부는 김옥균을 망명자로 대우하지 않고 냉대로 일관했다.

　　그렇다고 조선의 자객에 의해 김옥균을 죽게 내버려둘 수도 없어 도쿄에서 남쪽으로 약 1,100㎞ 떨어진 오가사와라 제도로 추방했다. 김옥균은 오가사와라 제도에서 1886년 8월부터 1년 10개월간 유폐 생활을 했다. 1888년 7월 홋카이도로 건너갔다가 1890년 11월 21일 도쿄에서 자유 거주를 공식적으로 허용받았다. 그는 그 무렵 여러 일본 여성에게서 자식을 낳기도 했다.

　　조선 정부는 1892년 4월부터 이일직과 권동수·권재수 형제 등을 다시 자객으로 보냈다. 이일직은 1892년 4월 미곡 무역상으로 위장해 김옥균에게 접근한 뒤 1893년 겨울 홍종우를 소개했다. 홍종우는 한국인 최초로 1890년 프랑스로 유학을 떠났다가 귀국하는 길이었다. 홍종우는 단순한 왕당파나 수구파가 아니었다. 개혁 개화의 필요성에 공감하면서도 개화파와는 달리 '제3의 길'을 모색했다. 일본·러시아 등 열강의 개입 없이 강력한 왕권을 중심으로 자주적으로 근대화해야 한다는 것이 그의 사상이었다. 이런 그에게 김옥균은 나라의 역적이고 동양 3국의 평화를 깨뜨리는 원흉이었다.

홍종우는 자신을 갑신정변 때 죽은 홍영식의 친척이라고 소개해 김옥균의 환심을 샀다. 그러면서 이일직과 함께 김옥균을 중국 상해로 유인해 암살하려는 계책을 세웠다. 김옥균은 위험하다는 것을 알면서도 청의 북양대신인 이홍장을 만나 중국과 일본이 제휴해서 조선의 내정을 개혁해야 한다고 주장할 생각이었다. 당시 김옥균은 조선·청·일본 3국이 동맹을 맺고 서양 열강의 침략에 대응하면서 아시아를 부흥시키자는 삼화주의에 심취했다. 후쿠자와와 박영효 등 지인들이 말렸지만 "호랑이 굴에 들어가지 않으면 호랑이 새끼를 잡을 수 없다"며 상해행을 강행했다.

김옥균은 1894년 3월 27일 상해에 도착했다. 오가사와라 제도 시절부터 김옥균을 따르던 와다 엔지로, 자객 홍종우, 청국 공사관의 중국인 통역이 동행했다. 여관에서 쉬고 있던 김옥균을 향해 홍종우가 권총을 발사한 것은 3월 28일 오후 3시쯤이었다. 총탄은 머리에 1발, 몸통에 2발이 박혀 김옥균의 목숨을 앗아갔다. 시신은 이홍장의 명에 따라 4월 12일 인천항으로 보내지고 4월 14일 조선 정부에 인도되었다. 조선 정부는 그날 밤 시신을 능지처참했다. 몸체는 양화진 모래밭에, 머리는 야산에 버려지고 팔다리 토막은 전국 8도로 보내져 전시되었다.

동학농민운동과 전봉준
전봉준이 동학교도였거나 접주였다는 사실을 입증하는 1차 사료는 없다.

1894년 2월 15일(음력 1월 10일) 밤, 1,000여 명의 농민이 전라도 고부군(현재 정읍) 이평면 말목장터로 모여들었다. 이윽고 5척 단신의 전봉준이 격문을 발표하고 봉기를 선언하자 농민들은 이튿날 새벽 고부관아로 쳐들어갔다. 고부군수 조병갑은 변복을 한 채 전주감영으로 줄행랑을 쳤고 농민들은 곳간을 열어 곡식을 풀고 관아의 무기로 무장했다. 원한의 대상인 만석보도 허물었다. 1894년을 송두리째 불태운 동학농민항쟁의 첫 번째 불길은 이렇게 타올랐다.

전봉준(1855~1895)은 전북 고창의 당촌마을에서 태어났다. 집안은 양반 가문이었으나 조부 때부터 관직에 진출하지 못해 유민처럼 떠돌이 생활을 했다. 서당을 열어 아이들을 가르치거나 장터를 옮겨다니며 약재를 팔아 생계를 꾸리던 전봉준이 고부(정읍)에 정착한 것은 30살 즈음이었다. 그로부터 수 년이 지난 1892년 고부군수로 부임한 조병갑의 탐학이 시작되면서 전봉준의 삶도 격변 속으로 빠져들었다.

조병갑은 군수에 부임하자 온갖 횡포를 부렸다. 면세를 약속했던 황무지 개간에 세금을 부과·징수하고 각종 명목으로 재물을 빼앗았다. 무엇보다 원성을 산 것은 동진강에 멀쩡한 보가 있는데도 군민을 동원해 새로운 만석보를 쌓은 뒤 가혹한 수세를 거둬들인 것이었다. 군민이 참다못해 억울함을 호소하면 중벌로 다스렸다. 전봉준의 아버지도 1893년 이 일에 앞장섰다가 맞아 죽었다. 전봉준은 봉기를 꿈꿨다. 그러려면 힘을 모아야 했는데 그때 떠오른 인물이 동학의 간부이면서 비슷한 연배인 김개남(1853~1895)과 손화중(1861~1895)이었다.

김개남은 전북 고부군 태인의 지금실 부락에서 태어났다. 원래 이름은 김영주였으나 동학에 가담한 후 '남쪽을 개벽한다'는 뜻의 '개남(開南)'으로 이름을 바꿨다. 김개남은 기골이 장대하고 성미가 괄괄했다. 김개남이 전봉준을 만난 것은 20대 후반이었다. 전봉준이 이곳저곳을 옮겨다니며 살다 김개남이 사는 지금실로 이사를 왔기 때문이다. 김개남은 1890년 동학에 입도한 후 접주로 활약했다. 1대 교주 최제우의 신원을 위한 삼례집회

(1892)와 보은집회(1893) 등에서 강경한 입장을 고수하고 탁월한 지도력을 발휘했다. 이후에도 봉건세력과 타협하지 않아 강경파로 분류되었다.

손화중 역시 전라도 일대에서 동학의 포를 이끌

서울로 압송되는 전봉준

고 있는 동학의 핵심 인물이었다. 포는 여러 개의 접을 합친 것으로 접은 30~50호의 교인 가구를 묶은 단위다. 전봉준은 조직과 세력을 갖춘 손화중의 전북 고창 집에 찾아가 협조를 요청했으나 손화중은 아직 때가 아니라며 거절했다. 당시 동학의 2대 교주 최시형이 비폭력 무저항 노선을 표방한 것이 영향을 미쳤다.

전봉준이 동학에 입도한 것은 1891년 무렵으로 알려지고 있으나 전봉준이 동학교도였거나 접주였다는 사실을 입증하는 1차 사료는 없다. 고부 민란 이후 체포될 때까지 전봉준이 작성한 숱한 격문과 대정부 요구서에도 동학을 옹호하는 구절은 없었다. 다만 재판 과정에서 "보국안민하기 위해 동학을 매우 좋아한다"고 말한 내용만 기록으로 남아 있다. 전봉준이 동학교도라고 기록한 최초의 저술 역시 전봉준 사후 20여 년이 지난 1920년대에 등장한 것으로, 전봉준이 동지를 규합하는 데 동학을 이용했을 것으로 추정되고 있다.

동학은 지배 체제의 모순이 심화되어 민란이 빈발하던 1860년 4월 최제우가 경상도 경주에서 이른바 '천사문답'이라고 불리는 하늘님과의 문답 끝에 천주 강림의 도를 깨닫고 창도했다. 동학은 서교(천주교)에 대항해 동쪽 나라인 우리나라의 도를 일으킨다는 뜻에서 붙여졌다.

동학은 계속되는 정치 부패, 조세 수탈, 계급 모순의 심화, 흉년과 질병으로 인한 불안과 고통 속에서 삶을 지탱하던 조선 후기 사회의 기층민 틈을 파고들었다. 그러자 조정이 혹세무민했다며 1864년 4월 15일(음력 3월 10일) 최제우를 처형했다. 이후 교세가 일시적으로 위축되었으나 2대 교주 최시형의 분발로 1880년대 들어 충청도 지역을 중심으로 교세가 급격히 성장했다.

동학교단은 교조 최제우의 억울한 죽음을 신원함으로써 동학의 공인과 포교의 자유를 인정받기 위해 '교조 신원운동'을 벌였다. 1892년 10월 첫 교조 신원운동으로 일어난 공주취회에는 전국의 접주와 교도 1,000여 명이 모여 교조 신원을 요구하는 서한을 작성해 충청감영에 제출했다. 이후 수천 명에서 수만 명이 참가한 전라도 삼례취회(1892.11), 충청도 보은취회(1893.4) 등을 연이어 열었다. 특히 전라도 금구취회(1893.2)는 척왜양과 지방 관리의 탐학 금지 등 정치적 성향을 강하게 띠었다. 고부 봉기는 이런 상황에서 일어났다.

조병갑의 탐학으로 전봉준의 삶도 격변 속으로 빠져들어

조정은 고부 봉기를 진압하기 위해 1894년 2월 박원명을 신임 고부군수로, 이용태를 봉기 진압·조사 안핵사로 내려보냈다. 박원명 신임 군수는 민란 참여자들에게 지난 죄를 모두 용서할 테니 각자 돌아가 생업에 종사하라며 유화책을 썼다. 이에 따라 농민군은 해산하고 전봉준은 고부를 떠났다. 문제는 그 뒤에 나타난 안핵사 이용태였다. 이용태는 농민군이 해산하자 800여 명의 군사를 이끌고 나타나 봉기 참가자와 주모자를 색출한다며 농민을 잡아가고 동학을 탄압했다. 그러자 전봉준이 농민·동학교도들과 함께 무장봉기를 결의했다. 이번에는 손화중과 김개남도 의기투합했다.

전봉준은 손화중·김개남과 함께 3인의 이름으로 1894년 3월 26일 전라도 무장에서 봉기를 촉구하는 창의격문을 띄웠다. 한 달 정도가 지났을 무렵 각지 농민 수천 명이 무장으로 모여들면서 소강상태에 있던 민란이 재점화되었다. 농민군이 1894년 4월 27일 다시 고부관아로 쳐들어가자 안핵사 이용태는 줄행랑을 쳤다. 농민군은 고부관아의 무기를 탈취한 뒤 4월 30일 본진을 고부군 백산으로 옮겼다. 백산은 말만 산일 뿐 높이가 47m에 불과한 언덕이었다. 다만 주변을 한눈에 볼 수 있는 들판이어서 진지로서는 손색이 없었다.

농민군은 1894년 5월 4일 백산에 호남창의대장소를 설치하고 전봉준을 총대장, 손화중·김개남을 총관령으로 임명했다. 곧 전라도 일대에서 농민이 몰려들고 흰 옷에 죽창을 든 농민이 넘쳐나면서 "서면 백산, 앉으면 죽산"이라는 말이 생겨났다. 농민군 연합부대의 등장은 농민항쟁이 마침내 지역적 한계를 뛰어넘어 사상과 조직을 갖춘 농민전쟁으로 진화했음을 만천하에 고하는 일대 사건이었다.

그 무렵 동학은 온건 노선을 주장하는 '북접'과 개혁적인 행동 노선을 지지하는 '남접'으로 사실상 분리되었는데 동학의 2대 교주 최시형을 따르는 북접은 폭력적 거사에 신중했기 때문에 거병에 동참하지 않았다. 반면 전봉준에게 동학은 긴박한 사회문제를 해결키 위한 조직적 방편이었다.

농민군이 백산에서 세를 떨치자 전라감사 김문현이 비정규군인 별초군, 수초군, 산초군 등을 편성해 정규군과 함께 출병했다. 5월 10일에는 양호초토사 홍계훈이 이끄는 800여 명의 병사가 인천항에서 청나라 군함을 타고 군산항에 도착했다. 그들이 전주성을 향해 진격하고 있던 5월 10일 밤부터 11일 새벽까지 전라도 정읍의 도교산 아래 황토현 고개에서 관군과 농민군의 치열한 전투가 벌어졌다. 당시 전봉준의 농민군은 4,000여 명이었고 관군은 정예병력 300명을 포함해 모두 2,000여 명이었다. 역사에 '황토현 전투'로 기록된 이날 전투에서 관군은 숱한 사상자를 내고 퇴

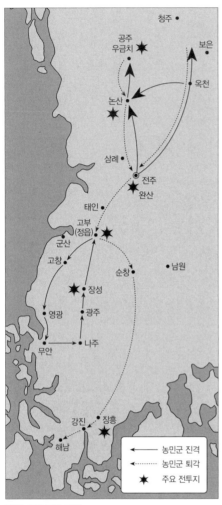

동학농민군 주요 전투

각했다. 농민군의 첫 승리였다.

황토현 전투에서 대승을 거둔 농민군은 기수를 남쪽으로 돌려 전라도 서남부 지역을 차례차례 제압했다. 홍계훈이 관군의 패전 소식을 들은 것은 5월 11일 전주 감영에 도착하고서였다. 홍계훈은 동학농민군을 진압할 자신이 없음을 고백하는 전보를 정부에 치면서 '청나라에 원병을 청원하라'고 요청했다. 정부가 증원병을 파병하자 홍계훈 부대와 동학농민군은 5월 27일 접전을 벌였다. 이른바 장성의 '황룡촌 전투'였다. 최신 무기로 무장한 최정예가 관군의 장점이라면 농민군은 황룡강의 지형을 꿰뚫고 있다는 게 강점이었다. 황룡촌 전투에서도 농민군은 대승을 거두었다.

농민군의 다음 목표는 서울 진격의 첫 관문인 전주성이었다. 전주성은 이미 파직된 전임 감사 김문현이 지키고 있었다. 하지만 농민군은 5월 31일(음력 4월 27일) 전주성에 무혈 입성했다. 전주성 점령은 동학농민전쟁의 전 기간에 걸쳐 농민군이 거둔 최대 승리였으나 최후의 승리이기도 했다.

황룡촌 전투 후 미처 전주성에 입성하지 못한 홍계훈의 관군은 6월 1일

전주성에서 근접한 전략적 요충지 완산에 진을 쳤다. 이후 며칠간 크고 작은 공방전이 벌어지다가 6월 6일 대접전이 벌어졌다. 향후 동학농민전쟁의 방향을 결정짓는 완산 전투에서 농민군 수백 명이 전사하고 수많은 이탈자가 속출했다. 전봉준은 왼쪽 허벅지에 총상을 입었다. 관군의 피해도 컸다.

그런데 그 무렵 조선을 둘러싼 청국과 일본의 움직임이 긴박하게 돌아갔다. 고종의 원병 요청에 따라 청군이 조선에 파병되고, 청·일 간 천진조약에 따라 일본군이 조선 땅에 상륙한 것이다. 이로써 외세를 배척하고자 했던 투쟁이 오히려 외세를 불러들여 이 나라의 마지막 주권과 존엄을 빼앗기는 결정적인 계기가 되고 말았다.

전주성 점령은 농민군이 거둔 최대·최후의 승리

이처럼 급박한 상황에서 농민군과 관군 모두 새로운 선택을 강구해야 했다. 전봉준은 청·일 양군의 파병을 의식해 6월 7일 20여개 조의 폐정개혁안을 제시하면서 관군에 휴전을 제의했다. 게다가 당시 농민군은 전세상으로 불리해 크게 동요하고 있었다. 관군 역시 전주성 공방을 계속하기힘든 상황이어서 새 전라도관찰사 김학진과 초토사 홍계훈이 폐정개혁안을 수용하고 농민군의 무사 귀가를 보장하는 것으로 응답했다.

그 결과 6월 10일(음력 5월 7일) 전봉준의 농민군과 관군 사이에 이른바 '전주화약'이 체결되었다. 농민군은 6월 11일 전주성에서 나와 해산했다. 폐정개혁안은 탐관오리의 처벌, 삼정의 개선, 대원군의 국정 참여, 외국 상인의 불법활동 금지, 노비문서 소각, 청춘과부의 재혼 허용, 균등한 토지 경작 등이 골자였는데 당시로서는 상상하기 힘들 정도로 개혁적이었다.

동학농민군이 휩쓸고 지나간 전라도 일대는 치안과 행정이 마비 상태가 되었다. 지방 관리들은 상당수가 도망가고 농민들은 관의 통제를 따르지 않았다. 전라도관찰사 김학진은 7월 초 전봉준을 만나 이런 상황을 해결할 방법을 논의했다. 두 사람은 전주화약 때 약속한 집강소를 전라도 53개 지역에 설치해 동학도들이 행정과 치안을 담당하도록 했다. 전봉준은 전주성 안에 농민군의 총본부인 전라좌우도 대도소를 설치한 뒤 군현 단위로 집강을 두도록 했다. 그 결과 호남 대부분의 고을에는 농민군이 주도하는 집강소가 설치되었다. 각 군현에는 비록 군수나 현령·현감 등의 지방관이 있었지만 농민군이 호남 일대를 장악한 상태에서 그들의 지위는 형식적인 것에 불과했고 집강소가 사실상 지방행정을 좌우했다.

탐관오리를 처벌하고 양반과 토호의 행패를 억제하는 등 집강소의 개혁은 농민들로부터 큰 환영을 받았다. 집강소 설치는 비록 호남에 한정되기는 했지만 농민이 자치를 했다는 것은 주목할 만한 역사적 사건이었다. 그래서 이것을 우리나라 근대 시민민주주의의 시발로 봐야 한다는 주장도 있다.

다만 강경파인 김개남은 수령·양반·토호의 징치에 더 관심이 많아 전주성에서 빠져나올 때부터 전봉준과는 길을 달리했다. 전봉준은 일단 전주에서 물러났다가 뒷날 기회를 엿보아 재기하자는 주장을 편 반면 김개남은 내친걸음에 서울로 올라가야 한다는 강경론을 폈다. 전봉준이 전주성에서 나와 금구·원평 등을 근거지로 한 전라우도를 관장할 때도 김개남은 남원을 중심으로 임실·장수·무주 등지를 관할하는 전라좌도의 수령으로 전봉준에 버금가는 독자 세력을 구축했다. 김개남은 전라좌도를 관장하며 벼슬아치와 양반 부호들을 잡아 매질을 가하거나 재물을 빼앗았으며 때로는 목숨을 빼앗았다. 이와 달리 전봉준은 각 고을을 다니며 벼슬아치들을 좋은 말로 설득하거나 자기 세력으로 끌어들였다.

그러다보니 김개남의 수하에는 노비, 백정 등 가장 밑바닥에서 핍박받던 세력이 주로 몰려들었다. 김개남은 이들을 중심으로 천민부대를 신설했다. 기존의 질서에 큰 거부감을 품고 있는 이 들이기에 천민부대는 양반을 잡아다가 주리를 틀거나 곤장을 치기까지 했다. 반면 전봉준의 수하에는 주로 소작인, 소지주, 머슴 등이 몰려 들었고 양반들도 겉으로는 협조하는 체했다. 결국 김개남은 철저한 복수로 많은 적을 만든 대신 천민들에게는 우상이 되었다. 반면 전봉준은 여러 세력을 끌어들이려 노력하다 보니 반대 세

김개남

력들로부터 큰 미움을 받지는 않았으나 뜨뜻미지근하다는 평을 들었다.

전봉준이 집강소를 이끌고 있던 7월 23일(음력 6월 21일) 일본군이 경복궁에 난입하고 고종을 강제 연금하는 사태가 벌어졌다. 7월 25일에는 일본 해군이 충남 아산만 앞바다에서 청군 군함을 격침하고 8월 1일 일본이 정식으로 청에 선전포고함에 따라 청일전쟁이 발발했다.

동학농민군은 청일전쟁을 지켜보다가 10월 들어 재봉기를 결의했다. 전주화약 전까지의 봉기 명분이 탐관오리의 학정이었다면 이번에는 반외세였다. 또 하나 특징은 전국성이었다. 그동안 조선 왕조의 병란과 농민항쟁은 군현이나 도의 경계를 넘지 못했다. 그러나 동학농민군의 2차 봉기는 함경도를 제외하고 거의 전국으로 확대되었다. 이렇게 된 데는 최시형이 이끄는 북접의 참여가 결정적이었다.

전라도와 충청도 인접 지역의 남접 농민군은 1894년 10월 초 재봉기를 결의한 후 전라도 삼례에 집결했다. 그러던 중 10월 중순 그동안 비폭력 무저항 노선을 표방하며 봉기에 참여하지 않았던 교주 최시형이 북접 각지의 접주들에게 총궐기를 명령한 기포령을 내림으로써 동학농민군은 천군만마를 얻게 되었다. 전봉준이 이끄는 호남농민군은 10월 말 북상을 개시했다. 여산과 강경을 거쳐 11월 초 논산 소토산에 본진을 설치했다. 곧

충청도 북부, 경기도, 강원도에서 모인 손병희 휘하의 북접 농민군 주력 부대가 논산에서 남접군과 합류함으로써 동학농민군은 남·북접 연합전선을 형성했다.

근대 시민민주주의 시발로 봐야 한다는 주장도 있어

수만 명으로 불어난 농민군의 깃발이 논산벌을 온통 휘감고 있을 무렵 손화중은 광주 일대를 지키며 군수물자와 군량미의 조달에 앞장서고 일본군이 남쪽 바다로 올라온다는 정보에 따라 남쪽 방어 임무를 맡고 있었다. 김개남은 전주성에서 나올 때부터 전봉준과 길을 달리했기 때문에 기병에 합류하지 않다.

남북접 농민군은 서울로 북진해 일본군과 최후 대결을 벌이기로 했다. 그러려면 먼저 충남 공주를 점령해야 했다. 관군 3,000여 명과 일본군 1,000여 명도 속속 공주로 모여들었다. 일본군이 진압에 나선 것은 고종과 조정 대신들이 동학군을 무찔러 달라고 일본군에 요청했기 때문이다. 갑오년 전체 싸움 형세를 가름할, 동학농민군의 운명을 좌우할 '공주 혈전'은 그렇게 차츰 임박해 왔다.

그런데 당시 동학군은 고을마다 관리를 살해하고 백성의 재물을 약탈해 부정적인 면도 적지 않았다. 지주들에게도 돈과 곡식을 강제로 헌납받아 온갖 원성을 들었다. 황현은 '매천야록'에 동학도를 '동도(東徒)' 또는 '동비(東匪)'라고 칭하면서 일부 동학군의 비행을 상세히 기록했다. 안중근의 아버지 안태훈도 동학당의 포악한 행동을 참을 수 없어 1894년 12월 동학군이 안태훈의 거주지 청계동을 공격하려 할 때 포수들을 동원해 동학군을 기습했다. 안태훈의 민병은 이후에도 동학군을 상대로 수십 차례의 전투를 벌여 번번이 승리했다. 안태훈의 민병에 패한 동학 접주 중에는 18세 청년 김구도 있었다.

공주대회전에서 양군이 최대 격전을 벌인 곳은 전라도에서 충남 공주로 가는 길목에 위치한 주미산의 우금치 고개였다. 동학농민군과 관군·일본군이 운명을 건 일전을 벌인 것은 12월 4일이었다. 일본군은 사거리만 400~500보에 이르고 분당 12발을 쏠 수 있는 소총에다 막강한 화력의 미국제 기관포를 보유했다. 결국 농민군은 크고작은 우금치 전투에서 연전연패했다. 12월 10일에도 관군·일본군과 대규모 결전을 벌였으나 이번에도 제대로 된 공격 한 번 해보지 못하고 정규군에 속절없이 무너졌다. 퇴각하는 농민군에 대한 소탕은 학살이나 다름없었다. 우금치 전투는 이렇게 동학군의 처절한 패배로 끝났고 동학농민전쟁은 막은 내렸다. 손화중 역시 광주와 나주에서 최후의 항전을 벌였다가 패배를 거듭했다.

남원에서 독자 세력을 구축하고 있던 김개남은 공주로 북상하라는 전봉준의 요청을 거절하고 금산과 청주를 거쳐 서울로 진격한다는 계획을 세웠다. 그는 전봉준의 동학농민군이 공주로 진격할 즈음인 12월 초 강력한 농민군을 이끌고 남원을 떠나 서울로 향했다. 북진 과정에서 고부군수, 남원부사 등을 참수하고 금산, 신탄진을 거쳐 12월 9일 청주 공격에 나섰으나 100여 명의 전사자만 내고 남쪽으로 후퇴했다.

전봉준은 공주 전투에서 살아남은 농민군을 해산시킨 뒤 재기병의 가능성을 타진하고자 김개남을 찾아가던 중 순창 피노리에 사는 옛 부하 김경천을 만나 하룻밤을 머물렀다. 그런데 현상금에 현혹된 부하와 그의 이웃들이 잠든 전봉준을 몽둥이로 쓰러뜨리고 밀고하는 바람에 1895년 1월 4일 체포되어 나주의 감옥에 갇혔다. 얼마 후 손화중도 옛 연고지인 고창군 부안면 검산리로 피신했다가 체포되어 전봉준이 갇혀 있는 나주 감옥으로 왔다. 전봉준과 손화중 등은 서울로 압송되어 1895년 4월 23일(음력 3월 29일) 사형선고를 받고 그날 바로 처형되었다.

김개남은 청주 패전 후 회문산의 깊은 산골에 위치한 태인현 종송리(지금의 정읍군 산내면 종성리)의 매부 집에 몸을 숨겼다. 그런데 아랫마을에 사는 오랜 친구이자 아전 출신 부호인 임병찬이 사람을 보내 더 안전한 곳을 권유했다. 김개남이 그곳으로 거처를 옮기자 임병찬이 전주감영에 밀고해 잡아가도록 했다. 결국 김개남은 12월 27일 체포되어 재판도 없이 12월 29일 전주성 남문 밖에서 처형되었다.

전봉준이 정식 재판을 받고 교수형을 받은 데 비해 김개남이 이렇게 모진 처형을 받은 것은 그가 농민혁명을 추진하면서 양반과 완전히 등을 돌렸기 때문이다. 김개남은 불꽃같은 삶을 산 혁명의 지도자요 열혈남아답게 박경리의 소설 '토지'에도 김개주로 등장한다.

임병찬은 이 공로로 임실군수를 제수받았으나 응하지 않았다. 임병찬이 김개남을 밀고한 것은 나라를 사랑하는 방식이 김개남과 달랐기 때문이다. 임병찬에게 동학군은 임금에게 반기를 든 '동학 비도' 이상도 이하도 아니었다. 그에겐 '우정'보다 임금에 대한 '충'이 먼저였다. 최시형은 공주성 패배 후 피신했다가 1898년 5월 원주에서 붙잡혀 9월 5일 서울에서 처형되었다.

청일전쟁 개전
신무기로 무장한 병력을 증강하고 해군의 규모를 크게 확장하면서 러시아와의 일전에 대비했다.

1885년 1월 일본의 이토 히로부미가 중국 천진으로 건너갔다. 청국의 실권자 이홍장과 갑신정변 사후 처리를 위해 교섭하는 게 목적이었다. 교섭은 두 달간 난항을 겪다가 청일 양국이 조선에서 병력을 철수하고 향후 파병 시에는 사전에 서로 통고한다는 내용의 '천진조약'을 1885년 3월 체결하는 것으로 마무리되었다. 양국은 조약에 따라 겉으로는 외교적 협조 관계를 유지하면서도 속으로는 동아시아의 패권을 둘러싼 일대 혈전에 대비해 군사력을 확충했다.

청의 내정간섭으로 외교관조차 마음대로 해외에 파견할 수 없었던 조선은 이후 10년간 양국의 군비 증강을 지켜볼 수밖에 없었다. 그 10년은 개혁 개방과 부국강병을 위해 대단히 중요한 시기였지만 조선의 조정은 근본적인 개혁은 포기한 채 허송세월만 하고 말았다. 근대국가로 탈바꿈하기 위한 노력이 전혀 없었던 것은 아니지만 형식상의 개혁에 그쳐 10년의 세월이 덧없이 흘러갔다.

이런 상황에서 1894년 2월 동학농민군이 전라도 고부에서 봉기하고 5월 31일 전주성을 함락했다. 당황한 조선 정부는 청에 원병을 요청했다. 이 소식을 입수한 일본은 자국의 공사관과 거류민 보호를 구실로 출병을 결정했다. 천진조약에 근거한 청·일 양국의 상호 통고는 6월 7일 이뤄졌다. 전부터 1,500여 명의 청군이 조선에 주둔하고 있는 상황에서 일본은 혼성 1개 여단을 6월 8일부터 인천에 상륙시켰다. 청국은 육군 병력을 태운 수송선, 북양함대 소속 순양함 '제원함'과 포함 '광을함' 등을 서해로 파견했다.

이처럼 긴장이 고조되고 있던 7월 23일 새벽 4시 일본군 제11연대가 경복궁에 난입, 고종을 인질로 삼았다. 뒤이어 흥선대원군을 옹립하고 김홍집 내각으로 교체했다. 갑신정변을 일으켰던 친일개화파도 복권시켰다.

바다에서는 일본군 연합함대가 7월 23일 서해에 위치한 풍도 부근으로 접근했다. 그리고 7월 25일 새벽 풍도 앞바다를 수색하던 중 충남 아산에 병력을 상륙시키고 중국으로 귀환하던 청국의 제원함과 광을함을 발견하자 선전포고도 없이 청국 함정을 향해 발포했다. 제원함은 일본 군함의 추격을 간신히 따돌리고 모항인 중국 여순항으로 돌아갔으나 광을함은 도주하다가 화약고가 폭발해 침몰했다.

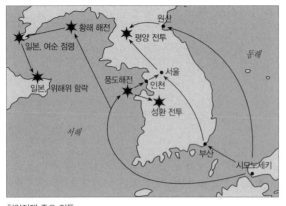
청일전쟁 주요 전투

청군의 지원 병력 1,100여 명을 태운 수송선 '고승호'와 무기 수송선 '조강호'도 충남 아산을 향하던 중 7월 25일 일본 함대 '나니와함'에 발견되어 고승호는 격침되었다. 나니와함은 영국인 선장을 비롯한 외국인 선원 10명만을 구조했을 뿐 바다에 빠진 청국군은 방치해 국제적으로 큰 비난을 받았다. 당시 나니와함의 함장은 도고 헤이하치로였다. 결국 고승호에 타고 있던 청군 가운데 이튿날 외국 선박이 구조한 245명을 제외한 871명이 수장되었다. 조강호는 회항을 시도했으나 오후 2시경 일본 해군에 나포되어 일본으로 끌려갔다. 청일전쟁의 사실상의 개막전인 '풍도 해전'에서 일본군 측 피해는 사실상 전무했다.

어렵게 아산에 상륙한 청군은 3,500여 명, 야포는 8문에 불과했다. 무기도 통일되지 않았다. 그나마 훈련도 제대로 받지 않은 시중의 무뢰배가 대부분이었다. 지휘관 중에는 고리대금업이 주업인 자도 있었다.

일본의 대본영은 인천에 상륙한 일본군 8,000여 명 중 3,000여 명을 청군의 서울 진입을 막기 위해 경기도 성환에 투입했다. 청국군은 2,000여 명을 성환 전투에 투입했다. 전투는 7월 29일 일본군이 청군의 주진지인 성환의 월봉산을 공격하면서 시작되었다. 일본군은 병력, 무기, 전투 역량 등 모든 면에서 우세했다. 결국 청군은 불과 몇 시간 만에 퇴각하고 공주로 후퇴했다. 청일 양국은 8월 1일 정식으로 선전포고를 했다. 섭지초가 지휘하는 청군은 8월 2일 공주에서 빠져나와 청주~충주를 거쳐 한강을 건넌 후 원주를 거쳐 평양에서 좌보귀가 인솔하는 청군과 합류했다.

일본군은 9월 15일 평양성을 공격했으나 성벽을 이용한 청군의 저항에 고전을 면치 못했다. 하지만 악전고투 끝에 모란대 요지를 점령하고 현무문을 돌파하자 청군이 퇴각했다. 청군은 북쪽으로 후퇴하던 중 일본군의 매복에 걸려 사망자 2,000여 명, 부상자 4,000여 명, 포로 500여 명이라는 큰 피해를 보았다. 일본군은 9월 16일 평양에 입성했다.

근대 동북아의 질서를 근본적으로 뒤바꾼 일대 사건

한편 바다에서는 9월 17일 세계 역사상 최초로 증기철갑선 함대가 격돌한 '황해 해전'(중국 명칭 '대동구 해전')이 벌어졌다. 일본의 연합함대는 함포의 위력에서는 청의 북양함대에 뒤졌으나 군함의 속력에서는 우세했다. 황해 해전은 9월 17일 조선의 압록강과 가까운 대동구 밖에서 연합함대와 북양함대가 격돌하면서 막이 올랐다. 전투에서 북양함대의 군함 5척이 침몰하거나 대파되어 황해 해전은 5시간 만에 끝이 났다. 일본의 연합함대 중 기함 마쓰시마함이 중국의 정원함이 쏜 포탄에 맞아 113명의 사상자를 내는 등 4척이 대파되었으나 격침된 배는 없었다.

천신만고 끝에 평양에서 탈출한 청군은 압록강을 건너 중국 쪽 압록강변에서 북양군벌 병력과 함께 방어 태세를 갖췄다. 하지만 일본군이 10월 24일 야음을 틈타 압록강을 건너자 다시 후퇴했다. 일본군은 인력 손실 없이 도강에 성공하자 중국 본토로 진격했다.

일본 연합함대의 다음 목표는 여순항이었다. 그곳은 북양함대의 독(dock)과 공창이 위치한 만주 최대의 군사 거점이자 북경과 천진의 관문으로 천혜의 요새를 자랑했다. 일본군은 10월 24일 요동반도 남쪽에 상륙하고, 11월 6일과 7일 금주와 대련을 점령했다. 11월 21일에는 청군이 도주한 틈을 타 단 하루 만에 여순을 점령했다. 일본군은 11월 21일부터 사

흘간 2만여 명의 무고한 중국인을 무참하게 죽이는 대학살을 자행해 국제
적인 공분을 샀다.

　일본의 대본영은 종전을 압박하기 위해 12월 14일 북양해군의 본거지
인 위해위 공격을 명령했다. 산동반도 북쪽의 항구도시 위해위는 요동반
도의 여순과 마주보는 발해만 입구의 요충지였다. 일본군은 1895년 1월
산동반도 동쪽에 상륙, 격렬한 전투 끝에 2월 2일 위해위 주변 포대를 모
두 점령했다. 이로써 북양함대와 수비대는 완전 고립되어 육상과 해상으
로 포위되었다. 일본 어뢰정은 정원함을 대파하고 내원함과 위원함을 격
침시켰다. 정원함의 포탄 저장고가 바닥나자 정여창 제독은 2월 11일 정
원함을 자폭시키고 자살했다. 위해위는 2월 17일 함락되었다. 이렇게 청
국은 풍도 해전, 황해 해전, 위해위 해전에서 일본 해군에 허망하게 패전
함으로써 역사 무대에서 퇴장했다.

　해전에서 연전연패한 청국은 더 이상 전쟁을 지속할 여력이 없어 결국
시모노세키 강화조약에 나서야 했다. 청국의 이홍장은 조약 체결을 위해
1895년 3월 19일 시모노세키에 도착했다. 일본 대표는 10년 만에 다시 만
난 이토 히로부미였다. 일본은 전쟁의 성과물로 대만을 노렸다. 회담이
진행되고 있던 3월 23일 보병 1개 여단이 대만 서쪽의 팽호제도에, 3월
29일 대만에 상륙했다. 시모노세키 강화조약은 이처럼 일본이 대만을 점
령한 후 4월 17일 체결되었다. 일본이 제시한 3억 량의 배상금이 2억 량
으로 감소한 것 말고는 일본의 요구 조건이 대부분 반영되었다. 배상금 2
억 량은 청국의 3년치 예산에 해당하는 거액이었다.

　시모노세키 조약은 청·일 간 조약인데도 1조는 조선에 대한 문제였다.
1876년 조선이 개항할 때 강화도조약의 1조에 있었던 내용이 그대로 반복
되었다. 즉 '조선은 자주국으로 일본과 평등한 권리를 가진다'는 내용이었
다. 이로써 청국은 1,000년 이상 누려온 동아시아 패권국의 지위를 일본에

넘겨주었다. 내부 문제를 해결하기 위해 외국군을 끌어들인 조선 정부도 자신의 운명을 결정하는 자리에서 어떠한 영향력도 행사하지 못했다.

일본은 조약의 제2조와 3조로 대만에 대한 주권을 인정받음으로써 북쪽으로뿐만 아니라 남쪽으로도 세력을 확장했다. 동중국해도 사실상 자국의 영역으로 삼았다. 류큐(현재의 오키나와)와 대만 사이에 있는 조어도는 일본의 센카쿠로 개명했다. 오늘날 전개되고 있는 중·일 영토 분쟁의 출발점이었다.

청일전쟁은 외형상으로는 한반도를 놓고 벌인 전쟁이었으나 근대 동북아의 질서를 근본적으로 뒤바꾼 일대 사건이었다. 중국은 일본에 동북아의 맹주 자리를 내주고 뒷방으로 물러나 앉았고 조선은 일본의 식민지가 될 운명에 놓였다. 하지만 일본은 러시아, 독일, 프랑스의 소위 '삼국 간섭'으로 인해 1895년 5월 조약에 규정된 요동반도 할양을 포기해야 했다. 일본은 피의 대가로 얻은 요동반도를 반환하면서 러시아에 대한 적개심을 품었다. 청일전쟁에 참여했던 100여 명의 장교와 사병은 자살로 항의했다. 이후 일본은 신무기로 무장한 병력을 증강하고 해군의 규모를 크게 확장하면서 러시아와의 일전에 대비했다.

일본의 대만 점령 중국과 대만은 구성원 다수가 한인(漢人)이라는 점을 제외하면 엄연히 역사와 전통이 다른 별개의 나라다. 17세기부터 한인이 대거 대만으로 이주하면서 숫자가 역전되었지만 그전까지 대만에는 남방계 원주민이 다수를 차지했다. 따라서 대만 역사에서 중국의 실효적 지배를 받은 것은 1683년 청국의 수중에 떨어진 때로부터 1895년 일본의 식민지가 되기 전까지 200여 년에 불과했다.

청일전쟁 후 체결된 시모노세키 조약(1895.4)은 대만 근대사에 또 하나의 비극적 운명을 불러왔다. 조약에 따라 일본이 조선에 마수를 뻗칠 여지가 마련되었고, 대만 역시 인근 팽호제도와 함께 일본에 할양되면서 50년 식민지 생활이 시작되었다. 그러나 일본은 대만 전역을 장악하기까지 6개월이라는 순탄치 않은 과정을 겪었다. 시모노세키 조약에 따라 청국군 전원이 본토로 철수하자 대만인들은 구봉갑을 통령으로 선출하고 5월 26일 대만민주국을 선포한 후 저항을 계속하기로 결정했다.

이런 대만의 움직임과 상관없이 일본은 1895년 5월 말 대만 북쪽에 상륙하고 6월 17일 타이베이(臺北)에서 시정식(始政式)을 거행함으로써 정식으로 대만을 일본의 소유로 삼았다. 하지만 대만인들은 저항을 멈추지 않아 5개월 동안 5,000여 명이 사망하고 2만 7,000여 명이 다쳤다. 일본군은 대만인들의 결사항전으로 잠시 주춤하긴 했으나 10월 21일 남부 타이난(臺南)에 입성하는 데 성공, 대만 전역을 점령했다.

대만은 이후 50년 동안 식민지로 전락했으나 식민지 역사가 우리와는 다르게 전개되어 일본에 대해 여전히 분노하고 있는 한국인·중국인과 달리 일본에 대해 복잡하고 애매한 감정에 놓여 있다. 분명 식민지 경험은 부정적인 일이지만 근대화를 인정해야 하는 이중적 감정이 교차하기 때문이다.

일본 역시 대만인의 본토 분리운동을 유발하는 정책으로 대만 고유의 아이덴티티를 정착시켰다. 전쟁 말기에 몰아친 황민화 정책도 우리와는 다르게 시행되어 창씨개명은 강제 규정이 아니라 허가제였고, 지원병 제도 역시 전쟁 막판 8개월 전까지는 사실상 허가제였다. 1944년 대만 어린이의 취학률이 아시아에서 일본에 이어 두 번째로 높은 71.1%라는 사실도 근대화를 인정하는 근거로 작용했다. 역대 중국의 정치인도 대만을 자기 나라로 여기지 않아 카이로선언(1943.11) 전까지 국민당과 중국 공산당은 국제사회에 대만 반환을 요구하지 않았고 모택동과 장개석 역시 대만을 별개 국가로 여겼다.

갑오개혁과 김홍집 내각

갑오개혁의 근인(近因)은 청나라와 일본의 군대를 불러들인 1894년의 동학농민전쟁이다.

갑오개혁은 우리나라가 봉건적 구시대의 질서에서 신시대의 질서로 편입되는 대변혁의 분기점이었다. 청일전쟁이 시작된 1894년 7월부터 1896년 2월 고종의 아관파천이 단행되기 전까지 1년 7개월간 진행된 갑오개혁은 비록 일본의 강압이 작용하긴 했지만 우리 역사에서 그처럼 단기간에 넓은 부문에 걸쳐 일사천리로 개혁이 추진된 사례는 없었다.

갑오개혁은 일본이 조선을 지배하기 위한 사전 정지작업의 일환이면서도 조선의 지도층이 개화 세력과 동학농민운동 세력의 열망을 담아낸 근대적 개혁이라는 측면도 있다. 그러다 보니 일본의 개입에 의한 타율적 개혁으로 보는 견해와, 비록 일본 세력이 배후에서 작용하긴 했으나 개화파 관료들이 제한된 의미에서나마 자율적·자주적으로 개혁을 추진했다는 견해가 공존한다.

갑오개혁의 근인(近因)은 청나라와 일본의 군대를 불러들인 1894년의 동학농민전쟁이다. 일본은 동학농민전쟁을 빌미로 군대를 서울로 파병해 침략의 본색을 드러냈다. 1894년 7월 23일(음력 6월 21일) 새벽에는 일본군 2개 대대를 경복궁 안으로 난입시켜 조선을 보호국화하려는 의도를 노골적으로 드러냈다. 조선군 수비대가 저항했으나 수십 명의 사상자만 내고 퇴각했다. 일본군은 경복궁 내 조선군을 무장해제하고 고종과 민비의 처소를 점거했다.

비슷한 시각, 일본공사관의 관원들이 경복궁 건너편 운현궁을 찾아가 대원군의 섭정을 요청했다. 동학농민군의 지지를 받고 있던 대원군을 끌어들여 일본에 적대적인 민비와 민씨 척족을 몰아내고 갑오개혁이 대원

김홍집

군의 주도 아래 진행되는 것처럼 꾸미기 위한 꼼수였다.

경복궁 침입 이튿날인 7월 24일 고종이 "모든 사무는 대원군에게 질정을 받으라"고 전교를 내림으로써 대원군은 형식적이나마 집권자가 되었다. 고종으로서는 1882년 임오군란에 이어 2번째로 통치 권력을 송두리째 빼앗기는 위기를 맞은 것이고 대원군으로서는 고종 즉위 후 10년간의 1차 집권, 임오군란 시기의 2차 집권에 이어 3차 집권의 기회를 얻은 것이다.

그래도 군주는 고종인지라 일본은 고종을 강요해 7월 27일 판중추부사 김홍집을 의정부 영의정에 임명하는 한편 내정 개혁의 본부격으로 그날 새로 설치한 군국기무처의 총재로 삼았다. 박정양을 부총재, 김윤식·김가진·안경수·유길준 등을 군국기무처의 회의원으로 임명해 갑오개혁에 시동을 걸었다. 이른바 갑오파로 불리는 이들은 청나라와 민씨 척족 정권에 반감을 품고 있는 개화 그룹이었다.

김홍집(1842~1896)은 대대로 벼슬을 해온 서울 명문가의 후손이었다. 조선 말기 실학자들이나 개화사상가들과 교유했던 부친의 영향을 받아 일찍이 부친의 막역한 동료였던 박규수의 문하로 들어가 개화에 눈을 떴다. 당시 박규수의 북촌 사랑방에는 김윤식·김옥균·박영효·박정양·홍영식·윤치호·유길준·서광범·서재필 등 다양한 개화파 청년들이 드나들어 김홍집 역시 자연스럽게 이들과 어울렸다.

김홍집은 1867년 식년시 진사과에 급제하고 1868년 벼슬길에 올랐으나 그해에 부친상, 2년 뒤 모친상을 당해 4년 동안 관직을 떠나 있었다. 1872년 복직 후에는 각종 관직을 거쳐 1880년 5월 예조참의에 제수되고 제2차

수신사의 정사로 내정되었다. 1880년 7월 일본으로 건너가 이노우에 가오루 외무장관을 만나 강화도조약(1876)의 개정을 시도했으나 일본 정부의 거부로 별 성과를 거두지 못했다. 하지만 메이지 유신 이후 변모한 일본의 근대화와 신문물에 깊은 인상을 받고 주일 청국 공사 하여장과 참찬관인 황준헌을 수차례 만나 세계정세의 흐름을 소상히 파악한 것은 예상치 않았던 수확이었다.

갑오개혁처럼 단기간에 일사천리로 개혁 추진된 사례 없어

김홍집은 황준헌이 당시 세계정세를 정리·기술한 '조선책략'과, 중국의 개화사상가 정관응이 저술한 '이언'을 갖고 귀국했다. '조선책략'은 러시아 남침에 대한 견제의 방법으로 친중국(親中國), 결일본(結日本), 연미국(聯美國)함으로써 조선이 자강책을 도모해야 한다는 내용이었다. 고종이 중신들에게 '조선책략'과 '이언'을 읽어보게 함으로써 두 책은 조선의 개화 분위기 조성에 결정적인 역할을 하고 대미수교의 필요성을 뒷받침하는 강력한 이론적 도구로 활용되었다.

사실 황준헌이 김홍집에게 러시아를 견제하라고 충고한 것은 당시 청국이 러시아의 남하에 위협을 느꼈기 때문이다. 청국은 조선이 러시아와 가까워진다면 청이 더 이상 동아시아에서 영향력을 발휘할 수 없을 것으로 판단했다. 따라서 조선이 청의 반러 노선에 동참하도록 유도하려 한 자국의 외교전략 지침서였던 셈이다.

김홍집은 수신사 임무에서 성과를 거두지 못했는데도 '조선책략' 덕분에 고종에게 신망을 얻어 1880년 11월 예조참판으로 승진하고 1880년 12월 고종이 설치한 통리기무아문의 통상사 당상에 임명되어 외교통상 업무를 전담했다. 그러나 '조선책략'이 전국의 위정척사파와 유생들로부터 거센 반발을 불러일으켜 결국 김홍집은 관직에서 물러났다.

그러다가 서구 열강과 최초로 체결한 조미통상조약(1882)을 앞두고 전권대관 신헌을 보좌하는 전권부관으로 임명되어 협상의 실무를 담당했다. 임오군란 직후 일본과의 제물포조약(1882.7), 청국과의 상민수륙무역장정(1882.8), 영국·독일과의 통상조약 등을 체결할 때도 전권부관으로 참여했다.

1884년 갑신정변의 뒤처리도 김홍집의 몫이었다. 갑신정변 후 김홍집을 좌의정 겸 외무독판으로 임명한 것은 정변의 뒷수습을 맡으라는 고종의 계산이었다. 김홍집은 갑신정변 처리를 위해 일본과 협상을 벌였으나 워낙에 힘이 열세라 일본에 대한 사의 표명, 배상금 지불 등을 내용으로 하는 굴욕적인 '한성조약'을 체결할 수밖에 없었다. 결국 책임을 통감하고 좌의정 자리에서 물러났다.

그 후 1887년 좌의정 겸 내무대신으로 정계에 복귀해 개혁 정책을 추진하고 1890년 판중추부사로 임명되어 활동하던 중 일본군의 경복궁 난입(1894.7) 후 의정부 영의정 겸 군국기무처 총재 자리에 오르게 되었다. 이후 김홍집은 1896년 2월 고종의 아관파천이 있을 때까지 1년 7개월 동안 수차례의 개각에도 계속 내각의 수장 자리를 지켜 갑오개혁의 기관차 역할을 했다.

제1차 김홍집 내각은 1894년 7월 27일(음력 6월 25일)부터 12월 17일(음력 11월 21일)까지 활동했지만 실질적으로 개혁이 집중된 기간은 10월 29일까지 3개월이다. 군국기무처는 이 기간에 210건의 개혁안을 의결했다. 종래 유명무실했던 의정부를 중앙통치기구의 중추기관으로 권한을 강화하고 그 밑의 육조를 없애 내무·외무·탁지·군무·법무·학무·공무·농상 등 8아문을 복속시켜 각각의 아문에 권력을 안배했다. 국왕의 전통적인 인사·재정·군사권에 제약을 가하고 궁중의 잡다한 부서를 궁내부 산하로 통합해 권한을 축소했다.

김홍집은 8월 15일 권한이 강화된 의정부 첫 총리대신에 임명됨에 따라 역사상 마지막 영의정이자 초대 총리대신이 되었다. 김홍집 내각은 사회적으로는 노비제도 타파, 조혼 금지, 과부 재가 허용, 죄인 연좌제 철폐, 문벌과 반상 제도의 혁파, 과거 폐지 등 각종 개혁을 대대적으로 단행했다. 경제적으로는 은본위제에 입각한 근대적 화폐제도를 채택하고 전국적으로 도량형을 통일했다.

다만 군국기무처가 일본의 영향력 아래에 있어 일본에 유리한 제도가 적지 않았다. 일본인 고문관 및 군사교관 초빙, 일본 화폐의 조선 내 유통 허용, 방곡령의 반포 금지 조치 등이 그것이다. 특히 일본 화폐의 조선 내 유통은 조선 경제의 일본 경제 예속화를 촉진하는 계기로 작용했다. 또한 동학농민군을 비도(匪徒)로 규정하고 일본군과 합세해 진압했다. 반면 대원군은 위정척사를 부정하는 군국기무처의 각종 개혁 사업에 거세게 반발했다. 때로는 개혁적 조치의 재가를 거부하기도 했다.

일본, 청일전쟁의 승리 후 조선의 보호국화를 구체화해

일본은 그때까지 김홍집 내각에 대해 불간섭 혹은 방관하는 태도를 견지했다. 하지만 청일전쟁의 분수령이던 평양 전투(9.16) 승리 후에는 적극적 간섭으로 선회해 조선의 보호국화를 구체화했다. 소극적인 오토리 게이스케 공사 대신 이노우에 가오루를 10월 26일 후임 공사로 서울에 파견한 것은 그 전초 작업이었다.

이노우에가 펼친 간섭 정치의 내용은 크게 두 가지였다. 첫째는 조선 침략에 방해가 되는 동학농민군의 항일운동을 억압하는 것이고 둘째는 일본 정부의 조선 보호국화 정책을 실현하는 것이었다. 이노우에가 부임하기 바로 전, 조선에서는 동학농민군이 2차로 궐기하고 대원군의 반일 정치 음모가 막 발각된 뒤였다. 대원군은 민씨 척족과 민비를 제거하고 고종을 폐위해 자신의 적손자인 이준용을 왕으로 봉대하고 동학농민군과 평양의 청국군과 내통해 개혁파 관료를 암살하고 일본군을 축출하려는 음모를 꾸미고 있었다. 이 사실을 탐지한 이노우에는 11월 18일 대원군을 정계에서 은퇴시키고 이준용도 내무협판직에서 사퇴시켰다. 이로써 대원군은 다시 운현궁의 연금 생활로 들어가고 30여 년에 걸친 파란만장한 정치 생활을 마감했다.

이노우에는 대원군을 쫓아낸 후 고종을 명목상의 군주로 다시 내세우고 10년 전 갑신정변 실패 후 일본으로 망명했던 박영효와 서광범을 기용해 새로운 친일 내각을 짰다. 박영효와 서광범은 각각 8월과 12월 망명지인 일본과 미국에서 귀국했다. 고종은 이노우에와 협의해 12월 17일(음력 11월 21일) 김홍집을 총리대신으로 유임시키고 박영효를 내무대신, 서광범을 법무대신으로 발탁한 2차 내각을 구성했다.

김홍집·박영효 연립내각으로 불린 2차 내각은 갑오파, 갑신파, 정동파의 연합이었다. 갑오파는 친일적인 성향이 강하면서도 대원군을 옹호했고 갑신파는 박영효와 서광범이 대표했으며 정동파는 박정양을 중심으로 고종을 받들었다. 정동파는 지금의 정동에 있던 미국·영국·러시아 등 서울 주재 공사관의 외교관 및 선교사들과 긴밀히 교류하면서 정치외교적인 사교 모임을 이끌어가던 세력을 지칭한다.

제2차 김홍집 내각은 이노우에의 뜻에 따라 출범과 함께 군국기무처를 폐지했다. 1895년 4월에는 의정부를 내각으로 개칭하고 내각은 기존의 8아문을 7부로 변경했다. 중앙군사 조직은 폐지하고 친일 군대인 훈련대를 발족시켰으며 사법행정과 재판을 분리했다. 하지만 2차 내각이 공포한 개혁 법안 중 상당수는 연립내각의 동요와 붕괴, 박영효의 실각 등으로 '지상(紙上)의 개혁'으로 끝나고 말았다.

이와 별개로 고종은 이노우에와 박영효의 권고에 따라, 1895년 1월 7일

(음력 1894.12.12) '홍범 14조'를 선포했다. 주요 내용은 청나라의 대한 종주권 부인, 대원군과 민비의 정치 개입 배제, 근대적인 내각제도 확립, 탁지아문 관할 하의 재정 일원화, 법치주의에 의거한 국민의 생명 및 재산권 보호, 문벌 폐지와 능력에 따른 인재 등용 등이다. 비록 일본공사의 권고에서 비롯되긴 했으나 우리나라 최초의 헌법적 성격을 지니고 국왕이 우리나라의 자주독립을 처음으로 내외에 선포했다는 점에서 역사적 의의를 인정받고 있다.

이런 가운데 1895년 4월 이후 국내외 정세가 급변했다. 청일전쟁 승리후 일본이 청국과 체결한 시모노세키 조약(1895.4.17)에 따라 일본이 중국의 요동반도를 영유하려 하자 러시아·프랑스·독일이 요동반도를 중국에 되돌려주라는 삼국간섭에 나선 것이다. 결국 일본은 요동반도를 돌려주어야 했고 이 때문에 국제적 지위가 실추되었다. 그러자 조선 조정에서는 러시아가 일본보다 더 강하다고 판단해 러시아에 기대보려는 움직임이 나타났다. 민비는 고종을 앞세워 러시아공사 카를 베베르를 친견하고 러시아 정부와의 친선을 도모했다. 왕실의 이런 친러 분위기에 힘입어 박정양·안경수·이완용·이범진 등의 친미·친러적인 정동파가 부상했다.

김홍집, 역사적 격변기 속에서 분투했던 인물로 재평가

박영효는 정동파와 별개로 1895년 초부터 일본의 꼭두각시 역할에 만족하지 않고 조선 정계에서 헤게모니를 장악하고 독자적인 권력 기반을 구축하는 데 주력했다. 김홍집을 개혁 정부에 부적합한 인물로 얕잡아보고 자신이 총리대신직을 차지하려 했다. 이를 위해 군대와 경찰 요직에 자신의 측근을 기용했다. 1895년 5월 18일에는 이노우에를 제쳐둔 채 고종을 설득, 김홍집파의 군부대신 조희연을 경질하고 김홍집이 총리직을 사임케 했다. 김홍집 내각이 무너진 후 박영효는 총리대신 서리에, 그의 측근은 군부대신 서리에 임명되었다. 이로써 박영효는 어느 정도 독자적인 권력을 행사할 수 있게 되었다.

하지만 새 내각에서는 초대 주미공사를 지낸 박정양이 총리대신으로 임명되었다. 박영효는 내무대신에 이름을 올려 박정양·박영효 연립내각이 수립되고 정동파인 이완용과 이채연이 각각 학부대신과 농상공부대신에 등용되었다. 하지만 실권은 내각, 군부, 경찰 등의 핵심 요직에 자신의 측근 10명 이상을 배치한 박영효 손에 쥐어져 있었다. 그런 와중에 박영효 주도로 일어난 민비 시해 역모 사건이 탄로나 박영효는 7월 7일 일본으로 또다시 망명길에 올랐다.

박영효가 일본으로 망명한 후 김홍집을 총리대신, 박정양을 내부대신으로 하는 새 내각이 1895년 8월 24일(음력 7월 5일) 출범했다. 요직은 박정양을 비롯해 이완용·이윤용·윤치호·민영환·이범진 등 이른바 정동파가 차지했다. 따라서 제3차 김홍집 내각은 러시아 세력을 끌어들여 일본에 저항하는 소위 '인아거일(引俄拒日)' 방략을 기조로 삼고 위축된 왕권을 복구하는 데 초점을 맞췄다.

일본은 더 강경하고 과격한 일을 벌일 인물로 미우라 고로를 새로운 공사로 임명(9월 1일 부임)해 불편한 심기를 드러냈으나 고종은 아랑곳 하지 않고 인사를 단행, 정부 내 친일적 성향의 인물들을 제거했다. 어윤중이 해임되고 훈련대 대장들이 면직되었으며 유길준이 좌천되었다. 그러자 미우라는 일본의 대조선 정책의 걸림돌이자 조선 정부의 핵심 인물인 민비를 제거하기 위해 1895년 10월 8일(음 8.20) 경복궁에 난입, 민비를 시해하는 이른바 '을미사변'을 저질렀다.

그리고 같은 날 친미·친러적인 이완용·이윤용·이범진·민상호 등 정동파 인사들을 몰아내고 김홍집·어윤중·김윤식·유길준 등을 중심으로 한 친일적인 제4차 김홍집 내각을 구성했다. 김홍집은 을미개혁으로 통칭되는 각종 개혁에 다시 팔을 걷어붙였다. 내각은 민비 시해 사건으로 인해 대내외적으로 실추된 정부의 권위를 만회하기 위해 10월 15일 국호를 '대조선제국', 국왕을 '대조선황제'로 각각 격상했다. 민비시해 사건에 관여한 훈련대와 시위대는 해산하고 친위대(서울)와 진위대(지방)를 신설했다. 1895년 음력 11월 17일을 양력 1896년 1월 1일로 전격적으로 바꾼 태양력 사용을 의무화하고 1896년 양력 1월 1일을 기해 단발령을 전면 실시했다. 이밖에 종두법을 시행하고 소학교를 설치했다.

문제는 을미사변 후 흉흉해진 민심이었다. 을미사변을 계기로 반일 감정이 극에 달한 상황에서 김홍집 내각이 마련한 일련의 개혁안이 모두 일본의 사주에 의한 것으로 치부되었기 때문이다. 단발령도 백성들의 분노를 불러왔다. 결국 백성들의 눈에 '단발=개화=일본화'로 인식되는 상황이 빚어졌고 김홍집 내각은 친일 내각으로 매도되었다.

이처럼 혼란스러운 상황 속에서 1896년 2월 11일 고종이 러시아공사관으로 피신하는 '아관파천'이 전격적으로 이뤄지면서 김홍집 내각은 일거에 무너지고 이완용·이범진 등으로 구성된 정동파 내각이 성립되었다. 고종은 아관파천 직후 경무관 안환을 러시아공사관으로 불러 김홍집 내각의 대신들을 역적으로 규정하고 포살령을 내렸다.

김홍집은 아관파천 사실을 알고 고종을 알현하기 위해 농상공대신 정병하와 함께 러시아공사관으로 갔다가 성난 백성들에 의해 비참한 죽음을 맞았다. 시신은 광화문 밖에 효수되었고 부인은 아들과 함께 자살했다.

김홍집의 개화 사상 및 업적에 대한 재조명은 아직까지 제대로 이뤄지지 않고 있다. 다만 부정적인 평가가 지배적이던 과거와 달리 요즘은 물밀 듯 밀려오는 외세의 압력과 청일전쟁, 동학 봉기, 갑오개혁, 아관파천 등 역사적 격변기 속에서 난세를 이끌어가고자 분투했던 인물로 재평가되고 있다.

을미사변과 민비

"구국을 위해 몸을 바친 시대의 여걸", "나라를 망치게 한 장본인"으로 평가가 엇갈린다.

민비는 일본에 눈엣가시 같은 존재였다. 일본은 1894년 동학농민운동을 진압하기 위해 조선에 상륙한 때부터 민비를 조선 정계에서 배제하려고 갖은 애를 썼다. 청일전쟁이 한창이던 1894년 11월에는 김홍집·박영효 연립내각을 세워 민비의 영향력을 약화시켰다. 그리고 마침내 전쟁에서 승리해 천문학적인 배상금과 함께 요동반도와 대만 등의 영토까지 할양받게 된 시모노세키 강화조약을 1895년 4월 17일 체결함으로써 조선이 일본 수중으로 들어오는 것은 시간문제처럼 보였다.

그런데 갑자기 돌발 상황이 발생했다. 조약 체결 불과 엿새 뒤인 4월 23일 러시아·독일·프랑스 3국이 일본의 대륙 침략에 제동을 걸기 위해 "요동반도를 청에 돌려주라"며 이른바 '삼국간섭'에 나선 것이다. 일본은 결국 국제적 압력에 밀려 피로 얻은 요동반도를 토해낼 수밖에 없었다. 일본이 잃은 것은 요동반도만이 아니었다. 국가적 체면도 국민적 자신감도 잃었고, 무엇보다도 타국인들로 하여금 일본을 두려워하게 만드는 권위와 위엄을 잃었다. 실질적 최고 권력자인 민비가 앞장서서 '삼국' 중 하나인 러시아와 긴밀하게 손을 잡은 것은 청국이 사라진 빈자리에 러시아를 들어앉혀 일본을 견제하려는 의도였다.

조선은 러시아공사 카를 베베르와 제휴해 김홍집을 물러나게 한 뒤 1895년 5월 이범진·이완용·윤치호·민영환 등 친러·친미파가 주축이 된 박영효·박정양 내각을 출범시켰다. 그러자 일본은 조선을 차지하기 위해 공들였던 그동안의 노력이 헛일이 되고 그 공을 러시아가 차지할지도 모른다는 걱정에 빠졌다. 그러면서 민비가 배후라고 생각했다. 따라서 고종에게 큰 영향을 끼치는 민비만 제거하면 고종과 조선 정부를 자신들의 손

안에 넣을 수 있을 것이
라고 여겼다.

민비의 시해 장소인 경복궁 옥호루.
1909년 일제에 의해 철거되었다가 2006년 복원되었다.

일본은 민비를 제거하
기 위한 이른바 '여우사냥'
에 앞서 1895년 7월 이노
우에 가오루 조선공사를
물러나게 하고 미우라 고
로를 새 공사로 임명했다.
미우라는 총칼을 잘 쓰고 담력도 있어 실전에 능한 육군 중장 출신의 무
인이었다. 그는 은밀히 일본의 조선 정벌을 주장하는 서울 거주 일본의
지식인을 규합했다. 조선인 협력자도 물색했는데 첫 포섭 대상자는 친일
성향의 훈련대 제2대대장 우범선이었다. 훈련대는 1895년 초 이노우에
공사의 건의에 따라 설립한 군대였기 때문에 일본의 영향이 강했다.

미우라는 을미년인 1895년 10월 8일(음력 8월 20일) 이른 새벽, 사실상
모든 힘을 잃은 상태에서 마포 공덕리에 칩거하는 민비의 정적 흥선대원
군을 꼬드겨 경복궁 정문인 광화문으로 유인했다. 사태가 여의치 않으면
대원군과 훈련대에 의한 쿠데타로 위장하려는 술책이었다. 을미사변에
가담한 일본군을 기괴한 옷차림으로 변장하게 한 것도 같은 이유였다. 다
만 당시 상황을 기록한 일본인의 기록에 대원군이 억지로 끌려갔다는 언
급이 있는 것으로 미루어 자발적인 움직임은 아닌 것으로 보인다.

소총과 일본도로 무장한 1,000여 명의 무리가 광화문 안으로 들이닥친
것은 새벽 5시쯤이었다. 조선에 주둔하고 있는 일본군과 경찰 300여 명,
일본군 장교에게 훈련을 받은 조선군 훈련대 700여 명, 조선 주재 일본공
사 직원 약간 명, 일본 지식인들을 포함해 60여 명의 낭인으로 구성된 한
일 혼성 무리였다.

홍선대원군이 탄 가마를 앞세워 일제히 광화문을 통과한 그들은 앞을 가로막는 시위대 연대장 홍계훈을 사살한 뒤 대원군을 근정전 뒤의 강녕전에 내려놓고 경복궁에서 가장 깊숙한 곳에 있는 국왕과 왕비의 처소 건청궁으로 몰려갔다.

그들은 건천궁 안의 민비 침전인 곤령합의 옥호루로 거침없이 난입해 자신들을 가로막는 궁내부 대신 이경식을 살해했다. 민비의 얼굴은 알지 못해 민비로 의심되는 여러 명의 궁녀도 옥호루 마당으로 끌고가 무참히 칼로 살해했다. 다른 궁녀들을 통해 그중의 한 시신이 민비라는 사실을 확인한 그들은 증거를 인멸하기 위해 시신에 석유를 끼얹고 불을 질렀다. 타다 남은 시신은 동쪽의 녹원 숲 땅속에 묻었다. 조선왕조 500년 역사상 가장 용감하고 비범했던 왕후는 이렇게 생을 마감했다. 역사는 이 만행을 '을미사변'으로 기록한다.

일제, 민비를 표적 삼아 '여우사냥' 시작

만행 당일 우치다 사다쓰치 조선 주재 일본영사가 본국의 외무차관에게 보낸 우치다 비밀서신에 따르면 민비 살해범은 일본군 경성수비대 장교 미야모토 다케타로 소위였다. 그런데도 당시 주한 일본공사관은 "을미사변은 민비와 적대 관계에 있던 홍선대원군이 일본공사에게 요청해 일어난 사건으로 민비 시해는 경복궁을 지키던 조선군 훈련대가 자행한 것"이라고 본국에 거짓으로 보고했다. 이것은 그날 새벽 홍선대원군이 일본군이 보낸 가마에 태워져 마포 공덕리에서 경복궁으로 간 것을 악용한 사건 변조였다.

일본은 "낭인들이 일으킨 난동에 불과할 뿐 일본 정부와는 아무런 관련이 없다"고 강변했다. 하지만 그들은 단순한 낭인이 아니라 일본의 최고지식인 그룹이었다. 이는 을미사변이 폭도들에 의한 우발적인 범행이 아니라 일본 정부와 교감한 극우 지식인의 치밀한 작전이었음을 말해 준다.

호러스 알렌(미국), 카를 베베르(러시아), 월터 힐리어(영국) 등 주한 각국 공사들도 민비의 시해에 일본이 직접 관여했음을 확인하고 일본을 추궁했다. 일본 내에서도 "역사상 미증유의 흉악"이라고 비난하는 의견도 있었다. 진상 규명과 책임자 처벌을 요구하는 목소리가 점차 높아지자 일본은 미우라 고로 조선공사 등 관련자 48명을 슬그머니 감옥에 가둬 재판에 회부했다. 하지만 이듬해 여론이 잠잠해진 틈을 이용해 1896년 1월 관련자 모두를 증거 불충분으로 석방했다.

을미사변 후 미우라와 대원군은 친미·친러파로 지목된 대신들은 해임하고 10월 10일 친일 내각인 김홍집 내각을 다시 세워 민비를 폐서인한다는 발표를 하게 했다. 고종은 참담한 심경으로 일본의 행위를 지켜볼 수밖에 없었다. 그 자신도 왕세자와 함께 일본의 협박과 횡포를 당한 터였다. 왕세자는 상투를 붙잡힌 채 폭도들이 내리친 칼등에 잠시 의식을 잃기도 했다. 고종은 사실상 일본군의 포로 상태로 경복궁에 감금되자 수라간에서 들이는 음식은 일체 거부하고 몇몇 외국 공사와 선교사들이 만들어주는 음식만 입에 댔다.

고종은 그토록 의지하던 민비가 비명에 갔는데도 장례조차 치러주지 못했다. 그러다가 아관파천 후 1897년 10월 대한제국을 선포하고 황제로 즉위한 뒤에야 명성이라는 시호를 내리고 황후로 추봉했다. 장례는 을미사변 후 2년 만인 1897년 11월 22일 치렀다. 겨우 수습한 뼛조각은 현재의 홍릉수목원(서울 청량리2동)에 안치되었다가 고종이 승하한 1919년 경기 남양주시 현재의 홍릉으로 이장되었다.

민비(1851~1895)는 경기도 여주의 여흥 민씨 집안에서 태어났다. 아버지 민치록은 숙종비 인현황후의 아버지 민유중의 5대손이었으나 낮은 벼슬을 전전해 집안은 풍족하지 못했다. 그나마 민비가 9살 때 아버지가 죽어 가세도 급격히 기울었다. 다행히 가계는 대원군의 손아래 처남인 민승호가 양자로 입양되어 그럭저럭 유지되었다.

그러던 중 같은 여흥 민씨인 대원군의 부인이 민비를 고종의 배필로 대원군에게 적극 추천하면서 인생 역전의 기회를 맞았다. 대원군이 민비를 왕비로 간택한 것은 의지할 데 없는 사고무친의 외동딸인데다 친정도 몰락한 집안이어서 정치에 개입할 여지가 없다고 판단했기 때문이다. 대원군은 3대 60여 년간 계속된 안동 김씨의 외척 세도정치에 신물이 나 있었다.

고종, 황제 즉위 후 '명성' 시호 내리고 황후로 추봉

민비가 자신보다 한 살 적은 고종과 가례를 올린 것은 1866년 5월 5일 (음력 3월 21일)이었다. 여흥 민씨는 이로써 원경왕후(태종비), 인현왕후(숙종의 계비), 명성황후라는 3명의 왕비를 배출하게 되었고 머지않아 순종의 부인 순명효황후까지 여흥 민씨로 채웠다. 그러나 민비는 신혼 초부터 마음고생을 해야 했다. 고종이 상궁 출신의 궁인 이씨를 가까이하고 정식 왕비인 자신을 냉대했기 때문이다. 엎친 데 덮친 격으로 궁인 이씨가 1868년 아들(완화군)까지 낳아 민비는 자칫 허울만 좋은 왕비로 전락할 것이 걱정되었다.

다행히 1871년 고대하던 왕자를 낳았으나 생후 며칠 만에 아들을 잃는 아픔을 겪어야 했다. 1873년에도 딸을 낳았지만 이번에도 222일 만에 죽는 슬픔 속에 빠졌다. 그때까지 실권자는 고종의 섭정 역할을 하는 대원군이었다. 하지만 1870년대 들어 서원 철폐 등에 따른 유림 세력의 반발로 대원군의 입지가 크게 흔들리자 민비는 이를 기화로 고종의 친정을 부추겼다. 왕위에 오른 지 10여 년이 되어도 여전히 대원군의 간섭을 받고 있는 고종도 자기 스스로 나라를 다스려야겠다는 결심을 굳히고 있었다.

고종과 민비는 1873년 10월 최익현이 대원군의 실정과 정책을 비판하는 상소를 올린 것을 계기로 11월 4일 친정을 시작함으로써 대원군을 권력의 중심에서 몰아냈다. 민비는 1874년 2월 순종까지 낳아 겹경사를 맞았다.

대원군이 권력을 내놓은 뒤 대원군의 소행으로 알려진 참변이 연이어 일어났다. 1873년 12월 10일 경복궁의 전각 400여 칸을 태우고 불을 끄던 군졸 다수를 죽거나 다치게 한 큰 화재도 사실은 사고로 난 게 아니라 대원군 세력이 지른 것이라는 소문이 돌았다. 1874년 11월 17일 민비의 양오라버니인 민승호가 누군가 보낸 작은 상자를 열던 중 상자가 폭발해 민승호는 물론 옆에 있던 양어머니(민비의 친어머니)와 어린 아들이 즉사하는 참변도 대원군과 관련이 있었다. 민비는 씻을 수 없는 적대감에 대원군을 더욱 증오했다.

민비는 다시 친정의 가계를 이어줄 민승호의 양자로 몰락한 양반 출신인 민태호의 아들 민영익을 선택했다. 이로써 민비의 친정 조카가 된 민영익은 장차 민비의 며느리(순종의 왕후)가 될 순명효황후의 친정 오빠였다. 민비는 1882년 임오군란 때 궁궐을 탈출해 경기도 장호원에 은거하면서 고종에게 자신이 건재함을 알리고 청나라에 지원을 요청하도록 했다. 결국 청국군이 국내로 들어와 임오군란을 제압하고 대원군을 중국으로 압송했다.

민비는 환궁 후 정권의 실질적인 중심으로 부상했다. 정치 전면에는 나서지 않았지만 막후에서 고종을 돕는 정치적 동반자 역할에 충실했다. 고종은 민비가 임오군란, 갑신정변, 갑오개혁 등 국가의 중대사가 있을 때마다 자신의 뒤에서 정치적 조언을 아끼지 않았다고 을미사변 후 회상했다.

오늘날 민비에 대한 평가는 "구국을 위해 몸을 바친 시대의 여걸", "나라를 망치게 한 장본인"으로 엇갈린다. 전반적으로는 "사리에 밝은 여성", "섬세하고 우아한 정치의식의 소유자", "명민하고 야심적이며 책략에도 능한 여성"이라는 등 우호적인 평가가 많다. 실제로 민비는 당시 사대부가의 여성들이 기본적으로 학습하고 익혀야 되는 책들을 모두 탐독한 똑똑한 여성이었다. 19세기 말 한국을 다녀간 영국의 이사벨라 비숍 여사는 "우아한 자태로 앉아서 상대방과의 대화에 집중하거나 관심 있는 이야깃거리가 나오면 얼굴이 눈부신 지성미로 빛났다"고 기억했다. 민비의 시의로 활동하던 언더우드 부인은 "신랄한 반대자들도 항상 민비의 기지를 당해내지 못했다"고 했다.

반면 백성들 중에는 민비를 부정부패의 원흉으로 인식하는 사람이 많았다. 물론 그 이면에는 여흥 민씨 일가의 전횡과 비리와 탐욕에 대한 곱지 않은 시선이 작용했다. 더욱이 사교에 빠져 전국의 유명하다는 무당과 점쟁이들을 궁궐로 불러들이고 명산대찰에 거금의 시주를 바쳐 국고를 과도하게 낭비했다는 풍문도 나돌았다. 민비가 무속에 빠진 이유는 하나밖에 없는 순종이 병약한 데 그 원인이 있었다.

고종 아관파천 단행
러시아공사관으로 이어한 지 거의 1년 만인 1897년 2월 20일 경운궁으로 환궁했다.

1895년 10월 일본군이 민비를 참혹하게 살해한 을미사변 후 일본은 민비 시해에 따른 후폭풍을 막기 위해 고종이 경복궁을 탈출하지 못하도록 삼엄하게 감시했다. 고종은 일본인들이 자신을 폐위시킬지 모른다는 두려움과 함께 경복궁 안에서 자신도 민비처럼 살해될 수 있다는 생명의 위협을 체감했다.

고종은 그런 상황에서 벗어나기를 간절하게 원해 극소수 신하들에게 "나를 구출하라!"고 밀조를 내렸다. 궁궐 내 대신들이 고종을 경복궁에서 빼내 미국공사관으로 모시기로 모의했다. 친러파와 친미파로 분류되는 이른바 정동파 멤버인 이범진·이윤용·이완용·윤웅렬·윤치호·이하영 등과 일부 친위대 장교가 가담했다. 언더우드·에이비

당시 러시아 공사관 건물

슨·헐버트 등 미국인 선교사와 교사, 그리고 미국공사관의 알렌도 동참했다.

고종을 구출하기 위해 동원된 병력이 경복궁의 동쪽 협문인 춘생문 앞으로 접근한 것은 을미사변 50일 만인 1895년 11월 28일 새벽이었다. 군사들은 궁 안으로의 진입을 시도했으나 거사에 동참키로 했던 친위대 대대장의 밀고로 궁성 내 친위부대가 반격을 가하고 어윤중이 선무공작을 폄으로써 거사는 실패로 돌아갔다. 고종은 "나는 전혀 모르는 일이다"라며 시치미를 떼고 위기를 벗어났으나 주동자들은 처형되었다. 정동파 인사들은 미국 및 러시아공사관 또는 선교사 집으로 피신해 목숨을 부지했다. 이른바 '춘생문 사건'은 이렇게 끝이 났다.

고종은 포기하지 않고 다시 탈출을 모색했다. 당시 열강 중에서 일본의 민비 살해와 이후의 조선 장악 기도에 가장 민감하게 반응한 나라는 러시아였다. 러시아는 조선 정부 내의 친일 관료 제거와 반일 관료 지원을 목표로 삼았다. 이를 위해 파견된 러시아공사가 1896년 1월 8일 서울에 부임한 알렉세이 스페예르였다.

고종은 자신의 불안한 처지와 러시아의 지원을 호소하는 메모를 이범진을 통해 스페예르에게 전달했다. 스페예르가 고종이 러시아의 지원과

개입을 강력히 호소하고 있음을 본국에 타전하며 승인을 요청하자 러시아 정부가 이를 승인했다. 스페예르는 조선 의병의 서울 진공에 대비한 공사관 보호를 명목으로 인천에 정박하고 있는 러시아 군함의 수병 100여 명과 대포 1문을 서울 러시아공사관에 배치했다. 그래도 고종을 경복궁에서 빼내오는 일은 일본과의 전쟁을 각오하지 않고서는 러시아공사가 할 수 있는 일은 아니었다. 그것을 해낸 일등공신은 민비 시해 후 고종의 최측근에서 왕을 모신 엄상궁이었다. 그녀는 '두 채의 가마 작전'이라는 복안을 내놓았다.

계획은 이러했다. 거사 며칠 전부터 엄상궁과 그의 심복 궁녀가 두 채의 가마로 매일 건춘문(동문)을 무시로 드나들어 수문병들의 눈에 익게 한다. 궁문을 드나들 때마다 수문병들에게 후한 금품를 내린다. 그래서 두 사람이 궁문을 출입할 때마다 수문병들이 굳이 가마문을 열고 안에 있는 그들의 얼굴을 들여다보며 신원을 확인하는 일이 점차 미안해지도록 한다. 그리 되면 얼마 안 가서 수문병들이 가마를 열어보지 않고 궁문을 통과시킬 것이다. 그때가 되면 거사한다.

이처럼 기발한 아이디어를 낸 엄상궁은 5세에 '아기 나인'으로 입궁해 궁녀가 되었다. 머리가 비상해 성인이 된 뒤에는 민비의 지밀상궁으로 발탁되었다. 그러나 을미사변 10년 전에 고종의 눈에 드는 바람에 민비의 격노를 사 궁 밖으로 쫓겨났다. 그러다가 을미사변으로 민비가 시해된 지 5일 만에 고종의 부름을 받고 궁으로 돌아왔다.

모든 준비가 완료되자 고종과 왕세자가 1896년 2월 10일 이른 아침 2대의 가마에 나눠 타고 가까스로 건춘문을 빠져나가는 데 성공했다. 가마가 광화문 네거리를 빠르게 지나 정동에 있는 러시아공사관에 도착한 시간은 오전 7시경이었다. 그런데 고종이 빠져나간 궁문에 대해서는 '신무문(북문)' '영추문(서문)' '건춘문' 등 기록마다 달라 우리가 얼마나 기록을 소홀히 하는지를 단적으로 보여준다. 다만 여기서는 그 사건을 가장 상세하게 기록한 정교의 '대한계년사'에 기록된 '건춘문'을 따른다. '아관(俄館)'은 아라사(러시아)공사관, '파천(播遷)'은 임금이 자신의 궁궐을 떠나 다른 곳으로 피신함을 의미하기에 역사는 이 사건을 '아관파천'이라 한다.

아관파천의 일등공신은 엄상궁

고종은 러시아공사관에 도착한 즉시 조희연·권영진·이두황·우범선·이범래·이진호 등 을미사변 관계자들을 참수하라는 조칙을 내리고 김홍집·어윤중·김윤식·유길준·정병하·이재면 등 김홍집 내각의 대신들을 면관했다. 이 때문에 김홍집과 정병하는 광화문 네거리에서, 어윤중은 경기도 용인에서 성난 군중에게 타살당했다. 유길준 등은 숨어 있다가 일본으로 망명하고 김윤식은 제주도로 유배되었다.

1896년 2월 11일자로 새로 구성된 내각에는 김병시(총리대신), 이재순(궁내부대신), 박정양(내부대신), 이완용(외부대신), 조병직(법부대신), 이윤용(군부대신), 안경수(경무사) 등이 포진했다. 하지만 김병시가 고종의 환궁을 강력히 주장하면서 취임을 거부해 내부대신 박정양이 총리대신 서리를 맡았다. 뒤이어 윤치호(학부대신서리), 이범진(법부대신), 조병직(농상공대신) 등이 입조했다. 대체로 친미파와 친러파 일색이었다.

상황이 불리하게 돌아가자 일본 정부는 더 이상 조선에서 밀려나지 않기 위해 대러 협상을 추진했다. 양국 간의 교섭 결과가 1896년 4월 15일 서울에서 체결된 '베베르-고무라 각서'와 같은 해 6월 9일 모스크바에서 체결된 '로바노프-야마가타 의정서'였다. 협약 내용은 대체로 아관파천의 현실을 인정한 가운데 양국 간에 조선 군주의 신변 문제와 군사·재정 등에 관해 일정한 한계를 지은 것으로 일시적이고도 잠정적인 타협이었다.

아관파천 기간 권력의 실세는 박정양 총리가 아니고 이범진과 궁내관들이었다. 특히 이범진은 경무사 안경수가 을미사변 관계자 체포에 미온적이라는 이유로 면관되자 법부대신 겸 경무사에 취임해 본격적으로 정국을 좌지우지했다. 이범진의 휘하에는 김홍륙 등 국왕 측근의 궁내관들이 막료로 참여했다.

정부 대신들은 이범진과 측근 세력의 독주를 견제하기 위해 환궁론을 제기했다. 러시아공사관을 벗어나 정상적인 궁궐 생활로 복귀해야 이범진 등의 사적인 권력 행사를 막을 수 있다고 생각했기 때문이다. 이범진과 함께 아관파천에 참여하고도 권력에서 소외된 정동파는 내각을 떠나는 즉시 개화당으로 몰려 정치적 숙청 대상이 될 것을 우려해 내각에 남아 은밀히 이범진 퇴진과 고종의 환궁 운동을 전개했다. 반면 이범진은 궁궐을 지킬 병력이 충분히 확보되지 않는 한 환궁은 매우 위험하다며 반대했다. 그러나 이범진은 한규설·심상훈·신기선 등 보수적인 대신들의 공격과 이완용·이윤용·박정양·조병직 등 신임 관료들과의 대립 등 이중의 압박에 밀려 결국 6월 22일 주미공사로 발령받아 내각을 떠나야 했다.

당시 백성의 반응은 아관파천에 부정적이었다. 비록 부득이한 사정에 의해 빚어진 것이더라도 일국의 군주가 남의 나라 공사관으로 피신한 것을 결코 정상적인 결정으로 볼 수 없었기 때문이다. 그것은 국체를 손상하는 일이었고 또다시 외세의 간섭을 유발할 소지도 컸다.

고종의 환궁은 이범진의 퇴진 후 본격적으로 추진되었다. 그러나 아무런 군사적 대비책도 없이 환궁하는 것은 자칫 민비의 전철을 밟을 수도 있었다. 따라서 고종이 환궁하려면 최소한 궁궐을 경비할 수 있을 정도의 신뢰할 만한 병력과 재정이 필요했다. 고종은 이를 해결하기 위해 1896년 5월 민영환을 러시아 황제 니콜라이 2세 대관식에 특사로 파견해 자신의 신변 보호, 친위대 양성 지원, 군사교관 및 재정고문 파견, 차관 제공, 전신선 가설 등을 요청하도록 했다. 하지만 러시아는 민영환의 요청을 받아들이지 않고 소수의 군사교관 파견만 허용했다.

결국 민영환은 러시아 군사교관단과 함께 1896년 10월 21일 서울에 도착했다. 이들 교관은 조선군에서 900여 명의 장교와 병사를 뽑아 훈련시켰다. 아관파천 이전까지 조선군 훈련대가 일본식의 군사교육을 받고 일본 교관의 지휘를 받았던 것과 달리 이제 궁궐을 경비하게 될 조선군은 모두 러시아식을 따랐다.

고종은 1896년 12월 사실상 환궁을 결정해놓고도 차일피일 기일을 미루다가 러시아공사관으로 이어한 지 거의 1년 만인 1897년 2월 20일 을미사변의 기억이 남아 있는 경복궁을 피해 외국 공관이 밀집해 있는 경운궁(덕수궁)으로 환궁했다.

엄상궁은 러시아공사관에서 고종을 모시고 있는 동안 43살의 늦은 나이에 고종의 아기를 가졌다가 경운궁으로 환궁한 뒤인 1897년 10월 건강한 아들을 낳았다. 대한제국의 마지막 황태제가 된 영친왕 이은이다. 엄상궁은 1900년 귀인에서 순빈으로 봉해지고 1901년 고종의 계비로 책립되어 엄비라 불리게 되었으며 1903년 황귀비로 진봉되어 약칭 '엄귀비'로 불리며 국모 역할을 수행했다. 여성의 근대 교육에도 관심이 많아 1906년 숙명여학교와 진명여학교를 설립했다.

참고로 그동안 알려진 고종의 아관파천 사진은 사실이 아니다. 즉 고종이 순종·영친왕·대신들과 함께 한 건물 2층에서 밖을 내다보고 있는 사진 속 건물이 러시아 공사관이라며 그동안 대표적인 아관파천 사진으로 알려졌으나 서울대 이태진 교수에 따르면 그 건물은 덕구승 돈덕전이라는 것이다. 돈덕전은 1900년대 초반에 지은 서양식 건물로 덕수궁 석조전 뒤편 현 포덕문 북동쪽에 있었다.

대한제국 선포와 광무개혁

국민의 권리에 관한 규정은 없어 근대적 의미의 법률 체계와는 거리가 멀다.

구한말, 이른바 개화파라면 중국의 영향권에서 벗어나 조선을 자주독립 국가로 만들자는 데는 너나없이 의견이 일치했다. 1884년 갑신정변의 주역인 급진개화파도, 1894년 갑오경장의 온건개화파도 생각은 같았다. 물론 개화파의 자주독립은 중국에 대한 사대의 청산을 명시적으로 보이기 위한 의도였을 뿐 진정한 자주독립은 아니었다. 그래도 자주독립의 첫 시도로 1895년 10월 갑오경장기의 개화정권이 일본의 뜻을 받들어 국호를 '대조선국'으로 개칭하고 국왕을 '황제'로 격상하려 했으나 각국 공사의 반대에 직면한 일본공사의 권고로 중단되었다.

그러다가 고종이 아관파천 후 1년 만인 1897년 2월 러시아공사관에서 경운궁(덕수궁)으로 환궁하자 독립협회 개화파와 자주적 수구파가 칭제건원(稱帝建元)을 꺼내 들었다. 두 세력은 정치적 입장이 달랐지만 칭제건원이 조선의 자주독립을 강화하는 첫걸음이라는 데는 의견이 일치했다. 관료, 유생, 상인 등 각계각층에서도 '황제 즉위 촉구 상소'가 빗발쳤다. 고종은 은밀히 각국 공사의 의중을 떠본 뒤 1897년 8월 15일 '광무(光武)' 연호를 발표하며 칭제를 위한 사전 준비 작업을 진행했다. 1897년 9월부터는 정부 대신들로 하여금 칭제 상소를 올리도록 유도했다.

고종은 이런 과정을 거친 후 새롭게 건축한 36m 높이의 환구단에서 1897년 10월 12일 황제 즉위식을 거행했다. 그날 새벽 2시, 고종 부자는 관리·군사들로 이루어진 긴 행렬을 거느리고 경운궁을 나와 환구단으로 갔다. 그리고 환구단에 올라가 자신이 제위(帝位)에 오름을 하늘에 고함으로써 황제가 되었다. 2년 전 홍범 14조 반포로 '국왕 전하'에서 '대군주 폐하'로 오르고 이제 '황제 폐하'가 되었으니 위호만으로 보자면 생애 최고의 정점에 오른 것이다. 고종은 광무 연호에 따라 '광무황제'로도 불렸다. '조선'이란 국호도 '대한(大韓)'으로 변경해 대한제국을 선포했다. 조선조가 개국한 지 500년 만에 중국과의 관계를 청산

고종이 황제 즉위식을 거행한 환구단(오른쪽). 일제는 1913년 환구단을 파괴하고 그 자리에 현재의 조선호텔의 전신인 철도호텔을 지었다. 환구단 왼쪽은 하늘신의 위패를 모시는 황궁우.

하고 새로운 국제사회의 일원이 되었음을 대내외에 선포한 것이다.

고종은 황제로 즉위한 후, 2년 전 잔혹하게 살해된 민비에게 '명성'이라는 시호를 내리고 황후로 추봉했다. 장례도 11월 22일 국장으로 성대하게 치렀다. 대한제국이 성립하기까지에는 이처럼 국내 개화파와 수구파 사이에 형성된 공감대가 일차적인 요인이었지만 조선을 둘러싼 러시아와 일본의 팽팽한 세력 균형과 그로 인해 양국의 간섭이 약해진 것도 크게 작용했다.

대한제국을 출범시킨 후 고종은 황권의 절대화와 구본신참(舊本新參·옛것을 근본으로 하고 새로운 것을 참작한다)을 기본 이념으로 한 부국강병책을 추진하려 했다. 그러나 군대 안에는 여전히 일본의 입김이 작용하고 있었고 황권 강화를 반대하는 독립협회와 만민공동회의 견제가 고종의 발목을 잡았다. 독립협회는 국민에게 참정권을 주고 의회를 설립하는 입헌대의군주제를 주장한 반면 고종과 집권 수구파는 전제군주제를 꾀했다. 결국 1898년 들어 독립협회와 수구파 조정 사이에 정치적 논쟁과 대립이 첨예하게 전개되었다. 다행히 러시아와 일본이 1898년 4월 25일 '니시·로젠 협정'을 맺고 조선의 내정에 간섭하지 않기로 함으로써 열강의 눈치는 볼 필요가 없었다.

독립협회는 1898년 7월 역사상 처음으로 의회 설립을 요구하는 상소를 올리고 10월에는 철야상소 시위를 벌여 친러 수구파 정부를 붕괴시키고 박정양과 민영환을 중심으로 한 개화파 정부를 세우는 데 성공했다. 개화파 정부는 1898년 11월 우리나라 최초로 의회설립법을 공표했다. 그러자 고종이 위기의식을 느껴 독립협회 간부들을 구속하고 독립협회와 만민공동회를 강제 해산시켰다. 이 여파로 개화파 정부는 붕괴되고 새 정부가 수립되었다.

고종은 걸림돌이 제거되자 황제 중심의 강력한 군대 육성에 착수했다. 그 일환으로 군부대신의 권한을 대폭 축소해 일반 사무행정의 군정권만 주었고 군령권은 황제에게 귀속시켜 황제의 칙령이나 조서를 통하지 않고서는 어느 누구도 명령을 발할 수 없게 했다. 1899년 6월 22일 궁성 내에 설치한 원수부는 그것의 구체적인 표상이었다.

군대도 지속적으로 증설했다. 황실이 있는 서울에는 궁중 호위와 도성 경비를 위해 친위대와 시위대를 증강했다. 황제 호위군으로 1만 2,000여 명의 시위대 병력을 갖추고 총기제작소를 건립했다. 지방군 성격인 진위대도 계속 증설해 1900년 무렵 1만 7,000여 명으로 늘어났다. 군사비는 전체 예산 지출 항목의 40% 이상을 차지했다. 이처럼 황제가 군의 인사권과 군령권을 장악하고 군대 규모를 키운 것을 두고 국방을 위한 부국강병책이라기보다 오직 황제권을 보위하고 내부 치안 유지를 위한 군사정책이었다는 비판이 오늘날 주를 이루지만 대한제국 수립 전후의 정치·사회적 불안 때문에 불가피했다는 반대 의견도 있다.

대한제국 출범 후 황권의 절대화와 부국강병책 추구

고종은 1899년 8월 17일 '대한국국제'를 발표함으로써 대한제국의 성격을 드러냈다. 대한국국제에 따라 황제의 육해군 통수권, 계엄·해엄령 발포권, 법률의 제정·반포 등 일체의 법률권이 황제에게 귀속됨으로써 입법·사법·행정권과 군권의 모든 절대적 권한이 황제 1인에게 집중되었다. 특히 대한국국제 제3조에 '무한한 군권'을 명시함으로써 입헌군주제가 아니라 절대군주제를 천명했다. 독립협회의 해산으로 황제권의 독주를 견제할 재야 정치 세력이 모두 사라진 것이 황제권을 강화할 수 있게 있게 한 가장 큰 요인이었다.

대한국국제 반포 후 고종은 왕실 사무를 총할하는 궁내부의 기능을 강화해 근대화 사업과 관련한 새로운 기구를 모두 궁내부에 배속시키고 이를 직접 통제했다. 종래 탁지부 혹은 농상공부에서 관할하던 전국의 광산, 철도, 홍삼 제조, 수리관개 사업 등도 궁내부로 이관했다. 화폐를 발행하는 전환국도 국왕 직속기관으로 만들었다. 궁내부 확대는 황실 재정의 확충으로 이어졌다. 그러나 다양한 방법에 의한 황실 재정의 강화책은 갑오개혁이 추구했던 자유시장·자유상업의 정신에 어긋나는 것이었고, 소생산자 및 상인의 이해관계와 배치되는 것이었다.

광무 정권은 황실 주도로 다양한 근대화 사업도 추진했다. 황실 직영의 방직공장, 유리공장, 제지공장 등을 세우고 대규모 자금과 인력을 투입해 양전(논밭 측량) 사업과 지계(토지소유권 증명) 사업을 대대적으로 실시했다. 다만 양전·지계 사업은 조세 징수에 목적을 둔 것이었기 때문에 토지개혁의 성격은 없었고 도리어 봉건적 지주의 지배권을 강화하는 한계를 지니고 있다는 평가가 있다.

서울에서는 워싱턴DC를 모델로 한 도시 개조 사업을 벌였다. 오늘날 시청 앞 광장과 방사상 도로 체계는 이때 처음 틀을 잡은 것이다. 곧 미국의 대통령궁(백악관)처럼 왕궁(현 덕수궁)을 중심으로 덕수궁 대안문(대한문) 앞을 방사상 도로의 중심으로 삼은 뒤, 기존의 종로, 남대문로를 확장하고 연결해 전차를 달리게 했다.

고종이 자주독립국가를 꿈꾸며 실행에 옮긴 일련의 정책들은 사실 러시아와 일본의 팽팽한 세력균형이 있었기에 가능한 일이었다. 따라서 광무개혁이든 왕권 강화든 이 모든 것이 러일 간의 세력균형 위에서만 생명력을 발휘할 수 있다는 데 대한제국의 한계가 있었다.

이에 따라 1902년 1월 제1차 영일동맹에 의해 일본이 대한제국에서의 정치·공업·상업상의 배타적 이익을 보장받게 되어 다시 친일 개화파 세력이 강해지면서 대한제국의 운명도 한 치 앞을 내다볼 수 없게 되었다. 광무개혁에서 추진한 각종 근대화 사업도 대부분 실제적인 성과를 거두지 못하고 중단되었다. 더욱이 미처 성과를 보기도 전에 일어난 1904년 2월의 러일전쟁으로 자주적 입장의 근대화 작업은 종말을 고하고 일본의 국권 침탈에 의해 사실상 일본 제국주의의 준식민화 상태로 들어가게 되었다.

오늘날 대한제국에 대한 평가는 상반된다. 긍정적으로 평가하는 쪽은 '광무개혁'이라고 부르며 "황제권의 강화를 기반으로 국방·재정력의 강화와 상공업 육성을 통해 부국강병을 달성하려 했다"고 보는 반면 이를 부정적으로 보는 쪽은 "우리나라 근대사 발전의 주류가 될 수 없는 허울뿐인 과장"이라며 "근대화만 된다면 비민주적인 체제라도 상관없다는 개발독재론과 같다"고 폄하한다. 이런 견해 차이는 '위로부터의 근대화'와 '아래로부터의 근대화'의 서로 다른 근대화 노선을 추구했던 대한제국과 독립협회·만민공동회 중 어느 쪽을 옳은 방향이라고 보느냐에서 비롯된다.

서재필 독립신문 창간
현재 '신문의 날'은 이 4월 7일을 기념하고 있다.

서재필(1864~1951)은 죽음을 무릅쓰고 갑신정변에 뛰어든 개화파 선각자였다. 독립신문 창간, 독립문 건립, 독립협회 창설, 독립운동 전개에 주도적으로 참여한 데서 알 수 있듯 '독립'은 그의 삶을 관통하는 키워드였다.

서재필

서재필은 전남 보성군의 외가에서 태어났다. 충남 논산의 친가에서 어린 시절을 보내다가 친척집 양자로 입양해 7살 때 서울 외삼촌 집으로 올라왔다. 18살 때인 1882년 알성시 별과에 합격해 주위의 촉망을 한 몸에 받았다. 당시 외삼촌 집에는 개화파 지도자 김옥균이 자주 드나들었다. 이것이 계기가 되어 당숙인 서광범, 개화승 이동인, 철종의 부마인 박영효 등과도 접촉하며 급진 개화운동에 깊숙이 관여했다. 1883년 5월 일본 도야마 육군학교로 유학을 떠난 것도 김옥균의 권유가 작용했다.

서재필이 학교를 졸업하고 1884년 7월 귀국했을 때 개화파는 김옥균을 중심으로 쿠데타 준비에 여념이 없었다. 갑신정변은 1884년 12월 4일 일어났다. 서재필의 역할은 일본 육군학교에서 함께 공부한 10여 명의 하사관을 지휘하는 행동대장이었다. 서재필은 갑신정변 후 조각된 새 내각에서 병조판서 겸 정령관으로 발표되었다. 그러나 갑신정변은 개화파의 준비 부족과 일본의 배신으로 3일 천하에 그치고 말았다.

서재필은 김옥균·박영효·서광범 등과 함께 서울을 빠져나가 12월 11일 인천에서 배를 타고 일본으로 망명했다. 갑신정변 실패가 가족에 미친 결과는 참담했다. 부모와 아내는 자살하고 유일한 혈육인 두 살된 아들은 보살피는 사람이 없어 굶어 죽었다. 정변에 함께 참여했던 동생 서재창은 모진 고문 끝에 참형을 당했다. 조선 정부는 개화파의 인도를 일본에 집요하게 요구했고, 일본 정부는 한일 관계에 악영향을 끼칠 것을 우려해 개화파를 냉대했다. 서재필은 일본 정부의 박대에 분개해 박영효와 함께 미국으로 발길을 돌렸다. 김옥균은 일본에 남아 쓸쓸한 망명 생활을 이어갔고 박영효는 미국에서도 적응하지 못해 일본으로 다시 돌아갔다.

서재필은 1886년 4월 미국행 배에 몸을 실었다. 미국 도착 후 가구상회 점원과 광고지 배달 일을 하던 중 부유한 사업가 존 홀렌벡을 만난 것은 천운이었다. 홀렌벡은 불우한 젊은이들이 교육을 받을 수 있도록 해마다 거금을 쏟는 독지가였다.

서재필은 홀렌벡이 설립한 해리 힐맨 아카데미에 1886년 9월 입학했다. 1889년 고교 졸업 후 라파예트대에 입학했으나 학비 부족으로 대학을 중퇴하고 워싱턴의 미 육군 군의참모부에서 번역 담당 사서로 근무했다. 이로써 '미국 공무원이 된 첫 한국인'이라는 기록을 이력에 부가했다. 1891년에는 컬럼비안의과대(1904년 조지워싱턴대로 변경) 야간 과정에 입학, 미국 의사 면허를 취득하고 '필립 제이슨'이란 이름의 미국 시민권자가 되었다. 1894년 대학을 졸업한 후에는 워싱턴에서 병원을 개원하고 미국 여성과 결혼했다. 모두 한국인 최초였다.

그 무렵 국내에서는 청일전쟁에서 승리한 일본의 지원을 받아 친일 내각이 수립되었다. 친일 내각은 1894년 7월부터 갑오개혁을 추진하면서 갑신정변 주동자를 사면·복권했다. 박영효도 10여 년간의 망명 생활을 끝내고 조선으로 돌아와 김홍집 내각의 내부대신으로 입각했다. 박영효는 1895년 가을 직접 미국을 방문해 서재필의 귀국을 종용했다. 이에 고무된 서재필이 조국을 떠난 지 11년 만에 제물포항에 도착한 것은 1895년 12월 25일이었다.

'독립'은 서재필의 삶을 관통하는 키워드

서재필은 정부로부터 요직을 제의받았으나 이를 거절하고 순한글 신문을 발간하겠다는 뜻을 밝혔다. 당시 우리나라에는 개항장 중심으로 일본계 신문들이 발간되고 있었다. 그중에서도 서울의 '한성신보'와 제물포의

'조선신보'는 일본 상인들의 권익 보호 등 일본의 대한정책 노선을 앞장서서 밀고 나갔다. 이 때문에 이들과 당당하게 맞설 수 있는 우리 신문이 절실한 상황이었다.

서재필의 신문 창간에 결정적 도움을 준 인물은 당시 내부대신 유길준이었다. 그는 4,400원의 정부 예산을 편성해 창간을 지원했다. 김홍집 내각은 월봉 300원을 받는 10년 임기의 중추원 고문직을 제공했다. 서재필은 일본에서 인

독립신문 창간호(1896.4.7)

쇄기를 들여오고 정동에 있는 정부 소유 건물 1채를 무상으로 빌려 사옥으로 활용했다. 서재필은 신문사를 경영하고 논설과 기사를 직접 쓰는 것 외에 인쇄공들에게 채자(採字)와 조판(造版)도 가르쳤다. 기자들에게는 자료 수집부터 기사 작성 방법까지 일일이 지도했고 신문 영업을 맡은 사람들에게 신문 파는 방도를 가르쳤다.

서재필이 그토록 공을 들인, 한국인이 만든 최초의 민간 신문인 '독립신문'이 창간된 것은 1896년 4월 7일이었다. 현재 '신문의 날'은 이 4월 7일을 기념하고 있다. 창간호 이름은 '독닙신문'이었으나 12호부터 '독립신문'으로 제호를 변경했다.

독립신문은 격일(주 3일)로 발행했다. A4 사이즈와 비슷한 크기의 1면 머리에는 논설을 싣고, 이어서 '관보', '외국 통신', '잡보'의 순으로 2면으로 넘어갔다. 3면에는 영문과 한글로 된 광고를 싣고 4면은 'the independent' 제호의 영문판으로 꾸몄다. 1897년 1월부터는 한글판과 영문판을 분리해 두개의 신문을 발행했다. 영문판은 조선의 참모습을 외국

에 제대로 소개하는 중요한 창구이자 통로 역할을 했다. 신문은 한자가 전혀 없는 순국문에 영문판까지 붙어 있어 큰 관심을 불러일으켰다. 정부가 나서 구독을 권장한 덕에 초기의 발행부수 2,000부는 금세 3,000부로 늘어났다.

서재필은 독립신문에서 서구 민권 사상을 소개하고 근대적 법치주의 실천을 강조했다. 열강의 이권 침탈은 반대하고 자주독립 의식은 고취했으며 위정자들의 비정과 탐관오리들의 부정부패는 폭로하고 비판했다.

독립신문의 국문 전용은 우리말에 대한 과학적 연구의 단서를 열어놓았다. 국문판 조필(助筆)로 편집을 맡았던 주시경은 신문사 안에 '국문동식회'를 조직해 국문법의 공동 연구를 시작했다. 국문법 제정, 맞춤법 통일, 국문 띄어쓰기와 가로쓰기 시행, 국어사전 편찬, 가급적 국문 전용 시행 등을 주창했다.

서재필은 국민의 독립 의식을 고취할 목적으로 독립협회 결성도 추진했다. 1896년 7월 2일 창립한 총회에서는 안경수가 회장, 이완용이 위원장으로 추대되고 이상재와 김가진 등 8명이 위원으로 선출되었다. 서재필은 미국인이어서 비공식 고문 역할을 수행했다. 서재필은 각종 강연회에서 외국의 이권 침탈을 규탄하고 열강에 대한 중립 외교 등을 주장했다. 정치적 자주독립 못지않게 경제적 자주독립의 중요성도 역설하고 서구식 의회 설립 운동을 전개했다.

그러자 일본은 표면상 독립협회에 우호적인 제스처를 취하면서도 속으로는 깐깐한 서재필의 추방을 미국 정부에 요청했다. 고종도 민권 운동을 고취하는 서재필을 못마땅하게 여겨 중추원 고문에서 해촉하고 출국을 압박했다. 미국공사 알렌이 서재필의 출국을 결정한 것은 바로 이런 내부 사정에 따른 것이다. 결국 서재필은 1898년 5월 14일 부인·딸과 함께 용산에서 배를 타고 인천을 거쳐 미국으로 떠났다.

서구 민권 사상 소개하고 근대적 법치주의 실천 강조

그 후 독립신문은 독립협회 회장인 윤치호가 주필 겸 실질상의 관리자로 운영을 맡았다. 윤치호는 창간 이후 격일간(주 3회) 발행하던 것을 1898년 7월 1일부터 일간으로 발전시켰다. 1899년 1월 윤치호가 신문 발행에서 손을 뗀 후에는 미국 선교사 아펜젤러, 영국인 선교사 엠벌리가 차례대로 경영을 맡았다. 이 시기 독립신문의 내용과 표현 방식은 온건했다. 정부 시책에 대한 비판보다는 국민의 교육과 계몽에 주력했다.

그러던 중 1899년 7월 정부가 독립신문 사옥을 반환하라고 요구했다. 알렌이 미국에 있는 서재필의 동의를 얻어 중재에 나선 결과 독립협회가 정부로부터 4,000원을 받는 조건으로 1899년 12월 24일 독립신문의 판권과 인쇄 시설을 정부에 넘겼다. 독립신문은 이미 20일 전인 12월 4일 마지막호를 내고 문을 닫은 상태였다.

서재필이 미국으로 돌아갔을 때 미국에서는 미국·스페인 전쟁이 한창이어서 서재필은 상이군인을 수송하는 병원선의 군의관으로 근무했다. 1905년부터는 사무실 비품과 문방구 판매 사업을 벌이고 1914년 필라델피아에 문방구 인쇄회사인 필립제이슨 상사를 설립했다.

1910년 한일합방 후에는 조선의 독립이 불가능할 것으로 간주해 독립운동은 접었으나 1919년 일어난 3·1운동에 감격해 다시 독립운동에 매달렸다. 1919년 4월 14일부터 3일간 필라델피아의 리틀극장에서 개최된 한인자유대회를 주도했다. 대회에는 서재필을 위시해 이승만·정한경·조병옥·장택상·유일한 등 150여 명의 한인과 미 상원의원 등이 참석했다. 이들은 마지막날 결의안을 채택한 뒤 태극기를 흔들며 필라델피아 시가행진을 하고 독립선언문을 낭독하는 의식을 거행했다.

서재필은 조선인의 독립 의지를 세계에 홍보하는 영문 월간지 '조선평론'을 1919년 8월 창간해 1921년 12월 재정난으로 중단할 때까지 발간했다. 조선평론은 당시 미국인을 상대로 한 유일한 월간지였다. 1921년 11월부터 이듬해 2월까지 개최된 워싱턴 군축회의에도 조선특파단 부단장(단장은 이승만) 자격으로 참석해 조선 독립을 위한 청원을 전개했으나 군축회의가 조선 문제를 상정조차 하지 않자 좌절에 빠져 이후에는 별다른 항일 언론 활동을 펼치지 않았다.

해방 후에는 주한미군 사령관 하지 중장의 초청을 받고 1947년 7월 1일 인천항에 도착했다. 당시 그의 나이는 83세였고 조국을 떠난 지 49년 만이었다. 미 군정이 그를 초청한 것은 내심 이승만을 견제하기 위해서였다. 1948년 5·10 총선에 김구와 김규식이 불참하면서 이승만의 독주가 확실해지자 이승만 반대 세력이 서재필을 대통령으로 추대하려는 움직임을 보였다. 그러자 이승만을 대통령으로 추대하려는 대한독립촉성국민회의가 서재필을 비난하는 선전문을 7월 3일 각 신문에 게재했다.

서재필은 파쟁에 말려들고 싶지 않아 대통령에 입후보할 의사가 없음을 공식 표명하고 7월 10일 하지에게 최고 고문직 사임 의사를 전달한 뒤 9월 11일 미 군용선을 타고 인천항을 떠났다. 1951년 1월 5일 펜실베이니아 주 노리스타운 소재 몽고메리 병원에서 파란만장한 삶을 마감했다.

독립협회 창립과 만민공동회
무엇보다 큰 성과는 민중의 자신감이었다.

서재필이 독립협회 창설을 제안한 것은 미국에서 귀국한 지 얼마 지나지 않은 1896년 초였다. 그의 제안에 안경수·이완용·김가진·이윤용·이채연·고영희·이상재·민상호·남궁억 등 전현직 고위 관료 14명이 동참을 표시했다. 이들은 1896년 6월 7일 서재필이 고문직을 맡고 있는 중추원 건물에서 발기 모임을 열었다.

독립협회는 독립문과 독립관 건립, 독립공원 조성을 목적으로 7월 2일 창립식을 열고 회장 안경수, 위원장 이완용, 위원 김가진·민상호·이채연·

독립문(오른쪽)과 독립관

이상재 등을 선출했다. 서재필은 미국인이어서 비공식 고문 역할을 수행했다. 창립 당시 회원이 2,000여 명에 달할 정도로 호응이 좋았고 각계각층에서 모금도 답지했다.

독립협회는 먼저 모화관을 독립관으로 개수하는 공사를 벌였다. 모화관은 중국 사신을 위한 영빈관으로 갑오경장 이후에는 사실상 방치되고 있었다. 독립협회는 1897년 5월 23일 독립관 현판식을 연 후 매주 일요일 이곳에서 강론회를 열었다. 1896년 11월 21일에는 정부 관료와 주한 외교 사절을 비롯해 수천 명이 운집한 가운데 독립문 정초식을 성대하게 거행했다. 프랑스의 개선문을 모형으로 삼아 높이 14.28m, 너비 11.48m로 설계한 독립문은 공사 1년 만인 1897년 11월 20일 준공되었다.

독립관에서 열린 강론회는 1897년 8월 29일 토론회 방식으로 전환, 제1회 토론회를 성공적으로 진행했다. 토론회는 1898년 12월 3일까지 1년 3개월간 총 34회 열렸다. 토론회는 독립협회의 구성에 변화를 불러왔다. 일반 백성 회원들이 독립협회 활동에 적극 가담하고 회원 간의 연대감이 강해졌다.

독립협회는 1898년 2월 20일 통상회(정기회)를 열어 초대 위원장이자 2대 부회장이던 이완용을 3대 회장으로 선출했다. 그러나 이완용이 독립협회의 정치활동을 못마땅하게 생각하고 3월 중순 전라남도 관찰사로 떠나면서 회장 자리는 공석이 되었다. 5월 14일 서재필까지 미국으로 추방되어 지도부가 흔들거리자 8월 28일 윤치호를 4대 회장, 이상재를 부회장으로 선출했다.

그 무렵 현안은 러시아의 절영도(부산 영도) 조차와 러시아가 조선의 재정을 독점하기 위하 '한러은행' 설립이었다. 러시아는 부산 절영도를 석탄 저장소로 사용하기 위해 1897년 8월 조차를 요구하고 1898년 1월 수병을 절영도에 상륙시켜 대한제국 정부를 압박했다. 결국 정부는 1898년 2월 러시아의 절영도 조차를 허가했다. 독립협회는 정부에 항의 서한을 발송하고 러시아의 침략 정책을 용인할 수 없다고 결의를 다졌다. 그래서 마련한 대규모 군중집회가 1898년 3월 10일 종로에서 개최한 만민공동회였다. 독립협회라는 특정 조직체의 틀과 한계를 뛰어넘어 불특정의 거대한 민중을 정치 세력화해 그 힘과 기세로 당면한 국난에 대처하려는 비상책이었다.

오후 2시. 만민공동회라는 이름에 걸맞게 1만 명의 군중이 종로 거리에 모여들었다. 당시 서울 인구가 20만 명 전후인 점을 감안하면 대단한 인파였다. 행사가 열린 곳은 종로 운종가 시전의 백목전(무명포 상점) 앞이었다. 군중 대부분은 평민과 소상공인, 학생 등 당시 사회의 주류라고 볼 수 없는 사람들이었다. 이 자리에서 만민공동회 회장으로 선출된 사람은 관리도 지식인도 아닌 쌀장수 현덕호였다.

비록 독립협회가 주최하긴 했지만 신분을 초월한 민중이 자발적으로 참여했다는 점에서 만민공동회는 자주독립권 수호를 위한 한국 민중의 확고한 결의를 내외에 과시하는 자리가 되었다. 이들은 러시아를 규탄하며 러시아의 군사교관과 재정고문의 철수를 촉구하는 결의안을 채택했다. 무엇보다 큰 성과는 민중의 자신감이었다.

고종은 민중의 대규모 세 과시에 놀라 3월 11일 러시아 군사교관과 재정고문 철수를 요청하는 회신을 러시아공사관에 보내도록 지시했다. 다행히 그 무렵 러시아는 한반도보다 만주 경영을 급선무로 여겨 절영도 조차 요구 철회와 재정고문·군사교관의 철수를 받아들였다. 한러은행 설립도 취소했다. 일본도 조차했던 월미도를 반환했다. 외세에 질질 끌려가던 정부가 제 역할을 못하는 상황에서 민중이 스스로 나서 쟁취한 귀중한 승리였다. 고종과 수구파 정부는 독립신문 기사로 정부를 사사건건 비판하는 서재필을 분풀이 대상으로 삼았다. 결국 서재필은 중추원 고문관에서 해직되어 5월 14일 미국으로 돌아가야 했다.

독립협회 창설의 당초 목적은 독립문·독립관 건립

독립협회는 제1차 만민공동회가 성공하자 1898년 7월 고종에게 의회 설립을 건의했다. 당시 독립협회의 전략은 의회를 상원과 하원의 양원제로 하되 기존의 정부 자문기관인 중추원을 개편해 독립협회 회원 중심의 상원을 먼저 설립한 뒤, 농촌에서 독립협회 세력이 커지게 되면 그때 가서 하원을 설립한다는 계획이었다.

예상대로 고종은 자신의 전제 황권이 사라지거나 약화할 것을 우려해 의회 설립 요청을 거부했다. 수구파 정부 역시 반대했다. 고종과 수구파 정부는 그들의 전위 단체로 조직한 황국협회로 하여금 시간을 충분히 갖고 상원과 하원을 동시에 설립하자고 제안케 해 지연작전을 썼다. 황국협회는 1898년 7월 7일 황태자(실제로는 고종)가 보낸 하사금으로 창립된 단체로, 창립 초에는 지방 보부상들의 권익 단체 성격을 표방했으나 곧 독립협회에 대항하기 위한 정치적 폭력단체로 변모했다.

독립협회는 수구파 정부를 개혁파 정부로 교체하지 않으면 상원 설립이 불가능하다고 판단해 수구파 정부를 붕괴시킨 후 새롭게 구성된 개혁

정부와 의회 설립을 협의하는 방향으로 전략을 바꾸었다. 그러던 중 1898년 9월 11일 전 러시아공사관 통역 김홍륙이 고종의 커피잔에 아편을 넣어 독살하려던 이른바 '김홍륙 독차 사건'이 발각되어 조정을 발칵 뒤집어 놓았다. 독립협회는 독차 사건에 관련된 요리사가 옥중에서 살해된 것을 이유로 법부대신 신기선의 인책 사임을 강력히 요구했다. 사건을 더욱 확대해 신기선을 포함한 7대신의 불법을 지적하고 파면을 요구했다.

독립협회는 10월 1일 지금은 사라지고 없는 경운궁 인화문 앞에서 민중대회를 열고 수구파 7대신의 교체와 신정부 수립을 요구했다. 대규모 민중대회가 연일 밤낮으로 계속되자 고종은 더 이상 버틸 수 없다고 판단해 10월 10일부터 12일까지 수구파 7대신을 모두 면직했다. 이로써 수구파 정부는 붕괴되었다. 고종은 뒤이어 독립협회가 신임하는 박정양을 정부 수반으로 삼고, 군부대신에는 독립협회와 보조를 같이하는 민영환을 임명하는 등 개혁파 정부를 발족시켰다. 독립협회가 쟁취한 또 하나의 승리였다.

독립협회는 개혁파 정부가 들어서자 10월 13일 정부에 의회 설립 협의를 요청했다. 독립협회와 개혁파 정부는 10월 15일 화기애애한 분위기 속에서 의회 설립을 협의한 끝에 중추원을 상원으로 개편해 의회의 입법권을 갖게 하고, 의원은 총 50명으로 구성하되 25명은 정부에서 추천하고 25명은 독립협회가 선출한 민선의관으로 구성하도록 하는 독립협회의 '의회(상원) 설립 법안'(중추원관제 개정안)에 합의했다.

독립협회는 이런 사실을 분명히 하기 위해 10월 28일부터 11월 2일까지 서울 종로에서 제2차 만민공동회를 개최했다. 독립협회 계열의 모든 자매 단체들, 황국협회 회원, 정부 대신, 학생, 노동자, 상인 등 수 천 명이 참석한 명실상부한 관민공동회였다. 10월 29일에는 놀랍게도 해방된 천민 박성춘이 집회 개막 연설을 했다. 그는 천민 중에서도 가장 천대받던 백정이었다. 게다가 단하엔 의정부 참정 박정양 등 정부 대표들도 참석하고 있었다.

만민공동회는 당면한 국난에 대처하려는 비상책

바야흐로 의회를 설립하는 일만 남았다. 박정양 개혁 정부는 독립협회가 10월 24일 정부에 제출한 의회(상원) 설립안(중추원관제 개편안)에 약간의 자구 수정을 가해서 '중추원 신관제(의회 설립법)'를 만들어 황제의 재가를 얻은 뒤 11월 4일 공포했다.

그러자 조병식·유기환·이기동 등 수구파 대신들이 독립협회를 모함하기 위해 11월 4일 밤 서울 시내 거리에 익명의 벽보를 붙였다. 내용은 독립협회가 고종을 몰아내고 공화국을 세운 후 대통령에 박정양, 부통령에 윤치호, 내부대신에 이상재, 외부대신에 정교 등 독립협회 간부들을 고관에 앉히려 한다는 것이었다.

격분한 고종은 독립협회 간부들을 체포하라고 지시했다. 11월 4일 밤부터 11월 5일 새벽까지 이상재, 정교, 남궁억 등 17명이 체포되었다. 윤치호 등 3명은 체포 전 가까스로 피신했다. 고종은 독립협회를 불법화하고 개혁파 관리들은 모두 파면한 뒤 수구파들을 재기용했다. 수구파 정부는 의회로서의 중추원관제와, 독립협회가 10월 29일 관민공동회에서 결의한 6개항의 국정개혁안인 '헌의 6조'를 모두 무효화했다.

그러자 수천 명의 시민이 11월 5일 독립협회 지도자 17명을 체포해간 경무청 앞에서 항의 시위를 벌였다. 제3차 만민공동회였다. 군중은 정부의 무력 해산 위협에도 굴하지 않고 철야 농성으로 "우리도 같이 가두라"면서 저항했다. 군중이 연일 수만 명에 이르자 결국 고종은 조병식·민종묵 등 수구파 대신들을 해임하고 17명 전원을 석방했다. 그러면서도 다른 수구파를 기용해 개혁 정부의 등장만은 막았다.

만민공동회는 개의치 않고 ▲독립협회 복설 ▲조병식·민종묵·유기환·이기동·김정근 등 5흉 처벌 ▲헌의 6조 실시 등을 더욱 세차게 요청했다. 그러자 전국에서 올라온 수천 명의 보부상이 11월 16일부터 시내를 돌아다니면서 시위를 벌였다. 급기야 11월 21일에는 몽둥이로 무장한 보부상 2,000여 명이 닥치는 대로 만민들을 난타해 만민공동회 대회장은 삽시간에 아수라장이 되었다.

격분한 수만 명의 시민은 11월 22일 아침 또다시 대규모 만민공동회를 개최했다. 정부든 수구파든 도발 행위를 하면 금방 혁명이 일어날 기세였다. 결국 고종은 천하 민심이 완전히 만민공동회로 돌아섰다고 판단해 조병식·유기환·이기동·김정근 등을 재판에 부치도록 하고, 홍종우·길영수·박유진 등을 유배하도록 명령했다. 빈자리에는 만민공동회 지지를 받는 박정양을 의정부 참정, 민영환을 내부대신으로 임명했다. 박정양과 민영환은 고종과 정부가 보부상 해산에 미온적인 태도를 보이자 취임하지 않았다.

11월 26일 다시 수만 명의 시민이 종로에 집결해 고종을 압박하자 고종이 그날 오후 1시 만민공동회 대표 200명을, 오후 3시에는 보부상 대표 200명을 각기 궐문 밖에서 만났다. 조선왕조 개국 이래 처음 있는 일이었다. 만민공동회는 "독립협회의 복설을 허가하고, 보부상패도 혁파하고 중추원의 신관제도 실시하고 법률을 실시하겠다"는 고종의 확약을 믿고 한동안 집회를 열지 않았으나 고종이 약속을 지키지 않자 만민공동회를 재개했다.

그러자 12월 23일 정부가 독립협회·만민공동회를 해산하기 위해 군대를 동원했다. 군인들은 발포 준비 상태에서 총검으로 만민을 위협했다. 보부상들이 뒤따라오면서 "민회를 밟아라", "회원 연설자를 잡아라" 등 고함 소리를 내어 그 위협 기세가 살벌했다. 결국 군인들의 총검과 보부상들의 몽둥이에 쫓겨 군중은 해산되었다. 밤마다 타올라 종로의 겨울 하늘을 붉게 수놓던 장작불들도 꺼졌다.

고종은 12월 24일 서울 시내를 계엄 상태 하에 두고 만민공동회·독립협회를 불법화했다. 요소요소에는 총검을 든 군인들을 배치해 시민이 모이기만 하면 총검으로 위협하고 귀가시켰다. 독립협회·만민공동회 간부들도 체포했다. 그렇게 체포된 간부가 430여 명에 달했다. 정부 내의 개혁적 관료들인 박정양·민영환·한규설·이상재 등은 모두 파면하고 수구파 중심의 정부를 편성했다.

만민공동회는 이렇게 실패로 막을 내렸지만 오늘날 역사학자들은 "한반도 최초의 근대적인 정치 운동"으로 규정하면서 "국가의 자주독립과 민권수호 정신을 민중에 깨우쳐주고 일제 치하의 독립운동은 물론 해방 이후 현대에까지 나타난 여러 민주화운동들과 연속성을 지니고 있다"고 평가한다.

유길준 '서유견문' 발간
연금 생활 중 가장 빛나는 업적은 우리나라 최초의 서양 문물 소개서인 '서유견문'이었다.

19세기 말 조선에서 개화사상을 치밀한 논리와 풍부한 예증으로 설득력 있게 뒷받침한 인물은 유길준(1856~1914) 말고는 사실상 없다. 그는 전통과 근대를 조화시킨 조선적 근대화를 추구했다는 점에서 여타 개화사상가들과는 달랐다. 일본과 미국에서 국내 최초로 공부한 유학생답게 외국의 풍물과 사정을 꼼꼼하게 기록하고 이를 토대로 우리나라 최초의 서양 문물 소개서인 '서유견문'을 펴냈다는 점에서도 그는 특별했다.

유길준은 서울의 북촌 계동에서 양반가의 자손으로 태어나 어려서부터 촉망받는 인재로 주변의 기대를 모았다. 그러나 1873년 박규수의 문하로 들어가 과거제도의 폐해를 깨닫고 나서는 과거 시험을 포기했다. 유길준은 '해국도지'를 통해 세계 사정에 눈을 뜨고 '영환지략'과 '이언' 등을 탐독해 개화사상에 심취했다. '해국도지'와 '영환지략'은 청나라 사람이 저술한 세계지리서이고 '이언'은 청나라 사람이 저술한 개화 자강에 관한 서적이다. 박규수의 사랑방에서 훗날 급진 개화파로 변신하게 될 김옥균, 박영효, 홍영식 등과 친분을 쌓았지만 급진 개화파와는 노선을 달리했다.

조선 조정이 1881년 4월 박정양, 어윤중, 민종묵, 심상학, 홍영식 등 총 51명으로 구성된 신사유람단을 일본에 파견할 때 유길준은 민씨 척족 세력의 기대주로 각광받는 민영익의 천거에 의해 어윤중의 수행원으로 발탁되었다. 시찰단의 임무는 '왜놈의 나라'였던 일본이 메이지 유신을 거치면서 조선을 넘볼 정도로 힘을 키울 수 있었던 배경을 파악하는 것이었다.

당시는 개화에 반대하는 위정척사 운동이 불붙던 터라 고종은 시찰단의 활동을 철저히 비밀에 부쳤다. 시찰단의 정식 명칭도 없었다. '신사유람단'이라는 이름은 일본 관리들이 지어준 것이었다. 그래서 오늘날 사학계는 신사유람단 이름 대신에 조사시찰단(朝士視察團)이라고 바꿔 부른다. 시찰단은 일본 정부 부처, 대학, 화약 제작소, 주식거래소 등은 물론 목욕탕까지 샅샅이 훑어봤다. 일본 정계의 거물로 떠오르던 이토 히로부미도 만났다. 시찰단은 같은 해 7월 부산에 도착해 10월 비밀리에 서울로 올라왔다.

유길준은 출발 때부터 유학 목적으로 일본에 갔기 때문에 매부 유정수와 함께 후쿠자와 유키치가 운영하는 게이오의숙에 입학했다. 함께 간 윤치호도 도진샤에 입학함으로써 이들은 한국인 최초로 일본 유학생이 되었다. 유길준은 후쿠자와의 저서인 '서양사정', '문명론지개략', '학문의 권장' 등 개화와 관련된 서적을 두루 탐독하면서 개화의 밑그림을 그렸다. 후쿠자와가 1882년 3월 창간한 '지지신보'를 보면서는 신문 발간의 필요성을 깨달아 훗날 서재필의 독립신문 발간을 적극 지원했다. 유길준은 1882

년 12월 귀국해 1883년 2월 외교통상사무의 총괄 부서인 통리교섭통상사무아문(약칭 통리아문)의 주사로 임명되었다.

유길준

그가 귀국하기 전인 1882년 5월 조선은 서양 국가 중에서 최초로 미국과 통상 조약을 체결했다. 이에 따라 조선에는 미국의 루시어스 푸트 공사가 부임하고 조선은 답례의 표시로 미국에 사절단을 보낼 준비를 했다. 우리 역사상 최초로 서양 문물을 체험하게 될 사절단은 민영익(정사), 홍영식(부사), 서광범(종사관) 등으로 구성되었는데 모두 20대의 젊은이였다. 이밖에 유길준, 고영철, 변수, 현흥택, 최경석과 중국인 오례당, 미국인 퍼시벌 로웰, 일본인 미야오카 등이 수행해 보빙사 일행은 모두 11명이었다.

보빙사 일행은 1883년 7월 16일 제물포항을 떠나 9월 미국에 도착, 체스터 아서 대통령에게 신임장을 제정했다. 이후 다른 보빙사 일행이 순차적으로 귀국한 것과 달리 유길준은 민영익의 뜻과 영어 통역을 담당한 로웰의 적극적인 주선에 따라 국비유학생 자격으로 미국에 체류했다. 로웰은 보스턴 부근의 세일럼시에 소재한 피바디 에섹스 박물관의 에드워드 모스 관장을 유길준에게 소개해주었다. 유길준은 머리를 짧게 하고 한복을 벗어던진 뒤 갓, 도포, 저고리, 바지, 내의, 부채, 명함 등 20여 종의 소지품을 피바디 박물관에 기증했다.

전통과 근대를 조화시킨 조선적 근대화 추구

유길준은 모스 박사의 개인지도로 언어 소통이 어느 정도 가능해지자 1884년 9월 인근의 명문 고교인 덤머 아카데미 3학년으로 편입했다. 하버드대를 목표로 열심히 공부하던 1884년 12월 어느 날 조국에서 갑신정변이 터졌다는 기사를 보고 아연실색했다. 무엇보다 자신의 강력한 후원자인 민영익이 개화당의 칼에 맞아 중상을 당했다는 소식은 그를 극도로 혼란스럽게 만들었다. 게다가 유길준이 김옥균 등 개화당과 가깝다는 것은 공지의 사실이었고 자칫 자신의 일족에게도 화가 미칠 수 있는 긴급한 사안이었다. 그는 다양한 경로를 통해 개화당과 무관함을 적극 알림으로써 개화당과의 결별을 분명히 했다.

유길준은 미국에 온 지 1년 9개월 만인 1885년 6월 귀국길에 올랐다. 다만 조국으로 직행하지 않고 미국의 동부 지역에서 대서양을 가로질러 영국, 프랑스, 포르투갈, 수에즈 운하, 싱가포르, 홍콩, 일본을 거쳐 귀국하는 노선을 선택했다. 그는 귀국길에서 보고 들은 것을 꼼꼼히 메모하고 낱낱이 분석했다. 그러나 메모들은 대서양에서 동남아를 거치는 멀고 긴 여행길에서 태반이 사라졌다. 유길준은 귀국의 마지막 여행지인 일본에서 갑신정변 후 망명 중인 김옥균을 만났다. 역당의 괴수로 낙인찍힌 김옥균을 만난 것은 오해를 살 소지가 있었다. 더구나 김옥균이 일본 낭인 수천 명을 이끌고 조선으로 쳐들어온다는 소문이 무성할 때였다.

유길준은 1885년 12월 상투를 자르고 양복을 차려입은 모습으로 제물포에 도착했다. 서울로 올라오던 중 역도와 접선했다는 이유로 남대문 밖에서 체포되어 포도청에 감금되었다. 2개월 뒤에는 포도대장 한규설의 집으로 옮겨져 유폐 생활을 했다. 한규설은 당시 수도 경찰을 장악하고 왕실의 비밀외교 업무를 담당하는 실력자였기 때문에 곁에서 자문에 응해 줄 유길준과 같은 국제통이 필요했다. 고종에게도 유길준은 영어, 국제법, 해외 사정 등에 밝은 귀중한 보배였다. 하지만 개화파 인사들을 탄압하는 모양새를 취해야 했기에 격리할 수밖에 없었다.

한규설의 묵인 하에 유길준은 가끔씩 부인을 만나거나 뜻이 맞는 친구들의 방문을 받고 개화에 대해 토론했다. 한규설의 집에서 1년 반 동안 연금 생활을 한 후에는 서울 자하동에 있는 민영익의 산장인 취운정으로 거처를 옮겼다. 그곳에서도 바깥출입이 제한되자 저술을 통해 개혁 구상을 차분히 정리했다. 그는 근대공법의 원리를 근거로 조선은 청국에 조공국은 될지언정 결코 속국이 될 수 없다고 주장했다.

연금 생활 중 가장 빛나는 업적은 우리나라 최초의 서양 문물 소개서인 '서유견문'을 쓴 것이었다. 유길준은 후쿠자와의 저서 '서양사정'(1866)이 일본의 문명개화를 견인하는 데 결정적인 역할을 한 것에서 착안했다. 유길준은 일본 게이오의숙과 미국 고등학교에서 배운 지식과 정보, 일본 신사유람단과 미국 보빙사 체험과 견학 기록, 유럽 여행에서 담아 온 메모와 기억들을 종합하고 정리하는 과정을 거쳐 1889년 서유견문을 탈고했다.

한규설을 통해 원고를 고종에게 전달했으나 여전히 연금 상태였기 때문에 바로 출판하지는 못했다. 1892년 10월 7년 만에 연금에서 해제되자 원고를 직접 일본으로 들고 가 후쿠자와가 설립한 교순사에서 1895년 4월 1일 출간했다. 국내 최초 국한문 혼용체로 저술된 '서유견문'은 국내 최초의 국제인문지리서이자 국제 정세 보고서였다. 자비로 1,000권을 출간했으나 시판하지는 않아 친지와 지인들 사이에서만 주로 읽혔다. 그나마 1896년 고종의 아관파천으로 유길준이 일본으로 망명하면서 금서로 묶였다.

고난의 기간은 길고 영광의 날들은 짧았던 생애

서유견문은 총 3부 20편으로 구성되었다. 제1부인 1편과 2편에서는 '지구 세계의 개론', '6대주의 구역', '나라의 구별', '세계의 산·바다·강·호수·인종·물산' 등이 설명되어 있다. 본론에 해당하는 제2부, 즉 3편 '국가의 권리'부터 14편 '개화의 등급'까지에는 조선이 생존하기 위해 알아야 할 국제적 권리, 정부 역할, 세계 학문의 경향 등을 기술했다. 15편에서 20편까지의 제3부는 서양 각국의 풍물을 소개한 여행 견문록으로 책의 보론에 해당한다.

유길준이 다시 관직에 등용되어 개화사상가요 실천가로서 본격적인 활동의 계기를 잡은 것은 1894년 6월 외아문(통리교섭통상사무아문)의 주사로 임명되면서였다. 동학혁명(1894)을 빌미로 청·일 양국군이 조선에 진주한 당시의 혼미한 정세는 국제법에 밝은 유길준의 힘을 절대적으로 필요로 했다. 일본은 1894년 7월 23일, 경복궁을 점령하고 조선의 내정 개혁을 단행했다. 이른바 갑오경장의 시작이었다. 갑오경장과 함께 유길준의 지위도 수직 상승했다.

1894년 12월 김홍집·박영효 연립내각 때는 내각서기장에 오르고 1895년 5월 박정양이 총리대신이 되었을 때는 내부협판으로 승진했으며 을미사변(1895.10) 직후에 성립한 제4차 김홍집 내각에서는 내부대신으로 발탁되었다. 갑오개혁기는 유길준이 당대 최고의 국제적 안목과 개혁 의지를 갖고 자신의 능력을 마음껏 발휘한 황금기였다. 그는 조선을 근대로 변화시키는 개혁의 입안자였다.

유길준은 내부대신으로 임명된 후 김홍집 내각이 1896년 1월 1일을 기해 양력을 채용하고 전국에 단발령을 실시한다고 발표했을 때 주도적으로 참여했다. 고종이 먼저 서양식으로 머리를 깎자 유길준은 관리들로 하여금 가위를 들고 거리나 성문 등에서 강제로 백성들의 머리를 깎게 했다. 왕세자의 상투를 직접 자른 것도 유길준이었다. 그러나 단발령은 2개월 전 민비가 무참하게 시해된 을미사변에 더해져 의병 봉기를 촉발하는 계기로 작용했고 유길준은 의병들의 표적이 되었다.

그러던 중 고종이 1896년 2월 러시아공사관으로 피신하는 아관파천을 단행했다. 이를 계기로 김홍집 내각이 일거에 무너지고 김홍집이 백주에 거리에서 타살되자 유길준 역시 신변에 위협을 느껴 일본으로 망명했다.

유길준은 이후 12년의 망명 기간 중 조선이 이대로 가다가는 폴란드처럼 열강에 분할되어 멸망하고 말 것이라는 위기감을 강조한 '파란국 쇠망사'를 펴냈다. 부국강병의 문명화를 이룬 사례를 널리 알리기 위해 '프러시아 전사', '크리미아 전사', '이태리 독립 전사' 등도 번역·출간했다. 그러다가 일본 육사를 졸업했으나 귀국하지 못하고 있던 젊은 사관들과 '혁명일심회'를 결성해 정권을 장악하려 한 쿠데타 계획이 1902년 발각되어 일본의 오가사와라 제도에서 4년간 유배 생활을 했다.

유길준은 1907년 8월 헤이그 밀사사건으로 고종이 물러나고 순종이 즉위하자 12년간의 망명 생활을 청산하고 귀국했다. 귀국 후에는 궁내부 특진관 벼슬 제의를 거절한 채 학교 설립과 교사 양성, 교과서 편찬 등에 몰두하면서 실력양성론에 입각한 계몽운동에 적극 발 벗고 나섰다. 이토 히로부미의 자치육성책은 적극 지지했으나 일진회처럼 일제의 조선 합방을 용인하지는 않았다.

일제가 1910년 조선을 합병한 후 친일 매국노와 전직 고관 76명에게 작위를 수여할 때는 한규설·민영달·윤용구·조경호·홍순형 등과 함께 작위를 거절했다. 일제 치하에서는 조선의 자치권을 확보하기 위한 노력을 경주하다가 끝내 개화의 꿈을 이루지 못하고 1914년 9월 30일 타계했다. 많은 선각자가 그랬던 것처럼 고난과 아픔의 기간은 길고 성취와 영광의 날들은 짧았던 생애였다.

언더우드·아펜젤러·스크랜턴 조선 입국
언더우드 후손들 역시 기독교정신에 입각한 한국 사랑을 실천했다.

부활절이던 1885년 4월 5일, 일본의 나가사키를 떠나 제물포항에 입항한 상선에서 벽안의 두 남자가 내렸다. 미국의 감리회가 파견

호러스 그랜트 언더우드(오른쪽)와
아들 호러스 호턴 언더우드(원한경)

한 헨리 아펜젤러(1858~1902)와 북
장로회가 파견한 호러스 그랜트 언
더우드(1859~1916)였다.

언더우드는 영국에서 태어나 어
려서 부모를 따라 미국으로 이주했
다. 뉴욕대(1881)와 신학교(1884)를
졸업하고 목사 안수를 받은 후 인도
에서 선교사로 활동하기 위해 1년
동안 의학을 배웠다. 그러던 중 조
선에 선교사가 필요한데도 지원자
가 없다는 사실을 알고는 인도행을
포기하고 조선행을 결심했다. 1884
년 7월 미국 북장로회 선교사로 임

명되어 그해 12월 16일 샌프란시스코를 떠나 1885년 1월 25일 일본에 도
착했다.

아펜젤러는 미국 펜실베이니아주 손더턴에서 출생해 프랭클린 마셜대
를 거쳐 뉴저지 매디슨의 드류대 신학부를 졸업했다. 1884년 미국 감리교
선교회가 조선으로 파견하는 선교사로 임명되어 자신의 아내, 같은 감리
회 소속 윌리엄 스크랜턴(1856~1922) 선교사 가족과 함께 1885년 2월 3일
미국 샌프란시스코를 떠나 2월 21일 일본에 도착했다.

스크랜턴은 미국 예일대와 뉴욕의과대를 졸업하고 병원을 개원한 엘리
트 청년 의사였다. 하지만 아버지와 동생이 감리교회 목사였던 집안의 영
향을 받아 다시 신학을 공부해 1884년 12월 미국 감리교회에서 목사 안수
를 받고 조선으로 파견될 의료선교사로 임명되었다. 그가 이역만리 조선
으로 떠날 결심을 하게 된 데는 어머니 메리 스크랜턴(1832~1909)의 영향

도 컸다. 어머니는 스크랜턴이 선교사를 결심하기 전에 이미 미 감리교회 해외여성선교부로부터 조선으로 파견될 첫 선교사로 발령받았다. 스크랜턴은 아펜젤러가 포함된 미 감리회 선교단의 일원으로 어머니와 아내 그리고 두 살배기 어린 딸과 함께 2월 21일 일본에 도착했다.

이렇게 비슷한 시기에 일본에서 조우한 언더우드, 아펜젤러, 스크랜턴은 가급적 빨리 조선으로 떠나려 했으나 수개월 전 일어난 갑신정변으로 조선의 정치 상황이 불안하다는 얘기를 듣고 일본에서 세례를 받아 기독교인이 된 이수정, 갑신정변 실패 후 일본으로 망명한 김옥균·서재필 등 개화파 지도자들에게서 한국어와 한국 문화를 배우며 때를 기다렸다. 그러다가 조선의 사정이 나아진 것 같자 언더우드와 아펜젤러는 4월 5일 같은 배를 타고 제물포항에 도착했다. 스크랜턴은 가족이 많아 계속 일본에 체류했다.

제물포 도착 후 미혼인 언더우드는 이틀 후 서울로 올라간 반면 기혼자인 아펜젤러는 8일 동안 제물포에 머물며 서울의 사정을 살폈다. 결국 서울의 분위기가 여전히 불안하고 아내가 임신 중이어서 위험하다는 판단이 서자 서울행을 포기하고 4월 13일 일본으로 되돌아갔다가 5월 3일 스크랜턴과 함께 제물포항에 다시 입항했다. 스크랜턴의 가족과 아펜젤러의 부인은 6월 20일 제물포항에 도착했다. 아펜젤러는 이번에도 스크랜턴이 제물포 도착 후 바로 서울로 올라간 것과 달리 한동안 제물포에 머물다 7월 29일에야 서울로 올라갔다.

아펜젤러는 서울에서 구입한 집에 작은 교실을 만들어 1885년 8월 3일 이겸라와 고영필이라는 2명의 학생에게 영어를 가르쳤다. 고종은 1886년 6월 8일 이 학교에 '재목을 키운다'는 뜻의 '배재학당' 학교명을 하사하며 격려했다. 아펜젤러는 1886년 부활절에 조선 주재 일본공사관 직원에게 첫 세례를 주고 1887년 2명의 배재학당 학생에게 세례를 주는 것으로 목회 활동을 본격화했다. 1887년 9월에는 정동의 조그만 집 한 채를 구입해 '벧엘 예배당'으로 꾸민 뒤 1887년 10월 9일 첫 예배를 보았다. 이 예배당이 한국 감리교회의 요람인 정동제일교회다.

세 선교사, 배재학당·경신고·이화학당 설립

언더우드(한국명 원두우)는 조선 최초의 의료선교사 호러스 알렌이 1885년 4월 10일 서울에 설립한 '제중원'에서 환자 마취와 간단한 의료 업무를 맡는 것으로 서울 생활을 시작했다. 그러면서 정동의 가옥 한 채를 빌려 고아들을 가르쳤다. 1886년 5월 11일에는 '언더우드 학당(구세학당)'으로 명명한 학교를 개교했다. 김규식과 안창호도 거쳐간 언더우드 학당은 1901년 연지동으로 교사를 옮기고 1905년 '경신학교'로 개명했다.

언더우드는 선교 임무도 열심히 수행했다. 1886년 7월 11일 자신의 두 번째 조선어 선생인 노춘경에게 조선에서의 첫 세례를 주었고, 1887년 9월 27일 정동의 자기집 사랑방에서 14명의 교인들과 함께 첫 예배를 보았다. 오늘날의 '새문안교회'와 한국장로회는 이날을 뿌리로 삼고 있다. 이처럼 1887년 비슷한 시기에 두 선교사가 뿌린 씨앗 덕에 장로교파와 감리교파는 오늘날 우리나라 개신교의 80%를 넘는 교세를 자랑하고 있다.

아펜젤러는 전도 여행에 열심이었다. 1887년 4월의 1차 전도 여행을 시작으로 1888년 한 해 내내 전도 사업을 펼쳤다. 1902년 6월 11일에도 전남 목포에서 열리는 성경번역자 회의에 참석하기 위해 배를 타고 제물포항을 떠났다. 하지만 밤 10시쯤 군산 앞바다 어청도 부근을 지나던 중 마주 오는 배와 충돌·침몰하면서 23명의 승객과 함께 바닷속으로 자취를 감췄다. 그의 실종과 함께 그토록 열심이었던 한국 선교 18년의 열정도 막을 내렸다. 그러나 그의 빈자리는 자녀들이 조금씩 채워나갔다. 아들은 일제의 탄압 속에서도 교장과 이사장으로 배재학당을 발전시키고, 딸은

이화학당을 이화여자전문학교로 승격시켜 한국
인을 교육하는 데 열과 성을 다했다.

헨리 아펜젤러

　언더우드는 1889년 3월 제중원 여의사 릴리
어스 호턴과 결혼했다. 호턴은 미국에서 시카고
여자의과대를 졸업한 후 1888년 3월 의사 겸 선
교사로 한국에 파견되어 제중원 의사와 민비의
시의로 인술을 펼치고 있었다. 언더우드는 1890
년 첫애를 낳은 부인의 건강이 나빠져 1891년 3
월 가족을 데리고 미국으로 돌아갔다가 1892년 말 조선으로 돌아와서는
충정로 산등성이에 피난처를 열고 길가에 버려진 불쌍한 환자들을 위한
진료 활동을 벌였다.

　1895년 10월 명성황후 시해 후 공포에 떨고 있는 고종을 위해서는 에
이비슨, 헐버트 등 선교사들과 함께 고종의 침전에서 불침번을 섰으며,
1899년 아펜젤러와 함께 한국의 YMCA(기독교청년회) 창설을 촉구하는
서한을 북미 YMCA 국제위원회에 보내 YMCA 설립의 초석을 쌓았다.

　1903년에는 황성기독교청년회 회장으로 피선되고 1915년 4월 12일
YMCA 안에 '조선기독교대학'을 설립·개교했다. 언더우드는 첫 교장으
로 취임했으나 건강 악화로 1916년 미국으로 돌아갔다가 10월 12일 미국
에서 눈을 감았다. 조선기독교대학은 1917년 4월 연희전문학교로 인가를
받고 1917년 9월 지금의 연세대 자리로 교사를 옮겼다. 해방 후 연희대
학교로 개명하고 1957년 1월 세브란스 의과대와 병합해 오늘의 연세대를
이루고 있다.

　언더우드 후손들 역시 기독교정신에 입각한 한국 사랑을 실천했다. 언
더우드의 활동까지 포함하면 그 기간이 장장 4대, 119년에 이른다. 외아
들 원한경은 3·1 운동 때 제암리교회 학살 사건 등을 직접 조사·정리해

이를 세계 언론과 교회에 보내 일제의 만행을 규탄했다. 1934년부터 연희전문학교 교장으로 재직하던 중 1941년 12월 일본의 진주만 공격 후 아들 원일한과 함께 5개월 동안 투옥되었다가 1942년 4월 강제 추방되었다.

광복 후에는 미 육군성 한국어 통역 요원으로 다시 한국 땅을 밟아 활동했으나 이 과정에서 부인 와그너 여사가 좌익 청년들에게 피살되는 아픔을 겪었다. 6·25 전쟁 발발 후에는 민간고문단으로 동분서주하다 1951년 2월 부산에서 숨졌다.

언더우드의 손자이자 원한경의 아들 중 첫째인 원일한은 해방 후 입국해 연희전문학교와 연희대 교수 등으로 활동하다가 6·25 발발 후에는 미 해군에 입대해 인천상륙작전에 참여하고 유엔군 정전협상 수석 통역장교를 맡았다. 원일한의 쌍둥이 동생이자 둘째인 원요한은 광주호남신학대 교수로 재직했으며 3남(원재한)과 4남(원득한)은 6·25 때 해군 군목과 통역 요원으로 참전했다. 이처럼 자진해서 6·25 전쟁에 참전한 언더우드가 이야기는 미국에서도 화제를 불러 수많은 미국 방송과 신문에 소개되었다.

언더우드의 증손자이자 언더우드가의 적자인 원한광(4대)은 연세대 교수로 재직하다 2004년 11월 "한국에서 언더우드가 할 일은 다한 것 같다"며 한국을 떠났다. 미국에 안장되었던 언더우드의 시신은 1999년 손자인 원일한에 의해 양화진 외국인묘지로 이장되었다. 현재 양화진 언더우드가의 가족 묘역에는 원두우(언더우드) 부부, 원한경, 원일한 등 4대에 걸쳐 모두 7명이 묻혀 있다.

정동제일·새문안·아현교회는 한국 개신교의 뿌리

스크랜턴은 제물포항 도착 후 바로 서울로 올라가 제중원에서 진료 활동을 도왔으나 알렌과 불화가 생겨 1개월 만에 그만두었다. 곧 정동의 한

옥을 구입·개조하고 미국에서 의료 기기와 약품이 도착하자 1885년 9월 10일부터 환자를 치료했다. 이후 부근의 땅과 집을 더 사들여 1886년 6월 15일 '미국인 의사병원'이란 간판을 내걸고 환자를 받았다.

윌리엄 스크랜턴(왼쪽)과 메리 스크랜턴

1887년 4월 고종이 스크랜턴의 한국이름 '시란사'의 첫 글자를 따 '시(施)병원'이란 현판을 하사해 격려했다.

스크랜턴이 의료 활동을 통한 선교 사업에 전념하는 동안 어머니 메리 스크랜턴은 여성 교육에 힘썼다. 어머니는 1885년 10월 정동에 있던 초가집을 사들여 그것을 헐고 교사를 지으며 학생을 모집했다. 첫 학생은 이름을 알 수 없어 '김 부인'으로 불린 고관의 소실이었다. 1886년 5월 31일, 이 김 부인만을 상대로 한 역사적인 첫 수업이 시작되었다. 이화여대와 이화여고의 뿌리인 이화학당의 시작이었다.

김 부인은 곧 학교를 그만두었으나 6월 말, 10살 난 꽃님이가 가난으로 딸을 부양할 수 없었던 엄마를 따라 학교를 찾아왔고, 콜레라로 서대문 근처에 버려진 4살 난 별단이도 이곳에 보내졌다. 1886년 11월, 학수고대하던 200평 규모의 한식 기와집 교사가 완성되었고 1887년 4월 고종이 '이화학당'이라는 이름의 현판을 하사했다. 사람들은 스크랜턴 부인을 '대부인(大夫人)'으로 불렀다.

아들 스크랜턴의 관심은 가난하고 헐벗은 민중의 병을 치료하는 것이었다. 그는 가난하고 헐벗은 사람이 몰려사는 4대문 밖에 시약소를 차려 그들의 병을 치료하면서 궁극적으로는 교회를 설립하겠다고 계획했다.

미국 선교본부가 그의 계획을 승인함에 따라 스크랜턴은 서대문 밖 애오개를 1차 후보지로 선택했다. 그곳은 예전부터 죽음과 질병의 땅이었다. 스크랜턴은 1888년 12월 애오개 언덕 도로변 초가집에 시약소를 차려 환자들을 돌보기 시작했다. 이곳에서 1888년 12월 12일 첫 예배를 봄으로써 훗날 교회로 발전한 곳이 지금의 '아현교회'다.

두 번째 후보지는 상인과 노동자, 걸인과 부랑인이 밀집해 있는 남대문 부근 언덕이었다. 1890년 10월 그곳에 남대문 시약소를 설립했다. 세 번째 후보지는 갓바치와 백정 등 천민들이 살고 있는 동대문 부근이었다. 그곳에는 기부자의 이름을 따 '볼드윈 시약소'를 세우고 1892년 12월 25일 볼드윈 예배당에서 첫 예배를 드렸다. '동대문교회'의 시작이었다.

스크랜턴은 1894년 자신의 새로운 선교 거점을 상동으로 삼아 '시병원'과 집을 상동으로 옮겼다. 그곳에 시약소와 병원을 차린 후 시장 상인들을 상대로 전도를 시작한 것이 '상동교회'의 출발이다. 스크랜턴은 의사, 목사, 교사, 성경 번역자, 선교 관리자로 1인 5역의 역할을 하며 상동 시절을 보냈다. 그러던 중 어머니의 병환이 위중해 1901년 7월 어머니·아내와 함께 미국으로 떠났다.

그가 미국에 있던 1904년 5월 미국 감리회 총회가 해리스 선교사에게 일본과 조선의 선교를 관리하도록 위임했다. 해리스는 일본에 대해서는 잘 알았으나 조선은 잘 알지 못했다. 스크랜턴은 해리스로부터 "조선 선교를 관리해 달라"는 요청을 받고 1904년 10월 다시 어머니·아내와 함께 조선으로 돌아왔다. 그 무렵 상동교회는 사실상 민족운동 세력의 구심점 역할을 하고 있었다.

1907년은 그에게 운명의 해였다. 해리스가 6월 중순 미국·일본의 감리회 관련 인사들까지 참가한 회의를 주재하면서 친일 편향을 보이자 이에 항의하는 뜻으로 6월 24일 해리스에게 사임원을 제출했다. 사임원은 즉

각 받아들여졌고, 이로써 스크랜턴은 조선 담당의 선교사직은 물론 목사 직마저 그만두게 되었다. 형식은 자원 사임이었지만 내용은 감독의 불신 임에 의한 퇴출이었다.

스크랜턴은 그러나 조선을 떠나지 않았다. 70대 고령의 어머니가 여전 히 조선에서 활동하는 것도 이유였지만 무엇보다 조선을 사랑하는 마음 이 너무 컸다. 스크랜턴은 교적을 감리회에서 성공회로 옮겨 평신도 신분 으로 계속 신앙 생활을 이어갔다. 어머니는 1909년 10월 8일 77세 나이로 눈을 감고 양화진 외국인묘지에 묻혔다. 스크랜턴은 평북의 운산금광과 충남의 직산금광에서 의사로 근무하다 1916년 중국 대련으로 건너갔다. 1917년 11월 일본으로 건너가 의료 활동을 하며 말년을 보내다가 1922년 3월 23일 일본에서 숨졌다.

제중원, 호러스 알렌, 세브란스 병원
서울대병원과 연세대 세브란스병원은 자신이 제중원의 적통이라며 경쟁하고 있다.

미국의 북장로회가 젊고 의술이 뛰어난 존 헤론을 조선에 파견할 의료선교사로 임명한 것은 1884년 4월이었다. 헤론이 조선으로 떠날 준비를 하고 있을 때, 중국 상해에서 의료선교사로 활동하던 호러스 알렌(1858~1932)이 조선에서 의료선교사로 활동하겠다고 본국의 북장로 회에 요청했다. 알렌은 허락이 떨어지자 1884년 9월 20일 제물포항으로 들어왔다. 이로써 알렌은 조선 땅을 밟은 최초의 개신교 의료선교사로 역 사에 기록되었다. 헤론은 9개월 뒤인 1885년 6월 제물포항에 도착했다.

알렌은 미국 오하이오주 델라웨어에서 태어나 웨슬리언대와 마이애미 의과대를 졸업했다. 당시 미국의 대학생들 사이에는 해외 선교 열풍이 한

호러스 알렌

창이었다. 알렌도 의과대 졸업 직전인 1883년 3월 미국 북장로회 해외선교부에 선교사를 지원했다. 졸업 후 의사 면허를 취득하고 중국 파견 의료선교사로 임명되자 1883년 10월 부인과 함께 중국 상해에 도착했다. 그런데 중국에서의 생활은 기대와는 달랐다. 중국인들이 서양인이라고 거리 한복판에서 공격하는가 하면 '양귀'가 지나간다며 돌을 던지기도 했다. 병원도 잘 되지 않아 경제적으로 쪼들렸다. 뭔가 돌파구가 필요할 때 지인이 조선에 의사가 필요하다는 사실을 알려주었다.

알렌은 조선에서 서양인 최초이자 유일한 의사로 크게 환영을 받았다. 특히 아내가 아프고 자신도 늙어서 의사를 필요로 하는 주한 미국공사 루시어스 푸트 공사가 반겼다. 당시 조선은 기독교 선교가 허락된 나라가 아니어서 푸트는 알렌을 미국공사관의 부속의사라고 고종에게 소개했다. 알렌은 1884년 12월 4일 일어난 갑신정변 때 치명상을 입은 민영익을 치료했다. 민영익이 3개월간 치료를 받고 완쾌된 덕분에 알렌은 서양 의술의 우수성을 입증해 보였다. 그러자 갑신정변 때 부상한 조선인들과 청나라 병사들도 몰려들었다. 알렌은 고종과 민비도 치료해 서양인 최초의 '시의(侍醫)'로 임명되었다.

고종이 알렌에게 서양식 국립병원을 서울에 설립하고 싶다고 하자 알렌은 1885년 1월 27일 병원 설립안을 조선 정부에 제출했다. 고종은 3월 11일 서양식 국립병원 설립을 윤허했다. 당시 조선에 서양식 병원이 전혀 없지는 않았다. 일본 정부가 1877년 부산에 설립한 우리나라 최초의 근대식 병원인 '제생의원'을 비롯해 원산의 '생생의원'(1880), 서울과 인천 주재 일본공사관 부속병원(1883) 등 전국의 개항장마다 일본이 설립한 병원이 있었다.

알렌의 주도로 설립된 서양식 병원은 갑신정변의 주모자로 살해당한 홍영식의 재동 집을 개조해 만들었다. 조선 정부가 1885년 4월 3일 새 병원에서 진료를 시작한다는 사실을 공표함에 따라 4월 10일 첫 환자가 치료를 받았다. 병원 이름은 한동안 '광혜원'으로 불리다가 4월 26일 고종이 정한 '제중원'으로 개칭되었다.

병원 운영은 외아문의 독판(장관)이나 협판(차관)이 책임을 맡고 관리들이 실무를 담당했다. 환자 진료는 외국인 의사가, 진료 보조와 간호는 조수격인 조선인이 맡았다. 환자가 많아져 1885년 5월 입국한 미국 감리회 소속의 스크랜턴과 북장로회 소속 언더우드의 도움을 받았으나 결정적으로 숨통을 틔워준 것은 알렌보다 먼저 조선의 의료선교사가 될 뻔했던 북장로회 소속의 존 헤론이었다.

알렌은 조선 땅을 밟은 최초의 개신교 의료선교사

헤론은 영국에서 목사의 아들로 태어나 1870년 미국으로 이주했다. 테네시주 메리빌대를 졸업하고 4년 동안 교사로 근무하다가 테네시 의과대에 다시 입학, 1883년 졸업했다. 18개월 동안 개업의로 활동하고 뉴욕 의과대에서 1년 동안 수련을 받았다. 그러다가 1884년 4월 미국 북장로회에 의해 조선에 파견될 최초의 선교사로 임명되어 1년이 지난 1885년 6월 20일 제물포에 도착했다.

헤론은 의과대를 수석으로 졸업한 사람답게 의술을 인정받고 이상적인 선교의사로 칭송을 받았으나 선교에 대한 노선 차이 때문에 알렌과는 사이가 좋지 않았다. 알렌이 조선에서 기독교를 허용하지 않는 현실적인 여건을 감안해 직접적인 선교 사업을 지양하고 의료 사업을 통한 간접 선교에 치중한 반면 헤론은 직접 선교를 고집했다. 그래도 초창기 의료선교사들의 노력 덕에 제중원은 개원 1년 만에 환자가 1만 명이 넘을 정도로 성황을 이뤘다.

알렌은 조선 최초의 서양의학 교육기관인 의학교도 제중원 안에 설치했다. 교수진은 알렌, 헤론, 언더우드로 구성했다. 1886년 3월 29일 경쟁시험을 통해 선발한 16명의 학생으로 개교하고 7월에는 12명이 본과생으로 결정되었다. 하지만 학생 대부분이 중도에 포기하거나 졸업한 학생들도 관료로 빠져 전문의사를 배출하지는 못했다. 학교는 그래도 명맥을 유지하다가 1890년 7월 26일 헤론이 이질에 걸려 34세의 젊은 나이로 숨지면서 사실상 중단되었다. 제중원은 환자가 많아지고 학생들을 가르칠 공간을 마련하기 위해 1886년 가을 지금의 을지로 입구인 구리개로 확장·이전했다.

알렌은 1887년 11월 초대 주미공사 박정양을 수행하는 서기관으로 임명되자 선교사직을 사임하고 박정양을 따라 미국으로 건너갔다. 1889년 9월 조선으로 돌아와 다시 선교사로 활동하다가 1890년 7월 주한 미국공사관의 서기관으로 임명되면서 의료선교사직을 완전히 그만두었다. 이후 제중원과 고종의 어의 역할은 헤론이 이어받았으나 헤론이 얼마 안 되어 갑자기 숨지는 바람에 1891년 2월까지 제중원과 공사관 업무를 병행했다. 그러나 주업무가 공사관 업무이다 보니 알렌은 하루 2~3시간 정도만 진료했다.

알렌은 1890년 11월 주한 미국 부총영사, 1897년 7월 주한 미국공사 겸 총영사, 1901년 6월 주한 미국 특별전권공사로 임명되어 활동하다가 을사조약이 체결되기 전인 1905년 3월 해임되었다. 1905년 6월 9일 조선을 떠나고 1932년 12월 11일 미국에서 타계했다. 알렌은 이처럼 조선에 서양식 병원을 설립하고 조선에 서양의학을 도입함으로써 조선의 의술을 한 단계 발전시켰다는 평가를 받지만 긍정적 평가만 있는 것은 아니다.

1895년 운산금광 채굴권,
1896년 경인철도 부설권
을 따내 미국의 사업가와
일본에 넘겨 거액의 차익
을 챙겼다는 비판이 그것
이다.

제중원. 갑신정변 때 참살된 홍영식의 재동집에 세워졌다.

제중원의 공백 상태
는 1891년 4월 찰스 빈턴
이 제중원의 책임을 맡으면서 해결될 것처럼 보였다. 하지만 빈턴이 부임
한 지 한 달 만에 조선 정부에 제중원 운영비의 사용 권한을 요구하며 진
료를 거부하고 조선 정부가 이를 인정하지 않으면서 또다시 파행이 빚어
졌다. 더구나 빈턴은 진료와 선교 활동의 병행을 원했다. 평소 의료 사업
보다는 직접 선교의 필요성을 강조해온 그로서는 제중원에서 공개적으
로 선교 활동을 할 수 없는 현실이 불만스러웠다. 빈턴은 1891년 7월 제
중원에 복귀했지만 업무를 소홀히 해 제중원은 유명무실하게 운영되었
다. 제중원이 다시 제 구실을 하게 된 것은 1893년 11월 올리버 에이비슨
(1860~1956)이 제중원 책임자로 부임하고부터였다.

세브란스 병원은 우리나라 최초의 현대식 종합병원

에이비슨은 영국에서 태어나 1866년 가족을 따라 캐나다로 이주, 1884
년 토론토의 온타리오 약학교와 1887년 토론토 의과대를 졸업했다. 토론
토 시내에서 개업의로 활동하면서 해외 선교에 관심을 갖고 있을 때 조선
에서 활동하던 언더우드가 미국으로 돌아왔다는 소식을 들었다. 에이비
슨은 1892년 9월 언더우드를 토론토로 초청해 만난 뒤 조선 선교의 결심
을 굳혔다. 그는 캐나다 감리교회에 선교사 파송을 요청했지만 응답이 없

자 미국 북장로회 선교부로 발길을 돌렸다. 에이비슨은 1893년 캐나다 밴 쿠버를 떠나 7월 16일 부산에 도착했고 언더우드의 권유로 1893년 11월 1일 제중원의 책임을 맡았다.

당시 제중원의 상태는 여러모로 한심했다. 병실이 없으니 환자가 없었 고 기구와 약품도 보잘것없었다. 다행히 에이비슨의 노력으로 환자 수가 늘어났다. 하지만 여전히 예산은 제대로 집행되지 않고 병원의 미래도 어 두워 계속 제중원 일을 해야할 지 혼란스러웠다. 결국 에이비슨은 제중원 과 인연을 끊겠다며 조선 정부에 통보했다.

조선 정부가 해결책을 제시하자 이번에는 "제중원 운영에 관한 모든 권 한을 자신에게 넘겨 달라"며 "제중원 개조 비용과 운영비는 미국 북장로 회가 부담하겠다"는 뜻을 전달했다. 이렇게 되면 조선 정부는 단지 건물 주로만 존재할 뿐 제중원의 운영에 간여할 여지가 없게 되는 것이다. 그 런데도 조선 정부는 동학농민운동과 청일전쟁 등으로 인한 재정 악화로 더 이상 제중원을 지원할 수 없다는 것을 알고 1894년 9월 26일 에이비슨 의 조건을 받아들였다. 이로써 제중원의 운영권은 미국의 북장로회로 이 관되었다. 또한 그동안 제중원에서 금지된 선교 활동도 자유롭게 할 수 있게 되어 명실상부한 선교 병원으로 탈바꿈했다.

에이비슨은 1899년 3월 고국으로 안식년 휴가를 떠났다. 캐나다에서 건축가 헨리 고든에게서 병원 설계도면을 기증받고 1900년 4월 미국의 실업가 루이스 세브란스에게서 1만 달러의 거금을 지원받았다. 그리고 1900년 10월 조선으로 돌아와 세브란스가 추가로 보내준 5,000달러를 더 해 추수감사절인 1902년 11월 27일 서울역 앞 복숭아골(현재 연세대 재단 빌딩 자리)에서 병원 신축을 위한 정초식을 거행하고 1904년 9월 23일 병 원 봉헌식을 열었다. 이로써 입원실 규모가 40병상인 우리나라 최초의 현 대식 종합병원인 '세브란스 기념병원'이 문을 열었다. 첫 수술은 1904년

10월 4일 '빛으로 인도한다'는 의미로 백내장 환자를 대상으로 실시했다.

구리개 제중원의 부지와 건물은 조선 정부에 반환하는 것으로 1905년 4월 3일 약정했다. 제중원이 설립된 지 정확히 10년 만이었다. 정부는 돌려받은 제중원을 더 이상 병원으로 사용하지 않아 제중원은 역사 속으로 퇴장했다.

조선 최초로 배출한 의사는 '관립의학교' 졸업생

세브란스병원에서 첫 졸업생이 배출된 것은 설립 후 4년이 지난 1908년이었다. 김필순·김희영·박서양·신창희·주현칙·홍석후·홍종은 등 7명이 그 주인공으로, 이들은 6월 4일 조선 최초의 의사 면허에 해당하는 '의술 개업인허장'(1~7호)을 수여받았다. 이 중 박서양은 당시 조선 사회에서 최하층으로 취급받던 백정의 아들이어서 특히 세간의 주목을 끌었다. 박서양은 모교의 전임 교수로 발탁되어 화학과 해부학 등을 가르치며 외과 환자를 진료했다. 그러다가 돌연 두만강 건너 간도로 이주해 구세병원과 숭신학교를 세우고 간도 지역의 조선인 자치기구이자 독립운동 단체인 '대한국민회'에서 군의(軍醫)로 활동했다.

세브란스병원 졸업생이 '의술 개업인허장'을 최초로 받았다고 해서 그들이 조선 최초의 의사는 아니었다. 대한제국 정부가 1899년 설립한 '관립의학교'에서 3년간 서양의학을 공부한 방한숙·유병필·김교준 등 제1기생 19명이 1902년 7월 4일 졸업시험을 통과했기 때문이다. 다만 1기생은 부속병원이 없어 임상실험을 하지 못하다가 1902년 8월 겨우 병원이 완공되어 뒤늦게 임상실험을 한 뒤 1903년 1월 9일 졸업식을 치렀다.

'관립의학교'는 1899년 3월 24일 대한제국 정부가 관제를 정하고 9월 개교한 우리나라 최초의 근대식 정규 의학교육기관이다. 조선인 중에 서양의학을 체계적으로 공부한 사람이 드물어 교사는 김익남 등 일부 한국인을 제외하고 대부분 일본인이었다.

당시는 졸업만 하면 별도의 '의술 개업인허장' 없이 의사 자격과 개업 권리를 인정받았다. 따라서 세브란스 졸업생이 의사 인허장을 최초로 받은 것은 맞지만 한국 최초의 의사는 관립의학교 졸업생이다. 관립의학교는 1903년 제2기생 13명, 1905년 제4기생 4명을 더 배출했다. 이들은 졸업 후에도 마땅한 일자리가 없어 대개는 군의관으로 근무했다. 참고로 한국인 최초의 의사는 1893년 미국에서 의사가 된 서재필이다. 최초 여의사는 1900년 미국에서 의사가 되어 국내에서 활동한 박에스더이다. 일본 유학 출신 의사들도 더러 있었다. 김익남도 그중의 한 명이었다.

대한제국 정부는 제중원의 운영권을 1894년 미국 북장로회로 이관한 뒤 1899년 4월 대한제국 내부 직할 병원으로 '내부병원'을 설립하고 1900년 7월 '광제원'으로 개칭했다. 대한제국 정부는 또한 1905년 대한적십자사를 창립하고 그해에 적십자병원을 설립했다. 일제는 1907년 3월 관립의학교, 광제원, 적십자병원을 합쳐 '대한의원'으로 통합하고, 1908년 5월 대한의원 건물을 지금의 서울대병원 구내에 준공했다. 대한의원은 한일합방 후인 1910년 9월 '조선총독부 의원'으로 개칭되어 오늘날의 서울대병원으로 맥을 이어가고 있다. 서울 재동의 제중원 병원 부지는 경기여고(1910~1945), 창덕여고(1949~1989)를 거쳐 1993년부터 헌법재판소로 사용되고 있다.

오늘날 서울대병원과 연세대 세브란스병원은 자신이 제중원의 적통이라며 경쟁하고 있다. 세브란스병원은 제중원이 알렌의 요청으로 만들어졌고, 이후 조선 정부로부터 운영권을 이양받은 미국 북장로회 선교회가 세브란스로부터 거액을 기부받아 현재 세브란스병원을 설립했다는 점을 들어 자신이 제중원을 계승했다고 주장하고 있다. 반면 서울대병원은 제중원이 고종의 재가를 받아 설립되고 조선 정부가 건물 부지와 예산 등을 부담한 '국립병원'이란 점에서 오늘날 국립대병원을 대표하는 서울대병원이 진짜 계승자라며 맞서고 있다.

이 때문에 서울대병원은 고종이 백성에게 근대병원 설립을 알리는 방문(榜文)을 붙인 4월 3일을 제중원의 시작으로 보고 있는 반면 세브란스병원은 환자 진료를 시작한 4월 10일을 제중원 설립일로 잡고 있다.

호머 헐버트 육영공원 교사 부임
외국인들이 조선을 종합적으로 이해할 수 있는 길잡이 역할을 했다.

호머 헐버트(1863~1949)는 '한국인보다 더 한국을 사랑한 외국인'이다. 그는 오롯이 한국만을 위해 살다가 생을 마친 교육자이자 선교사였고 역사학자이자 한글학자였으며 파란 눈의 독립운동가였다.

헐버트는 미국 버몬트주 뉴헤이븐의 명문가에서 태어났다. 아버지는 대학 총장을 지낸 목사였고 어머니는 다트머스대 창립자의 증손녀였다. 1884년 다트머스대를 졸업하고 1886년 뉴욕의 유니온신학대를 수료한 그가 한국행을 결심한 데는 고종이 '육영공원'을 설립하면서 주한 미국공사 푸트에게 미국인 교사를 요청한 것이 계기가 되었다. 육영공원은 1883년 보빙사의 미국 방문이 일궈낸 결실이자 조선과 미국이 협력한 최초의 개화 사업으로 양반집 자제와 관리들에게 서양식 교육을 가르치기 위해 정부가 세운 우리나라 최초의 근대 교육기관이다.

헐버트는 다른 미국인 교사 조지 길모어, 달젤 벙커와 함께 1886년 7월 4일 23세의 나이로 제물포항에 도착했다. 9월 23일 35명의 학생으로 개교한 육영공원에서 영어, 자연과학, 지리, 수학, 각국의 역사와 정치 등을 가르쳤다. 학생 중에는 훗날 영국에서 자결한 주영 서리공사 이한응과

호머 헐버트

친일 매국노 이완용도 있었다.

헐버트는 학생들을 가르칠 목적으로 한글을 배우던 중 영어 발음을 표기하는 한글의 우수성을 깨닫고 한글에 매료되었다. 1888년 9월 미국에서 결혼하고 부인과 함께 돌아온 뒤에는 조선의 역사와 문화를 체계적으로 연구했다. 1889년 완성해 교재로 사용한 '사민필지(士民必知)'는 그 첫 결실이었다. '사민필지'는 '양민과 평민 모두가 반드시 알아야 할 지식'이라는 뜻으로 우리나라 최초의 순한글 세계지리 교과서로 활용되었다. 헐버트는 '사민필지'를 대중용으로 다시 손질해 1891년 2,000부를 인쇄했다.

161쪽의 '사민필지' 1장에서는 태양과 지구, 자연 현상의 원리, 인간의 출현과 이동 등을 설명하고, 2~5장에서는 세계 5대륙과 각국의 지형과 기후, 산업과 교역, 정치제도와 군사, 인구와 민족, 종교와 교육 등을 소개했다. 교재는 상당한 반향과 인기를 끌어 한문본(1895)과 국한문 혼용본(1906)으로도 출판되어 일반인이 세계 역사와 지리를 이해하는 데 크게 기여했다. 1906년 판에서는 '美國(미국)'이라는 단어가 처음 등장하는데 그전까지 미국을 표기할 때 관용적으로 사용하던 '미리견합중국(米利堅合衆國)'의 '米'자를 '美'자로 바꾸어 쓴 것이다.

헐버트는 5년의 계약 기간이 끝나 1891년 12월 미국으로 돌아갔다. 미국에 있으면서도 우리나라에서 발간되는 최초의 영문 월간지 '한국 소식(코리안 리포지터리)' 창간호(1892.1)에 '한국의 알파벳'이라는 제목의 9쪽짜리 논문을 발표해 한글의 독창성, 과학성, 간편성 등을 영문으로 소개하고 한글의 우수성을 높이 평가했다. '한국 소식' 1892년 3월호에 발표한 '한국의 알파벳 2' 제목의 논문에서는 한글이 어떻게 만들어졌는지를 다루고 1898년 2월호에서는 전문가도 이해하기 어려운 '이두'를 소개했다.

'한국 소식'은 영국인 올링거 부부가 1892년 1월 창간했다. 당시 한국의 모습을 서양에 알리는 데 크게 기여하고 개화기 한국에서 활동하는 외국인들이 한국 사회를 어떻게 이해하고 있는지를 밝혀주는 중요한 사료로 인정받고 있다.

헐버트는 1893년 10월 감리교 선교사로 다시 방한해 출판을 통한 선교 활동과 한국의 문화·역사 등에 관한 집필 활동에 집중했다. 출판을 통한 선교 활동은 미국에서 가져온 신식 인쇄기로 그가 대표를 맡고 있는 삼문 출판사(트라이링규얼 프레스)에서 양서와 잡지들을 출간하는 방식으로 진행했다. 삼문출판사는 1891년 감리교가 배재학당 안에 설립한 한국 최초의 근대적 인쇄출판소로 그동안에는 올링거 목사가 운영하다가 1893년 8월 한국을 떠나면서 헐버트가 책임을 맡게 되었다.

삼문출판사는 주로 기독교 서적을 발간해 개신교 발전에 큰 도움을 주었지만 영어 소설 '천로역정' 제1부를 번역한 '텬로력뎡'을 출판(1895)하기도 했다. '텬로력뎡'은 우리나라 최초의 영문 소설 번역본이었다. 삼문출판사는 또한 독립신문, 협성회보 등 우리나라 개화에 지대한 영향을 끼친 각종 신문도 인쇄했다.

한국인보다 더 한국을 사랑한 외국인

헐버트를 누구보다 반긴 이는 고종이었다. 고종은 육영공원 시절부터 한국어에 능통하고 한국에 대한 이해가 깊은 헐버트를 신뢰했다. 헐버트는 1895년 10월 8일 을미사변 때 민비를 잃어 신변에 위협을 느끼고 있는 고종을 위해 에이비슨, 언더우드 등의 선교사와 함께 교대로 불침번을 서고, 1895년 11월 일어난 '춘생문 사건'에도 관여해 고종의 신뢰에 부응했다. '춘생문 사건'은 친러·친미적인 정동파 인사들과 일부 서양인이 일본에 의해 경복궁에 갇혀 있는 고종을 궁 밖으로 **빼내려다가** 실패한 사건이다. 헐버트는 1년 동안 발행하다가 정간한 '한국 소식'을 1895년 1월 아펜젤러 등과 함께 속간하고 1899년 폐간될 때까지 발행했다.

헐버트는 조선의 문화 보존에도 관심이 많았다. '한국 소식' 1896년 2월호에 '한국의 소리 음악(코리안 보컬 뮤직)'이란 제목의 논문을 발표하면서 구전으로만 불려오던 '아리랑'을 역사상 최초로 서양식 악보로 채보해 서양 음계를 붙인 '아리랑(문경아리랑)' 악보를 실었다. 시조 '청산아'와 경기민요 '군밤타령'도 음계와 함께 논문에 소개했다. 그러면서 "아리랑은 한국인에게 주식인 쌀과 같은 존재", "한국인은 즉흥곡의 명수"라고 기술했다. 1907년에는 개성 부근 풍덕면에 있는 경천사 10층석탑을 일본이 약탈해간 것에 대해 국내외 언론을 통해 신랄하게 비난함으로써 국제 여론을 환기했다.

헐버트는 미국에서 귀국한 서재필과 가깝게 지내며 1896년 4월 독립신문 창간을 도왔다. 서재필이 미국에서 돌아온 지 4개월 만에 '독립신문'을 창간할 수 있었던 것은 인쇄 시설과 관련 지식을 제공한 헐버트의 도움이 컸다. 영문판 독립신문은 헐버트가 사실상 편집인이나 다름없었다. 헐버트의 동생인 아처 헐버트도 1897년 방한해 1년간 머물며 독립신문 발행을 도왔다. 동생은 1902년 미국에서 '제주도의 여왕'이라는 한국 소재 소설을 썼고 한국에 관해 여러 차례 강연했다.

헐버트는 1897년 한성사범학교 교장, 1900년 관립중학교 교사직을 맡아 학생들을 가르치면서도 1901년 1월 월간 영문잡지 '한국 평론(코리아 리뷰)'을 창간했다. 잡지는 한국에 관한 모든 것을 소개하고 전 세계 19개국에 배포함으로써 한국을 해외에 알리는 데 중요한 역할을 했다. 이후 1906년 12월 '한국 평론'이 정간될 때까지 120여 편에 달하는 한국 관련 논문과 한국의 역사적 사건에 관한 평론을 게재했다. 헐버트는 더 타임스

(1903)와 AP통신(1903~1905) 객원 특파원으로도 활동하면서 한국의 실상을 해외에 알리는 창구 역할을 했다.

헐버트는 특히 한국의 역사 저술에 관심이 많았다. 한국사에 대한 자신의 연구 성과를 '한국 평론'에 1901년부터 4년 동안 시리즈로 연재하고 1903년 한자로 쓴 역사책 '대동기년'을 중국 상해에서 출판했다. 이 책은 조선왕조를 기술한 최초의 역사서로 전 5권에 1,092쪽이나 되었다. 1905년에는 최초의 영문 역사서 '한국사'도 미국 뉴욕에서 출판했다.

일본이 조선을 보호국화하려 할 때 헐버트에게 주어진 임무는 고종의 밀사 역할이었다. 헐버트는 미국의 루스벨트 대통령을 만나기 위해 1905년 11월 17일 워싱턴에 도착했으나 미 국무성과 백악관이 고종의 친서를 거부해 임무를 완수하지 못했다. 결국 을사조약이 체결된 뒤인 11월 25일 국무장관 루트를 만나 고종의 친서를 전달했으나 이미 모든 노력이 무위로 끝난 뒤였다. 헐버트의 좌절과 허무는 극에 달해 가는 곳마다 "미국이 한국을 일본에 넘겼다"며 모국을 맹비난했다.

외국인 최초로 건국공로훈장 '태극장' 추서

헐버트는 '한국 평론' 연재물과 '한국사'를 재정리한 방대한 분량의 '대한제국 멸망사' 원고를 미국 출판사에 넘기고 1906년 6월 방한했다. 1906년 9월 뉴욕의 더블데이 출판사에서 출판된 '대한제국 멸망사'는 한국의 문화, 전통, 풍습 등에 대한 모든 것을 영문으로 집대성한 최초의 책으로 외국인들이 조선을 종합적으로 이해할 수 있는 길잡이 역할을 했다. 헐버트는 책 곳곳에서 자신의 모국인 미국을 거세게 비난했다. 을사조약 후 공사관을 가장 먼저 철수한 미국의 처신에 대해 "인사말도 없이 가장 모욕적인 방법으로, 가장 먼저 한국을 저버렸다"고 미국을 맹비난했다.

1907년에는 이준, 이상설, 이위종과 별개로 헤이그 만국평화회의에 고종의 밀사로 파견되었다. 헐버트는 1907년 5월 8일 가족과 함께 서울을 출발해 일본을 거쳐 러시아 블라디보스토크에 도착했다. 그곳에서 시베리아 횡단열차를 타고 러시아 상트페테르부르크와 프랑스 파리를 거쳐 7월 10일 네덜란드 헤이그에 도착했다. 하지만 평화회의에 참석할 수 없게 되자 7월 10일 밤 '평화클럽'에서 일본의 조선 침략 부당성과 조선의 국권 회복에 대해 연설하고 미국으로 돌아갔다. 그 후 헤이그 밀사 사건이 알려져 고종이 퇴위하면서 헐버트는 한국에 오지 못하고 미국에 정착했다.

1909년 8월 사재를 정리하기 위해 잠시 서울에 왔다가 귀국길에 고종으로부터 예상치 않은 부탁을 받았다. 1903년 상해의 독일계 은행인 덕화은행에 51만 마르크 상당의 금괴와 상당액의 일본 엔화를 예치했는데 이 내탕금을 찾아 미국 은행에 예치해 달라는 요청이었다. 하지만 헐버트가 덕화은행에 가보니 일제가 내탕금을 이미 찾아간 뒤였다. 그는 고종의 내탕금을 찾으려고 동분서주했으나 결국에는 찾지 못했다.

헐버트는 미국으로 귀국한 후에도 한국을 잊지 않고 순회강연 등을 통해 한국의 입장을 호소했다. 1915년 12월 8일자 뉴욕타임스에 '루스벨트와 한국'이라는 제목의 글과 1916년 3월 5일자 뉴욕타임스에 '한국과 벨지움에서의 미국 정책'이란 제하의 글을 기고했는데 이 기고문을 통해 10여 년 전 루스벨트 대통령의 대한 정책의 잘못을 신랄하게 비판했다.

이밖에도 강연, 회의 참석 등을 통해 조선의 독립을 역설하고 3·1 운동이 일어난 1919년에는 미 상원 외교위에 나가 일본의 잔학성을 고발했다. 1919년 3·1 운동 당시 필라델피아에서 서재필이 간행하고 있던 '더 코리아 리뷰'지에 한국의 독립을 주장하는 글을 기고하는 등 한국의 독립을 위한 그의 활동은 1945년 해방될 때까지 지속적으로 이어졌다.

1948년 8월 대한민국 정부가 수립되었을 때 이승만 초대 대통령이 그를 초청했으나 부인이 병환 중이어서 한국에 올 수 없었다. 부인이 사망한 이듬해인 1949년 이승만 대통령이 다시 그를 초청했다. 여행을 하기에는 몸이 노쇠했지만 헐버트는 흔쾌히 한국행을 결심했다. 그리고 마침내 1949년 7월 29일 인천항에 도착했다. 조선을 떠난 지 40년 만의 환국이었다.

그러나 86세의 노인에게 배를 타고 태평양을 건너는 한 달가량의 여행은 무리였다. 결국 장거리 여행으로 거의 탈진 상태가 되어 8월 5일 청량리 위생병원에서 영면했다. 미국에서 출발 전 AP통신과 했던 "나는 웨스트민스터 성당보다 한국에 묻히기를 원합니다"라는 인터뷰는 결국 유언이 되어 8월 11일 외국인 최초로 사회장을 치른 뒤 유해는 서울 마포 한강변 양화진 외인묘지 한쪽, 1897년 서울에서 6세의 어린 나이로 숨진 아들의 묘역 옆에 묻혔다. 1950년 3월 외국인 최초로 건국공로훈장 '태극장'이 추서되고 2013년 7월 외국인 최초로 '이달의 독립운동가'에 선정되었다.

경인선, 한강철교, 한강인도교, 서울역
서양에 철도는 근대 문명의 축복이었겠지만 식민지 조선 백성에게는 수탈의 수단일 뿐이었다.

1899년 9월 18일 오전 9시, 이 땅에 근대의 여명을 알리는 기적 소리가 요란했다. 그것은 우리나라 최초의 철도 '경인선'의 탄생을 알리는 문명의 소리였으나 곧 닥쳐올 식민지 시대의 어둠을 예고하는 신음이기도 했다. 서구 사회에서 철도는 개화와 근대 문명의 축복이었겠지만 식민지 조선의 백성에게는 수탈의 수단일 뿐이었다.

노량진과 제물포 간 33.2km를 잇는 경인선은 일제가 해외에 처음 부설한 철도라는 점에서 일본 제국주의 팽창 전략의 첫걸음이었다. 이런 저간

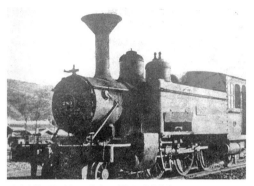
경인선 철도를 최초로 달린 모갈형 증기기관차

의 사정을 알지 못한 당시 독립신문은 경인선 개통 다음날 신문에 "화륜거 구르는 소리가 우레와 같아 천지가 진동하고 기관거의 굴뚝 연기는 반공에 솟아오르더라.… 산천초목이 모두 활동하여 달리는 것 같고 나는 새도 미처 따르지 못하더라"며 놀라움을 전했다.

경인선 개통에 앞서 조선에서 철도 사업을 처음 시작한 사람은 미국인 사업가 제임스 모스였다. 그는 1896년 3월 29일 경인철도 부설권을 따내 '조선개발공사'를 설립했다. 1897년 3월 22일 인천 우각현(지금의 도원고개)에서 역사적인 경인선 기공식을 열고 공사에 착수했으나 자금 부족으로 공사를 계속 진행하지 못했다. 그러자 부설권을 모스에게 빼앗겼던 일본이 집요하게 매수 공작을 펼쳐 모스는 1898년 12월 경인철도 부설권을 일본의 '경인철도인수조합'에 팔아넘겼다. 그 무렵 철도공사는 반 정도 진행되고 있었고 한강철교는 축조 중이었다.

일제가 철도에 욕심을 낸 것은 철도를 이용해 조선을 식민지화하고 궁극적으로는 중국 대륙과 러시아 침략을 위한 발판으로 삼기 위해서였다. 일제는 1899년 4월 23일 인천에서 다시 경인선 기공식을 연 뒤 공사에 급피치를 올려 1899년 9월 18일 경인선을 개통했다. 경인선은 4대의 증기기관차가 객차 6량, 화차 28량을 달고 매일 두 번 제물포와 노량진을 왕복했다.

처음 운행된 기차는 미국제 모갈형 탱크기관차였고 객실은 외국인(1등실), 내국인 남성(2등실), 내국인 여성(3등실)으로 구분했다. 걸어서 12시간이 걸리는 길을 1시간 40분으로 단축한 경인선의 개통에도 불구하고 서민

대부분은 교통비를 아끼려 계속 걸어다녀 영업 실적은 고전을 면치 못했다. 경인철도회사는 승객과 화물 유치를 위해 역마다 집하인을 두거나 인센티브제도를 도입하고 철도 광고문을 냈다.

노량진~제물포 구간만 운영되던 경인열차가 한강을 건너 서울역까지 달리기 시작한 것은 10개월이 지난 뒤였다. 노량진에서 한강 남안에 이르는 궤도 부설 공사는 1899년 9월 말 완료되었고, 한강 북안에서 남대문정거장(서울역)까지 공사는 한강의 물줄기를 가로지르는 1,110m 길이의 한강 철교가 완공된 시점에 완료되어 1900년 7월 5일 경인선 전구간을 운행하기 시작했다.

한강철교는 비록 일본 기술로 완성되긴 했지만 20세기 첫해에 우리나라를 상징하는 한강에 놓여진 첫 다리였다는 점에서 20세기 기술 문명을 예고하는 신호탄이었다. 전장 39.3㎞에 이르는 경인선 전 구간 영업은 1900년 7월 8일 시작되었다. 이에 따라 육로로 12시간, 수로로 몇 시간이 걸리던 인천과 남대문 사이는 불과 2시간 남짓 거리로 단축되었다.

당초 조선 정부와 모스가 체결한 계약서에는 보행자의 편의를 위해 철교 한쪽이나 양쪽에 폭 1.2m의 보도를 만들고 선박 운항을 위해 개폐부를 만들거나 충분히 높게 가설하도록 되어 있었다. 그러나 일본이 공사비 절감을 위해 철교만 세우는 바람에 인도교는 훗날을 기약해야 했다.

경인철도의 완전 개통을 기념하는 개업식은 1900년 11월 12일 서울의 남대문정거장에서 성대하게 열렸다. 이후 일제는 경부선(1905), 경의선(1906), 호남선(1914), 경원선(1914), 충북선(1928), 장항선(1931), 전라선(1936), 경춘선(1939), 중앙선(1942) 등 한반도 곳곳에 수탈의 그물을 촘촘히 쳐 나갔다.

한강에 두 번째 철교가 세워진 것은 1912년 9월이었다. 경부선 부설(1905)로 운송량이 급격하게 증대하자 첫 한강철교(A교) 상류 쪽에 제2한

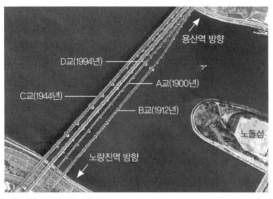

강철교(B교)를 세운 것
이다. 1944년 8월에는
A교 하류에 복선인 제
3한강철교(C교)를 세워
한강철교는 3개가 되었
으나 6·25 때 모두 폭
파되는 아픔을 겪었다.
전쟁이 끝난 후에는 가
복구한 상태에서 임시

상공에서 촬영한 서울 한강 철교. 개통 순서대로 부호를 정하면
상류(사진 오른쪽)에서 하류 방향 순서대로 B교, A교, D교, C교로 구분한다.

로 사용되다가 1957년 7월 C교를, 1969년 6월 A·B교를 복구했다. 1994
년 12월 경인선 재확장과 함께 또 하나의 복선 철교(D교)를 A교와 C교 사
이에 부설해 현재 용산역과 노량진역 사이에는 4개의 철교가 있다.

현재 단선 철도가 놓여 있는 A교(용산역 방향)와 B교(노량진역 방향)는 경
인선, 경부선 일부 급행열차, 화물열차가 이용하고 있고 복선인 D교에는
지하철 1호선과 연결된 수도권 일반 전철이, 복선인 C교에는 KTX를 비
롯한 새마을호·무궁화호 등 장거리 철도가 다닌다.

경인선 기적, 식민지의 어둠을 예고하는 신음

한강철교에 이어 한강 인도교의 필요성을 깨우쳐준 것은 1910년대 들
어 급속히 늘어나는 자동차와 보행자였다. 조선총독부는 1916년 4월 한
강 인도교 공사를 시작해 1917년 10월 7일 개통식을 열었다. 개통 당시의
이름은 한강 인도교였다. 중지도(노들섬)를 중심으로 노량진 쪽으로는 한
껏 멋을 부린 아치교가, 용산 쪽으로는 목재로 만든 가교가 설치되고 중
간에는 둑을 쌓아 다리를 연결했다. 폭은 중앙차도 4.5m, 좌우 보도 각각
1.6m를 합쳐 7.7m였다.

한강 인도교는 개통과 더불어 장안의 명물로 자리를 잡았으나 투신자살하는 사람이 많아 골칫거리였다. 실연을 비관한 처녀, 생계가 막막한 청년, 심지어 '조선독립'의 한을 품은 청년도 강물에 뛰어들었다. 일제는 파출소를 설치하고 다리 난간에 '잠깐만 참으세요'라는 뜻의 '일촌대기(一寸待機)'라는 큼지막한 팻말을 붙이면서까지 자살 방지에 부심했지만 떨어져 죽겠다는 사람들을 모두 막지는 못했다. 1923년부터 1937년까지 한강 투신자는 832명이나 되었다(조선일보 1938.8.27). 여름철에는 한강다리 밑이 더위를 피하려는 사람들로 늘 북적거려 최고의 피서지로 꼽혔다.

1925년 을축 대홍수 때 중간둑이 유실되고 용산 쪽 가교가 떠내려가는 바람에 다리 운행이 한때 중단되었으나 용산 쪽에서 원래 둑이 있는 곳까지 다리를 다시 놓아 1929년 9월 18일 두 번째 도교식을 치렀다. 자동차가 계속 증가하고 노량진·영등포 일대가 급격하게 발전하자 조선총독부는 기존의 다리를 허물고 새 다리를 세운 뒤 1936년 10월 23일 세 번째 도교식을 열었다. 다리 폭을 19.99m로 넓혀 좌우양측에 각각 차도와 인도를 설치하고 중앙에는 복선의 전차궤도를 신설해 노량진까지 전차 노선을 연장했다.

그러나 6·25는 한강 인도교에 또 한 번 상처를 안겼다. 우리 군의 폭파로 당시 정부 추산 약 500~800명에 달하는 인명이 다리와 함께 강물 속에 수장된 것이다. 7년간 방치되다가 1957년 1월 복구공사를 시작해 1958년 5월 15일 다시 준공식을 열어 한강대교라는 새 이름으로 오늘에 이르고 있다. 1981년 12월 24일 쌍둥이 다리를 개통한 것까지 포함하면 한강 인도교는 도교식을 5번 치렀다.

서울역, 일제가 서울로 침투하는 입구이자 거점
서울역의 전신인 남대문정거장은 경인선이 완전 개통한 1900년 7월 8

일 처음 문을 열었다. 정거장 건물은 10평 남짓의 2층짜리 목조 바라크 건물로 지어져 작아 보였지만 부지는 5만 평이 넘었다. 남대문정거장의 명칭은 경부선이 개통된 후 1905년 3월 남대문역으로 바뀌었다. 이후 경의선(1906), 호남선(1914), 경원선(1914) 등이 개통되면서 한적했던 남대문역은 승객과 화물로 붐볐다. 1923년 1월 1일 다시 경성역으로 이름이 바뀌었다가 해방 후인 1947년 1월 1일 서울역으로 개칭되어 오늘에 이르고 있다.

남대문역은 조선 철도의 발착점이자 심장부 기능을 하면서도 일본 세력이 서울로 침투하는 거점 역할을 했다. 일본군이 거침없이 압록강을 지나 중국 대륙으로 진출하는 창구이기도 했다. 철도가 만주와 연결되면서 경성역은 국제철도역으로 변모했다. 배를 타려는 사람들도 이곳에서 열차를 타고 인천과 부산 그리고 원산으로 떠났다.

지금도 온전히 보존되고 있는 서울역사는 1922년 6월 착공하고 1925년 9월 30일 준공했다. 애초에는 1924년 7월 준공할 예정이었으나 1923년 9월 일본에서 관동대지진이 일어나 공사비 삭감과 공기 지연으로 1년 뒤인 1925년 10월 12일 준공식을 치렀다.

교통량이 더욱 늘어나 1958년 역사 왼쪽에 남부역, 1970년 동부역(현 대우빌딩 자리)을 세우고 1975년 서부역까지 개통하면서 교통량을 분담했다. 1968년 경인~경수고속도로, 1970년 경부고속도로가 잇달아 개통되면서 내리막길을 걷는듯 했으나 1989년 민자 역사가 들어서고 2004년 KTX가 개통되면서 활기를 되찾았다. 역사는 1981년 9월 서울시 문화재 제284호로 지정되었다.

1900년

파리 박람회, 파리 올림픽, 파리 지하철
　_ 조선의 박람회 참가
지그문트 프로이트 '꿈의 해석' 발간
막스 플랑크, 양자가설 제창
　_ 아이작 뉴턴
의화단 폭동과 열강의 약탈
　_ 서태후
마크 아우렐 스타인 중앙아시아 탐험 시작
　_ 돈황 석굴사원
　_ 스벤 헤딘
　_ 오타니 고즈이
게오르크 지멜 '돈의 철학' 발간
　_ 에밀 뒤르켐과 자살론
다비트 힐베르트, 미해결 수학문제 23개 발표
제임스 게일, 연동교회 초대 담임목사 부임

파리 박람회, 파리 올림픽, 파리 지하철

20세기는 파리를 통해서 문을 열었고 파리는 20세기 초입의 꽃을 피웠다.

1900년, 묵은 세기에 활약했던 이들이 사라졌는가 하면 새 세기를 자신의 무대로 삼기 위한 탄생이 줄을 이었다. "신은 죽었다"던 프리드리히 니체가 죽고 천재 작가 오스카 와일드가 눈을 감았다. 반면 '재즈 황제' 루이 암스트롱, '바람과 함께 사라지다'를 쓴 마거릿 미첼, '어린 왕자'의 앙투안 드 생텍쥐페리가 태어나 새 세기를 준비했다. 우리나라에서는 조선공산당을 창당한 박헌영, '최초 비행사' 안창남, 히로히토 천황을 살해하려다 실패한 이봉창 열사가 태어나 격동의 시대를 헤쳐 나갔고, 김동인·주요한·현진건 등 걸출한 문인들이 태어나 20세기 우리 문학의 꽃을 피웠다.

두 세기를 경계 짓는 굵직한 일도 많았다. 중국에서는 의화단 사건으로 청조의 몰락이 가속화되었으며 서양에서는 블라디미르 레닌이 러시아를 탈출해 스위스로 망명함으로써 17년 뒤에 일어날 볼셰비키혁명을 준비했다. 막스 플랑크가 양자론을 발표해 현대물리학에 혁명을 불러온 것도, 지그문트 프로이트가 인류에게 새 지평을 열어줄 '꿈의 해석'을 출간한 것도 1900년이었다. 자코모 푸치니가 작곡한 오페라 '토스카'가 로마에서 처음 무대에 올려진 것도, 엔리코 카루소가 밀라노 스칼라좌에 데뷔한 것도 같은 해였다.

1900년, 20세기의 도래를 축하하는 팡파르가 가장 요란하게 울려퍼진 곳은 프랑스의 파리였다. 20세기는 파리를 통해서 문을 열었고 파리는 20세기 초입의 꽃을 피웠다. 파리는 국제적인 박람회와 올림픽을 개최하고 지하철을 개통함으로써 이른바 '벨 에포크'(아름다운 시절)를 구가했다. 스페인 출신의 파블로 피카소가 예술의 도시 파리로 이주한 것도, 훗날 오르세미술관으로 탈바꿈할 오르세역이 건축된 것도 1900년이었다. 오늘날 세계 최대의 인문학 잔치로 꼽히는 세계철학자대회도 그해에 파리에서 개막했다.

파리 박람회

1900년 파리에서 열린 '만국박람회'는 20세기의 개벽을 알리는 첫 전령사였다. 그것은 신세기를 맞아 인류가 이뤄낸 과학의 발전과 진보, 그리고 미래에 대한 전망을 실제 눈으로 확인하고 만끽하도록 한 당대 인류 문명의 총결산이었다. 그해에 개통한 파리 지하철도 사상 두 번째로 열린 파리 올림픽도 박람회 행사의 일환이었다.

파리 박람회는 1900년 4월 14일 개막했다. 박람회장에는 세계 40개국의 국가관이 세워졌고 11월 12일 폐막할 때까지 5,086만 명이 방문했다. 파리의 밤거리를 밝힌 1만 개의 전등은 20세기가 전기의 시대임을 알려주었다. 19세기 말에 만개하고 세기의 문턱을 넘어선 '아르누보' 예술도 곳곳에서 사람들의 눈길을 사로잡았다. 아르누보 양식을 채택한 진열관들은 곡선과 화려한 색채를 조화시킨 건축미를 뽐내고 최신의 철근 콘크리트로 지어진 건물들은 견고함을 자랑했다. 센강을 가로지르는 파리에서 가장 아름답다는 알렉상드르 3세 다리도 박람회에 맞춰 건설되었다. 고강도의 절삭기 등 기계류는 신세기가 대량 생산 시대임을 예고했다.

파리 박람회의 또 다른 주인공은 세계 최초로 영화를 상영한 뤼미에르 형제가 만든 영사기 시네마토그라프였다. 대형 스크린에서 영화가 상영되자 뤼미에르 형제와 시네마토그라프는 집중적인 조명을 받았다. 철도

모형 디오라마는 스위스 알프스를 방문하거나 러시아 모스크바에서 중국의 북경까지 시베리아 횡단열차를 타고 여행하는 듯한 새로운 경험을 선물했다.

박람회는 기술·과학의 성취만큼이나 미술의 진

알렉상드르 3세 다리(아래)와
대형 미술관 '그랑 팔레'(왼쪽 위)를 찾은 관람객들

보를 확인시켜준 대형 이벤트였다. 박람회를 위해 건립된, 길이 200m, 너비 55m나 되는 대형 미술관 '그랑 팔레'에서는 1889년부터 1900년까지의 10여 년을 총망라한 '프랑스 미술의 10년전'과, 19세기 100년간 미술의 성과를 종합하는 '프랑스 미술의 100년전'이 열렸다. 5,000여 점이 출품된 이 미술기획전은 파리 박람회가 사실상 미술박람회였다는 것을 알려주었다. 드가, 마네, 모네, 피사로, 르누아르, 세잔 등의 그림도 관람객에게 미술사조의 새로운 변화를 실감케 했다. 19세의 스페인 청년 피카소는 파리 박람회에 '최후의 순간'이라는 작품을 전시하고 파리의 오르세역에 전시된 그림들을 마음껏 감상하면서 세계 미술의 조류를 눈과 머리와 가슴에 담았다. 일본은 동양 국가 중 유일하게 미술관 전시에 참여했다.

세계 박람회 역사

세계 최초의 박람회는 1851년 5월 1일 영국에서 개막했다. 세계 25개국이 참가한 박람회의 정식 명칭은 '만국 산업생산품 대박람회'였다. 전 세계에서 출품한 10만여 점의 전시물은 원료, 기계류, 섬유류, 금속·도자기, 생활용품, 예술품 등 6개 범주로 나누어 30개 전시실에서 진열되었다. 그중에서도 대중의 눈길을 끈 전시물은 새뮤얼 콜트가 제작한 리볼버 권총이었다.

참가국들은 자국의 산업적 현주소를 홍보할 목적으로 참가했지만 산업 혁명을 성공시킨 영국의 진보와 번영을 눈으로 직접 확인하기 위한 목적도 컸다. 그들의 예상대로 영국은 앞선 기술을 마음껏 과시했다. 무엇보다 관람객의 입을 다물지 못하게 한 것은 박람회의 대표 전시물로 지어진 수정궁(크리스털 팰리스)이었다. 박람회 개최년도와 같은 1,851피트(564m)의 길이에 폭 124m, 높이 32m로 세워진 수정궁은 돌이나 벽돌 등 전통 재료를 사용하지 않고 3,300개(4,500t)의 강철과 1만 8,000장의 규격 유리(122×30㎝)로만 만들어져 건축공법의 획기적인 전환점이 되었다. 온실 기술자 조지프 팩스턴이 설계하고 버밍햄에서 만들어져 런던에서 17주만에 조립되었는데 이처럼 거대 건축이 건립 장소에서 축조되지 않고 먼 곳에서 조립·운반되어 온 것은 건축사의 일대 혁신이었다. 개장 날에는 무려 25만 명의 관람객이 들어왔는데도 실내 공간에 여유가 있었다. 박람회 전시물 중에는 영국이 최초로 개발한 증기기관차도 있었다. 영국 정부는 10월 11일 문을 닫을 때까지 5개월 동안 640만 명이 입장한 것에 한껏 고무되었다. 당시 영국 전체 인구는 2,100만 명이었다.

이후 박람회는 전 세계에서 경쟁적으로 열렸고 그때마다 자국의 기술 문명을 상징하고 과시하는 새로운 전시물을 설치했다. 영국에서의 첫 국제박람회 이후 박람회를 꽃피운 곳은 1855~1900년 사이에만 5번이나 박람회를 개최한 프랑스 파리였다. 1855년 파리 박람회에서는 상품에 가격표를 붙이는 행위가 처음 이뤄지고 사진이라는 이름의 특별 전시회가 처음 개최되었다. 1867년 파리 박람회의 최대 구경거리는 14인치 구경(35.6㎝)의 대포였다.

일본이 처음 참가한 것도 1867년 파리 박람회였다. 일본은 박람회를 통해 서구 문명을 수입했으나 반대로 박람회를 통해 일본의 문화가 서구에 알려지는 효과도 얻었다. 파리는 1878년(1,600만 명)과 1889년(3,200만 명)에도 박람회를 개최했다. 1889년 박람회는 에펠탑 건설로 큰 화제를 불러 일으켰다. 에펠탑은 단순한 철탑이 아니라 만국박람회의 상징이었다. 유럽에서는 런던(1862)과 빈(1873)에서도 박람회가 열렸다.

미국에서는 1876년 필라델피아가 처음 박람회를 열어 전화기, 축음기, 냉장고를 일반에 처음 소개했다. 필라델피아 박람회는 미국의 능력과 힘을 보여준 상징적인 자리였다. 1893년 5월 1일부터 11월 1일까지 열린 시카고 박람회는 '화이트 시티'라는 새로운 도시의 전범 즉 시카고식 모델을 창조했다. 이 박람회의 상징물은 기계가 아니라 전기였다. 다이나모 발전기에서 나오는 전기는 시카고 박람회장의 밤을 대낮처럼 밝혔다. 사람들은 생애 처음으로 겪은 전기 야경에 충격을 받았다. 10월 9일의 '시카고 데이'에는 75만 명이 일시에 전시장을 방문했는데 인간이 한 장소에 그렇게 많이 모인 건 그때가 처음이었다. 일본은 그로부터 70여 년이 지난 1970년 오사카 엑스포에서 신칸센 초고속열차를 등장시켜 일본의 기술력을 과시했다. 한국은 대전박람회(1993)에 이어 여수세계박람회(2012)를 개최하고 중국은 2012년 상해 세계박람회를 열었다.

파리 올림픽

1896년 그리스의 아테네 올림픽에 이어 두 번째로 열린 파리 올림픽은 박람회 열기가 한창 뜨겁게 달아오른 1900년 5월 14일 개막해 10월 28일 폐막했다. 공식 행사명이 '파리 만국박람회 부속 국제경기대회'였던 탓인지 진행은 허술했다. 개회식도 폐회식도 없었고 메인스타디움조차 없어 육상경기는 브로뉴 숲 한가운데에 위치한 경마장에서 진행되었다.

파리 올림픽의 스타는 60m 달리기, 110m 허들, 200m 허들, 멀리뛰기

4종목에서 우승함으로써 육상 4관왕에 오른 미국의 앨빈 크랜즐린이었다. 그는 조직위의 준비 부족으로 2년이 지나서야 메달을 받았다. 파리 올림픽은 경기 종목에서 몇 가지 특징이 있었다. 수구와 골프가 처음 올림픽 종목으로 채택되었고, 줄다리기와 200m 장애물 수영, '뒤집어 붙여 놓은 배 위로 달리기'라는 황당한 종목도 있었다. '비둘기 사격'도 있었는데 비둘기가 300마리나 희생되자 다음 올림픽부터는 살아 있는 비둘기 대신 클레이를 표적으로 사용했다.

1896년 제1회 아테네 올림픽에서는 여성들은 구경만 할 뿐 선수로는 참가할 수 없었으나 파리 올림픽에서는 "올림픽 여성 참가"를 외치는 에밀 졸라 등 지식인의 요구가 빗발쳐 24개국 997명의 참가단 가운데 22명이 여성으로 채워졌다. 다만 참가 종목은 테니스와 골프로 한정되었다. 남자 골프는 1904년 올림픽 때도 유지되다가 1908년 대회 때 사라졌으나 여자 골프는 1904년 대회 때 사라졌다가 2016년 브라질 리우 올림픽에서 부활해 한국의 박인비가 우승했다.

경기 일정을 놓고도 주최 측과 미국 선수단 사이에 작은 갈등이 있었다. 미국 선수 중 일부가 안식일을 지키기 위해 일요일 경기를 조정해 달라고 요청했으나 주최 측이 경기를 강행해 몇몇 선수는 결국 결승 경기를 포기했다. 메달 집계 결과 미국, 영국, 프랑스가 각각 1위, 2위, 3위를 차지했다.

파리 지하철

파리 지하철은 1900년 7월 10일 개통했다. 1898년 3월에 시작된 공사는 지상의 교통을 방해하지 않기 위해 지하에 굴을 파고 상부를 보강하는 공법으로 진행되었다. 지하철 개통 후 3량으로 된 전차가 기점에서 종점까지 16개의 지하철역을 지나는 데 33분이 소요되었다. 지하철을 처음 타본 사람들은 20세기가 몰고올 대변화의 한 자락을 경험하며 놀라움을 감추지 못했다. 하지만 그들의 놀라움은 '땅속으로 가는 기차'에만 그치지 않았다. 지하철 입구와 승강장 등을 화려하게 장식한 '전혀 새로운 건축양식과 디자인'이 그들의 눈길을 사로잡았기 때문이다. 그것은 프랑스어로 '새 예술'을 뜻하는 '아르누보'였다.

사람들은 아름다운 곡선과 색채, 회화적 디자인을 아침저녁으로 지하철 입구에서 마주하고 즐길 수 있다는 사실이 반가웠다. 아르누보는 전통적 예술과 예술지상주의를 거부하고 자연 형태에서 모티프를 빌려 일상생활에 자연스럽고 생동적인 아름다움을 제공하고자 한 예술양식이었다. 덩굴이나 담쟁이 등의 식물을 연상시키는 유연하고 유동적인 선과 파상, 곡선 등 특이한 장식성을 자랑했다. 하지만 합리성을 소홀히 하고 기능을 무시한 형식주의적이고 탐미적인 장식에 빠져 10여 년 동안만 전성기를 누리다 사라졌다.

세계 최초 지하철

세계 최초의 지하철은 1863년 1월 10일 영국 런던에서 개통했다. 런던의 패딩턴과 훼링턴 간 6㎞를 잇는 구간이다. 지하철이 개통되자 신기한 지하 세계를 경험하기 위해 개통 당일에만 4만 명이나 다녀갈 정도로 대성황을 이뤘다. 런던에서 지하철 건설 논의가 시작된 것은 1830년대였다. 최고조에 달한 산업혁명의 여파로 하루게 다르게 공장이 늘어나고 있었고, 거리는 지방에서 런던으로 생활 터전을 옮긴 사람으로 늘 북적거렸다. 급격한 인구 증가와 이에 따른 도시 팽창으로 이동 수단이 절실하던 터에 1836년 런던과 그리니치를 연결하는 첫 여객 철도가 개통되었다. 역들이 런던 외곽에 위치해 있어 역에서 내린 사람들이 시내로 진입하려면 마차를 타거나 걸어야 했던 불편도 새 교통수단을 필요로 했다.

런던시 안팎을 연결하는 지하철 건설이 해결책이라는 사실은 알았지만 공사 비용이 문제였다. 기술의 발전으로 비용이 절반 이하로 줄어든 1860년에야 '메트로폴리탄 철도 회사'가 공사에 착수해 2년 만에 지하철을 완공했다. 개통 초기에는 증기기관차에서 뿜어나오는 매연이 골칫거리였다. 이를 해결하기 위해 전기기관차가 등장했는데 1890년 11월 4일, 스톡웰과 킹 윌리엄가를 연결하는 '시티 앤드 사우스 런던 지하철'이 그것이다.

유럽 대륙에서는 부다페스트(1896), 빈(1898), 파리(1900), 베를린(1902), 함부르크(1906) 순으로 건설되었고, 아메리카 대륙에서는 보스턴(1901)과 뉴욕(1904)을 거쳐 아르헨티나의 부에노스아이레스(1913)까지 진출했다. 아시아에서는 도쿄(1927)가 테이프를 끊었으며 한반도에서는 1973년 평양지하철, 1974년 서울지하철이 개통되었다.

조선의 박람회 참가　우리나라가 국제박람회와 처음 인연을 맺은 것은 갓, 모시, 돗자리, 가마 등을 출품한 1889년의 파리 박람회로 전해지고 있으나 기록만 있을 뿐 구체적인 내용은 알려지지 않아 공식적인 첫 참가로 기록되고 있는 것은 1893년 5월 1일부터 6개월간 열린 미국 시카고 세계박람회다. 콜럼버스의 아메리카 신대륙 발견 400주년을 기념해 열렸기 때문에 공식명칭이 '콜럼비아 세계 박람회'인 시카고 박람회에는 세계 46개국과 미국 내 47개주 등이 참가해 2,700만 명의 관람객을 끌어모았다.

조선에 시카고 박람회 사실을 알려준 사람은 조선의 참찬관 자격으로 미국에 체류하던 호러스 알렌이었다. 고종은 1893년 1월 알렌에게 '명예사무대원'이란 직함을 주며 행사를 총괄하도록 하고, 내무참의 정경원을 출품사무대원으로 임명했다. 정경원은 1893년 2월 관리·통역·국악인으로 구성된 16명의 참가단을 인솔해 서울을 떠났다. 이들은 1893년 4월 미

국의 샌프란시스코를 거
쳐 시카고에 도착했다.

시카고 박람회에서 조
선은 '제조와 교양관'의
한 구석을 할당받아 전
시관을 설치했다. 12㎡
넓이의 4평도 안되는 곳
에 설치된 대한제국관은

파리박람회장의 대한제국관. 경복궁 근정전을 본떠 2층 한옥으로 지었다.

6~7간 규모의 전통기와집으로 만들어져 나전칠기, 보료, 방석 등으로 실
내를 장식했다. 전시물은 무명천, 발, 커다란 삼태기, 자개장롱, 비단, 병
풍, 도자기 같은 것들이었다. 국악인들은 홍의를 입고 조선의 전통음악을
연주했다.

당시 미국에 체류하다가 박람회를 참관한 윤치호는 "다른 나라 전시관
에 비해 너무 작고 초라한 조선의 전시실이 가슴이 아팠다"고 일기에 썼
다. 미국 뉴욕헤럴드는 "고종이 한국의 폐품들을 헐값에 사서 보냈다"고
비판했다. 윤치호 등 많은 이가 한국이 출품한 물품을 부끄러워한 것과
달리 박람회를 주최한 미국은 한국의 공예품이 훌륭하다며 출품상을 줬
다. 또한 국악이 매혹적이었다며 음악상도 수여했다.

전시 물품들은 박람회가 끝난 뒤 시카고 필드미술관, 뉴욕 피바디미
술관, 워싱턴 스미스소니언박물관 등에 기증되었다. 이 가운데 29점은
1993년 우리나라에서 열린 대전 엑스포 때 특별전시되었다. 정경원은 12
월 18일 고종을 알현한 자리에서 "우리나라는 1,140달러 어치의 물품을
팔았으며 1,000명에게 명함을 돌렸고 언어 소통에 불편함이 없었다"고
보고했다.

조선은 1900년 개최된 파리 박람회에도 참가했다. 고종은 1898년 5월

샤를 루리나 파리 주재 총영사를 현지 위원장으로, 종2품인 민영찬을 박물사무부원으로 임명해 박람회를 준비토록 했다. 문제는 대한제국관을 지을 자금 부족이었다. 민영찬은 루리나의 주선으로 조선의 광산 채굴권에 관심이 많은 미므렐 백작을 만나 대한제국관 건립을 위한 재정 지원을 약속받았다.

프랑스의 유명 건축가 외젠 페레가 설계한 대한제국관은 파리 박람회장 내 외진 곳 쉬프랑대로에 100평 규모로 지어졌다. 모양은 경복궁 근정전처럼 당당했으며 사각형 건물에 넓은 기와를 얹었다. 악기, 자개공예품, 자수 등 황실 복식, 유기, 비단, 도자기, 금속공예, 금은박세공품 등 수십 점을 전시했다. 특히 팔만대장경, 삼국사기 등 목판인쇄물이 관람객의 눈길을 끌었다.

이 밖에도 네덜란드 출신 미국 화가 휴버트 보스가 그린 고종 황제의 어진과 민상호의 초상화도 출품되었는데 민상호는 10대 시절 미국에서 6년간 생활하고 1887년 돌아와 탁월한 영어 실력을 바탕으로 조선 왕실의 외국인 상대 업무를 거의 전담하다시피 한 사람이다. 1897년 우리나라가 만국우편연합에 가입할 때 대표로 활약하고 1900년 우정사업이 통신원으로 개편될 때 초대 총재를 맡았다.

1898년 휴버트 보스가 조선을 방문해 미국공사관에 머물 때, 민상호는 자신의 초상화를 그리도록 요청했다. 보스가 유화로 그린 이 초상화를 보고 고종도 자신의 초상화를 그리게 했다. 이때 보스가 그린 민상호 초상화는 조선에 최초로 소개된 유화였으며 지금까지도 생동감이 넘치는 최고의 초상화로 인정받고 있다. 그런데 고종의 어진은 대한제국관이 아닌 미국관 내 '인종전시' 부스에서 관람객을 맞았다. 박람회 폐막 후 전시품 중 일부 수공예품은 파리 소재 기메박물관과 국립기술직업전문학교, 파리 음악박물관 등에 기증되었다.

지그문트 프로이트 '꿈의 해석' 발간

코페르니쿠스의 지동설, 다윈의 진화론과 비교될 정도로 무의식은 인류에게 새로운 지평을 열어주었다.

20세기로 넘어가는 문턱에서 '무의식'의 존재를 학문적으로 규명하고 담론화한 것은 20세기의 가장 큰 지적 혁명 가운데 하나로 평가되고 있다. 무의식의 규명은 코페르니쿠스의 지동설, 다윈의 진화론과 비교될 정도로 인류에게 새로운 지평을 열어주었다. 지동설이 인류를 우주의 중심에서 끌어내렸다면, 진화론은 인류가 굳게 믿어온 불가침의 신성을 부정한 것이고 무의식은 인간이 스스로 통제할 수 없음을 만천하에 고백한 것이다.

무의식 하면 즉각적으로 떠오르는 인물이 지그문트 프로이트(1856~1939)다. 그가 무의식을 토대로 쌓아올린 정신분석학을 빼놓고는 20세기를 논할 수 없을 정도다. 그래서 20세기를 '프로이트의 세기'라고 표현하기도 한다. 프로이트는 오스트리아·헝가리 제국 모라비아(현 체코 공화국 영토)의 작은 도시 프라이베르크에서 유대인의 후손으로 태어났다. 그가 1873년 빈대 의과대에 입학하고 1881년 생리학으로 학위를 받을 무렵 유럽 지성계의 화두는 병리학이었다. 의학과 철학은 물론이고 신생 학문인 심리학 연구자들까지도 병리학에 관심을 집중했다.

프로이트는 종합병원에서 몇 년간 근무하다가 1885년 프랑스 파리로 유학을 떠났다. 그곳에서 최면술을 활용한 히스테리 환자 치료로 유명한 프랑스 신경병리학자 장 마르탱 샤르코에게 5개월간 강의를 들었다. 샤르코는 신경증과 기질적 질병을 구분하고, 최면술의 암시요법을 능수능란하게 이용해 히스테리성 환자를 치료했다. 샤르코의 강의는 프로이트가 평생 정신분석에 매달리고 매진케 한 길잡이 역할을 했다.

프로이트는 1886년 빈으로 돌아와 신경질환 전문병원을 개원하고 최면

지그문트 프로이트

술을 이용해 히스테리 환자를 치료했다. 당시 프로이트가 주목한 것은 환자가 최면 상태에서 받은 의사의 지시를 최면에서 깨어난 뒤에도 무의식적으로 따른다는 사실이었다. 그는 샤르코에게서 배운 지식을 동료 의사들에게 전하려고 했다.

그러나 빈대의 외과의사 요제프 브로이어를 제외한 대부분은 무관심하거나 적대감을 보였다. 프로이트와 브로이어는 10년 가까이 히스테리의 원인과 치료법을 연구한 끝에 1895년 '히스테리 연구'를 공저로 출간했다. 이 책은 오늘날 정신분석학의 본격적인 출발점으로 평가받을 만큼 중요한 저작물로 꼽힌다.

프로이트는 다양한 임상실험을 통해 최면요법이 모든 사람에게 적용되지 않고 효과도 지속적이지 않다는 사실을 알게 되었다. 그 후에는 최면술을 포기하고 '자유연상 기법'을 개발해 임상에 적용했다. 이 기법은 환자를 편안하게 한 뒤 마음 속에 떠오르는 욕망을 간접적으로 드러나게 하는 것으로, 이때의 '자유연상'은 프로이트가 평생의 연구 테마로 삼은 '무의식'을 파악하는 주요 단서가 되었다.

프로이트는 인간 행동의 저변에는 무의식이 깊게 잠재되어 있고 이 무의식이 개인의 의식적인 사고와 행동에 영향을 미친다고 이해했다. 가장 덜 논리적인 사고와 행동 요소들이 무의식을 살펴볼 수 있는 주요 단서라고 간주해 자유연상, 꿈, 실수 등을 파고들었다. 프로이트는 환자들에게 자유연상을 유도하면 주로 꿈 이야기를 한다는 사실에 주목해 꿈속에 잠재한 의미를 끌어내고, 본질적인 것을 추출하는 데 심혈을 기울였다. 그것은 실증할 수 없는 것, 보이지 않는 것, 무의미한 것, 비합리적인 것을 실증할 수 있고 보이고 의미 있고 합리적인 세계 속으로 편입하는 작업이었다.

프로이트는 1896년 자신의 방법을 '정신분석'으로 명명한 후 1899년 11월 무의식과 꿈을 종합적으로 정리한 '꿈의 해석'을 출간했다. 그러나 이 생소한 이론을 제대로 이해하는 사람이 드물었다. 인류사에 중대한 변혁을 몰고 올 것이라고 예측한 사람은 더더욱 없었다. 다만 출판사가 발행 연도를 세기가 저물어 가는 1899년이 아니라 신세기의 개막에 맞춰 1900년으로 잡은 덕에 20세기를 열어젖힌 대표 저작물로 자리 잡을 수 있었다.

유명한 '오이디푸스 콤플렉스'는 프로이트가 '꿈의 해석'에서 처음 도입한 개념이다. 오이디푸스 콤플렉스는 아들이 아버지를 시기하고 어머니에게 갖는 성적인 사랑의 감정을 말한다. 프로이트는 자신과 다른 사람들의 꿈을 인용하면서 모든 사람에게 있는 무의식적 소망과 오이디푸스 신화를 연결했다. 그는 인간이 오이디푸스 콤플렉스 같은 성적인 정념의 지배를 받지만, 의식은 이런 정념을 아주 희미하게만 알 뿐이라고 파악했다. 그는 그런 성적 활동의 기본 동력을 '리비도'라고 불렀다. 그러면서 오이디푸스 콤플렉스야말로 역사 발전의 원동력이라고 여겼다. 아들이 아버지를 넘어서지 않으면 아들은 아버지의 세계에 머물고 말기 때문이다.

프로이트의 영향을 받지 않은 분야 거의 없어

프로이트는 무의식의 형태를 알아보는 또 다른 방법으로 사소한 실수나 농담이나 실언 등에 주목했다. 우연히 일어난 사건이 아니라 무의식적 소망의 한 표현이고 무의식적 태도를 상징하고 있다고 생각한 실수나 실언의 예들을 해석해 놓은 것이 '일상생활의 정신병리학'(1901)이다. 그는 이런 일련의 저작을 통해 의식은 빙산의 일부분이고 물속에 잠겨 있는 거대한 부분은 충분히 지각하지 못하는 무의식의 부분이라고 보았다. 결국 대부분의 생각, 희망, 기억, 느낌을 포함하는 무의식은 감춰져 있다는 것이다.

'성욕에 관한 세 편의 에세이'(1905)에서는 성적 충동은 태어날 때부터 성인이 될 때까지 항상 인간의 마음속에 존재하며 모든 인간의 행동, 관계, 반응에 영향을 미친다고 주장했다. 그러나 이 '에세이'는 아이들까지도 성적 충동을 가진 존재라는 개념을 담고 있어 일반인에게서 많은 반발을 불러일으켰다.

프로이트는 정신분석학의 기본 개념을 '원초아(id)', '자아(ego)', '초자아(superego)'로 구분·설명했다. '원초아(id)'는 무의식적이고 생물학적인 욕망으로, 충동을 충족시키는 것이 존재 목적이기 때문에 쾌락을 추구하고 고통을 회피하려 한다. 성적 본능과 공격적 본능이 이에 속한다. '자아(ego)'는 우리가 흔히 말하는 '성격'과 같은 것으로, 환경에 합리적으로 기능하게 하는 정신의 한 부분이다. 양심의 일반적 개념과 흡사한 '초자아(superego)'는 충족 수단이 도덕적으로 문제가 있을 때 충동의 충족을 억누르는 기능을 한다. 쾌락을 좇는 원초아와 평화를 바라는 자아 모두를 제어하는 게 '초자아'이다.

프로이트가 이렇게 다양한 저술을 통해 전통의 가치와 인습을 과감히 무너뜨리자 그의 주변으로 알프레트 아들러, 카를 융 등 당대 최고의 정신분석학자들이 몰려들었다. 이들은 1908년 4월 오스트리아 잘츠부르크에서 제1회 국제정신분석학회를 열어 격렬한 논쟁을 벌였다. 하지만 일반인에게 억압된 욕망, 아동의 성욕, 거세된 공포 등은 여전히 낯설고 혐오스러웠다. 아들러와 융도 결국에는 프로이트의 의견을 받아들이지 못해 결별을 선언했다.

유럽 학계에서도 크게 환영을 받지 못하던 프로이트의 이론과 명성이 널리 알려지게 된 것은 1차대전 후였다. 참호전이 장기화하면서 흔히 '포탄 쇼크'로 불리는 스트레스성 정신장애로 죽거나 자살하는 사람이 속출하자 1920년 오스트리아 정부가 그에게 자문한 것이 계기가 되었다. 하지만 1933년 히틀러가 집권하면서 유대인이던 그의 저서들도 화형에 처해졌다. 1938년 오스트리아가 독일에 합병된 후에는 영국 런던으로 망명해 1939년 9월 23일 그곳에서 눈을 감았다.

프로이트가 전 생애에 걸쳐 정신분석학을 개척하고 탐구하고 수정하는 동안 프로이트의 이론은 초창기의 종교처럼 빠르게 확산되고 전파되었다. 지식인이나 예술가들도 알게 모르게 프로이트주의자가 되었다. 프로이트는 오늘날까지도 한쪽에서는 열렬한 찬사를, 다른 한쪽에서는 강한 비판을 받고 있다.

프로이트의 이론을 20세기의 퇴물로 평가하는 사람들은 프로이트의 이론이 당초 목표로 내세웠던 과학성과 거리가 멀다는 데 초점을 맞춘다. 아무런 근거가 없는데도 정신의학계는 물론 학계와 문화계 전반에 걸쳐 막대한 영향을 끼치고 있는 것에 분개한다. 실증주의자들은 "유사종교만큼이나 무가치한 사이비 과학"이라며 혹평하기까지 한다. 반면 추종자들은 "프로이트의 이론이야말로 인간의 내적 욕망과 숨겨진 동기들을 파헤치는 데 더할 나위 없이 유용한 틀"이라고 목소리를 높인다.

중요한 것은 그를 추종하든 반대하든, 그의 주장이 사실이든 거짓이든 20세기 전 분야에서 프로이트의 영향을 받지 않은 분야가 거의 없다는 점이다. 프랑스 철학자 루이 알튀세르는 "코페르니쿠스 이후 우리는 우주의 중심이 아니었고, 마르크스 이후 우리는 역사의 중심이 아니었다. 프로이트는 우리가 그 인간의 중심이 아님을 보여주었다"는 명언으로 극찬했다. 시사주간지 '타임'은 20세기에 영향을 끼친 인물 50명 가운데 프로이트를 맨 앞자리에 올려놓았다.

막스 플랑크, 양자가설 제창

고전물리학에서는 생각할 수 없었던 불연속적인 에너지 개념을 등장시켰다.

아이작 뉴턴이 17세기에 파종한 이른바 고전역학은 200여 년 동안 근대 서구 세계관의 표준이었다. 모든 자연현상은 한 치도 어긋남 없이 움직이기 때문에, 현재 상태를 정확히만 알면 수학을 통해 미래를 완벽하게 예상하고 그려낼 수 있다는 뉴턴의 결정론적 믿음은 사실상 불변의 진리였다.

그러던 중 19세기에 제임스 맥스웰(1831~1879)이 전자기학을 제기하면서 문제가 생겼다. 뉴턴의 역학으로는 전자기학을 설명하는 것이 불가능했기 때문이다. 결국 뉴턴의 역학 법칙 외에 맥스웰의 방정식이 따로 필요했다. 물리학자들은 뉴턴의 역학과 맥스웰의 전자기학을 물리학의 양대 기둥으로 삼아야 고전물리학이 완성될 것으로 생각했다.

복병은 또 있었다. 18세기 증기기관의 등장으로 부상한 열역학이었다. 열역학은 역학이나 전자기학의 체계로는 설명이 불가능했다. 열역학 중에서도 일반적인 이론을 찾는 게 쉽지 않은 흑체복사가 특히 골칫거리였다. '복사'는 물체를 가열하면 전자기파가 방출되는 현상을 뜻하고 '흑체'는 모든 종류의 빛에너지를 가리지 않고 흡수했다가 독특한 형태로 복사하는 특성이 있다.

흑체복사를 처음 발견한 사람은 도자기공 토머스 웨지우드였다. 그는 도자기의 원료를 불가마 속에서 구울 때 온도가 높아지면 재료의 색깔이 붉은색에서 노란색, 흰색으로 변한다는 사실을 알게 되었다. 이 원리를 이용하면 물체의 색깔에서 대략적인 온도를 유추할 수 있고 반대로 물체의 온도를 통해 외관상의 색을 추정할 수 있게 된다. 1859년 독일의 물리학자 구스타프 키르히호프가 최초로 흑체복사를 설명하는 '키르히호프 법

칙'을 발표했다. 하지만 온도와 파장의 범위를
다양하게 변화시키면 키르히호프의 법칙이 들
어맞지 않는 경우도 많았다. 물리학자들은 흑체
복사를 설명하는 일반적인 공식 완성에 몰두했
다. 그중에는 독일 베를린대 교수 막스 플랑크
(1858~1947)도 있었다.

막스 플랑크

플랑크가 흑체복사를 연구하고 있던 1896년
그의 연구를 자극하는 다른 물리학자의 새로운
실험 성과가 발표되었다. 독일 제국물리기술연구소 연구원 빌헬름 빈이
전등을 개발하기 위한 필라멘트 스펙트럼을 연구하던 중 새로운 복사 공
식을 만들어낸 것이다.

플랑크는 고전물리학과 열역학 기본법칙에서 빈의 공식을 이론적으로
유도하기 위해 1897년부터 3년 동안 이 작업에만 몰두했다. 1899년 5월
에는 전자기학과 열역학 제2법칙을 토대로 빈의 공식을 일반적인 형태로
만드는 데 성공했다. 그런데 제국물리기술연구소의 다른 연구원들이 높
은 온도의 긴 파장에서는 빈의 공식이 적용되지 않는다는 사실을 실험을
통해 알게 되었다. 이는 빈의 공식을 이론적으로 유도한 플랑크의 일반
공식도 틀렸다는 의미가 된다.

플랑크는 1900년 3월 빈의 공식이 짧은 파장에서만 성립하는 공식이라
는 것을 인정하고 볼츠만의 통계역학을 빌어 새로운 복사 법칙을 만드는
데 매달렸다. 이 과정에서 그는 고전물리학에서는 생각할 수 없었던 불연
속적인 에너지 개념을 등장시켰다. 자신의 복사 공식을 확립하는 과정에
서 당시 물리학의 관점으로는 받아들이기 어려운 연속적인 고전전자기학
과 불연속적인 통계역학을 절충한 것이다.

플랑크는 1900년 12월 14일 독일물리학회에서 'E(에너지)=hv' 즉 원자 수준에서 물질은 진동수(v)와 '플랑크 상수'(h)라는 특정한 상수를 곱한 정수 배만큼의 에너지를 갖는다는 이른바 '양자가설'을 발표했다. 양자가설에 따르면 빛에너지는 종전에 생각해온 것처럼 연속적인 하나의 흐름으로 전파되는 것이 아니라 띄엄띄엄 불연속적인 물리량, 즉 '양자'라고 하는 독립적이고 분리된 '다발'로 전파된다. 거시세계에서는 이 불연속성이 무시해도 좋을 만큼 작은 양이라 뉴턴 역학이 유효했지만 전자 등 소립자 같은 미시세계에서는 무시할 수 없는 중대한 변수가 된다.

따라서 플랑크의 양자가설을 토대로 향후 20~30년 동안 완성될 '양자역학'은 비록 우리가 삼라만상의 현재 상태를 완벽하게 알고 있다 하더라도, 미래는 오직 확률적 예측만이 가능하게 되므로 미래를 정확하게 안다는 것이 사실상 불가능하다는 사실을 알려주었다. 이것은 고전역학이 그토록 자신하던 결정론적 사고에 대한 전면 부정이었다.

그러나 플랑크는 자신이 제시한 '플랑크 상수'가 미시세계의 물질 운동 법칙을 이해할 수 있게 하는 '양자역학'의 가장 중요한 실마리가 될 거라는 사실을 당시에는 이해하지 못했다. 후배 학자들의 계속된 연구 덕에 양자가설이 양자역학으로 발전하면서 플랑크는 '현대물리학의 창시자'로 불리게 되었고 그의 논문은 '20세기 현대물리학의 시발점'으로 평가받았다.

양자가설, 고전역학의 결정론적 사고에 대한 전면 부정

양자역학은 20세기 초반 각국의 물리학자들이 앞서거니 뒤서거니 연구에 뛰어들면서 더욱 완성된 형태로 발전했다. 1911년 어니스트 러더퍼드는 금박막에 쏘인 알파 입자(헬륨의 원자핵) 중 일부가 도로 튀어나오거나 산란하는 실험 결과에 주목했다. 이는 알파 입자가 양전기를 띠고 있으므로 금 원자 어딘가에 역시 양전기를 띤 부분이 있어서 전기력 때문에 밀려났다고 볼 수 있는 문제였다. 생각을 확장하면 금 원자는 양전기와 음

전기가 고르게 섞여 있는 중성이 아니라 원자 한가운데에 양전기만 지닌 부분이 따로 있다는 결론에 이르게 된다.

러더퍼드는 이 양전기를 띤 부분을 원자핵이라고 칭하고, 전자가 원자핵 주위를 도는 일종의 작은 태양계 같다고 가정했다. 그러나 러더퍼드의 원자 모형에도 모순은 있었다. 기존 물리학에 따르면 (−)전하를 띤 전자가 원자핵 주위를 돌며 원운동을 할 경우 전자는 에너지를 잃게 되어 결국 (+)전하를 띤 원자핵으로 떨어져 원자의 안정 상태가 깨져야 하는데도 원자가 계속 안정 상태를 유지하고 있다는 것이 모순이었다.

이 문제에 도전한 이가 러더퍼드의 제자였던 덴마크의 닐스 보어였다. '필로소피컬 매거진' 1913년 7월호에 실린 보어의 논문에 따르면, 원자핵 주위의 궤도를 도는 전자들이 다른 궤도로 이동할 때는 에너지를 흡수하거나 방출하는 데 이 값은 띄엄띄엄 불연속적인 물리량을 뜻하는 양자로 나타난다는 것이다. 보어는 이후에도 양자역학의 태동에 중요한 역할을 했다.

다른 관점에서, 양자론 발전의 초기 20년을 짓누른 가장 근본적인 위협은 빛의 파동과 입자의 이중성 개념이었다. 파동과 입자는 본질적으로 다른데 빛이 파동이면서 동시에 입자가 될 수 있다는 개념은 기존 물리학의 논리로는 맞지 않았다. 그러나 빛은 어떤 실험에서는 파동처럼 보이고 어떤 실험에서는 입자처럼 보였다. 이 수수께끼에 도전한 대표적인 물리학자가 알베르트 아인슈타인이었다. 그는 1905년 플랑크 공식을 통해서 파동이면서 입자인 빛의 이중적 성질을 밝혀냈다.

아인슈타인의 뒤를 이어 파동·입자의 이중성을 연구해 획기적인 성과를 거둔 연구자는 프랑스의 물리학자 루이 드 브로이였다. 그의 연구에 따라 각국의 연구자들은 관찰 방식에 따라 빛이 입자 또는 파동으로 보인다는 믿기지 않는 사실을 받아들여야 했다. 드 브로이는 1924년 이를 이론화해 발표한 물질파 개념으로 양자역학을 완성하는 데 중요한 벽돌을 쌓은 인물로 평가받고 있다.

뒤이어 독일의 물리학자 베르너 카를 하이젠베르크가 1925년 양자역학 방정식의 근간이 되는 행렬역학을 창안하고 1927년 '불확정성의 원리'를 발표함으로써 양자역학은 비로소 제대로 된 모습을 갖추게 되었다. 오스트리아의 에르빈 슈뢰딩거는 1926년 행렬역학과는 전혀 다른 파동방정식을 세워 양자역학의 골격을 더욱 단단히 하는 데 기여했다. 그 후에도 막스 보른, 볼프강 파울리, 폴 디랙 등이 양자역학 완성에 기여했다. 오늘날 과학자들은 아인슈타인의 상대성이론과 더불어 양자역학의 탄생을 주저 없이 20세기 최대 과학적 성취로 꼽는다.

고전역학은 결국 양자역학과 상대성이론에 의해 상당부분 폐기 되긴 했지만 그래도 인류가 만든 가장 완성도 높은 과학 이론의 전형을 꼽으라면 고전역학이라는 것이 전문가들의 중론이다. 과학사에서 가장 뛰어난 업적을 남긴 사람을 꼽을 때도 뉴턴은 아인슈타인에 뒤지지 않는다. 실제로 양자역학과 상대성이론이 필요한 극한 상황을 제외하고는 뉴턴의 이론이면 충분하기 때문이다.

아이작 뉴턴 인류는 유사 이래 물체의 존재와 운동에 일정한 법칙이 있다는 사실을 알지 못했다. 따라서 우주는 신화와 미신의 대상이었다. 이 무질서와 혼돈의 안개를 걷어버리고 물체와 우주의 질서를 규명한 이가 아이작 뉴턴(1642~1727)이었다. 그는 영국에서 유복자로 태어나 어머니가 2년 후 재혼하는 바람에 할머니의 보살핌을 받으며 성장했다. 어린 시절 겪었던 모성 결핍은 그를 은둔으로 내몰았다.

뉴턴은 런던 케임브리지대를 졸업한 1665년 전국적으로 퍼진 흑사병을 피해 귀향했다. 고향에 있던 어느 가을날, 사과가 떨어지는 것을 보고 문

득 만유인력의 원리를 깨달았다는 일화는 유명
하다. 이때의 상상력은 20년이 지나 만유인력의
법칙으로 공표되었다. 또한 20대 약관의 나이에
도 거의 직관적으로 근대 미적분학, 중력이론,
천체역학, 광학이론의 토대가 된 숱한 아이디어
를 떠올렸다. 뉴턴이 만년의 회고담에 "나의 모
든 작업은 1665년과 1666년의 대유행병이 휩쓴
2년 동안에 성취된 것"이라고 썼듯 과학계에서

아이작 뉴턴

는 1665~1666년을 '기적의 해'라고 부른다. 뉴턴은 흑사병이 잠잠해지자
다시 런던으로 돌아와 케임브리지대 특별연구원을 거쳐 교수가 되었다.

사실상 20대에 모든 걸 완성한 뉴턴은 30대 들어 자연과학보다 연금술
과 성경 연구에 관심을 쏟았다. 특히 신학에 관심이 많아 4세기에 확립된
기독교의 삼위일체설을 부정하기까지 했다. 당시는 연금술과 삼위일체
교리 부정이 모두 지탄의 대상이었던 터라 뉴턴은 자신의 연구 결과를 외
부와 공유하지 않고 일기 형식으로 정리해두었다.

40대에는 자신의 연구 업적을 집대성한 '프린키피아(자연철학의 수학적
원리)'를 1687년 7월 5일 발간했다. 모두 3권으로 구성된 '프린키피아' 1권
에서는 '힘이 주어질 때 물체는 어떻게 운동하는가'라는 운동법칙이 일반
원리 형태로 제시되었다. 오늘날 익히 알려진 3가지 운동법칙 즉 관성의
법칙(제1법칙), 힘과 가속도의 법칙(제2법칙), 작용-반작용의 법칙(제3법
칙)이 그것이다. 2권에서는 데카르트식 우주관과 케플러 법칙이 모순됨을
수학적으로 증명했다. 3권에서는 만유인력을 도입해서 지구와 우주의 운
동을 수학적으로 설명했다.

과학자들은 이 중 가장 의미 있는 부분이 '힘=질량×가속도($F=ma$)'로
정리된 가속도의 법칙이라고 입을 모은다. 관성의 법칙과 작용-반작용

의 법칙은 갈릴레오와 데카르트의 역학 체계를 다룬 내용인 반면, 가속도의 법칙은 뉴턴이 창안한 새로운 내용이기 때문이다. 모든 힘이 작용하는 곳에는 가속도가 존재한다는 이 법칙은 물리학의 새로운 지평을 열어주었다.

뉴턴의 또 하나 위대함은 만유인력의 법칙을 설명하기 위해 미분과 적분법을 발견했다는 사실이다. '프린키피아'의 높은 수학적 완성도는 미적분 덕분이었다. 뉴턴은 스승인 아이작 배로의 수학 연구를 본받아 여러 무한급수의 합을 구하는 방법을 연구해 미적분의 개념을 만들어냈다. 뉴턴은 생전에 "만약 내가 다른 사람들보다 멀리 볼 수 있었다면, 그건 바로 거인들의 어깨 위에 올라섰기 때문"이라는 유명한 말을 남겼다. 뉴턴이 말하는 거인은 갈릴레오, 케플러, 데카르트다. 갈릴레오의 역학이론과 케플러의 세 가지 행성운동법칙, 데카르트의 해석기하학에 큰 빚을 지고 있다는 의미였다. 실제로 '프린키피아'는 케플러의 법칙이 수학적으로 성립한다는 걸 증명하기 위해 쓰기 시작한 것이다.

'과학의 시작'이면서 '근대성의 시작'

'프린키피아'가 처음 출간되었을 때 반응은 신통치 않았다. 초판 1,000권도 다 팔리지 않았다. 내용이 워낙 어려워 당대의 과학자들조차 제대로 이해하지 못한 게 가장 큰 이유였다. 오늘날 '프린키피아'는 인류 역사상 가장 중요한 물리학 책으로 평가받고 있다. 이보다 더 중요한 물리학 책은 앞으로도 영원히 없을 것이라고 과학자들은 말한다.

'프린키피아'는 세상의 원리와 우주관만 혁명적으로 바꾸어놓는 데 그치지 않았다. 18세기 계몽사상은 뉴턴의 우주관과 인간관에 뿌리를 두고 있다. 계몽철학자들은 뉴턴의 자연철학에 힘입어 신분에 상관없이 누구에게나 동일한 법이 적용되어야 한다고 주장했다. 사회문화적 현상에서도 단순하고 보편적인 법칙들을 찾아내려고 노력했다. 이 때문에 뉴턴은 '과학의 시작'일 뿐만 아니라 '근대성의 시작'으로도 불린다.

평생 독신으로 살았던 그는 여자에 대한 소문조차 없었고 다른 남자와 우정을 나눴다는 흔적도 남기지 않았다. 공간적으로는 240km 밖을 벗어나지 않았고 시간적으로는 세상과 거리를 둔 채 수학적 추상과 종교적 신비 속에서 살았다. 성격적으로는 신경질적이었고 독단적이었다. 자신의 연구와 삶에 방해가 되는 사람들과 온갖 치졸한 방법으로 싸움을 벌였다. 영국왕립학회에 실린 광학에 관한 자신의 논문을 비판한 로버트 훅이라는 학자와는 31년 동안이나 논쟁을 벌였으며 1675년 미적분법을 발표한 독일의 고트프리트 라이프니츠와도 누가 먼저 발견했느냐는 문제를 놓고 수학 역사상 가장 격렬한 논쟁을 30년 동안 벌였다.

라이프니츠가 미적분법을 발표했을 때 뉴턴은 미적분은 자신이 먼저 고안한 것이고 라이프니츠가 그것을 훔쳤다고 주장했다. 오늘날 과학사가들은 뉴턴이 '기적의 해'에 미적분법을 고안한 것은 맞다고 인정한다. 그것을 원고로 작성해 1669년 스승 아이작 배로에게 보여준 사실이 확인되었기 때문이다. 하지만 뉴턴은 이것을 공식적으로 발표하지 않았고 라이프니츠는 공식적으로 발표했다. 그런데도 뉴턴이 이런 정황을 인정하지 않아 다툼은 1716년 라이프니츠가 세상을 떠날 때까지 계속되었다.

뉴턴은 왕실 조폐국장으로 일할 때도 위조범을 잡으면 사정없이 사형을 집행하는 잔인한 모습을 보였다. 하지만 뉴턴의 업적이 너무 뛰어나 뉴턴이 무슨 말을 하건 그의 말은 절대적인 진리처럼 받아들여졌고 동시대인들은 "신에 가장 근접한 인간"으로 칭송하며 신격화했다. 묘비명의 마지막 구절 "인류에게 위대한 광채를 보태준 사람이 존재했다는 것을 생명이 있는 자들은 기뻐하라"는 말에 가장 어울리는 일생을 산 사람이었다.

의화단 폭동과 열강의 약탈

제국주의 열강, 개신교·천주교의 성행, 부패한 청조와 잇따른 천재지변이 작용해 분노를 폭발시켰다.

　　　　　　제국주의 열강이 중국을 향해 침탈의 발톱을 곧추세우고 있던 19세기 말, 중국 산동 지방의 빈농과 유랑민들이 그동안 쌓인 불만을 열강과 조정을 향해 폭발시켰다. 이들은 비밀 종교결사인 백련교 계통의 무리들로 '권회', '홍권회', '의화권회'로 불리다가 '의화단'으로 명칭이 통일되었다. 통일적인 지도부가 없고 명확한 강령이 없어 대규모 세를 형성하는 데는 한계가 있었으나 종교적 미신의 색채가 짙어 폭발력은 그 어느 집단보다도 강했다.

　그들은 권법을 익히고 부적과 주술을 사용하면 물과 불에도 다치지 않고 총칼도 피할 수 있는 신통력이 생긴다고 믿었다. 영어로 의화단을 '복서(Boxer)'라고 지칭한 것은 당시 서양 선교사들이 의화단의 무술과 체조를 보고 "권투선수 같다"고 한 데서 연유한다.

　의화단의 첫 봉기 지역이 산동 지방인 것은 나름대로의 이유가 있었다. 산동성 내 교주만과 위해위가 독일과 영국에 각각 점령된 상태이고 열강의 군항·철도·광산 개발로 열강에 대한 반감이 다른 어느 곳보다 강했기 때문이다. 서양 상품의 대량 유입으로 농촌 경제가 파괴되고 농민들의 생존이 위협을 받은 것도 영향을 미쳤으며 일찍부터 산동에서 활동하는 서양 선교사들에 대한 저항감도 작용했다. 여기에 서양의 교회 세력을 등에 업고 저지르는 중국인 기독교 신자들의 온갖 악행도 분노를 촉발했다. 이런 상황에서 자연재해와 기근까지 겹쳤다.

　의화단이 처음 내세운 기치는 '반청멸양(反淸滅洋)'이었다. 그러나 산동성 정부가 일시적으로 의화단에 유화적인 제스처를 취하고부터는 '청을 붙들어 일으키고 서양을 멸한다'는 의미의 '부청멸양(扶淸滅洋)'으로 기치

를 바꿔 달았다. 의화단
은 철교, 철도, 전선 등
서양과 관계있는 것이라
면 닥치는 대로 때려 부
쉈다. 교회당은 불태우고
외국 선교사와 기독교 신
자는 배척하고 외국 상품
은 적대시했다.

중국 천진 거리를 활보하는 의화단원들

　의화단이 이처럼 폭도화하자 제국주의 열강이 의화단을 단속하도록 청
정부를 압박했다. 청 정부의 실세인 서태후는 원세개를 산동성 순무(지방
관)로 임명해 의화단의 활동을 금지했다. 원세개의 무력 진압 후 의화단
의 기가 잠시 꺾이는 듯했으나 이미 타오른 불길은 좀처럼 꺼지지 않았
다. 의화단은 1900년이 되자 북경과 천진을 감싸고 있는 산동 북쪽의 직
례성(현재의 하북성)으로 활동 중심을 옮겼다. 1900년 4~5월에는 북경 남
쪽의 천진으로까지 대거 이동해 천진에서 북경으로 통하는 철도를 파괴
하고 기차역을 불살랐다. 장강 이북의 다른 성에서도 외국 교회에 방화하
는 사건이 연이어 일어났다.

　그러자 영국·프랑스·미국·러시아·이탈리아·일본 등 열강이 자국의 선
교사와 가족, 공사관 요원들의 보호를 위해 5월 31일 500여 명의 연합군
을 급히 북경으로 파병했다. 6월 10일에도 2,100여 명을 천진을 거쳐 북
경으로 파병했으나 의화단이 이미 철도를 파괴한 터라 북경에 입성하지
못하고 천진으로 되돌아왔다. 그러는 사이 북경에서는 6월 11일 일본공
사관의 서기관이 살해되었다.

　연합군은 대규모 군대의 상륙을 기도했다. 연합함대는 6월 17일 바다에
서 천진의 대고항 포대를 포격한 뒤 며칠 만에 천진에 입성했다. 천진의

의화단원은 맨몸으로 서양식 총포 앞에 섰다가 결국 천진을 포기하고 북경으로 후퇴했다. 의화단은 6월 20일 북경성으로 쳐들어갔다. 성안의 빈민들도 자발적으로 의화단에 가담한 가운데 북경 거리는 폭동과 테러가 난무하는 아수라장이 되었다. 의화단은 북경의 외국인에게 무자비한 테러를 가했다. 독일공사도 살해했다. 공사관이 집결한 동교민항을 포위하고 집중적으로 공격을 퍼부었다.

서태후는 이런 의화단을 과신한 나머지 의화단의 힘을 빌어 서양 세력을 쫓아낼 생각으로 6월 21일 각국에 선전포고를 하는 한편 의화단으로 하여금 북경 내 외국 공사관을 공격하게 했다. 점차 성안의 집집마다 의화단을 믿는다는 표시로 붉은 종이가 나붙었고 정부군도 의화단이 자금성을 약탈하는 데 동참했다. 그러나 의화단에도 약점은 있었다. 여전히 통일된 조직을 갖추지 못했고 집중된 핵심 지도부도 없었다. 청 왕조를 무너뜨린 후 정권을 수립하겠다는 의지는 더더욱 보이지 않았다. 이런 상황에서 의화단의 기세가 높아질수록 대오는 더욱 넓어지고 구성원의 성분은 갈수록 복잡해졌다. 조직의 결속력도 더욱 느슨해졌다.

그나마 명맥 유지해오던 청조의 숨통 빨리 끊어버려

열강은 사태를 더 이상 방관할 수 없어 북경 진입을 결정했다. 8개국 연합군은 2만여 명으로 구성되었다. 일본군이 가장 많은 8,000명이었고, 러시아는 4,800명, 영국은 3,000명, 미국은 2,500명, 프랑스는 800명, 오스트리아·이탈리아는 수십 명이었다. 독일군은 소수만 동참했다. 청 정부는 연합군의 북경 입성을 막기 위해 연합군이 북상하는 길목에 10만 명을 배치했으나 청 군대는 연합군과 싸울 의지를 보이기는커녕 도망가기에 바빴다.

결국 의화단은 점령 55일 만인 1900년 8월 14일 북경을 연합군에 내줘야 했다. 이로써 북경은 태평천국의 난 때인 1860년 영국·프랑스 연합군에 점령된 후 40년 만에 다시 열강에 점령되었다. 서태후는 북경이 함락되기 전인 7월 21일 광서제와 대신들을 데리고 북경을 빠져나가 서안으로 도피했다.

8개국 연합군이 북경 안 도처에서 방화와 약탈을 저지르고 의화단원을 학살해 거리에는 시체가 널브러졌다. 북경은 연합국의 약탈로 황폐화되고 주인 없는 죽음의 도시가 되었다. 북경을 점령한 열강의 최대 관심사는 중국의 분할 여부였다. 다만 러시아·영국이 중국의 분할에 관심이 있었던 것과 달리 독일·일본·프랑스·미국은 자칫 제국주의 열강 사이에 전투가 벌어질지 모르고 중국 백성의 저항이 우려되어 분할에 반대했다. 결국 열강은 중국의 분할을 포기했다.

사후 처리는 1901년 9월 7일 청나라와 연합국이 12개조의 '신축조약'에 조인함으로써 마무리되었다. 조약에는 연합국 8개국과 벨기에·스페인·네덜란드 3국이 서명했다. 청나라가 40년간 분할 지급해야 할 보상금액은 은화 4억 5000만 냥이나 되었다. 이자를 합친 9억 8,000만 냥은 청 정부의 20년 재정 수입 총액과 맞먹는 엄청난 액수였다. 러시아는 신축조약 체결에 아랑곳하지 않고 동북 3성을 전면적으로 침공하고 주요 도시를 점령했다. 조약에 따라 북경의 동교민항 일대를 외국 공사관 지역으로 획정하고 각국이 자국의 군대로 공사관을 보호할 수 있는 권리를 인정함으로써 공사관 지역은 나라 안의 나라가 되었다. 결국 중국은 독립국가를 유지했으나 사실상 식물 정부나 다름없었다.

막대한 배상금 지불은 청나라의 국가재정을 더욱 곤경에 빠뜨리고 민중의 생활을 도탄에 빠뜨렸다. 결과적으로 의화단 사건은 민족의 각성을 촉구하며 일어난 반제운동이었으나 그 실패는 그나마 명맥을 유지해오던 청조의 숨통을 빨리 끊어버리고 외국군의 주둔을 허용함으로써 반식민지화를 불렀다.

서태후 서태후(1835~1908)는 중국 안휘성에서 만주족 지방 관리의 딸로 태어났다. 16살이던 1851년 함풍제의 즉위 후 궁녀로 선발되어 자금성에 입궁했다. 서태후가 결정적으로 청조 황실을 좌지우지하는 '킹 메이커'가 될 수 있는 기반을 마련한 것은 함풍제의 정실인 동태후도 생산하지 못한 아들을 1856년 낳았기 때문이다.

서태후는 이후 황제의 곁을 지키는 과정에서 조금씩 정치를 알게 되었다. 처음에는 단순히 공문을 읽는 등의 사소한 업무만을 도왔으나 점차 정치적 능력을 인정받아 정사의 많은 부분에 참여했다. 게다가 함풍제가 병약해 업무를 제대로 처리하지 못하자 자신의 뛰어난 붓글씨 솜씨로 함풍제가 구술하는 교지를 대필하고 옥새 인장을 받는 특권을 누렸다. 함풍제는 아예 서태후에게 국정에 대한 견해를 발표할 수 있도록 윤허하는 조치까지 취했다.

그러던 중 1860년 영·불 연합군이 북경으로 접근해와 함풍제를 따라 만주족의 본거지인 열하(하북성 북부에 있는 승덕)의 이궁으로 피신했다. 그 사이 영·불 연합군은 북경에 입성, 1860년 9월 '북경조약'을 체결한 후 철수했다. 함풍제는 1861년 8월 피난처에서 사망했다. 죽기 전 자신이 죽은 뒤 황궁 여인들이 정권을 장악하지 못하도록 어린 황제를 보필하는 책임을 8명의 대신들에게 맡겼다. 그러나 서태후는 함풍제의 배다른 동생 공친왕과 함께 신유정변을 일으켜 8명의 대신을 주살하고 실권을 장악했다.

서태후의 47년 절대 권력은 자신의 5살 난 아들 재순(1856~1874)이 1861년 10월 동치제로 즉위하면서 시작되었다. 서태후는 동태후와 함께 수렴청정을 했다. 동태후는 성격이 온순하고 고매했지만 그렇다고 유약하거나 무능하지는 않았다. 야심이 없었을 뿐 지혜와 능력을 갖춘 여성이었다. 서태후는 동태후가 정치적 능력이 없고 서태후의 이익에도 위협을 주지 않는다는 것을 알고 동태후와 함께 20여 년에 걸친 평화로운 통치기를 보냈다.

당시 동태후의 거처가 자금성 내 동쪽 궁이고 서태후의 거처가 서쪽 궁이었기 때문에 사람들은 동태후와 서태후로 구분했다.

서태후는 공친왕과도 연대해 자강운동에 힘을 쏟았다. 제도와 인사를 개혁해 한족들에게도 기회를 주고 1864년 태평천국의 난을 종식시키는 등 성과가 적지 않았다. 이후 청에는 '동치 중흥' 시대가 전개되었다.

야사에 따르면 서태후는 동치제가 생모인 자신보다 양모인 동태후를 더 따르자 아들을 미워했다. 동치제가 병에 걸렸는데도 고통 속에서 죽도록 내버려두었다.

서태후

결국 동치제는 스무살을 넘기지 못하고 19세인 1874년 죽었다.

서태후는 아들의 죽음으로 권력의 끈이 끊길 위기에 놓이자 동치제 황후의 뱃속에서 황태자가 자라고 있는데도 1875년 함풍제의 또 다른 이복동생인 순친왕과 자신의 여동생 사이에서 태어난 네 살배기 아들을 광서제(1871~1908)로 앉혀 수렴청정을 이어감으로써 다시 권력을 손에 쥐었다. 동치제의 아이를 가진 황후는 혹독한 핍박을 받고 자살했다. 동·서양 태후의 수렴청정 시대는 1881년 동태후가 세상을 떠나면서 막을 내리고 서태후 홀로 독주하는 시대가 전개되었다.

서태후는 단독 집권에 성공하자 사치와 향락으로 세월을 보냈다. 음식은 한 끼에 128가지나 되었으며 1894년의 환갑잔치에는 상상할 수 없는 거금을 쏟아부었다. 옷은 3,000여 상자나 되었고 특히 보석에 대한 애착이 대단했다. 생전에 모은 보석의 가치는 당시 청나라가 지고 있던 빚을 다 갚고도 남을 정도였다.

서태후는 수렴청정을 계속하던 중 1889년 광서제가 결혼하자 뜻밖에 황제의 친정을 선포하고 자신은 자금성 북쪽에 초호화판으로 새로 지은 이화원으로 거처를 옮겼다. 그러나 이것은 외형상의 조치였을 뿐 실제로는 수렴청정이나 다름없었다. 이미 궁궐과 조정에는 서태후의 사람뿐이었고 광서제는 자주 이화원으로 가서 서태후의 지시를 받았기 때문이다. 결국 광서제는 서태후가 있는 한 아무것도 할 수 없었다. 그러던 중 1895년 청일전쟁 패배 후 들끓는 여론에 부닥쳐 서태후의 심복인 이홍장이 실각하고 서태후가 이화원에 은거하면서 광서제는 비로소 친정 체제를 시작할 수 있었다.

'권력욕의 화신' '개혁 군주' 평가 엇갈려

그 무렵 강유위, 양계초를 비롯한 많은 지식인이 시대에 맞지 않는 법과 제도를 고쳐 나라를 부강하게 하자는 취지로 '변법자강운동'을 시작했다. 그들은 부패한 정치를 개혁해 새로운 정치를 실현해야 한다며 '변법' 상소를 광서제에게 끈질기게 올렸다. 광서제는 27살이던 1898년 6월 비상한 마음으로 승부수를 던졌다. '무술변법'을 추진한 것이다. 과거제 폐지, 신교육제도 도입, 화폐 통일, 철도 개설 등을 내건 무술변법의 초기 기세는 대단했다.

그러나 개혁 운동은 서태후와 보수파들에 의해 번번이 방해를 받았다. 결국 변법파는 서태후 세력을 몰아내지 않고서는 아무 것도 할 수 없다고 판단해 쿠데타를 일으켜 서태후를 유폐하고 광서제의 친정을 실현시킬 계획을 세웠다. 그러나 그들에게는 군사력이 없었다. 그래서 어쩔 수 없이 선택한 인물이 '신군'을 통괄하고 있는 원세개였다. 그러나 원세개는 변법파가 결코 서태후의 적수가 될 수 없다는 사실을 간파하고 변법파의 움직임을 서태후에게 은밀히 알렸다.

그렇지 않아도 광서제와 개혁파의 행보를 못마땅하게 생각하던 서태후는 그때를 기회로 삼았다. 서태후는 1898년 9월 광서제를 유폐하고 그를 도와 변법자강에 나섰던 지식인들을 잡아들여 모조리 처형하는 '무술정변'을 일으켰다. 강유위와 양계초 등 일부만 해외로 도피해 목숨을 부지했을 뿐 변법자강운동은 103일 만에 허무하게 끝나고 말았다. 광서제는 이후 10년간 유폐된 채 지냈다.

서태후는 광서제를 유폐하고도 광서제가 총애한 진비를 정치적 걸림돌로 여겨 1900년 우물에 빠뜨려 죽였다. 광서제 또한 유폐 중이던 1908년 11월, 원세개가 보낸 보약을 먹고 37세로 의문의 죽음을 맞았다. 광서제의 죽음은 100년 후인 2008년 중국의 과학적인 조사에 의해 비상(비소로 만든 독약)에 의해 독살된 것으로 확인되었다. 광서제가 죽고 이튿날인 11월 15일 서태후도 갓 2살밖에 안된 광서제 동생의 아들 부의(1906~1967)를 선통제로 세우고 73세로 눈을 감았다.

흥미로운 사실은 서태후가 "차후로는 여인이 국정에 간여하는 일은 절대로 없도록 하라. 이는 우리 청조의 가법에도 어긋나는 일이니 엄격한 제한을 가하여 절대로 그런 일이 일어나지 않도록 하라"는 유언을 남겼다는 사실이다.

서태후는 사후에 권력에 대한 탐욕이 넘쳐나고 잔인한 여성으로 온갖 비난을 받았다. 그러나 최근에는 서태후에 대한 중상과 비방이 구체적 근거 없이 민간에 퍼졌다는 반론도 있다. 서태후가 수많은 정적을 살해했다지만 대부분의 정적이 여성인 서태후를 얕잡아보고 암살하려 했기 때문에 그 결과로 죽임을 당했다고 주장한다. 숫자도 수십 명에 불과하다는 것이다. 동태후와 자신의 아들 동치제를 독살했다는 주장도 전혀 근거가 없다고 일축한다.

서태후에 대한 세간의 오해가 너무 오랫동안 쌓이다 보니 태평천국운동과 의화단운동, 서구 열강 및 일본과의 전쟁 등 심각한 국가적 위기를 헤쳐 나온 강인한 통치자의 면모나 개혁 군주로서의 업적이 제대로 평가받지 못했다고 주장한다. 19세기에, 게다가 남성 중심의 유교국가에서 여성이 47년간 통치자였다는 사실은 좋은 의미에서든 나쁜 의미에서든 서태후가 매우 탁월한 인물이었음을 방증한다는 것이다.

마크 아우렐 스타인 중앙아시아 탐험 시작
스타인이 마음속 스승으로 삼은 인물은 7세기의 당나라 고승 현장과 13세기의 마르코 폴로였다.

마크 아우렐 스타인(1862~1943)은 중앙아시아 타클라마칸 사막 주변의 실크로드를 탐험하고 그곳에서 발굴된 다량의 고문서와 벽화들을 서방으로 가져간 탐험가이자 고고학자다. 그가 모두 8차례에 걸쳐 중앙아시아와 서아시아를 누비고 다닌 거리는 4만㎞나 된다. 이런 공로를 인정받아 "마르코 폴로 이래 가장 위대한 아시아 탐험가"라는 찬사를 들으며 영국 정부로부터는 작위를, 옥스퍼드대와 케임브리지대에서는 명예박사 학위를 받았다. 반면 중국으로부터는 "보물 사냥꾼", "실크로드의 악마"라는 악명을 얻었다.

스타인은 헝가리 부다페스트의 유대인 집안에서 태어났다. 10살 때 독일로 유학을 떠나 빈대와 라이프치히대에서 서아시아와 중앙아시아 언어와 역사를 공부했다. 22세 때인 1884년 독일 튀빙겐대에서 박사학위를 받고 영국으로 유학을 떠나 옥스퍼드대와 대영박물관에서 동양의 고고학과 언어들을 연구했다. 그 결과 그리스어와 라틴어는 물론 산스크리트어, 영어, 페르시아어 등을 능숙하게 구사했다. 스타인이 평소 마음속 스승으로 삼은 인물은 두 사람이었다. 7세기 당나라 고승인 현장과 13세기의 마르코 폴로였다.

스타인은 1887년 말 증기선을 타고 개통된 지
얼마 안 된 수에즈운하를 거쳐 영국령 인도로
건너가 교육 행정에 종사하며 평생의 꿈인 탐험
을 준비했다. 그리고 1900년 5월 31일, 인도 북
서부에 위치한 스리나가르를 출발해 카라코람
산맥을 넘어 타클라마칸 사막으로 가는 위대한
탐험의 여정을 시작했다.

마크 아우렐 스타인

스타인은 인더스강 상류와 빙하를 건너 4,800m나 되는 험준한 봉우리
를 넘었다. 그렇게 카슈가르를 지나 타클라마칸 사막 남쪽의 호탄에 당도
한 것은 1900년 10월 2일이었다. 스타인은 고대 호탄국의 유적지들을 둘
러본 뒤 호탄 지역이 기원을 전후한 시기에는 불교문화권이 아니라 인도
문화권이었음을 밝혀냈다.

'불굴의 탐험가' 스벤 헤딘이 1895년 12월 호탄 북동쪽의 사막 속에서
발견한 신비의 오아시스 도시 '단단위리크'도 찾아가 발굴을 시작했다. 발
굴 첫날부터 줄줄이 쏟아져 나온 고대 불교 법전, 프레스코 벽화, 고문서
들을 통해 단단위리크의 사막화 시기를 8세기 말로 추정했다. 단단위리
크에서 3주를 보낸 그는 1901년 1월 호탄에서 300㎞ 떨어진 니야를 거쳐
다시 북쪽으로 110㎞가량 떨어진 유적지로 갔다. 1월부터 2월까지 그곳
을 집중 발굴한 결과 기원전 105년에 쓰인, 고대 인도 언어 카로슈티문자
로 일상사를 기록한 목간(나무로 된 편지) 100여 점을 발견했다. 이 목간은
지금까지도 가장 오래된 인도 문서로 기록되어 있다.

스타인은 이렇게 발견한 다량의 유물을 싣고 인도로 가지 않고 바로 대
륙을 횡단해 1901년 7월 런던으로 갔다. 스타인은 중앙아시아에서 수집
한 유물들을 대영박물관에 기증하고 2000년 역사를 가진 실크로드의 문

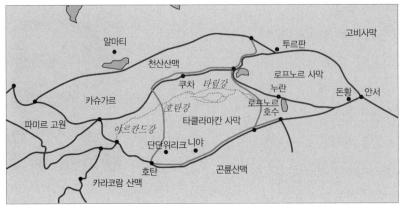

마크 아우렐 스타인과 스벤 헤딘이 탐험한 길과 실크로드

화적 가치를 서구 사회에 알리는 데 주력했다. 1903년 발표한 탐험보고서 '모래에 묻힌 유적'으로 일약 유명 인사가 되자 1904년 영국으로 귀화했다. 이후 스타인의 탐험 소식을 전해 들은 독일, 프랑스, 일본도 중앙아시아의 보물을 손에 넣기 위해 실크로드 탐험에 경쟁적으로 뛰어들었다.

스타인의 2차 탐험은 1906년 4월 20일 파키스탄 북서부의 페샤와르에서 시작되었다. 목표지는 스벤 헤딘이 1901년 타클라마칸 사막에서 발견한, 1500년 전의 고대 오아시스 도시 누란과 천불동으로 유명한 돈황이었다. 누란은 1901년 헤딘이 마지막으로 다녀간 이후 아무도 들르지 않아 황량했다. 스타인은 누란에서 중국어 공문서와 카로슈티 목간을 다량 찾아냈다.

스타인이 누란을 떠나 험난한 길을 뚫고 돈황에 도착한 것은 1907년 3월 12일이었다. 그의 돈황 도착은 훗날 한 중국인 학자가 "원한에 사무쳐 이가 갈릴 정도"라고 표현할 만큼 중국인의 증오를 불렀다. 스타인은 6월 13일 돈황 천불동의 관리인 왕원록을 만나 천불동 17번 석굴에 비밀의 문서고가 있음을 알아냈다.

역사상 가장 오래된 이 문서고에는 줄잡아 4만 5,000종의 불교 문서와 그림이 보관되어 있었다. 스타인은 천불동의 불화와 경전의 가치를 전혀 알지 못하는 왕원록에게 고작 130파운드를 주고 1만 3,000여 점의 고문서, 벽화, 경전 등을 구입했다. 그중에는 세계에서 가장 오래된 금강경 목판본(868년)도 들어 있었다. 패망을 앞둔 당시의 청나라 조정은 변경에서 일어나는 이런 일들까지 챙길 만한 여유가 없었다.

스타인은 투르판, 쿠차, 호탄을 거쳐 1908년 11월 인도의 스리나가르로 귀환해 2차 탐험을 끝냈다. 1차·2차 탐험을 거쳐 스타인이 가져간 문서는 온전한 것이 7,000여 권, 일부만 남아 있는 것이 6,000여 권에 달했다. 스타인은 2차 탐험에서 동상에 걸려 발가락 두 개를 잘라냈다.

"위대한 아시아 탐험가" vs. "실크로드의 악마"

스타인의 3차 탐험은 1913년 8월 1일 시작되었다. 카슈가르를 거쳐 누란 지역의 유적을 조사한 뒤 1914년 3월 돈황으로 가 또다시 헐값에 경전을 사고 카슈가르와 스리나가르를 거쳐 1916년 3월 런던으로 돌아갔다. 스타인은 3차례에 걸친 험난한 여정을 통해 만리장성의 서쪽 끝 관문(가욕관)을 역사상 처음 발견해 만리장성의 총길이를 연장시키고 실크로드를 왕래할 때 반드시 통과해야 하는 옥문관의 위치를 찾아냈다.

스타인은 소년 시절부터 마케도니아 왕국의 알렉산더 대왕을 흠모한 사람답게 알렉산더의 원정길도 밟았다. 알렉산더 대왕의 원정군이 치열한 전투를 벌인 여러 현장을 확인했고 80세에 떠난 페르시아 대사막을 가로지르는 생애 최후의 답사 때는 대왕이 페르시아로 퇴각하던 길을 따라 걸었다. 160㎝의 단구에 강건하고 뚝심이 센 스타인은 81세로 숨질 때까지 탐험이나 여행을 떠나지 않은 해가 없었다.

3차례에 걸친 실크로드 탐험 이후에도 모헨조다로 유적(1926), 인더스 문명 유적(1927), 중동의 고대 유적 조사(1928), 중앙아시아 탐험

(1930~1931), 이란의 고고학적 조사(1932·1935·1938), 요르단 유적(1939) 등을 조사하며 고고학자로 명성을 떨치다 1943년 10월 26일 아프가니스탄 카불에서 눈을 감았다.

오늘날 서양은 스타인을 중국 연구에 크게 기여한 '고고학적 탐험가'로 추앙한다. "우리가 유물을 가져가지 않았으면 그 혼란스러운 상황에서 유물들이 온전했겠냐"는 서양인의 의식 저변에 깔린 논리는 이랬다. 지진이나 지역 유물 사냥꾼들의 위험이 상존하고 있고 1862년의 예에서 보듯 중국 서북 지역에서 일어난 무슬림의 반란으로 유물이 상당량 파괴된 적이 있으며 1921년 중국으로 도망친 수백 명의 백러시아 군인이 중국 관헌에 의해 6개월 동안 돈황에 강제 수용되었을 때 무료함을 달래기 위해 그림 위에 러시아 연대 번호를 갈겨 써 유물이 많이 훼손되었다는 것이다.

이에 대해 중국인들은 2차대전 당시 연합국의 폭격으로 베를린에 있던 중앙아시아 유물이 겪은 피해가 도굴꾼과 농부, 그리고 관개수로 조성과 지진 등으로 인한 돈황의 피해보다 훨씬 크다며 "학자의 탈을 쓰고서 자신들의 역사를 강탈해간 파렴치한 투기꾼"이라고 비난한다.

돈황 석굴사원　돈황은 한대(漢代) 이래로 중국에서 서역으로 나가는 유일한 관문으로, 육로를 통하려면 반드시 이곳을 거쳐야 했다. '타오르는 횃불'이라는 뜻의 돈황은 중국에서 출발해 타클라마칸 사막의 첫 번째 오아시스를 만날 때까지 식량과 물을 공급받을 수 있는 마지막 장소였다. 장도를 떠나는 사람들에게는 무사안녕을 비는 기도처였고 서역에서 살아 돌아온 사람들에게는 가슴을 쓸어내리며 안도의 한숨을 내쉬는 휴게소였다. 여행자들은 실크로드로 떠나기에 앞서 혹여 만날지 모를 악귀들이나 위험을 피하기 위해 돈황에서 기도할 곳을 찾았고 이 목적으로 돈황시에서 남동쪽으로 25㎞ 떨어진 지점에 만들어진 게 '막고굴'이라 불린 석굴사원이다.

석굴은 366년 낙준이라는 승려가 수행을 시작하면서 처음 생겼다. 이후 1000여 년 동안 수도승이 모여들어 한때는 1,000여 개의 석굴이 생길 만큼 번성했으나 지금은 492개만 남아 있고 이 가운데서도 각종 고문서가 발견된 17호굴(장경동)이 가장 유명하다. 굴에서 발견된 벽화를 합하면 4만 5,000㎡, 불상만

프랑스의 동양학자 폴 펠리오가 돈황 석굴에서 가져갈 고문서를 정리하고 있다.(1908)

1,400여 기나 된다. 실로 세계 최대의 노천박물관인 셈이다.

19세기 말, 사실상 방치되어 있는 돈황 석굴사원의 모래나 먼지를 치우며 일상을 보내는 왕원록이라는 승려가 있었다. 1900년 6월 22일, 석굴(16호) 벽 갈라진 틈이 갑자기 눈에 들어와 왕원록이 벽을 파들어갔다. 순간 900여 년 전 타임캡슐이 눈앞에 펼쳐졌다. 17호굴이 발견된 것이다. 사방이 3m 정도인 밀폐된 공간에는 오랜 세월 숨죽이며 살아온, 서기 4세기부터 11세기까지의 중국어, 산스크리트어, 위구르어 등으로 쓰인 각종 고문서와 그림 5만여 점이 빼곡히 들어차 있었다. 그러나 당시는 청 왕조가 존망의 기로에서 내외적으로 갈등을 벌이던 때라 누구도 변방 한구석의 석굴에 관심을 보이지 않았다. 왕원록만이 사실상의 모든 관리권을 행사하며 수호자를 자처했다.

1907년 3월, 영국 탐험가 마크 아우렐 스타인이 이곳에 첫발을 내디뎠다. 스타인은 돈이 궁한 왕원록을 130파운드로 꼬드겨 석굴 속에서 1만 3,000여 점의 유물을 빼내 영국 대영박물관으로 옮겼다. 1년 뒤 프랑스

의 동양학자 폴 펠리오도 왕원록에게 90파운드를 주고 다량의 문헌더미를 프랑스로 빼냈다. 신라승 혜초의 '왕오천축국전'도 이때 프랑스로 쓸려나갔다. 펠리오는 프랑스로 가져갈 수 없는 것은 수백 장의 흑백필름에 담아 훗날 6권의 사진집을 출판했다. 사진 속에 실린 유물들은 훗날 모두 사라지고 없어져 이 전집은 오늘날 돈황의 벽화와 조상들에 대한 귀중한 자료로 남아 있다.

이후에도 '오타니 컬렉션'으로 유명한 일본의 오타니 탐험대가 1912년 600여 점의 경전을 가져갔고, 미국의 랜드 워너는 1923년 다른 석굴에서 12폭의 벽화를 떼 내 미국으로 실어갔다. 중국 정부에 의해 유물 유출이 금지된 1930년대에 유물이 북경으로 옮겨지는 중에도 상당량이 감쪽같이 사라졌다. 이 방대한 중앙아시아 유물들은 최소 13개국 30군데의 박물관 등에 흩어져 보관되어 있다. '오타니 컬렉션'의 일부를 보관하고 있는 우리나라도 그 가운데 하나다.

스벤 헤딘 스벤 헤딘(1865~1952)은 탐험가이면서 지리학자였다. 실 크로드 역사에 관심 있는 애호가들이라면 첫손에 꼽는 탐험가의 신화다. 그는 서양인들이 밟아보지 못한 길을 뚫고 간다는 탐험원칙을 고수하면서 기존 지도의 공백을 메우는 데 탐험의 주안점을 두었다. 그가 숱한 죽음의 위험을 무릅쓰면서 걷고 오르고 건넌 2만km의 길은 꼼꼼한 측량지도로 만들어졌고 이 지도는 후대 탐험가들의 길잡이가 되었다. 당시 열강도 영토 확장을 위한 싸움에 그의 지도를 이용했고 2002년 아프가니스탄을 침공한 미국의 군사지도 역시 100년 전 헤딘의 지도를 바탕으로 작성되었다는 말이 있을 정도로 지도는 정확했다.

헤딘은 지도를 만드는 과정에서 인더스 강의 수원을 확인하고 트랜스히말라야 산맥을 히말라야 산맥과 평행을 이루는 독자적인 산맥으로 구분했다. 특히 실크로드 서역 남로의 중계 거점이던 고대 도시국가 '누란'의 발견은 그 절정이었다. 이밖에도 타클라마칸 사막, 우랄 산맥, 파미르 고원, 티베트 등을 거쳐 북경에 이르는 여정에서 발견한 각종 유적들은 고대 중앙아시아의 문화를 밝혀주는 중요한 단초가 되고 있다.

스벤 헤딘

헤딘은 탐험 과정에서 죽을 고비를 여러 차례 넘겼다. 산소호흡기 없이 히말라야 산맥을 오르고 영하 30도와 영상 40도의 기후에서 죽음의 문턱까지 갔다. 티베트에서는 2번이나 붙잡혔으며 강도와 들짐승의 공격에 수없이 노출되었다. 그래도 미지의 세계를 향한 열정이 식지 않아 늘 일기장과 스케치북을 갖고 다니며 세밀한 기록을 남겼다.

헤딘은 탐험가라고 하기에는 체격이 지나치게 왜소하고 약골이었다. 게다가 눈병까지 앓았다. 그럼에도 반 세기 동안 험난한 탐험을 계속할 수 있었던 것은 강한 결단력과 지치지 않는 체력, 그리고 무모하게까지 보이는 집념의 소유자였기 때문이다.

헤딘은 스웨덴 스톡홀름의 유대인 집안에서 태어났다. 12살 때 처음 탐험가가 되기로 결심한 뒤 오로지 탐험을 위해 모든 시간과 열정을 쏟아부었다. 스톡홀름대에서 지질학, 물리학, 동물학 등을 배우고 독일의 베를린대에서 자연지리학을 공부한 것도 탐험을 위해서였다.

헤딘의 1차 탐험은 1895년 2월 지금은 신강 위구르 자치구에 속하는 카슈가르에서 시작되었다. 타클라마칸 사막을 횡단하면서 사막을 흐르는 야르칸드 강과 호탄 강 사이의 지역을 실지 측량해 지도를 만드는 것이 1차 탐험 목표였으나 모래 속에 묻혀 있다는 전설 속의 도시를 발굴하겠다는 의욕도 내심 적지 않았다. 그러나 살인적인 더위와 극심한 갈증 속에서 측량을 끝내고 1895년 6월 카슈가르로 돌아왔을 때 동행했던 현지인 중 2명은 이미 사막에서 낙오된 상태였고 낙타 여러 마리는 죽고 없었다.

헤딘이 1895년 12월 다시 카슈가르를 출발해 타클라마칸 사막 남쪽에 위치한 호탄에 다다랐을 때 "동북 방향으로 사막 깊숙이 들어가면 신비한 도시가 모래 속에 파묻혀 있다"는 말을 현지 주민에게서 들었다. 오늘날 '단단위리크'로 불리는 그곳에 도착하자 사구((沙丘) 위로 삐죽이 솟아있는 나무 기둥들과 일부 벽들이 눈에 들어왔다. 헤딘은 고고학자가 아니라 지리학자였기 때문에 도시의 정체를 정확히 파악하지는 못했다. 그러면서도 엄청난 것을 발견했다는 느낌을 강하게 받았다.

결국 그는 과학적인 발굴을 지휘할 만한 지식·시간·장비가 없어 모래에 뒤덮인 건물 몇 채만 조사하고 중단했다. 비록 과학적인 조사는 하지 못했지만 그는 사막의 저 깊은 곳에 고고학의 새로운 장을 개척했다는 자부심을 갖고 그곳을 떠났다. 헤딘은 호탄으로 돌아와 1896년 신비의 땅 티베트를 향한 첫 탐험길에 올랐다. 그러나 티베트의 수도 라싸까지는 들어가지 못하고 북경을 경유해 스웨덴으로 귀국했다.

죽음의 위험 무릅쓰면서 꼼꼼한 지도 만들어

헤딘이 2차 타클라마칸 탐험을 감행한 것은 1899년 9월이었다. 타클라마칸 사막 북쪽의 야르칸드 강과 그 강이 합류하는 타림 강을 측량하고 지도를 작성하는 게 2차 탐험의 목적이었다. 그러면서도 그는 사막 한가운데 있는 로프노르 호수의 수수께끼를 푸는 데 관심을 기울였다. 타림 강은 사막 안쪽의 로프노르 호수로 흘러 들어가는데 지난 수년간 호수가 이동한 것처럼 보인다는 말을 들었기 때문이다. 그러나 헤딘은 수수께끼를 바로 풀지는 못하고 훗날 "로프노르 호수가 1600년을 주기로 남북으로 이동한다"고 주장했다. 로프노르 호수는 이후 건조화가 진행되다가 1962

년 완전히 사막 속으로 사라졌다.

헤딘은 1900년 1월 타클라마칸 사막 동쪽 끝과 맞닿아 있는 로프노르 사막에서 모래 밖으로 삐죽이 나와있는 목조상 몇 개를 발견했다. 그러나 당장은 식수가 부족해 발굴 조사는 뒤로 미루고 남쪽의 험준한 곤륜산맥을 넘어 2차 티베트 탐험에 나섰다. 이 탐험도 현지 관리인의 제지로 라싸에 들어가는 데 실패하자 헤딘은 로프노르 사막 속에서 발견했던 그 신비한 유적지로 다시 돌아갔다.

1901년 3월 발굴을 시작한 지 얼마 지나지 않아 카로슈티 문자로 쓰인 목간(나무로 된 편지)과 한자가 적힌 지편(紙片) 수십 점이 나왔다. 카로슈티 문자는 기원전 2~3세기부터 수백년 동안 인도의 북서부 쪽에서 사용하던 문자였다. 놀랍게도 그곳에서 발견된 필사본은 그곳이 고대 오아시스 도시 '누란'의 유적지라는 사실을 알려주었다. 누란은 중국에서 출발한 실크로드 서역행 길이 남북으로 갈라지는 길목에 동서 중계 거점으로 자리잡은 후, 기원전 1세기부터 크게 번성하다가 5세기 무렵 역사에서 완전히 사라진 고대 문명지였다. 1500년 만에 누란이 발견되었다는 소식은 전 세계의 지리학자와 역사학자들을 흥분시켰다.

헤딘은 1906년 시작된 3번째 티베트 탐험을 1908년에 마치고 인도와 중국을 거쳐 1908년 11월 일본을 방문했다. 이토 히로부미 조선 통감의 초청으로 조선도 12월 12일 방문했다. 그는 10여 일간 조선에 머물며 강연하고 고종과 순종, 구미 각국의 외교관을 만난 뒤 12월 말 만주를 거쳐 하얼빈에서 시베리아 횡단 철도를 갈아타고 귀국했다.

헤딘은 측량지도를 제작하고 사라진 고대 도시를 발견하는 등 탐험가와 지리학자로서 뛰어난 성과를 거두었으나 정치적 행보는 많은 비판을 받았다. 1차대전 때는 친독일 르포 기사를 써서 영국왕립지리학회에서 제명당했고, 2차대전 때는 친나치 성향의 기고와 저술 활동을 해 비난을 받았다. 노년기인 1926~1935년에도 중국 학자들과 함께 서북 지방 조사단을 꾸려 실크로드를 재조사하면서 중국 한대의 목간들을 대량 발굴하고, 방황하는 사막 호수 로프노르의 동서이동설 등을 고증하는 등 실크로드학의 태반을 이루는 업적을 계속 쌓아나갔다.

오타니 고즈이 19세기 말과 20세기 초, 타클라마칸 사막과 중앙아시아 티베트 지역을 탐험한 대표적인 인물을 꼽으라면 스웨덴의 스벤 헤딘, 영국의 마크 아우렐 스타인, 프랑스의 폴 펠리오, 독일의 폰 르코크, 러시아의 세르게이 올덴부르크 등을 들 수 있다. 아시아에서는 일본인 오타니 고즈이(1876~1948)가 대표적인 인물이다.

오타니는 일본 교토의 유명 불교 사찰인 니시혼간지(西本願寺)의 21대 문주의 아들로 태어나 9세 때인 1885년 출가했다. 1898년 22세의 나이로 당시 권문세가의 딸와 결혼해 귀족이 되었는데 처제는 나중에 다이쇼 천황과 결혼, 데이메이 황후가 되었다. 처남은 오타니의 여동생과 결혼했다.

오타니는 중국, 싱가포르, 인도를 거쳐 1900년 유럽으로 건너가 영국 런던에서 유학 생활을 했다. 당시 유럽에는 중앙아시아에 대한 고고학적 탐험이 한창 불붙고 있었다. 종단의 기원을 중앙아시아에서 찾고 있던 오타니는 유럽 등지를 돌며 유럽의 탐험 동향에 눈과 귀를 열어 두었다. 영국에서는 스벤 헤딘, 폰 르코크 등 중앙아시아 탐험가들과 교분을 쌓으며 탐험을 준비했다.

첫 탐험은 1902년 8월 16일 영국 런던을 출발해 일본으로 귀국하는 과정에서 이뤄졌다. 탐사대의 목적은 인도에서 일본까지 이르는 불교동점(佛敎東漸)의 길을 답사하며 옛 구법승들의 행적을 밝히고, 이슬람의 불교 문화재 파괴 현황 등을 파악하는 것이었다. 오타니를 포함한 5명의 학승은 서투르키스탄 철도의 종점인 러시아의 안디잔(현 우즈베키스탄의 동부)

을 거쳐 파미르 고원을 넘어 9월 21일 타클라마
칸 사막의 서쪽 끝 오아시스 도시인 카슈가르에
당도했다.

오타니 고즈이

이후 탐험대는 두 갈래로 나뉘었다. 오타니
등 3명은 인도로 내려가고 나머지 2명은 타림
분지 호탄에서 타클라마칸 사막을 경유한 뒤 천
산북로 일대를 조사하고 중국을 경유해 일본으
로 돌아왔다. 오타니는 불교 전래의 중요한 경
로 중에서 특히 현장 등 중국의 구법승이 인도로 갔던 족적에 관심이 많
아 인도 각지의 불교 유적을 조사했는데 1903년 1월 갑자기 부친의 부음
이 전해졌다. 오타니는 인도에서 배를 타고 일본으로 귀국해 니시혼간지
의 22대 문주가 되어 정토진종을 이끌었다. 1908년과 1910년에도 각각 2
차·3차 탐험대를 중앙아시아로 파견했다.

이렇게 3차에 걸친 탐험 범위는 서역 지방을 중심으로 티베트, 네팔, 인
도, 그리고 중국의 운남성과 사천성을 포함한 중국 각 지역 및 동남아시
아에 이르렀다. 탐험 때마다 다량의 중앙아시아 유물을 일본으로 가져왔
다. 이른바 '오타니 컬렉션'이다.

유럽의 탐험 동향에 눈과 귀 열어 둬

문제는 국가의 지원이나 박물관 등의 후원을 받은 서구 열강의 중앙아
시아 탐험과 달리 사찰의 자금을 사용하다 보니 니시혼간지의 재정에 적
신호가 켜졌다는 것이다. 결국 이에 대한 책임을 지고 1914년 5월 문주
자리에서 물러나면서 인류의 문화 보고도 뿔뿔이 흩어지는 운명에 놓였
다. 오타니는 유물 중 일부는 박물관에 기증하고 나머지 유물은 1914년
11월 자신이 중국 여순으로 갈 때 가지고 갔다. 1916년 11월에는 남아 있

는 유물과 저택을 사업가이자 정치인인 구하라 후사노스케에게 헐값에 매각했다.

이후 구하라는 조선 광산 채굴권을 얻기 위해 1916년 5월 데라우치 조선 총독에게 이 유물을 기증하고, 데라우치는 1945년 광복 때까지 경복궁 수정전에 유물을 보관했다. 오늘날 한국이 일본을 제외하고 세계 최대 '오타니 컬렉션' 보유국이 된 이유다. 일본의 오타니 수집품 일부는 니시혼간지에 있다가 현재는 류코쿠대 박물관에 보관되어 있고 다른 유물들은 여러 사람의 손을 거쳐 현재는 도쿄국립박물관에서 관리하고 있다. 한국에 보관된 유물들은 6·25 때 폭격으로 여자 미라가 훼손되는 등 자칫하면 잿더미로 사라질 위기를 맞기도 했으나 박물관 직원들의 필사적인 노력과 미군의 협조 덕에 부산으로 옮겨져 무사했다.

오늘날 국립중앙박물관에는 1,500여 점의 유물이 보관되어 있다. 질적인 면에서도 세계 최고 수준이고 중앙아시아 벽화 연구에 귀한 자료들이다. 특히 2차대전 중 베를린에 소장된 서역 벽화가 폭격으로 많이 소실되어 한국에 보존된 서역 불교 벽화가 더욱 희귀한 유물로 평가받고 있다.

안타까운 것은 오타니 탐험대가 이렇다 할 학문적 뒷받침이나 후원자 없이 불교에 대한 열정만으로 빼내온 것이기에 '오타니 컬렉션'이 거칠다는 점이다. 전문학자가 참여하지 않아 유물의 발견지와 출토지 등에 관한 기초적인 정보와 기록이 없는 것은 물론, 유일한 운반 수단인 낙타에 실을 수 있을 만한 무게로 벽화를 자르다 보니 훼손이 심했다. 유물을 제대로 정리하지 못해 짝이 맞지 않는 벽화도 있었다. 그러다 보니 어떤 유물이 어떻게 어디로 흘러갔는지 유물의 내력이 정확하게 파악되지 않고 있다. 그나마 오늘날 상당수 벽화 유물의 출토지를 알 수 있게 된 것은 전적으로 1980년대 후반부터 서역 일대를 부지런히 답사한 우리나라 국립중앙박물관 연구자들의 공이다.

현재 오타니 유물은 한·중·일 합쳐 모두 5,000여 점이다. 이 유물들은 한국의 국립중앙박물관, 중국의 여순박물관, 일본의 도쿄국립박물관 등에 수장되어 있고 문서류는 니신혼간지가 설립한 교토의 류코쿠대가 보관하고 있다.

게오르크 지멜 '돈의 철학' 발간
그의 강의는 신문에 예고 기사가 실릴 정도로 당시 베를린의 엄청난 지적 사건이었다.

사회학을 하나의 분과 학문으로 정착시킨 사회학의 창시자들로는 독일의 게오르크 지멜(1858~1918)과 막스 베버(1864~1920), 프랑스의 에밀 뒤르켐(1858~1917)을 꼽을 수 있다. 그런데 베버와 뒤르켐이 생전에 학계에서 각광을 받은 것과 달리 지멜은 학계에서 주변인으로 살다가 제자도 없이 생을 마쳤다. 생전에 학문적으로 불운했던 지멜이 재발견된 것은 근대성과 탈근대성이 학계의 화두로 부각되고 거대 담론보다 일상에 대한 미시적 접근이 강조되기 시작한 1980년대 들어서였다. 포스트모더니즘이 지식사회를 강타할 때, 지멜이 과거 포스트모던한 방식으로 모더니티(근대성)의 문제를 연구했던 사람으로 뒤늦게 알려지면서 화려하게 부활한 것이다.

지멜은 독일 제국의 수도이자 프로이센 왕국의 수도인 베를린에서 부유한 상인의 아들로 태어났다. 부모는 유대계였으나 아버지는 가톨릭으로, 어머니는 개신교로 일찍이 개종했다. 지멜은 어머니를 따라 개신교 세례를 받았다. 16세가 되던 해인 1874년 아버지가 세상을 떠나 가족과 가깝게 지내던 음악 출판업자가 지멜의 후견인을 자처했다. 그는 나중에

게오르크 지멜

지멜을 입양했다. 후견인이 1882년 세상을 떠나면서 막대한 유산을 남겨 지멜도 그 일부를 상속받았다. 덕분에 지멜은 계속되는 학문적 불운에도 학계에서 생존할 수 있었다.

지멜은 1876년 베를린대에 입학해 철학, 역사학, 심리학, 예술사 등을 두루 공부하고 1881년 철학박사 학위를 취득했다. 1884년 대학교수 자격 취득 심사를 통과해 학자로서의 자격을 갖췄으나 정식교수는 되지 못하고 30년 동안 사강사와 원외 교수로 떠돌았다. 사강사는 전임 교수와 달리 수강하는 학생들의 수강료에 의존하는 비정규직이었다. 지멜은 1885년 1월 모교인 베를린대에서 철학과 사강사 자리를 얻어 강의를 시작했다.

시대를 관통하고 설득력을 갖춘 그의 강의는 신문에 예고 기사가 실리고 한때는 수강생이 1,000여 명이나 될 정도로 당시 베를린의 엄청난 지적 사건이었다. 학생뿐 아니라 에른스트 블로흐, 죄르지 루카치, 알베르트 슈바이처 같은 지식인들도 지멜의 강의를 듣고 교양을 얻으려는 부인들까지 매료시켰다. 그런데도 그는 전임 교수가 되지 못하고 계속 사강사에 머물렀다. 1901년 원외 교수로 승진했지만 이것 역시 보수와 발언권이 없는 명예직에 불과했다.

이런 그에게 1908년 정교수 기회가 찾아왔다. 학자로 교수로 승승장구한 막스 베버가 지멜의 학문적 성과를 높이 사 하이델베르크대 정교수로 추천한 것이다. 그러나 지멜은 학교 측의 반대에 부닥쳐 정교수로 채용되지 못했다. 지멜은 1914년에야 프랑스와의 국경에 위치한 슈트라스부르크대 철학·사회학의 정교수가 되는 기쁨을 맛보았으나 그것도 잠시뿐 그해 발발한 1차대전으로 강의 한번 제대로 못하고 1918년 생애를 마쳤다.

지멜은 평생을 강사로 떠돌면서도 많은 저작과 논문을 남겼다. 평생 31권의 책과 256편의 글을 정신적 유산으로 남겼다.

돈의 이중적 성격 예리하게 통찰

지멜은 1889년 5월 한 세미나에서 돈의 심리학에 대해 발표하고 그 내용을 한 저널에 게재했다. 그 후에도 지속적으로 돈에 관한 글을 발표했다. 이 모든 걸 통합해 1900년 간행한 책이 '돈의 철학'이다. 지멜은 '돈의 철학'에서 돈과 개인, 사회와 문화의 관계 및 상호작용을 심층적으로 논구했다. 그는 '돈의 철학'에서 돈이 지닌 양적·질적 가치를 간파함으로써 돈을 철학적으로 고찰한 거의 최초의 사회학자이자 돈의 이중적 성격을 통찰한 사상가가 되었다.

'돈의 철학'에 따르면 중세에는 소유물과 소유자가 구분되지 않아 경제적 행위는 인격성을 띠었다. 그러다가 근대사회로 접어들자 소유자와 소유물이라는 주체와 객체가 서로 다른 법칙에 따라 자율적으로 움직이고, 각기 다양한 이합집산과 분화 과정을 겪었다. 그런데 이 모든 변화가 화폐경제의 도입 때문에 일어난다는 것이 지멜의 주장이다. 그에 따르면 화폐경제가 진행될수록 인간의 자유는 증대되지만 그럴수록 개인은 화폐경제의 비인간성에 사로잡히게 된다. 즉 돈이 인간을 전근대적 집단에서 해방시키는 동시에 새로운 전체사회 속에서 고립시키는 것이다.

다른 한편 돈은 현대인의 사회적 삶과 문화적 삶의 물적·경제적 토대가 된다. 돈이 지닌 양적 논리는 일정한 정도를 넘어서면서 질적 논리로 비약한다. 돈의 전형적인 논리인 탈개성화와 탈인격화로부터 해방되어 개성과 인격을 추구할 수 있는 가능성이, 역설적이지만 돈의 소유에 의해 주어진다. 즉 돈을 소유한 개인은 사회적·문화적인 것과 개인적·주관적 삶에 관심을 갖고 이를 발전시키게 되는 것이다. 결국 돈은 부정적이고 파괴적인 특징과 더불어 긍정적이고 건설적인 특징을 내포하고 있는 것이다.

지멜은 '돈의 철학' 서문에서 사적유물론을 보강하는 것이 책의 방법론적 의도라고 밝혔다. 지멜이 보기에 마르크스가 구축한 이론 체계는 인간의 역사와 사회를 과학적으로 접근하는 데 더할 나위 없이 좋은 길잡이였다. 그러나 그것은 광범위한 인간의 문화적 삶에 대한 하나의 부분상을 제공해 줄 뿐이다. 따라서 지멜은 마르크스의 위대한 지적 유산을 보완·심화·완성하고자 했다.

그런데 그는 돈을 논하면서 경제학을 동원하지 않았다. 서문에서도 "이 책의 단 한 줄에서도 나는 경제학적 논의를 의도하지 않는다"고 밝혔다. 지멜의 사회학적 연구를 집대성한 '사회학'(1908)은 지멜의 형식사회학의 전모를 보여주는 782쪽의 대작이다.

이런 연구 성과에도 불구하고 지멜이 학계로부터 냉대를 받고 외곽을 맴돌았던 이유는 복합적이다. 먼저 들 수 있는 것은 당시 독일 지식사회에 팽배해 있는 반유대주의이고, 다음은 지멜의 업적과 명성 그리고 아카데미 세계의 안팎에서 누리는 인기에 대한 동료 학자들의 시샘과 질투다. '관심의 광범위함'도 냉대 이유 가운데 하나였다.

지멜의 관심사는 모두 열거할 수 없을 정도로 다양했다. 그는 극도로 분화되어 가는 현대사회에 대한 자신의 통찰을 언어로 전달하기 위해 사회학 말고도 경제·정치·과학·종교·예술 등 거시적인 사회 체계들에서부터 모험·교태·성·유행·사랑·매춘·가난 같은 미시적 주제에 이르기까지 다양한 인식 형식과 범주들을 자유자재로 동원했다. 따라서 사소하고 일시적 현상을 다루는 그의 방법론이 다른 사회학자들에게는 단편적이고 비체계적으로 보였을 것이고, 이런 이유 때문에 다른 학자들로부터 "온갖 분야에 관심을 분산시키는 잡문가"라는 소리를 들어야 했다.

에밀 뒤르켐과 자살론 에밀 뒤르켐(1858~1917)은 자살, 분업, 종교, 도덕, 교육을 망라하는 방대한 저작을 통해 현대사회의 병리를 진단한 프랑스의 대표적인 고전사회학자다. 프랑스 로렌 지방 에피날의 유명한 유대계 랍비 집안에서 태어난 그는 1879년 파리 고등사범학교에 입학해 철학과 역사학을 전공하고 1882년부터 5년간 고교 철학교사로 근무하다 1887년 보르도대 강사를 거쳐 교수가 되었다.

1896년 보르도대가 '사회과학'이란 명칭의 강좌를 개설하자 뒤르켐은 프랑스 최초로 사회학 강의를 시작했다. 같은 해 창간한 '사회학연보'(1896~1913)는 '뒤르켐 학파'를 형성하는 둥지 역할을 했다. 1902년에는 소르본대로 적을 옮기고 1913년 소르본대에 첫 사회학 강좌를 공식적으로 개설했다.

뒤르켐은 독일의 동갑내기 사회학자 게오르크 지멜과 달리 사회학이라는 한 우물만 파 명성을 얻었다. 초기의 대표 저서 '사회 분업론'(1893)에서는 당시 학계나 사상계에 지배적인 진화 사상에 따라 사회의 연대조직과 통합 원리에 관한 일종의 발전단계설을 전개했다. 훗날 '뒤르켐 학파'의 성전이 될 '사회학적 방법의 규칙'(1895)에서는 사회학적인 연구방법을 보완·발전시켜 일련의 체제로 정리했다.

뒤르켐의 대표 저서는 자살에 관한 사회학적 연구의 고전으로 평가받고 있는 '자살론'(1897)이다. 뒤르켐은 방대한 자료와 통계를 기초로 한 예리한 분석과 실증적인 논증을 통해 '자살은 지극히 개인적인 문제에서 기인한다'는 자살에 대한 일반적인 통념을 통쾌하게 부쉈다. 그는 '자살론'에서 "우울증 등의 정신병, 집안의 유전적인 문제점, 세상을 살다가 겪는 극한의 조건 등 개인적인 상황이 자살을 일으키는 원인이 아니다"라고 단언하면서 "자살은 엄연히 사회현상이며 자살의 원인 역시 사회적"이라고 주장했다.

에밀 뒤르켐

뒤르켐은 자살이 사회적인 현상이라는 것을 증명하기 위해 여러 가지 통계자료를 내놓았다. 자살과 인종 관계, 알코올 소비량과 자살률의 비교, 키와 자살률의 관계, 종교별 자살률, 계절에 따른 온도의 영향 등 다양하고 재미있는 통계자료들은 신체적·심리적 성향과 물리적 환경 등 비사회적 원인이 자살률에 큰 영향을 미치지 않는다는 결과를 알려주었다.

뒤르켐이 각종 자살 관련 통계에서 발견한 사회적 요인으로 인한 자살의 원인은 '사회 응집력' 혹은 '연대력'이라는 현상이었다. 이것은 자살률이 사회의 응집력 정도에 따라 달라질 수 있다는 뜻으로, 뒤르켐은 사회의 응집력이 강한 곳의 자살률이 약한 곳보다 더 낮다는 것을 밝혀냈다.

현대사회의 병리 진단한 고전사회학자

사회적 원인으로 인한 자살의 양상도 각기 다르게 나타나는데 뒤르켐은 자살의 유형을 '이타적 자살', '이기적 자살', '아노미적 자살'로 구분했다.'이타적 자살'은 사회적 응집력이 매우 강한 곳에서 일어나는 자살 형태다. 이 자살은 집단의 힘이 개인을 완전히 압도하고 개인에게 집단이 삶의 전부이자 의미일 때 혹은 개인과 집단이 분리되지 않고 완전히 일치할 때 주로 목격되는 자살 현상으로, 자신이 속한 사회 또는 집단에 지나치게 밀착되었을 때 일어난다. 1940년대 태평양전쟁 때 일본의 가미카제 특공대가 대표적인 '이타적 자살' 형태다.

'이기적 자살'은 한 사회나 집단의 응집력이 대단히 약화되었을 때 나타나는 자살이다. 사회나 집단의 응집력이 약화되면 집단주의보다는 과도

한 개인주의가 판을 친다. 이런 상황에서 개인은 주위의 다른 그룹과 끈끈한 연대감을 맺지 못한다. 따라서 '이기적 자살'은 사회 구성원 간의 유대감이 상대적으로 느슨한 이기적·개인주의적 성향이 전반적으로 팽배한 사회에서 더 자주 일어난다.

'아노미적 자살'은 당연하게 여겨지던 가치관이나 사회규범이 혼란 상태에 빠졌을 때 또는 사회 규제와 억압이 존재하지 않는 모호한 상태일 때 일어나는 자살 현상이다. 뒤르켐의 자살 연구는 본질적으로 지극히 개인적인 심리 상태에서 발생하는 자살에 '사회'라는 요인을 적용했다는 점에서 당대 학계로부터 방법론적 독창성을 인정받았다.

뒤르켐과 지멜은 사회학을 연구하는 것 말고도 공통점이 많았다. 1858년 같은 해에 유대인으로 태어나고 사망연도 역시 1년밖에 차이가 나지 않는다. 프랑스와 독일 간의 보불전쟁(1870)은 물론 각종 노동문제와 더불어 사회주의 운동이 범람하던 혼란기를 살았다. 그런데도 둘 다 정치적인 문제에 대해서는 대체로 냉담했다. 대조적인 측면도 많았는데, 사회학의 한 우물만 파 '사회학의 거두'로 성공한 뒤르켐과 달리 지멜은 사회학 외의 여러 분야에서 빛나는 업적을 남겼다.

뒤르켐이 생전에 업적을 인정받고 '뒤르켐 학파'를 중심으로 많은 제자를 양성한 것과 달리 지멜은 탁월한 능력에도 불구하고 생전에는 학자로서의 경력을 거의 인정받지 못했으며 제자도 없이 생을 마쳤다. 뒤르켐은 각종 제도를 항상 사회적 전체와 관련시켜 포착하고 새로운 통합학으로서의 사회학 건설을 기도한 반면 지멜은 통합적인 사회학에 대해서는 비판적인 입장에서 특수과학으로서의 사회학을 건설하는 데 노력했다. 또한 뒤르켐은 학문 연구에 보수적인 경향을 띠었지만 지멜에게서는 보수적인 경향이 거의 보이지 않았다.

다비트 힐베르트 미해결 수학문제 23개 발표

"우리는 알아야 한다. 우리는 알게 될 것이다"라는 비문은 그의 열정을 잘 웅변해주고 있다.

독일의 수학자 다비트 힐베르트(1862~1943)는 일생 동안 한 분야를 연구하기도 힘든 대수학·기하학·해석학·수리물리학·수리철학 등 수학의 온갖 분야를 섭렵한 '현대 수학의 아버지'다. 오늘날 힐베르트 공간, 힐베르트 부등식, 힐베르트 변환, 힐베르트 불변적분, 힐베르트의 공리, 힐베르트 유체론 등 온갖 수학 용어에는 그의 이름이 새겨 있다.

힐베르트가 프랑스 파리에서 열린 제2차 국제수학자대회에서 '수학의 미래'라는 제목으로 연설한 것은 1900년 8월 8일이었다. 힐베르트는 "모든 수학적 문제는 반드시 해결할 수 있다는 신념이 수학자들에게는 강력한 자극제가 됩니다. 우리는 자신에게 '여기에 문제가 있다. 그 해(解)를 찾아라. 너는 순수한 추리로 그것을 찾을 수 있다. 수학에는 무지란 없기 때문이다'라고 끊임없이 속삭입니다"라고 연설한 뒤 20세기에 풀어야 할 23개의 문제를 발표했다. 산술, 대수학, 함수론 등을 망라한 이 23개의 '힐베르트 문제'는 이후 20세기 수학자들이 반드시 넘어야 할 산으로 자리 잡았고, 현대 수학에 여러 가지 이론적 기초와 단초를 제공했다.

'힐베르트 문제'는 수학자라면 한 번쯤 도전할 만한 가치가 있는 난제들이어서 문제를 푼 수학자들은 학계에서 최고의 명성을 얻었다. 20세기 수학이 '힐베르트 문제'를 풀면서 시작되었다고 하는 이유가 바로 여기에 있다. '힐베르트 문제'는 많은 천재들의 노력으로 오늘날은 단 하나만 남기고 모두 풀린 상태다.

힐베르트가 20세기 벽두에 23개의 문제를 제기한 것은 19세기 말부터 수학에서 발견되기 시작한 각종 '역설'로 인해 수학에 위기가 닥쳐왔다고 믿었기 때문이다. 무엇보다 수학의 기초를 공고히 해줄 것으로 기대했던 게오르크 칸토어의 집합론에서 예기치 않은 역설이 발견된 것이 위기감을 고조시켰다. 그러나 힐베르트는 수학을 형식화하면 그 형식 체계에서는 모순이 도출되지 않는다는 것을 엄밀하게 증명할 수 있을 것이라고 낙관했다. 과학의 중심은 수학이며, 인간의 지성에는 한계가 없다고 믿었던 힐베르트는 역설의 문제를 정면 돌파하기로 하고 이른바 '힐베르트 프로그램'을 추진했

다비트 힐베르트

다. '힐베르트 문제'도 '힐베르트 프로그램'의 일환이었다.

힐베르트는 독일 쾨니히스베르크에서 태어났다. 고교 시절 좀 아둔한 편이었다고 회상할 정도로 기억력이 좋지 않고 사물에 대한 이해 속도도 떨어졌지만 수학 실력만은 발군이었다. 1884년 쾨니히스베르크대에서 박사학위를 받고, 1886년 같은 대학의 교수로 부임했다. 힐베르트는 30년 가까이 유럽의 수학자들을 괴롭혀온 '고르단의 문제'를 1888년 수학적 귀류법을 사용해 간단하게 해결함으로써 명성을 쌓았다.

수학적 귀류법은 어떤 명제가 참임을 증명하고자 할 때, 그 명제를 거짓이라고 가정했을 경우 논리 전체가 모순을 보이는 것을 증명함으로써 그 명제가 참임을 증명하는 방법이다. 1895년 힐베르트는 세계 수학의 중심지인 괴팅겐대로 옮겨 현대 수학의 기초를 연구했다. 그가 재직하는 동안 괴팅겐대는 뜨거운 지성의 용광로가 되어 수학은 물론, 물리학, 화학 같은 자연과학의 신시대를 연 선구자로 인정받았다.

오늘날 온갖 수학 용어에는 그의 이름 새겨 있어

힐베르트는 불편부당한 학자였다. 독일과 프랑스가 전쟁 중이던 1917년 프랑스 수학자 다르부가 사망하자 비난을 무릅쓰고 추도사를 썼으며

제자를 받을 때 국적, 신분, 성별을 따지지 않았다. 여성 수학자에게 강사 자리를 주려는 것을 다른 교수들이 반대하자 "대학은 목욕탕이 아니지 않습니까?"라고 반박했다는 일화가 있다.

힐베르트는 1902년 '기하학의 기초'를 출간, 유클리드 기하학을 다시 한 번 체계화함으로써 수학적 형식주의의 기초를 닦았다. 1915년에는 변분법이라는 수학적 방법을 이용해서 아인슈타인과 동일한 중력장 방정식의 최종식을 얻어냈으며 1924년에는 수제자인 쿠랑과 함께 20세기 수리물리학 분야의 고전이 된 '수리물리학의 방법'을 출판했다.

이처럼 수학의 미래를 낙관하던 그의 믿음과 기대를 송두리째 앗아간 인물이 있었으니 바로 쿠르트 괴델(1906~1978)이라는 20대의 천재 수학자였다.

괴델은 1930년 10월 수학자·철학자·논리학자들의 모임인 쾨니히스베르크 학회에서 '불완전성 정리'를 발표하고 1931년 이것을 논문으로 완성해 세계 수학계를 깜짝 놀라게 했다. '불완전성 정리'는 제1정리와 여기서 딸려 나오는 제2정리로 구성되어 있다.

제1정리를 요약하면 산술이 가능한 모순 없는 수학적 형식 체계가 있다고 할 때 그 체계 안에는 참이면서 동시에 증명이 불가능한 명제가 존재한다는 것이다. 제2정리는 그 형식 체계의 무모순성을 체계 내에서는 증명할 수 없다는 것이다. 이로써 괴델은 힐베르트의 둘째 문제가 해결될 수 없음을 증명했다.

참이지만 참이라고 증명할 수 없는 수학적 명제들이 존재한다는 그의 주장은 모든 수학적 정리는 증명이 가능하다는 완전성 정리가 지배하는 시절에 나와 '불완전성 정리'라고 이름 붙여졌다. 괴델의 불완전성 정리는 힐베르트나 그 이전 수학자들이 "우리가 알고자 하는 수학적 문제들은 결국 진리이거나 거짓으로 판명 또는 증명될 것"이라며 당연하다고 여겨온 믿음이 옳지 않다는 것을 의미했다.

괴델의 정리는 '논리적으로 모순 없는 형식 체계'를 만들어낼 수 있다는 힐베르트의 믿음과 기대에 치명타를 안겨주었다. 사실 '불완전성 정리'는 힐베르트의 선행 연구와 개념 규정이 있어 가능했던 것인데도 힐베르트는 한동안 깊은 좌절감에 빠졌다.

나치의 등장도 그에게는 또 다른 시련이었다. 2차대전 당시 독일 정부가 예술가와 과학자들의 이름으로 전쟁 지지 선언을 발표할 때 그와 아인슈타인은 서명을 거부했다. 힐베르트는 반역자로 비난받았고 히틀러의 집권으로 동료들이 독일을 떠난 뒤에는 고독한 말년을 보냈다.

힐베르트가 '현대 수학의 아버지'로 불리는 것은 그의 학문적 업적 때문만은 아니다. 인간 지성의 발전 가능성에 굳은 믿음을 가지고 있었고 제자들을 통해 "모든 수학 문제는 그것을 풀 수 있든지, 풀 수 없다는 증명을 할 수 있든지 둘 중 하나"라는 '힐베르트 정신'을 넘겨준 것도 작용했다. "우리는 알아야 한다. 우리는 알게 될 것이다"라는 비문은 수학자로서의 그의 열정을 잘 웅변해주고 있다.

제임스 게일, 연동교회 초대 담임목사 부임

암흑 같았던 조선의 미래를 낙관해 절망에 빠진 한국인에게 희망을 심어주기도 했다.

제임스 게일(1863~1937)은 1888년부터 40년 동안 선교사와 목사로 기독교 복음을 조선에 파종하는 데 그치지 않고 조선의 문화와 역사를 세계에 알린 문화 전령사였다. 한영자전 편찬과 성경 번역으로도 조선의 어문 발전에 크게 기여했다 .

게일은 캐나다 온타리오주 엘마에서 태어났다. 토론토대에 다니던

1886년 미국 매사추세츠주 마운트 허먼에서 열린 대학생 모임에서 한 YMCA 지도자의 설교를 듣고 조선행을 결심했다. 1888년 대학을 졸업하고 그해 12월 부산을 거쳐 서울로 올라와 국내 사정을 살폈다. 그러다가 1889년 3월 황해도 해주에서 평생의 친구요 조사(助事)가 될 이창직을 만났다. 이창직은 게일의 한국말 선생이 되어 이후 작업할 한영자전 편찬과 성서 번역에 큰 도움을 주었다.

게일은 선교사로 활동하면서 호러스 언더우드의 한영사전 편찬을 돕고, 대영성서공회(현재 대한성서공회) 전임 번역위원으로 신약성서의 사도행전, 갈라디아서, 에베소서, 고린도전서, 요한1서를 번역했다. 성경 번역 과정에서 신의 명칭을 '천주'로 하자는 주장이 있었으나 게일의 요청이 받아들여져 '하나님'으로 정해졌다. 오늘날 기독교 사학자들은 '하나님' 칭호를 게일의 가장 큰 공헌으로 꼽는다.

게일은 1892년 4월, 2년 전 조선에서 병사한 미국의 선교사이자 의사인 존 헤론의 미망인 해리엇 깁슨과 결혼하고 1897년 5월 미국으로 건너가 북장로교회 목사 안수를 받았다. 1898년 4월 돌아와 함남 원산에서 목회 활동을 하면서 젊은 날 노름판을 전전하던 고찬익에게 복음을 전파했다.

게일은 1900년 5월 서울 종로구 연지동 연못골(연동)교회 초대 담임목사로 부임했다. 연동교회는 1894년 설립된 후 새뮤얼 무어(모삼열), 그레이엄 리(이길함) 등 5명의 선교사들이 목회를 맡고 있었다. 게일은 양반들이 모인 교회에 천민도 발을 들여놓게 함으로써 출신과 신분의 장벽이 없는 교회를 꿈꿨다. 상민 출신 고찬익과 천민 출신 이명혁을 연동교회의 초대(1904)와 2대(1909) 장로로 삼은 것은 한국 교회에서 처음 시도한 신분 혁명이었다.

뒤이어 광대 출신 임공진을 장로로 임명하려 하자 그동안 참아온 양반 교인들이 반기를 들었다. 양반 교인들이 1910년 연동교회를 떠나 묘동교

회를 설립하는 것으로 심하게 반발했지만 게일
은 임공진을 1915년 장로로 임명했다.

1904년 3월에는 독립협회 활동으로 옥고를
치른 양반 출신의 진보적 지식인과 조선의 관
리로 활동한 이상재·이원긍·유성준·안국선·김
린 등이 연동교회에 입교했는데 이것은 관료들
이 기독교를 믿은 시원이라는 점에서 기독교사
적 의미가 크다. 게일은 1903년 YMCA 창립위

제임스 게일

원 겸 회장으로 선임되어 YMCA가 이 땅에 뿌리내리는 데도 기여했다.

1908년 아내, 부모, 고찬익이 모두 숨지는 뼈아픈 시련을 겪었으나 1910
년 영국 출신의 여성과 재혼함으로써 마음의 안정을 찾았다. 1927년 5월
연동교회 시무를 마친 뒤에도 1년간 조선에 머물며 미국 북장로교 선교와
모금 활동을 한 후 1928년 영국으로 건너가 여생을 보내다가 1937년 1월
31일 생을 마쳤다.

한국인의 시선에서 한국학 개척

게일은 이처럼 목회자로 기독교를 조선에 전파하는 데 열심이었으나
사실 그가 조선에 끼친 진짜 공적은 한영자전을 편찬하고 조선의 역사와
문화를 외국에 소개한 데 있다. 그는 먼저 존 버니언의 '천로역정'을 우리
말로 번역해 1895년 출간했는데 한국어로 번역한 최초의 서양 서적이라
는 점에서 의미가 크다. 캐나다 온타리오 공립학교 교과서를 이창직과 함
께 한국어로 번역한 '유몽천자'(1901~1910)도 발간해 경신학교 교과서로
사용하게 했다. 또한 외국인의 한국어 학습을 돕기 위해 한국어 문법책인
'사과지남'도 1894년 펴냈다.

1897년에는 이창직 등 몇몇 한국인의 도움을 받아 완성한 '한영자전'을

일본에서 출간했다. 3만 5,000여 단어를 수록하고 1,260쪽으로 구성한 한영자전 뒷부분에는 중영사전(옥편)을 덧붙여 한자와 영어를 이어주는 통로 역할도 하게 했다. 한영자전은 세계 지명, 신문화와 신문명, 기독교 관련 어휘가 많아 오늘날 19세기의 언어 현상을 살펴볼 수 있는 귀중한 자료로 평가받고 있다.

한영자전은 1911년과 1931년 두 차례 개정증보판으로 나왔다. 5만 단어를 수록하고 1,150여 쪽으로 선보인 1911년판은 요코하마의 후쿠인출판사에서 발간되었고, 8만 2,000 단어를 수록하고 1,780여 쪽으로 두꺼워진 1931년판은 '한영대자전'이라는 이름으로 서울 조선야소교서회가 출간했다. 다만 1931년판은 게일이 3년 동안 수정증보판을 준비하다가 1928년 한국을 떠나 다른 사람들에 의해 출간되었다.

게일은 한국학 분야에서도 다양한 책을 발간했다. 조선의 풍물을 기록한 영문 저서 '한국 개관'(1898)과 일종의 구비문학 작품집인 '한국 민담집'(1913)을 미국에서 출간했다. 1904년에는 고찬익을 모델로 한 논픽션 영문 소설 '선봉자'를 미국에서 출판했으며 선교사들의 잡지인 'The Korea Mission Field'지에 1924년 7월호부터 1927년 9월호까지 총 38회 연재한 것을 묶어 1927년 '조선 민족사'를 영문으로 발간했다.

또한 조선 시대 야담집 '천예록'(1913)과 조선 숙종 때 김만중이 지은 고대소설 '구운몽'(1922)을 영역해 영국에서 발간했다. '구운몽'은 한국 문헌 중 전체가 외국어로 번역된 첫 작품으로 영역이 고풍스러워 지금도 해외 한국학 학자들 사이에 교과서처럼 읽히고 있다. 춘향전, 흥부전, 금수전, 홍길동전, 옥루몽, 운영전 등도 영역했지만 발간은 하지 않았다. 성경을 한국어로 번역한 신구약 전서도 윤치호가 설립한 창문사에서 1925년 출간했다.

그는 암흑 같았던 조선의 미래를 낙관해 절망에 빠진 한국인에게 희망을 심어주기도 했다. 1928년 '조선사상통신'에 게재된 그의 글 '구미인이 본 조선의 장래'에는 조선에 대한 그의 높은 평가가 고스란히 드러나 있다. 그는 글에서 "조선은 실로 동양의 희랍(그리스)이라고 말하고픈 나라로 일찍이 고대 유사 이래 온갖 문화를 창조했으며 세계에서 으뜸가는 바가 있어…"라고 칭송했다.

1901년

제주도 이재수의 난
알프레드 노벨과 제1회 노벨상 시상
빌헬름 뢴트겐 제1회 노벨물리학상 수상
굴리엘모 마르코니 대서양횡단 무선통신 성공
카를 란트슈타이너 ABO 혈액형 발견
시어도어 루스벨트 미 대통령 취임
　_ 메인호 폭발과 미국·스페인 전쟁
앤드루 카네기 철강회사 매각 후 기부 본격화
존 피어폰트 모건 'US스틸' 설립

제주도 이재수의 난
선교사들은 걸핏하면 패찰을 내 보이며 사사건건 지방행정에 간섭했다.

조선이 쇄국의 시대를 마감한 기점은 1876년 일본의 강압으로 체결된 '강화도 조약'이다. 이후 미국(1882)과 독일(1883)에 이어 프랑스와 '선교의 자유' 조항이 포함된 조불수호통상조약(1886)을 체결함으로써 천주교 박해 시대도 사실상 종지부를 찍었다. 조불수호통상조약 덕분에 오랫동안 박해를 받아온 천주교회는 파격적으로 치외법권과 영사재판권을 보장받았다. 천주교인이라면 설사 조선인이라도 행위가 무엇이든 조선 정부의 통제를 받지 않았으며 천주교인과 관련된 사안은 프랑스인 신부가 재판을 하고 형을 내렸다. 당시 프랑스 신부들은 고종이 지급한, '임금인 나를 대하듯 프랑스 신부들을 존경하라'는 뜻의 '여아대(如我待)'라는 패찰을 갖고 다니면서 안전을 보장받았다.

선교사들은 걸핏하면 패찰을 내 보이며 사사건건 지방행정에 간섭했다. 그러자 신앙과는 무관하게 이권을 좇아 천주교로 개종하는 사람이 증가했다. 당시 국내에서 발행된 영문잡지 '코리아 리뷰'는 주민들이 천주교에 입신한 신앙외적 동기에 대해 ▲약과 설탕을 얻을 수 있다 ▲관리와 동등한 권한을 행사할 수 있다 ▲세금을 내지 않아도 된다 ▲죄를 짓더라도 성당에 들어가면 못 잡아간다고 기록했다. 그러다 보니 1895년부터 10여 년간 전국에서 300여 건의 교안(종교적 충돌)이 일어났다는 통계가 있을 정도로 충돌이 잦았다.

제주도라고 예외가 아니었다. 먼저 반발한 것은 점쟁이와 무당들이었다. 그들은 점쟁이나 무당 말을 들으면 죄가 되고 죽어서도 천당에 갈 수 없다는 천주교의 가르침을 맹렬히 비난했다. 천주교 측이 당산목이나 신당을 불사르는 등 제주도 전래의 전통을 무시하는 것도 도민들에게 적대감을 불러일으켰다. 특히 천주교의 특권적 지위를 이용해 이권을 챙기려는 일부 천주교 신도들의 과도한 행동이 상황을 더욱 악화시켰다. 사이비 천주교인들은 교당에 형틀과 투옥 시설을 갖춰놓고 마음에 들지 않는 주민들을 잡아다 린치를 가하기도 했다.

여기에 정부의 조세정책까지 더해지면서 상황이 더욱 복잡하게 전개되었다. 조선 정부는 1897년 대한제국으로 탈바꿈한 후 개혁을 추진하려 했으나 돈이 없었다. 그러자 그동안 지방관아가 징수해 사용하던 지방세를 국세로 전환해 봉세관(세금 징수관)을 지방에 파견했다. 세금 수탈로 사리사욕을 채우던 지방의 수령들이 이런 봉세관을 좋아할 리 만무였다. 결국 봉세관들은 지방 수령의 협조를 얻지 못해 세금 징수에 어려움을 겪었다.

제주도에 파견된 봉세관 역시 수족 역할을 해야 할 세리를 구하지 못하게 되자 잇속을 챙기기 위해 천주교에 입교한 일부 교인에게 도움을 요청했다. 그 결과 봉세관은 천주교인을 세리로 확보해 본격적으로 징세 활동을 전개하고 전교에 어려움을 겪던 성당 측에서는 갑자기 신자 수가 늘어나 선교에 활기를 띠니 양쪽 모두에게 득이 되었다. 조세 징수권을 위임받은 천주교인들은 온갖 세금을 만들어 행패를 부렸다.

그러던 1901년 2월 9일 대정군에서 천주교인 오달현과 오창우 등이 교인들을 이끌고 마을 유지인 현유순의 집을 습격해 현유순과 그의 아버지, 그리고 천주교를 배척하던 오신락을 잡아다 교당에 가두고 고문하다가 오신락이 죽는 사건이 일어났다. 천주교인들은 오신락 노인이 감나무에 목매달아 자살했다고 했고 노인의 아들은 천주교인들에게 매를 맞아 죽었다고 했다.

천주교와 토착신앙 간의 충돌

이 사건을 계기로 1901년 4월 초 세폐와 교폐를 호소하기 위한 민관 합동 자위단 조직인 '상무회'가 결성되었다. 대정군수 채구석과 향촌 조직인 대정향청의 향장인 오대현 등이 주도한 이 결사체에는 천주교인들과 봉세관의 횡포에 대한 자위책으로 지방관리, 농민, 상인 등이 초계급적으로 참여했다. 그들은 채구석을 대표로 추대하고 봉세관의 탐학과 천주교인들의 비행을 성토했다.

4월 29일에는 송희수 상무사 위원 집이 수십 명의 천주교인에게 습격당하는 일이 벌어졌다. 송희수는 천주교인들에 의해 대정 읍내로 끌려갈 뻔했으나 주민들의 항의 덕에 겨우 빠져나왔다. 그러자 이에 대한 보복으로 오대현 등 수십 명의 상무사 회원이 대정의 천주교당을 습격, 교당을 부수고 교인을 폭행했다. 5월 중순에는 인근 정의군 주민들과 함께 교폐와 세폐에 쌓인 한을 제주목사에게 호소하기 위해 무리를 지어 제주성으로 갔다. 그 인원이 몇천 명이나 되었다.

제주성에 있던 800여 명의 천주교인은 신부 마르셀 라크루와 함께 총칼로 무장한 채 공격에 대비하는 한편 일부는 대정과 제주성의 중간 지점인 명월진에서 잠을 자고 있던 간부들을 습격, 오대현을 비롯한 우두머리 6명을 납치했다. 그때가 1901년 5월 14일이었다.

분노한 대정군민들이 인근의 제주군, 정의군 등에 격문을 보내 봉기를 호소하고 군민들이 이에 호응함으로써 항쟁은 제주도 전역으로 확산되었다. 도민들은 이재수(1877~1901)와 강우백을 새로운 장두로 뽑은 뒤 각각 서진과 동진으로 나눠 제주성으로 몰려갔다. 이재수는 대정군의 관노 출신이었고 강우백은 향촌 말단조직인 월평리의 이장이었다. 이는 민란 지도부의 계급적 성격이 달라지고, 평화적·타협적 노선이 비타협적 노선으로 전환했음을 의미했다.

그들은 출발에 앞서 장정과 포수를 그러모았다. 그렇게 모인 장정이 몇 천 명에 이르렀다. 그리고 제주성으로 쳐들어가 5월 28일 제주성을 함락했다. 이재수는 천주교인들의 죄상을 일일이 성토하면서 민가에 숨어 있는 천주교인을 모조리 색출·처단하라고 호령했다. 도민들은 성안은 물론 성밖의 천주교인들까지 수색해 살육했다. 그렇게 피살된 천주교인이 수백 명이나 되었다. 곧 제주도 신임 목사와 프랑스군을 태운 2척의 프랑스 군함이 도착하고 6월 초에는 황실 고문인 미국인 샌즈와 정부군 100여 명이 도착해 제주성을 장악했다. 민군과 정부군은 교폐·세폐를 근절하고 민란의 책임을 묻지 않는다는 조건으로 민군을 해산하고 화해하기로 합의했으나 정부군은 약속과 달리 6월 11일 민란의 지도자인 채구석·오대현·이재수 등 주모자들과 봉세관 강봉헌을 잡아들였다.

서울 평리원에서 열린 재판 결과 10월 9일 오대현·강우백·이재수 등 주모자들은 교수형을, 채구석 등 선동자들은 징역을 선고받았다. 프랑스가 요구한 피해액은 정부가 갚고 이자는 제주도민들이 십시일반 모아 프랑스인들에게 배상했다. 천주교 측은 이 사건을 '신축교난' 혹은 '신축교안'이라고 하고 주민들은 '이재수의 난'으로 부른다. 당시 전체 희생자 수에 대해서는 교회 측에서는 대략 500~700명 정도로 추산하고 있고 그 무렵 제주에 유배와 있던 김윤식의 '속음청사'에는 500~600명으로 기록되어 있다.

알프레드 노벨과 제1회 노벨상
노벨상의 권위에 가장 큰 흠집을 낸 사례는 마하트마 간디에게 노벨상을 수여하지 않은 것이다.

노벨상은 알프레드 노벨(1833~1896)이 1893년 3월 작성하고 2년 반 뒤인 1895년 11월 27일 이를 수정한 유언장에서 시작된다. 유언장에는 "재산은 유언집행인에 의해 안전한 유 가증권에 투자한다. 거기에서 나오는 이자는 5 개 부문에서 인류의 복지를 위해 가장 큰 공헌 을 한 사람들에게 상금 형식으로 분배하도록 한 다"라고 적혀 있었다.

알프레드 노벨

유언장은 1896년 12월 10일 노벨이 사망한 후 1897년 1월 공개되었다. 그러자 노벨의 친지는 물론 심지어 한때의 동거녀까지 재산 대부분이 노벨상에 기부된다는 사실에 불만을 터뜨렸다. 스웨덴 국민들도 그 엄청 난 재산을 국적이나 성별에 구애받지 말고 분배하라는 유언 내용을 알고 "국부를 해외로 유출하는 몰지각한 처사"라며 못마땅해 했다. 그래도 유언 은 문구의 애매한 규정을 정리하고 8개국에 흩어져 있던 재산을 스웨덴으 로 모으는 5년간의 작업을 마친 후 집행되었다. 노벨 재단에는 노벨 재산 3,323만 크로나(미화 770만 달러) 중 3,100만 크로나가 귀속되고, 이 가운데 2,800만 크로나는 노벨상 기금, 나머지는 운영 기금으로 투입되었다.

노벨은 스웨덴 스톡홀름의 부유한 집안에서 태어났으나 4살 때이던 1837년 건축업자 겸 발명가인 아버지의 사업 실패로 아버지와 헤어져 살 아야 했다. 다행히 아버지는 러시아로 이주해 지뢰를 비롯한 각종 군수품 을 제조해 큰돈을 벌어 1842년 가족을 상트페테르부르크로 불러들였다. 이러한 가정환경의 부침에 따라 노벨은 스웨덴에서 초등학교 1년 과정만 마치고 더 이상은 정규 교육을 받지 못했다. 대신 러시아에서 가정교사들 의 개별 교습을 받아 다수 언어와 과학 지식을 습득했다.

17살 때인 1850년 프랑스 파리에서 1년 동안 화학을 공부하고, 미국으 로 건너가 4년 동안 일을 하며 기계공학을 배웠다. 그러던 중 아버지가 1855년 또다시 파산해 19년간 살았던 러시아를 떠나 고국 스웨덴으로 돌아갔다. 아버지는 고국에서 무색투명한 액체 니트로글리세린을 연구했다. 니트로글리세린은 이탈리아 화학자 아스카니오 소브레로가 1847년 처음 합성한 것으로, 폭발력은 강했지만 작은 충격에 쉽게 폭발하고 열에도 약해 운반과 취급이 쉽지 않았다. 따라서 니트로글리세린의 폭발력을 그대로 유지하면서도 안전성을 높이는 게 관건이었다.

그 무렵 노벨도 미국에서 스웨덴으로 돌아와 신형 뇌관과 액체 폭약을 연구한 끝에 1863년 니트로글리세린 제조법과 뇌관으로 특허를 받았다. 그러던 중 1864년 9월 집안 소유의 공장에서 폭발 사고가 일어나 노벨의 동생을 비롯해 5명이 죽는 비극을 겪었다. 곧이어 부친마저 뇌졸중으로 쓰러지자 노벨은 공장의 운영을 맡아 1864년 10월 니트로글리세린 주식회사를 설립하고 대표가 되었다.

노벨은 1866년 니트로글리세린을 흡수한 규조토는 뇌관을 연결해 불을 붙이지 않으면 폭발하지 않는다는 사실을 알게 되자 기존의 폭약보다 훨씬 더 강력하고 안전한 고체 폭약을 개발했다. 곧 이 고체 폭약으로 영국, 스웨덴, 미국 등지에서 특허를 얻어 '다이너마이트'라는 이름으로 판매를 시작했다.

당시 세계 각국에서는 철도, 댐, 광산 등을 건설하느라 거대한 토목공사가 진행되고 있었기 때문에 공사장의 막대한 다이너마이트 수요는 노벨에게 엄청난 부를 안겨주었다. 노벨은 다이너마이트 말고도 폭발성 젤라틴과 무연화약을 잇따라 발명해 세계 각국에 폭약·탄약 공장을 짓고, 광학·기계공학 등의 분야에서도 355종의 특허를 확보해 부와 명예를 움켜쥔 백만장자가 되었다.

1876~1877년에는 두 형과 함께 러시아의 카스피해 서안에 있는 바쿠 유전지대의 개발에도 성공해 이곳을 세계적인 석유 생산지로 만드는 데 기여하고 세계 최초의 유조선과 파이프라인을 가동하는 등의 혁신적인

조치로 러시아 석유산업의 기틀을 닦았다. 사업이 확장되자 노벨은 1873년 프랑스 파리로 이주해 유럽 전역의 사업을 관장했다. 노벨은 막대한 부에도 불구하고 괴팍한 성격과 병약한 심신 때문에 결혼은 하지 않은 채 평생을 독신으로 살았다. 1891년 경영 일선에서 물러나 은퇴를 선언하고 프랑스에서 이탈리아의 산레모로 거처를 옮겨 살다가 1896년 12월 10일, 63세로 눈을 감았다.

그리고 며칠이 지난 1897년 1월 2일 유언장이 공개되고 이를 토대로 노벨 재단이 발족했다. 다만 노벨상 대상자 선정은 노벨의 유언에 따라 분야마다 다르게 진행되었다. 물리학상과 화학상은 스웨덴 왕립과학아카데미, 생리·의학상은 스웨덴의 카롤린의학연구소, 문학상은 스웨덴 왕립아카데미가 선정하고 평화상은 노르웨이 오슬로에 있는 노벨위원회가 선정했다.

평화상을 노르웨이가 선정한 이유는 노벨이 사망할 당시만 해도 스웨덴과 노르웨이는 연합국가이고 스웨덴 국왕이 노르웨이 국왕을 겸했기 때문이다. 두 나라는 1905년에 이르러 별개의 국가로 분리되었다. 초기에는 없던 경제학상은 스웨덴 은행이 노벨재단과는 별도의 기금을 마련해 1969년 신설했다.

인류를 위해 노력한 사람들에게 주어지는 세계 최고의 상

첫 노벨상 시상식은 1901년 12월 10일, 스웨덴의 스톡홀름에서 열렸다. 노벨의 5주기였던 이날, 노벨의 유언에 따라 물리, 화학, 생리·의학, 문학, 평화 등 5개 분야에서 6명이 수상했다. X선을 발견한 독일의 빌헬름 뢴트겐(물리학상), 삼투압과 화학반응 속도를 연구한 네덜란드의 반트 호프(화학상), 디프테리아 혈청요법을 개발한 독일의 에밀 폰 베링(생리·의학상)이 과학 부문 상을 받았다. 프랑스 시인 르네쉴리 프뤼돔은 문학상,

'적십자의 아버지' 앙리 뒤낭과 국제평화동맹을 창립한 프랑스의 프레데리크 파시는 평화상을 공동 수상했다.

제1회 노벨상 시상식은 식이 열리기 전부터 크고 작은 말썽으로 어수선했다. 시상자인 국왕 오스카르 2세가 요즘 말로 '외화 낭비'를 아까워하며 시상식에 불참해 잔칫집에 찬물을 끼얹는가 하면 시상식장에도 하객이 없어 종업원, 요리사까지 드레스를 입혀 자리를 채워야 했고, 메달도 제작자가 납품 기일을 맞추지 못해 임시 메달을 수여하는 촌극을 연출했다.

이후에도 노벨상을 시상하면서 온갖 잡음이 끊이지 않았다. 그중에서도 노벨상의 권위에 가장 큰 흠집을 낸 사례는 마하트마 간디에게 노벨상을 수여하지 않은 것이다. 비폭력 평화운동의 상징으로 1937년부터 1948년 암살될 때까지 5차례나 평화상 후보에 올랐지만 간디에게는 노벨상이 주어지지 않았다. 노벨위원회는 1948년 간디에게 노벨 평화상을 수여하려 했으나 그해 간디가 암살당해 무산되었다고 주장했다.

과학 분야에서는 미국의 발명왕 토머스 에디슨이 노벨상을 비껴갔다. 문학상에서는 레프 톨스토이, 안톤 체호프, 마르셀 프루스트, 제임스 조이스 등이 노벨상을 받지 못한 위대한 작가들로 꼽힌다. 핵분열 현상을 발견한 유대인 여성 물리학자 리제 마이트너는 유대인에 대한 편견 때문에 노벨상을 받지 못한 것으로 1997년 공개된 심사 서류에서 밝혀졌다.

1918년 화학상 수상자인 독일의 화학자 프리츠 하버는 정반대의 경우였다. 암모니아 합성을 성공시켜 인류를 기근에서 구해내는 데 혁혁한 공을 세우긴 했지만 1차대전 때 독가스를 개발한 장본인이라는 점에서 수상을 반대하는 목소리가 높았다. 덴마크의 요하네스 피비게르는 '기생충이 암을 일으킨다'는 논문으로 1926년 생리의학상을 받았지만 뒤에 오류임이 드러났다. 부패 혐의까지 있던 사토 에이사쿠 당시 일본 총리가 1974년의 노벨 평화상을 수상한 것과, 헨리 키신저 전 미 국무장관이 1973년

'베트남 분쟁 해결'이라는 공로로 수상한 것도 비웃음을 샀다. 취임 1년도 안 된 버락 오바마 대통령에게 2009년 평화상을 준 것도 성급했다는 지적이 많다.

수상 거부자는 모두 6명인데 그중 독일인이 3명이나 된다. 1935년 독일의 정치범이던 반나치 저술가 카를 폰 오시에츠키에게 평화상을 수여한 데 격분한 아돌프 히틀러가 1937년 독일인들의 노벨상 수상을 금지하는 포고령을 내린 게 이유였다. 이에 따라 리하르트 쿤(1938·화학상), 아돌프 부테난트(1939·화학상), 게르하르트 도마크(1939·생리의학상)는 수상을 거부했다.

'닥터 지바고'로 유명한 소설가 보리스 파스테르나크는 1958년 노벨 문학상 수상자로 결정되었으나 구소련 정부와 작가동맹의 반대에 부닥쳐 결국 수상을 포기했다. 프랑스의 장 폴 사르트르는 1964년 작가로서의 자유에 제약이 생긴다는 이유로, 1973년 베트남의 레둑토는 전쟁을 일으킨 미국의 헨리 키신저와 공동 평화상 수상자로 선정된 것에 불만을 품고 수상을 거부했다. 이런 논란에도 불구하고 노벨상은 인류의 과학을 발전시켜온 사람들에게 큰 격려가 되고 있으며, 인류를 위해 희생과 성실한 노력을 한 사람들에게 주어지는 세계 최고의 상으로 자리를 잡았다.

빌헬름 뢴트겐 제1회 노벨물리학상 수상
역사상 처음으로 살아 있는 사람의 뼈가 사진으로 찍힌 순간이었다.

1895년 11월 8일 저녁, 독일의 물리학자 빌헬름 뢴트겐(1845~1923)이 여느날처럼 음극선관(크룩스관)을 이용한 실험에 열중했다. 유리로 만든 음극선관 안을 진공상태로 만들어 양 끝에 고전압을 걸어주면 방전이 일어나고 독특한 빛이 나오는 실험이었다. 뢴트겐은 암실에서 음극선관을 두꺼운 검은 마분지로 싸서 어떤 빛도 새어나올 수 없도록 했다. 그런데도 음극선관에서 1m 떨어진 작업대 위에 도깨비불처럼 흔들리는 희미한 녹색 빛이 나타났다.

당시까지의 연구 성과로는 검은 마분지로 감싼 진공 방전관에서는 음극선이 새나갈 수 없어 다시 실험해 보았지만 여전히 희미한 광선이 1m 떨어진 스크린에 나타났다. 음극선관을 껐다 켰다 하는 실험을 반복한 결과 음극선관에 전류가 흐를 때 녹색 빛이 나타난다는 사실을 알 수 있었다. 음극선관과 스크린 사이에 두꺼운 책과 나무판 등을 두거나 스크린을 더 멀리 떨어뜨려도 방전 때마다 녹색 빛이 관찰되었다. 하지만 이것은 뢴트겐이 관찰하려고 했던 음극선은 아니었다. 음극선의 위력은 책을 관통할 만큼 강력하지 않기 때문이다. 결국 미지의 무언가가 음극선관에서 나와서 1m 이상의 공기를 통과해 스크린을 빛나게 한 것이다.

뢴트겐은 이 미지의 빛을 'X선'으로 명명한 뒤 1895년 12월 22일 아내 베르타의 왼손을 감광판 위에 놓고 6분 동안 빛에 노출했다. 그러자 희미하긴 했지만 뼈와 결혼반지까지 사진으로 찍혀 나왔다. 역사상 처음으로 살아 있는 사람의 뼈가 사진으로 찍힌 순간이었다.

뢴트겐이 '새로운 종류의 광선에 대하여'라는 제목으로 뷔르츠부르크 물리학·의학협회에 제출한 논문은 1895년 12월 28일자 협회 연보에 게재되었다. 뢴트겐이 1896년 1월 1일 배포한 아내의 손 사진과 복사 논문은 각 언론에 대서특필되었다. 50세가 넘을 때까지 48편의 학술 논문을 발표했으나 주목받지 못한 뢴트겐이 일약 세계적으로 유명한 과학자가 되는 순간이었다. 논문은 영어로 번역되어 '네이처'지와 '사이언스'지에도 실렸다. 이후 논문 발표 1년 만에 X선에 관한 논문이 전 세계적으로 1,000여 편, 단행본이 50권가량 출판되었다.

사실 X선은 뢴트겐보다 앞선 여러 과학자에 의해 발견될 기회가 많았다. 윌리엄 크룩스는 음극선 주변에서 사진 건판이 흐려지는 것을 매번 불평했고, 필리프 레나르트는 음극선관 부근에서

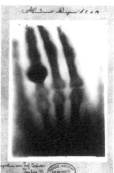

빌헬름 뢴트겐(왼쪽)과 X선으로 찍은 아내의 왼손

발광 현상을 관찰했다. 그러나 이들은 실험 장치에서 발생한 이상한 광선을 궁금하게 생각하지 않고 실험 장치에만 문제가 있다고 여겼다.

뢴트겐은 인류에 끼친 놀라운 업적에도 불구하고 한동안 대중으로부터 "사회의 도덕성에 반한다"는 비판을 들어야 했다. 한 신문은 X선이 개인의 사생활을 침해할지도 모른다며 "여성의 속옷 안까지 훤히 들여다보이는 광선을 발견한 뢴트겐을 사악한 기계장치와 함께 땅속에 파묻어야 한다"고 비난했다. 그러나 1899년 1월 20일 베를린의 한 의사가 손가락에 꽂힌 유리 파편을 X선으로 찾아내고, 2월 7일 다른 의사가 X선으로 환자의 머리에 박힌 탄환을 확인해 X선의 유용성이 입증되면서 일반의 비난은 점차 찬사로 바뀌었다.

X선이 발견된 1895년은 20세기 과학사의 기점

X선의 발견은 의학 발전에만 국한되지 않았다. 뢴트겐의 발견에 자극받은 프랑스 물리학자 앙리 베크렐은 1896년 두꺼운 종이로 포장한 우라늄염에서 자발적으로 방사되는 투과력이 강한 방사선을 발견해 노벨 물리학상을 받았다. X선 발견에 결정적 계기가 된 음극선 연구도 더 활발해지면서 1897년 영국 물리학자 조지프 톰슨은 전자를 발견했다. 마

리 퀴리는 1898년 우라늄보다 방사능이 훨씬 강한 새로운 물질인 '폴로늄'과 '라듐'을 발견했다. 다윈의 진화론 이후 생물학계의 최대 혁명으로 일컫는 DNA의 이중나선구조 발견(1953)에도 X선에 의한 회절이 이용되었다.

뢴트겐은 독일의 라인 지방에서 태어나 3살 때 네덜란드로 이사해 기술학교를 다녔다. 하지만 학교 교사의 초상을 불경하게 그린 친구가 누군지 말하기를 거부했다가 퇴학당했다. 이 일로 네덜란드나 독일의 김나지움에 입학할 수 없게 되자 시험만 통과하면 들어갈 수 있는 스위스 취리히 연방기술전문학교에 입학했다. 이후 1868년 스위스의 취리히공과대를 졸업하고 1869년 박사학위를 받았다. 뷔르츠부르크대와 슈트라스부르크대에서 연구활동을 하다가 1888년 뷔르츠부르크대 이론물리학 교수로 자리를 잡았다.

1880년에는 회전하는 유리판 같은 유전체가 두 전하 사이에서 움직이면 전자기장이 발생한다는 사실을 최초로 증명하고 맥스웰 방정식의 예상과 일치한다는 것을 보여주었다. 뢴트겐은 훗날 X선 발견보다 이 전자기장 이론을 실증한 것을 더 중요한 업적으로 여겼다. 하지만 그에게 1901년 제1회 노벨 물리학상을 선물한 것은 X선 발견이었다.

뢴트겐은 상금은 뷔르츠부르크대의 과학 발전기금과 장학금으로 기부하고 X선으로 특허를 내자는 독일 재벌의 제안은 거절했다. X선은 원래 있던 것을 발견한 것이므로 특정인의 것이 아니라 모든 인류의 것이라는 뜻에서였다. 덕분에 누구나 자유롭게 X선에 관해 연구를 할 수 있게 되어 X선 관련 연구로 노벨상을 받은 사람이 20명이나 되었다.

X선 발생 장치로 돈을 번 것은 미국의 업자들이었다. 토머스 에디슨은 뉴저지에서 인체 크기의 형광막을 갖춘 거대한 X선 발생 장치를 만들었다. 사람들은 오싹하지만 자신의 해골을 보기 위해 줄을 서서 기다리곤

했다. 오락 장소나 백화점에도 X선 장치가 등장했다. X선은 이처럼 거리낌 없이 쓰이다가 곧 부정적인 면을 드러냈다. 에디슨의 조수가 우리가 현재 '방사능증'이라고 칭하는 병에 걸려 몇 년 뒤 숨졌기 때문이다. X선 장치를 다루던 사람들과 연구자 중에서도 많은 사람이 같은 증세를 보이며 죽어갔다.

오늘날 과학사가들은 X선이 발견된 1895년을 20세기 과학사의 기점으로 삼는다. 그만큼 X선은 현대물리학과 진단의학에서 중요한 의미를 갖는다. 독일은 1994년 발견한 111번째 원소 우누누늄의 이름을 2004년 11월 뢴트게늄(Rg)으로 바꿨다. 위대한 발견과 위대한 정신의 뢴트겐을 기리기 위해서였다.

굴리엘모 마르코니 대서양 횡단 무선통신 성공
실험실에 앉아있는 이론가 스타일이 아니라 실험을 직접 해봐야 직성이 풀리는 현장 스타일이었다.

전기를 띠는 물질은 주변에 전자기장을 만든다. 전자기장은 매개물이 없이도 진공이나 물질 속에서 파동을 이루며 퍼져 나간다. 물리학에서는 이를 전자기파(전파)라고 한다. 영국의 제임스 맥스웰은 1864년 전기 에너지가 전자기장을 통해 광속으로 움직인다는 전자기 이론을 세워 '전파'가 존재한다는 사실을 가정했다. 독일의 하인리히 헤르츠는 맥스웰의 전자기 이론을 연구하던 중 1886년 전자기파 검출에 성공하고 1888년 전파의 길이와 속도를 측정해 맥스웰의 이론을 정립했다.

1894년 1월 1일 헤르츠가 36세로 생을 마쳤을 때 헤르츠의 연구 성과를 소개한 부음 기사를 읽고 자극을 받은 20세의 젊은 기술학도가 있었다. 이탈리아 청년 굴리엘모 마르코니(1874~1937)였다. 그는 이탈리아 볼

굴리엘모 마르코니

로냐의 대지주 집안에서 태어났다. 과학에 관심이 많아 13살 때 기술학교에 입학하고 19살 때 아버지의 친구인 볼로냐대 물리학 교수에게서 개인 지도를 받았다. 마르코니는 부음 기사를 읽으면서 전기를 이용한 무선전신이 가능하다면 당시 최고의 통신 수단으로 각광받고 있는 모스부호와 유선전화보다 훨씬 편리할 것이라고 생각했다.

모스부호는 1844년 5월 새뮤얼 모스가 미국 볼티모어에서 워싱턴DC 사이의 64㎞를 잇는 시연회에 성공한 후 상용화되어 전 세계로 급속히 확대되었으나 신호를 실어 나를 전선이 있어야 하는 한계가 있었다. 1876년 미국과 유럽 사이에 대서양 횡단 전신망이 연결되기는 했지만 항해 중인 선박과 육지, 선박과 선박 간은 통신이 불가능했다. 전선이 필요하기는 그레이엄 벨이 개발·상용화한 유선전화도 마찬가지였다. 무선통신은 이런 문제점을 해결할 수 있다는 게 가장 큰 매력이었다.

전파를 통신에 사용하려면 발신기가 전파를 원하는 대로 발생시키고 수신기가 전파를 잡아 모스부호로 표시해야 한다. 문제는 전파를 어떻게 발생시키고 어떻게 잡아내느냐는 데 있었다. 이 문제는 프랑스의 에두아르 브랑리가 1891년 무선전파를 수신할 수 있는 '코히러'라는 검파기를 개발하고, 영국의 올리버 로지가 1893년 실험실 내에서 전파를 송·수신한 뒤 모스부호로 바꾸는 데 성공하면서 해결되었다.

남은 과제는 전파를 얼마나 멀리까지 보낼 수 있느냐 하는 것이었다. 마르코니가 과학사에 남긴 위대한 업적은 전파를 멀리 대서양 너머까지 보낸 데 있었다. 마르코니가 처음 무선 실험에 성공한 것은 1894년 12월이었다. 1895년 9월에는 이탈리아 볼로냐의 아버지 농장에서 발신한 전파 신호를 2.4㎞ 떨어진 맞은편 언덕의 수신자에게 전달하는 데 성공했다.

　마르코니는 이탈리아 정부가 자신의 실험에 관심을 보이지 않자 1896년 2월 어머니의 고국인 영국 런던으로 건너갔다. 중상주의와 해외 식민 정책으로 많은 선박과 식민지를 보유하고 있던 영국 정부는 효율적인 통신 수단으로 마르코니의 무선전신에 관심이 많았다. 마르코니는 1896년 6월 자신의 무선 장비로 영국에서 특허를 취득하고, 더 먼 거리 송수신을 연이어 성공시켰다. 1896년 영국 남부의 솔즈베리 평원에서 6.4㎞ 떨어진 곳으로, 1897년 영국의 해안선에서 15㎞ 떨어진 브리스틀 해협에 있는 섬으로 전파를 송수신하는 데 성공했다.

　자신감을 얻은 마르코니는 친척들이 투자한 자금으로 1897년 7월 '무선전신신호회사'(1900년 마르코니 무선전신회사로 개명)를 설립했다. 그리고 1897년 11월 무선전신국을 남부 해안의 한 호텔 객실에 차려놓고 호텔 정원에는 안테나를 설치했다. 마르코니는 이곳에서 멀리 떨어진 여객선에 무선 신호를 보냈다. 1898년 7월 영국 해협에서 열린 요트 경주 때는 자신의 무선 장비를 설치한 예인선을 타고 나가 경기 결과를 기지로 전송했다. 그가 보낸 메시지는 더블린의 '데일리 익스프레스'지로 전송되어 언론사(史)에도 신기원을 열었다.

　마르코니가 비로소 주목을 받기 시작한 것은 1899년 3월 27일 영국과 프랑스 사이에 놓여 있는 도버 해협 간 무선통신에 성공하면서였다. 1899년에는 사업을 더욱 확장해 '아메리칸 마르코니 회사'를 설립했다. 1900년에는 영국의 군함에 무선전신 시설을 설치, 121㎞ 거리에서도 소식을 교환할 수 있게 했다. 영국 왕실의 세자(뒤에 에드워드 7세)가 다쳤다는 소식이 신속히 전해진 것도, 벨기에에서 캐나다로 몰래 도망간 살인범을 캐나다에서 체포할 수 있었던 것도 무선전신의 공이었다.

지구촌 시대의 서곡을 알리는 첫 송신 내용은 모스부호로 's'

20세기 들어 마르코니는 전에 없던 새로운 시도로 분주했다. 그것은 대서양 너머까지 무선전파를 보내겠다는 야심에 찬 계획이었다. 당시 과학자들은 지구는 둥근 반면 전파는 직진하기 때문에 장거리 무선통신은 불가능하다고 생각했다. 지구의 곡률로 인해 전기파를 사용하는 통신은 160~320㎞ 거리로 제한된다는 몇몇 수학자의 의견을 믿었다. 마르코니 역시 이런 사실을 잘 알고 있었다. 그러나 그는 실험실에 앉아서 계산을 하는 이론가 스타일이 아니라 실험을 직접 해봐야 직성이 풀리는 현장 스타일이었다.

1901년 12월 12일, 마르코니는 캐나다 뉴펀들랜드주의 세인트존스에 있었다. 낮 12시 30분이 되는 순간 "톡톡톡" 짧막하고 작은 소리가 그의 귀에 들렸다. 마르코니에게 기술적으로 도움을 준 영국의 전기공학자 존 플레밍이 3,570㎞ 떨어진 대서양 건너 영국 콘월주의 폴듀에서 보낸 전파였다. 아주 짧막하고 아주 작은 소리였지만 마르코니에겐 지축을 흔드는 굉음처럼 들렸다. 무선통신으로 지구촌 시대의 서곡을 알리는 첫 송신 내용은 모스부호로 's'자에 해당하는 짧은 점 3개였다.

그런데 직진한다는 전파가 어떻게 대서양 너머까지 전달된 것일까? 전파가 허공으로 사라지지 않고 둥근 지구를 건너갈 수 있었던 것은 대기 상층부에 전파를 반사시켜주는 전리층이 있기 때문이었다. 물론 마르코니와 당시의 어떤 과학자도 그런 원리를 알지 못했다. 전리층의 존재는 1925년 영국의 물리학자 에드워드 애플턴에 의해 밝혀졌다. 전류의 흐름을 통제해 약한 신호를 증폭해주는 진공관의 개발도 마르코니의 업적을 빛내주었다. 1904년 영국의 존 플레밍이 2극 진공관을, 1906년 미국의 리 디포리스트가 3극 진공관을 발명한 덕분에 무선전신은 크게 발전했다.

문제는 마르코니의 무선통신기가 모스부호를 이용한 통신이었기 때문에 모스부호를 익숙하게 사용할 줄 아는 사람만이 통신을 한다는 데 있었다. 무선으로 목소리를 처음 송신한 사람은 캐나다 출신의 발명가 레지널드 페선던이다. 1906년 12월 24일 밤, 페선던이 미국 매사추세츠주에 있는 자신의 연구소에서 전송한 목소리가 뉴잉글랜드 근해를 항해 중이던 몇몇 선박의 무선사들 귀에 들어간 게 인류 최초의 무선 목소리 송신이었다.

무선전신은 점차 전쟁에도 사용되었다. 무선전신이 사용된 역사상 최초의 전쟁은 1905년 5월 러일전쟁 때 한반도 주변에서 벌어진 쓰시마 해전으로, 양국은 각기 전함에 무선전신 기지국을 설치해 해전에 활용했다.

무선전신이 빛을 발할수록 마르코니는 세계적인 인사로 유명해졌다. 그 덕에 '떠 있는 궁전'으로 불리는 타이태닉호의 첫 출항 때 무료 탑승 초대장을 받았다. 마르코니는 영국에서 출항하는 타이태닉호 탑승에 맞춰 미국 일정을 잡았으나 타이태닉호의 첫 출항이 지연되자 루시타니아호로 바꿔 타고 미국으로 떠났다.

타이태닉호는 1912년 4월 10일 영국을 떠나 미국으로 향했다가 출항 나흘째인 4월 14일 늦은 밤 대서양의 뉴펀들랜드섬 해역에서 빙산에 충돌, 서서히 침몰했다. 자정 무렵, 타이태닉호의 무선통신원이 'CQD'와 'SOS' 두 가지 무선신호를 발신했다. 그 신호는 동남쪽 93㎞ 지점을 항해하던 여객선 카르파티아호의 전신 기사에 의해 포착되었고, 카르파티아호는 즉시 뱃머리를 돌렸다. 카르파티아호는 이튿날 새벽 구명보트에 의지하고 있던 생존자 700여 명을 모두 구조했다. 이 소식이 전해지자 마르코니사의 주가가 폭등하고, 무선통신에 대한 찬사가 이어졌다.

마르코니는 생전에 많은 포상과 명예 학위를 받았다. 1909년 노벨 물리학상을 수상하고 1914년 이탈리아 상원의원이 되었다. 1919년 파리강화회의에 이탈리아 대표로 참석하고 1929년 후작 작위를 받았다. 하지만 베니토 무솔리니의 절친한 친구로 파시즘에 협조한 것은 명성에 큰 오점으로 남았다. 1923년 무솔리니가 파시스트당을 중심으로 일당 체제를 수립했을 때, 마르코니는 파시스트당의 당원이 되고, 1930년 이탈리아 왕립학회 학회장으로 임명되었다.

마르코니는 1937년 7월 20일 64세 나이로 세상을 떠났다. 22일 오후 6시 영국의 라디오 방송은 그의 죽음을 애도하기 위해 2분 동안 침묵을 지켰다. '전파의 아버지'에 대한 추모였다.

카를 란트슈타이너 ABO 혈액형 발견
오늘날 세계는 란트슈타이너의 출생일인 6월 14일을 세계 헌혈자의 날로 기념하고 있다.

수혈은 의학 역사상 가장 많은 목숨을 구한 위대한 발견이다. 하지만 수혈이 비로소 가능해진 것은 20세기 초였다. 그전까지는 실패와 좌절의 연속이었다. 혈액과학이 비로소 실험과학의 영역으로 들어온 것은 영국인 의사 윌리엄 하비가 혈액은 심장, 동맥, 모세혈관, 정맥을 통해 온몸을 순환한다는 사실을 밝혀낸 1613년부터다. 이후 다양한 방법의 수혈이 시도되었다. 기록상 최초의 수혈은 1665년 영국인 의사 리처드 로워가 한쪽 개의 동맥과 다른 개의 정맥을 갈대 대롱으로 연결해서 동맥피가 정맥 속으로 흘러 들어가게 한 실험이었다.

사람을 대상으로 시행한 최초의 수혈은 프랑스 루이 14세의 주치의였던 장 바티스트 드니가 1667년 죽어가는 15세 소년의 정맥에 송아지의 피를 주사한 것이다. 장 드니는 소년의 피를 빼내고 송아지의 피를 수혈한 실험 결과에 대해 "환자는 수혈 후 곤히 잠을 잤다. 이튿날 일어나자마자 엄청나게 시커먼 소변을 누는데 마치 숯을 섞은 것 같았다"는 기록을 남겼다.

카를 란트슈타이너

당시 드니는 검은 소변을 환자의 몸속에서 환자를 미치게 했던 나쁜 물질인 '검은 담즙'이 빠져나온 것이라고 생각했다. 환자가 계속 살아 있어 수혈 치료도 성공적이었다고 자평했다. 하지만 환자는 몇 개월 후 사망했다. 이후 파리의 사회는 자신들의 허가 없이는 수혈을 하지 못하도록 공표했다. 영국 역시 모든 수혈을 불법행위로 규정했다. 가톨릭 교황까지 수혈 금지 칙령을 내려 새로운 치료법으로 등장했던 수혈 치료는 막을 내렸다.

오랫동안 금지된 수혈이 다시 시작된 것은 영국의 산부인과 의사 제임스 브룬델 덕분이었다. 그때까지만 해도 수혈을 할 때는 사람이 아닌 동물의 피를 이용했다. 그러나 브룬델은 1818년 위암으로 죽어가는 환자에게 사람의 피를 수혈했다. 환자는 일시적으로 나았지만 사흘을 넘기지 못했다. 브룬델은 1829년에도 혈액 제공자의 동맥과 환자의 정맥을 서로 연결하는 복잡한 특수 장치를 만들어 수혈을 시도했다. 출산 시 과다 출혈로 죽어가던 여성에게 3시간 동안 조수의 피를 수혈했던 그 순간을 브룬델은 "환자는 마치 자신의 몸에 생명을 불어넣은 것 같다고 말했다"고 기록했다.

이후 여러 의사가 수혈을 시도했으나 대부분 실패로 끝이 났다. 당시는 이유를 알 수 없었지만 사실은 서로 다른 혈액을 섞었을 때 일어나는 응집과 용혈반응으로 모세혈관이 막혀 목숨을 잃었던 것이다. 응집은 적혈구가 엉겨서 덩어리지는 현상이고 용혈은 적혈구가 파괴되는 현상이다.

수혈 실패에 대한 의문은 20세기 초에야 풀렸다. 오스트리아의 카를 란트슈타이너(1868~1943)가 그 주인공이었다. 란트슈타이너는 오스트리아 빈에서 유대인으로 태어났다. 하지만 당시 오스트리아·헝가리 제국에서 의사가 되려면 가톨릭 신자여야 했기 때문에 대학생 때 가톨릭으로 개종했다. 1891년 빈대 의과대를 졸업하고 빈대의 병리해부학연구소에서 면역과 항체를 연구했다. 그러던 중 1899년 한 연구자가 양의 적혈구를 개의 혈청과 섞었더니 2분도 안 되어 양의 적혈구가 모두 응집되거나 용혈되는 반응을 보였다는 연구 결과를 알게 되었다.

란트슈타이너는 1900년 사람의 혈액에서도 같은 현상이 나타나는지를 실험했다. 그는 자신과 실험실 연구원 5명 등 모두 6명에게서 피를 추출한 뒤 각각 분리한 혈청과 적혈구를 교차로 섞어 모두 36개의 조합을 실험했다. 그 결과 16개의 조합에서 응집 현상이 일어났고 6개는 혈청과 적혈구 제공자가 같아서 응집 현상이 일어나지 않았다. 나머지 14개 조합에서는 혈청과 적혈구 제공자가 달랐지만 응집 현상이 일어나지 않았다. 란트슈타이너는 산모 6명(36개 조합)과 건강한 사람 22명(144개 조합)의 피도 뽑아 혈청과 적혈구를 교차해 섞어 보았다. 결과는 마찬가지였다.

역사상 가장 많은 사람의 목숨을 구해 낸 인물

계속적인 실험 결과 사람의 혈액 속에는 다른 사람의 적혈구를 응집시키는 물질인 '응집소'가 존재하고 응집소에는 응집소 알파와 베타 2가지가 있다는 사실을 알게 되었다. 란트슈타이너는 1901년 알파 응집소에 응집이 일어나는 혈액형을 A형, 베타 응집소에 응집이 일어나는 현상을 B형, 두 가지 응집소에 모두 응집이 일어나지 않는 유형을 C형으로 명명했다. 연구 결과는 1901년 11월 14일 '혈액의 응집 현상'이라는 제목의 논문으로 발표되었다. 1902년에는 란트슈타이너의 제자들이 두 가지 응집소 모두에서 응집이 일어나는 혈액형인 AB형을 찾아냈다. 이로써 수혈은 이론상 가능해지고 란트슈타이너는 '역사상 가장 많은 사람의 목숨을 구해낸 인물'로 칭송받게 되었다.

문제는 채혈한 혈액이 몇 분 만에 굳는다는 것이었다. 이 때문에 1907년부터 1913년까지 뉴욕의 병원에서 수혈한 횟수가 1년에 50건 정도에 불과할 정도로 수혈이 확산하지는 못했다. 그러던 중 1914년 리처드 루이손이라는 뉴욕의 의사가 혈액에 구연산나트륨을 첨가하면 응고되지 않는다는 사실을 밝혀냈다. 덕분에 인류는 혈액을 용기에 담아 수혈할 수 있게 되고 1차대전 때는 수많은 군인들이 죽음의 문턱에서 벗어나게 되었다. 이후 수혈은 마취법의 발견·발전과 더불어 인류의 생명을 연장시키는 데 결정적인 기여를 했다.

란트슈타이너는 1908년 빈대의 병리학 교수로 부임해 연구 활동을 계속하다가 1923년 미국의 록펠러의학연구소로 옮겼다. 그때까지 1, 2, 3, 4 혹은 A, B, C 등으로 나라마다 다르게 표기하던 혈액형을 A, B, AB, O형으로 통일하자고 제창해 오늘날의 ABO형을 탄생시켰다. C형은 항원이 없기 때문에 란트슈타이너는 '없다'는 의미로 숫자 '0'이라고 개칭했다. '0'은 머지않아 알파벳 'O'로 바뀌었으나 지금도 숫자 '0'을 쓰는 나라도 있다.

란트슈타이너는 ABO 혈액형 말고도 1926년 MN식 혈액형과 P 혈액형을 더 발견했다. 이후 수많은 혈액형이 다른 과학자들에 의해 발견되었는데 '루이스'(1940), '켈'(1946), '더피'(1950), '키드'(1951), '디에고'(1955) 등 현재는 150여 가지나 된다. 다만 이 가운데 국제수혈학회가 주요 혈액형 분류법으로 고지하는 것은 30여 가지다. 란트슈타이너는 ABO 혈액형을 발견한 공로로 1930년 노벨 생리의학상을 수상했다. 1936년에는 면역학의 명저인 '혈청 반응의 특성'을 출간했다.

혈액형에 대한 란트슈타이너의 집념은 말년에까지 이어져 그의 나이

72세 때인 1940년 제자인 알렉산더 위너 등과 함께 중요한 혈액형 분류법인 'Rh' 혈액형을 발견했다. 란트슈타이너는 붉은털원숭이(Rhesus)의 혈액을 토끼에 주사한 뒤 토끼 혈청을 추출해 사람의 혈액과 섞었을 때 응집이 일어나는 혈액을 Rh+, 응집이 일어나지 않는 혈액을 Rh-라고 명명했다. Rh 발견은 면역혈액학 분야를 한단계 더 발전시키고 법의학 발달에 큰 몫을 했다.

란트슈타이너는 1943년 6월 26일 생을 마감했다. 그때까지 340여 편의 논문을 발표하고 그 중 많은 연구 내용이 각 과학 분야의 눈부신 발전을 가져오는 견인차 역할을 했다. 오스트리아는 1,000실링짜리 자국 지폐에 란트슈타이너의 모습과 업적을 담아 기념하고 있다. 오늘날 세계는 란트슈타이너의 출생일인 6월 14일을 세계 헌혈자의 날로 기념하고 있다.

일본 학자, 조선인은 열등하다는 논리를 혈액형에 접목해

그러면 혈액형으로 사람의 성격이나 명석의 정도를 가늠하는 것이 정말 과학적으로 가능할까. 결론부터 말하면 틀린 얘기이다. 그런데도 어쩌다 이런 식의 그릇된 우생학적 규정이 횡행하게 된 것일까. 발단은 독일의 생물학자 루트비히 히르슈펠트가 1919년 의학전문지 '랜싯'에 게재한 '인종별 혈액의 혈청학적 차이'라는 조사 결과였다.

그는 1차대전 당시 8,500여 명의 혈액형을 분류해 '진화한 민족일수록 B형보다 A형이 많다'는 연구 결과를 발표했다. 근거는 A형인 사람 수를 B형인 사람 수로 나눈 값을 '생화학적 인종계수'로 만들었더니 서유럽인들은 모두 2.0 이상을 넘은데 비해 흑인이나 아시아인들은 그 이하였다는 것이다. 인종계수에 따르면 영국인(4.5), 프랑스인(3.2), 이탈리아인(2.8), 독일인(2.8), 오스트리아인(2.5) 등의 순으로 높은 반면 유대인이나 러시아인은 1.3에 그치고 흑인은 0.8이었다. 베트남인, 인도인들은 0.5에 불과했다.

그의 연구는 결국 1930년대 독일 나치 정권이 우생학을 내세워 유대인의 말살을 꾀하는 '단종법'을 제정하는데 영향을 미쳤다. 히르슈펠트는 인종계수가 2.0 이상을 '유럽형', 1.3 미만은 '아시아·아프리카형', 2.0~1.3 사이의 아라비아인(1.5), 터키인(1.8), 러시아인(1.3), 유대인(1.3) 등은 '중간형'으로 분류했다. 그러나 혈액형별로 성격이나 지능지수를 따지는 이런 방식이 틀렸다는 것을 입증하는 대표적인 사례가 있다. 미국 나바호 인디언과 브라질 보로로 인디언들인데 나바호 인디언은 전원 O형 아니면 A형이고, 보로로 원주민은 모두 O형이기 때문이다.

히르슈펠트의 인종계수 논리가 우리나라에 들어온 것은 1922년이었다. 경성의학전문학교 외과교실의 기리하라 신이치 교수와 그의 제자 백인제가 조선총독부의원의 외래환자, 병원 직원, 경성감옥 재소자를 대상으로 재조선 일본인 502명, 조선인 1,167명을 조사한 결과를 1922년 7월 '도쿄 의사신지'에 발표했는데, 조선에 있는 일본인의 인종계수는 1.78인데 비해 조선인은 평균 1.07(0.83~1.41)로 아시아·아프리카형에 속한다는 것이다. 조선인은 열등하기 때문에 식민 지배를 받을 수밖에 없다는 논리를 혈액형에 접목한 것이다.

일제시대 조선인에 대한 혈액형 조사는 1926년 경성제대 의학부가 설립된 후 더욱 활발해져 1934년까지 총 4년에 걸쳐 2만 4,929명을 대상으로 재차 실시되었다. 조선을 북부(0.99), 중부(1.05), 남부(1.25)로 나눠 실시한 이 조사에서도 평균 인종계수는 1.07로 역시 기존의 '아시아·아프리카형' 범주를 벗어나지 않았다. 일제의 이런 결론은 조선인 전체보다 조선 북부와 조선 남부라는 지역 범주가 더 중요하다는 것을 암시함으로써 조선이라는 하나의 민족 범주를 해체하기 위한 목적이 컸다.

그러나 이 모든 시도는 과학적 근거가 없음이 밝혀졌다. 미국의 석학

재러드 다이아몬드도 자신의 저서 '총, 균, 쇠'에서 "미국의 많은 심리학자가 아프리카에서 건너온 흑인들이 유럽에서 건너온 백인보다 선천적으로 지능이 낮음을 입증하려고 수십 년 동안이나 노력했지만 허사였다"고 지적했다.

시어도어 루스벨트 미 대통령 취임
이념적 코드는 부와 권력에 상관없는 '공평한 대우'였다.

미국에서 본격적으로 산업화가 진행된 것은 산업혁명 후였다. 새로운 기업들이 우후죽순 생겨나고 기업가들은 목표를 향해 물불을 가리지 않았다. 경쟁자를 물리치고 승리한 기업에는 독점의 문이 열렸으며 그 기업가의 손에는 전리품으로 부와 권력이 쥐어졌다. 이들은 창조적이며 부지런했으나 무자비하고 부정직한 방법도 서슴지 않았다.

당시 유행한 '사회진화론'도 자신의 행위를 옹호하고 합리화하는 데 동원되었다. 미국 경제는 적자생존의 경쟁 원리에 의해 지배되고 있으므로 치열한 투쟁을 통해 승자가 된 자신들이야말로 '적자(適者)'라는 논리였다. 바야흐로 경쟁의 시대였으며 독점의 시대였다. 독점기업들은 담합을 통해 멋대로 가격을 조작하고, 막강한 경제력으로 의회까지 매수해 입법 과정에도 영향력을 행사했다.

독점기업과 정부의 유착 관계는 독점기업의 도움을 받아 1897년 대통령에 당선된 공화당의 윌리엄 매킨리 때 절정을 이뤘다. 하지만 1901년 9월 14일 매킨리가 무정부주의자의 총에 맞아 숨지고 부통령이던 시어도어 루스벨트(1858~1919)가 역대 최연소(42년 11개월) 대통령에 취임하면서 그 견고하던 독점기업·정부의 결탁에도 변화가 불가피했다.

"저 망할 놈의 카우보이가 미국의 대통령이라니!", 공화당 전당대회 의장이 내뱉은 말처럼 루스벨트의 등장은 정경유착의 두 축인 독점기업가와 정치인들에게는 최악의 결과였다. 루스벨트는 국제적으로는 전쟁불사론을 외치고 미국의 이익을 최우선시하는 제국주의자였으나 국내적으로는 '개혁의 기수'이자 혁신주의자였다.

시어도어 루스벨트

루스벨트는 부잣집 도련님으로 태어났으나 유달리 병약해 어린 시절 병을 달고 살았다. 하지만 꾸준한 운동으로 병을 극복하게 되자 하버드대 시절부터 국방문제에 관심을 기울였다. 대학 졸업 직후 펴낸 '1812년의 해전'은 오랫동안 해군 관련서의 고전이 될 만큼 인정을 받았다. 이후에도 역사·자연·여행·정책 등 다양한 주제로 38권의 저서를 펴내 역대 미 대통령 중 가장 많은 저서를 남긴 대통령으로 기록되었다. 대학 졸업 후 컬럼비아 로스쿨에 진학했지만 중퇴하고 정치 인생을 시작했다.

그러나 공화당 소속으로 공화당의 대통령 후보인 블레인을 지지하지 않는 활동을 했다가 당의 배척을 받게 되자 정계를 떠나 목장을 경영하거나 보안관 대리로 활동했다. 그러나 정치에 대한 꿈을 버릴 수 없어 24세였던 1882년 뉴욕주 의원 선거에서 당선되어 정치에 입문하고 1895년부터 뉴욕시 경찰국장으로 맹활약했다. 1897년 4월에는 해군성 차관보로 발탁되었다.

그러던 중 1898년 2월 미 전함 메인호의 폭발로 미국과 스페인 사이에 전쟁이 발발하자 차관보를 그만두고 사설 부대인 '러프 라이더'를 창설해 중령 계급장을 달고 참전했다. 해군 차관보라는 정치 엘리트가 장군도 아닌 비정규군 중령으로 참전하고 죽음을 무릅쓴 각오로 전선을 누비고 다니는 그의 모습에 미국인들이 열광했다. 점차 '애국심의 화신', '전쟁의 영웅'이라는 찬사가 쏟아졌다.

루스벨트는 대중적 인기에 힘입어 1899년 1월 공화당 후보로 뉴욕 주지사에 당선되자 본격적으로 개혁 정책을 밀고 나갔다. 그러자 부담을 느낀 뉴욕의 공화당 지도자들이 루스벨트를 권한이 없는 부통령 후보로 내세워 워싱턴으로 보내는 묘안을 짜냈다. 루스벨트는 재선에 나선 매킨리 대통령의 러닝메이트가 되어 1900년 부통령에 당선되었고 1901년 3월 취임했다. 그러나 1901년 9월 매킨리의 피살로 누구도 예상치 못했던 미국 역사상 최연소 대통령 자리에 오르면서 미국에는 강력한 변화의 바람이 몰아쳤다.

루스벨트의 이념적 코드는, 모든 사람은 부와 권력에 상관없이 성공의 기회를 공평하게 가져야 한다는 '공평한 대우'였다. 그의 공익 우선 정신은 철도 독점권을 행사하고 있던 노던회사를 첫 제물로 삼았다. 1902년 2월 노던회사를 제소해, 12년 전 제정되었지만 사실상 유명무실해진 '셔먼 반트러스트법'을 부활시켰다. 이후 퇴임 때까지 7년 동안 JP모건사 등 43개의 독점기업을 제소해 '트러스트 파괴자'로 불렸다.

"저 망할 놈의 카우보이가 미국의 대통령이라니!"

루스벨트는 노동정책에서도 획기적인 변화를 끌어냈다. 1902년 5월, 14만 명이 참가한 탄광노조 파업 때 노사 양측을 불러 분쟁을 조정하려 했으나 기업가들이 맹렬히 반대하자 군대에 탄광 접수 명령을 내려 탄광노조를 분쇄하려는 기업가들의 의도를 여지없이 무너뜨렸다. 그렇다고 노동자만을 옹호하지는 않았고 시장 경쟁의 기본 흐름도 막지 않았다. 또한 그는 현대사회에서 독점은 피할 수 없다는 사실을 충분히 인식하고 있었다. 따라서 모든 독점기업을 파괴의 대상으로 삼기보다는 사회에 해악이 되는 나쁜 독점만을 표적으로 삼았다.

1904년 재선에 성공한 뒤에도 혁신주의 정책에는 흔들림이 없었다. 1906년 철도회사의 부당행위 규제법과 식약품 규제법 등을 잇따라 제정했으며 1907년 당시 최대 트러스트인 '스탠더드 오일'을 제소해, 1911년 미 대법원의 33개 분할 명령을 유도했다. 공익 우선 철학은 자원 보존 정책에서도 잘 나타났다. 1905년 산림청을 신설하고 유명한 자연보호운동가 기퍼드 핀쇼를 산림청장으로 임명해 국가공원, 국가산림보호지구, 국가자연기념물을 지정해 자연보호 정책의 토대를 세웠다. 1902년 크레이터 국립공원을 설립한 것을 시작으로 임기 중에 국립공원 수를 2배로 늘렸으며 1903년에는 루이지애나주의 펠리컨 섬을 미국 최초의 조류보호구역으로 지정했다. 자연 보존을 위해 2,500개 이상의 댐 건설 허가를 취소시키고 광대한 숲을 국유림으로 편입해 국립공원을 2배로 늘렸으며 16개의 국립명소, 51개의 야생 서식처를 만들었다.

루스벨트는 국제 문제에도 개입했다. 1905년 3월에는 프랑스와 독일을 중재해 모로코 분쟁을 해결하고 7월에는 러일전쟁 해결의 중재역을 맡았다. 이는 유럽에 대한 미국의 불간섭 원칙, 미국 대륙에 대한 유럽의 불간섭 원칙, 유럽 제국에 의한 식민지 건설 배격 원칙 등 3개 원칙을 골자로 한 먼로주의의 사실상 파기였다.

루스벨트는 오늘날 우리에게는 저승사자 같은 존재로 기억되고 있다. 1905년 7월의 가쓰라·태프트 조약으로 "조선에 대한 일본의 지배권이 러일전쟁의 논리적 귀결"이라는 일본의 주장을 인정하고, 일본이 조선에 대해 정치·경제·군사상의 우선적 이익을 취하도록 한 1905년 9월의 포츠머스 조약을 중재한 것이 루스벨트이기 때문이다. 이는 러시아의 동아시아 진출을 막기 위해 일본을 방패막이로 세우면서 조선을 먹잇감으로 삼은 측면도 크지만 기본적으로 그는 조선에 대해 부정적인 시각을 갖고 있었다. 더구나 그는 힘이 모든 것을 결정한다고 믿는 철저한 사회진화론자였다.

존 헤이 미 국무장관에게 보낸 편지에서 "우리는 조선인들을 위해 일본에 간섭할 수 없다. 조선인들은 자신들을 위해 주먹 한 번 휘두르지 못했다"며 조선인의 무능함을 지적한 것에서도 그의 생각이 잘 나타나 있다. 따라서 을사조약 후 미국이 가장 먼저 조선에서 공사관을 철수한 것도 새삼스러운 일이 아니었다.

루스벨트는 1908년 11월 자신의 측근인 윌리엄 태프트를 후계자로 내세워 대통령에 당선시켰으나 태프트가 보수 세력과 밀착하자 이에 격분해 4년 후인 1912년 선거 때는 제3의 정당인 혁신정당의 후보로 출마해 복수전을 펼쳤다. 선거 유세 중 저격을 당해 총알이 가슴에 박혔는데도 연설을 계속하는 투지를 보였으나 선거 결과는 기대대로 되지 않았다. 루스벨트와 태프트가 각각 27%, 23%를 얻은 반면 루스벨트가 그토록 싫어했던 민주당 후보 우드로 윌슨은 42%의 지지를 얻어 백악관에 입성했기 때문이다.

포츠머스 조약을 중재한 공로로 1906년 미국인 최초로 노벨 평화상을 수상하는 영광을 안았고, 미국의 러시모어산 암벽에 흉상으로 제작된 4명의 대통령에 포함될 정도로 미국인들로부터 열렬한 환영을 받는 그런 대통령이었다.

메인호 폭발과 미국·스페인 전쟁 유럽의 열강이 전 세계에 걸쳐 영토와 이권을 확대하며 제국주의 시대를 펼치던 19세기 내내 미국은 서부 개척과 남북전쟁 등 국내 문제에만 매달렸다. 그러다가 국민 통합과 영토 다지기가 끝나자 '먼로주의'로 대표되는 전통적 고립주의를 포기해야 한다는 팽창주의자들의 목소리가 곳곳에서 터져 나왔다. "유럽 국가들이 미국의 안보에 위협이 되고 있다", "미국은 넓은 땅을 차지할 '명백한 운명(Manifest Destiny)'을 타고났다"는 등 내세운 명분은 다양했다. 기업가들은 더 넓은 시장을 원했고, 종교인들은 기독교가 멀리 아프리카에까지 퍼지기를 소망했으며 군인들은 해외에서 근육을 과시하고 싶었다. 그 첫 무대가 쿠바였다.

쿠바는 오랫동안 스페인의 식민지였지만 미국 플로리다에서 140㎞밖에 떨어

'뉴욕 월드'지 1면에 실린 메인호 폭발 기사(1898.2.17)

져 있지 않고 미국이 수천만 달러나 투자해 미국과는 특수 관계였다. 스페인에도 쿠바는 남미 지역 대부분이 이미 스페인으로부터 독립한 상황에서 마지막 거점이자 돈이 되는 식민지였다. 따라서 노쇠한 스페인 제국과 신흥 강대국을 꿈꾸는 미국 모두에 쿠바는 경제·전략적 요충지였다.

발단은 쿠바산 설탕에 대한 미국의 무관세 정책 철폐였다. 수출길이 막힌 농장주들은 노동자들의 임금을 삭감했고 이를 견디지 못한 농민들은 해결책을 독립에서 찾았다. 미국에서 활동하던 '쿠바 독립의 영웅' 호세 마르티는 1895년 4월 쿠바에 상륙, 독립 전쟁을 지휘했다. 스페인 군대는 혁명 가담자들을 닥치는 대로 잡아 가두고 적법절차 없이 처형했다. 마르티 역시 참혹하게 처형했다.

스페인의 가혹한 진압은 쿠바 사태 개입을 원하는 미국의 팽창주의자들에게 더없이 좋은 구실이 되었다. 하지만 윌리엄 매킨리 미국 대통령은 개입을 원치 않았다. 대신 그는 쿠바에 제한적인 자치를 허락하라고 스페인에 조언했다. 스페인은 1897년 자유주의 내각이 들어선 후 쿠바에 다소

의 자치를 허용했지만 이런 유화 정책은 오히려 역효과를 불러왔다. 반란은 더욱 격렬해졌고 그럴수록 진압도 더욱 잔인해졌다.

이런 와중에 당시 미국의 신문업계를 양분하고 있던 조지프 플리처의 '뉴욕월드'와 윌리엄 랜돌프 허스트의 '뉴욕저널'이 쿠바 사태를 신문사 간 경쟁에 이용하면서 여론은 점차 참전 쪽으로 기울었다. 두 신문은 연일 쿠바 반란군의 활약상과 이에 대한 스페인의 만행을 쏟아내며 무력 개입을 촉구했다.

결국 미 정부는 쿠바 내 미국인들의 생명과 재산을 보호한다는 구실로 1898년 1월 15일 6,682t급의 전함 메인호를 쿠바 아바나항에 입항시켰다. 메인호가 정박해 있을 때 '뉴욕저널'은 매킨리 대통령을 비판한 워싱턴 주재 스페인 대사의 편지를 입수해 '미합중국 역사상 최악의 모욕을 당하다'라는 제목으로 전쟁을 촉구하는 기사를 실었다. 그 무렵 쿠바에 파견된 뉴욕저널 특파원 겸 삽화가가 "쿠바에서는 할 일이 없다"며 뉴욕으로 돌아가도 되는지 전보로 물었을 때 허스트는 "계속 체류하게. 자네는 그림이나 만들게. 전쟁은 내가 만들 테니까"라고 답장을 보냈다.

그러던 중 2월 15일 오전 9시 40분쯤 메인호가 갑자기 폭발해 승무원 355명 중 266명이 사망하는 폭발 사건이 일어났다. 기뢰설과 폭파설이 무성했으나 원인은 밝혀지지 않았다. 그런데도 두 신문은 "스페인군의 비열한 행위"라고 비난하고 미 정부의 즉각적인 보복을 촉구하면서 전쟁 슬로건 "메인호를 기억하라!" "스페인을 타도하라!"가 미 전역에 울려 퍼지도록 선동했다.

그야말로 '소풍 같은 전쟁'

메인호 사건은 특히 허스트에게 두 가지 희망을 안겨주었다. 하나는 스페인과의 전쟁이었고 다른 하나는 발행부수 경쟁에서 퓰리처의 뉴욕월드를 물리치는 것이었다. 메인호 폭발 사건은 세계를 깜짝 놀라게 했다. 심지어 조선의 '독립신문'도 1898년 2월 19일자 호외를 발행해 이 사실을 급보로 알렸다. 이 호외는 한국인이 발행한 최초의 호외로 기록되고 있다.

매킨리 대통령은 메인호 폭발 초기에는 "서두른다고 해서 애국적인 것은 아니다"라며 개입을 거부했지만 결국에는 들끓는 여론을 어쩌지 못해 강경론으로 돌아섰다. 매킨리는 4월 11일 억압받는 쿠바를 해방시킨다는 명분을 내세워 무장 개입 승인을 의회에 촉구했고 미 상하 양원은 4월 19일 전쟁결의안을 채택했다. 그러자 궁지에 몰린 스페인이 4월 23일 선전포고를 하고 미국 역시 4월 25일 선전포고로 대응하면서 미국·스페인 간의 제국주의 전쟁이 불을 뿜었다.

그런데 첫 전투는 쿠바가 아닌 태평양의 필리핀에서 벌어졌다. 필리핀은 16세기부터 스페인의 식민지였다. 1898년 5월 1일, 홍콩을 거점으로 한 미 함대가 필리핀 마닐라만에 정박해 있는 스페인 함대를 공격하면서 미국 최초의 해외 전쟁이 마침내 막이 올랐다. 이 전투에서 스페인군은 380여 명이 전사한 반면 미군은 단 한 명의 사상자도 내지 않았다. 미국의 완벽한 승리였다. 필리핀의 독립 세력도 육지에서 미국 쪽에 가세하면서 전쟁은 가볍게 끝이 났다.

쿠바에서는 해상을 장악하는 전술을 구사하다가 7월 1일 3만여 명의 스페인군이 수비하고 있는 산티아고에 상륙, 2주일 만에 점령했다. 미군은 쿠바 전투에서도 일방적인 승리를 거뒀고 스페인은 카리브해마저 미국에 넘겨주어야 했다. 3개월 만에 끝난 전쟁은 한 비평가의 말대로 그야말로 '소풍 같은 전쟁'이었다. 하지만 전쟁 외적인 요소로 죽어간 미군도 적지 않았다. 전체 미군 전사자 5,400여 명 중 370여 명만이 전투에서 목숨을 잃었을 뿐 나머지는 황열병과 말라리아 등의 질병으로 병사했기 때문이다.

1898년 12월 10일 조인된 파리강화조약 내용은 가혹했다. 스페인이 필리핀은 물론 푸에르토리코와 괌까지 미국에 내주어야 했기 때문이다. 하와이는 이미 7월에 태평양 진출의 교두보로 미국에 병합된 상태였다. 쿠바는 여론에 밀려 공개적으로는 식민지로 삼지 않았지만 쿠바 내에 영구적으로 미군 기지를 두고 필요할 경우 언제든지 쿠바 내정에 끼어들 수 있는 권리를 확보해 사실상 식민지화했다. 오늘날까지 미국 소유로 남아 있는 관타나모 해군기지는 이때 결정된 것이다. 미국의 전쟁 승리는 아메리카를 처음 발견한 스페인 제국의 종말과 신흥 강대국 미국의 등장을 전 세계에 알린 의미심장한 사건이었다.

앤드루 카네기 철강회사 매각 후 기부 본격화
"자기보다 현명한 사람을 주변에 모으는 방법을 터득한 사나이가 여기에 잠들다."

앤드루 카네기(1835~1919)가 그야말로 먹고살기 힘들어 스코틀랜드 고향을 등져야 했던 부모를 따라 처음 미국 땅을 밟은 것은 13살 때이던 1848년이었다. 미국은 이민자에게 고난의 땅이자 기회의 땅이었다. 부모와 함께 피츠버그의 앨러게이니에 정착한 그가 처음 맞딱뜨린 일은 하루 12시간 노동에 박봉을 받는 면직물 공장의 실 감기였다. 이후 전보배달원과 전신기사를 전전하던 카네기 인생이 일대 전환점을 맞은 것은 18살이던 1853년 펜실베이니아 철도회사의 피츠버그지부 책임자 토머스 스콧을 만나면서였다.

철도산업이 막 기지개를 펴던 무렵 스콧의 개인 비서 겸 전신기사로 일하면서 철도 업무를 배울 수 있다는 것은 큰 행운이었다. 1856년 침대차 사업에 투자해 쏠쏠한 재미를 본 것도 스콧의 투자 권유 덕분이었다. 스콧은 1859년 사장으로 승진해 피츠버그를 떠나면서 카네기를 피츠버그지

부 감독으로 임명하기까지 했다. 카네기는 회
사 일을 하면서도 성장 가능성이 있는 회사에
투자해 훗날 사업에 쓸 종잣돈을 마련했다. 그
돈으로 1861년 '키스톤 교량회사'라는 이름의
철교회사가 설립될 때 동업자로 참여하고 1864
년 철도 레일 제조 회사를 설립했다. 카네기는
이 과정에서 철강 산업의 미래를 밝게 내다보
고 철강업에 전념하기 위해 1865년 펜실베이니
아 철도회사를 사직했다.

앤드루 카네기

　카네기는 가까운 미래에 강철이 선철(무쇠)을 대신할 것으로 예상하고
1867년 유니언 제철소를 설립했다. 번뜩이는 아이디어와 추진력, 철강 도
시로 천혜의 조건을 갖춘 피츠버그라는 환경적 조건이 어우러져 사업은
승승장구했다. 그러던 중 영국의 헨리 베서머가 시간과 비용을 현저히 줄
여주는 강철 제작 기술을 개발했다는 소식을 듣고 1872년 베서머의 영국
제강소를 방문, 강철의 산업적 잠재력을 깨달았다.

　카네기는 '베서머 제강법'이 아직 검증되지 않고 대공황기인데도 1873
년 과감하게 베서머 제강법을 도입한 미국 최초의 강철공장인 '톰슨 제철
소'를 펜실베이니아주의 브래독에 착공했다. '톰슨 제철소'는 동업자이자
펜실베이니아 철도회사의 사장 이름에서 땄는데 이처럼 그는 예상치 않
은 방법으로 동업자를 감동시켰다.

　1875년 9월 강철을 생산하기 시작한 '톰슨 제철소'에서 처음 생산한 것
은 급증하는 철도 교통량에 맞춰 좀더 육중한 무게를 견딜 수 있는 강철
레일이었다. 그전까지는 잘 부서지고 높은 온도에 견디지 못하는 선철이
레일로 사용되고 있었다. 1881년에는 헨리 프릭이 설립한 '프릭 코크스'에
지분(11%)을 투자했는데 지분이 1882년 50% 이상으로 늘어나 사실상 그

의 소유가 되었다. 1886년 합병한 홈스테드 제강소는 후일 베서머 제강법을 채택하고 미국 최초의 거대한 평로를 가진 제철소로 발전했다.

카네기는 경영을 하면서도 세상 일에 관심이 많았다. 1886년 '민주주의 승리'를 출간, 7만 부 이상 팔려나가는 성공을 거뒀다. 그는 책에서 미국이야말로 민주주의의 승리를 입증해주는 나라라고 강조했으나 미국의 문제점은 외면한 채 자화자찬에만 빠졌다는 비판도 제기되었다. 1889년 출간한 '부의 복음'에서는 "인생의 전반부는 부를 획득하는 시기이고 후반부는 부를 분배하는 시기"라며 부자는 가난한 사람들에게 교육적·문화적 기관을 제공해야 할 의무와 책임이 있음을 분명히 했다. 노사 간의 상생과 화해를 강조한 칼럼에서는 "종업원과 고용주는 법 아래 평등하다. 종업원은 노동조합을 결성할 권리를 갖고 있다. 아무리 가난한 노동자일지라도 고용주와 동격"이라고 써 계몽적 자본가라는 이미지를 쌓았다.

"인생의 전반부는 부를 얻는 시기, 후반부는 부를 나누는 시기"

카네기에게 1892년 발생한 홈스테드 쟁의는 큰 오점이었다. 발단은 홈스테드 공장 일부 노동자들의 임금 삭감이었다. 홈스테드 공장 소속 일부 노동자의 임금 계약 기간이 만료되었을 때 생산하는 강철 톤수에 따라 임금을 받던 218명의 직원은 임금이 60% 정도 올라 있었다. 카네기는 홈스테드 공장에 설비투자를 해 강철 생산량이 60%가량 증가한 것이라며 임금을 30% 정도밖에 올려주지 못하겠다고 통보했다.

그후 카네기는 임금 협상을 동업자인 헨리 프릭 사장에게 맡긴 채 1892년 여름 해외여행길에 올랐다. 프릭이 카네기의 임금 협상 원칙을 고수하자 노동자들은 협상을 거부하며 압도적인 표차로 파업을 결의했다. 그러자 프릭은 1892년 6월 30일 공장을 폐쇄하면서 공장 주변 담 위에 가시가 달린 철사를 치고 감시탑을 세웠다. 노동자들은 이를 '프릭의 요새'라고 부르며 공장 주위를 겹겹이 둘러쌌다. 그러자 7월 5일 회사가 고용한 사설 경비대원 300여 명이 파업 노동자를 공격하기 위해 공장으로 접근했다.

결국 양측의 충돌로 일대는 아수라장이 되었다. 노동자 중 몇 명이 숨지고 여러 명이 부상했지만 경비대는 수적으로 열세해 결국 항복했다. 이후 경비대가 성난 노동자에게 뭇매를 맞자 주지사가 무장한 주방위군을 동원해 노동자들을 진압했다. 전체적으로 10명이 죽고 60여 명이 다쳤다. 프릭은 7월 23일 자신의 집무실에서 외부에서 침입한 무정부주의자의 총탄을 맞고 칼에 찔려 중상을 입었다.

비록 카네기는 파업 현장에는 없었으나 위선자라는 비난을 들었다. 평소 '노동자의 친구'를 자처하고 대중에게 계몽적 자본가라는 이미지를 쌓아오던 카네기의 위신은 곤두박질쳤다. 훗날 카네기는 "평생 그토록 고통스러웠던 일은 그 이전에도 이후에도 없었다"고 술회했다.

카네기는 1892년 자신이 소유한 기업 전부를 '카네기 철강회사'로 통합했다. 석탄, 철강석, 광석운반용 철도와 선박 등을 하나로 묶는 거대한 철강 트러스트이자 '카네기 제국'이 탄생한 것이다. '카네기 철강회사'는 점차 전미 강철 생산량의 50% 이상을 생산했다. 미국이 마침내 영국의 철강 생산량을 따라잡을 수 있던 것도 이처럼 승승장구하던 '카네기 철강회사'의 역할이 결정적이었다.

카네기의 인생 후반기는 과거 '부의 복음'에서 밝힌 대로 기부와 자선의 삶이었다. 기부 중 첫째로 꼽히는 것은 도서관 건립 프로젝트였다. 1881년 스코틀랜드 고향에 도서관을 지어준 것을 시작으로 1919년 죽는 날까지 계속되었다. 미국은 물론, 영국과 남태평양의 피지에 이르기까지 전 세계 11개국에 총 2,800여 개의 공공도서관을 건립했다. 1900년에는 카네기공과대(현재의 카네기멜론대)를 설립해 학문의 진흥을 꾀했다.

무엇보다 그가 당대 최고의 자선사업가로 자리를 굳히게 된 것은 1901년 2월 26일의 한 거래를 통해서였다. 그것은 금융왕 J.P.모건에게 4억 9,200만 달러를 받고 카네기 철강회사를 매각한 거래였다. 당시 일본의 1년 예산이 1억 3,000만 달러인 점을 감안하면 엄청난 금액이었다. 카네기는 그날로 사업에서 은퇴해 자신의 재산을 사회에 돌려주기 시작했고, 모건은 카네기 철강회사와 자신의 다른 철강회사를 합쳐 자본금 10억 달러의 세계 최대 철강회사 'US 스틸'을 설립했다. 따라서 이날은 세계 최대의 재벌이 탄생한 날인 동시에 세계 최고의 자선가가 탄생한 날이기도 했다.

카네기는 카네기 철강회사를 판 돈으로 '카네기협회'(1902), '카네기 교육재단'(1905), '카네기 국제평화재단'(1910), 카네기 재단(1911) 등을 설립했다. 이들 재단을 통해 과학·문학·예술에 지원을 아끼지 않았고, 카네기호를 띄워 항해지도의 숱한 오류를 고쳤으며 천문대를 세워 180여 개의 별을 발견했다. 뉴욕 최대 연주회장인 카네기홀도 설립했다.

카네기는 반제국주의 운동에도 관심이 많았다. 미국이 1898년 스페인과의 전쟁에서 승리한 후 스페인의 오랜 식민지였던 필리핀을 스페인에서 넘겨받는 대신 2,000만 달러를 주기로 하자 카네기가 강력히 반발했다. 그는 미국의 필리핀 합병이 늙은 유럽 국가의 식민지 정책과 다를 바 없다고 비판하며 윌리엄 매킨리 미국 대통령에게 자신이 그 돈을 대신 지불한 뒤 필리핀을 해방시키겠다고 공개적으로 제의했다. 물론 제안은 받아들여지지 않았다.

1919년 8월 11일 눈을 감았을 때 수중에 남은 돈이 3,000만 달러에 불과할 정도로 카네기는 생전에 벌어들인 돈 전부를 아낌없이 사회에 돌려주었다. "자기보다 현명한 사람을 주변에 모으는 방법을 터득한 사나이가 여기에 잠들다"라는 묘비명이 말해주듯 카네기는 사람의 마음을 움직이는데 천부적이었다.

존 피어폰트 모건 'US스틸' 설립

자본금만 14억 달러였으니 세계 최초의 '빌리언 달러' 회사의 탄생이었다.

    세계적 투자은행인 'JP 모건사'의 180년 역사는 미국 금융자본의 성장사이자 미국의 세계 금융시장 점령사라고 해도 결코 과장이 아니다. JP 모건의 영향력은 "하느님이 만약 자금을 조달한다면 JP 모건에게 의뢰할 것이다", "신이 이 세상을 창조했는데 JP 모건과 록펠러가 세상을 바꿔버렸다"라는 우스갯소리가 전해질 정도로 20세기 내내 막강했다. 금융 이외의 철도·철강·통신·영화 등 실물경제에서도 패권적 지위를 유지하는 막후 실세로 당대를 풍미했다.

  JP 모건사를 울트라 정치·경제 파워로 성장시킨 존 피어폰트 모건 (1837~1913)은 동시대 미국에서 활동한 헨리 포드, 존 록펠러, 앤드루 카네기 등 세계적인 기업가들과는 달리 자수성가형은 아니었다. 할아버지와 아버지가 쌓아온 물적 기반을 고스란히 물려받았고 미국 금융계의 대부로 군림하는 데 필요한 고등교육과 실전 교육을 받았다.

  피어폰트는 일찍부터 아버지 주니어스 모건의 원대한 사업 계획의 일부였다. 아버지는 단순히 가업을 물려주기보다는 아들을 철저히 교육시켜 '준비된 후계자'로 만들려 했다. 아버지는 아들을 외국어를 능숙하게 구사하고 국제무역과 금융에 정통한 인물로 키우기 위해 아들이 고등학교를 졸업한 1854년 유럽으로 보내 스위스의 기숙학교와 독일 괴팅겐대에서 수학하도록 했다. 피어폰트는 1856년부터 아버지가 공동으로 참여한 영국 피바디은행의 뉴욕 에이전트로 활동하다가 1861년 남북전쟁이 일어나자 뉴욕에 'JP 모건상사'를 설립해 본격적으로 비즈니스 세계에 뛰어들었다.

  화약 생산을 독점하고 있는 미국 최대 무기상 듀폰과 손을 잡고 총기류

존 피어폰트 모건

와 군화 등을 취급하는 무기 중개업으로 큰돈을 벌었으나 이 과정에서 폭리를 취한 것이 드러나 악덕상인으로 불리며 전쟁 후 국회의 진상 조사를 받았다. 그럼에도 불구하고 전쟁 과정에서 쌓은 엄청난 부는 장차 미국의 정계와 경제계를 쥐락펴락할 모건 제국의 기틀이 되었다.

JP 모건사가 밝히는 공식적인 창업연도는 1838년이다. 아버지 주니어스 모건이 1854년 공동경영자로 참여한 피바디은행의 창업연도가 1838년이기 때문이다. 피바디은행은 미국인 조지 피바디가 미국의 주정부 채권을 런던 투자가들에게 판매하기 위해 런던에 설립한 상업은행이었다. 주니어스 모건은 피바디가 류머티즘 질환에 시달리자 1859년부터 사실상 홀로 회사를 운영하다 1864년 피바디가 은퇴를 선언한 후에는 회사 이름을 'JS 모건'으로 바꿔 경영했다.

주니어스는 미국의 최대 토목 사업이던 대륙횡단철도 건설에 필요한 자금을 유럽 시장에서 조달하는 채권 중개사업 등으로 부를 크게 늘렸다. 1864년에는 '대브니 모건'이라는 기업을 신설해 아들에게 경영을 맡겼다. '대브니'는 아들에게 경영을 가르쳐주기 위한 대리인의 이름이었다.

피어폰트 모건이 눈독을 들인 것은 철도와 통신이었다. 대륙횡단철도가 개통된 1869년 이후 철도사업은 급성장 중이었고 철도업자들은 막대한 이익에 입을 다물지 못했다. 통신은 이런 철도와 떼려야 뗄 수 없는 관계에 있었다. 당시는 아직 전화기가 개발되기 전이라 주된 통신망이 전신이었다. 따라서 누구든 철도망을 장악하면 전신망까지 쉽게 수중에 넣을 수 있었고, 철도망과 전신망을 장악한다는 것은 그만큼 생생한 정보를 빨리 얻어 돈으로 연결할 수 있다는 것을 의미했다.

모건은 난립하는 철도회사를 마구 사들여 1890년쯤 미국의 4대 철도업자 가운데 한 명으로 부상했다. 모건은 이를 기반으로 당시 '철도왕'으로 불리던 미국 최대의 철도업자 윌리엄 밴더빌트와 힘을 합쳐 미국 굴지의 전기회사 '웨스턴 유니언사'를 인수했다. 마침 '발명왕' 에디슨이 이 회사에 입사한 덕에 엄청난 돈을 벌어들이는 행운까지 따랐다.

'US스틸'을 설립함으로써 순식간에 미국 철강업계의 제1인자로 부상

금융, 철도, 통신 쪽에서 큰돈을 벌어들여 돈방석에 앉은 모건의 다음 타깃은 '강철왕' 앤드루 카네기가 소유하고 있는 '카네기 철강회사'였다. 당시 미국의 철강업계는 주요 8개사를 중심으로 맹렬히 경쟁하고 있었는데 그중 가장 큰 회사가 미국 전체 생산량의 50%를 점하고 있던 '카네기 철강회사'였다. '철강업의 큰손'을 꿈꾼 모건과 회사를 팔아 기부를 본격화하려는 카네기 간의 거래는 1901년 2월 26일 이뤄졌다. 거래액은 4억 9,200만 달러였다.

모건은 새로 인수한 '카네기 철강회사'에 록펠러에게서 매입한 철광석 회사와 자신이 소유하고 있던 철강회사들을 합쳐 1901년 3월, 초대형 철강회사 'US스틸'을 설립함으로써 순식간에 미국 철강업계의 제1인자로 부상했다. 자본금만 14억 달러였으니 세계 최초의 '빌리언 달러' 회사가 탄생한 것이다. 합병 효과는 바로 나타났다. 주당 38달러에 공모한 주식은 55달러로 치솟았고 창립 첫해에만 9,000만 달러의 순이익을 냈다. US스틸은 당시 미 철강 생산의 60%를 차지했는데 이는 전 세계 생산량을 합친 것보다 많은 양이었다.

모건이 승승장구하던 1907년 10월 22일, 미국의 3대 신탁회사 가운데 하나인 뉴욕 월가의 '니커보커 트러스트' 앞으로 수백 명이 몰려들었다. '니커보커'가 발행한 수표를 시중은행이 받지 않는다는 소문이 빠르게 퍼지자 불안해진 사람들이 한꺼번에 예금 인출에 나선 것이다. '1907년 패닉(금융공황)'의 시작이었다.

　사태가 이 지경에까지 이른 것은 니커보커 트러스트 소유주가 무리하게 대출을 받은 돈으로 구리 회사를 인수한 뒤 구리 값과 구리 회사 주가를 올리려는 투기적 투자에 나섰다가 실패한 게 원인이었다. 여기에 당시의 왜곡된 돈의 흐름과 미 정부의 느슨한 규제도 사태를 키우는 데 일조했다. 금융 위기가 터지기 전, 뉴욕의 은행 대출 절반 정도가 고수익을 내는 투자신탁회사로 흘러 들어가고, 니커보커 등의 투신사는 그 돈을 위험성이 높은 증권과 채권에 쏟아부으면서 금융시장에는 극도의 투기 바람이 불었다.

　참고로 니커보커는 무릎 아래 부분을 졸라맨 짧은 바지로 네덜란드 이민자를 일컫는 말이다. 17세기 니커보커를 입은 네덜란드인들이 미국 동부에 세운 도시가 지금의 뉴욕(당시는 뉴암스테르담)이다. 1664년 영국군이 뉴암스테르담을 공격하자 니커보커들은 목책(wall)을 세우고 저항했지만 도시는 함락되었고, 이름은 뉴욕으로 바뀌었다. 오늘날 세계 금융의 중심지 '월 스트리트'는 당시의 목책에서 유래한 이름이다.

　1907년 예금 인출 사태가 뉴욕의 모든 금융기관과 다른 지역으로 번지고 이것을 신호탄으로 미국 경제가 패닉에 빠지면서 미국 다우지수는 연일 불안한 장세를 보였다. 뉴욕증권거래소조차 돈이 떨어져 주식거래를 중단해야 할 정도로 궁지에 몰리고 무능한 정부는 국가적 재앙에도 아무런 대책을 내놓지 못하고 허둥대기만 했다.

"하느님이 만약 자금을 조달한다면 JP 모건에게 의뢰할 것이다"

　이처럼 국가가 부도 위기에 놓이고 무정부 상태로 치달을 때 직접 사태 수습에 나선 사람이 칠순의 존 피어폰트 모건이었다. 모건은 자칫 평생에 걸쳐 구축한 자신의 왕국이 붕괴될지 모른다는 위기감에 빠져 대형 은행장들을 불러 모아 투신사와 영세 은행을 살리기 위한 구제금융 자금을 내놓도록 윽박질렀다. 금융 대표들을 불러 모아 방문을 걸어 잠근 뒤 2,500만 달러의 구제금융 조성에 합의할 때까지 밤샘 협상을 벌인 때도 있었다. 자금 부족으로 영업 중단 위기에 놓인 뉴욕증권거래소에도 지원사격을 해 주식거래가 중단되는 사태를 막았다. 돈을 인출하려는 군중에게는 "내가 책임질 테니 기다려 달라"고 설득했으며 공무원에게 줄 봉급마저 바닥난 뉴욕시에는 수익채권을 발행하게 한 뒤 은행이 이를 사들이게 하는 방식으로 지원했다. 이런 와중에도 모건은 잠재적 가치가 10억 달러나 되는 테네시 석탄철강철도회사를 4,500만 달러의 헐값에 인수하는 장사꾼 기질을 발휘했다.

모건이 이처럼 정부를 대신해 불철주야로 금융계를 진두지휘한 결과, 몇 주일 후 파국 일보 직전까지 갔던 금융 위기는 비로소 진정 국면으로 접어들었다. 모건은 사실상 중앙은행 구실을 한 이 일로 '금융계의 전설'로 불렸고, '월가의 구세주'로 칭송받았다. "대부호는 악인들"이라며 반독점법 제정에 열을 올리던 시어도어 루스벨트 대통령조차 "지혜와 공명심으로 행동한 훌륭한 사업가"라고 치켜세웠다. '모건화하다(Morganize·부실기업을 인수해 정상화하다)', '모건적인(Morganesque·해결사 임무를 띤)'이라는 단어까지 생겨날 정도로 모건의 활약상은 눈부셨다. 그러나 1907년의 패닉으로 미국의 주가가 전년의 정점을 기준으로 50% 폭락하고 최소 25개 은행과 17개 주식회사가 문을 닫고 수천 개의 크고 작은 기업이 맥없이 쓰러지는 것까지는 피할 수 없었다.

사태가 수습된 뒤 미국은 중앙은행의 필요성을 절감했다. 금융시장의 조기 경보는 물론이고 감독 기능조차 없었던 금융 시스템에 대한 자기반성이었다. 그러나 피해가 막심했던 중소 상인과 농장주들은 패닉을 끌어들인 뉴욕의 은행가들에 대해 원한이 깊었다. 이 때문에 월가의 금융인들은 한동안 중앙은행을 설립하는 데 조심스러운 태도를 보였다. 연방준비은행을 12곳이나 설치하고 본부는 워싱턴에 두겠다는 초기 구상도 중앙은행의 업무가 뉴욕에 집중될지 모른다는 그들의 우려를 불식하기 위한 계산이었다.

이런 과정을 거쳐 완성된 연방준비제도법은 1913년 12월 22일 하원을 통과하고 이튿날 상원 통과와 윌슨 대통령의 서명으로 정식 발효되었다. 그리고 1914년 11월 16일 마침내 뉴욕을 비롯해 보스턴과 시카고 등 12개 주요 도시를 거점으로 한 12개 연방준비은행(FRB)이 문을 열었다. 이로써 미국도 중앙은행을 갖춘 국가가 되었지만 세계 최초의 중앙은행인 스웨덴 릭스방크보다는 246년이나 늦었다.

비록 모건은 연방준비은행의 출범을 보지 못하고 1913년 3월 31일 눈을 감았지만 금융계에서 차지하는 JP 모건사의 영향력은 더욱 분명해졌고 입지는 강화되었으며 모건 제국은 더욱 탄탄해졌다. 모건의 죽음으로 JP 모건의 앞날에 먹구름이 끼는 듯했으나 다행히 모건에게는 그의 아들이면서 든든한 후계자였던 존 피어폰트 모건 2세 일명 잭 모건(1867~1943)이 있었다.

1902년

국내 첫 하와이 이민선 제물포항 출발
_ 멕시코 이민
상설극장 '협률사' 개관과 김창환
제1차 영일동맹 체결
마리 퀴리, 라듐 분리 성공
엔리코 카루소 첫 축음기 녹음
남아공의 보어전쟁 종결

국내 첫 하와이 이민선 제물포항 출발

사진 신부들의 가세로 한인 가정이 형성되고 한인사회의 맥이 이어졌다.

하와이는 미주 지역 한인 이민의 시발점이자 미주 독립운동의 전초기지였다. 한인들을 처음 하와이로 유인한 것은 사탕수수였다. 19세기 중반 미 서부 지역에서 벌어진 골드러시에 따라 사탕수수 수요가 폭증하고, 이에 따라 하와이에 대규모 사탕수수 농장이 개발되면서 일손이 부족해진 게 한인을 끌어들인 결정적인 이유였다.

하와이 사탕수수 농장주들이 일꾼 확보를 위해 먼저 눈을 돌린 곳은 아시아의 중국이었다. 그런데 중국인 노동자들은 계약 기간이 끝나면 미국 본토의 도시로 이주해 자기들만의 타운을 형성하고 미국인의 상권을 위협했다. 그러자 중국인이 가장 많이 몰려 있는 캘리포니아주에서는 중국인을 반대하는 소요가 일어났고 급기야 '중국인 이민금지법'(1882)을 제정하기에 이르렀다. 그러던 중 1897년 하와이가 미국에 합병되고, '중국인 입국금지법'이 하와이에도 적용됨에 따라 중국인의 이주는 한동안 맥이 끊겼다.

일본인은 1885년부터 대거 하와이로 이주해 1902년 무렵에는 3만여 명의 노동자를 포함해 6만여 명으로 급증했다. 일본인 노동자는 당시 하와이 전체 노동인구의 70%나 되었다. 문제는 일본인들이 수시로 파업을 일으켜 농장주들이 골머리를 앓았다는 것이다.

농장주들이 일본인 노동자들을 견제하기 위해 1902년 눈을 돌린 곳이 조선이었다. 마침 조선 내 사정도 이민이 필요한 시점이었다. 극심한 가뭄과 홍수, 그리고 기근 때문에 식량이 부족했던 것이다. 더욱이 일제의 쌀·곡물의 대량 반출로 식량 사정이 날로 악화되었다. 이런 양측의 연결고리가 되어준 것은 주한 미국공사 호러스 알렌이었다. 알렌은 1902년 3월 미국에서 조선으로 귀임하던 중 하와이 농장주들로부터 조선인 이민을 요청받았고 귀국 후 고종에게 이 사실을 건의했다.

고종은 1902년 11월 15일 하와이 이민 모집·송출과 관련된 사업의 전권을 미국인 사업가 데이비드 데슐러에게 일임하고 이튿날 조정의 궁내부 안에 이민 업무를 전담할 '유민원'을 신설하라는 칙령을 내렸다. 이에 따라 민영환을 초대 총재로 하는 유민원이 설치되었다.

데슐러는 이민 모집과 송출 업무를 담당할 '동서개발회사'와 이민자의 재정 문제를 해결해 줄 '데슐러은행'을 설립한 뒤 제물포항을 비롯한 전국의 주요 항구도시와 내륙 주요 도시의 기차역, 시장 등에 이민자 모집 공고를 냈다. 그러나 당시 조선인들이 고향을 떠나 이역만리 하와이로 떠난다는 것은 상상도 할 수 없는 일이었다. 데슐러는 '웨슬리메모리얼교회(현 인천내리교회)'에서 선교사로 활동하고 있는 조지 존스 목사에게 도움을 청했다. 존스는 교인들에게 하와이를 '젖과 꿀이 흐르는 약속의 땅' 가나안에 비유하며 적극적으로 이민을 권했다. 이런 과정을 거쳐 모인 신청자는 121명이었다.

이민자들은 1902년 12월 22일 인천 월미도 해상에 정박하고 있는 겐카이마루를 타고 일본 나가사키로 건너갔다. 그곳에서 실시한 신체검사에서 19명이 탈락해 102명만 1903년 1월 2일 하와이로 가는 미국 상선 '갤릭호'로 옮겨 탔다. 존스 목사의 설득이 크게 작용해 인천 출신은 86명(84%), 인천내리교회 신도들은 50여 명이나 되었다.

이민자들은 2주간에 걸친 항해 끝에 1903년 1월 13일 하와이 호놀룰루에 도착했다. 그런데 오랜 여정으로 인한 건강 악화로 8명이 또다시 귀국 조치되어 결국 93명만이 하와이 땅을 밟았다. 이들은 오아후섬 서북 끝에 위치한 모쿨레이아 사탕수수 농장으로 보내졌으나 그곳은 조선에서 들었던 '젖과 꿀이 흐르는 약속된 땅'이 아니었다. 저임금에 새벽 5시면 일터로 나가 매일 12시간 동안 억센 수숫대를 잘라야 했고 말이 통하지 않는 농장 감독자들의 횡포에 시달려야 했다. 마치 죄수처럼 작업복 가슴에 번호판을 달고 이름 대신 번호만으로 불리는 천대도 감내해야 했다.

그래도 이민자들은 1905년 8월 8일 '몽골리아호'가 마지막 이민자를 하와이에 내려놓을 때까지 총 56회에 걸쳐 7,226명이나 되었다. 신체검사에 불합격하거나 질병으로 입국이 거부되어 본국으로 귀환한 479명을 제하면 실제 이민자는 6,747명이었다. 그런데 하와이 이민은 3년도 안 되어 중단되었다. 매년 하와이의 일본 노동자들이 본국으로 거액을 송금하는 상황에서 일제가 자국의 이익을 지키려고 조선 정부에 압력을 가해 1905년 4월 1일 이민금지령을 내리게 한 것이다. 당시 하와이 거주 일본인은 전체 인구의 절반이 넘는 7만 명 정도였다.

한인들의 하와이 생활은, 중국인이 성씨별로 종친회를 조직하고 일본인이 같은 현을 중심으로 현민회를 만들어 집단생활을 한 것과는 달리 교회를 중심으로 이뤄졌다. 한인들은 1903년 7월 4일 모쿨레이아 농장에서 첫 예배를 본 것을 시작으로 매주 예배를 보았다. 1903년 11월 10일에는 미국 내 최초의 한인 이민교회인 '하와이 그리스도 연합감리교회'를 설립했다. 이 교회의 초대 담임목사는 존스 목사가 하와이로 파견한 홍승하 전도사였다. 그러나 홍승하는 부임한 지 1년 만에 하와이 기후에 적응하지 못해 병에 걸려 고국으로 돌아갔고 감리교신학교 1회 졸업생인 민찬호 목사가 후임자로 부임했다.

한인들은 교육열도 높았다. 인구 비례로 볼 때 중국계, 일본계에 비해 학생 비율이 현저히 높았으며 6년제 초등사립학교도 먼저 설립했다.

1909년 2월 설립된 한인단체 '대한인국민회'에 세금 성격의 의무금을 내야 동족 대우를 받게 함으로써 공동체의 결속도 강화했다.

사진 신부는 하와이 한인 사회를 발전시킨 동력

문제는 이민자의 90% 이상이 혼기를 넘긴 총각들이라는 점이었다. 1910년 당시 하와이 내 14~40세 한인 남녀의 비율은 무려 13대 1에 달했다. 그러다 보니 이들의 상당수가 노동의 고단함과 외로움을 달래기 위해 술과 도박 등에 의존하거나 농장에서 이탈하는 경우가 잦아 한인사회의 가장 큰 사회문제로 떠올랐다. 이처럼 성비 불균형 문제가 한인사회의 최대 고민거리로 떠오르자 하와이 농장주들과 목사들이 나서 조선의 규수들과 사진 중매를 추진했다.

사진 중매는 하와이 한인 남자가 본국의 처녀에게 자기의 사진을 보내는 것으로 시작되었다. 처녀들은 신랑감의 사진을 보고 사진 결혼식을 올린 다음 신랑 배우자의 자격으로 태평양을 건너 호놀룰루에 들어갔다. 이렇게 결혼한 여자들은 일명 '사진 신부'로 불렸다. 1910년부터 동양인 이민금지법이 발효된 1924년까지 15년간 사진 하나만을 들고 하와이로 건너간 사진 신부들은 총 950여 명에 달했다.

그러나 사진 속의 예비 신랑과 이국 땅에 대한 막연한 동경을 안고 하와이행 배를 탄 사진 신부들을 기다리고 있는 현실은 생각과는 전혀 딴판이었다. 하와이에서 보낸 남자 사진 대부분이 이민갈 때 찍은 것이어서 부두에서 처음 만난 신랑을 보고 실망하는 경우가 많았다. 그런데도 사진 신부 대부분은 숙명으로 받아들였다. 이 사진 신부가 없었다면 하와이 한인사는 노동이민 1세대에서 끝나버렸을 것이다. 사진 신부들의 가세로 한인 가정이 형성되고 한인 2세를 생산함으로써 한인사회의 맥을 이어갔을 뿐 아니라 2세 교육에 심혈을 기울여 이들이 주류 사회에 진출하는 토대가 되었기 때문이다.

초기 사탕수수 노동자
들이 하와이 이민역사의
씨를 뿌린 시조들이었다
면 제2의 물결을 이룬 사
진 신부들은 하와이 한인
사회를 성장 발전시킨 동
력이었던 것이다. 사진

하와이 한인 사회를 성장·발전시킨 사진 신부들

신부들은 하와이에 도착한 후 농장 일을 하는 경우도 있었지만 바느질이
나 빨래, 또는 독신 노동자들을 위한 하숙업 등을 하며 여성 노동력 공백
을 메웠다. 또 남자들을 설득해 도시로 진출했는데 남자들보다 젊다 보니
도시 생활에 빨리 적응했다. 이민자들은 미국 본토의 샌프란시스코나 로
스앤젤레스를 통해 캘리포니아주, 오리건주, 워싱턴주, 몬태나주, 애리조
나주, 유타주 등으로 퍼져 나갔다.

재미 독립운동 단체인 대한인국민회 통계에 따르면 1910년 당시 하와
이의 한인은 4,187명이었다. 이 숫자 외에도 983명이 귀국하고 2,100명
은 미국 본토로 이주했다. 1908년 이민자 출신인 장인환 의사가 대한제국
외교고문 스티븐스를 저격 살해한 사건을 계기로 미국 이민사회는 조선
독립운동의 강력한 지원 세력이 되었다.

초기 한인 이민자들은 저임금과 고된 노동에 시달리면서도 임금의 상
당 부분을 독립운동 자금에 보탰다. 대한민국 임시정부 수립과 이봉창·
윤봉길 의사의 의거도 이들 미주 한인들의 재정 지원이 있었기에 가능했
다. 이승만도 하와이를 중심으로 한 미국 한인사회가 키워낸 거물이었다.
인천의 인하대도 하와이 이민의 산물이었다. 이승만이 1915년 하와이에
세운 '한인여학원'(1918년 '한인기독학원'으로 개칭)이 1947년 폐교되자 이

학교를 팔아 1953년 인천에 세운 학교가 인하대이기 때문이다. 인하대는 인천과 하와이의 앞 글자를 합친 말이다.

멕시코 이민 1905년 4월 해외 이민 금지령이 내려진 직후, 국제 이민 사기범들에게 속아 1,000여 명의 한인이 멕시코로 팔려 가는 사건이 벌어졌다. 사기 브로커는 영국계 멕시코 국적의 존 마이어스와 일본인 오바 간이치였다. 마이어스는 일본에 본부를 둔 대륙식민회사의 한국지부를 통해 멕시코 계약 노동자를 모집했다.

이들 브로커가 서울을 비롯해 부산, 인천, 원산 등지에 사무소를 두고 1904년 10월부터 황성신문과 대한매일신보에 10여 차례 낸 광고를 보면 "멕시코는 문명부강국으로 부자가 많고 가난한 사람이 적어 노동자를 구하기 어려운 곳", "부녀자에게는 닭을 치게 하고 하루 노동시간은 9시간이며 계약이 끝나면 보너스로 은화 100원을 지급한다"는 등 감언이설 일색이었다. 더구나 말이 계약이지 사실상 전근대적 노예와 다름없는 예속 관계를 맺고 일하는 조건이었다. 그런데도 대한제국 정부는 이런 사실을 알지 못해 모집을 반대하거나 금지하지 않았다.

당시 멕시코 경제개발의 주된 단위는 전근대적 고용 관계에 기초한 대농장 즉 '아시엔다'였는데 노동력 부족으로 곤란을 겪고 있었다. 이런 상황에서 멕시코 정부와 대농장주에게 일본, 중국, 조선의 풍부한 노동력은 매력적이었다. 그래서 1897년부터 일본인, 1899년부터 중국인의 멕시코 이주에 이어 한국인들에게까지 유혹의 손길을 뻗은 것이다. 1,033명의 한인 이민자들은 1905년 4월 2일 여권을 발급받고 4월 4일 영국 선박 '일포드'에 태워져 제물포항을 출발했다.

대한제국 정부가 1905년 4월 1일자로 인천, 부산, 옥구, 무안, 평양 등지의 통상사무 책임자인 감리들에게 해외 이민 금지령을 내렸는데도 어

뜷게 다음 날짜에 멕시코 이민자 전원의 여권이 발급되고 또 이틀 후 제물포항을 아무런 제재도 없이 출항할 수 있었는지는 지금까지도 미스터리로 남아 있다. 다행히 멕시코 이민은 이 한 번으로 그쳤다.

남자 702명, 여자 135명, 어린이 196명으로 구성된 이민자들이 멕시코 서부 해안 살리나 크루즈항에 도착한 것은 5월 8일이었다. 그러나 바로 하선을 허락받지 못해 4일 동안 배 안에 머물다 5월 12일 배에서 사망한 2명의 어린이를 제외한 1,031명이 멕시코 땅을 밟았다.

이들은 기차와 배를 갈아타고 5월 15일 최종 목적지인 유카탄주 메리다시의 에네켄(용설란) 농장 지역에 도착했다. 아시엔다에 따라 다소의 차이는 있었으나 한인 이민자들의 생활은 대체로 노예 생활과 다름없었다. 문화와 언어도 달랐지만 무엇보다 계약 조건들이 허위였다는 데 고통이 컸다. 4년간의 노동계약은 사실상 4년간 노동을 해야 갚을 수 있는 부채 계약이었다. 이주 과정에서 든 경비와 계약 당시 받은 선금은 앞으로 일해서 갚아야 할 부채로 계산되었다. 노동자들은 새벽에 일어나 날이 저물 때까지 노동을 하고 돌아오는 것이 일과였다. 채찍을 비롯한 체형이 수시로 가해졌고 이를 견디지 못해 도망갔다가 붙잡히면 바로 감옥에 갇혔다.

고종은 멕시코 이민의 참상을 듣고 눈물을 흘리며 "동포들을 구하라"고 했지만 1905년 11월의 을사조약 체결로 조선에는 이를 해결할 외교권이 없었다. 멕시코 정부 역시 외교권조차 없는 한인들에 대해 무관심으로 일관하면서 이들은 사실상 '국제 미아' 신세가 되었다. 한인 이민자들은 1909년 5월, 4년의 계약 기간이 만료되어 법적으로 자유로운 몸이 되었으나 대부분은 별다른 생계 수단을 찾지 못해 아시엔다에 그대로 고용되었다. 그중 일부가 쿠바 등 인근 나라로 이주하면서 한인들의 분포는 중남미 전역으로 퍼져 나갔다.

상설극장 '협률사' 개관과 김창환

가설무대로 일관했던 우리의 공연 문화에 획기적인 변화를 가져왔다.

구한말까지 우리의 전통 공연은 모두 가설무대에서 이뤄졌다. 판소리 창극, 춤, 재담, 남사당패 놀이 등 전통 공연들은 사람들이 모이는 곳이면 언제 어디서나 무대를 설치하고 공연을 했기 때문에 딱히 상설무대가 필요 없었다. 어느 곳이든 자리만 잡으면 그곳이 무대였고 흥이 나면 그것이 공연이었다.

그러던 중 고종 즉위 40년을 기념하는 경축식이 다가오자 대한제국 정부가 칭경예식장으로 사용할 건물을 지었다. 1902년 8월 지금의 정동 새문안교회 근처인 야주현의 봉상시(제사를 주관하는 관청) 남쪽에 세운 '협률사(協律社)' 극장이었는데 무대 설비를 갖춘 국내 최초의 실내 상설극장이자 황실극장(국립극장)의 개관이었다. 오늘날 각종 글을 보면 '협률사'와 '희대'를 혼용해 쓰는 경우가 많은데 희대는 고유명사가 아니라 극장·공연장을 가리키는 보통명사이므로 이 글에서는 협률사로 통일해 사용한다. 또한 극장 건물을 의미하는 협률사와 공연단체인 협률사도 혼동하고 있는데 전자의 한자는 '協律社'이고 후자의 한자는 '協律司'로 차이가 있다.

협률사의 당시 모습이 어떤지는 사진이 전해지지 않아 정확히는 알 수 없다. 다만 협률사 건물을 개조해 1908년 문을 연 원각사의 외형이 로마의 콜로세움을 본떠 만든 원형극장인 것으로 미루어 협률사 역시 원형극장일 가능성이 높다. 500석 규모의 내부 구조 역시 구체적으로는 알려지지 않고 있다. 하지만 각종 기록을 종합하면 한쪽에 서양식 무대가 있고 의자 없이 평평한 바닥에서 공연을 관람했을 것으로 추정되고 있다.

정부는 협률사 극장을 짓는 한편 궁내부 소속 '협률사'라는 기관을 신설해 김창환·송만갑 등 전국의 명창들과 예인 170여 명을 불러 모아 칭경예식 예행연습을 시켰다.
그러나 그해 여름 콜레라
가 창궐해 9월 17일로 예
정된 칭경예식은 이듬해
(1903)로 연기되었다. 이
에 따라 1년간의 공백이
생기자 협률사를 일반 흥
행장으로 만들어 무대를

협률사 극장의 내부를 수리해 재개관한 원각사 극장(1908)

꾸몄다. 황실극장으로 건립되었다가 전염병으로 인해 우리나라 최초의
사설극장으로 재탄생한 것이다

협률사는 상업극장으로 용도가 바뀌어 1902년 12월 2일 '소춘대유희'를
개관 첫 작품으로 무대에 올렸다. '소춘대유희'는 무녀들의 춤, 판소리,
명창들의 소리, 재인들의 무동춤 등 가무악으로 구성된 전통 연희공연으
로, 일반인을 상대로 공연되다가 1903년 2월부터는 배우들의 공연은 중
지하고 기생들의 예능만 보여주었다. '소춘대유희'는 극장 무대에 처음 올
려진 상업적 공연이라는 점에서 의미가 있다.

칭경예식을 치를 1903년이 되었으나 이번에는 영친왕이 천연두를 앓고
러시아와 일본이 전쟁 일보 직전의 상태여서 결국 칭경예식은 형식적으
로 간단하게 치러졌다. 이후 협률사 극장은 1903년 7월 10일 활동사진(영
화)까지 상영, 영화관 구실도 겸했다. 공식적으로 우리나라에서 처음 영
화가 상영된 것이 1903년 6월 24일 동대문 한성전기회사 기계 창고였으
니 16일 정도 늦은 셈이다. 협률사 극장은 첫 영화 상영 중 전기 합선으로
불이 나가는 바람에 놀란 관중이 일시에 빠져나오려다 수십 명이 다치는
불상사가 일어나 한동안 문을 닫았다가 1904년 다시 문을 열었다.

이후 협률사 극장은 주로 광대들의 판소리, 기생들의 무용, 청나라 사

람들의 곡예를 선보이는 등 대중의 연희장 겸 사교장 구실을 했다. 그러다가 남녀가 어울려 문란하고 싸움이 잦다는 이유를 들어 보수 관료층이 협률사를 폐지하라는 상소문을 고종에게 올려 1906년 4월 17일 결국 문을 닫았다. 1907년 2월 관인구락부가 전용 건물로 사용하면서 협률사 극장에서는 광대의 재담이나 '춘향전'류의 구극이 공연되거나 프랑스·미국의 단편영화가 상영되었다.

'협률사'는 국내 최초의 실내 상설극장이자 황실극장

협률사 극장이 원각사 극장으로 재개관한 것은 1908년 7월이었다. 관인구락부가 1908년 1월 남대문 쪽으로 이전하자 대한신문 사장인 이인직이 건물을 임차해 내부를 수리하고 원각사 극장으로 다시 문을 연 것이다. 개관 초기 '춘향가', '심청가' 등 판소리를 무대화한 창극을 주로 공연하던 원각사가 한국의 공연사에 길이 남을 역사적인 극장으로 자리매김한 것은 1908년 11월 15일 한국 최초의 신극으로 평가받는 '은세계'를 공연하고부터였다. 이후 원각사 극장은 국운과 함께 숱한 풍상을 겪다가 1914년 봄 화재로 소실되어 역사 속으로 사라졌다.

한편 김창환은 1908년 명창 50여 명을 규합해 우리나라 최초의 직업 창극단인 '협률사'를 창단하고 동대문 근처에 상설극장을 개관했다. 송만갑도 1908년 가을 제자들과 함께 또 다른 협률사를 조직해 지방 순회공연을 시작했다. 김창환은 용모가 수려하고 점잖은 귀공자형이어서 그가 이끄는 협률사 공연은 큰 인기를 끌었다. 지방 공연을 갈 때면 김창환과 협률사 단원의 모습을 구경하려고 사람들이 몰려들었다.

김창환은 전남 나주에서 태어나 일찍이 서편제의 명창인 정창업의 문하에서 소리 공부를 하고 신재효에게서 이론을 배웠다. 정창업은 박유전의 제자이므로 결국 김창환의 소리는 박유전으로부터 시작된 서편제 소리 바디를 정통으로 이어받은 셈이다. 마흔 무렵부터는 궁궐에 드나들며 고종의 총애를 얻었다. 김창환은 서편제의 거장 이날치와 판소리 이론에 밝았던 동편제의 명창 박기홍과 이종사촌 간이다. 세 명창의 어머니들이 서로 자매 간인 것으로 미루어 모계를 통해 재능이 대물림한 것으로 유추할 수 있다. 김창환은 임방울의 외숙이기도 하다.

김창환과 송만갑이 운영하는 두 협률사는 1910년 한일합방과 함께 일제에 의해 강제 해산되었다. 협률사 공연이 국민에게 민족혼을 고취하고 전통예술을 통해 한국인의 동질성을 강조한다는 게 이유였다. 김창환은 지방 공연을 하던 중 나라가 망했다는 소식을 듣고 고향으로 돌아가 은거하며 울분을 달랬다. 1919년 고종이 승하했을 때는 고향 집 후원에 사당을 지어 고종의 사진을 모시고 후진 양성에 매진하다가 1927년에 74세로 생을 마감했다.

제1차 영일동맹 체결
고종은 이런 사실도 모르고 일본의 조선 보호국화 강화에 대해 거중조정을 영국에 요청했다.

청일전쟁 승리 후 일본은 청국과 체결한 시모노세키 조약 (1895.4)을 통해 청국으로부터 조선의 독립을 승인받게 되자 호시탐탐 조선을 노렸다. 그 무렵 청국은 영국에도 중요 지배지였기 때문에 영국으로서는 청국을 포기할 수 없었다. 이런 두 나라에 가장 위협적인 존재는 좀처럼 '남진'을 포기하지 않는 러시아였다.

3국간의 긴장 관계가 계속되는 가운데 1900년 중국에서 배타적 민족주의 운동인 '의화단 사건'이 일어났다. 북경의 각국 공관과 거류민들이 수개월 동안 의화단에 포위되자 영국·미국·프랑스·러시아·일본 등 열강이 의화단을 진압한 뒤 1901년 7월 청국과 '신축조약'을 체결해 사건을 마무리했다. 그런데도 러시아는 자국이 만주에 건설 중인 동청철도를 1년 전 의화단이 공격한 것을 구실로 군대를 철수하지 않고 만주에 정치적 영향력을 확대하려 했다.

러시아의 만주 진출에 가장 촉각을 곤두세운 나라는 영국과 일본이었다. 일본은 만주가 러시아의 실질적 영토로 굳어지고 이를 기반으로 러시아가 남진을 시도할 경우 오랫동안 공들여온 조선에서 손을 떼야 하는 상황을 우려했다. 러시아의 만주 점령은 영국에도 위협이었다. 러시아가 만주를 기반으로 중국 본토까지 남진할 경우 자국이 점령하고 있는 인도까지 위협받게 되는 최악의 시나리오에 대비해야 했다. 일본과 영국의 이해관계는 바로 이 지점에서 일치했고 따라서 양국의 당면 목표는 러시아의 남진을 막는 것이었다. 하지만 당시 영국은 남아공에서 보어전쟁을 치르고 있었기 때문에 극동 정세에 적극 개입할 여유가 없었다.

일본은 지도부 간에 논쟁이 벌어졌다. 강대국 러시아에 무력으로 맞설 것인지 아니면 타협할 것인지 둘 중 하나를 선택해야 하는 논쟁이었다. 협상을 주장한 대표 인물은 이토 히로부미 전 총리와 그의 맹우인 이노우에 가오루였다. 이들은 일본이 러시아에 대적할 만한 군사·경제적 실력이 아직 충분하지 않으므로 잠시 러시아와 타협해 만주의 권익을 인정해주는 대신 조선에서의 독점적 지위를 확보하자고 주장했다.

논쟁의 반대 쪽에는 가쓰라 다로 총리와 그 후견인인 야마가타 아리토모 등 군부가 포진했다. 이들은 만주를 빼앗기면 조선이 위태로워진다는 점을 부각하면서 영국과 손을 잡아 러시아에 대적해야 한다고 주장했다. 일본은 과거 외교적인 동맹 관계를 소홀히 한 탓에 국제적으로 망신을 당했던 뼈아픈 기억이 있었다. 과거 청일전쟁의 승리로 중국의 요동반도를 전리품으로 챙겼는데도 국제적으로 고립되는 바람에 러시아가 주도하고 독

일과 프랑스가 가세한 3
국간섭으로 요동반도를
청에 다시 반환해야 했던
치욕스런 기억이었다.

영일동맹이 논의되는
초기의 영국 입장은 러
시아의 한반도 진출은
막되 조선의 현상을
유지하는 선에서 일

영국에서 제작된 영일동맹 풍자화(왼쪽)와 일본에서 제작된 풍자화.
일본 풍자화는 일본과 영국이 한국과 청국의 보호국인 것처럼 그렸다.

본의 행동을 제한하는 것이었다. 하지만 일본은 '조선에서 확보한 막대한
이권을 챙기고 촉진하기 위해 필요하다고 인정되는 적절한 조치를 취할
수 있다'는 것을 영국으로부터 승인받으려 했다.

이처럼 양국의 상반된 입장으로 협상이 난항을 겪고 있을 때 일본의 이
토 히로부미가 러시아를 방문한다는 소식이 영국에 전해졌다. 러일 간의
타협을 강력히 주장하는 이토의 러시아 방문으로 러시아와 일본이 화해
할 가능성이 높아지자 영국은 초조해졌고 마침내 일본의 요구를 수용하
는 방향으로 입장을 선회했다. 이에 따라 1902년 1월 30일, 영국의 외무
장관 헨리 랜스다운과 영국 주재 일본공사 하야시 다다스가 영국 런던에
서 영일동맹에 조인했다.

영일동맹은 서구 열강이 한반도에서 일본의 우월한 지위를 인정한 첫
조약이었다. 전문 6개조 중 핵심 내용은 조약 당사국 중 한쪽이 제3국과
전쟁을 벌이게 될 경우 다른 쪽은 엄정중립을 지키고(제2조), 한쪽이 2개
국 이상과 교전할 때는 다른 쪽이 참전한다(제3조)는 조항이었다. 이로써
일본은 단독으로 러시아와 그 동맹국인 프랑스와 전쟁을 치르게 되는 위
험부담에서 벗어날 수 있었다.

일본으로서는 무엇보다 조선에서의 지위를 확고히 할 수 있다는 점에서 쌍수를 들고 환영할 일이었다. 제1조에서 일본은 조선에서 자신들의 정치·경제적 이익이 특별하다는 것을 인정받았을 뿐만 아니라 조선 내에서 발생하는 소요나 제3국의 진출로 인해 이익을 침해받을 경우 그 이익을 지키기 위한 조치를 취할 수 있는 권리를 획득했다. 일본은 이렇게 당시 세계 1등 국가인 영국과 동맹을 맺음으로써 단번에 서구 열강과 대등한 지위로 뛰어올랐다. 조약의 큰 틀은 중국에서의 영국의 이익과 조선·중국에서의 일본의 이익을 두 나라가 서로 보장하자는 것이었지만 당장의 희생양은 조선이었다.

영국은 조약의 전문과 제1조에 '조선의 독립과 영토 보전을 유지한다'는 것과 '조선의 독립을 승인한다'는 내용을 명기함으로써 조선에 대한 일본의 정치·경제상 이익은 인정하면서도 한반도의 현상을 흔들 수도 있는 일본의 적극적 대한 정책만큼은 견제하려 했으나 조선을 향한 일본의 마수를 막지는 않았다. 더 큰 문제는 상황이 이렇게 악화할 때까지 당시 조선의 집권층이 국제 질서를 제대로 이해하지 못하고 있다는 점이었다.

서구 열강이 한반도에서 일본의 우월한 지위를 인정한 첫 조약

조선의 주권 수호 외교를 도왔던 헐버트는 '대한제국 멸망사'에서 영일동맹을 촉진한 요인 중 하나로 대한제국의 외교정책을 지목했다. 1900년 3월 체결된 한·러 거제도 비밀 협약 등 조선이 급격하게 러시아로 기운 것이 영국 등 서구 열강의 경계심을 촉발했다는 것이다. 1896년 아관파천 후 고종의 친 러시아 노선이 치명적이었다고 말하는 전문가도 있다. "3국 간섭 후 만주를 중심으로 북중국에서 세력을 확장하던 러시아는 일본뿐 아니라 영국과 미국의 경계심을 고조시키고 있었는데 이런 상황에서 러시아를 끌어들인 조선의 결정은 영국과 미국 등 대서양 세계가 주도하는 국제사회가 한반도에서 러시아 견제를 위해 일본 지배권의 확장을 지원하고 승인하도록 재촉했다"는 것이다.

대륙 세력과 해양 세력이 힘겨루기를 하던 국제 정세를 읽지 못하고, 제때 힘도 기르지 못했기 때문에 조선은 세계 최강국 영국과 손을 잡고 조선을 압박하는 일본의 행보를 속수무책으로 바라볼 수밖에 없었다. 영일동맹은 러시아에도 상당한 부담으로 작용해 결국 만주에서 1년 반에 걸쳐 축차적으로 철병할 것을 약속하는 '러청만주철병조약'을 1902년 4월 8일 청국과 체결했다.

조약에 따라 러시아는 1902년 10월 제1차 철병을 단행했으나 1903년 4월로 예정된 제2차 철병은 이행하지 않고 오히려 병력을 증파했다. 그러고는 만주에서 러시아 이외의 국가에 대해 어떠한 권익도 부여하지 않겠다고 약속할 것을 청국에 요구했다. 게다가 러시아는 1903년 5월 조선과 국경을 맞대고 있는 중국 단동과 봉황성에 군대를 주둔시키고 압록강 상류의 삼림 벌채권을 보호한다는 구실로 신의주 남쪽의 용암포까지 점거했다.

이런 변화를 좌시할 수 없었던 일본은 러시아에 협상을 요청했고 양측은 1903년 10월 협상 테이블에 앉았다. 그러나 동상이몽만 확인할 뿐 별다른 진전이 없자 러시아는 자국의 태평양함대가 중국의 여순과 블라디보스토크로 나뉘어 있고 극동수비대도 시베리아 횡단철도 종착점으로부터 8,000km나 떨어져 있다는 약점을 의식해 병력과 보급품을 지원해 줄 시베리아 횡단철도 공사가 끝날 때만을 기다리며 협상을 지연시켰다. 1904년 2월 3일, 협상이 또다시 결렬되자 일본은 2월 8일 제물포 앞바다에 있는 러시아 군함을 향해 발포함으로써 러일전쟁의 포문을 열었다.

일본은 1904년 2월 러일전쟁을 도발해 전쟁을 승리로 이끌었으나 러시아가 이후에라도 다시 공격할 것을 염두에 두고 영일동맹 개정을 서둘렀다. 그리고 영국 외무장관 헨리 랜스다운과 주영 일본공사 하야시 다다스가 협상 대표로 나서 1905년 8월 12일 제2차 영일동맹을 체결했다.

제2차 영일동맹의 기본적인 변화는 동맹의 성격을 방어적인 것에서 공수동맹으로 전환한 것이다. 조선의 운명과 관련해 결정적인 변화는 제1차 동맹에 명기된 '조선의 독립과 영토의 완전한 유지를 보장한다'는 구절이 삭제되었다는 것과 '일본은 조선에서 정치·군사·경제상의 탁월한 이익을 가지므로 영국은 일본이 이 이익을 보호하고 증진하기 위해 정당하며 필요하다고 인정되는 지도·감리·보호의 조치를 조선에서 취할 권리를 승인한다'는 제3조의 등장이었다. 즉 영국이 조선의 독립과 영토 보전을 보장한다는 기존의 입장을 철회하고 일본의 조선 보호국화를 공식적으로 승인한 것이다.

이처럼 일본과 영국의 입장이 공수동맹으로 강화되는데도 고종은 이런 사실도 모르고 1905년 6월 일본의 조선 보호국화 강화에 대해 거중조정을 영국에 요청했다. 이때 근거로 제시한 것이 제1차 영일동맹에 명기된 '조선의 독립과 영토 보전' 조항이었다. 하지만 그때는 이미 영국이 조선의 보호국화를 승인하는 내용의 제2차 영일동맹 체결을 위한 논의가 한창 진행될 때였다. 영일동맹은 1911년 7월 대독(對獨)동맹 성격의 제3차 동맹으로 경신되었다가 미국과 일본이 각을 세우기 시작할 무렵인 1921년 12월 워싱턴회의에서 미국의 압력으로 폐기되었다.

마리 퀴리, 라듐 분리 성공
일생을 바쳐 이해하려고 노력했던 그 신비한 힘에 의해 희생된 최초의 피해자였다.

마리 퀴리(1867~1934)가 폴란드 바르샤바에서 태어났을 때 폴란드는 러시아와 독일이 분할·지배하고 있었다. 마리가 11살 되던 해 어머니가 결핵으로 세상을 떠나고 교사이던 아버지도 머지않아 정치적 이유로 해고되어 마리와 형제들은 경제적으로 힘든 어린 시절을 보내야 했다. 마리는 고등학교를 우수한 성적으로 졸업했지만 당시 폴란드에서 여성은 대학에 들어갈 수 없었다. 외국 대학은 여성을 받아주었지만 집안 형편상 꿈도 꿀 수 없었다.

마리 퀴리

　마리는 언니와 고민 끝에 결론을 내렸다. 언니가 파리에서 의학 공부를 하는 동안 자신이 가정교사로 돈을 벌어 언니를 도와주고 언니가 공부가 끝나면 동생을 지원하기로 한 것이다. 마리는 6년간 가정교사로 돈을 벌어 약속대로 파리의 언니를 뒷바라지했다. 그리고 언니가 파리대에서 의학공부를 마친 1891년, 파리의 소르본대 이학부에 진학했다. 파리에서 만나 1895년 7월 결혼한 고등물리화학연구소 소속 물리학자 피에르 퀴리(1859~1906)는 마리에게 학문의 동반자이자 든든한 후원자였다.

　1896년 봄, 프랑스 물리학자 앙리 베크렐이 우라늄이 들어 있는 광물에서 눈에 보이지 않는 빛 즉 베크렐선(방사선)을 발견하자 많은 과학자가 이 분야 연구에 뛰어들었다. 마리 역시 베크렐선을 자신의 박사학위 논문 주제로 삼고, 베크렐이 연구를 끝낸 지점을 자신의 연구 출발점으로 삼았다. 마리는 창고에서 우라늄이 들어 있는 광물을 하나하나 조사했다. 그리고 '베크렐선의 세기는 우라늄 원소 함량에 비례하고, 베크렐선이 우라늄 원자 내부에서 발생한다'는 결론을 끌어냈다. 1897년에는 토륨 같은 물질에서도 방사선이 방출된다는 사실을 밝혀내 이 신비한 광선을 '방사능'으로 명명했다.

　1898년 봄, 마리는 우라늄 광석의 일종인 역청우라늄광(피치블렌드)이

우라늄과 토륨보다 훨씬 더 강한 방사능을 방출한다는 사실을 알게 되었다. 마리는 역청우라늄광 안에 강한 방사선을 내는 미지의 어떤 원소가 들어 있다고 확신하고 실험에 착수했다. 피에르도 자신의 연구를 중단하고 아내의 작업을 도왔다.

부부는 역청우라늄광을 가루로 만들어 산(酸)에 넣고 용해시켰다. 그 용액을 끓이고 얼리고 침전시키는 과정을 반복해 우라늄 성분을 모두 제거한 뒤 남아 있는 물질이 여전히 방사능을 띠고 있는지를 확인했다. 부부는 강한 방사선을 내는 미지의 어떤 원소가 역청우라늄광 속에 1% 정도 들어 있을 것으로 추측하고 실험에 임했으나 훗날 밝혀진 바로는 1만분의 1%도 들어 있지 않았다.

1898년 6월, 마리의 시료는 미량의 미세한 흑색 분말로 변해 있었고, 이 분말은 우라늄보다 400배나 강한 방사능을 보였다. 분말을 더욱 정제하자 분말의 방사능도 더욱 강해졌다. 1898년 7월 6일 부부는 마침내 그 분말에서 미지의 원소를 분리하는 데 성공했다. 새 원소 이름은 조국 폴란드의 이름에서 따 '폴로늄'으로 명명했다.

새 원소 이름은 조국의 이름에서 따 '폴로늄'으로 명명

그런데 어느 날 우라늄, 토륨, 폴로늄을 제거한 잔액이 여전히 강한 방사능을 띠고 있는 전혀 예상치 않은 현상을 알게 되었다. 미지의 원소가 또 하나 있었던 것이다. 불순물이 함유된 상태에서도 그 물질의 방사선은 우라늄의 900배나 되었다. 추후에 밝혀지지만 우라늄보다 무려 300만 배 더 강한 방사능을 갖고 있었다. 마리는 방사선을 뜻하는 라틴어 '라디우스(radius)'에서 이름을 따 새로운 원소를 '라듐'으로 명명한 뒤 1898년 12월 26일 라듐의 존재를 학계에 보고했다.

마리 부부가 마침내 수t의 우라늄 광석에서 순수한 라듐 0.1g을 분리하는 데 성공한 것은 그로부터 3년도 더 지난 1902년 4월 20일이었다. 그 과정에서 마리는 방사선에 노출되어 손가락 끝에 흠집이 생기고 가끔 현기증과 구토 증세를 보였다. 마리는 라듐의 발견을 인정받아 1903년 6월 프랑스 최초로 여성 박사가 되었고 남편 피에르 퀴리, 앙리 베크렐과 함께 1903년 노벨 물리학상을 공동 수상했다. 그러나 기쁨은 3년 뒤인 1906년 4월 남편이 마차에 깔려 죽으면서 슬픔으로 바뀌었다.

남편과 마리 사이에는 두 딸이 있었다. 큰딸 이렌은 훗날 엄마의 실험 조수로 있던 프레데리크 졸리오와 결혼하고 인공방사능 발견 등의 공적으로 1935년 남편과 함께 노벨 화학상을 수상했다. 둘째딸 이브는 어머니의 전기를 써서 유명해졌다. 마리는 1908년 소르본대 정식 교수로 임명되어 프랑스 최초로 여성 교수가 되었다. 1910년에는 방사능 지식을 종합한 1,000쪽에 달하는 '방사능론'이라는 불멸의 저작을 발표했다.

라듐 발견 초기, 라듐 열풍은 대단했다. 보석의 색깔을 아름답게 만들수 있고 산소를 오존으로 변화시키며 물을 산소와 수소로 분리해낼 수 있다고 알려졌다. 만성피부염이나 사마귀는 물론 나병이나 매독 같은 질병도 치료할 수 있는 만병통치약으로 선전되었다. 그러다 보니 가격이 천정부지로 뛰었다. 하지만 건강에 해롭다는 주장이 곧 제기되었다. 쥐를 대상으로 라듐 실험을 하자 마비 증세를 보인 뒤 경련을 일으키며 죽었다. 베크렐이 1908년 사망한 원인도 라듐 때문인 것으로 추정되었다. 그런데도 라듐 열풍이 워낙 거세 오랫동안 라듐 유해론이 무시되다가 1931년에야 라듐 시판이 금지되었다.

마리는 1911년 1월 두 가지 일에 휘말려 마음고생을 심하게 했다. 첫번째는 프랑스 과학아카데미 회원가입과 관련된 문제였는데 보수적인 회원들이 마리가 아무리 노벨상 수상자라고 해도 여자이고 순수 프랑스인이 아니기 때문에 클럽 회원이 될 수 없다며 한 표 차이로 마리의 회원가

입을 좌절시킨 것이다.

두 번째는 마리와 동료 물리학자가 내연 관계라는 스캔들 보도였다. 마리는 "프랑스 여인의 남편을 빼앗아간 외국 년"이라는 비난을 들어야 했으나 그런 상황에서도 라듐과 폴로늄의 화학적 분석을 인정받아 1911년 12월 단독으로 노벨 화학상을 받았다. 이로써 마리는 노벨상을 두 차례 수상한 최초의 여성 과학자가 되었다. 1935년에는 큰딸 이렌 졸리오 퀴리 부부도 인공방사능을 발견한 공로로 노벨 화학상을 받아 2대에 걸친 노벨상 수상자가 되었다.

말년의 마리는 평생 방사능을 연구한 대가를 치러야 했다. 방사선에 오랫동안 노출된 탓에 골수가 허약할 대로 허약해지는 백혈병에 걸려 결국 1934년 7월 4일 눈을 감은 것이다.

엔리코 카루소 첫 축음기 녹음

빅터사의 통계는 "축음기가 카루소를 만들었나? 카루소가 축음기를 만들었나?"하는 명언을 남겼다.

1902년 4월 11일, 엔리코 카루소(1873~1921)가 이탈리아 밀라노의 그랜드호텔 306호실 안에 설치된 녹음용 집음 나팔 앞에 섰다. 그리고 아무런 방음장치 없는 그 호텔 객실에서 2시간 동안 노래를 불렀다. 그렇게 부른 노래는 토스카의 아리아 '별은 빛나건만', 도니제티가 작곡한 '사랑의 묘약' 중 '남몰래 흐르는 눈물' 등 10곡이었다. 19세기 말 축음기가 개발된 이래 무명 가수의 노래나 코미디의 대사 등이 약식으로 녹음되긴 했어도 당대 오페라 스타의 노래가 녹음된 것은 카루소가 처음이었다. 그런 점에서 그의 노래 10곡이 실린 10인치짜리 디스크는 레코딩 산업의 개막을 알리는 전주곡이었다.

그러나 녹음이 있기까지 우여곡절이 있었다.
영국 그라모폰사의 녹음 책임자 프레드 가이
스버그가 밀라노 스칼라 극장에서 카루소의 노
래를 듣고 본사에 카루소의 음반 녹음을 타진
했지만, 카루소가 아직 런던과 뉴욕의 큰 무대
에 서 본 적이 없는 젊은 가수라는 이유를 들어
본사가 레코딩을 하지 말도록 지시했기 때문이
다. 그런데도 가이스버그는 녹음을 강행했고

엔리코 카루소

덕분에 그라모폰사는 카루소의 음반 판매로 거금을 벌어들였다.

카루소는 첫 녹음 대가로 100파운드만을 받았으나 2년 뒤 빅터사와 전
속 계약을 맺었을 때는 음반 로열티로만 100만 달러 이상을 벌어들여 명
실상부한 '레코딩계의 제왕'으로 군림했다. 빅터사 역시 이후 260여 장의
카루소 음반을 녹음해 세계 클래식 음반 시장을 석권했다.

카루소의 성공 후 그동안 음질 등 여러 가지 이유로 레코딩에 거부 반
응을 보였던 당대 정상급 성악가들이 음반 녹음 대열에 하나둘 동참함으
로써 무엇보다 활기를 띤 것은 축음기의 보급이었다. 1901년 약 7,500대
에 불과하던 축음기가 5년 뒤 8만 8,000대나 보급되었다는 빅터사의 통계
는 "축음기가 카루소를 만들었나? 카루소가 축음기를 만들었나?"하는 명
언을 남겼다.

첫 축음기는 1877년 에디슨에 의해 세상에 태어났다. 왁스를 입힌 종이
디스크에 모스부호를 기록하기 위한 실험의 부산물로 만들어진 이 최초의
축음기 녹음 방식은 왁스를 녹인 원통에 바늘로 기록하는 것이었다. 1877
년 8월 12일 에디슨이 미국 뉴저지에 있는 작업실에서 사상 최초로 녹음
한 노래는 동요 '메리의 작은 양'이었다. 에디슨이 1877년 11월 미국 특허
국에 제출한 축음기 이름은 '말하는 기계'라는 뜻의 '토킹 머신'이었다.

오늘날과 같은 평평한 원형 음반을 처음 개발한 사람은 독일 출신의 미국 발명가 에밀 베를리너다. 그는 1888년 평평한 원형 음반에 소리가 담긴 축음기 '그라모폰'을 발명해 '장난감'이라고 불렀다. 1895년 미국에 '베를리너 그라모폰사'를 설립한 그는 영국에도 회사를 설립하기 위해 1897년 윌리엄 오언을 영국에 파견했다.

오언은 1898년 4월 런던에 EMI의 전신인 '그라모폰사'를 설립하고 레코딩을 성공시켜 세계 최초의 레이블 'EMI'를 세상에 내놓았다. 영국의 그라모폰사는 1898년 독일 하노버에 '도이체 그라모폰'을 설립했다. 축음기를 오디오 문화의 총아로 만들어준 것은 1902년 카루소의 레코딩이었다. 결국 '오디오 세기'로 불리는 20세기는 에디슨의 하드웨어가 아니라 카루소의 소프트웨어에 의해 열린 것이다.

1903년 RCA의 트레이드 마크인 '레드 실'이 등장하고 1904년 카루소가 부른 '팔리아치' 중 아리아 '의상을 입어라'는 판매량 100만 장을 돌파한 최초의 클래식 음반으로 기록되었다. 1920년대까지만 해도 음반 한 장에 담을 수 있는 녹음은 5분이 채 안 되어 실내악과 관현악곡 등은 녹음할 때는 가위질을 해야 했다. 1948년 비닐 디스크가 출현할 때까지 사람들은 바늘이 음반을 긁을 때 나는 소음을 음악과 함께 들어야 했다.

레코딩 산업의 개막을 알리는 전주곡

카루소는 이탈리아 나폴리에서 태어났다. 노래에 재능은 있었으나 집안이 넉넉하지 못해 어린 시절 기계공 훈련을 받으며 성당의 소년 성가대원으로 활동했다. 그가 실력을 인정받아 밤에 식당 테이블을 돌아다니며 노래를 부르게 된 것은 17세 때였다. 1893년 군대에 징집되었다가 음악 애호가 상관 덕에 45일 만에 제대하고 1894년 한 오페라 단역으로 출연했다가 지휘자 빈센초 롬바르디에게 발탁된 것은 음악 인생의 전환점이었다. 소시민이나 하층민의 삶을 소재로 한 베리스모 오페라의 신봉자였던 롬바르디는 카루소에게서 참다운 베리스모의 구현 가능성을 발견했다.

카루소는 1895년 3월 15일 나폴리의 한 극장에서 오페라 '라미코 프란체스코'로 데뷔했다. 1897년 오페라 '라보엠'에 출연하기 위해 작곡가 자코모 푸치니의 오디션을 받을 때 피아노 반주를 하던 푸치니가 자리에서 벌떡 일어나 "누가 자네를 내게 보냈는가, 하느님인가?"라며 고함을 질렀다는 일화는 유명하다. 카루소는 1897년 8월 '라보엠' 공연에 성공하자 11월에 있을 프란체스코 칠레아의 오페라 '아를의 여인' 초연에 페데리코 역으로 캐스팅되었다. 1898년 11월에는 역시 세계 초연인 움베르토 조르다노의 '페도라'에 출연, 엄청난 인기를 끌었다.

이후 오페라 출연 요청이 쇄도했다. 아르헨티나, 독일 등지로 이어진 공연은 마침내 토스카니니가 지휘하는 이탈리아 스칼라 극장 무대로 이어졌고 1900년 12월 스칼라 극장에서 '라보엠'의 로돌포 역을 맡아 대호평을 받았다. 1902년 4월 11일 역사적인 첫 레코드를 취입한 카루소는 그해 가을 미국의 메트로폴리탄과 계약을 맺고 1903년 마침내 미국으로 진출했다. 카루소는 1920년까지 메트로폴리탄에서만 장장 607회에 달하는 무대 공연을 기록하며 '카루소 신화'를 일궈냈다. 그 기간 78회전 SP 기준으로 무려 500장의 방대한 녹음을 남겼다.

그가 대중으로부터 열광적인 환영을 받은 이유는 몇 가지로 요약된다. 음악적으로는 19세기의 신파조에서 벗어나 극적 진실이 담긴 노래를 들려준 것이 대중에 어필했기 때문이다. 수더분한 성격과 성실함도 인기의 비결이었다. 팬들이 보낸 편지에 답장하는 것으로 여가 시간을 보내는가 하면 병원비를 도와 달라는 생면부지의 사람도 도와주었다.

카루소의 개런티가 천정부지로 치솟자 메트로폴리탄은 전속 계약금에 상응하는 수익을 내기 위해 카루소를 무리하게 혹사시켰다. 주 2회 공연은 기본이었고 어떤 시즌에는 메트로폴리탄의 개막 공연부터 7차례의 무대를 연속 맡기기도 했다. 카루소는 방대한 레퍼토리를 소화해야 한다는 심적 부담감에 시달렸다. 게다가 그는 성악가에게는 치명적인 애연가였다. 이런 빡빡한 공연 일정과 천성적인 완벽주의 성격은 결국 그에게 독이 되었다.

1909년부터 각종 질병에 시달리고 목에 이상 증상이 나타났으나 다시 정상으로 돌아오면 공연을 강행했다. 결국 정신적·육체적으로 피로가 겹쳐 1920년 12월 24일 메트로폴리탄 오페라 극장 무대에서 '사랑의 묘약'을 부르다가 피를 토하며 쓰러졌다. 그리고 1921년 8월 2일 48세의 나이로 숨을 거뒀다. 1995년 12월 워싱턴포스트지가 지난 천 년 동안의 인류 역사상 가장 뛰어난 성악가를 뽑았을 때 카루소의 이름이 첫머리에 있었다.

남아공의 보어전쟁 종결
'보어(Boer)'란 '농민'을 뜻하는 네덜란드어 '부르'를 영어로 표기한 말이다.

백인이 아프리카 검은 대륙 최남단을 처음 발견한 것은 포르투갈의 바르톨로메우 디아스였다. 그는 1488년 오늘날 남아공화국 케이프주 남서쪽 끝에 위치한 '희망봉'을 처음 발견해 세계 탐험사에 이름을 올렸다. 9년 뒤인 1497년 12월에는 포르투갈의 바스쿠 다 가마가 희망봉을 돌아 더반 부근에 내항한 뒤 도착 날짜를 따서 이 지역을 나탈(네덜란드어로 크리스마스)이라고 이름 지었다.

이후 남아공 땅에 다수의 백인이 뿌리를 내리기 시작한 것은 1652년이었다. 당시 포르투갈과 스페인을 제치고 해상무역을 장악하고 있던 네덜

란드가 인도로 가는 해
상로의 길목인 남아공
의 케이프타운에 요새
를 짓고 동인도회사 보
급기지를 건설한 것이
정착의 시작이었다.
첨병은 네덜란드의 얀
판 리베크였는데 그는
1652년 4월 네덜란드
동인도회사 소속 4척

보어전쟁 당시의 남아공

의 배를 이끌고 테이블만(케이프타운에서 북쪽으로 뻗어 있는 대서양의 작은
만)에 도착해 정착촌을 건설했다. 그는 이곳을 케이프타운으로 명명한 후
개척의 거점으로 삼았다. 이후 1657년 첫 자유 정착민이 이곳에 정착하고
1683년 내륙 최초의 거점으로 스텔렌보스가 건설되었다.

　네덜란드가 케이프타운에 이주시킨 가난한 농부들은 '보어인'으로 불렸
다. 그들은 한동안 네덜란드어를 쓰다가 점차 네덜란드어에서 파생된 '아
프리칸스어'를 썼다. '보어(Boer)'란 '농민'을 뜻하는 네덜란드어 '부르'를
영어로 표기한 말이다. 보어인들은 18세기 들어 내륙으로 진출, 흑인 원
주민들과 영토 싸움을 벌이며 내륙을 조금씩 잠식해 들어갔다.

　보어인들은 이렇게 흑인들에게서 빼앗은 땅을 자신의 영토로 삼았으나
그들 역시 머지않아 영국에 쫓겨나는 신세가 된다. 유럽에서 나폴레옹 전
쟁(1797~1815)이 발발했을 때 본국 네덜란드가 나폴레옹의 프랑스에 병
합되어 졸지에 영국과 적대 관계가 된 후 1815년 영국의 케이프타운 진출
을 막지 못해 결국 그곳을 빼앗긴 것이다. 영국의 케이프타운 점유는 아
프리카 식민화와 분할을 알리는 신호탄이었다.

보어인들은 케이프타운을 영국에 내주고 북방의 오렌지강과 발강을 건너 동북쪽의 나탈 지방으로 이동, 1838년 1월 정착했다. 그들이 옮겨간 내륙에는 줄루족 등 아프리카 흑인 왕국이 번창하고 있었으나 미국의 서부 개척민들이 인디언에게 그랬듯 그들 역시 흑인 원주민들을 무력으로 내쫓고 그곳을 차지했다. 오랜 삶의 터전을 빼앗기지 않으려는 흑인들의 격렬한 저항이 있었으나 신식 무기를 당해내지 못했다.

보어인들은 흑인을 강제로 내쫓은 곳에 1839년 나탈공화국을 건설했으나 그곳도 1843년 영국에 빼앗기자 더 깊은 오지로 들어가 트란스발공화국(1852)과 오렌지자유공화국(1854)을 세웠다. 이후 남아공 땅에는 트란스발공화국과 오렌지자유공화국, 영국의 케이프 식민지와 나탈 식민지 이렇게 4개의 백인 정부와 다수의 흑인 왕국이 공존했다. 그러던 중 1867년 트란스발에서 금광과 다이아몬드가 발견되자 케이프 식민지 정부가 또다시 트란스발 합병을 획책했다. 결국 영국인과 보어인 사이에 트란스발을 둘러싸고 갈등이 생겨 마침내 전쟁으로 발전했다. 보어인들은 1881년부터 1884년까지 일어난 이 제1차 보어전쟁에서 가까스로 승리를 거뒀다.

평온을 유지하던 트란스발에 또다시 분쟁의 회오리가 몰아친 것은 1886년 대규모 다이아몬드 광맥과 금광이 발견되면서였다. 영국은 트란스발이 세계 제일의 황금 국가로 성장하는 것을 지켜보다가 보어인들이 반투족을 학대한다는 이유를 구실로 삼아 보어인들의 내정에 간섭하기 시작했다. 그 무렵 식민지 확장주의자인 세실 로즈가 1890년 7월 케이프 식민지의 총독이 되었다.

17살이던 1870년 처음 남아프리카에 도착했던 그는 곧 다이아몬드와 금이 대량으로 발굴되자 채굴 사업에 뛰어들어 큰돈을 벌었고 1887년 지금까지도 세계 다이아몬드 시장을 쥐락펴락하고 있는 '드 비어'를 설립했다. 이렇게 일찌감치 남아프리카 최고의 부자가 되자 로즈는 남다른 야심을 키웠다. 아프리카 최남단 케이프타운에서 저 북쪽 이집트의 카이로까지 철길을 잇겠다는 원대한 계획이었다.

보어인들, 전쟁 후 주권을 잃고 영국의 식민지로 전락해

로즈는 꿈을 이루기 위해 케이프 식민지 국회의원을 거쳐 1890년 37세 나이로 케이프 식민지의 총독까지 올랐다. 로즈는 영국 정부의 허락을 받아 무제한으로 아프리카 오지 정복의 특권을 가진 '영국 남아프리카회사'를 설립했다. 지금은 짐바브웨로 이름을 바꾼 '로디지아'는 '로즈의 나라'란 뜻으로 당시 로즈가 정복해 만든 국가명이다. 로즈는 영국의 영토를 확장했다고 해서 영국인들로부터는 '아프리카 식민지 개척의 영웅'으로 불렸지만, 땅을 헐값으로 빌려주거나 팔아야 했던 아프리카 원주민들로부터는 불평등 계약과 허위 계약으로 온갖 재물을 빼앗은 사기꾼으로 불렸다.

이런 로즈에게 트란스발은 자신의 꿈을 가로막는 방해물이었다. 트란스발이 케이프 식민지와 로디지아 사이에 있어 영토 확장을 가로막는 데다 세계 제일의 황금 국가로 번영을 누리고 있는 것이 영 못마땅했던 것이다. 로즈는 본국 정부의 허락도 받지 않고 트란스발을 침공했으나 600명의 군인이 포로가 되거나 전사해 본국은 물론 국제적으로도 비난을 샀다. 결국 로즈는 1896년 1월 총독 자리에서 물러났다.

그러자 불안감을 느낀 트란스발은 1899년 10월 9일 영국 자본을 광산에서 쫓아내고 영국인들의 정치적 권리를 대폭 제한하는 최후통첩을 영국에 보냈다. 영국이 이를 받아들일 리 없어 결국 10월 11일 제2차 보어전쟁이 발발했다. 트란스발은 오렌지자유국과 군사동맹을 맺었으나 인구 50만 명에 군병력 9만 명이 전부였다. 더구나 정규 상비군이 아닌 민병 조직뿐이었다. 다만 지형을 십분 활용한 게릴라전에 능하다는 게 장점이었다. 그들은 평소 사냥을 즐겨 사격, 추격, 기마에도 뛰어났다.

결국 초기 전투에서 보어인들은 영국군에 심대한 타격을 가했다. 영국군은 2~3개월 후 대거 증강되어 45만 명으로 늘어났으나 개전 초기에는 현지 병력이 전부였다. 영국은 1900년 초 본국, 캐나다, 오스트레일리아, 뉴질랜드 등에서 대규모 증원군을 편성했다. 그들은 조직·훈련·군기 등에서 뛰어난 직업군인이었다. 영국군은 3월 13일 오렌지자유국의 수도 블룸폰테인을, 6월 5일 트란스발의 수도 프리토리아를 점령했다.

그런데도 전쟁은 바로 끝나지 않고 장기화되었다. 보어인들의 게릴라전과 장티푸스가 주 원인이었다. 전쟁 기간 영국군은 약 7만 7,000명이 장티푸스에 감염되어 약 1만 4,000명이 사망했다. 전투 중 전사한 8,000명의 거의 2배나 되었다. 영국군은 보어인과 아프리카인의 농장을 초토화해 보어인의 근거지를 없애버릴 계획을 세웠다. 전답과 가옥을 불사르고 16만 명을 집단수용소에 가뒀다. 수용소의 형편없는 위생 시설과 방치로 2만 8,000명이나 되는 사람이 병에 걸려 죽었다.

이 사실이 알려지면서 전 유럽이 영국군의 야만성에 분노했다. 영국 내에서는 압도적인 군사력에도 전쟁이 3년간이나 지속되고 영국군도 1만 명 가까이 목숨을 잃자 반전운동이 고개를 들었다. 다행히 그 무렵 보어인이 항복한 덕에 1902년 5월 31일 베레니깅 조약을 체결해 전쟁을 마무리지었다.

보어전쟁은 '모닝 포스트'지의 특파원으로 종군했던 윈스턴 처칠의 이름을 영국에 널리 알려준 전쟁이기도 했다. 당시 처칠은 포로로 잡혔으나 홀로 포로수용소를 탈출해 적진을 뚫고 480㎞를 걸어 나탈의 더반으로 돌아온 뒤 극적인 탈출기를 신문에 연재했다. 이것이 화제가 되어 1900년 7월 영국으로 돌아왔을 때 그는 영웅이 되어 있었다.

전쟁 후 보어인들은 주권을 잃고 영국의 식민지로 전락했으나 영국 역시 이때를 기점으로 서서히 '팍스 브리태니카'의 영광을 뒤로 한 채 석양 속으로 사라지기 시작했다. 남아공은 1909년 케이프, 나탈, 트란스발, 오렌지 자유국 등 4개 지역이 합병해 영연방의 남아프리카 연방으로 편입되었고 1961년에는 영연방에서 탈퇴해 오늘날의 남아프리카공화국이 되었다.

한편 로즈의 말년은 불운했다. 명예도 잃고 몸까지 쇠약해져 보어전쟁이 한창이던 1902년 3월 26일 49세로 숨을 거뒀다. 다행히 유산 대부분이 옥스퍼드대 로즈 장학기금으로 기부되어 그는 황금에 눈이 어두웠던 사람이 아니라 영국의 세계 경영을 꿈꾼 거인으로, 국제적인 육영사업의 선구자로 재평가받았다.

1903년

우리나라 첫 영화 상영과 극장 변천사
황성기독교청년회 발족과 필립 질레트
라이트 형제 인류 최초 동력비행 성공
에멀린 팽크허스트 '여성사회정치연맹' 결성

우리나라 첫 영화 상영과 극장 변천사

조선의 극장 모습을 새롭게 바꾼 것은 1910년 2월 문을 연 경성고등연예관이다.

우리나라에서 영화가 처음 상영된 것은 1903년 6월 23일 전후라는 게 통설이다. 영화사 전문가들은 '동대문 한성전기회사의 기계창에서 비 오는 날을 제외하고 매일 저녁 8시부터 10시까지 조선과 구미 각국의 모습을 담은 활동사진(영화)을 입장료 10전을 받고 보여준다'는 1903년 6월 23일자 황성신문 광고를 근거로 든다. 따라서 한성전기회사의 동대문 전차 차고 안에 영화 상영 시설을 갖춘 '동대문 활동사진소'가 최초의 영화 상영장인 셈이다. 활동사진에 대한 당시 관객의 반응은 뜨거워 10일간이나 상영되었다. 우리나라 최초의 상설극장인 '협률사'도 이에 자극을 받아 보름 뒤인 7월 10일 활동사진을 상영했다.

1903년 최초 설과 달리 1897년에 이미 국내에 활동사진이 들어왔다는 주장도 있다. 영화평론가 김종원은 1897년 10월 19일자 영국 런던타임스 기사를 근거로, 1897년 10월 10일 이전에 영화가 상영되었다고 주장한다. 런던타임스 기사는 당시 조선에 체류하던 영국인 에스터 하우스 객원기자가 작성한 것으로, 하우스는 "1897년 10월 상순경 조선의 북촌 진고개의 어느 허름한 중국인 바라크 한 개를 3일간 빌려서 가스를 사용해 모드 프랑스 파테 회사의 단편들과 실사 등을 영사했다"며 "조선연초주식회사의 비교적 저렴한 일본 담배 빈 갑 몇 개를 가지고 오는 사람에겐 무료로 관람을 시켰다"고 기사에 썼다. 이로 미루어 당시에는 전기가 없어 가스를 동력으로 삼아 영사기를 돌리고 담배 회사를 위한 선전 수단으로 활동사진을 이용했음을 알 수 있다.

황성신문에 실린 영화 상영 광고
(1903.6.23)

1903년 동대문 한성전기회사 기계 창고에서 활동사진이 상영된 후 1904년 12월 일본활동사진회가 소광통교 부근에 흥행장을 설치해 영화를 상영하고 1907년 4월 프랑스인 마전이 서소문밖 새다리 부근에 마련한 벽돌집에서 영화를 상영했다. 1906년 11월 진고개 충무로의 송도좌에서도 영화를 상영했다는 기록이 있다. 한성전기회사의 동대문 활동사진소는 1907년 6월 창극과 연극 상연을 위한 광무대로 개조되었고 1908년 9월 박승필이 이 광무대를 임차해 구극 전용 극장으로 사용했다.

나름대로 체계를 갖춘 민간극장이 최초로 등장한 것은 서울이 아닌 부산이었다. 일본인의 합자로 서양식 목조 2층 건물로 지어진 부산좌 극장으로 1907년 7월 15일 개관했다. 100여 년간 한국 영화의 버팀목이자 요람이었던 서울의 단성사는 부산좌 극장이 개장하고 이틀 뒤인 1907년 7월 17일, 서울 종로구 수은동에서 개관했다.

단성사는 동대문시장 상인 출신의 실업가 지명근·주수영·박태일이 공동으로 건립했다. 1908년 등장한 연흥사·장안사 등과 더불어 신식 극장으로 분류되었으나 목조 2층 건물이었기 때문에 당시만해도 특별히 주목할 만한 시설은 아니었다. 관람석 350석에 남녀가 각기 아래 위층으로 분리해 앉도록 했다. 당시 극장은 영화만을 상영하는 것이 아니라 광대놀이나 권번 기생들의 춤을 먼저 보여준 뒤 활동사진을 틀어주는 것이 상례였다.

조선의 극장 모습을 새롭게 바꾼 것은 1910년 2월 일본인 와타나베가 지금의 을지로 입구 외환은행 본점 자리에 목조 2층 건물로 문을 연 경성고등연예관이다. 경성고등연예관은 건물 외곽이나 내부 설비를 현대적으로 구비하고 영화 상영을 전담하는 영사기사를 고정으로 배치하는 등 첨단을 자랑했다. 1924년 '장화홍련전'을 연출하고 1932년부터 단성사의 경영자로 활동한 박정현이 영사기사의 첫 발을 내디딘 곳도 경성고등연예관이었다.

경성고등연예관은 프랑스 파테사의 최신 기계들을 들여다 놓고 '세계 제일 활동사진관'(황성신문 1910.2.20)이라고 선전했다. 입장료가 비쌌는데도 인기가 높아 평균 2주일 간격으로 프로그램을 교체했다. 주로 프랑스 파테회사 작품을 상영했으나 간간이 일본 영화나 무용 등을 선보였다. 경성고등연예관은 1912년 7월 도로 확장으로 헐려 다시 지어졌으나 2년 후 폐관한 뒤 1915년 종로구 관철동으로 옮겨 우미관이라는 이름으로 개관했다.

2층 벽돌 건물에 1,000명가량을 수용하는 우미관에는 항상 관람객이 들어차 "우미관 구경 안 하고 서울 다녀왔다는 말은 거짓말"이라는 말이 생길 정도로 전국적으로 유명세해졌다. 1913년 1월 을지로 4가 국도극장 자리에 목조 2층 건물의 '황금관'이 개관했으나 경쟁 관계에 있는 우미관과 단성사의 인기를 따라가지는 못했다.

최초의 영화 상영장은 동대문 전차 차고

단성사가 영화 전용관으로서의 면모를 갖춘 것은 소유권이 다무라 미네에게 넘어간 1911년이었다. 다무라는 우미관 소속 서상호·김덕경·이병조 등 인기 변사 6명을 끌어들여 진용을 강화하고 1915년 2월 본관을 신축하면서 3층 벽돌 건물로 확장해 새롭게 단장했다. 단성사가 영화 전문극장으로 바뀌어 조선 영화의 중심이자 초기 한국 영화의 산실이 된 것은 1918년 박승필이 다무라에게서 건물을 임차해 경영권을 넘겨받고부터였다.

박승필이 단성사를 지킨 14년은 일본인들이 주도하던 영화 흥행 시장에서 한국 영화의 자존심을 지켜낸 시기였다. 극장을 임차한 그해 화재가 일어나자 박승필은 1918년 12월 단성사를 3층 벽돌 건물로 확장·신축해 활동사진과 신극 전용관으로 재개관했다. 박승필이 경영권을 행사하는 동안 한국 영화의 효시로 꼽히는 연쇄극 '의리적 구토'(1919), 한국인이 만든 최초의 극영화 '장화홍련전'(1924), 일제강점기 최대 히트작인 나운규의 '아리랑'(1926)이 상영되었다.

우미관과 단성사의 양강 구도는 1922년 11월 인사동에 세워진 '조선극장'이 개관하면서 3파전 양상을 보였다. 3층 규모의 벽돌 건물로 지어진 조선극장은 영화 상영과 연극 공연을 겸한 극장으로 사용되었다. 대표자 명의와 운영은 조선인이 맡았으나 다른 서울의 영화관이 그렇듯 실제 소유주는 일본인이었다.

1920년대 들어 영화가 점점 대중적인 인기를 끌면서 극장도 함께 늘어났다. 1923년에는 서울에 7개소의 영화 전용극장이 있었으며 1926년에는 경기도의 10개소를 비롯해 전국에 50개소의 영화 전문극장이 영업을 했다. 1920년대 서울은 청계천을 중심으로 서울 토박이들이 주로 살던 종로 일대의 북촌, 일본인이 새롭게 거주지를 형성하던 충무로 부근(진고개)의 남촌으로 나뉘었는데, 극장도 조선인 중심의 북촌극장과 일본인이 주로 이용한 남촌극장으로 구별되었다. 단성사는 우미관, 조선극장과 함께 북촌의 얼굴이었고 남촌극장의 중심은 황금관이었다.

하지만 서울의 대표적인 영화관들은 1930년대 들어 극장 소유주와 임대자 간의 권리 다툼으로 분쟁에 휘말리거나 경영 부진에 시달리면서 경영에 어려움을 겪었다. 조선극장은 1936년 6월 화재로 불타버리면서 사라졌고 단성사는 계속된 경영 실패와 박승필의 죽음(1932.1)으로 쇠퇴의 길을 걸었다.

단성사는 오랫동안 지배인으로 활동해온 박정현이 극장 경영을 맡아 정상화를 모색했으나 이미 기울기 시작한 흐름을 막기에는 역부족이었다. 일본인이 주로 이용하는 남촌의 명치좌나 약초극장처럼 새로운 설비와 서비스를 갖춘 새 극장들이 속속 들어서는 데다 미국·유럽의 토키(발성) 영화를 배급하는 회사들이 설비가 부족한 단성사에 A급 영화를 공급하지 않았기 때문이다. 결국 손실이 눈덩이처럼 불어나자 박정현도 충격으로 몸져누웠다. 이 사이 경영권 분쟁이 3차례나 일어나 결국 박정현은 단성사의 운영권을 빼앗기고 1939년 8월 쓸쓸히 죽음을 맞았다. 단성사의 운영권은 1939년 6월 명치좌를 운영하고 있던 이시바시 료스케에게 넘어가 1939년 9월 일제의 대륙 침략을 기념하는 의미의 '대륙극장'이라는 새로운 이름으로 재탄생했다.

단성사가 본래의 이름을 되찾은 것은 해방 다음해 3·1절인 1946년 3월 1일이었다. 해방 후에도 단성사는 영화 흥행의 '종로시대'를 부활하는 중심지 역할을 하며 영화 팬들의 추억을 키웠으나 2008년 9월 최종 부도 처리되어 극장으로서의 명맥이 완전히 끊어졌다.

우미관은 1945년 광복 후까지도 계속 번성했으나 1959년 화재로 화신백화점 옆으로 자리를 옮기고 1960년대에는 2류 재개봉 극장으로 명맥을 유지하다가 1982년 11월 말 문을 닫았다. 황금관은 해방 후 1946년 '국도극장'으로 이름이 바뀌어 운영되다가 1999년 폐관하고 건물도 허물렸다.

황성기독교청년회 발족과 필립 질레트
총회에서는 성서의 한 구절 '저희도 다 하나가 되어'(요한복음 17장 21절)를 모토로 채택했다.

이 땅의 YMCA 역사는 1899년 조선의 상류층 청년 150여 명이 YMCA 창설 요청서에 서명하고, 호러스 언더우드와 헨리 아펜젤러가 이 요청서를 북미 YMCA 국제위원회에 발송하면서 시작된다. 상류층

서울 종로 2가 현 위치에서 3층짜리 벽돌 건물로 준공(1908.12.3)된
황성기독교청년회 건물

청년들이 YMCA 설립을 요청한 이유는 초기 조선 교회 선교의 초점이 주로 하층민들에게 맞춰진 데 따른 자구책의 성격이 짙다. 당시 상류층 청년들은 교회에 가고 싶어도, 기독교가 무엇인지 알고 싶어도 이미 평민들이 기성 교회를 차지하고 있어 아직 반상(班常)이 유별한 상황에서 선뜻 교회에 발을 들여놓을 수 없었다. 그래서 교회를 대신할 새로운 장소를 YMCA에 요청한 것이다.

YMCA는 영국 런던 히치콕로저스 상점의 점원이던 조지 윌리엄스 등 12명의 청년이 산업혁명 직후 혼란한 사회 속에서 청소년들이 건전하게 즐길 만한 활동을 염두에 두고 1844년 6월 6일 친교 모임을 만든 것이 시초다. 이후 구미 각국으로 확산되어 1855년 프랑스 파리에서 열린 세계 창립총회에서 YMCA 세계연맹이 결성되었다. 총회에서는 성서의 한 구절 '저희도 다 하나가 되어'(요한복음 17장 21절)를 모토로 채택했다.

조선의 청년들이 설립 요청서를 보내오자 북미 YMCA 국제위원회는 이미 중국에서 YMCA를 설립한 경험을 살려 이 분야에 정통한 D.W. 라이언을 1900년 6월 서울로 보내 조선의 사정을 파악하도록 했다. 라이언은 9월까지 서울에 머무르며 긍정적인 보고서를 작성해 북미 YMCA 국제위원회에 전달했다. 보고서를 검토한 국제위원회는 조선의 YMCA 창립을 의결하고 1901년 9월 미국인 선교사 필립 질레트(1872~1938)를 창설 책임자로 조선에 파견했다. 질레트는 1901년 10월 말 조선에 도착했다.

이후 2년간의 준비 끝에 '황성기독교청년회'(서울YMCA)가 서울 정동의 유니언클럽에서 창립총회를 연 것은 1903년 10월 28일이었다.

호머 헐버트가 의장으로 사회를 보는 가운데 제임스 게일 목사가 헌장 초안을 낭독하고 미국·영국 등 6개국 37명(정회원 28명, 준회원 9명)의 회원이 헌장 초안에 만장일치로 서명함으로써 황성기독교청년회는 마침내 이 땅에 첫발을 내디뎠다. 황성기독교청년회는 질레트를 초대 총무, 게일과 헐버트를 각각 회장·부회장에 선임함으로써 초창기의 모양새를 갖췄다.

질레트는 1904년 현재 종로2가에 있는 서울YMCA의 대지를 사들여 가건물을 짓고 사업을 시작했다. 창립 초기에는 김규식·최재학 등 일부 조선인만이 참여해 참여도가 높지는 않았다. 하지만 옥에 갇혀 있던 이상재·윤치호 등 독립협회 지도자들이 출옥 후 속속 가입하면서 황성기독교청년회는 독립협회의 후신인 것처럼 비쳤다.

YMCA 본부에 설립을 요청한 것은 상류층 청년

황성기독교청년회가 활기를 띤 것은 이상재가 교육부 위원장으로 발을 들여놓은 1905년 5월부터였다. 그 무렵부터 청년들이 선교 활동의 일환인 성경반에 적극 참여하고 목공, 천공, 제화, 염색, 사진, 인쇄 등 각종 실용적인 기술 교육을 받고 야구, 유도, 검도, 축구 등 운동경기를 배우기 위해 몰려들었다. 황성기독교청년회는 또한 구 대한제국 군인 출신인 이필주와 이하종 등을 교관으로 내세워 1주일에 3시간씩 군사훈련을 실시했다. 일본은 황성기독교청년회의 이런 활동을 내심 못마땅하게 여겼으나 미국인과 영국인이 깊숙이 관여하고 있어 차마 간섭은 못 하고 대책을 세우는 데만 골몰했다.

당시 장안의 화제가 되었던 YMCA 회관은 미국의 워너메이커가 기부한 4만 달러를 기반으로 1907년 6월 서울 종로 2가의 현 위치에서 공사를 시작해 1908년 12월 3일 3층짜리 벽돌 건물로 개관했다. 1907년 11월 7일의 정초식 때는 고종이 영친왕을 현장에 보내 '일천구백칠년(一千九百七年)'이란 글을 머릿돌에 쓰게 하고 1만 원의 하사금과 은으로 만든 흙손 두 자루를 보내 격려했다. 준공식은 이완용 당시 총리대신과 이토 히로부미 통감이 참석할 정도로 성황을 이뤘다.

황성기독교청년회의 핵심 역할을 한 학생 YMCA는 1910년 6월 서울 근교 진관사에서 개최된 제1회 기독학생 하령회를 계기로 활성화되었다. 1911년 9월쯤 학생 YMCA가 6개로 늘어나는 등 황성기독교청년회의 활동이 더욱 활기를 띠자 일제가 마침내 탄압의 칼을 빼들었다.

첫 탄압은 1911년의 '105인 사건'으로 나타났다. 흔히 '105인 사건'은 신민회 지하조직을 꺾기 위한 조작극으로 알고 있지만 실은 YMCA 세력을 꺾기 위한 의도도 그에 못지않았다. '105인 사건'으로 윤치호, 이승훈, 양전백 등 중형을 선고받은 주동 인물의 상당수가 YMCA와 관계를 맺고 있었다는 사실이 이를 뒷받침한다.

YMCA 관련 주요 인물들이 대거 붙잡혀가거나 해외 망명길에 오르는 등 황성기독교청년회의 활동이 위축될 조짐을 보이자 질레트, 언더우드, 모펫 등 선교사들이 데라우치 총독에게 항의 서한을 보냈다. 일제는 아랑곳하지 않고 또 다른 흉계를 꾸몄다. YMCA 부총무로 있던 이완용계의 김린을 매수해 '유신회'라는 일종의 모반 세력을 YMCA 안으로 침투시켜 이상재 등 민족 세력을 쫓아내려는 음모를 꾸민 것이다.

조선의 YMCA는 마침 내한한 북미 YMCA의 총무이자 1946년 노벨 평화상 수상자 존 모트를 중심으로 일본의 음모와 힘든 싸움을 벌여야 했다. YMCA 이사회는 1913년 2월 긴급 소집된 회의에서 김린을 부총무직에서 파면하는 등 일제의 입김에서 벗어나기 위해 안간힘을 썼다. 그래도

1913년 6월 '황성'이라는 명칭 대신 '조선중앙'으로 명칭을 바꾸라는 일본의 요구까지는 막아내지 못했다. 결국 '황성기독교청년회'는 '조선중앙기독교청년회'로 개칭되었다.

황성기독교청년회가 비로소 자주적인 단체로 재출발한 데는 1913년 중국으로 떠난 질레트에 이어 2대 총무로 부임한 이상재와 1916년 취임한 3대 총무 윤치호의 역할이 컸다. YMCA 전국 연맹은 1914년 4월 개성에서 경신학교, 광주숭일학교, 군산영명학교, 배재학당, 세브란스의전, 전주신흥학교 등 9개의 학생YMCA와 황성기독교청년회 대표 등 45명이 모여 결성했다. 황성기독교청년회는 독립운동에도 적극 참여했다. 1919년 황성기독교청년회가 설립한 도쿄 YMCA에서 2·8 독립선언이 일어났고, 3·1 운동의 민족 대표 33인 가운데 9명이 YMCA와 관계있는 인물일 정도로 독립운동의 한가운데에 있었다.

질레트는 초대 총무이자 조선 근대 체육의 아버지

YMCA의 초대 총무 필립 질레트는 미국 일리노이주에서 태어나 매사추세츠주 스프링필드 YMCA 전문학교와 콜로라도대를 졸업했다. 조선으로 건너오기 전 예일대에서 1년 반 동안 수학하고 YMCA 전도 담당 부목사로 활동하다가 1901년 10월 제물포항으로 내한했다. 1903년 YMCA 창립총회 직후 엘런 버사와 결혼, 두 딸을 낳았으나 한 딸은 1905년 아기 때 사망해 지금의 양화진 제1묘역에 묻혔다.

그는 야구, 농구, 복싱 등 각종 스포츠를 국내에 처음 선보여 '조선 근대 체육의 아버지'로도 불린다. 특히 그가 공을 들인 것은 야구였다. 질레트가 입국하기 전 국내에서 최초로 벌어진 야구 경기는 1896년 4월 25일 서울 거주 미국인들과 미국 해병대원 사이의 경기로 알려져 있다. 이 사실은 독립신문의 영문판인 '인디펜던트'지에 기사로 소개되었다. 그해 6

필립 질레트

월 23일의 경기에는 서재필이 '필립 제이슨'이라는 미국 이름으로 6번 타자, 중견수로 출장했다는 기록도 있다. 다만 이 경기들은 미국인(서재필 포함)들의 경기여서 한국 야구의 기원으로 삼기에는 무리가 따른다.

질레트는 YMCA 임시 회관으로 사용 중이던 서울 인사동 태화관 앞에서 미국인들이 캐치볼을 하는 것에 조선인들이 관심을 보이자 야구를 선교 수단으로 삼기 위해 미국에 야구 용품을 주문했다. 1904년 배트와 글러브 등 야구 장비가 들어오자 현동순, 허성, 김연호 등으로 구성된 '황성기독교청년회 야구단'을 창단, 회원들에게 야구를 가르쳤다.

야구는 덕어(독일어)학교, 일어학교, 영어학교 등 외국어학교를 중심으로 퍼졌다. 1906년 3월 15일에는 동대문구장 자리인 훈련원 마동산에서 황성기독교청년회와 덕어(독일어)학교가 야구경기를 벌였다. 정확한 스코어는 알려지지 않고 있으나 덕어학교가 3점 차로 승리한 것으로 알려지고 있다. 이 경기는 조선 최초의 야구 경기로 기록되어 있다.

YMCA 야구단은 조선 최강팀으로 지방 원정을 다니며 초창기 야구 붐을 주도했다. 걸음마 단계에서 벗어나지 못하던 국내 야구는 1909년 도쿄 유학생 야구단이 방문해 친선경기를 치르면서 급속히 보급되었다. 당시 도쿄 유학생 야구단은 YMCA 야구단을 상대로 10점 차의 대승을 거뒀다. 1912년에는 YMCA 야구단이 일본으로 원정 경기를 떠나 국내 스포츠 사상 최초의 해외 원정 경기를 벌였다. YMCA 야구단은 7전 1승 1무 5패의 전적을 안고 귀국했다. 질레트는 1907년 회원들에게 농구도 가르쳤으나 시간에 쫓겨 야구만큼 적극적으로 전파하지는 못했다.

길레태라는 조선 이름을 가질 정도로 이 땅에 애착이 많았던 질레트는

1910년 한일합방 후 일제의 탄압에 항거하다 조선을 떠나야 했다. 일제가 1911년 '105인 사건'을 날조해 윤치호 당시 YMCA 부회장 등을 주동자로 몰아 수감하자 질레트는 사건의 전모를 낱낱이 기록한 보고서를 영국 에 든버러 국제기독교선교협회로 발송했다. 그런데 중국 일간지 '차이나 프 레스'지가 문서를 입수해 공개하자 총독부가 질레트의 사퇴를 종용했다. 결국 질레트는 1913년 6월 중국에서 열리는 YMCA 지도자 강습회에 참 가했다가 돌아오지 않았다. 질레트는 중국 각지에서 YMCA 총무로 활동 하고 상해임시정부에도 재정 지원을 하다가 1932년 퇴임했다. 1937년 미 국으로 돌아가 1938년 11월 심장마비로 별세했다.

라이트 형제 인류 최초 동력비행 성공
역사적인 비행은 1903년 12월 17일 시도되었다.

　　　　　　　1878년 어느 날 11살 윌버 라이트(1867~1912)와 7살 오빌 라이트(1871~1948) 형제가 아버지에게서 선물 하나를 받았다. 고무줄로 움직이는 프로펠러를 이용해 하늘을 나는 장난감이었다. 형제는 그렇게 생애 처음 '나는 물체'와 만나 비행에 관심을 갖게 되었다. 형제는 어릴 때 부터 기계에 관심이 많고 손재주도 좋았다. 그러나 고등학교를 중퇴해 체 계적인 과학 교육이나 기술 훈련을 받지는 못했다. 그래서 1892년 12월 개업한 것이 자전거 제작·판매점이었다. 다행히 당시 미국을 휩쓴 자전 거 열풍 덕분에 큰돈을 벌었다.

　그러던 중 1896년 8월 어느 날 독일의 항공 개척자 오토 릴리엔탈이 글 라이더로 비행을 하다가 추락사했다는 기사를 읽고 그동안 잊고 있던 비 행에 다시 관심을 갖게 되었다. 릴리엔탈은 사람이 날개를 달고 조종을

하면서 공중을 날 수 있
다는 사실을 1891년 처음
세상에 알려준 인물로,
죽는 날까지 총 2,000여
회 비행 실험을 했던 '행
글라이더의 창시자'였다.

플라이어 1호의 역사적인 첫 비행 모습(1903.12.17).
비행하는 사람은 동생 오빌 라이트이고 서 있는 사람은 형 윌버다.

형제는 '나는 기계'와
관련된 자료를 찾아 닥

치는 대로 읽었다. 그중에는 릴리엔탈이 쓴 '항공 기초로서의 새의 비행'
(1889)도 있었다. 형제는 곧 연처럼 날릴 수 있는 글라이더를 설계했고 사
람이 탈 수 있는 글라이더도 만들었다. 그리고 오하이오주 데이턴에 있는
집에서 1,100㎞나 멀리 떨어져 있고 미국에서 가장 바람이 센 곳으로 알
려진 노스캐롤라이나주 키티호크 마을을 비행 실험 장소로 정했다. 형제
는 1900년 10월 키티호크에서 7㎞ 떨어진 킬데블 모래 언덕에서 비행 실
험을 했으나 실패했다. 1901년에도 그곳에서 수백 차례의 글라이더 비행
을 실험했으나 결과는 실망의 연속이었다.

형제는 글라이더를 개량해 1902년 9~10월 키티호크 허허벌판에서
1,000차례 이상 연을 날리고 글라이더 비행 실험을 하면서 동력 비행에
필요한 데이터를 축적하고 분석했다. 그리고 1903년 여름부터 동력을 갖
춘 비행기 '플라이어호'를 제작했다. 나무를 뼈대로 하고 광목천으로 뒤집
어씌운 후 위와 아래 날개를 버팀줄로 이었다. 12마력짜리 4기통 수랭식
엔진은 조종사의 오른쪽에 설치하고 프로펠러는 주날개 뒤쪽에 붙여놓았
다. 조종석은 따로 없이 조종사가 주날개 위에 납작 엎드려 조종하도록
했다. 이렇게 만들어진 기체의 총무게는 274kg이었고 총길이는 6.4m, 주
날개는 가로 세로 각각 12.3m, 2.8m였다.

형제는 1903년 9월 플라이어호를 키티호크로 가져가 비행을 준비했다. 비행기를 띄울 킬데블 언덕은 강한 바람이 쉬지 않고 불어 비행기가 날아 오르기 쉽고 주변이 모래 해변이라 착륙할 때 덜 위험했다. 1903년 12월 14일 형 윌버가 '플라이어호'의 주날개 위에 엎드린 채 첫 비행을 시도했 으나 공중으로 날아오르자마자 땅으로 곤두박질쳐 첫 비행은 실패했다. 사실은 30m 정도 날았지만 비행시간이 3초에 불과해 형제 스스로 진정한 비행으로 인정하지 않았다.

중력의 사슬을 끊고 하늘로 나는 인류의 오랜 꿈 실현

역사적인 비행은 그로부터 3일 뒤인 1903년 12월 17일 시도되었다. 5 명의 주민이 역사적인 현장을 지켜보는 가운데 이번에는 동생 오빌이 실 험 비행에 나섰다. 하늘은 맑았으나 대서양에서 불어오는 시속 43㎞의 강풍이 언덕에 몰아쳤다. 오전 10시 35분 플라이어호를 실은 활차가 18m 길이의 레일 위를 달렸고 곧이어 플라이어호가 활차에서 공중으로 떠올 랐다.

플라이어호는 잠시 앞으로 날아간 뒤 미끄러지듯이 모래밭에 착륙했 다. 비행시간은 12초였고, 비행거리는 36.5m였다. 기체와 탑승자 모두 아무런 이상이 없었다. 내세울 만한 기록은 아니었지만 이 비행은 인류사 에 기념비적인 사건이었다. 동력 비행기가 중력의 사슬을 끊고 하늘로 나 는 인류의 오랜 꿈을 마침내 실현한 순간이었기 때문이다.

첫 비행에 성공한 12월 17일 두 번째 비행은 형 윌버가 시도해 첫 번째 보다 10m 정도 더 멀리 날아갔다. 동생 오빌이 시도한 3번째 비행에서는 60m 정도 비행하고 비행시간도 15초로 늘어났다. 다시 형이 시도한 4번 째 비행거리는 260m로 늘어났고 비행시간은 59초나 되었다. 잠시 쉬고 있는 동안 플라이어호가 강한 돌풍으로 뒤집히고 망가져 더 이상 비행은 하지 못했다.

사실 최초로 하늘을 난 사람은 라이트 형제가 아니었다. 1783년 프랑스의 몽골피에 형제가 사람을 태운 열기구로 25분간 8㎞ 비행에 성공하고 1804년 영국의 조지 케일리가 처음으로 글라이더 비행에 성공했기 때문이다. 라이트 형제가 동력비행을 준비하고 있을 때 미국에는 새뮤얼 랭글리라는 또 다른 경쟁자가 있었다. 그는 1896년 증기동력 모형항공기의 비행에 성공한 뒤 사람이 타는 비행기를 제작했다. 그리고 1903년 10월 7일과 12월 8일, 공개 시험을 했으나 두 번 다 실패했다. 라이트 형제의 최초 비행 성공은 랭글리가 두 번째 공개 시험에 실패한 날로부터 9일 후 이뤄졌다.

형제는 역사적인 비행 성공 후 더 개량된 '플라이어 2호'를 만들었다. 그리고 1904년 봄 자신들이 비행에 성공했다는 사실을 공식적으로 인정받기 위해 인근 허프먼 목장으로 신문기자들을 초청했다. 그러나 플라이어 2호는 활주 레일을 벗어나자마자 땅에 처박혀 기자들의 비웃음을 샀다. 기자들은 첫 비행도 조작된 얘기라며 자리를 떴다. 형제는 2호가 실패한 원인을 바람이 갑자기 멈췄기 때문이라고 분석한 뒤 뒷바람 없이도 이륙할 수 있는 새로운 비행기를 구상했다. 그렇게 만들어진 엔진은 16마력이었고 무게는 314㎏이었다. 형제는 1904년에만 100여 번 비행을 시도했다. 그중 11월 9일과 12월 1일에는 5분 4초, 5분 8초 비행하는 데 성공했다.

다시 제작한 '플라이어 3호'는 1905년 5월 50여 차례의 비행 실험 중 어떤 때는 38분 동안 45㎞를 비행할 정도로 수준이 높아졌다. 형제의 조종술도 비약적으로 좋아졌다. 형제는 1906년 5월 22일 '나는 기계'로 미국 특허를 획득하고 1908년 2월 미 국방부와 비행기 납품 계약을 체결했다. 미 정부는 2명이 탑승하고 시속 64㎞의 속도로 200㎞를 비행할 수 있어야 한다는 조건을 달았다. 형제는 조건을 충족한 비행기를 만들어 1908년 9월 17일 오빌과 한 육군 대위가 동승한 비행 실험을 했다. 하지만 비행기가 추락, 오빌은 중상을 당하고 대위는 사망하는 사고가 일어났다. 결국 납품은 1909년 8월로 미뤄졌다.

형제는 1909년 11월 비행기 제조회사를 설립하고 비행학교를 세웠다. 비행 사업은 순조로웠으나 특허 침해자들에 대한 소송이 골칫거리였다. 특허권 분쟁에서 대부분 승소했지만 오랜 법정 다툼에 시달리고 1912년 5월 형 윌버가 장티푸스에 걸려 죽는 바람에 동생은 비행기 사업에 흥미를 잃고 말았다. 결국 3년 뒤 거액을 받고 회사를 매각했다. 소송도 미국 정부의 중재로 상호 특허 사용 계약이라는 형식으로 종결되었다. 플라이어 1호는 현재 스미스소니언 국립항공우주박물관에 전시되어 있다.

에멀린 팽크허스트 '여성사회정치연맹' 결성
그의 삶은 처음부터 끝까지 여성 문제와 사회 개혁이라는 대의에 일관되게 바쳐졌다.

에멀린 팽크허스트(1858~1928)는 20세기 영국 여성참정권 운동의 상징이다. 투쟁 방식은 과격했다. 관공서의 유리창을 박살내고 방화도 서슴지 않았다. 감옥을 제집처럼 드나들었다. 그를 이렇게 만든 것은 투표권이 없는 여성의 차별 대우를 어떻게든 뿌리뽑겠다는 그 자신의 의지가 1차 이유겠지만 집안에 면면히 흐르는 피도 무시할 수 없는 요소였다.

팽크허스트는 영국 맨체스터의 부르주아 가정에서 태어났다. 아버지는 열렬한 노예해방론자였고 부모 모두 남녀가 평등하게 참정권을 가져야 한다고 믿었다. 팽크허스트가 영국 여성운동의 선구자 리디아 베커의 강연을 듣고 여성운동에 본격적으로 관심을 갖게 된 것은 14살 때였다. 15살에 프랑스 파리로 건너가 3년간 공부하고 21살 때인 1879년 24살 연상

경찰에 붙잡혀가는 에멀린 팽크허스트

의 리처드 팽크허스트(1834~1898)와 결혼했다.

남편은 1860년대 말 영국 여성의 권리 신장을 적극 옹호한 진보적인 변호사였다. 그는 여성이 결혼 후에도 수입과 재산을 자신의 것으로 유지할 수 있도록 하는 기혼여성재산법안 제정에도 공을 들였다. 1893년 독립노동당(노동당의 전신)이 창당할 때도 지도급 인사로 활동했다. 결혼 후 굴든에서 팽크허스트로 성이 바뀐 에멀린은 5명의 아이를 낳아 기르는 바쁜 와중에도 정치 활동에 적극 참여했다. 1889년 남편과 함께 창설한 '여성참정권연맹'을 기반으로 여성의 지위 향상에도 부단히 노력했다. 부부는 독립노동당 안에 여성을 위한 각종 위원회를 설치해 여성의 정치·경제적 지위 향상을 위한 근거지로 활용했다. 그러던 중 1898년 남편이 세상을 떠나 팽크허스트의 활동이 한동안 주춤했다.

그러나 짬짬이 빈민구호소 후원회원, 맨체스터 교육위원, 지역 노동자 대표위원으로 활동하면서 가난한 여성들의 비참한 삶을 목격하고, 남성들이 만든 법이 여성들의 삶을 부당하게 억압하는 것을 지켜보면서 여성참정권의 필요성을 절실히 느꼈다. 그러나 남편의 손때가 묻어 있는 독립노동당 등 진보적 인사들까지 여성참정권 문제에 소극적 태도를 취하는 것을 보고 크게 실망해 대책을 강구했다.

마침 그에게는 부모의 기질을 쏙 빼닮은 세 딸 크리스타벨, 실비아, 아델라가 있었다. 에멀린은 1903년 10월 10일 자신과 딸을 포함해 모두 6명으로 구성된 '여성사회정치연맹(WSPU)'을 맨체스터 자신의 집에서 결성하면서 "낡아빠진 선교사적 방법을 버리고 즉각적 참정권을 쟁취하겠다"라고 선언했다. "여성만을 회원으로 받아들이고 어떤 정당과도 제휴하지 않으며 말이 아니라 행동으로 나설 것"을 천명했다.

여성사회정치연맹이 맞은 최초의 효과적 선전기는 총선이 실시된 1905년이었다. 큰딸 크리스타벨은 1905년 10월 13일 한 여공과 함께 총선에서 승리 가능성이 높은 자유당 집회장에 침입하는 것으로 행동에 돌입했다. 들고 온 플래카드에는 "당신들은 여성에게 투표권을 줄 것인가?"라고 씌어 있었다. 물론 자유당의 보수주의자들은 그럴 생각이 없었다.

크리스타벨은 자유당이 불러들인 경찰에 체포되었으나 사실 '체포되기'는 작전이었다. 영국인들은 두 수감자에게 동정적으로 반응했고 크리스타벨은 감옥에서 환영을 받았다. 에멀린과 크리스타벨 모녀는 이후에도 경찰이 접근하면 침을 뱉어 '체포되기'를 유도했고, 그들의 의도대로 구속되면 동정 여론이 쏟아졌다.

팽크허스트의 참정권 요구는 성별 구분 없이 현재 투표장에 갈 수 있는 계급 안에서부터 먼저 성 평등을 실현하자는 것이었다. 그러나 팽크허스트와 노선을 같이해온 노동당은 여성의 참정권 요구에 소극적이었다. '성인 참정권'이라는 이름으로 모든 사람에게 보통선거권을 주어야 한다는 주장을 펴고 있으면서도 노동자들이 부르주아들과 동등한 투표권을 확보하지 못한 상태에서 부르주아 여성들의 여성참정권 요구가 노동자들의 참정권 획득에 불리하게 작용할 것으로 예상했기 때문이다. 결국 팽크허스트는 크리스타벨과 함께 노동당을 탈퇴했다.

그러던 중 1911년 정부가 재산이 있는 여성에게 투표권을 준다고 약속했다가 그 약속을 헌신짝처럼 던져 버리는 일이 벌어졌다. 에멀린과 동지들은 분노했다. 그들이 분노를 행동으로 표출한 것은 1912년 3월이었다. 연맹 회원들은 주요 거리의 건물 유리창을 모조리 깨부수고 화랑의 그림은 훼손했다. 우체국의 편지는 불태우고 전신용 전선은 절단했으며 철도역·축구장·골프장·교회 등에 불을 질렀다. 왕실이 자신들을 볼 수 있도록 버킹엄궁 난간에 몸을 매달고, 세금 납부를 거부하고, 경찰관을 공격했다. 이 과정에서 모녀는 투옥과 석방을 반복했다. 일간지 '데일리 메일'은 그들을 '참정권'을 뜻하는 영단어 'Suffrage'를 본 따 '서프러제트(Suffragette)'라고 부르기 시작했고, 이는 20세기 초 세계 여성 인권운동가들을 상징하는 단어가 되었다.

영국 정부는 이들의 과격한 행동이 곤혹스러웠다. 특히 골치 아픈 존재는 단식투쟁을 하는 수감자들이었다. 정부가 음식을 거절하는 여성들에게 강제로 음식을 먹이면 이 사실이 신문에 보도되어 여론으로부터 호된 질타가 쏟아졌다. 정부는 묘안을 짜냈다. 단식 수감자들의 건강이 악화되면 석방했다가 건강이 회복되면 다시 수감하는 '단식 죄수 가출옥법' 이른바 '고양이와 쥐 법'을 1913년 제정한 것이다. 팽크허스트는 1913년 무려 12차례의 단식투쟁을 통해 영국 정부의 부당함을 폭로했다. 단식투쟁이라면 둘째딸 실비아도 누구 못지않게 전투적이었다.

과격한 투쟁 방식으로 감옥을 제집처럼 드나들어

여성참정권 운동은 1913년 6월 4일 런던 남부 엡섬다운스 경마장에서 일어난 경마 사고로 새로운 전기를 맞았다. 7만여 명의 관중이 온통 함성과 흥분의 도가니에 빠져 있고 말들이 결승점을 향해 질주하고 있을 때 갑자기 옥스퍼드대에서 영문학을 전공한 열렬 여성참정권 운동자 에밀리 데이비슨이 "투표권을 달라"고 부르짖으며 질풍처럼 내달리는 조지 5세 국왕 소유의 말고삐를 잡으려다 발굽에 밟혀 4일 뒤 숨진 것이다. 정황상 자살 여부에 대한 논란이 분분했지만 영국인들은 충격을 받았다. 투표권을 쟁취하기 위한 여성들의 성난 외침은 데이비슨의 죽음으로 활화산처럼 폭발했고, 시위는 더욱 폭력적으로 치달았다.

여성참정권 운동의 추진력은 점차 돌이킬 수 없을 정도로 강력해졌지만 결실을 보기까지에는 1차대전이라는 다리를 건너야 했다. 1914년 1차대전이 발발하자 에멀린과 크리스타벨 등 여성참정권 운동가들은 투쟁을 중단하고 전쟁 지원에 나섰다. 전쟁 기금을 모금하고 미국과 러시아를 돌며 여성의 전시 산업체 동원을 독려했다. 대중은 위기에 처한 조국을 구하려는 그들의 마음 씀씀이에 감동해 여성참정권 운동을 새롭게 평가했다.

이처럼 여성참정권에 우호적인 여론이 형성되자 영국 정부는 종전 후 다시 극렬한 참정권 운동이 재개되는 것을 꺼려 전쟁이 막바지에 다다른 1918년 2월 6일, 21세 이상의 모든 남성과 30세 이상 중산층 여성에게 참정권을 부여했다. 하지만 21세 이상 남녀의 동등한 투표권을 보장한 '인민대표법'이 통과되기까지는 10년을 더 기다려야 했다. 그리고 마침내 영국 의회가 21세 이상의 모든 여성에게 참정권을 부여하는 법안을 통과시킨 것은 1928년 7월 2일이었다. 평생의 소임을 다한 팽크허스트가 70세로 숨을 거둔 6월 14일로부터 20일이 지난 뒤였다.

둘째딸 실비아는 시민계급 운동에 충실했던 어머니·언니와 별도 노선을 걸었다. 1914년 1차대전이 발발했을 때 어머니와 언니의 운동을 부르주아 여성운동으로 규정하고 여성사회정치연맹을 탈퇴했다. 공산주의자였던 그녀는 1차대전을 제국주의 전쟁으로 규정, 반전운동을 펼치며 노동자계급과 연대해 새로운 노동운동을 전개했다. 그는 여성의 억압, 전쟁과 파시즘, 빈곤, 이탈리아 제국주의의 에티오피아 침공 등 실로 전선을 가리지 않았다. 1918년 마침내 30살·중산층 이상 여성의 참정권이 관철되었을 때도 별다른 관심을 보이지 않았다. 당시 그의 관심은 여성의 참정권운동이 아니라 공산주의 혁명에 있었기 때문이다.

셋째딸 아델라는 1914년 영연방인 호주로 건너가 호주 공산당 창당에 참여하고 1차대전 중엔 여성평화군을 조직했다가 전쟁 후 공산주의에 환멸을 느껴 탈당한 뒤 1928년 반공산당 단체를 결성했다.

오늘날 팽크허스트는 강력한 지도력과 단호한 카리스마로 영국의 여성 참정권을 획득한 일등 공신으로 평가받고 있다. 다만 지나치게 독재적인 방식으로 조직을 이끌고, 모든 계급의 여성을 망라하는 조직을 만들고도 노동계급 여성이 아니라 중산층 여성 위주로 운동을 이끌었다는 비판을 받고 있다. 그러나 평가가 무엇이든 그의 삶은 처음부터 끝까지 여성 문제와 사회 개혁이라는 대의에 일관되게 바쳐졌으며 이를 위해 자신의 건강과 경제적 안정을 비롯한 모든 개인적인 삶을 희생했다는 사실에는 변함이 없다. 미국의 타임지는 1999년 20세기의 가장 중요한 여성 인물 100명 중 한 명으로, 영국의 BBC는 2002년 100명의 위대한 영국인 중 27위로 팽크허스트를 선정했다.

여성에게 세계 최초로 참정권을 부여한 나라는 1893년 뉴질랜드다. 한참 지나 1902년 호주 여성이 참정권을 획득했고 핀란드(1906), 소련(1917), 독일(1919) 등이 뒤를 이었다. 미국의 여성은 1920년 참정권을 쟁취했다. 이후 스페인(1931)과 프랑스(1944)를 거쳐 동북아시아에서는 일본(1945), 중국(1947), 한국(1948)이 뒤를 이었다. 유럽 국가에서는 스위스(1971)가 가장 늦었으며 사우디아라비아는 2015년에야 이뤄졌다.

1904년

러일전쟁과 제물포·쓰시마 해전

한일의정서·1차 한일협약 체결

송병준과 일진회 창립

대한매일신보 창간

경허와 만공… 근대 선불교의 고승

막스 베버 '프로테스탄티즘 윤리…' 논문 발표

자코모 푸치니 작곡 오페라 '나비 부인' 초연

러일전쟁과 제물포·쓰시마 해전

러시아는 차르 체제가 붕괴되고 공산주의라는 악성종양을 전 세계에 퍼뜨리는 존재로 전락했다.

1895년 4월 17일 일본이 청국과 체결한 시모노세키 조약은 청일전쟁 승리의 산물이었다. 조약에 따라 청국은 조선의 독립을 승인하고 요동반도, 대만, 팽호도를 일본에 할양해야 했다. 그러나 조약을 조인한 지 6일 만인 4월 23일 러시아, 독일, 프랑스 3개국이 '3국간섭'에 나서면서 일본의 뜻대로 되지는 않았다. 일본으로서는 분통이 터질 노릇이었지만 3개국과 일전을 겨룰 만한 군사력이 아직은 충분치 못해 5월 5일 요동반도 포기를 3국에 통보했다.

그로부터 5년이 지난 1900년 러시아가 건설 중이던 하얼빈~대련 간 동청철도를 청국의 의화단이 공격하고 흑룡강을 항행하는 러시아 기선을 청군이 포격하자 러시아군이 이를 빌미로 시베리아에서 만주로 밀고 내려왔다. 의화단 진압 후 영국·미국·프랑스·일본 등 열강의 군대는 모두 철군했으나 러시아는 만주에 질서가 회복될 때 철군하겠다며 계속 만주에 주둔했다.

영국은 러시아군의 계속 주둔으로 중국에서의 자국 이권이 침해되는 것을 우려해 1900년 10월 '중국의 소요를 이용해 영토상의 이익을 획득하지 않겠다'는 내용의 협정을 독일과 체결해 러시아를 경계하는 태도를 취했다. 1902년 1월 30일에는 '청국과 조선에서 일본과 영국 어느 한쪽의 이익이 타국에 침범당할 경우 양국이 이를 지키기 위해 조치를 취한다'는 내용의 제1차 영일동맹을 일본과 체결함으로써 만일의 사태에 대비했다.

그런데도 러시아군은 일부만 철군했을 뿐 나머지는 계속 주둔했다. 게

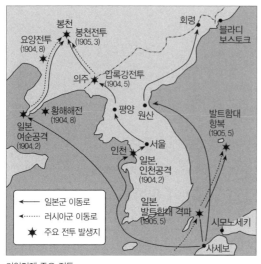

러일전쟁 주요 전투

다가 압록강 상류의 삼림 벌채권 보호를 구실로 1903년 5월 신의주 외항인 용암포를 점거해 일본과의 갈등을 증폭시켰다. 하지만 결국은 영국·미국·일본의 반대에 밀려 1903년 8월 용암포를 조차하려던 계획을 포기했다. 호시탐탐 조선 전역을 노리고 있던 일본은 러시아의 남진 정책으로 인해 자국의 계획이 틀어지는 것을 우려했다. 불안감을 해소하려면 어떻게든 조선에 대한 우월권을 보장받아야 했다. 하지만 러시아의 계산은 만주는 물론 한반도 북부에까지 일정한 영향력을 확대하는 것이었다.

일본과 러시아 양국은 조선과 만주 문제를 둘러싼 현안을 논의하기 위해 1903년 후반기부터 수차례 회담을 벌였으나 동상이몽만 확인할 뿐 좀처럼 진척이 없었다. 결국 일본 정부는 1904년 2월 4일 천황이 참석한 어전회의를 열어 전쟁을 결의하고 2월 6일 러시아에 국교단절을 통고했다. 2월 6일 도고 헤이하치로 제독이 "중국 여순과 제물포에 정박 중인 러시아의 군함을 공격하라"고 휘하의 연합함대에 명령을 내리고 전함 6척, 순양함 14척, 어뢰정 30여 척으로 구성된 연합함대가 사세보항을 출항하면서 마침내 동아시아의 세력 판도를 바꿔놓을 러일전쟁의 막이 올랐다.

전쟁에 앞서 대한제국은 1월 21일, '전시중립 선언'을 전격 발표했다. 그 내용은 러일 간의 평화가 결렬될 경우 대한제국은 엄정중립을 지키겠다는 것으로, 프랑스어로 각국에 동시 타전되었다. 일본은 아랑곳하지 않았다. 2월 8일 육군을 제물포항에 상륙시키고 곧바로 서울에 진주케 한 뒤 1월 21일 전시중립을 선언한 대한제국을 강압해 2월 23일 한일의정서를 체결함으로써 병참기지 사용과 각종 인적·물적 자원의 징발이 가능해졌다. 자체적인 군사력 없이는 영구중립국화는 물론이고 전시중립조차 지켜낼 수 없는 것이 당시 조선이 처한 현실이었다.

제물포항은 러시아, 일본, 미국, 영국, 독일, 프랑스 등의 전함들이 정박 중이던 열강의 각축장이자 군함의 전시장이었다. 러시아 군함은 순양함 바랴크함과 소형 포함 카레예츠함, 그리고 여객선 순가리호가 정박하고 있었다. 일본의 연합함대 중 일부는 2월 7일 제물포항 인근에 정박했다가 2월 8일 오후 4시 35분 경 제물포항을 빠져나오는 카레예츠함을 향해 팔미도 근해에서 수뢰를 발사했다. 빗나가거나 중도에서 가라앉아 카레예츠함은 파손을 면하고 제물포항으로 회항했다. 일본 함대는 열강의 군함을 의식해 제물포항에서는 러시아 함선을 공격하지는 않았으나 3,000여 명의 병력을 2월 8일 저녁부터 제물포항에 내려놓았다.

러일전쟁은 이렇게 2월 8일 오후 제물포 앞 팔미도에서 일본 측의 공격으로 사실상 시작되었는데도 러일전쟁의 공식 개전일이 2월 9일로 알려진 것은 일본군이 한반도의 통신망을 장악한 상태에서 2월 8일의 카레예츠함 공격이 러시아 본국에 보고되지 못한 반면 2월 9일의 여순항 공격은 바로 러시아 본국으로 전달되었기 때문이다.

"중국 여순과 제물포에 정박 중인 러시아 군함을 공격하라"
러일전쟁은 2월 9일 새벽 일본의 연합함대가 여순 함대를 기습 공격함으로써 개전했다. 일본 함대는 제물포항에 정박 중인 모든 외국 군함에 "러시아와 일본이 전쟁 상태에 돌입했다"며 항구를 떠날 것을 통보했다.

러시아의 바랴크함과 카레예츠함은 2월 9일 오전 11시경 제물포 정박지를 떠나 서해로 나아갔다. 그러자 팔미도 앞바다에서 기다리고 있던 일본 연합함대가 러시아 함대에 백기 투항을 요구했다. 하지만 응답이 없자 오전 11시 45분 바랴크함과 카레예츠함을 향해 발포했다.

도저히 상대가 되지 않는 14 대 2의 싸움이었으나 바랴크함도 호락호락하지 않았다. 일본이 자랑하는 영국제 철갑 순양함 아사마함의 사령탑을 강타해 함장을 즉사시키고 다카치함을 크게 파손시켰다. 다카치함은 긴급 수리를 위해 일본으로 돌아가던 중 침몰했다. 바랴크함도 크게 파손되어 낮 12시 45분 제물포항으로 후퇴했다. 카레예츠함은 큰 피해 없이 제물포항으로 돌아왔다.

러시아 함대는 바랴크함을 전리품으로 넘겨주지 않기 위해 자침을 결정했다. 바랴크함은 수병 유해와 함께 천천히 바닷속으로 가라앉았다. 카레예츠함도 자폭해 가라앉히고 우편선 순가리호는 불을 질러 침수시켰다. 러시아 측 기록에 따르면 바랴크함은 전사자 34명, 부상자 196명 등 230명의 피해를 냈다. 일본 함대도 피해가 커 사망자가 30명에 이르고 200여 명이 중경상을 당했다.

한편 여순으로 향한 일본의 연합함대는 2월 9일 0시 20분 선전포고도 없이 여순항 외항에 정박 중이던 러시아 태평양함대(극동함대) 함정들을 향해 어뢰를 발사했다. 이 공격으로 3척이 피격되었다. 러시아와 일본이 각각 2월 9일과 10일 상대국에 선전포고를 함으로써 동아시아의 운명을 결정짓는 러일전쟁이 마침내 발발했다.

개전 초기 일본의 주력 함대는 태평양함대를 포격전으로 공격했지만 러시아 해안 포대의 반격에 부닥쳐 결정적인 성과를 거두지는 못했다. 그래서 고안해낸 것이 여순항 외항에 기뢰를 부설해 여순항을 봉쇄하는 것이었다. 러시아 태평양함대는 봉쇄를 뚫으려고 했지만 그때마다 실패했다. 4월 13일에는 기함 페트로파블롭스크함이 기뢰에 부딪쳐 함정은 침몰하고 기함에 승선하고 있던 스테판 마카로프 함대 사령관은 630여 명의 수병과 함께 전사했다. 일본 역시 러시아가 설치한 기뢰에 2척의 주력 전함이 폭침하는 큰 피해를 보았다. 5월 15일에도 대형 전함 하쓰세호가 기뢰에 부딪혀 493명의 승조원과 함께 폭침했다. 태평양함대는 6월 23일에도 봉쇄망을 뚫으려 시도했으나 또다시 일본 함대에 가로막혀 회항하고 말았다.

태평양함대가 또다시 대규모 탈출을 감행한 것은 8월 10일이었다. 이른바 황해해전이었다. 하지만 이번에도 기함 체사레비치함이 포탄을 맞아 파손되고 함대 사령관 빌헬름 비트게프트 제독이 전사했다. 결국 포격을 면한 전함 5척, 순양함 1척, 구축함 4척은 다시 여순항으로 귀환하고, 파손된 체사레비치함과 3척의 구축함은 독일령 조차지인 교주만으로 피신했다.

"여순의 항복은 차르 체제 종말의 서막이었다"

한반도 서해에서 러시아 태평양함대가 이렇게 고전을 면치 못하고 있을 때 동해에서는 러시아 블라디보스토크 함대가 동해상으로 남하해 일본의 해군력을 서해와 동해로 분산시키는 작전을 구사했다. 하지만 블라디보스토크 함대 역시 일본 함대와의 교전을 승리로 이끌지는 못했다. 이로써 일본은 서해에 이어 동남해 해역까지 전 해상의 제해권을 장악했다.

일본군은 평양 전투(2월)와 정주 전투(3월)를 승리로 장식하며 북진한 뒤 압록강 전투(5월)에서도 러시아군을 격퇴함으로써 만주 전선의 전략적 주도권을 확보했다. 노기 마레스케 대장이 지휘하는 제3군은 5월에 요동반도의 대련에 상륙하고 여순 외곽에 진출했다. 러시아군은 이에 맞서 대련과 여순 사이에 방어선을 구축했다.

일본군은 8월 19일 여순항이 한눈에 내려다보이는 203m 고지를 점령하기 위해 첫 총공격을 감행했으나 러시아의 철벽 방어에 가로막혀 엄청난 사상자만 냈을 뿐 실패했다. 8월 25일에는 세계전사에 '20세기의 대전투 중 최초의 전투'로 기록되는 요양 전투가 벌어졌다.

당시 요양을 방어하는 러시아군은 23만 명, 일본군은 14만 명이었으나 러시아군이 9월 초 봉천(현 심양)으로 철수하면서 요양은 일본군 차지가 되었다. 일본군은 이 전투에서 전사자 1만 1,100여 명을 포함해 총 5만 9,000여 명의 사상자를 낸 끝에 패전보다 별로 나을 것 없는 승전을 거두었다. 러시아군은 요양 전투에서 7,400여 명이 전사했다. 때문에 "일본은 요양에서 이긴 것이 아니라 땅을 얻었을 뿐"이라고 보도한 외신도 있었다.

일본군이 엄청난 사상자를 낸 끝에 203고지를 완전히 점령한 것은 12월 5일 밤이었다. 뒤이어 203고지에서 항구 안에 정박해 있는 러시아 군함을 향해 포탄을 날려 함정 사냥에 나섰다. 항내에 숨어 있던 함정들이 파괴되면서 러시아 여순함대는 궤멸되었다. 일본군이 12월 31일 마지막 총공격을 감행하자 러시아군 사령관은 1905년 1월 2일 저녁 7시 항복문서에 서명했다. 여순 함락 20일 후인 1905년 1월 22일 상트페테르부르크에서 '피의 일요일' 사건이 벌어졌다. 훗날 레닌은 "여순의 항복은 차르 체제 종말의 서막이었다"고 토로했다. 일본은 여순 전투 후 1905년 2월 23일 봉천에서 또다시 대회전을 시작해 3월 10일 봉천을 점령했으나 이번에도 피해가 막심해 승리했다고 말하기도 어려웠다.

이제 일본이 상대해야 할 마지막 상대는 여순의 태평양함대를 돕기 위해 멀리 지구를 3분의 2바퀴나 돌아온 세계 최강 전력의 발트함대였다. 발트함대가 발트해 리바우(현재 라트비아공화국 리예파아)항을 출항한 것은 1904년 10월 15일이었다. 그해 4월 태평양 제2함대로 개편된 발트함대는 전함 7척, 순양함 9척 등 총 40여 척으로 편성되었고 승무원은 1만 2,000

여 명으로 구성되었다. 사령관은 지노비 로제스트벤스키 해군 소장(원정 항해 중 중장으로 진급)이었다.

문제는 발트함대가 일부 함정을 제외하고는 잡동사니 집단에 불과하다는 것이었다. 속력은 느리고 무장은 빈약했다. 장교와 사병들도 여기저기서 그러모은 데다 훈련도 받지 않았다. 툭하면 엔진 고장을 일으키는 대함대가 대서양을 지나 아프리카 케이프타운을 돌고 인도양을 거쳐 태평양에 이르는 2만 8,000여㎞를 수개월 동안 항해한다는 것은 당시로서는 전대미문의 사건이었다.

낡은 함선과 오합지졸 병사의 훈련 부족도 문제였지만 무엇보다 세계 최강의 해양대국인 영국이 1902년의 영일동맹 후 일본 편에 섰다는 것이 꺼림칙했다. 이런 상황에서 출항한 지 1주일째 되던 날 북해를 통과할 때 영국의 원양어선을 적함으로 오인해 발포하는 사고까지 발생했다. 결국 발트함대는 곳곳에서 영국의 방해를 받았다. 발트함대는 극동으로 항해하는 도중 곳곳 항구에 기항해 연료(석탄)를 공급받고 선체를 수리해야 했으나 영국의 압력으로 기항이 순조롭지 않았다.

대함대의 항진 소식이 세계 언론에 속속 보도되는 가운데 발트함대는 두 패로 갈려 한 패는 아프리카 남단 희망봉으로 돌고 다른 한 패는 수에즈 운하를 통과한 뒤 1905년 1월 9일 인도양 마다가스카르에서 합류했다. 그런데 여순항이 함락되었다는 충격적인 뉴스가 그곳으로 날아들었다. 본국에서는 1905년 1월 22일 '피의 일요일'(제1차 러시아혁명)이 발발, 수도 상트페테르부르크가 혼란에 빠졌다는 소식이 들려왔다. 함대는 마다가스카르에서 수개월간 본국의 칙령을 기다리다가 여순항이 아닌 블라디보스토크로 향하라는 명령을 받고 출항했다. 베트남 해역에서도 또다시 1개월간 기다렸다. 태평양함대는 5월 말 중국 상해 등지에서 마지막 석탄을 싣고 블라디보스토크를 향해 출항했다.

일본, 전쟁 승리로 세계 열강에 자신의 존재를 분명하게 각인시켜

발트함대는 세 갈래 북상 항로 중 거리가 상대적으로 짧은 대한해협을 선택했다. 그중에서도 쓰시마(대마도)를 경계선으로 해 대한해협의 서수로가 아닌 동수로(쓰시마 해협)를 통과하기로 했다. 육전에서는 이미 일본군의 승리가 확실한 상황에서 발트함대와 연합함대의 해전은 러일전쟁의 향방을 가늠할 최후의 결전이었다. 발트함대가 대한해협에 거의 다다랐을 즈음, 장장 220일간 지구 둘레의 4분의 3에 달하는 2만 8,800㎞나 되는 항해로 병사들의 몸은 지쳐 있었다. 함선들도 제대로 수리를 받지 못해 속력을 내지 못했다.

5월 27일 오전 2시 45분, 쓰시마 해협을 통과하는 발트함대를 발견했다는 제1보가 도고 헤이하치로 제독이 승선하고 있는 연합함대의 기함 '미카사'에 날아들었다. 동아시아의 패자(覇者)를 가르는 마지막 일전을 앞두고 일본 함대에는 전운이 감돌았다. 오전 5시 5분, 도고가 전 함대에 출동 명령을 내렸을 때 발트함대는 제1, 제2, 제3 전함대로 나뉘어 종열 편대로 북동쪽을 향하고 있었다.

연합함대는 발트함대와 10㎞ 거리를 두고 전진하다가 선두에서 항진하던 미카사함이 서서히 대회전을 시작했다. 함수를 왼쪽으로 급히 꺾어 종대 대형으로 항해하는 러시아 함대에 옆구리를 드러내며 진로를 가로막아 세우는 T자 진형을 취한 것이다. 발트함대의 진로 앞에 일렬횡대형으로 전함을 배치하는 이 대담한 전술은 훗날 '도고 턴'이란 작전명으로 세계 전사에 기록되었다.

양측 모두 상대방의 총사령관이 탄 기함을 먼저 포격해 지휘 체계를 마비시키려는 전술을 썼다. 오후 2시쯤 양측의 기함인 러시아의 수보로프함과 일본의 기함인 미카사함이 상대 기함을 향해 일제히 불을 뿜으면서 쓰시마 해전이 시작되었다. 승패는 전투 개시 30분 만에 사실상 갈렸다. 발트함대의 주력함은 거의 대부분 불길에 휩싸였다. 로제스트벤스키 사령관도 포탄 파편을 맞아 지휘를 할 수 없게 되어 발트함대는 대혼란에 빠졌다.

기함인 수보로프함은 불길에 휩싸이고 상부 구조물이 대부분 파괴된 채 전열에서 이탈했다. 로제스트벤스키 사령관은 오후 5시 30분 다른 구축함으로 옮겨 태워졌고 지휘권은 네브가토프가 맡았다. 발트함대는 전함 6척, 순양함 4척 등 16척이 격침되고, 5척은 자침했다. 6척은 일본에 나포되었다.

날이 어둑어둑해지자 도고 제독이 울릉도 앞바다에 집결하라고 전 함대에 명령했다. 도주하는 발트함대의 나머지 전함의 진로를 봉쇄하는 작전이었다. 도주하는 발트함대 대부분은 5월 28일 울릉도 근해에서 격침되거나 나포되었다. 로제스트벤스키 사령관이 누워 있는 함정은 울릉도 근해에서 항복하고 지휘권을 인수한 네바가토프가 5월 29일 독도 해상에서 일본에 항복함으로써 러일전쟁은 종결되었다. 50척 중 블라디보스토크에 도달한 군함은 겨우 3척이었고 5,045명이 전사했으며 6,100여 명이 포로가 되었다. 일부 군함은 필리핀의 마닐라와 중국 상해로 도주했다. 반면 연합함대는 구축함 3척 침몰, 115명이 전사하고 660여 명이 부상했다.

일본이 쓰시마 해전을 "세계 해전사에서 전무후무한 대승리", "세계사의 물줄기를 돌린 쾌거"라고 자찬했지만 전쟁 전 기간의 전사자는 러시아보다 훨씬 많았다. 위키피디아 일본판에 따르면 일본군 전사자는 5만 5,600명(러시아 2만 5300명), 부상으로 인한 사망자 1만 1,400명(6,100명), 병사 2만 7,100명(1만 1,100명), 포로 1,800명(7만 9,000명)이었다.

그래도 서양의 제국주의가 판을 치던 시대에 동양의 소국이 도전장을 낸 이 전쟁 승리로 일본은 세계 열강에 자신의 존재를 분명하게 각인시켰다. 또한 머지않아 제국주의 열강의 반열에 올라 태평양전쟁에서 패전하는 1945년까지 동아시아의 패자로 군림했다. 일본의 승전은 유럽 열강의 침략에 허덕이던 아시아의 여러 민족들에게 신선한 충격을 주었다. 반면 러시아는 차르 체제가 붕괴되고 공산주의 혁명을 불러와 공산주의라는 악성종양을 전 세계에 퍼뜨리는 존재로 전락했다.

한일의정서·1차 한일협약 체결
고문정치를 시작하면서 먼저 손을 댄 작업은 대한제국 정부 조직을 대대적으로 축소하는 일이었다.

19세기 말, 일본과 러시아가 수차례의 협정을 통해 서로 대한제국에 간섭하지 않기로 약속했다고는 하나 그것은 이해관계의 일시적 맞장구일 뿐 양국 간의 숙명적 대결까지 해결한 것은 아니었다. 결국 20세기 들어 한반도를 둘러싸고 러일 간의 전쟁 기운이 고조되자 고종은 1904년 1월 21일 '중외중립'을 선언함으로써 위기에서 벗어나려 했다. 하지만 힘이 뒷받침되지 않는 중립 선언은 공염불에 불과했다.

일제는 1904년 2월 8일 러일전쟁을 도발한 뒤 3,000여 명의 일본군을 제물포항에 내려놓고 2월 9일부터 부산, 마산, 진해, 원산, 진남포 등 전국 주요 항구에도 군대를 상륙시켜 전 국토를 강점하는 수순을 밟아나갔다. 일제는 이처럼 대한제국의 침략과 지배에 필요한 요충지를 모두 강점하고도 마치 이런 결과가 한일 간 협상에 의해 이뤄진 것처럼 꾸미기 위해 한일 군사동맹조약 체결을 추진했다. 전쟁을 위해서도 발빠르게 한반도 북부로 진출하고 서해 제해권을 확보하려면 군사조약 체결이 필수적이었다.

일제는 2월 10일 러시아를 향해 선전포고를 한 후 대한제국에 군사동맹조약 체결을 강요했다. 당시는 극도로 긴장된 전쟁 상황이었기 때문에 고종은 어쩔 수 없이 2월 13일 외부대신 서리 이지용을 일본 공사관에 보내 조약을 교섭토록 했다. 그래서 합의를 본 조약안은 일부 대신의 반대 속에 2월 21일 어전회의에서 통과되었다.

탁지부대신 이용익 등은 "만일 일본과 대한제국이 조약을 체결한 후 러시아가 전쟁에서 승리하면 이로 말미암아 대한제국은 러시아에 병합될 수 있다"는 이유로 조약에 반대했다. 그러면서 이지용에게는 "의정서에 조인하면 대역 죄인으로 처형될 것"이라고 겁을 주었다. 이지용은 후환을 염려해 도주하려 했으나 하야시 공사가 가로막고 회유해 2월 23일 오후 3시 하야시와 한일의정서에 조인했다. 의정서 체결에 반대했던 이용익은 모든 관직을 박탈당한 채 일본으로 강제 압송되어 10개월 동안 연금되었다.

의정서는 사실상 일본이 대한제국을 식민지로 삼기 위한 첫 공식 문서였다. 외형상으로는 대한제국 황실의 강령, 대한제국의 독립과 영토 보전을 약속했으나 실질적으로는 청일전쟁 이래 일본이 꿈꿔왔던 조선의 보호국화에 한 걸음 더 다가갔다. 6개조로 구성된 의정서의 골자는 ▲대한제국은 일본 정부의 시정개선 충고를 수용한다(제1조) ▲대한제국은 일본에 충분한 편의를 제공하고 일본은 군사전략상 필요한 지역을 임의로 수용할 수 있다(제4조) ▲대한제국과 일본은 상호 승인을 거치지 않고서는 본 협정의 취지에 위배되는 협약을 제3국과 체결할 수 없다(제5조)는 내용이었다.

일본은 제1조에서 '시정 개선'과 '충고'라는 애매한 표현에 근거해 자신들의 이권을 적극적으로 챙겼다. 전국에 걸쳐 군용지를 수용하고 어업권을 확장했으며 황무지 개척권을 요구했다. 그러나 시정 개선의 진짜 목적은 다른 데 있었다. 외교·재정 고문 등을 파견해 내정을 장악하는 근거로 삼았기 때문이다. 의정서 제4조는 유사시 일본 군대를 한반도에 파견·주둔시킬 수 있는 군사적 강점의 길을 열어주었고 제5조는 러시아 등 다른 열강과의 교섭을 막고 한일 간 군사동맹 상태를 강제했다. 일제는 의정서 내용을 2월 27일 일본의 관보와 3월 8일 대한제국 관보를 통해 공표한 후 의정서를 실천하기 위해 3월 17일 이토 히로부미를 서울에 파견했다.

의정서에 따라 러일전쟁 발발 전부터 아무런 법적 근거 없이 국내에 주둔하고 있는 일본군의 존재는 합법화되었고 일본군은 1904년 4월 3일 '조선주차군'으로 확대·개편되었다. 일제는 또한 제4조에 의거해 일본 군대의 법률인 군율(軍律) 시행을 공표했다. 제3국인인 조선인에게 일본 군대의 군율을 적용하는 것은 국제법적으로 근거가 없었으나 일제는 아랑곳하지 않았다. 또한 군용 시설 및 군사작전과 병참을 위해 방대한 토지를 강제로 수용하고 군사시설 건설을 위해 조선인을 동원했다.

1904년 5월에는 다수의 내관을 파면하는 등 궁궐 숙청을 단행하고 대한제국 정부에 고빙된 외국인 고문관들을 정리했다. 대한제국에는 1904년 4월 현재 광산 개발, 철도 부설, 무기 제조 등과 관련해 고빙한 총 79명의 외국인 고문들이 있었다. 일본은 이들의 높은 임금이 재정상 부담일 뿐만 아니라 한일 관계에 유해한 독설을 퍼뜨려 열강의 간섭을 초래할 우려가 있다는 이유로 모두 정리했다. 대한제국이 러시아와 맺은 조약과 러시아인에게 부여된 이권도 모두 폐기·무효화하라고 대한제국 정부에 강요해 관철했다.

이처럼 사전 정지 작업을 마친 일제는 5월 30일 내각회의에서 '대한(對韓) 방침'과 그 실행을 위한 '대한 시설 강령'을 결정했다. 당시 일본 정계에는 합병론, 보호국론, 고문정치론, 영구중립론 등 10여 가지의 대한 정책이 제기되었으나 일본 정부는 고문정치론에 무게중심을 두었다. 조선을 보호국으로 삼는 급격한 개혁이 조선인들의 반발과 열강의 간섭을 초래할 수 있으므로 우선 정부의 핵심 부서에 소수의 일본인 고문관을 임용해 대한제국의 '시정 개선'을 효과적으로 수행해야 한다는 게 일본 정부의 생각이었다.

이 같은 판단에는 청일전쟁 후의 경험이 작용했다. 일본은 청일전쟁에서 승리하고도 전후 처리 과정에서 3국간섭이라는 열강의 반발로 뜻을 이루지 못한 경험이 있어 열강의 승인이 얼마나 중요한지 잘 알고 있었다. 러일전쟁에도 열강의 이해관계가 어떻게 재편될지 모르는 상황이었다. 이런 이유 때문에 열강의 승인 아래 조선이 일본의 완전한 보호국으로 인정될 때까지 과도기적 단계로 고문정치가 채택되었다.

대한제국을 식민지로 삼기 위한 첫 공식 문서

일제는 1904년 8월부터 고문정치를 실현하기 위한 교섭을 진행했다. 그 결과 8월 22일 이른바 '고문정치'를 가능케 한 '고문 용빙에 관한 협정' 즉 '제1차 한일협약'이 하야시 공사와 윤치호 외부대신 서리 간에 조인되었다. 협정서는 3개조로 이뤄졌다. ▲조선 정부는 일본 정부가 추천하는 일본인 1명을 재정고문으로 용빙하고, 재무에 관한 사항은 일체 그 의견을 물어 시행한다 ▲조선 정부는 일본 정부가 추천하는 외국인 1명을 외교고문으로 용빙하고 외교에 관한 업무는 일체 그 의견을 물어 시행한다 ▲조선 정부는 외국과의 조약 체결, 기타 중요한 외교 안건, 즉 외국인에 대한 특권양여와 계약 등의 처리에 관하여는 미리 일본 정부와 협의할 것 등이다.

이로써 조선은 독자적 외교권을 빼앗겼다. 또한 일본공사를 통해 제시되는 일본 정부의 방침을 따라야 했고 중요한 문제는 빠짐없이 일본공사를 통해 일본 정부에 보고해야 했다. 일제는 9월 들어 대한제국의 해외 공관 철수를 본격적으로 추진하고 궁중 숙정을 단행하기 위해 가토 마쓰오를 궁내부고문으로 먼저 임명했다.

뒤이어 미국 하버드대에 유학한 일본 대장성 주세국장 출신의 메가타

다네타로를 10월 15일 재정고문으로 파견했다. 메가타에게는 대한제국 정부의 재정에 관한 일체 사항을 심의할 권리가 주어졌다. 대한제국 정부는 메가타의 허락 없이는 재정상의 어떤 일도 결정하거나 그를 해고할 수도 없었다. 그런 점에서 메가타는 재정고문이라기보다 대한제국의 보호국화라는 목적을 달성하기 위해 파견된 일본의 감독관이었다.

외교고문으로는 20년 이상 일본의 관료로 활동해온 미국인 더럼 스티븐스를 12월 27일 임명했다. 그러면서 일본 정부가 추천을 취소하면 대한제국 정부는 속히 해약한다는 조항을 삽입했다. 외국의 이목을 의식해 일본 관리가 아닌 미국인을 외교고문으로 추천했지만 혹시라도 그의 행동이 일본의 이익에 반할 경우 즉시 해고할 수 있는 장치를 마련한 것이다.

일제는 스티븐스에게 외교상의 모든 중요한 안건을 주한 일본공사와 협의한 후 처리하고 일본 정부의 대한 방침에 배치되는 일이 없도록 주의를 주었다. 대한제국은 외교에 관한 모든 안건에 대해 반드시 외교고문의 동의를 얻은 뒤 처리해야 했고 외부대신은 모든 외교 문서를 외교고문에게 보여주어야 했다. 일본은 자신들이 추천한 외교고문의 배후에서 정무를 지휘·감독해 대한제국 외교권의 실질적 장악을 꾀한 것이다. 일제는 또한 치안경찰권 장악이 필수라고 생각해 일본 경시청 소속 마루야마 시게토시를 경무고문으로 끌어들였다. 이외에도 학부 참여관, 법부고문, 군부고문 등의 명목으로 일본인 다수를 용빙했다.

일제가 고문정치를 시작하면서 먼저 손을 댄 작업은 대한제국 정부 조직을 대대적으로 축소하는 일이었다. 경비 절감이 표면적인 이유였지만 진짜 목적은 황제권의 축소였다. 고문 통치가 시작된 이래 일제가 추진한 재정정리 사업 등 모든 시정 개선 사업이 번번이 황제의 반대로 실패로 돌아가자 황제권을 축소하고 궁중을 정리해야만 대한제국의 내정 장악이 가능하다고 판단한 것이다. 메가타 재정고문은 황실 재산 정리를, 가토 궁내부고문은 급속히 팽창한 궁내부 산하 각종 기구들의 통폐합 작업을 서둘렀다.

1905년 1월에는 일본 제일은행이 대한제국의 국고를 관장하게 하고 4월에는 국내외 통신권을 박탈했다. 이로써 대한제국의 재정, 외교, 군사, 경찰, 문교 등 중요 정책은 모두 일본의 손으로 넘어갔고 대한제국의 자주적 결정은 사실상 사라졌다.

일본이 독도를 병합한 것도 한일의정서 체결 후였다. 1905년 2월 22일 이른바 '시마네현 고시 제40호'를 일방적으로 발표하면서 독도가 시마네현의 부속 섬이라고 주장한 것이다. 1905년 7월에는 서울 용산을 비롯해 평양, 의주 등지의 975만 평을 군용지로 사용한다며 강제수용했다. 따라서 1905년 11월의 을사조약은 사실상 모든 정지 작업을 마친 일본이 공식적으로 외교권을 빼앗아간 형식적인 절차에 불과했다.

송병준과 일진회 창립

송병준은 윤시병을 일진회 회장으로 내세우고 자신은 막후에서 실력자로 활동했다.

일진회는 일제의 조선 병탄에 가장 앞장섰던 대표적인 친일 단체다. 창립의 주역은 매국에 관한 한 이완용과 쌍벽을 이루는 송병준(1858~1925)이다. 그는 미천한 집안에서 태어났으나 타고난 처세술과 배짱으로 구한말 민씨 세도가의 눈에 들어 출세의 발판을 마련했다. 1876년 강화도조약을 체결하기 위해 일본 대표단이 조선에 파견되었을 때 수행원 자격으로 인연을 맺어 일본에서 인삼 재배와 염색·직물 등을 공부하고 돌아왔다. 갑신정변(1884) 실패 후 망명한 김옥균을 암살하라는 밀명

우치다 료헤이(왼쪽)와 송병준

을 받고 다시 일본에 건너갔다가 되레 김옥균에 감화되어 돌아오는 바람에 김옥균과 밀통한다는 혐의를 받고 옥에 갇혔다. 출옥 후에는 민씨 세도가의 도움으로 지방군수를 지내며 재기를 꿈꿨다.

송병준은 일본 특파대사로 파견된 의화군(의친왕)을 따라 1895년 5월 다시 일본으로 건너갔다가 그해 10월 명성황후가 살해되자 귀국을 포기하고 일본에 눌러앉았다. 조선 내 반일 분위기에 위기감을 느낀데다 민씨 세도가의 지원을 더 이상 기대할 수 없다고 판단

했기 때문이다. 이후 일본 각지를 돌며 세월을 보내던 송병준에게 1904년 발발한 러일전쟁은 새로운 기대와 희망을 안겨주었다.

일본군 제12사단 오타니 소장의 통역으로 고국 땅을 밟았을 때의 송병준은 예전의 그가 아니었다. 등 뒤에는 일본군이라는 막강한 배후가 떠받쳐주고 있었다. 송병준은 1904년 8월 18일 서울에서 독립협회의 만민공동회 회장 출신인 윤시병, 전 독립협회 회원 유학주 등과 함께 '유신회'를 조직하고 이틀 뒤인 8월 20일 '일진회'로 이름을 바꿨다. 과거 독립협회에서 활동했던 회원들이 참여하다 보니 일진회는 독립협회 온건파 계열의 입헌군주제적 정체관을 계승했다. 연설회 개최나 정부 대신들과의 면담 요구 등 활동 방식도 독립협회와 흡사했다. 고종과 일정하게 타협하면서 정치에 참여해보겠다는 목표도 비슷했다.

송병준은 윤시병을 일진회 회장으로 내세우고 자신은 막후에서 실력자로 활동했다. 문제는 일진회가 지방에 기반이 없다는 점이었다. 따라서 전국적 규모의 다른 조직과 손을 잡아야 했는데 그때 송병준의 눈에 들어

온 것이 구 동학 세력인 이용구가 결성한 '진보회'였다.

이용구는 1894년 동학농민운동 때 아내와 젖먹이 아이까지 관군에게 죽임을 당하고 손병희 휘하에서 동학군을 지휘하던 항일 의병장이었다. 1900년부터는 일본으로 망명한 손병희 대신 국내 조직을 이끌던 동학의 핵심이었다. 그가 중대한 심적 변화를 겪은 것은 1901년 일본으로 손병희를 찾아갔을 때였다. 일본의 발전된 문물을 보고 문명개화를 주창하는 주요 인사들의 영향을 받아 친일로 기운 것이다.

손병희가 아직 일본에 머물고 있던 1904년 2월 이용구는 동학교도를 기반으로 '진보회'를 창립했다. 당시 동학은 여전히 금지 단체였고 이 때문에 대한제국 정부의 탄압을 받고 있었다. 이용구는 조직 보호와 활동을 위해 일본군의 지원을 받는 송병준과 손을 잡을 필요가 있었다. 그래서 1904년 12월 2일 진보회를 일진회에 통합했다. 덕분에 창립 당시 300명에 불과하던 일진회 회원은 순식간에 수만 명으로 늘어났다. 통합 당시는 윤시병이 회장이었으나 12월 22일 조직을 대폭 개편한 뒤에는 이용구가 회장, 송병준이 13도 총회장을 맡았다.

일진회는 활동 초점을 친일에 맞췄다. 일본은 조선인 노동력을 끌어모으고 조선 내 반일 투쟁을 막는 데 앞장설 지원 세력이 절실했던 터라 친일 역할을 대신해줄 송병준의 등장을 반겼다. 일진회는 막바지로 치닫고 있던 러일전쟁에도 개입했다. 함경도 지방의 군수물자 수송에 10만 명 이상을 동원하고 3,000여 명이 러시아군의 동태를 살피는 일본군의 첩자로 활동했다. 군사 목적의 경의선 철도 부설에도 거의 무보수로 참가해 연인원 14만 9,000여 명을 동원했다. 을사조약 체결 직전인 1905년 11월 6일에는 "조선인은 일본의 보호를 요구하며 외교권을 일본에 위임해야 한다"는 이른바 '일진회 선언'을 발표했다. 1906년 1월에는 기관지 '국민신보'를 창간해 매국적 망발을 서슴지 않았다.

"대한제국 정부를 폐지하고 일본이 직접 통치하라"는 합방 성명서 발표

이처럼 열성을 다했으나 1906년 3월 초대 통감으로 부임한 이토 히로부미는 군부가 지원하는 일진회 대신 자신이 직접 영향력을 행사할 수 있는 새로운 친일 단체를 구상했다. 1906년 8월 송병준이 구속된 데는 이런 배경이 깔려 있었다. 이용구 역시 손병희에 의해 동학에서 파문을 당해 활동이 위축되었다.

송병준과 이용구가 궁지에 몰리자 일진회는 해체될 위기에 놓였고 회원들은 하나둘 이탈의 움직임을 보였다. 일본 흑룡회 주간 우치다 료헤이가 조선에 들어온 것은 그 무렵이었다. 우치다는 이토 통감이 부임할 때 국정 조사 촉탁으로 데리고 온 대륙 낭인 계열의 인물로, 청일전쟁 때 이미 낭인 조직을 이끌고 조선에 온 경험이 있을 정도로 적극적인 대외팽창론자였다.

우치다는 1906년 9월 이토에게 제출한 비밀보고서에서 일진회는 여전히 이용 가치가 있는 조직임을 강조했다. 덕분에 송병준은 10월 풀려났고 우치다는 일진회 고문으로 추대되었다. 우치다는 일진회가 이미 합방론에 기울었음을 알고 일진회의 정계 진출을 적극적으로 후원했다. 1907년 2월 송병준을 일본으로 데리고 가 군부에 소개하고 재정 문제를 해결해주었다.

이토 통감은 더욱 강력한 친일 내각을 구성하기 위해 고종 폐위에 소극적인 박제순 내각을 총사퇴시키고 이완용을 1907년 5월 참정대신(총리)에 발탁했다. 송병준은 우치다의 의견을 반영해 농상공부대신으로 입각시켰다. 송병준은 1907년 6월 헤이그 밀사 사건을 빌미로 고종 폐위가 거론되고 있을 때 적극적으로 고종에게 물러날 것을 강요하며 우치다의 기대에 부응했다.

고종의 폐위(1907.7)에 격분한 국민은 이완용과 송병준을 표적으로 삼았다. 이완용의 집에 불을 지르고 파출소를 파괴했다. 일진회 기관지 국민신보사를 습격해 건물과 기계를 파괴하고 직원들을 부상하게 했다.

1907년 8월 대한제국 군대의 강제해산 후 봉기한 항일 의병들도 일진회 회원을 살해하고 수백 채의 가옥을 불에 태웠다.

이처럼 일진회에 대한 반대 여론이 고조되자 이토는 일진회와 거리를 두었다. 전국적인 의병 봉기가 이어지면서 반일 분위기가 고조되고 일진회가 반일 운동의 공격 목표가 되자 이용 가치가 있기보다는 오히려 통치에 부담이 된다고 판단한 것이다. 일진회가 즉각적인 합병 운운하는 것도 부담이었다. 일진회가 국난 극복을 빌미로 세력 확장을 도모하며 양민에 대한 폭행, 협박, 단발 강제 등을 일삼아 문제를 일으켰을 때는 경고 조치했다. 통감부의 태도가 이처럼 돌변하자 송병준의 위치도 위태위태했다.

이토는 1910년의 한일합방을 추진하면서 이완용 총리대신을 앞세웠다. 이완용은 통감부와의 밀착 관계를 기반으로 권력을 독식하면서 송병준을 궁지로 몰아넣었다. 그러자 송병준과 일진회원들이 이완용 내각 타도운동을 시작했다. 이용구는 일본으로 건너가 역시 일본에 가 있던 이토에게 이완용 경질을 요구했다. 하지만 이토가 이완용을 경질할 생각이 없다는 것을 알고 데라우치 등 일본 정계 유력자들을 만나 대한제국 문제에 개입해줄 것을 호소하며 이토 통감 퇴진 운동을 벌였다.

그러던 중 1909년 6월 이토가 통감 자리에서 물러나자 일진회는 1909년 9월부터 다시 이완용 내각 타도 운동을 벌였다. 1909년 12월 4일에는 "대한제국 정부를 폐지하고 일본이 직접 통치할 것"을 포함한 4개항의 '합방 성명서'를 발표하고 순종, 이토 통감, 이완용 총리대신에게 합방 청원서를 전달했다. 가쓰라 일본 총리에게는 진정서를 제출해 합방을 부추겼다. 하지만 합방 청원서는 사실상 일본인들이 작성한 것이었기 때문에 결국 조선인 스스로 합방을 청원했다는 명분을 쌓기 위해 이용당한 데 불과했다. 일진회는 한일합방 후 더 이상 존재 가치가 사라져 1910년 9월 26일 강제해산되었다.

송병준은 한일합방 후 일본 정부로부터 자작 작위를 받고 10년이 지난 1920년 12월 백작으로 특별 승작했다. 조선총독부 자문기구인 중추원 고문으로도 활동했다. 1921년 4월에는 총독부의 권유로 경영난에 빠진 조선일보의 판권을 헐값에 인수했으나 편집국 기자들의 기세와 세상의 눈을 의식해 사장으로 취임하지는 않고 반일 투사였던 남궁훈을 사장으로 영입했다. 신문사 재정은 아들 송종헌에게 맡겼으나 경영난이 좀처럼 해결되지 않아 경영을 포기하고 1924년 9월 독립운동가 신석우에게 조선일보 판권을 넘겼다. 1925년 2월 사망하자 아들 송종헌이 백작을 물려받아 대를 이어 일제에 충성했다.

대한매일신보 창간

강경한 논조를 고수하고 발행부수도 많아지자 일제는 외교적 압력과 사법적 탄압을 병행했다.

어니스트 베델(배설·1872~1909)이 조선 땅을 처음 밟은 것은 1904년 3월 10일이었다. 일본에서 무역업에 종사하다가 러일전쟁을 취재하기 위해 영국 '데일리 크로니클'지의 특별통신원 자격으로 입국한 것이다. 그는 한국말을 몰라 황실의 궁내부 예식원에서 번역관보로 일하는 양기탁(1871~1938)을 소개받았다. 배설은 한동안 특파원으로 활동하다가 다른 특파원과 함께 조선에서 영자 신문을 창간하기로 뜻을 모았다. 중국과 일본에는 영자지가 여럿 있는데 조선에는 하나도 없다는 점이 매력적인 요소였다.

그들은 한국어판도 함께 만들기로 했기 때문에 번역과 통역을 도와주던 양기탁을 끌어들였다. 신문의 당초 제호는 '코리아 타임스'였다. 그러나 배설은 영국인 동업자와 의견 충돌로 갈라서게 되자 제호를 '코리아

데일리 뉴스'로 바꿔 1904년 7월 18일 창간
했다. 총 6개면 중 4개면은 영문(코리아 데일
리 뉴스), 2개면은 한글(대한매일신보)로 된 타
블로이드판 신문이었다.

창간 당시에 양기탁은 궁내부 예식원의
번역관보로 근무 중이었기 때문에 신문사
업무에는 전념할 수 없었다. 그러던 중 1905
년 11월 17일 을사조약이 체결되자 다음날
바로 예식원에 사표를 던지고 신문 제작에
뛰어들었다. 배설은 창간 초기에는 영어 위

대한매일신보 창간호(1904.7.18)

주로 신문을 발행했으나 점차 한국어 신문이 중요하다는 것을 깨닫고
1905년 3월 9일 휴간한 뒤 일본에서 활자와 인쇄 시설을 들여와 8월 11일
국한문을 혼용한 '대한매일신보'(4면)와 영문판 '코리아 데일리 뉴스'(4면)
를 분리·발행했다. 한국어판은 이전까지는 한글 전용이던 것을 영문판
과 분리하면서 국한문 혼용으로 체제를 바꿨다.

일본은 러일전쟁 승전 후 조선의 신문과 잡지에 사전 검열을 실시했다.
조선인 발행 신문의 항일 기사는 주한 일본 헌병사령부가 미리 적발해 원
천적으로 발행을 금지했다. 대표적인 언론탄압 사례가 을사조약 체결 후
황성신문에 게재된 논설 '시일야방성대곡'이었다. 그러나 일제는 외국인
의 신문 발행에 대해서는 강압 수단을 사용할 수 없었다.

양기탁은 영국인 소유의 신문이 누리는 치외법권의 특혜를 최대한 활
용했다. 11월 18일자에서는 을사조약의 무효를 제기하고 11월 21일자에
서는 장지연의 구속과 황성신문의 정간 사실을 보도했다. 11월 27일자에
서는 '시일야방성대곡'을 영문과 한문으로 번역한 호외를 발행해 을사조
약의 부당성을 폭로했다. 일제는 1906년 9월 1일 통감부 기관지로 '경성

일보' 일본어판과 한글판을, 12월 12일 영자지 '서울프레스'를 창간해 맞불 작전을 펼쳤다.

대한매일신보의 필봉은 거침이 없었다. 1907년 1월 영국의 '트리뷴'지에 실린 고종의 밀서 사건을 전재하는 등 기사와 논설로 항일 언론의 횃불을 들었다. 1907년 8월 대한제국 군대가 강제해산되었을 때는 전국 각지에서 궐기한 의병의 활동상을 상세히 보도해 국민의 애국심에 불을 지폈다. 대한매일신보는 1907년 5월 23일 한글판까지 창간, 3종의 신문을 한꺼번에 펴냈다. 국한문, 영문, 한글로 된 3종의 신문이 한꺼번에 발행된 것은 한국 언론사상 초유의 일이었다.

대한매일신보는 1907년 4월 결성된 비밀결사 조직 '신민회'와도 깊은 연관이 있었다. 총무 양기탁을 비롯해 주필 박은식, 기자 장도빈·옥관빈 등 대부분의 사원들이 신민회 회원이다보니 대한매일신보는 자연스럽게 신민회의 대변지가 되었고 사회 각 분야에서 태동하기 시작한 애국계몽운동에 주도적으로 참여했다.

국채보상운동 역시 대한매일신보가 남긴 뚜렷한 족적 가운데 하나였다. 국채보상기성회에 접수된 의연금과 출연자의 명단을 광고란에 매일 게재하고 의연금도 직접 접수해 국채보상운동의 핵심 역할을 했다. 1907년 4월에는 각처에서 제각기 거두는 의연금을 통합된 조직으로 일원화하기 위해 '국채보상지원금총합소'를 설치해 대한매일신보사에 사무소를 두고 양기탁이 재무를 맡음으로써 대한매일신보는 자연스럽게 운동의 실질적인 본부가 되었다.

대한매일신보는 국채보상운동을 벌이던 시기에 사세가 크게 신장되어 1907년 9월 3일 기준 국한문 8,000부, 한글 3,000부를 발행했다. 그때까지 조선 언론사상 최고의 기록이었다. 1908년 5월 국한문, 한글, 영문판을 합해 1만 3,256부를 발행한 것은 당시 서울에서 발행되던 신문 전체를 합친 것보다 더 많은 수치였다.

대한매일신보가 강경한 논조를 고수하고 발행부수도 많아지자 일제는 외교적 압력과 사법적 탄압을 병행했다. 외교적 압력은 영국 정부에 배설을 추방할 것을 요구하는 방식으로 진행했고, 사법적 탄압은 통감부의 신문 압수 형식으로 펼쳤다. 먼저 영국 정부에 압력을 가해 주한 영국공사가 1908년 6월 배설을 3주 간 감옥에 가두게 하는 데 성공했다. 같은 해 7월에는 국채보상금 횡령이라는 누명을 씌워 양기탁을 구속했다. 이 때문에 '코리아 데일리 뉴스'는 한동안 휴간해야 했다.

'코리아 데일리 뉴스'는 1909년 1월 30일 속간했으나 평일에는 1면짜리 뉴스 불러틴을 발행하고 토요일에는 12면에 논평과 한 주일 동안의 기사를 종합해서 싣는 방식으로 사실상 주간신문으로 발행했다. 급기야 1909년 5월 배설이 37세로 숨지고 영국인 앨프리드 만함이 홀로 사장직을 수행하면서 앞날에 어두운 그림자가 드리웠다. 결국 '코리아 데일리 뉴스'는 발행을 중단했다.

국한문, 영문, 한글로 신문을 발행한 것은 한국 언론사상 초유의 일

배설이 없는 대한매일신보에서 양기탁의 역할과 비중은 더욱 커질 수밖에 없었다. 사장은 만함이었으나 한국어에 대한 이해가 없어 신문제작 일체를 양기탁에게 의존했다. 그러자 이같은 상황을 달갑지 않게 여긴 주한 영국 총영사 헨리 보나르가 만함에게 "법정에 서게 될지 모른다"며 "조선을 위해 순교자가 될 준비가 되어 있지 않다면 신문을 처분하는 것이 좋을 것"이라며 겁을 주었다.

결국 만함은 굴복했고 보나르는 통감부에 대한매일신보 인수를 요청했다. 처분 조건은 만함이 앞으로 조선에서 신문을 발간하지 않겠다는 것이었다. 통감부는 만함에게 700파운드(7,000엔)를 지불하고 1910년 5월 21

일 대한매일신보를 인수했다. 다만 2개월 뒤에 있을 한일합방 조약이 성사될 때까지 인수를 비밀에 부쳐둔 채 6월 14일 발행인과 편집인 명의만 조선인 이장훈으로 바꿔놓았다. 이로써 국권 수호의 상징적 존재였던 대한매일신보는 종언을 고했다. 양기탁은 퇴사에 앞서 모든 연락 사항은 자신의 집으로 보내 달라고 대한매일신보를 통해 독자에게 알렸다.

대한매일신보는 한일합병 이튿날인 1910년 8월 30일 '대한'을 빼고 '매일신보'란 이름의 총독부 기관지로 다시 태어났다. 10월 22일부터는 형식상의 발행인인 이장훈의 이름도 사라졌다. 조직상으로는 경성일보 편집국의 일개 부서로 축소·운영되다가 1920년 문화정치가 등장한 후 독립된 편집국으로 확대·승격되었다.

1938년 4월 16일 제호를 '매일신보(申報)'에서 '매일신보(新報)'로 고쳐 독립언론으로 새롭게 출발하는 형식을 취했지만 경성일보가 매일신보의 주식 45%를 소유한 대주주이고 총독부 소유의 주식까지 포함하면 여전히 경성일보에 예속된 존재였다. 광복 후에는 1945년 11월 10일 미군정에 의해 정간되었다가 11월 23일 '서울신문'으로 제호를 바꿔 대한민국 정부의 기관지로 재출발했다.

경허와 만공… 근대 선불교의 고승

경허, 제자에게 전법게를 내리면서 '만공(滿空)' 법호를 지어주고 홀연히 북쪽으로 발길을 돌렸다.

경허(1849~1912)는 조선 500년 동안 억불숭유로 인해 사실상 맥이 끊긴 '간화선'(화두를 들고 수행하는 참선법)을 살려내 근대 선불교의 중흥조로 불린다. 제자인 만공(1871~1946)이 충남 덕숭산을 중심으로 선풍을 진작하고 수많은 선사를 배출해 마침내 도도한 강물을 이루니 이를 두

고 '덕숭 문중'이라고
한다. 오늘날 '선의 종
갓집'으로 불리는 덕숭
문중은 한국 불교사에
서 최초로 등장한 본
격적인 문중이다.

경허는 전북 전주에
서 태어나 어려서 부

경허(왼쪽)와 만공

친을 여의고 가세가 기울자 9세 때 관악산 청계사의 계허 문하에서 출가
했다. 14세에 계룡산 동학사로 보내져 그곳에서 불교 경전과 유가·노장
사상 등을 두루 섭렵하고 1871년 22세의 젊은 나이에 강사로 추대되었다.

30세이던 1879년 6월, 불현듯 옛 스승 계허가 보고 싶어 청계사로 가
던 도중 충남 천안 부근의 어느 마을에서 폭풍우를 만나 하룻밤 묵을 집
을 찾게 되었다. 그런데 마을에는 콜레라로 집집마다 시신이 널브러지고
죽음의 공포가 뒤덮여 있었다. 문득 삶과 죽음의 문턱을 넘어버린 경허는
동학사로 되돌아와 강원의 문을 폐쇄하고 "지금까지 내가 한 소리는 모두
헛소리"라며 학인들을 돌려보냈다. 경전 학습으로는 생사의 문제가 해결
될 수 없고 그간 공부하고 강의했던 경전의 구절은 사구(死句)에 불과하다
고 깨달은 것이다.

이후 동학사의 토굴에 틀어박혀 날카로운 송곳을 턱 밑에 세워놓고 참선
에 들었다. 깜박 졸면 선혈이 흘러내렸다. 홀로 용맹정진하던 어느 날 "소
가 되어도 고삐 뚫을 콧구멍이 없다(無鼻孔牛·무비공우)"는 한 처사의 말을
듣고 크게 깨닫는 순간을 경험했다. 당시 선가(禪家)에는 진정한 깨달음 후
그것을 굳게 다지는 '보임(保任)' 수행 기간을 갖는 것이 전통이었다.

경허 역시 보임을 위해 1880년 충남 서산군의 천장암에 은거하면서 1년

넘게 좁은 골방에서 장좌불와했다. 누더기 옷을 입고 목욕도 하지 않았으며 모기, 빈대, 이로 몸이 헐어도 자세를 잃지 않았다. 구렁이가 방에 들어와 어깨를 타고 올라가도 동요하지 않았다.

'숨 쉬는 등신불'처럼 1년 동안 지내던 1881년 6월 어느 날 경허는 다시 큰 깨달음을 얻어 문을 박차고 나오면서 선승이 크게 깨달았을 때 읊는다는 '오도송(悟道頌)'을 불렀다. '홀연히 고삐 뚫을 곳이 없다는 사람의 소리를 듣고(忽聞人語無鼻孔·홀문인어무비공) / 문득 깨닫고 보니 삼천대천세계가 내 집이네(頓覺三千是我家·돈각삼천시아가) / 유월 연암산 아랫길에(六月燕巖山下路·육월연암산하로) / 일 없는 들 사람 태평가를 부르네(野人無事太平歌·야인무사태평가).' 경허의 오도송은 잠자던 조선 불교 선맥의 회생이었고 한국불교 근대 선(禪)의 시작이었다.

경허는 이후 덕숭산의 수덕사를 중심으로 호서 일대에 선풍을 일으켰다. 그에 그치지 않고 영남의 범어사와 해인사와 통도사, 호남의 송광사와 화엄사, 그리고 금강산의 마하연사와 오대산의 월정사 등 발길 닿는 곳마다 선원을 열었다. 대중은 거침없는 그의 법문을 통해 선의 세계로 인도되었고 그가 지난 자리에는 반드시 선풍이 일어났다. 그렇게 경허는 근대 선불교의 중흥조가 되었다.

경허는 전국을 돌며 꺼져가는 선풍을 다시 불러일으키는 중에도 마음에 드는 후학을 만나면 제자로 삼아 서산의 천장암에서 수행하게 하고 그 자신 틈틈이 천장암을 찾았다. '경허 문하의 세 달'로 불리는 월면(만공), 수월, 혜월이 출가한 곳도 천장암이었다.

경허는 파격을 통해 깨달음을 시험하고 명분과 사상의 틀에 안주하는 것을 거부했다. 그러다 보니 음주식육과 여색을 서슴지 않는 '막행막식' 일화로도 유명했다. 절 안에서 문둥병에 걸린 여인과 침식을 같이하고, 어머니 앞에서 발가벗는가 하면, 법상에 올라 술을 마시고 돼지고기를 삶아오게 하는 등 무애행(막힘 없는 행동)에 대한 소문이 끊이지 않았다. 그의 기행으로 인해 "선승이냐 괴승이냐"는 논란까지 있었다.

경허는 1904년 7월 수제자인 월면에게 '만공'이라는 법호를 지어주고 천장암을 떠나 잠적했다. 1905년 오대산 월정사와 금강산 등을 유람하던 경허가 1906년 자유인으로 나타난 곳은 함경도의 삼수와 갑산이었다. 예로부터 '삼수갑산을 가더라도…'라는 말이 있을 만큼 삼수갑산은 지세가 험하고 교통이 불편해 한번 들어가면 나오기가 어려운 오지 중의 오지였다. 경허는 유발거사(有髮居士) 박난주를 자처하며 젊은이들을 가르치고 시정주화(詩情酒話) 등에 젖은 생활을 했다.

경허는 1912년 4월 25일(음력) 함남 갑산에서 "마음만 홀로 둥글어 그 빛 만상을 삼켰다. 빛과 경계 다같이 공한데 또다시 이 무슨 물건이려오"라는 말을 남기고 육신의 옷을 벗었다. 제자 만공은 1913년 7월 갑산에서 경허의 시신을 다비(화장)하고 유품을 수습한 뒤 수덕사로 돌아왔다. 그리고 스승의 선맥을 이어 그 자신이 근대 고승이 되었고 제자 고승들을 키워냈다. 이른바 덕숭 문중의 화려한 개막이었다. 이처럼 만공은 13세 때 스승 경허를 만난 이래 경허가 뿌린 선(禪)의 씨앗을 가꾸고 밭을 비옥하게 만든 수제자였다.

경허는 근대 선불교의 중흥조, 만공은 덕숭 문중의 뿌리

만공은 전북 태인에서 태어났다. 12세이던 1883년 어머니와 함께 김제 금산사를 다녀와 미륵부처가 업어주는 꿈을 꾼 후 출가의 뜻을 세웠다. 13세이던 1884년 무작정 집을 나와 이 절 저 절을 떠돌다가 계룡산 동학사의 진암 문하에서 행자 생활을 했다. 그러던 중 그해 10월 6척 장신의 경허가 동학사로 왔을 때 비로소 경허를 만났다. 진암이 경허에게 만공을 제자로 삼으라고 간청하자 경허는 만공을 서산 천장암에 있는 태허 스님에게 보냈다. 태허는 경허의 친형이었다.

만공은 1884년 12월 8일 태허를 은사로, 경허를 계사로 삼아 사미계를 받고 '월면'이라는 법명을 얻었다. 그때 천장암에는 30세의 수월과 23세의 혜월 두 사람이 피나는 정진을 하고 있었다. 그로부터 천장암에서의 10년이 흘러 만공은 22세가 되었다.

1893년 11월 1일 천장암에 들른 한 어린 승려가 "모든 것은 한곳으로 돌아가는데 그 한곳은 어디로 돌아가는가(萬法歸一 一歸何處·만법귀일 일귀하처)"라고 만공에게 물었다. 만공은 처음 듣는 화두에 앞이 캄캄해졌다. 며칠 밤을 지새우며 무지의 고통 속에 잠겨 있다가 천장암을 빠져나와 충남 온양의 봉곡사를 찾아갔다.

그 후 밤낮을 가리지 않고 2년 동안 정진했다. 그러다가 1895년 7월 25일 새벽, '마땅히 법계의 성품을 보라. 일체는 오직 마음이 지어낸 것이다'(應觀法界性 一切唯心造·응관법계성 일체유심조)라는 화엄경 제1게송을 읊던 중 앞을 가로막았던 의심의 안개가 걷히고 일체 만물의 본래 모습이 보이는 첫 깨달음을 얻었다. 모든 형상이 살고 죽는 것조차 마음이 지어낸 허상임을 깨닫는 순간이었다. 이후 봉곡사를 떠나 충남 공주의 마곡사 토굴에 들어가 보임 정진에 들어갔다.

만공이 1년 동안 보임 정진을 하고 있던 1896년 7월 경허가 토굴에 나타나 "아직 진면목에 깊이 들지 못했다"며 무자(無字) 화두를 던졌다. 만공은 화두에 천착하면서도 전국을 돌며 대중을 선의 세계로 인도하는 경허를 시봉했다. 그러다가 1901년 경허와 헤어져 경남 통도사 백운암에서 홀로 정진했다. 그러던 어느 날 새벽 완전한 깨달음을 경험했다. 만공은 그해 7월 천장암으로 돌아가 다시 보임 정진에 들어갔다.

1904년 7월 경허가 함경도 삼수갑산으로 가는 길에 천장암에 들러 만공의 보임 공부 내용을 물었다. 결과적으로 마지막 만남이자 마지막 시험에서 경허는 만공의 경지를 확인하고 비로소 만족스럽게 여겼다. 그리고 음력 7월 보름 밤 전법게를 내리면서 가득할 만(滿)자 빌 공(空)자 '만공'이라는 법호를 지어주고 홀연히 북쪽으로 발길을 돌렸다.

만공은 1905년 4월 충남 덕숭산 자락에 띠집 한 칸을 지어 '금선대'라는 암자를 짓고 머무르니 사방으로부터 수행자가 구름처럼 모여들었다. 경허에서 발원한 선의 물줄기가 비로소 만공에 이르러 큰 강물이 된 것이다. 만공은 1930년부터 3년여 동안 금강산 유점사와 마하연사에서 조실로 있으면서 선을 지도하고 1937년을 전후해 잠시 공주 마곡사의 주지를 맡았던 때를 제외하고는 대부분의 생애를 덕숭산에 머물렀다.

덕숭산에서는 수덕사와 정혜사 등을 중창하고 많은 사부대중을 상대로 선풍을 드날렸으며 불교계의 거목을 키워냈다. 우리나라 최초의 비구니 도량도 지어 견성암이라고 이름을 붙였다. 어지러운 삶을 등지고 절에 온 신여성 김원주가 머리를 깎고 '일엽'으로 거듭난 곳도 견성암이었다.

만공은 일제에 의해 박멸되어가는 한국 불교의 전통을 지키기 위해 온몸을 던져 항거한 실천적 선사였다. 만공이 31본산 중 하나인 마곡사의 주지로 있던 1937년 3월 11일 조선총독부가 조선 불교의 진흥책을 논의한다며 조선 13도 도지사와 31본산 주지를 불러모았다. 미나미 지로 총독이 "과거 데라우치 전 총독이 사찰령을 제정(1911)한 덕에 승려들이 도성을 출입하고 취처할 수 있게 하는 은혜를 베풀었다"면서 "조선 불교가 제대로 발전하려면 일본 불교와 조선 불교가 마땅히 하나로 합쳐야 한다"고 일장 연설을 했다. 이는 내선일체라는 허울로 한국 불교의 숨통을 완전히 끊겠다는 선포였다.

모두 숨을 죽이고 있을 때 만공이 단상으로 나가더니 "대처승 도입으로 조선 불교를 타락시킨 데라우치는 지금 지옥에 떨어져 고통을 받고 있다"고 일갈했다. 미나미 총독에게도 "조선 불교의 진흥책은 총독부의 불간섭이 가장 상책"이라고 호통을 친 뒤 자리를 박차고 나갔다.

1941년에는 과거 조선의 세도가들이 절을 홀랑 뜯어내고 묘를 쓴 서산 앞바다 간월도의 묘를 다시 없애고 간월암을 복원해 애제자들로 하여금 해방 직전 1,000일 동안 조국 광복을 위한 기도를 올리도록 했다. 말년에는 덕숭산에 전월사라는 작은 암자를 짓고 지내다가 1946년 10월 20일 아침 목욕 후 거울을 들여다보며 "만공, 자네와 내가 이제 인연이 다 되었으니 이별해야 겠네"라고 말하며 한바탕 껄껄 웃은 뒤 열반에 들어갔다.

막스 베버 '프로테스탄티즘 윤리…' 논문 발표
게오르크 지멜과 더불어 현대 독일 사회학의 창시자로 불린다.

막스 베버(1864~1920)의 영향력은 오늘날 사회학자들이 좋든 싫든 반드시 그를 거쳐야 할 정도로 세계 사회학계에서는 거의 독보적이다. 그는 다양한 지적 유산을 비판적이고 창조적으로 수용하고 종합함으로써 그 자신만의 독특한 지적 세계를 구축, 게오르크 지멜과 더불어 현대 독일 사회학의 창시자로 불린다. 그러면서도 학문 영역이 사회학에 한정되지 않고 현대 사회과학 전반에 걸쳐 있어 카를 마르크스와 어깨를 견줄 만한 유일한 인물로 거론되곤 한다.

베버의 학문적 출발점은 법학이었다. 박사학위도 법학으로 받았고 교수 자격도 법학으로 얻었다. 그러나 대학에서는 경제학과 재정학을 주로 가르쳤고 사회학은 인생 말년에 가르쳤다. 대학 시절부터 법학은 물론 역사학, 철학, 경제학을 두루 공부했기 때문에 가능한 일이었다.

베버는 독일 튀링겐주 에르푸르트의 유복한 부르주아 집안에서 태어났다. 사업가, 행정가, 법률가를 병행한 아버지는 권력과 명예를 추구하고

쾌락을 즐기는 세속적 인간이었다. 반면 어머니
는 칼뱅주의의 덕목이 몸에 밴 신앙인으로 경건
하고 금욕적이었다. 아버지는 어머니의 세계를
인정하지 않는 권위주의적인 가부장이었다. 아
버지는 아내에게 아내와 어머니로서 가정에 헌
신하는 전통적인 여성상을 요구했고 남편에게
복종할 것을 강요했다.

막스 베버

베버는 김나지움(고교) 시절부터 닥치는 대로
읽고 공부해 1882년 여름 입학한 하이델베르크대를 시작으로 슈트라스부
르크대, 베를린대, 괴팅겐대를 두루 돌며 명망 높은 학자들 밑에서 법학
을 비롯해 경제학, 철학, 신학, 역사학, 고전학 등 다양한 학문을 섭렵했
다. 물론 베버가 여러 대학을 두루 돌아다닌 것은 대학을 옮겨다니며 공
부할 수 있는 독일 대학의 전통 때문이었다. 1889년 베를린대에서 법학박
사 학위를 취득하고 1891년 대학교수 자격을 얻어 1892년 베를린대의 법
학 사강사를 거쳐 이듬해 부교수로 승격했다.

1893년 가을 베버와 결혼해 부인이 된 5촌 조카 마리안네는 평범한 아
내가 아니라 정신적 동반자였다. 아내는 남편의 그늘에만 머물지 않았다.
남편과 지적 공동체를 이루고 근대 여성운동사에 큰 족적을 남겼다. 아내
는 훗날 남편이 세상을 떠난 후 논문을 모아 책으로 펴내는 데 일조하고
1926년 남편의 전기를 썼다. 이 책은 베버를 영웅화했다는 지적이 있지만
베버와 19세기 말에서 20세기 초의 지성사를 연구하는 데 없어서는 안 될
귀중한 자료로 평가받고 있다.

베버는 1894년 가을부터 프라이부르크대 경제학·재정학 정교수로 활동
하고 1897년 1월에는 하이델베르크대 정교수로 발탁되어 경제학·재정학
을 가르쳤다. 이로써 그는 독일 경제학계에서 누구도 의심할 수 없는 지

위와 명성을 얻었다. 베버가 법학을 포기하고 새로운 전공과목으로 선택한 경제학은 훗날 그의 사회학이 구축되는 데 비옥한 토양이 되었다. 그가 30대 초반에 기라성 같은 선배를 제치고 유수 대학의 교수가 된 것은 당시로서는 센세이셔널한 사건이었다.

1897년 아버지와 어머니가 베버의 하이델베르크 집을 방문했다. 그런데 어머니 위에 군림하는 아버지라는 '폭군'을 또다시 목격하는 순간 베버는 그동안 쌓여온 분노를 억제할 수 없어 아버지를 상대로 분노를 폭발시켰다. 그날로 하이델베르크를 떠난 아버지는 7주 후 갑자기 숨을 거두었다.

부자간에 단 한마디 사과나 화해의 말도 없이 아버지가 세상을 떠나자 베버는 심한 죄책감에 시달렸다. 정신적 탈진 상태에 빠져 무력해지고 깊은 우울증에 빠졌다. 결국 베버는 1898년부터 4년 동안 아무것도 하지 못했다. 1899년 봄부터는 책을 읽지도 글을 쓰지도 못했다. 생각하는 것조차 힘들어 1899년 겨울 대학을 휴직했고 1903년 10월에는 하이델베르크대의 정교수직에서 명예교수로 물러났다.

이 기간 주로 이탈리아에서 여행과 휴양을 하면서 조금씩 건강을 되찾아 1903년 3월부터 자신의 주저가 될 '프로테스탄티즘의 윤리와 자본주의 정신'을 집필했다. 1904년 9월부터 4개월간 미국을 방문했을 때 그가 관찰한 미국 자본주의의 눈부신 성장은 '프로테스탄티즘…'에 결정적인 영향을 미쳤다. '프로테스탄티즘…'은 베버가 1904년 경제학자 베르너 좀바르트 등과 함께 편집책임을 맡은 '사회과학 및 사회정치 저널'에 1904년과 1905년 두 차례 논문으로 실렸다.

근대 서구의 산업자본주의가 단순히 물질적 이해관계만이 아닌 종교적 신념과 윤리적 세계관에서 기원했다는 주장을 담은 '프로테스탄티즘…'은 "근대 자본주의는 왜 서양에서만 탄생했을까"라는 질문에서부터 출발한다. 베버는 '자본주의 정신'이 칼뱅주의의 '예정설'과 프로테스탄트 신앙의

'소명관'에서 비롯되었다고 보았다. '소명관'은 프로테스탄트가 신앙 안에서 직업에 종사해야 하는 특별한 소명을 받았다는 것이고, '예정설'은 인간의 운명은 태초로부터 정해진 대로 살아갈 수밖에 없는데 직업노동과 부의 추구를 신의 섭리로 받아들일 때 구원이 가능하다고 보는 것이다.

'프로테스탄티즘…'은 자본주의 기원과 특질을 문화적 상부구조에서 찾았다는 점에서 이른바 '하부구조(생산·소유·분배구조)가 상부구조(종교·법·문화·예술)를 결정한다'는 마르크스의 유물론에 대한 반박적 성격을 지니고 있다. 베버가 보기에 마르크스의 지적 세계는 형이상학이나 세계관 아니면 일종의 예언에 지나지 않기 때문에 마르크스의 유물론적 접근방식을 일원론이고 환원론적이며 결정론적이라고 비판했다.

베버의 영향력, 세계 사회학계에 독보적

베버가 활동하던 시기는 독일이 뒤늦게 통일을 이룩하고 산업혁명을 완수한 뒤 제국주의 쟁탈전에 뛰어들던 때였다. 철혈재상 오토 폰 비스마르크로 대표되는 제2제국(1871~1918) 시대였다. 그 시기 독일에서는 군주주의, 권위주의, 국가주의, 관료주의가 맹위를 떨쳤다. 그러다 보니 지배 체제에 순응하는 미성숙한 독일 시민(부르주아)이 양산되었다. 지식인과 대학은 기존의 학문적 전통과 유산을 고수함으로써 근대적 산업자본주의 사회에 적합한 문화자본을 축적하지 못하고 독일제국의 지배 체제를 합리화하고 정당화했다.

베버는 이런 시대적 상황에서 전통적인 지적 유산에 집착하지 않고 근대 자본주의와 시민사회를 적합하게 분석하고 설명할 수 있는 학문적 체계의 필요성을 통찰했다. 베버는 독일을 지배하는 비스마르크의 정치적 천재성, 독일의 부국강병과 통일을 지향하는 그의 정책에 경탄하고 인정하면서도 무비판적으로 비스마르크에게 헌신하고 그를 우상화하는 것은 단호히 거부했다. 가부장적인 질서는 물론 학문의 전통과 도그마에도 단호히 저항했다.

베버의 지식인적인 면모가 여실히 드러난 것 중 하나가 유대인 사회학자 게오르크 지멜과의 관계였다. 베버는 지멜의 학문적 성과를 높이 사 1908년 하이델베르크대 정교수로 추천했다. 하지만 지멜은 학교 측의 반대로 교수로 채용되지 못했다. 베버는 지멜의 이론에 관해서는 비판을 서슴지 않으면서도 지멜을 줄곧 옹호했다. 이것은 자신과 학문적 차이가 있더라도 대학은 다양한 학문을 포괄해야 한다는 평소의 지론 때문이었다. 베버는 독일 학계의 반유대주의와 반사회주의에 대해서도 싸웠으며 공화국엔 우파뿐만 아니라 좌파도 있어야 한다고 주장했다. 학문적으로는 다르지만 마르크스를 인정한 것도 이런 학문적 태도에 기인한다.

베버는 민족주의적 신념에 따라 1차대전에 참전하기는 했지만 독일의 제국주의적 영토 확장을 반대하고 독일 지주들이나 대기업들의 야욕을 비난했다. 베버의 싸움은 과거에 사로잡힌 독일에 진정한 '근대성'을 심어주는 고된 작업의 연속이었다. 1차대전 패전 후에는 베르사유 조약의 독일 측 협상자로 나섰고 바이마르 공화국의 헌법 초안을 마련하는 데 초석을 놓았다. 또 다른 역저 '경제와 사회'를 저술하던 1920년 6월 14일 당시 전 세계적으로 창궐하던 스페인독감에 걸려 타계했다.

자코모 푸치니 작곡 오페라 '나비부인' 초연
점점 인기가 높아져 서양인들이 일본을 이해하는 통로로 작용했다.

자코모 푸치니(1858~1924)는 주세페 베르디 이후 이탈리아가 낳은 최고의 오페라 작곡가다. 그는 이탈리아 토스카나 지방의 작은

도시 루카의 음악가 집안에서 태어나 운명적으
로 음악과 친숙했다. 푸치니가 오페라에 관심
을 품게 된 것은 10대 후반이던 1876년 3월 피
사에서 베르디의 오페라 '아이다'를 관람하고부
터였다.

자코모 푸치니

음악적 재능이 꽃을 피운 것은 1880년 밀라노
음악원에 입학, 최고의 교수진에게서 체계적인
교육을 받으면서였다. 1884년 5월 31일 자신의
첫 오페라 '요정 빌리'를 밀라노 무대에 올려 호평을 받았다.

26살이던 그해 7월 어머니의 부음을 듣고 고향을 찾았을 때 만난 인물
이 훗날 애증으로 점철될 엘비라 본투리였다. 그는 옛 친구의 아내였는데
친구는 자신의 아내에게 피아노와 성악을 가르쳐 달라고 푸치니에게 부
탁했다. 이후 둘의 만남이 잦아지면서 1886년 엘비라가 푸치니의 아이를
임신했다. 이미 두 아이의 어머니이던 엘비라는 안정된 가정을 버리고 푸
치니를 선택했다.

푸치니는 1893년 2월 1일 토리노 왕립극장에서 초연된 '마농 레스코'의 성
공을 계기로 오페라 작곡가로 세상에 알려졌다. 그는 모두 12편의 오페라
를 작곡했는데 그중 대표적인 오페라가 '라 보엠', '토스카', '나비부인'이다.

'라 보엠'은 19세기 프랑스 파리를 배경으로 펼쳐지는 4명의 젊은 보헤
미안의 방랑과 우정, 그리고 사랑을 그린 오페라로 1896년 2월 1일 이탈
리아 토리노에서 아르투로 토스카니니의 지휘로 초연되었다. 폐결핵을
앓는 여공 미미와 뒷골목 다락방에 살고 있는 가난한 시인 로돌포의 사랑
이 큰 줄거리를 이룬다. 1막에서 로돌포가 '그대의 찬 손'을 부른 후 미미
가 이에 화답하듯 부르는 아리아가 그 유명한 '내 이름은 미미'다.

1900년 1월 14일 이탈리아 코스탄치 극장에서 초연된 '토스카'는 가수

토스카와 그의 애인 카바라도시, 토스카를 차지하려는 경찰총감 스카르피아 사이의 사랑과 죽음, 그리고 탐욕이 19세기 초 로마를 배경으로 긴장감 있게 펼쳐진다. '토스카'에서는 '노래에 살고 사랑에 살고', '별은 빛나건만', '오묘한 조화' 등의 아리아가 유명하다.

푸치니가 '나비부인'의 존재를 처음 알게 된 것은 1900년 5월 런던의 무대에 올려진 동명의 연극 '나비부인'을 보면서였다. 연극은 1898년 미국 잡지 '센추리'에 실린 존 루터 롱의 단편소설 '나비부인'을 미국의 극작가 데이비드 벨라스코가 각색한 것으로, 1900년 초 뉴욕에 이어 런던 무대에서 공연 중이었다. '나비부인'은 19세기 말 일본의 항구도시 나가사키를 배경으로 미국 해군 장교 핑커턴과 게이샤 초초상(초초는 일본어로 나비라는 뜻)의 사랑을 그린 짧은 소설이다. 작가 존 루터 롱은 미국 선교사의 부인으로 수년 동안 나가사키에 살았던 누나의 이야기를 듣고 소설로 만들어 발표했다.

푸치니는 연극에 감명을 받고 이탈리아로 돌아와 일본어 어감을 익히고 일본 음악의 5음계를 연구하며 '나비부인'의 오페라 곡을 작곡했다. 이렇게까지 심혈을 기울인 작품은 전에도 후에도 없었다. 오페라 '나비부인'은 1904년 2월 17일 이탈리아의 라 스칼라에서 초연되었다.

'나비부인'은 푸치니가 가장 심혈을 기울인 작품

개막 전의 반응은 좋았다. 입장권에는 프리미엄이 붙었고 입장료 수입은 이 극장에서 초연된 작품 가운데 사상 최고를 기록했다. 푸치니도 2만 리라의 선금을 챙겼다. 푸치니는 '나비부인'의 성공을 확신한 듯 가족을 동반하고 객석을 지켰다. 그런데 막이 오르고 잠시 후 객석에서 폭소와 야유가 터져나왔다. "라 보엠을 우려먹는거냐"며 고함을 치는 관객도 있었다.

2막에서는 주역을 맡은 소프라노 스토르키오의 기모노가 바람 때문에 부풀어 올라 "스토르키오가 임신했다! 토스카니니의 아이"라는 인신 모독성 발언까지 들렸다. 여주인공 스토르키오가 유명 지휘자 토스카니니와 연인인 것을 세상에 까발리고 싶어한 사람들의 소행이었다. 소란은 막이 내릴 때까지도 멈출 줄 몰랐다. 결국 초연은 관객들의 조롱 섞인 모욕과 조소를 받으며 참담한 실패로 끝이 났다.

푸치니는 공연 실패에 큰 충격을 받고 선금으로 받은 돈을 극장 측에 돌려준 뒤 모든 일정을 취소한 채 부분 개작에 착수했다. 지루한 2막을 둘로 나누고 몇 군데를 고쳤다. 3막에 핑커턴의 아리아를 추가했다. 5월 17일 브레시아에서 다시 무대에 올려진 '나비부인'은 열렬한 갈채를 받았다.

'나비부인'이 세계적으로 유명해진 것은 1907년 뉴욕 메트로폴리탄 오페라극장에서 세기의 테너 엔리코 카루소가 핑커턴을 열연하고부터였다. 특히 초초상이 핑커턴을 애타게 기다리며 부르는 '어떤 갠 날', 초초상과 하녀가 함께 노래하는 '꽃의 이중창' 등의 아리아는 백미로 꼽힌다.

'나비부인'은 점점 인기가 높아져 서양인들이 일본을 이해하는 통로로 작용했다. 그러나 일본에선 1914년 초초상의 자결 장면을 삭제한 상태로 초연했다. 전곡 공연은 1936년 처음 이뤄졌다. 우리나라에선 다른 나라에 비해 상당히 늦은 1970년 김자경 오페라단이 초연했다. 무대 의상 대부분이 기모노인데다 일본 국가 기미가요가 중간에 등장하는 탓에 자칫 반일 감정을 자극할지 모른다는 이유 때문에 늦어졌다.

푸치니는 카사노바 기질이 다분한 남자였다. 더구나 명성이 높아질수록 그의 곁에는 여성 팬들의 유혹이 끊이지 않았다. 푸치니와 사실혼 관계를 유지하던 엘비라는 이런 남편을 의심하고 염탐했다. 그러던 중 1903년 2월 푸치니가 교통사고를 당해 누워 지내야 했다. 엘비라는 푸치니의 간호를 위해 도리아 만프레디라는 16살 소녀를 고용했다. 도리아는 성심으로 푸치니를 간호했고 엘비라는 이런 도리아를 딸처럼 아꼈다.

그런데 5년이 지나 도리아가 20대에 접어들자 도리아는 귀여운 소녀에서 매력적인 숙녀의 모습을 띠게 되었고 엘비라는 그녀를 남편의 애인으로 상상했다. 엘비라는 도리아를 해고하고 나쁜 소문을 동네방네에 퍼뜨리며 마을에서 쫓아냈다. 견디다 못한 도리아는 결백하다는 유서를 남긴 채 자살했다. 시신 감식 결과 도리아가 처녀로 판명되자 도리아 가족은 엘비라를 고소했고 엘비라는 유죄 판결을 받았다. 푸치니는 엘비라와 결별하려다 아들의 호소로 포기하고 도리아 가족에게 거액의 위자료를 주고 합의했다.

한편 1903년 자동차 사고가 난 다음날 엘비라 남편의 사망 소식이 전해졌다. 당시 미망인은 배우자가 사망하고 10개월이 지나야 재혼할 수 있었기 때문에 전 남편이 사망하고 정확히 10개월 후에 두 사람은 정식으로 결혼했다.

푸치니는 1920년대에 '투란도트' 작곡에 착수했으나 인후암 때문에 1924년 11월 29일 '투란도트'의 미완성 악보를 손에 쥔 채 눈을 감았다. 이로 인해 마지막에 등장하는 투란도트와 칼라프의 사랑의 2중창은 미완성으로 끝났다. 푸치니의 제자인 프랑코 알파노가 푸치니의 스케치를 토대로 3막의 절반 이상을 완성했지만 그 부분에 대한 반응은 신통치 않았다. 1926년 4월 25일 라 스칼라에서 '투란도트' 초연 지휘를 하던 거장 토스카니니가 공연 도중 "여기까지가 푸치니 선생이 작곡한 부분입니다"라며 지휘대를 내려온 일화는 유명하다.

1905년

을사조약 강제 체결

천황의 친서는 대한제국과 고종을 분리하려는 이간책이었다.

러일전쟁을 승리로 장식한 1905년, 일본이 미국과는 가쓰라·태프트 밀약(1905.7), 영국과는 제2차 영일동맹(1905.8)을 체결해 사실상 대한제국에 대해 배타적이고 우월적인 지위를 확보했다. 러시아와도 포츠머스 강화조약(1905.9)을 맺어 대한제국에 대한 지도·감리·보호의 권리를 승인받은 터라 국제적으로는 더 이상 거리낄 게 없었다.

미국, 영국, 러시아 등 강대국들은 당사자인 대한제국의 의사와는 전혀 상관없이 이렇게 차례로 일본의 대한제국 점령을 용인했다. 친일적인 미국 대통령 시어도어 루스벨트는 포츠머스 강화조약을 중재한 공로로 1906년 노벨평화상을 받았다. 대한제국의 운명을 보호국으로 결정한 러일 간의 흥정을 평화조약이라고 포장해 미국인 최초로 노벨 평화상을 받은 것이다.

일본은 이처럼 외교적 정지 작업을 마무리한 후 1905년 10월 27일 내각회의를 열어 군사력을 동원해서라도 대한제국의 외교권을 빼앗아야 한다는 이른바 '대한제국 보호권 확립 실행에 관한 각의 결정'을 의결했다. 이미 영국·미국이 동의하고 기타 열강도 대세로 인정하는 상황이어서 대한제국에 대한 보호권 실행이 무르익었다는 판단에서였다.

보호국화를 관철하기 위해 일본의 추밀원 의장 이토 히로부미가 특명전권대사 자격으로 서울에 도착한 것은 1905년 11월 9일이었다. 당시 서울에는 일본군 1개 사단이 '조선주차군'이란 이름으로 주둔했다. 조선주차군은 고종이 거처하는 경운궁(덕수궁) 주변을 사실상 포위하고 조선주

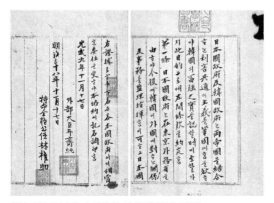

을사조약으로 불리는 '제2차 한·일 협약' 첫 장과 끝장.
조약 제목이 들어갈 첫 줄이 비어 있다.

차군 사령관 하세가와 요시미치는 대관정(대한제국의 영빈관)에 상주하면서 5분 거리에 있는 경운궁을 감시했다.

이토는 도착 다음날인 11월 10일 천황의 친서를 고종에게 전달하는 것으로 임무를 시작했다. "대한제국이 일본의 보호를 받는다고 해도 대한제국 황실의 안녕과 존엄은 조금도 훼손되지 않을 것"이라는 천황의 친서는 대한제국과 고종을 분리하려는 이간책이었다. 이토는 11월 15일 오후 3시 고종을 알현한 자리에서 대한제국의 외부를 폐지하고 대한제국의 모든 외교권을 일본 정부에 위임할 것을 골자로 하는 '조약안'을 내놓으며 "조약을 거부할 경우 결과가 어찌될 것인지를 생각해야 한다"며 노골적으로 협박했다.

고종은 "외교권 위임을 완전히 거부하는 것은 아니나 외교권을 행사하는 독립국이라는 형식만은 존치시켜 달라"고 요청했다. 대한제국의 외교 사무에 대해 일본의 감독을 받더라도 독립국가로서의 외교 권한만은 그대로 유지할 수 있도록 해 달라는 것이었다. 저녁 7시 무렵에는 "일본 정부가 조약안을 대한제국 정부에 제출하면 정부 대신들이 의논해 조처하라"는 말로 그 중차대한 결정을 내각에 떠넘겼다. 이토는 고종의 책임 회피 발언을 회심의 미소로 반겼다. 국제여론상 '황제 협박'보다는 '대신 협박'이 더 부담이 적다는 사실을 잘 알고 있었기 때문이다.

고종의 뜻을 간파한 하야시 곤스케 주한 일본공사가 11월 16일 오전 대신들을 불러 조약 체결을 요구했다. 그러나 대신들이 동의하지 않자 이번에는 이토가 그날 오후 대신들을 불러 "조약 체결에 협력할 시에는 상당한 보상을 할 것이고 협력하지 않을 시에는 그냥 두지 않겠다"고 협박했다. 대신들은 이토의 말에 적극적으로 반론을 펴지 못한 채 외교를 담당하는 '외부'를 통해 조약안이 접수된다면 타협의 길이 있을 것이라며 소극적 동의의 뜻을 전하면서 대한제국의 이름만은 보전할 수 있게 해달라고 요청했다. 그러면서도 그날 밤 고종을 만난 자리에서는 조약 반대로 의견을 모았다.

고종, 외교적 수단으로 나라 되찾을 수 있다고 믿어

대신들은 11월 17일 오전 하야시 공사를 찾아가 조약 체결 반대의 뜻을 전하고 그날 오후 고종을 찾아가 대책회의를 열었다. 오후 3시 경운궁 중명전에서 열린 어전회의에서는 이완용 학부대신이 고종에게 무슨 생각을 하고 있는지 모두 말해 달라며 조약을 끝까지 반대할 의지가 있는지를 타진했다. 그러면서 조약 체결을 받아들일 생각이라면 조약 내용 중에서 보태고 빼고 고칠 내용을 미리 상의해야 한다고 했다. 고종과 대신들의 동의로 이후 논의는 조약문을 수정하는 방향으로 진행되었다. 대신들이 물러날 즈음 고종은 "이미 짐의 뜻을 말했으니 모양 좋게 조처하라"고 지시했다.

대신들이 중명전을 빠져나가고 있던 오후 8시 이토가 하세가와 사령관을 대동하고 나타나 고종의 알현을 요청했다. 고종은 인후통이 심하다며 만나주지 않았다. 그러자 이토는 일본군이 경운궁 주위를 삼엄하게 포위하게 한 뒤 중명전을 빠져나가려는 대신들을 윽박질러 다시 중명전 안으로 밀어넣었다.

이토 대신 이완용(학부대신)이 일일이 대신들에게 찬반을 물었을 때 한규설(참정대신)과 민영기(탁지부대신)는 반대했다. 한규설은 일본 헌병들에게 끌려나가 회의장 밖의 별실에 감금되었다. 이완용, 이지용(내부대신), 권중현(농상공부대신), 이근택(군부대신) 4명은 일부 자구 수정을 전제로 찬성을 표명했다. 박제순(외부대신)은 처음에는 반대했다가 슬그머니 태도를 바꾸었으며 이하영(법부대신)은 오락가락했다. 이른바 '을사5적'에 이완용, 이지용, 이근택, 권중현 외에 이하영과 박제순을 넣고 빼는 데는 그들의 오락가락했던 태도 때문이다. 오늘날 통용되고 있는 을사5적은 이하영을 제외한 5명이다.

이토는 대신들의 수정 요구를 반영한 조약 초고를 고종에게 올려 열람하게 했다. 고종은 조약문에 "본국이 부강한 뒤에는 이 조약이 무효가 되어야 하므로 이러한 뜻의 문구를 별도로 첨부해야 한다"는 뜻을 전했다. 그러자 이토는 직접 "조선이 부강할 시"라는 문구를 조약에 삽입했다. 그러고는 "조약 문구를 수정하자고 한 것은 찬성이나 마찬가지이므로 다수결로 동의한 것"이라며 일방적으로 선언한 뒤 명칭도 없는 조약문을 외부대신 박제순에게 내밀면서 하야시 공사와 함께 서명하도록 했다.

박제순과 하야시가 5개조로 구성된 이른바 '을사조약'에 서명한 것은 1905년 11월 18일 새벽 2시경이었다. 조약서 상 날짜는 조약을 미리 작성했던 11월 17일이었다. 이후 사람들은 날씨가 흐리고 으스스할 때면 1905년 을사년을 빗대 "을사년스럽다"고 했고 이 표현은 오늘날 "을씨년스럽다"로 바뀌어 사용되고 있다. 박제순은 서명의 공로를 인정받아 11월 22일 참정대신(총리), 1907년 출범한 이완용 내각 때는 내부대신(1909)으로 임명되었다. 1910년의 한일합방 조약에도 다른 7명의 대신과 함께 서명함으로써 이완용과 더불어 대표적인 매국노로 분류되었다.

조약 중 ▲일본국이 대한제국의 외국에 대한 관계 및 사무를 감리·지휘하며, 일본국의 외교 대표자 및 영사는 외국에 재류하는 대한제국의 신민 및 이익을 보호한다(제1조) ▲일본국 정부는 대한제국과 타국 사이에 현존하는 조약의 실행을 완수할 임무가 있으며 대한제국 정부는 금후 일본국 정부의 중개를 거치지 않고는 국제적 성질을 가진 어떤 조약이나 약속도 하지 않기로 상약한다(제2조) 등의 조항에 따라 대한제국의 외교권은 사라졌다. 또한 대한제국 황제 밑에 1명의 일본인 통감을 두되 '오로지 외교에 관한 사항'만을 관리하며, 대한제국의 개항장 및 기타 필요한 지점에 이사관을 설치해 통감 지휘 하에 종래 일본영사에게 속하던 일체의 직권 및 본 협약 실행을 위해 필요한 일체의 사무를 관리하게 한다(제3조)고 명시했다.

조약의 성립 절차를 하나도 거치지 않아 무효

일제에 남은 과제는 하루속히 조약을 공포하고 대한제국 보호권을 대외적으로 승인받는 절차였다. 1905년 11월 23일 조약 체결 사실을 관보 호외에 외무성 고시로 공표하고 영국, 미국, 청국, 프랑스, 독일 등 대한제국의 수교국 정부에 을사조약 전문 및 일본 정부의 선언서를 통보했다. 대한제국에서는 12월 16일자 관보를 통해 '한일협상조약'이라는 명칭으로 공표했다.

이후 미국을 필두로 영국, 청국, 독일, 이탈리아 등 주한 외국 공관이 대한제국을 떠났다. 각국이 공사관 철수에서 보여준 적극성의 정도는 일본과의 친소 관계, 대한 정책의 비중, 동아시아 정책 노선의 반영이었다. 조약에 따라 '외부'는 폐지되고 대한제국의 외교 사무를 관장할 '통감부'가 1906년 2월 1일 설치되었다.

문제는 을사조약이 위임·조인·비준이라는 조약의 성립 절차를 하나도 거치지 않았다는 점이다. 특히 이처럼 중요한 조약은 주권자로부터 조약의 체결 권한을 위임받은 대표자가 조약에 날인·서명하는 것이 당연한 절차인데도 이를 뒷받침하는 고종의 어새나 서명이 들어 있지 않고 위임장이나 위임 사실을 기록한 문서가 양국 어디에도 없다는 사실이 조약의 불법성을 입증하고 있다.

을사조약에 박제순과 하야시가 "본국 정부에서 상당한 위임을 받아 본 협약에 기명 조인한다"는 표현이 있긴 하지만 '상당한 위임'을 명시한 문서는 여전히 오리무중이다. 이것은 일본이 외교권을 빼앗는 내용의 조약을 고종이 순순히 승인하지 않을 것임을 예상하고 '상당한 위임'이라는 구절을 집어넣어 위임 과정을 거친 것처럼 위장했다고밖에 볼 수 없다. 그래서 "조약은 당연히 무효"라는 주장에 힘이 실리는 것이다.

조약 명칭을 정하지 않은 채 조약문을 만든 것도 일본이 얼마나 급하게 서둘렀는지를 보여주는 대목이다. 요즘 우리가 부르는 을사조약, 을사보호조약 등의 명칭은 후대에 을사년(1905)에 맺어진 보호조약이라고 해서 붙인 이름일 뿐이다. 지금 한국과 일본에 남아 있는 조약 원문 어디에도 조약의 이름이 없고 고종의 어새나 국새는 더더욱 찍혀 있지 않다.

을사5적은 12월 16일 조약 과정을 상세히 적은 상소를 올려 당시 회의에 참석했던 모든 대신이 함께 죄를 지은 것인데 유독 자신들에게만 죄를 뒤집어씌운다고 하소연하고 억울함을 표현했다. 그러면서 "독립이라는 칭호가 바뀌지 않았고 제국이라는 명칭도 그대로이며 종사는 안전하고 황실은 존엄한데 다만 외교에 대한 한 가지 문제만 잠깐 이웃 나라에 맡겼으니 우리나라가 부강해지면 도로 찾을 날이 있을 것입니다"라는 궤변과 함께 사직 상소를 올렸다.

각지 유생들은 을사5적을 처단하고 조약을 무효화하라는 상소를 올리거나 도끼를 등에 메고 대궐 앞에 엎드려 읍소했다. 민영환은 울분을 참지 못해 11월 30일 자결하고 조병세는 다음날 음독 자살했다. 12월 4일에는 학부주사 이상철, 시위대 김봉학이 자결했다. 고종은 자결자들에게 따로 시호와 훈장을 표창하면서도 을사5적에게는 사직을 만류하는 이중적 정치 행보를 계속했다. 고종은 열강이 대한제국을 이미 일본의 몫으로 인정했는데도 불구하고 줄타기 정치 수완과 외교적 방법으로 되찾을 수 있을 것이라고 믿었다.

민영환의 자결과 순국 열사들

민영환의 자결은 국내·외에 큰 파문을 불러일으키고 순국과 항거의 도화선이 되었다.

1905년 11월 18일 새벽 2시에 체결된 을사조약은 연쇄적인 순국 투쟁을 불러왔다. 최초 순국자는 돈의문 밖 배씨 성을 가진 평민이었다. 그는 며칠을 통곡하다가 자살했다. 무엇보다 요직을 두루 거친 민영환의 자결은 국내·외에 큰 파문을 불러일으키고 순국과 항거의 도화선이 되었다.

민영환(1861~1905)은 경기도 용인에서 을사조약 체결 소식을 듣고 바로 상경해 전 좌의정 조병세와 대책을 논의했다. 조병세는 고령으로 낙향했다가 소식을 듣고 79세 노구를 이끌고 상경한 터였다. 두 사람은 11월 27일 조병세를 소두(疏頭·상소문에서 맨 먼저 이름을 올린 사람)로 하고 관료들이 연명한 상소문을 가지고 궁궐로 들어가 을사5적의 처형과 조약의 파기를 호소했다. 일본 헌병들에게 강제로 쫓겨나도 계속 의분에 찬 상소를 올렸다. 일본은 고종을 협박해 민영환과 조병세를 궁궐에서 쫓아냈으나 조병세는 대한문 밖에서 석고대죄하며 상소 항쟁을 계속했다.

민영환이 계속된 상소 활동으로 쇠약해진 몸을 추스르고 앞으로의 계획을 세우기 위해 찾아간 곳은 서울 공평동에 사는 의관 이완식의 집이었다. 그곳에서 죽음으로 임금의 은혜에 보답하고 백성에게는 경각심을 불러일으키겠다며 비장한 결심을 했다. 그리고 11월 30일 아침 6시쯤 단도로 자신의 배를 찔렀다. 칼이 작아 깊이 들어가지 않자 다시 목을 찔러 자결했다. 그의 나이 44세였다.

다음날 시신에 수의를 갈아입히려고 할 때 옷소매에서 서구식 명함 앞뒷면에 한자로 깨알같이 적어놓은 유서 몇 장이 발견되었다. 한 장은 "영환은 죽어도 아니 죽는다(死而不死)"면서 백성들에게 자유와 독립을 회복할 것을 촉구하는 유서였고 나머지는 청국·영국·미국·프랑스·독일 공관 앞으로 보낸 유서 겸 편지였다. 민영환의 자결 후 을사조약에 서명한 하야시 곤스케 일본공사를 비롯해 각국 공사들이 조문했다. 백성들도 남녀노소와 신분의 구분 없이 영전에서 곡을 했으며 기생도 수십 명이 몰려와 땅을 치며 통곡했다. 고종도 한참 동안 목 놓아 울었다.

민영환의 순국은 백성들의 추모 열기를 뜨겁게 하고 반일 의식을 부추겼다. 5번이나 상소를 올린 의정부 참찬 이상설은 맨상투에 흰 명주 저고리만을 걸친 채 서울 종로 네거리에서 "국가와 백성을 이 지경에 빠뜨렸으니 만 번 죽어도 마땅하다"며 땅에 머리를 내리찧었다. 유혈이 낭자한 그 현장을 지켜본 사람 중에는 민영환의 집에 조문을 갔던 김구도 있었다. 고종은 민영환에게 '충정'을 시호로 내리고 최고 훈장을 추서했다.

민영환이 국권 침탈에 대한 울분으로 목숨을 끊은 다음날 민영환과 함께 상소운동을 펼친 조병세를 비롯해 전 이조참판 홍만식이 순국에 동참했다. 뒤를 이어 전 대사헌 송병선이 순국했다. 학부주사 이상철과 시위대 군인 김봉학 등 각계각층에서도 순국이 이어졌다. 민영환의 집 행랑에 거처하던 인력거꾼은 뒷산에서 소나무에 목을 매 자결했다. 이렇게 자결한 사람이 1905년 11~12월에만 10명이 넘었다.

조병세는 민영환이 자결한 다음날인 12월 1일 거듭된 상소에도 일본 헌병에 의해 강제로 가마에 태워지자 국난을 바로잡을 수 없음을 통분하고 가마에서 극약을 마셔 자결했다. 당시 종로 네거리에서 거행된 장례식에는 수천 명의 군중이 우국충정의 정신을 기렸다. 홍만식은 을사조약 전에도 두 차례 자살을 기도했었다. 1884년 동생 홍영식이 갑신정변의 주모자로 사형을 당하고 이에 충격을 받은 아버지까지 자살하자 그 역시 자살을 기도한 바 있고 1895년 민비가 시해당하는 을미사변 때도 분을 참지 못하고 음독자살을 시도했다. 이후 그는 나라에 큰 죄를 지었는데도 살아 있다며 '미사신(未死臣)'을 자처하다가 12월 1일 끝내 자결하는 것으로 생을 마감했다.

민영환

송병선 역시 통분을 참지 못하고 세 차례에 걸쳐 독약을 마시고 자결했다. 그는 대사헌까지 지낸 후 1877년부터 1903년까지 총 23차례에 걸쳐 관직에 천거되었지만 모두 거부하고 후학을 양성하는 데 진력했다. 을사조약 후 송병선은 제자들과 함께 상경해 고종을 직접 대면한 자리에서 국망의 상황을 타개하기 위한 대책으로 을사5적 처단, 인재등용, 나라의 기강 확립 등을 내용으로 하는 '십조봉사'를 올렸다. 고종으로부터 아무런 언질이 없어 며칠 동안 서울에 머무르며 재차 고종을 독대하고자 했으나 좀처럼 기회가 오지 않았다.

일제는 이런 송병선의 행동을 눈엣가시로 여겨 대전으로 압송했다. 그러자 송병선은 그가 할 수 있는 최선의 방법을 고민하다가 12월 29일 유서 성격의 상소를 썼다. 그리고 후손과 제자를 모아 "도(道)의 수호를 위해 죽음을 선택한다"는 마지막 유지를 남기고 1905년 12월 30일 음독 후 숨을 거두었다. 동생 송병순도 한일합방과 일제의 회유에 항거하며 1912년 자결함으로써 형제 모두 순국열사가 되었다.

김봉학은 을사조약이 체결되자 군인으로서 이를 막지 못한 것을 개탄하며 이토 히로부미를 처단할 계책을 짜고 있다가 일이 누설되어 실패하자 독약을 마시고 자결했고 학부주사 이상철은 12월 3일 원통함을 참지 못하고 자결했다.

민영환의 순국, 반일 의식 부추겨

민영환의 피묻은 옷과 칼은 민영환 집 뒷방에 봉안되었다. 방문을 잠가 둔 지 7개월이 지난 1906년 7월 어느 날 가족이 문을 열어보니 4줄기, 9가지, 48잎사귀가 돋은 푸른 대나무가 마룻바닥 틈으로 솟아올라 있었다. 이 사실이 대한매일신보 7월 17일자에 보도되면서 경향 각지에서 인파가 밀려들었다. 이후 대나무는 민영환의 피에서 자라났다고 해서 '혈죽(血竹)'으로 불렸고, 민영환의 집에는 혈죽을 구경하고 그의 넋을 기리는 사람들로 인산인해를 이뤘다. 문인들은 시를 짓고 노래를 지어 민영환의 충절을 되새겼다. 박은식도 '혈죽기편'을 지어 당시 상황을 기록했다.

민영환의 가족은 혈죽을 광목천에 싸서 다락방에 몰래 보관하다가 1962년 고려대 박물관에 기증했다. 민영환의 이름은 해방 후 서울 거리에서 되살아났다. 일제강점기에 죽첨정(竹添町) 1,2,3 정목(丁目)으로 불리던 지명을 서울시가 1946년 10월 민영환의 시호를 따서 충정로 1,2,3가로 개명한 것이다.

민영환은 민비의 집안인 여흥 민씨 가문에서 태어나 어려서 큰아버지 민태호의 양자로 입양되었다. 대원군의 부인 민씨가 민영환의 고모이므로 민영환과 고종은 내외종 간이었고, 민영환의 둘째아버지 민승호가 민비의 부친 민치록의 양자(따라서 민승호는 민비의 양오라비)여서 민영환은 비록 민비와 피를 잇지는 않았지만 민비의 조카였다. 민영환은 20대에 선혜청 당상인 생부 민겸호가 임오군란(1882) 와중에 척살되고 양부인 민태호는 갑신정변(1884) 때 개화당 청년들에게 살해되는 개인적인 비극을 겪었다. 둘째아버지 민승호는 이미 1874년 뇌물로 위장된 폭약 상자를 열다가 일가족과 함께 폭사한 상태였다. 이처럼 민씨 일족의 잇따른 죽음은 그들의 가렴주구에 대한 백성들의 원성이 어느 정도였는가를 짐작케 해주는 대목이다.

민영환도 민씨 가문의 후광에 힘입어 출세 가도를 달렸다. 생부와 양부의 죽음 후에도 이조참판, 예조판서, 병조판서 등 주요 관직을 두루 거쳤으며 동학농민운동 때는 내무부 독판으로 진압에 나섰다. 1895년 을미사변 직전에는 주미 전권공사에 임명되었으나 민비의 시해로 부임하지는 못하고 낙향했다. 민비의 죽음으로 고종의 친정 이후 22년간 유지되어온 민씨 일족 세력의 세도정치는 사실상 종언을 고했다.

민영환은 낙향한 뒤에도 고종의 신임이 두터워 두 차례나 세계를 순방했다. 첫 번째는 1896년 러시아 황제 니콜라이 2세의 대관식 축하 특명전권대사로 파견된 해외 순방이었다. 민영환은 출국에 앞서 대러 교섭에 관한 전권을 고종에게서 위임받았다. 학부협판 윤치호도 포함된 특사단은 1896년 4월 1일 인천 제물포를 출발해 군함·상선·열차 등을 갈아타며 상해~요코하마~밴쿠버~뉴욕~런던~베를린~바르샤바 등지를 거쳐 5월 20일 모스크바에 도착했다.

고종이 민영환에게 내린 밀명은 모두 5가지였다. 고종의 신변 보호, 군경 양성을 위한 교관 파견, 내정·산업을 지도할 고문 초빙, 300만 원의 차관 제공, 한러 간 전신선 건설 등이 그것이다. 이 가운데 민영환이 얻어낸 것은 13명의 군사교관뿐이었다. 결국 사절단은 미흡하기 짝이 없는 회답만을 듣고 귀국길에 올라 10월 21일 서울에 도착했다. 장장 6개월 20일 동안 민영환이 거쳐간 나라만 11개국에 달했다. 그때의 견문을 기록으로 남긴 '해천추범'은 유길준의 '서유견문록'과 더불어 당대 제일의 세계일주 기록으로 평가되고 있다.

서울의 '충정로'는 민영환의 시호에서 딴 지명

민영환은 귀국 후 곧바로 군부대신에 임명되어 조선군의 신식 훈련에 박차를 가하다가 1897년 1월 영국·독일·러시아·프랑스·이탈리아·오스트리아 등 유럽 6개국의 특명전권공사로 임명되어 1897년 3월 영국 빅토리아 여왕 즉위 60주년 기념 축하식에 참석하라는 특명을 받았다.

일행은 3월 24일 인천을 떠나 상해~나가사키~홍콩~인도~수에즈운하~오데사항(흑해)~상트페테르부르크를 거쳐 6월 5일 영국 런던에 도착, 빅토리아 여왕을 알현한 뒤 미국을 거쳐 7월 17일 귀국했다. 민영환은 두 차례 해외 순방을 하며 각국의 정치·경제·문화·사회·교육·군사상의 발전 등을 눈여겨보았다. 이를 통해 정치제도를 개혁하고 민권을 신장시켜 국가의 근본을 공고히 할 것을 수차례 고종에게 건의했다.

고종이 1899년 6월 참모본부에 해당하는 '원수부'를 설치한 것도 민영환의 건의가 있은 뒤였다. 민영환은 1900년 2월 원수부의 회계국 총장으로 임명되어 군악대 설치와 국가·어기 제정을 추진했다. 1901년 2월 군악대의 지휘자로 초빙된 독일인 프란츠 에케르트가 1901년 9월 고종의 50주년 탄신일에 첫 연주회를 열고 1902년 3월 황태자(순종) 탄신을 기념하는 축하 연주회를 펼친 데는 이처럼 민영환의 공이 컸다.

민영환은 1902년 11월 해외 이민사업을 관장하는 '수민원'을 설립하고 총재를 맡아 2년간 6,700여 명의 이민자를 하와이로 보내는 데도 주도적인 역할을 했다. 1904년 2월 러일전쟁 발발 후에는 내부대신과 학부대신으로 활동하면서 친일 각료들과 대립하다가 한직인 시종무관장(경호실장)으로 밀려났지만 반일운동은 멈추지 않았다. 5년 7개월간 투옥되었다가 풀려난 이승만에게 고종의 밀지를 주어 1904년 11월 미국으로 떠나게 한 것도 민영환이었다. 이승만은 미국 정부를 상대로 조선의 독립을 도와 달라는 외교 청원운동을 벌였으나 당시 미국은 이미 한반도에서 일본의 지배권을 인정한 상태였기 때문에 민영환의 구국 외교는 무위로 돌아갔다.

이상의 내용으로만 보면 민영환은 애국·순국 열사로 추앙받아 마땅하다. 하지만 당대 평가는 마냥 우호적이지 않았다. 전봉준이 중앙 탐관오리의 대표적 인물로 민영준·고영근과 함께 지목한 인물이 민영환이기 때문이다. 민씨 일가를 부패 지도층으로 몰아붙여야 하는 정치적 입장에 섰던 전봉준의 발언만으로 민영환이 부패한 관리였다고 단정할 수는 없지만 그래도 대한제국을 파멸로 이끈 집단 중 하나인 민씨 일족의 핵심 인물이라는 점에서 전봉준의 지적이 완전히 틀렸다고만 볼 수 없다는 반론도 있다.

이한응　을사조약이 체결되기 전 멀리 영국에서 자결한 순국 선열도 있었다. 러일전쟁을 유리하게 이끌고, 한국 침략의 고지를 선점하기 위해 일제가 강제로 체결한 한일의정서(1904.2.23)에 반발하며 자결을 선택한 이한응(1874~1905)이었다.

그가 관립 육영공원에서 2년간 영어를 공부하고 초대 영국·이탈리아 공사 민영돈을 따라 영국 땅을 밟은 것은 1901년이었다. 직함은 영국·이탈리아 주차 공사관 3등 참서관이었다. 런던 얼스코트 트래보버로(路) 4번지에 위치한 공관은 이한응과 민영돈을 포함해 3명뿐이었다. 1902년 제1차 영일동맹 체결로 국제 정세가 급변하는 가운데 민영돈 공사가 1904년 초 귀국한 후에는 이한응이 서리공사에 임명되어 대영 교섭을 책임지는 중차대한 임무를 맡게 되었다.

이한응은 1904년 1월 13일 영국 외무성을 방문해 한반도 정세 분석에 관한 10쪽의 서한과 메모를 전달하는 것으로 공사 업무를 시작했다. 그는 서한에서 극동 정세가 급속히 변하고 있다는 점을 지적한 뒤, 영국 정부가 한반도 문제에 주목해줄 것을 요청했다. 조선의 독립과 주권, 영토 보

이한응

존 등 5개항도 영국 정부가 보장해줄 것을 요청했다. 그는 극동 지역의 영국, 프랑스, 일본, 러시아 등 4각 체제를 도형까지 넣어 설명하며 4강 조약을 제안하는 뛰어난 국제 정세 감각을 선보였다. 그러나 그는 약소국의 대표였고 예상대로 영국 정부는 냉담한 반응을 보였다.

그가 영국에서 냉대를 당하는 동안 국내에서는 1904년 2월 한일의정서가 강제 조인되었다. 조약은 '상호간의 승인 없이 제3국과 이 조약에 위배되는 조약을 맺을 수 없다'고 명시했다. 이로써 조선의 외교 관계는 반신불수가 되었다. 그러나 이한응은 포기하지 않고 약소국의 1인 공관장으로 고독한 투쟁을 전개했다. 기회가 생길 때마다 영국 외무성에 글을 보내거나 면담을 요청했다. 하지만 돌아오는 건 언제나 냉담한 거절 뿐이었다. 러일전쟁의 전세가 일본으로 기울자 일본은 1904년 8월 22일 제1차 한일협약을 체결해 재정과 외교를 사실상 빼앗는 고문(顧問)정치를 도입했다.

나라는 이제 허울뿐이었다. 이한응의 외교 활동도 일제에 모두 노출되고 본국을 연결해줄 외교 파트너도 없었다. 게다가 주한 일본공사 하야시는 유럽의 우리 공사들을 즉각 소환하도록 고종에 압력을 가하는 한편 영국 외무성에도 "이한응은 미친 사람"이라는 중상을 서슴지 않았다. 어느덧 공관은 '고도'가 되었다. 이한응은 그 고도에서 울분을 삭였다. 약소국 외교관의 무력감, 갖은 굴욕, 고군분투 끝에 닥친 절망 앞에 이한응이 택할 길은 고통으로부터 벗어나는 것뿐이었다.

이한응은 1905년 4월부터 시름시름 앓다가 4월 18일 조국의 동포와 부인 등 가족 앞으로 유서를 쓰고 마지막을 준비했다. 그리고 5월 12일 음독 자결함으로써 약소국의 비애를 죽음으로 항변했다. '아 나라는 장차

폐허가 되고 민족은 남의 종이 되리로다. 구차히 산들 그 욕됨이 자심할
지니 한시바삐 죽어서 잊음만 같지 못하리라.' 치욕의 을사조약이 체결되
기 6개월 전, 첫 순국자는 이렇게 목숨을 끊었다.

경부선 개통과 관부연락선 취항
시간 중심이 도쿄에 맞춰짐으로써 공간의 식민지에 앞서 시간의 식민지가 먼저 진행된 것이다.

일제의 경부선 부설은 주도면밀했다. 1892년 측량 작업을
시작하고 1896년 관료와 자본가들이 투자한 경부철도주식회사를 설립했
다. 이를 내세워 조선 정부에 경부철도 부설권을 요구했으나 고종은 일제
의 요청을 거부했다. 하지만 서서히 조선 정부의 목을 조여오며 작심하
고 달려드는 그들의 집요한 요구를 뿌리치지는 못했다. 결국 조선 정부는
1898년 9월 경부철도 부설권을 넘긴다는 내용의 계약을 경부철도회사와
체결했다.

공사는 경인선이 개통(1900.7.8)된 후인 1900년 8월 시작되었다. 기공식
은 두 군데서 열렸다. 서울에서는 1901년 8월 20일 영등포에서 열렸고 부
산은 9월 21일 초량에서 거행되었다. 철도 공사장은 제국주의 폭력이 난
무하는 무법천지나 다름없었다. 토지는 강제로 수용되고 인력은 반강제
로 끌려가 폐농이 속출했다. 식량과 가축의 징발로 농촌은 공동화되었다.
이 때문에 조선 민중의 저항과 반대, 용지 매수에 따른 분쟁 등이 연이어
일어났다. 결빙과 홍수 등까지 겹쳐 1902년 말 현재 북부 구간은 51.5㎞,
남부구간은 53.1㎞만 완성될 정도로 공사는 더뎠다.

그러던 중 러일전쟁이 임박하자 강압적 수단을 총동원해 속도전을 벌
였다. 이런 과정을 거쳐 서울 영등포와 부산 초량을 잇는 총연장 444.5㎞

의 경부철도가 완공된 것은 러일전쟁이 한창이던 1904년 12월 27일이었다. 경부선을 개통한 1905년 1월 1일 열차는 서울~부산을 14시간 만에 주파했다. 개통식은 5월 25일 남대문정거장(서울역)에서 성대하게 열렸다.

경부열차가 한참 서울과 부산을 달리고 있던 1905년 9월 11일 일본의 국책 해운회사 산요기선이 시모노세키(下關)와 부산(釜山)을 오가는 관부(關釜)연락선 '일기환(이키마루)'를 취항했다. 1,680t급의 이키마루가 최대 317명의 승객을 11시간 30분 만에 부산에 내려놓으면서 도쿄~서울은 3~4일이면 닿을 수 있는 짧은 거리로 단축되었다. 대륙을 침략·수탈하기 위해 교통망이 필요했던 일본 제국주의로서는 날개를 단 것이나 다름없었다.

경부선 개통과 이키마루 취항은 작지만 결코 간과할 수 없는 변화를 가져왔다. 경부선의 발착 시간이 일본을 떠난 이키마루의 부산 도착 시간에 맞춰진 것이다. 결국 1905년 이후 한반도의 시간 중심이 서울이 아니라 도쿄에 맞춰짐으로써 공간의 식민지에 앞서 시간의 식민지가 먼저 진행되었다. 당시 경부선의 상행선이란 도쿄로 가는 서울발 부산행을 의미했다. 일제의 야욕이 본격화하고 승객과 수송량이 급증하자 일제는 이후 취항하는 배 이름을 '쇼케이마루'(창경환), '도쿠주마루'(덕수환), '곤린마루'(곤륜환) 등 조선이나 중국의 고궁·명산 이름으로 지어 일본인들에게 이국에 대한 선망을 부채질했다.

1906년 4월 서울과 신의주를 잇는 총길이 499㎞의 경의선이 개통되고 1911년 11월 신의주~중국의 안동(현재는 단동)을 잇는 압록강철교가 개통됨으로써 섬나라 일본은 사실상 대륙과 연결되는 효과를 보았다. 도쿄에서 승차표 한 장으로 유럽까지 진출할 수 있는 신시대를 맞은 것이다.

일본이 경부선과 경의선을 부설하면서 무상 또는 시가의 10~20분의 1에 이르는 가격으로 점령한 선로 용지와 정거장 부지 등은 약 2,000만 평에 달했

다. 경부선·경의선의
1마일당 평균 건설비
는 각각 10만 원, 6만
원 정도밖에 안 되어
당시 세계 철도 평균
치 16만 원에 비해 한
참 떨어졌다.

1905년 9월 11일 취항한 관부연락선 '일기환(이키마루)'.
1931년 5월까지 운행했다.

1908년 4월 1일 순종의 연호에서 이름을 딴 직통 급행열차 '융희호'가
부산~신의주를 달리고 1911년 11월 1일 만주까지 직통급행이 연장됨으
로써 경부·경의선은 국제선의 기능까지 갖추게 되었다. 고립된 섬으로부
터 탈출하려는, 그리고 제국주의의 마각을 드러내는 일본의 오랜 꿈은 이
렇게 착착 실현되었다.

1914년 호남선·경원선 개통과 더불어 호남의 곡창지대와 북부의 광공
업지대도 일제의 손아귀에 들어갔다. 이렇게 조선의 쌀과 자원, 사람을
일본으로 빼내가기 위해 일제가 광복 전까지 깐 레일은 약 6,000km나 되
었다. 조선의 철도는 근대화나 진보의 상징이라기보다는 군사시설이자
수탈의 상징이었다.

알베르트 아인슈타인 특수상대성이론 발표

아인슈타인에게 중력은 '힘'이 아니라 '장(필드)'이었다.

1905년은 과학계에서 '기적의 해'로 불린다. 26살에 불과한
무명의 물리학자 알베르트 아인슈타인(1879~1955)이 마치 신의 계시라도
받은 듯 불과 수개월 사이에 광양자 가설, 브라운운동 이론, 특수상대성

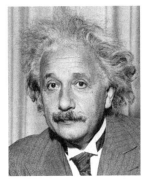
알베르트 아인슈타인

이론 등 3편의 논문을 독일의 유명 학술지 '물리학 연보'에 잇따라 발표함으로써 과학계의 기존 인식을 뿌리째 흔들어놓은 해가 1905년이기 때문이다.

3편의 논문 중 빛의 에너지가 광자라는 알갱이 형태로 전달된다는 '광양자 이론'은 루트비히 볼츠만의 원자 가설을 차용해 논리의 근간을 이뤘다. 물 같은 흐름체 속에서 꽃가루 같은 알갱이가 보이는 '브라운운동'에서는 볼츠만의 가설이 사실임을 완벽하게 논증함으로써 볼츠만이 평생 집착했던 원자론에 월계관을 얹어주었다. 아인슈타인은 이 두 개의 논문만으로도 현대물리학의 지평을 연 것으로 평가받지만 특히 '운동하는 물체의 전기역학에 대하여'(특수상대성이론) 논문은 스위스 연방 특허국의 말단 심사관이었던 아인슈타인을 일약 물리학계의 총아로 만들어주었다.

아인슈타인은 독일의 유대인 집안에서 태어났다. 김나지움 3학년 때인 1895년 프러시아 군국주의 국가의 시민이 되고 싶지 않다며 학교를 자퇴하고 독일 국적을 포기했다. 스위스 국적을 취득하려 했으나 성인만 국적을 취득할 수 있어 한동안 무국적자로 지내다 1901년 스위스 국적을 취득했다. 1930년대에 다시 미국 국적을 취득한 것까지 포함하면 일생 동안 세 나라의 시민으로 살았다. 성장기는 지나치리만큼 평범했다.

1896년 스위스 취리히 공과대에 입학하고 그곳에서 4살 연상의 밀레바 마리치를 만나 사랑을 나눴다. 다리를 조금 절었던 밀레바는 세르비아의 부유한 가정 출신이었다. 계속 공부했다면 뛰어난 과학자가 될 수 있을 만큼 머리가 비상했다. 그러나 1901년 아인슈타인과 함께 휴양지로 놀러 갔다가 임신하게 되자 과학자의 꿈을 포기하고 고향으로 돌아가 딸을 낳았다. 아인슈타인은 딸의 안부에 관심을 보이지 않는 차가운 부정을 보이다가 1903년 밀레바와 결혼했다. 두 살된 딸은 그해 세상을 떠났다.

아인슈타인은 1900년 스위스 취리히 공과대를 졸업하고도 일자리를 구하지 못하다가 1902년 겨우 스위스 베른의 연방 특허국 3등 심사관으로 들어갔다. 특수상대성이론은 이 특허국 직원으로 일하던 무명 시절에 알아냈다.

그가 특허 심사관으로 일하던 시절에는 시계에 대한 특허가 자주 접수되었다. 당시 도시를 잇는 열차의 속도가 빨라지면서 여러 도시 간에 시간을 맞추는 일도 점점 더 중요해졌다. 도시는 정지해 있는 좌표계이므로 두 도시 사이에 시간을 맞추는 일은 그리 어렵지 않았다. 그렇지만 그중 하나의 좌표계가 움직이고 있다면 정지한 좌표계와 운동하는 좌표계의 시간을 어떻게 맞출까 하는 것이 아인슈타인의 머리에서 떠나지 않는 궁금증이었다. 어느 한 좌표계에서 '동시'라고 말할 수 있는 시간이 다른 좌표계에서는 '동시'가 되지 않는다면 어떻게 해야 할까라는 물음표도 생겼다.

아인슈타인의 특수상대성 이론이 세상에 나오기 전, 빛의 속도를 둘러싼 물리학계의 최대 난제는 17세기 중엽 '뉴턴의 법칙'과 19세기 중엽 '맥스웰 법칙' 사이의 모순이었다. 뉴턴의 이론에 따르면, 물체의 속도는 무한히 빨라질 수 있기 때문에 빛의 속도가 아무리 빠르다 해도 물체의 속도를 따라잡을 수 없는 반면 맥스웰의 이론에 따르면 빛의 속도가 가장 빠르므로 어떤 경우에도 물체의 속도가 빛의 속도를 따라잡는 것은 불가능하다.

아인슈타인은 맥스웰의 이론을 토대로 '사고 실험'을 거듭했다. '사고 실험'이란 실제로 실험 장치를 쓰지 않고 이론적 가능성에 따라 마치 실험을 한 것처럼 머릿속에서 결과를 유도하는 실험을 말한다. 사고 실험을 하던 어느 날 새로운 아이디어가 떠올랐다. 빛의 빠르기는 일정하며 어떤 물질도 빛보다 빨리 달릴 수 없다는 가설을 토대로 그가 주목한 것은 시간과 속도의 함수였다. 속도는 '거리÷시간'의 식으로 표시되는데 항상 일정한 속도를 유지하는 빛을 이 식에 들어맞게 하려면 시간이나 거리(공간)가 상대적으로 변화해야 한다. '특수상대성이론'이 탄생한 것이다. 따라서 물체는 운동 속도가 빨라지면 길이(거리)가 짧아지고 시간이 천천히 흐른다.

이것은 관찰하는 사람에 따라 시간과 속도가 다르게 관찰된다는 놀라운 발상이었다. 그동안 시간과 공간은 전 우주에 걸쳐 오직 하나뿐이고 같은 공간에 펼쳐 있을 뿐이라는 믿음에 의심의 여지가 없었다. 따라서 모든 존재는 같은 공간에 있고 모든 사건은 동일한 공간에서 일어난다. 같은 공간에서 일어나는 모든 사건에는 하나뿐인 동일한 시간이 적용된다. 이 같은 고정관념이 아인슈타인의 상대성이론에 의해 뿌리째 바뀌게 된 것이다. 그때까지 전혀 별개의 것으로 생각해오던 시간과 공간을 결합한 '4차원 시공간' 개념도 그렇게 생겨났다. 이로 인해 시간과 공간이 절대적이어서 어느 곳에서나 동일하다는 뉴턴의 이론은 심대한 타격을 받았다.

관찰하는 사람에 따라 시간과 속도가 다르게 관찰된다는 놀라운 발상

그로부터 몇 주 후 아인슈타인은 특수상대성이론의 논문에서 수학적 표현이 빠져 있는 것을 알고 부록에 해당하는 3장의 보충 논문(물체의 관성은 에너지 함량에 의존하는가)을 '물리학 연보'에 다시 보냈고, 논문은 11월호에 실렸다. 그 유명한 '질량에너지 등가원리($E=mc^2$)' 방정식이 세상에 공개된 것이다. 이 방정식에서 E는 에너지의 거대한 영역이고, m은 우주의 물질에 관한 것이며 c는 빛의 속도다. 즉 에너지는 질량에 빛의 속도의 제곱을 곱한 것이다.

그전까지 에너지와 질량은 서로 다른 영역의 독립적인 세계로 알려져 있었기 때문에 두 영역은 아무런 관련 없이 홀로 발달해왔다. 그런데 아인슈타인이 에너지와 질량 사이에는 자연스러운 전이가 발생할 수 있고 속도가 그 둘을 연결하는 환산인자라는 사실을 규명한 것이다. 빛의 속도를 이용해 에너지와 질량이 같다는 사실을 규명한 것은 놀라운 통찰이었다.

특수상대성이론은 이처럼 인류가 유사 이래 지녀왔던 시간과 공간의 개념을 파괴했으나 말 그대로 특수한 경우 즉 빛처럼 등속운동을 하는 물체만을 대상으로 삼았다는 점에서 근본적인 한계가 있었다. 일반적인 가속운동이나 회전운동을 하는 경우에는 맞지 않았던 것이다. 물리법칙을 하나로 통합하고자 했던 아인슈타인에게 이것은 커다란 난관이었다.

자신의 이론이 반쪽에 불과하다는 사실을 누구보다 잘 알고 있는 아인슈타인은 이 문제를 해결하기 위해 10년 동안 다시 끙끙거렸다. 그리고 마침내 1915년 11월 25일 중력장 방정식을 완성하고 1916년 3월 20일 '물리학 연보'에 '일반상대성이론의 기초'라는 논문을 발표해 뉴턴의 중력이론마저 무너뜨렸다.

여기서 가장 놀라운 사실은 빛이 중력장에서 휜다는 것이다. 큰 별 주위의 우주 공간은 별의 강력한 중력 때문에 휘게 되는데, 이 휘어진 공간을 통과하는 것은 질량을 가진 물체든 질량이 없는 빛이든 모두 휜다는 것이다. 공간만 휘는 것이 아니라 시간도 휜다. 시간이 휜다는 것은 시간이 변한다는 말이다. 이를테면 중력이 강한 곳에 있는 시계는 느려진다.

특수상대성이론과 일반상대성이론의 차이점은 몇 가지로 살펴볼 수 있다. 특수상대성이론은 조건이 붙은 특수한 상황에서만 적용되는 이론이다. 이 이론이 적용되는 것은 '중력의 영향이 없다', '관측자가 가속도운동을 하고 있지 않다'는 조건이 충족되는 경우다. 일반상대성이론은 그런 제약을 없애고 더욱 일반적인 상황에 적용되도록 발전시킨 이론이다. 일반이론은 특수이론을 그 속에 포함한다. 일반이론에서는 중력이 강한 곳에서 반드시 시간이 느려진다.

아인슈타인에게 중력은 '힘'이 아니라 '장(필드)'이었다. 태양계의 경우, 뉴턴의 중력이론에서는 태양과 지구가 서로 끌어당기는 만유인력에 의해 지구가 태양 주위를 타원운동하는 것으로 설명한다. 그러나 일반상대성이론에 따르면 태양과 같은 거대한 물체는 중력장에서 자신을 둘러싼 공간을 휘게 만들고 그 휘어진 공간을 통해 물질이 이동한다. 지구는 휘어진 공간 내에서 직선운동을 하는데 이것이 지구가 태양의 주위를 도는 공전 현상을 일으킨다는 것이다.

예를 들어 지구를 기준으로 태양 뒤편에 별이 있을 경우 이 별빛은 지구로 오다가 태양의 강한 중력 때문에 진로가 굽어져서 지구로 들어오기 때문에 지구에서는 별의 위치가 치우쳐 보이게 된다. 그러나 당시 과학자 중 아인슈타인의 상대성이론을 이해하는 사람은 거의 없었다.

실험실과 상아탑에만 머물러 있지 않아

그런 가운데 영국의 천문학자 아서 에딩턴이 아인슈타인의 상대성이론을 확인할 목적으로 1919년 5월 29일 개기일식에 맞춰 아프리카의 한 섬을 찾아갔다. 에딩턴은 평소 낮엔 별을 볼 수 없지만 개기일식 때는 달이 해를 가려 태양 주변에 나타나는 별을 볼 수 있다는 사실에 착안해 별들을 사진으로 찍어 두었다가 6개월 뒤 그 별들이 다시 밤하늘에 나타날 때 그 전에 찍은 사진과 비교할 생각이었다.

에딩턴은 개기일식 때 찍은 16장의 사진을 토대로 반년 동안 분석했다. 그 결과 놀랍게도 별이 원래의 위치에서 벗어나 있는 것을 확인할 수 있었다. 별빛은 휘어 있었고, 일반상대성이론이 옳았음이 증명되었다. 이로써 우주적 거시 세계에서만은 뉴턴의 법칙이 영원히 추방되었다. 아인슈타인은 훗날 상대성이론을 알기 쉽게 설명해 달라는 요청을 받자 "미인과 함께 있으면 1시간이 1분처럼 느껴지지만 뜨거운 난로 위에서는 1분이 1시간보다 길게 느껴지는 것과 같다"고 흥미로운 비유로 답변했다는 일화가 전해진다.

아인슈타인은 1905년 특수상대성이론을 발표하고 1906년 박사학위를 취득하자 1909년 스위스 특허국을 그만두고 취리히대 교수로 부임했다. 프라하대(1911)를 거쳐 1914년부터는 베를린대에서 학생들을 가르쳤다. 1919년 수년 동안 별거 상태에 있던 밀레바와 이혼하고 사촌이면서 두 딸을 둔 이혼녀 엘사와 결혼했다.

아인슈타인은 1921년 상대성이론이 아닌 '광양자 이론'으로 노벨물리학상을 수상해 명실상부한 세계적인 물리학자의 반열에 올랐으나 독일 내 반유대 분위기로 처지가 불안해졌다. 1차대전 때 반전운동을 지지한 유대인인데다 독일 국적을 스스로 포기한 적이 있어 반유대주의 표적을 피할 수 없었다. 결국 1933년 10월 미국으로 건너가 뉴저지주의 소도시 프린스턴에 소재한 고등연구소의 종신 연구원이 되었다.

그가 떠난 독일에서 상대성이론 논문은 불태워지고 재산은 몰수당했으며 나치의 '처단 명단'에 이름이 올랐다. 아인슈타인은 실험실도 없고 학위 제도도 없어 비교적 자유로운 미국의 고등연구소에서 통일장 이론 연구에 매달렸으나 실질적인 진보는 거의 이루지 못하고 실패와 새로운 시도의 모색만이 가득한 노트만을 남겼다.

아인슈타인은 미국에서 실험실과 상아탑에만 머물러 있지 않았다. 1939년 9월 우려하던 2차대전이 터졌을 때는 헝가리 출신의 유대인 물리학자 레오 실라르드가 핵폭탄 개발의 필요성을 밝히고 아인슈타인이 서명한 편지가 10월 11일 프랭클린 루스벨트 대통령에게 전달되었다. 핵폭탄 개발의 필요성을 역설한 편지에 대해 훗날 아인슈타인은 "내 생애에서 가장 커다란 잘못은 그 편지에 서명한 것"이라고 후회했다.

2차대전 후 냉전의 조짐이 확연하던 시대에 자신이 사회주의자임을 공개적으로 밝히고 1950년대 매카시즘의 광풍에 맞서 불복종운동을 전개했으며 반전평화주의자로 전쟁의 영원한 종식을 꿈꿨다. 에드거 후버 FBI 국장은 이런 그를 1급 감시 대상 후보에 올려놓았다. 1952년 의례적 지위인 이스라엘 대통령이 되어 달라는 요청을 받았으나 거절했다. 1955년 4월 18일 새벽 76세로 숨을 거둔 그의 병원 침대에는 전날까지 통일장 이론에 관해 계산하던 종이 몇 장이 놓여 있었다.

상대성이론은 과학은 물론 철학·영화·미술·사진·문학·음악·건축 등 거의 모든 분야에 엄청난 영향을 미쳤다. 이 때문에 미국 시사주간지 '타임'은 새 천년 직전인 1999년 아인슈타인을 20세기의 가장 영향력 있는 인물로 선정했다.

가쓰라·태프트 밀약

한반도를 둘러싼 열강 간의 각축전이 요동치고 있었으나 조선은 연방 헛발질에 여념이 없었다.

1904년 2월 발발한 러일전쟁의 전세가 일본으로 기울어 조선의 상황이 백척간두로 내몰렸다. 고종은 22년 전 미국과 체결한, '제3국이 한쪽 정부에 부당하게 또는 억압적으로 행동할 때에는 다른 한쪽 정부가 원만한 타결을 위해 주선한다'는 조미수호통상조약(1882) 제1조에 실낱같은 희망을 걸었다. 고종의 첫 대미 특사는 이승만이었다. 이승만은 1899년 1월 고종 폐위 음모 사건에 연루되어 5년 7개월간 한성감옥에 투옥되었다가 1904년 8월 특별사면령을 받고 감옥에서 풀려나 그해 11월 미국 하와이로 출국했다. 이승만은 하와이의 한인 동포들과 함께 시어도어 루스벨트 대통령에게 조선의 사정을 호소할 방법에 골몰했다.

그 무렵 한반도를 둘러싼 열강 간의 각축전이 더욱 요동치는데도 조선의 조정은 내막을 모른 채 연방 헛

가쓰라 다로(왼쪽)와 윌리엄 태프트

발질에 여념이 없었다. 국제 정세에 무지하기는 미주 동포들도 마찬가지였다. 1905년 7월 미 육군성 장관 윌리엄 태프트가 일본 방문길에 하와이를 경유했을 때 우리 교민들은 그가 무슨 임무를 띠고 일본으로 가는지조차 모른 채 루스벨트 대통령에게 전달할 소개장을 써준 데 대한 답례의 표시로 환영회를 열어주었다.

이승만은 태프트의 소개장을 가지고 하와이 교민 대표 윤병구 목사와 함께 워싱턴으로 가 1905년 8월 4일 루스벨트에게 독립청원서를 전달했다. 루스벨트는 공식 외교 경로로 청원서가 접수되면 8월 10일 시작될 포츠머스 회담 의제로 올리겠다고만 말할 뿐 더 이상의 언질은 주지 않았다.

이승만은 면담이 성공했다고 판단해 워싱턴 주재 대리공사 김윤정에게 독립청원서를 루스벨트에게 전달해 줄 것을 요청했다. 하지만 이미 친일로 기운 김윤정은 고종에게서 명령이 오지 않았다며 청원서 제출을 거절했다. 설사 청원서를 제출했더라도 태프트 장관이 이미 일본 총리 가쓰라 다로와 1905년 7월 29일 이른바 '가쓰라·태프트 밀약'을 주고받은 상태였기 때문에 별 소용이 없었다.

당시 일본을 방문한 태프트 일행에는 루스벨트의 큰딸 앨리스도 있었

다. 그는 일본에서 태프트와 떨어져 중국을 거쳐 1905년 9월 미국 해군 대장을 대동하고 약혼자와 함께 조선을 방문했다. 앨리스는 당시 상황을 "한국인은 슬프고 풀이 죽어 있었다… 고종과 황태자(순종)와 오찬을 했다. 열흘간 머무르는 동안 공식 환대가 지겨울 정도였다"고 주위 사람에게 전했다. 고종이 보인 환대는 민망스러울 정도였다. 고종은 앨리스가 도착한 이튿날 앨리스 일행을 접견하고 오찬을 베풀었다. 일행이 지나는 큰길가에는 사람이 빽빽이 늘어서서 청홍의 장명등과 성조기를 흔들었다.

고종의 환대는 어떻게든 미국의 지원을 얻으려는 안간힘의 표시였으나 '가쓰라·태프트 밀약'이 이미 작성되고 8월 말 '포츠머스 조약'의 윤곽이 잡힌 뒤였기 때문에 사실상 헛수고였다. 그런데도 이런 사실을 모른 채 민영환, 이준, 이상재 등으로 하여금 앨리스를 만나게 해 조선이 처한 현실을 루스벨트에게 호소할 수 있는 특사 파견을 제의했으니 국제 정세에 이런 까막눈도 없었다. 게다가 고종은 앨리스가 승낙했다고 기뻐하며 호머 헐버트를 대미 밀사로 파견하기까지 했다.

당시 조선은 국제 정세에 까막눈

1905년 10월 민영환을 비롯한 몇몇 대신은 비공식 회의를 열고 한국 정부의 유일한 대책은 미국의 협력을 얻는 것뿐이라는 결론을 내리고 그러한 내용을 담은 고종의 친서를 헐버트를 통해 미국 대통령에게 전달하기로 했다. 고종은 친서에서 조미수호통상조약 제1조의 '거중조정' 조항에 의거해 미국이 나서서 '한일의정서'(1904.2)를 파기하고 열강의 공동 보호를 통해 일본의 침략을 견제해 달라고 요청했다. 그러나 헐버트가 1905년 11월 미국 워싱턴에 도착했을 때 조선에서는 하루 전 이미 을사조약이 체결된 상태여서 헐버트의 노력도 수포로 돌아갔다.

게다가 미국 정부의 반응도 싸늘하기만 했다. 루스벨트는 헐버트에게 외교 사항이므로 국무부로 가라면서 접견을 거절했고, 국무장관 엘리휴 루트는 바쁘다는 핑계로 차일피일 미루다가 에드윈 모건 주한 미국 공사에게 공사관의 철수를 훈령하고 난 다음날인 11월 25일 헐버트를 만나주었으나 냉랭하게 대했다.

고종은 헐버트를 파견한 직후에 대미 교섭을 강화하기 위해 또다시 민영환의 동생인 주프랑스 공사 민영찬을 미국에 급파했다. 민영찬은 12월 11일 루트 장관과 만나 고종의 뜻을 전했다. 그러나 민영찬이 루트를 만난 닷새 뒤인 12월 16일 워싱턴 주재 대리공사 김윤정이 외부대신 임시서리 이완용으로부터 주미 한국공사관의 문서 및 그 밖의 재산을 일본공사관에 이양하라는 훈령을 받았다는 사실을 루트에게 통보함으로써 모든 대미 밀사 교섭은 끝나고 말았다. 김윤정은 공사관을 일본공사관에 넘겨주고 귀국했다.

사실 미국과 일본은 러일전쟁 초부터 서로 신뢰하는 관계였다. 루스벨트는 동아시아의 국제정치적 역학 관계를 고려할 때 러시아가 미국의 중국 진출에 장애가 될 것으로 생각했다. 따라서 조선을 속국화하려는 일본의 이권을 어느 정도 보장해주면서 일본을 러시아에 대한 방패막이로 삼을 수만 있다면 미국으로서는 더 이상 바랄 것이 없었다. 그렇다고 일본이 러시아를 완패시켜 동아시아의 균형이 깨지고 일본이 동북아를 독점하는 것도 원치 않았다. 이런 미일 간 우호 관계 속에서 1905년 7월 27일 윌리엄 태프트 육군성 장관이 일본 도쿄에서 연 가쓰라 다로 총리와의 장시간 비밀회담 끝에 밀약을 체결한 것이니 놀라울 것도 새로울 것도 없었다.

가쓰라는 회담에서 "대한제국 문제가 러일전쟁의 직접적 원인이므로 전쟁 후에도 대한제국을 그대로 두면 또다시 여러 나라와 협정 혹은 조약을 맺어 전쟁 전과 똑같은 국제적 갈등을 유발할 것이기 때문에 일본은 그 가능성을 미리 배제할 어떤 명백한 조치를 취할 필요를 느낀다"고 견해를 밝혔다. 태프트는 가쓰라의 의견에 전적으로 동조하면서 "자신할 수는 없지만 루스벨트 대통령도 가쓰라의 관점에 동의할 것"이라는 개인적 의견을 피력했다.

태프트는 가쓰라와 나눈 대화 내용을 '합의된 비망록'(7월 29일로 명기)이라는 제목으로 정리해 미국의 루스벨트에게 보고했다. 루스벨트는 7월 31일 태프트에게 보낸 답신에서 "가쓰라와 나눈 대화는 전적으로 옳다. 가쓰라에게 당신이 말한 모든 내용을 내가 확인한다는 것을 말해주기 바란다"고 훈령했다. 일본으로서는 공식 조약은 아니더라도 대한제국 보호국화에 대한 미국의 동의를 충분히 획득했다고 믿을 만한 것이었다.

밀약의 주요 내용은 3가지였다. ▲당시 미국이 점령하고 있는 필리핀에 대해 일본이 어떠한 공세적 의도도 갖고 있지 않음을 확인하고 ▲일본 측이 제안한 일본·영국·미국 간 비공식 동맹에 대해 태프트가 미국 의회의 승인없이 '조약적 의무'를 갖는 것이 불가능하다고 밝히고 ▲조선에 대한 일본의 지배권이 러일전쟁의 논리적 귀결이라는 일본의 의견을 미국이 인정한다는 내용이었다.

비밀에 부쳐졌던 회담 내용이 공개된 것은 19년 후

비밀에 부쳐졌던 회담 내용이 세상에 공개된 것은 19년이 지난 1924년 미국의 외교사학자 타일러 데닛의 논문에 의해서였다. 데닛이 미국 국회 도서관에서 발견한 '합의된 비망록'을 토대로 논문을 써 1924년 8월 미국 정치학회에서 발표함으로써 세상에 알려지게 된 것이다.

오늘날 이 밀약은 두 가지 논쟁점을 던지고 있다. 첫째는 미국과 일본이 한국과 필리핀을 상호 교환하는 이른바 '외교적 주고받기 흥정'의 의미가 협상 내용에 담겨 있느냐는 점이고 둘째는 밀약을 단순히 양국 고위 관료 간의 의견 교환 즉 각서로 볼 것인지 아니면 양국 간 법적 의무를 지닌 협정으로 볼 것인지 하는 점이다.

첫째 논쟁점에 대한 그동안의 정설은 한국과 필리핀을 외교적 주고받기 흥정으로 삼았다는 것이다. 하지만 전문 내용만으로는 'A 대신 B'라는 논리가 선명하게 드러나지 않는다는 반론도 강하게 제기되고 있다. 정황상으로도 당시 일본은 조선의 지배권 독점에 대한 국제적 승인이 필요했던 반면 미국은 1898년 이래 이미 필리핀을 군사적으로 점령한 상태였기 때문에 흥정의 대상이 될 수 없었다는 것이다.

물론 반론에 대한 반론도 만만치 않다. 즉 미국은 필리핀을 미국이 실제적으로 점령하고 있음에도 불구하고 욱일승천하는 일본의 군사력이 필리핀에 대한 야욕을 드러낼 것을 우려해 조선이라는 먹잇감을 주어 만주로 관심을 향하게 함으로써 일본이 태평양으로 눈독을 들이지 못하게 하려는 포석이었다는 것이다.

두 번째 논쟁점에 대해서도 양론이 팽팽하다. 밀약이 협정의 성격을 띠고 있다고 주장하는 측은 겉으로 드러난 형식보다는 국제정치적 관점에서 봐야 한다고 주장한다. 당시 루스벨트는 태프트가 보낸 전문을 읽고 난 즉시 태프트에게 보낸 회신에서 태프트의 발언을 대통령 자신의 의견처럼 인정하는 한편 가쓰라·태프트 밀약의 내용을 미국의 공식 견해로 재확인해 주었다는 것이다. 1905년 11월 을사조약이 체결되었을 때 가장 먼저 조선과 외교 관계를 단절한 국가가 미국이라는 사실도 이 주장에 무게를 실어주고 있다.

반면 단순히 '각서'로 간주해야 한다고 주장하는 측은 협상 내용이 비밀에 부쳐졌다는 점, 구체적인 외교적 거래를 명시하고 있지 않다는 점을 근거로 내세운다. 또한 미일 쌍방의 누구도 서명하지 않고 양 당사국의 구속 조항도 없기 때문에 단순한 대화의 기록이라는 것이다. 비망록 본문

에 '다음과 같은 시각이 교환되었다'라고 씌어 있는 것도 조약이 아닌 각
서의 근거라는 것이다.

일본·러시아, 포츠머스 조약 체결
루스벨트는 일본을 비밀리에 응원하면서도 그렇다고 동아시아의 균형이 깨지는 것도 원치 않았다.

　　　　　1904년 2월 발발한 러일전쟁은 일본이 난공불락의 여순
요새를 함락(1905.1)하고 러시아의 발트함대마저 쓰시마해협에서 격파
(1905.5)함으로써 사실상 일본의 승리로 확정되었다. 동양의 소국이 서양
의 대국을 물리쳤다는 뉴스는 전 세계를 경악시켰다. 서양이 동양에 패배
한 것은 칭기즈칸의 유럽 침공 이후 처음이었다. 일본 국민은 대승에 취
해 "하얼빈으로 진격하라", "블라디보스토크를 점령하라", "바이칼호까지
공격하라"며 전쟁 지속을 외쳤다.

　그러나 당시 일본군의 전쟁 수행 능력은 사실상 한계에 봉착해 있었
다. 정예 병력 20만 명을 포함해 전장에 투입된 110만 명 중 전사자와 병
사자가 8만 명이나 되었고 부상자와 발병자가 38만 명에 달했다. 일본의
1년 예산이 3억 엔일 때 12억 엔의 외채를 포함해 20억 엔이 전비로 쓰여
국가 재정도 사실상 파탄 일보 직전이었다. 게다가 전선이 확장되면서
보급로가 길어져 전술상의 취약점이 노출되고 러시아의 주력부대가 하얼빈
에 집결해 반격의 기회를 엿보고 있었다. 러시아 역시 1905년 1월의 '피의 일
요일' 사건으로 민심이 흉흉해지고 전쟁 의지가 떨어진 데다 믿었던 발트함
대마저 궤멸되어 내심 전쟁의 종결을 바라고 있었다.

　이런 상황에서 1905년 5월 말 일본 정부가 시어도어 루스벨트 미국 대
통령에게 강화 알선을 요청하라고 주미 일본공사에게 지침을 내렸다. 사

실상 전쟁에서 승리했
으니 러시아로부터 많
은 것을 얻어낼 수 있다
는 기대감도 바탕에 깔
려 있었다. 루스벨트는
1901년 취임 이후 줄곧
동아시아의 문제를 '세
력 균형'의 관점에서 접

포츠머스 조약을 협의하는 양국 대표들. 러시아 대표단(왼쪽)
가운데 인물이 세르게이 비테이고 일본 대표단 가운데가 고무라 주타로다.

근했다. 그는 동아시아로 팽창하는 러시아에 대한 방패막이로 일본을 비
밀리에 응원하면서도 그렇다고 일본이 러시아를 완패시켜 동아시아의 균
형이 깨지는 것도 원치 않았다.

루스벨트가 중재자로 나선 것에 러시아와 일본은 6월 8일과 10일 각각
동의했다. 일본은 고무라 주타로 외무장관을, 러시아는 세르게이 비테 전
재무장관을 강화회담의 전권대표로 내세웠다. 비테는 러시아의 베테랑
외교관이었다. 재무장관으로 활동한 11년 동안 부동항을 확보하고 철도
를 부설하는 등 동북아시아에 러시아의 발판을 마련하는 데 결정적인 역
할을 한 실무형 행정가였다. 시베리아 횡단철도 역시 그의 재임 기간에
완공되었으며 일본이 청일전쟁에서 승리의 대가로 얻은 요동반도를 반납
하게 만든 '3국 간섭'도 비테의 머릿속에서 나온 것이다.

일본이 러시아를 압박할 수단으로 1905년 8월 7일 사할린을 점령한 가
운데 미국 동북부 뉴햄프셔주 포츠머스항의 해군조선소에서 회담이 시
작된 것은 8월 10일이었다. 고무라는 먼저 자신만만한 표정으로 일본이
승전국임을 주장했다. 그러나 비테는 "이 자리에는 승자가 없다"는 유명
한 말로 패전을 인정하지 않았다. 고무라는 12개 항의 강화 조건을 내걸
었다. 조선에 대한 일본의 보호권, 러시아군의 만주 철수, 여순·대련항의

일본 조차, 러시아 배상금 지불 등이었다. 10년 전 '3국간섭'의 수모를 씻으려는 의도가 확연했다.

조선에 대한 보호권과 관련해서는 "러시아 정부는 일본이 조선에서 정치·군사·경제상 우월한 권익을 갖고 있음을 인정하고, 일본 정부가 조선에서 채택할 필요가 있다고 인정하는 지도·보호·감리 조치를 취하는 데 방해하거나 간섭에 나서지 않는다."(제2조)고 못을 박았다.

비테는 이에 대한 대책으로 세 가지를 일본에 제시했다. 첫째, 러시아 국민은 대한제국에서 타 외국인과 같은 최혜국 대우를 받는다. 둘째, 일본이 취하는 조치가 대한제국 황제의 통치권을 침해해서는 안 된다. 셋째, 일본의 조치가 대한제국과 인접해 있는 러시아 영토의 안전을 위협해서는 안 된다였다. 일본은 둘째 조항은 거부하고 첫째와 셋째는 조약에 반영했다.

러시아는 "한 치의 러시아 땅도 한 푼의 배상금도 지불할 수 없다"는 강경한 태도를 취하다가 슬그머니 "사할린은 일본에 줄 테니 배상금은 포기하라"는 카드를 꺼내 들었다. 배상금에 관한 한 러시아는 단호했다. 배상금은 패전국이 지불하는 것인데 러시아 영토가 일본에 거의 점령되지 않고 설사 연해주 전 지역이 점령된다 하더라도 러시아의 기본 국력에는 아무런 관계가 없다는 입장이었다. 이에 대해 고무라가 50도 이북의 북부 사할린을 러시아에 돌려줄 테니 12억 엔의 배상금을 일본에 지불하라고 요구하면서 회담이 결렬될 위기에 놓였다.

그런데 그때 믿었던 루스벨트가 갑자기 전과 다른 입장을 취해 일본 대표단을 당혹스럽게 만들었다. 루스벨트는 러시아를 너무 약화시키면 동아시아의 세력균형이 무너져 일본이 동북아를 독점하는 상황을 우려했다. 그래서 그는 "배상 요구는 무리다. 전쟁이 계속되면 일본은 지금보다 엄청난 전비를 써야 한다"며 일본 측을 설득했다.

조약에 따라 조선은 사실상 일본의 통치 지역으로 전락

회담이 난항에 빠지자 초조해진 것은 오히려 일본이었다. 일본은 8월 28일 대책을 논의했지만 뾰족한 수가 없었다. 전쟁을 계속할 경우 군사적으로 러시아의 하얼빈을 점령할지는 몰라도 러시아 육군을 완전히 굴복시키는 것은 불가능해 보였다. 러시아의 증원군에 대항하려면 몇개 사단의 증설이 필요했지만 당시 일본에는 그럴 병력도 예산도 없었다. 결국 일본의 가쓰라 내각은 전쟁을 끝내는 것이 국익에 유리하다는 결론을 내렸다. 그 결과 일본은 루스벨트의 의견을 받아들여 1905년 9월 5일 오후 3시 47분 본문 15조와 추가 조약으로 구성된 포츠머스 조약에 조인했다.

이로써 조선은 '러시아는 일본이 조선에 대해 정치·경제·군사상의 우선적 이익을 가진다는 것을 승인한다'는 포츠머스 조약 제2조에 의해 사실상 일본의 통치 지역으로 전락했다. 중국 여순·대련의 조차권과 장춘~여순의 철도 및 지선의 권리와 재산, 북위 50도 이남의 사할린섬도 일본으로 넘어갔다. 동해와 오호츠크해·베링해의 러시아령 연안 어업권 역시 일본이 가져갔다.

미 언론은 일제히 루스벨트의 적절한 중재와 일본의 양보에 찬사를 쏟아냈다. 루스벨트는 공로를 인정받아 1906년 미국 최초로 노벨평화상을 수상했고 열강은 일본과 러시아의 절묘한 세력 균형을 반겼다. 러일 양측은 각각의 실리를 챙겼다. 러시아는 패전에도 불구하고 배상금을 한 푼도 내주지 않는 수확을 거뒀고 일본은 만주 진출의 발판을 확보하고 그토록 염원하던 조선 병합의 장애물을 제거했다.

문제는 전쟁 기간 온갖 고통을 감내해야 했던 일본 국민의 허탈함이었다. 전쟁 기간 11가지나 되는 비상특별세에 물가고까지 겹쳐 서민들은 이루 말할 수 없는 고통을 겪으면서도 일본 정부의 '연전연승' 선전만을 믿고 승리의 날을 기다렸는데 일본이 배상금으로 요구한 12억 엔은커녕 1엔도 받지 못했다는 사실에 일본 국민은 격분했다. 언론은 "굴욕적인 조약", "조기를 들고 전권대사를 맞이하자", "참을 수 없는 비분강개" 등의 기사 제목으로 국민을 선동했다.

분노는 결국 조약 체결일인 9월 5일에 터졌다. 경찰의 집회 불허 방침에도 도쿄 히비야 공원에서 열린 강화조약 반대 국민대회를 마친 수 만 명의 시민이 폭도로 돌변해 강화조약을 찬성한 정부계의 국민신문사, 경찰서와 파출소, 내무대신 관저 등 200여 곳의 공공시설을 파괴하거나 불태웠다. 전차도 16대나 파괴했다. 비난의 화살은 루스벨트의 중재에까지 미쳐 미국 공사관과 교회가 습격을 받았고, 오사카·고베·나고야 등지로도 시위가 확산되었다. 경찰만으로는 부족해 군대까지 동원한 뒤에야 진압된 폭동으로 17명이 사망하고 2,000여 명이 다쳤다. 체포된 시위대만 2,000명이 넘었다. 폭동으로 총리와 경시총감도 면직되었다. 이처럼 일본 국민의 터무니없고 비이성적인 폭동은 결국 제국주의에 힘을 실어주는 결과를 낳아 이후 일제 침략 정책의 보이지 않는 배후로 작용했다.

시베리아 횡단철도 개통
공사는 험난한 지형, 혹한의 날씨, 노동자들의 폭동까지 겹쳐 난항을 겪었다.

러시아 블라디보스토크역 구내에는 '시베리아 횡단철도 9288㎞'라는 글귀가 새겨진 기념탑이 세워져 있다. 시베리아 횡단열차를 타고 동쪽 블라디보스토크에서 서쪽 모스크바까지 가는 거리가 9,288㎞라는 뜻이다. 블라디보스토크를 출발한 열차가 58개 역을 지나고, 16개 강을 건너 종점인 모스크바에 도착하는 데 걸리는 시간은 총 156시간(6박

7일)이다. 그 사이 시간대는 7번이 바뀌고 11시간의 시차가 생긴다. 블라디보스토크와 모스크바 사이에는 90여 개의 크고 작은 도시가 있다. 그중 대표적인 도시는 하바롭스크, 이르쿠츠크, 노보시비르스크, 예카테린부르크 등이다.

하바롭스크는 블라디보스토크에서 북쪽으로 760여㎞ 떨어진 곳에 위치해 있다. 바이칼 호수 서쪽의 이르쿠츠크는 러시아 동진정책의 전초기지로 17세기 코사크들이 세운 겨울 숙영지에서 출발했다. 이르쿠츠크는 '시베리아의 파리'로 불리며 유럽 수준의 문화도시를 자랑한다. 이르쿠츠크에서 1,830㎞ 서쪽에 위치한 노보시비르스크는 시베리아 횡단철도가 건설될 때 철도 공사를 맡은 기술자들이 민가를 이루면서 새로 조성된 도시다. 영화 '닥터 지바고'의 설원 장면의 촬영지로 유명하다.

노보시비르스크를 출발한 열차는 도스토옙스키의 유형지로 유명한 옴스크를 지나 1,400㎞ 떨어진 예카테린부르크에 도착한다. 300년 전 철광석이 발견되면서 형성된 예카테린부르크는 시베리아 횡단철도가 지나는 아시아의 마지막 도시다. 광물자원이 다양하고 풍부해 멘델레예프의 원소 주기율표에 나오는 모든 광물이 이곳에 매장되어 있다. 그곳에서 우랄 산맥을 넘으면 바로 유럽이다.

시베리아 횡단철도 부설 공사는 1891년 3월 17일 러시아 황제 알렉산드르 3세가 철도건설에 관한 칙령을 공포하고, 23세의 젊은 황태자 니콜라이가 철도 공사 전반을 책임지면서 시작되었다. 황태자는 철도 기공식을 주관하기 위해 배를 타고 블라디보스토크로 향하는 길에 오스트리아, 그리스, 홍콩을 거쳐 일본을 방문했다.

일본은 1854년 미국의 페리 제독에 의해 강제로 개항된 이래 '서양인', '서양 것'이라면 늘 경외감을 품어온 터라 황태자의 방일을 국가적 중대 사건으로 받아들였다. 그런데 1891년 5월 11일 황태자가 시가현의 오쓰

시베리아 횡단철도 노선

지역을 관광하고 있을 때 한 경찰이 갑자기 일본도로 황태자의 머리를 내리치는 사건이 일어났다. 이른바 '오쓰 사건'이다. 다행히 칼날이 모자 테두리를 가르고 황태자의 뒷머리를 스친 덕에 황태자는 목숨을 건졌다.

현장에서 체포된 범인 쓰다 산조는 "황태자가 천황을 예방하지 않고 유람이나 하는 것에 분노를 느껴 범행했다"고 자백했지만 그의 호기와는 달리 일본 열도는 두려움에 떨었다. 혹시 있을지 모를 러시아의 보복 때문이었다. 천황은 "범인을 처벌하라"고 지시하고 학생들은 병석에 누워 있는 황태자에게 위문편지와 위문품을 보냈다. 답지된 위문 전보만 1만 통이나 되었다. 어느 현에서는 '쓰다' 성을 가진 주민의 성을 바꾸도록 하고, '산조'라는 이름은 신생아에게 일절 쓰지 못하도록 결의했다. 한 아낙네는 러시아 황제에게 사죄를 구하는 유서를 남기고 자살해 하루아침에 열녀가 되는 어처구니없는 일도 벌어졌다. 황태자는 일본에서 몸을 추스른 후 목적지인 블라디보스토크에 도착, 1891년 5월 31일(러시아 구력으로는 5월 19일) 머리에 붕대를 감은 채 철도 기공식 테이프를 끊었다.

당시 모스크바에서 우랄산맥까지는 이미 철도가 연결된 상태였기 때문에 우랄산맥에서 블라디보스토크까지 8,800㎞ 정도가 실제 공사 구간이었다. 노선의 반 이상이 측량조차 되지 않은 상태에서 시작된 공사는 험난한 지형과 혹한의 날씨, 그리고 가혹한 노동에 반발한 노동자들의 폭동까지 겹쳐 난항을 겪었다. 홍수로 신로가 유실되는가 하면 산사태로 노반이 파묻혔다. 페스트와 콜레라는 인부들의 목숨을 앗아갔고, 1900년 중국의 의화단 봉기 때는 중국인 인부들이 이미 부설된 선로를 700㎞ 이상 파괴하기도 했다.

'잠자는 땅'이 철도 개통과 함께 빠르게 변모

공사는 예카테린부르크 남쪽에 위치한 첼랴빈스크에서 동쪽의 블라디보스토크까지의 전체 노선을 서시베리아, 중앙시베리아, 환바이칼, 자바이칼, 아무르, 우수리 구간 등 6개 구간으로 나뉘어 진행되었다. 서시베리아 구간 공사는 첼랴빈스크와 노보시비르스크 양쪽에서 진행되어 1895년 10월 완공되었다. 중앙시베리아 구간 공사는 노보시비르스크와 이르쿠츠크를 연결하는 1,890㎞ 구간에 선로를 까는 것으로 다른 곳의 공사에 비해 상대적으로 순조로웠다.

환바이칼 구간은 200여 개의 교량을 놓고 39개의 터널을 뚫는 공사였기 때문에 가장 난공사 구간이었다. 완공도 가장 늦었다. 환바이칼 공사는 사실상 2단계로 나뉘어 진행되었다. 정상대로라면 철로길 중간을 가로막고 있는 바이칼 호수를 피해 호수 남쪽에 철도를 부설해야 했으나 기술력 부족에다 난공사여서 바이칼 호수 구간은 페리 기선으로 연결했다. 즉 이르쿠츠크에서 바이칼호 서쪽의 포트 바이칼역까지는 선로를 연결하고 페리 기선을 이용해 호수를 건넌 후 반대쪽 미소바야역에서 다시 육지로 연결하는 방식이었다.

페리 기선을 이용한 열차는 1900년 4월 운항을 시작했으나 호수가 어는 겨울철에는 눈썰매를 이용해 건넌 후 다른 열차로 이동하는 방법을 택했다. 그래도 바이칼 호수를 페리 기선으로 잇는 철도는 문제가 한두 가지가 아니어서 1902년 초 바이칼 호수 남쪽 연안을 따라 운행하는 철도 노선 공사를 다시 시작했다. 1904년 10월 완공하고 1905년 10월 29일 열차를 운행했다.

바이칼호 동쪽 미소바야에서 스레텐스크까지 1,100㎞를 공사하는 자바이칼 구간은 1895년 4월 착공하고 1900년 1월 완공했다. 아무르 구간은 스레텐스크에서 하바롭스크를 연결하는 총 1,990㎞였는데 환바이칼 구간에 버금가는 난공사다보니 기술적 측면은 물론이고 비용면에서도 골칫거리였다. 그래서 나온 아이디어가 우회 노선이었다. 당시 러시아는 만주 북부를 관통해 블라디보스토크에 이르는 동청철도 부설권을 청나라에게서 강탈한 상태였다.

러시아는 타르스카야에서 치타를 지나 만주의 만주리와 하얼빈을 경유해 블라디보스토크 근처의 우수리스크까지의 2,400㎞ 구간을 우회 노선으로 선정했다. 이 노선은 당초 계획보다 선로 길이를 700㎞나 단축하는 직선 노선인 데다 공사도 크게 어렵지 않았다. 동청철도는 1897년 9월 착공해 1901년 11월 완공하고 1903년 7월 개통했다.

공사가 진행 중이던 1899년 러시아가 또다시 만주 중남부 지역의 조차권을 얻어 동청철도 중간 지대인 하얼빈에서 남쪽으로 갈라져 장춘을 거쳐 대련과 여순까지 연결하는 남쪽 구간을 1902년 7월 완공했다. 블라디보스토크에서 하바롭스크를 잇는 765㎞의 마지막 우수리 철도 구간은 1897년 일찌감치 완공되어 열차가 지나다녔다.

6개 구간 중 가장 늦게 완공된 환바이칼 구간에서 1905년 10월 29일 철도 운행이 시작됨으로서 시베리아 횡단철도는 하나로 이어졌다. 그러나 러시아는 러일전쟁에서 패해 체결한 1905년 9월의 포츠머스 조약에 따라 동청철도 남쪽 구간을 일본에 빼앗기게 되자 북쪽의 동청철도 구간마저 일본에 빼앗기는 상황을 우려해 1908년 4월 만주 북쪽 러시아령을 지나는 아무르 구간 공사를 다시 시작했다. 1915년 3월 완공했으나 2㎞에 달하는 아무르 철교 공사가 늦어져 1년가량을 더 기다렸다가 1916년 10월 18일 열차를 운행함으로써 시베리아 횡단철도를 마침내 완성했다.

'잠자는 땅' 시베리아는 철도 개통과 함께 빠르게 변모했고 개발·이주·정착 등 산업화를 가져왔다. 그러나 시베리아 횡단철도 공사를 총지휘하고 개통까지 마무리했던 니콜라이 2세는 철도 개통 4개월 후에 일어난 1917년 2월혁명으로 폐위되어 우랄산맥 근처의 예카테린부르크에 유폐되었다가 1918년 7월 일가족과 함께 처형되고마는 비운의 황제가 되었다.

앙리 마티스와 야수주의 등장
평론가들은 전통미술이 추구한 미적 가치를 짓밟은 마티스의 야만적인 행위에 경악했다.

19세기 말까지 서양미술은 고전주의, 낭만주의, 인상주의 등의 유파를 거치면서 기법이나 소재 면에서는 차이가 있어도 공통적인 정서는 눈에 보이는 그대로 재현하는 사실주의였다. 예술가들은 푸른색 하늘이나 초록색 잔디처럼 일상생활에서 볼 수 있는 사실을 있는 그대로 그렸고, 또한 그렇게 그린다는 사실에 의문을 제기하지 않았다.

그러나 세기말 전통적인 회화 개념에 반기를 든 젊은 작가들이 등장하면서 서양미술의 오랜 전통이 벽에 부닥쳤다. 20세기 문턱을 넘어서기 전인 1884년, 프랑스미술협회가 주관하는 관전(官展)에 불만을 품은 진보적 화가들이 독립미술가협회를 조직해 무심사(無審査)를 표방한 '살롱 드 앙데팡당전'을 독자적으로 설립한 것이 변화의 시작이었다. 그러나 무심사 원칙 때문에 앙데팡당전의 작품 수준이 들쭉날쭉하다는 비판이 제기되었

앙리 마티스

다. 그래서 대안으로 등장한 것이 1903년 시작된 '살롱 도톤'전이다. '살롱 도톤'전은 실험적인 작가들에게 문호를 개방하면서도 심사위원제를 두어 일정한 작품 수준을 유지했다.

1905년 10월 18일부터 11월 25일까지 프랑스 파리에서 열린 3번째 '살롱 도톤'전에는 1,600여 점의 작품이 출품되어 성황을 이뤘다. 전시장은 작품의 성격에 따라 여러 공간으로 구획되었다. 그중 제7전시실에는 앙리 마티스(1869~1954)를 비롯해 앙드레 드랭, 모리스 블라맹크, 앙리 망갱 등 비슷한 화풍의 작품들이 전시되었다.

마티스는 '살롱 도톤'전에 10점을 출품했다. 그중에서도 자신의 아내를 모델로 한 '모자를 쓴 여인'(80.6×59.7㎝)이 가장 파격적이었다. 마치 어린애가 그린 것같은 크고 화려한 모자는 물감을 칠했다기보다 물감을 덕지덕지 붙인 모습이고, 얼굴은 녹색, 연보라색, 파란색으로 칠했으며 목에는 빨강과 주황을 마치 낙서하듯 칠했다.

윤기 나는 머리카락은 주홍색 물감을 한두 번 칠해 마무리했는데 눈썹과 입술도 별반 다르지 않았다. 상반신에는 마치 마감세일에서 건진 옷더미 같은 것을 걸쳐놓았으며 없는 것이나 다름없는 배경에는 네다섯 가지 물감을 엉성하게 칠했다. 문외한이 보더라도 최고의 예술가가 아니라 벽에 페인트를 테스트하는 일이 더 익숙한 실내장식가가 30분 만에 뚝딱 완성한 그림 같아 보였다.

원색을 화면에 거칠게 문질러서 지저분해진 초상화는 여인을 우아하고 감미롭게 묘사하던 기존의 초상화와는 완전히 다른 모습이었다. 회화의 전통을 파괴한 초상화는 주최 측마저 전시를 꺼릴 만큼 충격적이었다. 평론가들은 전통미술이 추구한 미적 가치를 짓밟은 마티스의 행위에 경악했다. "예술가들이 한 동이의 물감을 대중의 얼굴에 퍼부은 것 같았다"고 혹평한 평론가도 있었다. 관람객들도 야유를 퍼붓고 경멸했다.

강렬한 색채, 세련되지 못한 형태 감각, 길들여지지 않은 표현 방식 등이 자연의 사실적인 재현에 익숙해 있던 동시대 사람들에게 받아들여지지 않았던 것이다. 마티스는 살롱 도톤전을 방문했다가 관람객의 태도를 보고 다시는 그곳에 가지 않았다. 초상화의 주인공인 아내에게도 근처에 가지 못하게 했다.

앙리 마티스의 '모자를 쓴 여인'
(캔버스에 유채, 80.6×59.7㎝)

마티스와 함께 출품한 드랭, 블라맹크의 그림들도 마티스의 그림과 별 차이가 없었다. 그들의 작품도 한결같이 강렬한 색채, 자유분방한 붓, 느슨한 구성으로 파격적인 면모를 보여주었다. 전통적인 명암법이나 원근법을 전혀 사용하지 않고 서구 전통미술에서 볼 수 없었던 직접적이고 강렬한 색채를 부각했다.

드랭이 1905년 여름 프랑스 남부의 작은 마을 콜리우르로 바캉스를 떠나 그곳에서 완성하고 '살롱 도톤'전에 출품한 '콜리우르 항의 배들'(38×46㎝)도 마찬가지였다. 드랭은 아기자기한 배들이 늘어선 황금빛 해변이 아니라 불꽃처럼 시뻘겋게 칠한 모래사장을 통해 그 열기를 그림에 표현했다. 얼기설기 정박한 고깃배들은 파란색과 주황색 점으로 드문드문 그려 눈에 띄게 했다. 멀리 보이는 산은 꼼꼼하게 그리지 않고 그저 분홍색과 갈색 물감을 두어 번 대강 칠해 화려한 색채 조합에 균형과 틀을 부여했다. 바다는 짙은 청색, 잿빛이 감도는 초록색으로 짧은 선을 그어 표현했다.

블라맹크가 출품한 '부지발 지방의 라 마쉰 레스토랑'(60×81㎝) 역시 사실상 색의 독립 선언을 의미했다. 블라맹크는 '살롱 도톤'에서 "우리는 색을 다이너마이트처럼 다루었고, 그것을 폭파시켜 빛을 만들었다"라고 역설했다. 세 사람은 회화적 기교는 물론 데생과 명암까지 무시했다. 대상을 충실하게 묘사하기는커녕 화가에게 금기인 원색을 버젓이 사용하고 해부학적인 지식도 저버렸다.

피카소와 더불어 현대미술을 견인한 미술의 거장

마티스는 자신의 이러한 화풍에 대해 "정확함이 진실은 아니다"라는 말로 이해를 구했다. 마티스가 이런 방식의 그림에 집착한 것은 색채가 형태보다 더 중요하다고 생각했기 때문이다. 그는 색채야말로 인간의 강렬한 감정을 표현하는 언어라고 믿었다. 그래서 하늘은 푸른색 대신에 노란색으로, 사람의 얼굴은 연두색 등 누구도 생각하지 못한 강렬한 색채를 사용했다.

'모자를 쓴 여인'은 혹평을 받았는데도 그림을 구입한 사람이 나타났다. 파리에서 활동하는 미국의 여류 작가 거트루드 스타인의 오빠 리오 스타인이었다. 리오는 "지금껏 본 그림 중 가장 형편없는 물감 자국"이라면서도 그림을 구입했다. 리오가 거금을 주고 그림을 구입한 덕분에 마티스는 목돈을 손에 쥐게 되고 자신감도 찾고 파리 미술계에 발을 들여놓게 되었다.

그런데 마티스의 그림이 전시된 그 전시실에는 고전적인 기법에 따라 조각된 알베르 마르케의 소년 두상도 전시되어 있었다. 그러자 같은 전시실에서 그림과 조각의 극적인 대비를 본 평론가 루이 보셀이 "이 상(像)의 소박함은 너무나도 생생한 색채의 광란 속에 있어서 사람들의 눈을 당혹케 한다. 그것은 야수들(포브스)에 둘러싸인 도나텔로(15세기 이탈리아 르네상스기의 조각가)다"라는 비평을 한 신문에 썼다. 물론 비평은 르네상스의 고전적 전통에서 볼 때 원색의 난무와 제멋대로 휘갈긴 듯한 붓자국이 마치 야수들 같다고 조롱한 것이지만 이 평론 덕분에 '야수주의(포비즘)'라는 명칭이 탄생했다.

장차 '색채의 마술사'로 불리게 될 마티스는 프랑스 북부의 작은 마을에서 태어났다. 1887~1889년 파리에서 법률을 공부하고 법률사무소의 서기로 근무하던 중 1890년 급성 맹장염에 걸려 몇 개월 간 병원에 입원했다. 지루함을 달래기 위해 병실에서 그림을 그리기 시작했는데, 그 순간 깊숙이 잠들어 있던 재능과 열정이 깨어났다.

마티스는 1891년 파리의 아카데미 줄리앙에서 미술을 공부했다. 1892년에는 파리 '에콜 데 보자르(국립미술학교)'에 입학, 6년 동안 유명 상징주의 화가이자 교수인 귀스타브 모로를 사사했다. 당시 모로는 마티스를 보고 "자네는 회화를 단순화할 사람"이라는 유명한 말로 마티스의 미래를 예언했다.

마티스는 인상파에서 출발했으나 점차 고갱, 고흐, 세잔의 작품을 접하면서 자신만의 독자적인 양식을 발전시켰다. 마티스의 그림은 시간이 흐를수록 점점 더 단순하고 원색적으로 변했다. 어떤 그림은 전체적으로 빨갛고, 어떤 그림은 그저 파랬다. 1899~1901년 드랭, 블라맹크 등과도 만나 비묘사적이고도 대상에서 벗어난 색채를 실험하면서 특유의 독자적인 방법을 추구했다. '살롱 도톤'전 이후 초기에는 야수파들도 '야수주의'라는 이름에 당황하는 듯했으나 1907년부터는 스스로 이 이름을 즐겨 사용했다.

야수주의 운동은 주관의 표현, 형식의 해방이라는 점에서 20세기 미술의 발판이 되고 근대미술의 일대 전환점이 되었다. 야수파의 등장은 20세기 최초의 전위 회화운동이었고 모더니즘의 기점이기도 했다. 그러나 특정 이론이나 주장에 의한 주의나 유파가 아니다 보니 1908년 이후 각자 독자적인 화풍으로 분열되어 짧은 활동기를 마감했다.

마티스는 1941년 뜻밖의 중병으로 더 이상 화필을 잡을 수 없게 되자 가위로 색종이를 오려 구성하는 작업을 시도했다. 종이 오리기는 침대나 안락의자에 누워서도 조수의 도움을 받아 할 수 있는 작업이었다. 그는 "가위는 연필보다 더 한층 감각적이다"라는 말로 색종이가 만들어내는 유희의 즐거움을 표현했다. 이 작업은 1954년 11월 3일 85세의 나이로 숨을 거둘 때까지 계속되었다.

야수주의로 시작한 현대미술은 곧이어 입체주의(1908), 절대주의(1915), 다다이즘(1916), 신조형주의(1917) 등으로 이어지다가 잠시 뜸을 들인 뒤 1950년대 들어 추상표현주의와 팝아트를 선보였다. 1960년대에는 신현실주의, 신구상운동, 개념미술 등 각양각색의 흐름을 이루며 현대미술을 꽃피웠다. 마티스는 색이 무엇인지를 인류에게 가르쳐준 위대한 스승이었으며 피카소와 더불어 현대미술을 견인한 20세기 미술의 거장이었다.

모리스 르블랑 '괴도 뤼팽' 발표
인기 비결은 새롭고 독창적인 기법과, 완벽한 인물형으로 만들어진 뤼팽의 캐릭터였다.

1905년 프랑스의 대중잡지 '주세투'의 편집장이 중견작가 모리스 르블랑(1864~1941)에게 당시 영국에서 선풍적 인기를 끌고 있는 코넌 도일의 탐정소설 '셜록 홈스'에 견줄 만한 추리소설을 주문했다. 하지만 르블랑이 내놓은 것은 명탐정이 아닌 '아르센 뤼팽'이라는 대도둑의 이야기였다. 편집장은 성공을 예감하고 뤼팽을 주인공으로 한 첫 단편소설 '아르센 뤼팽 체포되다'를 주세투 1905년 7월호에 게재했다.

뤼팽의 첫 이야기는 신출귀몰한 주인공이 소설 속의 숙적 가니마르 형

사에게 체포되는 것으로 시작된다. 일반적으로
추리소설의 주인공이 탐정인 것과는 달리 범인
을 주인공으로 내세웠는데도 독자들의 반응은
뜨거웠다. '뤼팽 신화'가 시작된 것이다.

모리스 르블랑

　르블랑은 프랑스 루앙의 유복한 집안에서 태
어났다. 동향의 작가인 귀스타브 플로베르를
롤모델로 삼아 문학을 동경했으나 아버지의 반
대로 공장 견습공으로 지내며 작가를 꿈꿨다.
청소년기의 르블랑에게 지대한 영향을 미친 문학적 사건이 일어난 것은
16살이던 1880년이었다. 르블랑의 고향 근처에서 은둔하고 있던 플로베
르가 사망했을 때 모파상, 졸라, 콩쿠르 등 당대 최고 작가들이 플로베르
의 흉상 제막식에 참석하기 위해 루앙으로 대거 몰려온 것이다. 이들을
한꺼번에 대면했던 흥분감은 르블랑의 문학인생에 지워지지 않는 자극이
되었다.

　르블랑은 문학 활동을 위해 20대 초반 파리로 상경했다. 본격적인 습작
을 거쳐 플로베르의 '보바리 부인'과 모파상의 '여자의 일생'을 적당히 가
미한 '어느 여인'을 1893년 발표했다. 소설은 알퐁소 도데 등 저명 작가들
로부터 호평을 받았으나 독자들은 별다른 호응을 보이지 않았다. 이후에
는 정신 심리 분석을 다룬 '비밀의 시간들'(1894), 자전거를 주제로 한 '바
로 이것이 날개다'(1897) 등의 소설을 발표하며 작가로서의 입지를 넓혀
나갔다.

　뤼팽 소설의 성공 후 '아르센 뤼팽 투옥되다'(1905.12), '아르센 뤼팽 탈
출하다'(1906.1) 등이 연이어 주세투에 게재되면서 뤼팽과 르블랑은 유명
인사가 되었다. 그러나 뤼팽 시리즈가 독자들에게서 뜨거운 반응을 얻을
수록 르블랑은 추리소설이나 쓰는 통속 작가로 전락했다는 자괴감을 떨

처내지 못했다. 사실 뤼팽 시리즈의 문체는 그전까지 통용되던 대중소설의 문체가 아니라 정통문학 계열 대작가들의 문체에 가까웠다. 알퐁소 도데 등 유명 작가들도 르블랑의 문체에 찬사를 보냈고 어떤 작가는 뤼팽의 대표작 '기암성'(1909)에 대해 "프랑스어로 쓰인 가장 아름다운 작품 중 하나"라고 극찬했다.

그런데도 플로베르와 모파상처럼 인간의 삶과 사회 풍습을 풍자한 심리분석 작품을 지향했던 르블랑으로서는 뤼팽 시리즈만 쓰고 있는 자신이 못마땅했다. 그래서 정통문학에 대한 꿈을 포기하지 않고 1906년 5월 희곡 '연민'을 발표했다. 하지만 돌아온 것은 냉담한 반응이었다. 결국 르블랑은 자신의 길이 뤼팽에 있음을 다시 깨닫고 '뤼팽 시리즈'에 매달렸다.

코넌 도일과 함께 20세기 추리문학을 대표하는 양대 산맥

뤼팽 시리즈의 인기 비결은 르블랑이 처음 시도한 새롭고 독창적인 기법과, 완벽한 인물형으로 만들어진 뤼팽의 캐릭터였다. 뤼팽은 준수한 외모에 풍부한 유머 감각의 소유자였으며 옷도 잘 차려입는 멋쟁이였다. 법학과 의학을 이수하고 고고학에 일가견이 있었으며 라틴어를 비롯해 여러 언어를 자유롭게 구사했다. 변장의 달인에 필체 위조의 명수였으며 만능 스포츠맨이었다. 예술에도 조예가 깊고 가짜와 진품들을 식별하는 날카로운 식견을 겸비했다.

도둑질의 대상은 부자나 귀족층으로 한정하고 가난한 사람들은 노리지 않았다. 살인을 하거나 신체적인 위해도 가하지 않았다. 그러나 불우한 면도 있었다. 6살에 처음 도둑질을 하고 12살에 고아가 되었으며 결혼은 4번 했다. 또 언제 어디서 붙잡힐지 모른다는 불안감에 시달리고 잦은 변장과 속임수로 스스로 정체성에 대한 혼란을 일으키는 어두운 면을 지녔다.

뤼팽 시리즈의 또 하나 인기 비결을 꼽는다면 수시로 나타나는 수수께 끼의 소재와 그 해결법이 단순한 추리의 틀을 벗어나 고대 문화와 정서를 그 저변에 깔고 있다는 점이다. 소실 속에는 항상 과거와 현재, 사실과 허구가 뒤섞여 있고 신비주의와 과학 문명이 조화를 이루는 데 이 과정에서 조성되는 긴장감이 독자들을 매료시켰다.

뤼팽의 캐릭터는 크게 두 가지 변화 양상을 보였다. 하나는 무정부주의적 자유주의자에서 국수적이고 반독일적인 애국주의자로 변신한 것이고, 다른 하나는 '괴도 신사'의 타이틀은 그대로 유지한 채 다른 등장인물의 악행을 분쇄하고 파헤치는 탐정으로 변한 것이다. 파리 경감으로 변장해 4년 동안 경찰청을 지휘한 게 대표적인 경우다.

뤼팽이 셜록 홈스와 비교되는 프랑스의 자존심으로 부상하자 르블랑은 '셜록 홈스, 한 발 늦다'(1906.6)를 통해 뤼팽과 홈스를 대결시켰다. 르블랑은 소설에서 홈스를 철저하게 망가뜨렸다. 셜록 홈스의 작가 코넌 도일이 이를 못마땅하게 생각하자 'Sherlock Holmes(셜록 홈스)'를 'Herlock Sholmes(헐록 숌즈)'로 철자를 살짝 바꿔 '아르센 뤼팽 대 헐록 숌스'(1906~1907)라는 후속편을 주세투에 연재했다. 이후 뤼팽과 홈스의 조우는 '금발의 여인'(1906), '유대인의 등불'(1907)에 이어 '기암성'(1909)까지 계속되었다.

르블랑은 뤼팽 시리즈를 통해 돈과 명성을 얻었으나 뤼팽 때문에 괴롭힘을 당하기도 했다. 그는 "뤼팽은 나를 어디고 따라다닌다. 그가 나의 그림자가 아니라, 내가 바로 그의 그림자가 된다. 나는 그의 명령에 순종하고 있을 뿐이다"라며 괴로움을 토로했다. 심지어는 "뤼팽이 매일 밤 내 침대 머리맡에까지 쫓아와 괴롭힌다"고 하소연해 경찰이 그의 집 앞을 지키기도 했다. 이 때문에 르블랑은 뤼팽 시리즈를 중단하려고도 했다. 르블랑은 1941년 죽을 때까지 16편의 장편과 37편의 중단편으로 된 '뤼팽 시리즈'를 펴내 코넌 도일과 함께 20세기 추리문학을 대표하는 양대 산맥이 되었다.

코넌 도일과 '셜록 홈스' 추리소설의 대표적인 두 주인공 셜록 홈스와 아르센 뤼팽은 영국과 프랑스라는 서로 다른 문화·역사적 배경 속에서 태어났다. 출신 배경이 다른 탓에 세상에 대한 시선이나 가치관도 달랐다. 홈스가 이성적이고 냉철한 영국적 분석을 통해 독자의 마음을 사로잡았다면 뤼팽은 낭만과 정열이 뒤섞인 프랑스적 모험심으로 사건에 접근했다.

셜록 홈스를 탄생시킨 코넌 도일(1859~1930)은 스코틀랜드 에든버러에서 태어나 에든버러대 의과대를 졸업했다. 의대 시절의 스승 조지프 벨 교수는 훗날 셜홐 홈스를 구성하는 주요 모델로 등장한다. 현실에서 조지프 벨은 환자가 말하기도 전에 무슨 병인지를 알고 증상과 생활태도를 맞혔다. 학생들에게는 환자를 상대로 지식을 사용하지 말고 눈과 귀와 손과 머리를 직접 써야 한다고 가르쳤다. 이런 모습은 홈스의 수사 원칙에 반영되었다.

코넌 도일은 1882년 안과 의사로 개업했으나 환자가 없어 틈틈이 소설을 썼다. 그때 쓴 추리소설 중 한 편이 '콘힐 매거진' 1884년 1월호에 익명으로 실렸다. 장차 '탐정의 대명사'로 불리게 될 셜록 홈스가 처음 등장한 '주홍색 연구'라는 제목의 단편은 '비튼의 크리스마스 연감' 1887년 11월호에 게재되었다. 도일은 '주홍색 연구'에서 미국 서부 개척시대 모르몬교도의 대이동기를 배경으로 약혼자를 모르몬교도에게 빼앗긴 인물의 평생에 걸친 복수를 펼쳐 보였다. 하지만 독자들의 반응이 시원치 않아 홈스는 소설을 계속 써야 할지 고민했다.

그때 미국의 한 월간지로부터 원고 청탁이 들어와 셜록 홈스가 등장하는 두 번째 작품 '네 사람의 서명'을 '리핀 코트' 지 1890년 2월호에 발표했다. '네 사람의 서명' 에는 동인도회사의 세포이 반란이 등장하는데 이처럼 홈스 시리즈에는 역사적·사회적 격동기 들을 배경으로 한 내용이 많았다. 도일은 1891 년 런던으로 이주해 안과병원을 개업하지만 여 전히 환자가 없었다. 그러자 1891년 7월부터 '스 트랜드 매거진'에 홈스 시리즈 단편들을 본격적

코넌 도일

으로 연재했다. 단편들은 1892년 '셜록 홈스의 모험'이라는 제목의 단편집 으로 출판되었다.

홈스, 근대 과학수사 한 단계 끌어올려

홈스는 훤칠한 키에 날카로운 눈매를 가진 일급 화학자로 해부학이나 통속문학에 대한 지식이 해박했다. 바이올린을 잘 켜고 사진술에 능했으 며 무술도 전문가 수준이었다. 사건을 의뢰받으면 지칠 줄 모르는 정력가 가 되지만 일이 없으면 안락의자에 축 늘어져 모르핀이나 코카인 주사를 맞았다. 친구이자 조수인 존 왓슨 박사는 단순한 조수가 아니라 사건 해 결에 결정적인 의문을 제기하는 파트너로 홈스와는 달리 인문학적 교양 이 넘쳐났다.

근대 과학수사에 홈스가 끼친 영향은 아무리 강조해도 과함이 없다. 증 거 추적을 통한 추리는 아무도 따라갈 사람이 없었다. 타어어, 신발자국, 지문, 탄도학 등을 통한 추리는 당시에 초기 단계에 불과했던 과학수사를 한 단계 끌어올리는 계기가 되었다. 담뱃재, 머리카락, 지문을 찾기 위해 확대경과 현미경을 사용하고 화학약품을 써서 독극물을 밝혀내고 탄환을 찾아내 구경을 비교함으로써 사건에 사용된 권총인지를 가려낼 만큼 발

달한 추리 기법을 사용했다.

독자들은 홈스와 왓슨이 주로 사건을 해결하는 가공의 장소인 런던 베이커가 221−B번지의 하숙집을 찾아다니거나 가슴에 상장을 달고 런던 시내를 활보했다. 하지만 홈스의 이런 인기에도 불구하고 도일은 역사소설가로 불리기를 원했다. 실제로 그는 추리소설보다 몇 배 더 많은 역사소설을 집필했다. 심지어 역사소설에 집중하겠다며 '스트랜드 매거진' 1893년 12월호에 실린 단편 '최후의 문제'에서 셜록 홈스를 폭포 아래로 떨어뜨려 죽이기까지 했다. 그러자 독자들이 '홈스 살리기' 운동에 적극적으로 나섰다. 도일을 "짐승"이라고 비난하는 독자, 살해 위협을 하는 독자도 있었다.

출판사가 달래기도 하고 으름장도 놓았지만 도일은 "나는 홈스를 과다 복용했다"며 완강히 버텼다. 하지만 결국에는 1901년 8월부터 1902년 4월까지 '스트랜드 매거진'에 연재된 '바스커빌가(家)의 사냥개'를 통해 홈스를 부활시켰다. '바스커빌가의 사냥개'는 독특한 분위기의 추리소설로, 그동안 조연 역할을 담당했던 왓슨이 사건 수사를 전면에서 수행하며 활약을 펼쳤는데도 홈스 시리즈 중 가장 많이 팔렸다.

'바스커빌가의 사냥개'는 홈스가 폭포 아래로 떨어지기 전의 이야기였기 때문에 홈스가 부활해 본격적으로 활약을 펼친 것은 '스트랜드 매거진' 1903년 9월호에 실린 '셜록 홈스의 귀환'의 첫 단편 '빈집의 모험'이었다. 홈스는 1927년 단편 '쇼스콤 고택'에 등장한 것을 마지막으로 사라졌다. 1887년부터 1927년까지 40년 동안 코넌 도일이 쓴 홈스 시리즈는 장편이 4편, 단편은 56편이다. 기네스 기록에 의하면 홈스가 영화로 가장 많이 만들어진 인물이다. 70여 명의 배우가 200편이 넘는 영화에서 홈스 역을 했다.

1906년

조선통감부 설치와 이토 히로부미 초대 통감
윤치호 대한자강회 회장 추대
　└ 대한자강회와 애국계몽운동
세계 첫 라디오 방송과 진공관 개발
알프레드 드레퓌스 무죄 판결

조선통감부 설치와 이토 히로부미 초대 통감

대한제국의 외교 업무를 담당해온 '외부'와 주한 일본공사관은 폐지되고 통감부가 설치되었다.

을사조약(1905.11.17)을 '늑약'이라고 표현하는 것은 일제가 대한제국의 외교권을 강제로 박탈했기 때문이다. 하지만 그것은 형식과 절차에 불과할 뿐 을사조약에 내포된 진짜 중요한 의미는 조선통감부의 설치 근거를 마련했다는 데 있다. 대한제국의 통치권을 실질적으로 장악한 통감부의 설치 근거는 "일본국 정부는… 1명의 통감을 두되 통감은 외교에 관한 사항을 관리하기 위하여 경성에 주재하고…"라고 규정한 을사조약 제3조였다.

일제는 을사조약을 강제로 체결한 후 '통감부 및 이사청 관제'를 12월 20일 칙령 제267호로 공포함으로써 천황 직속의 통감부 설치를 구체화했다. 통감 업무는 다음과 같이 규정했다. '통감은 대한제국에서 일본제국 관헌이 시행하는 제반 정무를 감독하고, 기타 종래 제국 관헌에 속하는 일체의 사무에 대해 감독을 시행한다'(제3조 2항), '통감은 대한제국 정부에 용빙된 일본제국 관리들을 감독한다'(제6조)이다.

이로써 일제는 대한제국 내정에 대한 간섭권을 확보했다. 이 밖에도 일제는 조선주차군 병력 사용권(제4조), 통감 유고 시 조선주차군 사령관이 직무를 대신한다(제13조)는 등의 조항도 삽입해 일본 군부가 통감부를 통해 대한제국 통치에 관여할 수 있게 했다.

관제에 따라 대한제국의 외교 업무를 담당해온 '외부'는 1906년 1월 19일, 주한 일본공사관은 1월 31일부로 폐지되고 통감부가 2월 1일 공식 설치되었다. 지방관청을 감독할 이사청도 서울, 부산, 인천, 목포, 진남포,

이토 히로부미

마산, 원산, 평양 등 전국에 설치해 물샐틈없는 감시망을 펼쳤다.

사실 을사조약 제3조를 문구대로만 적용하면 통감부의 업무는 외교에 국한된다. 하지만 내정간섭이 그들의 노림수이다보니 통감부 내에 외교 업무와 상관없는 경무부, 농상공부, 총무부 등까지 신설해 내정을 관장했다. 그래도 형식적으로나마 대한제국 정부의 내치권을 인정해야 했기 때문에 초기에는 통감부가 직접 권한을 행사하지 않고 대한제국 정부에 명령·지시하는 간접적 방식으로 내정에 간섭했다. 통감부는 발족 당시 대한제국의 '외부' 건물을 청사로 사용하다가 1907년 2월부터 남산 기슭에 지어진 목조 2층 건물을 청사로 사용했다.

초대 통감에는 1906년 2월 한 달간 임시통감으로 활동한 하세가와 요시미치 조선주차군 사령관의 뒤를 이어 이토 히로부미가 3월 2일 부임했다. 이토는 3월 9일 고종을 알현한 뒤 공식적으로 업무를 시작했다. 통감이 부임하면서 기존의 고문관, 참여관, 보좌관, 고문경찰 등은 모두 국적과 신분 여하에 상관없이 통감의 지휘 통솔을 받게 되었다.

통감은 대한제국 정부에 통감부의 의사를 직접적으로 전달하기 위해 '시정개선협의회'를 구성했다. 법적인 근거는 없지만 1906년 3월 13일 제1회 시정개선협의회 개최부터 통감이 직접 대한제국 정부 대신들을 통감 관사로 소집해 정책 방향을 제시하고 집행을 강요하는 자리로 이용했다.

다만 통감부는 고문부를 통한 시정 감독의 방식으로 정부 내각은 어느 정도 장악할 수 있었지만 황제권을 배경으로 독자적인 위상을 확보하고 있는 궁내부의 권력 행사는 완전히 봉쇄하지 못했다. 재정상으로도 정부와 별도로 궁내부가 각종 잡세를 징수하고 영업 특허를 부여하는 관행이 계속 이어졌다. 궁내부는 그 밖에도 정부 행정에 간여하거나 의정부를 무시하고 직접 행정권을 행사했기 때문에 여전히 '정부 이외의 정부', '정부 이상의 정부'로서 위상을 유지했다.

고종은 일본이 후견하는 친일 내각을 불신임하는 방법으로도 끊임없이 주권 회복을 시도했다. 참정대신 박제순이 이끄는 친일 내각은 보호조약 반대 운동자들의 시위로 매우 불안한 상태였다. 박제순은 보호조약 체결 당시 책임이 큰 외부대신이었다는 점에서 각계의 공격을 받았다.

일제는 결국 박제순 내각을 경질하고 황제권에 대항할 수 있는 강력한 친일 내각을 결성할 목적으로 이완용을 발탁했다. 이완용이 보호조약 체결 당시 단호한 찬성 태도를 보인 것과 황제 폐위 방안을 제시한 것 등이 발탁의 이유였다. 고종은 5월 22일 이토의 강권에 따라 이완용을 불러 내각 조직을 하명했다.

통감부 설치는 대한제국 내정 간섭이 목적

이토는 가난한 하층 농민의 아들로 태어났으나 어렸을 때 아버지가 하급무사 집안인 이토가(家)에 입양된 덕에 그 역시 하급무사의 신분을 얻었다. 16세에 개화파의 선구자이자 정한론자인 요시다 쇼인의 쇼카숙에서 수학할 기회가 주어진 것은 운명의 전환점이 되었다. 이토는 그곳에서 평생의 동지가 될 이노우에 가오루와 다카스기 신사쿠 등을 만났다. 이노우에는 훗날 주한 일본공사가 되고 다카스기는 메이지 시대의 가장 급진적인 혁명가로 이름을 떨쳤다.

이토가 정치 무대에 첫 모습을 나타낸 것은 외세를 배격하자는 극렬 양이(攘夷)론자로서였다. 1862년 천황가와 막부의 융합론인 '공무합체론'을 주장하는 나가이 우다의 암살을 모의하고 영국공사관에 불을 질렀다. 그러다가 1863년 5월 이노우에 등 젊은 무사들과 함께 영국으로 건너갔다가 영국의 앞선 문명에 충격을 받고 1864년 6월 일본으로 돌아와 '양이'에서 '개화'로 신념을 바꾸었다.

1867년 막부가 천황에게 정권을 돌려주는 '대정봉환'으로 조슈번과 사쓰마번 중심의 신정부가 수립되었을 때 영국 유학 경험 덕분에 외국사무계에 배치되었다. 평민 출신의 이토가 일본 근대 정치사의 주역으로 등장하는 첫발을 내디딘 것이다. 이토는 1871년 11월 이와쿠라 도모미를 정사로 한 '견외사절단'이 구성되었을 때도 세계 문명을 접할 수 있는 또 한 번의 기회를 얻었다. 이토는 미국을 비롯해 영국, 프랑스, 독일 등 유럽 각국을 1873년까지 순방하며 서양의 제도와 문물을 익혔다.

구미 시찰을 마치고 돌아왔을 때 메이지 정부는 '정한론(征韓論)'을 둘러싸고 분열되어 있었다. 당시 일본 대외 전략의 기본 이념인 주권선과 이익선 개념도 이때 등장했다. 주권선인 국경선을 지키려면 그 바깥쪽에 설정한 이익선을 지켜야 한다는 전략으로 조선은 이익선이었다. 사이고 다카모리 등은 정한론자로 즉각 정벌을 주장한 반면 이와쿠라와 오쿠보는 아직 외정에 나설 때가 아니라 국력을 더 기를 때라며 조선 정벌을 반대했다. 이와쿠라 등은 1873년 10월 메이지 천황의 동의를 얻어 정한론을 폐기했다. 이토 역시 내치우선론에 동조해 정한론에 반대했다. 물론 조선 정벌의 시기를 늦추자는 것이지 정한론 자체를 부정한 것은 아니었다.

당시 메이지 정부는 존왕을 내세운 조슈번과 사쓰마번 연합 세력이 천황을 명분 삼아 전국적 복종을 강요한 정치 체제였기 때문에 조슈번 출신에 영국 유학 경험이 있는 이토는 출세 가도를 달려 1875년 내무경의 지위에까지 올라갔다.

이토는 1882년 일본의 실정에 맞는 헌법을 구상하기 위해 또다시 유럽

을 순방해 1883년 8월 귀국했다. 1885년 천황이 직접 통치하는 입헌군주
제로 바뀌고 근대적인 내각제를 도입했을 때는 초대 내각 총리대신으로
발탁되어 초기 메이지 정부를 안정시켰다. 1888년 완성된 헌법 초안을 심
의하는 추밀원의 초대 의장으로도 활동하며 헌법을 완성해 1889년 2월
11일 7장 76조로 구성된 헌법을 공포했다. 헌법은 '대일본제국은 만세일
계 천황이 통치한다'(제1조), '천황은 신성하며 침범할 수 없다'(제3조), '천
황은 국가의 원수로서 통치권을 총괄한다'(제4조)고 규정, 완벽한 전제군
주 헌법의 모습을 갖췄다.

이토 히로부미는 '일본 근대화의 아버지'

헌법에 따라 1890년 7월 1일 25세 이상, 국세 15엔 이상을 납부한 남
자에게 선거권이 주어지는 총선거가 실시되었다. 전체 인구의 약 1%
가 이에 해당되었다. 이토는 그해 11월 천황이 참석한 가운데 첫 의회
가 열렸을 때 귀족원 의장으로 발탁되었다. 이후 1892~1896년, 1898년,
1900~1901년 기간에도 총리대신으로 임명되어 모두 4번이나 내각 총리
대신으로 활동하는 드문 기록을 세웠다. 이런 활동에 힘입어 오늘날에는
'일본 근대화의 아버지', '일본 헌법의 아버지'로 불린다.

일본의 문예춘추지 2002년 2월호가 역대 총리 56명의 서열을 매긴 조
사에서 1위에 오를 정도로 이토는 일본 최고의 총리요 일세의 영웅으로
일본 국민의 존경을 받고 있다. 공식적인 교육을 받지 않고도 피나는 노
력과 재능만으로 최고 지도자의 자리에 오른 입지전적 인물이라는 점,
그리고 그가 죽었을 때 재산이 없어 당시 천황이 체면이라도 유지하라며
돈을 보냈을 정도로 청렴했다는 점도 일본 국민들로부터 사랑을 받는 이
유다.

이토는 통감으로 부임한 1906년 3월 2일부터 1909년 3월 통감에서 물

러날 때까지 3년 동안 제왕에 버금가는 권세를 누리면서 조선 통치의 기틀을 마련했다. 이토의 부임 후 그동안 한일의정서(1904.2)에 의거해 활동하던 고문 등은 신분 여하에 상관없이 모두 통감의 지휘 통솔을 받게 되었다.

황제권을 배경으로 독자적 위상을 확보하고 있는 궁내부의 권력 행사는 한동안 묵인하다가 1906년 7월부터 아무나 궁궐에 출입할 수 없게 했다. 이는 고종과 측근 세력의 접촉을 차단하고 황제를 거의 유폐된 상태로 압박하기 위한 조처였다. 이토는 1907년 5월 22일 유약한 기존의 박제순 내각을 경질하고 일찍부터 고종의 폐위를 주장해온 이완용을 참정대신(총리)으로 발탁했다. 내각은 이완용을 따르는 친일 인사들로 조직했다.

이토는 1907년 6월의 헤이그 밀사 사건을 빌미로 그해 7월 19일 고종을 퇴위시키고 친일 매국노의 대명사인 이완용을 내세워 1907년 7월 24일 한일신협약(정미7조약)을 체결했다. 협약에 따라 형식상 조선인이 '장(長)'으로 있는 각 부에 일본인을 차관으로 내정해 차관들이 실권을 가지고 외교와 내정을 집행하는 이른바 '차관 정치'를 추진했다. 또한 한일신협약의 '비밀각서'에 의해 8월 1일 대한제국 군대를 강제로 해산해 대한제국을 무장해제했다.

이토는 1909년 6월 14일 통감에서 물러나 일본에서 다시 추밀원 의장으로 활동하다가 1909년 10월 26일 안중근 의사가 쏜 총에 맞고 중국 하얼빈역에서 비명횡사했다. 이토의 뒤를 이어 제2대 통감에는 부통감이던 소네 아라스케, 제3대 통감에는 1910년 5월 30일 데라우치 마사타케가 임명되었다. 데라우치는 7월 2일 경성에 도착, 그해 8월 29일 한일합방 조약을 공포하고 통감부 대신 조선총독부를 설치해 10월 1일 자신이 초대 조선총독으로 부임했다.

윤치호 대한자강회 회장 추대

때로는 저항하고 때로는 순응하면서 헤쳐나간 역사의 참여자이자 관찰자였다.

윤치호(1865~1945)는 조선조 말기에서 일제강점기로 이어지는 격동기를 때로는 저항하고 때로는 순응하면서 헤쳐나간 역사의 참여자이자 관찰자였다. 국권이 피탈되기 전에는 개화·계몽을 추구하는 사회운동가로, 국권이 피탈된 후에는 3년간 옥고를 치른 독립운동가로 활동했으나 일제의 지배가 공고해지면서 사회진화론에 함몰된 전형적인 친일 지식인의 길을 걸었다. 더구나 무기력한 패배주의에 빠지고 백인의 인종주의에 대한 증오까지 겹쳐 일본을 황인종의 대표 주자로 간주해 숭배하기까지 했다.

충남 아산에서 윤웅렬의 장남으로 태어난 그에게 조선 밖 세계에 대한 안목을 키워준 것은 16살이던 1881년 4월 신사유람단을 따라간 도일(渡日)이었다. 신사유람단은 3개월간의 임무를 마치고 귀국했으나 윤치호는 유길준과 함께 일본에 남아 도진샤(윤치호)와 게이오의숙(유길준)에 입학함으로써 우리나라 최초의 일본 유학생이 되었다.

일본에서 윤치호의 최대 관심은 개화와 근대화에 필요한 서양 학문과 영어 습득이었다. 그 무렵 일본에 체류 중인 김옥균, 서광범 등 개화당 인사들과도 만나 개혁의 필요성에 공감하고 개화문명을 경험했다. 그리고 1883년 4월 초대 주한 미국공사로 부임하는 루시어스 푸트의 통역관으로 발탁되어 푸트와 함께 귀국했다. 귀국 후에는 외교통상사무를 관장하는 통리교섭통상사무아문의 주사로 임명되어 미국 공사관과 고종 사이를 오가며 교량 역할을 했다. 통역은 물론 국서와 기타 중요한 외교문서도 번역했다.

개화당 인사들과도 자주 접촉하며 대외적으로는 자주독립, 대내적으로는 개화자강을 이상으로 삼았다. 윤치호가 개화당 동지들과 정변을 모의

윤치호

한 것은 1884년 후반기부터였다. 그러나 윤치호는 구체적인 진행 상황을 정확히 알지 못했다. 급진적 노선을 취한 김옥균·박영효 등과 달리 설득과 타협을 통한 점진적 개량주의 노선을 선호했기 때문이다. 윤치호는 갑신정변을 도모하는 김옥균을 만류했다. 푸트 공사도 개화당의 급진적인 행동을 제지하려고 백방으로 노력했다. 김옥균 등이 마지막 순간까지 푸트 공사와 윤치호에게 거사 계획을 비밀에 부친 것도 이 때문이었다.

결국 윤치호는 거사 시점도 모른 채 갑신정변 당일인 12월 4일 저녁에 푸트 공사와 함께 우정총국 개국 축하연에 참석했다. 아무것도 모른 채 유혈 정변을 목도한 윤치호는 아연실색했다. 그런데도 정변 다음날인 12월 5일 개화당 정권이 수립되었을 때 부친 윤웅렬은 형조판서, 윤치호는 외아문 참의(차관보)로 발표되었다. 윤웅렬·윤치호 부자는 거사를 반대했는데도 일방적으로 개화당 정부의 요직으로 지명되어 적잖이 곤욕을 치렀다. 윤치호가 푸트 공사와 함께 고종을 알현해 자초지종을 고했을 때 고종은 "너희 부자가 죄 없음을 알고 있으니 걱정하지 말라"며 위로했다.

하지만 푸트 공사가 귀국하자 홀로 국내에 있는 것이 불안하다고 생각해 20살이던 1885년 1월 중국 상해로 유학을 떠났다. 1885년 봄 미국 감리교가 운영하는 중서서원에 입학해 영어·중국어·역사·지리·경제 등을 고루 수강하고, 1887년 4월 3일 세례를 받아 조선인 최초의 남감리교 세례교인이 되었다.

3년 반 동안의 중국 경험은 청국을 악취 풍기는 불결한 나라, 부패하고 교만하고 낙후하고 무기력한 나라로 인식시켰다. 그런데도 조선이 청국을 대국으로 섬기고 청국의 지휘를 받고 있는 현실을 개탄하며 조선을 수

치스럽고 비참하게 여겼다. 그가 '윤치호 일기'에서 밝힌 동양 3국에 대한 평가는 이랬다. "일본은 동양의 도원(桃園), 청국은 더러운 물로 가득 채워진 연못, 조선은 청국보다 더 못한 '똥 뒷간'이다." 윤치호에게 일본은 조선이 본받아야 할 개화의 모델 국가인 반면 청국은 조선의 독립과 개혁을 유린하는 조선의 적이었다.

민족 패배 의식과 대세 순응주의가 친일의 근원

더 넓은 세계를 경험하기 위해 윤치호가 새롭게 선택한 국가는 미국이었다. 1888년 11월부터 미국 밴더빌트대에서 3년간 신학을 전공하고 1891년 7월부터 조지아주 에모리대에서 2년 동안 수학했다. 윤치호는 5년 동안 미국 사회를 체험하면서 미국이야말로 최상의 민주주의와 기독교 윤리 위에 세워진 최고의 문명국이라는 생각을 갖게 되었다.

다른 한편으로는 인종차별이 자행되는 미국의 비문명적 모습에서 백인 국가의 흉포한 모습도 간취했다. 결국 자신이 백인의 인종차별을 받는 황인종이라는 사실을 자각하고 개인적·국가적으로 약자임을 인식해 흑인, 죄수, 피지배층 등의 문제에 깊은 관심을 가졌다. 그리고 힘이 곧 정의이고 정의가 힘이라는 사회진화론적 세계관을 받아들여 강자의 약자 지배를 필요악으로 인정했다. 따라서 조선이 약육강식하는 열강 틈에서 살아남으려면 힘을 길러 적자(適者)가 되어야 한다고 믿었다.

윤치호가 1893년 11월 중국 상해로 건너가 모교인 중서서원에서 후학들을 가르치고 있던 1894년 7월 청일전쟁이 발발했다. 윤치호는 조선 스스로 청국의 압제를 벗어나거나 개혁을 단행할 능력이 없는 상황에서 일본이 승리하면 청국의 야만적 압제에서 벗어나 일본의 근대적 지배하에서 개혁을 도모할 수 있다고 판단했기 때문에 일본의 승리를 기원했다.

윤치호는 1895년 2월, 10년 만에 귀국했다. 학부협판과 외부협판으로 활동하던 중 1895년 10월 을미사변이 터졌다. 그는 일본의 야만적인 행위에 공분을 느끼면서도 백성이 압제적이고 부패한 민비의 죽음에 애도하지 않는 것은 당연하다고 생각했다. 을미사변 후 윤치호는 고종을 궐 밖으로 옮기려다가 실패로 끝난 11월의 춘생문 사건에 연루되어 일본을 피해 일시 미국공사관으로 피신했다. 1896년 4월에는 러시아 황제 니콜라이 2세의 대관식 축하 특명전권대사로 파견된 민영환을 수행했다. 민영환은 6개월 20일 후 귀국한 반면 윤치호는 바로 귀국하지 않고 3개월을 더 상해에 머물렀다.

일본을 반감과 선망의 교차 속에서 바라보아

독립협회는 그가 외유 중이던 1896년 7월 발족했다. 귀국 후 윤치호는 독립협회가 각종 정파가 뒤섞여 동상이몽하는 쓸모없는 집단에 불과하다고 혹평했다. 그는 서재필에게 독립협회를 사교 클럽에서 민중을 계도하는 계몽 단체로 전환할 것을 제안한 뒤 독립협회 활동에 적극적으로 뛰어들었다. 독립협회 부회장(1898.2)과 회장 대리(1898.3)로 활동하며 제1차 만민공동회를 개최하는 데 힘을 보태고 서재필이 추방(1898.5)된 후에는 독립신문의 주필로 활동하며 자주국권 운동과 자유민권 운동을 전개했다. 이는 국력 배양은 민력 배양, 민력 배양은 민권 강화에서 비롯된다는 신념에서 비롯된 것이다.

1898년 8월 독립협회 회장으로 추대된 후에는 의회 설립 운동을 전개했다. 그는 서구식 의회를 주장하는 서재필과 달리 자문기관인 중추원에 먼저 의회의 기능을 부여해 활동케 한 뒤 점차 국민에게 참정권을 줌으로써 입헌군주제로 나아가고자 했다.

윤치호는 고종을 설득해 10월 28일 정부 대신과 1만여 명의 민중이 참여하는 관민대공동회를 개최했다. 공동회 둘째 날인 10월 29일 6개항의 개혁 원칙을 결의하고 이를 고종에게 헌의했다. 고종은 자주적 전제 황권 강화, 이권 양도 반대, 예산 공개, 장정(중추원 개조안) 실천 등 자주 외교와 국정 개혁에 관한 헌의 6조를 수정 없이 재가하고 이를 보완하는 조칙 5조까지 공포했다.

그러자 수구 세력이 독립협회가 박정양을 대통령, 윤치호를 부통령으로 옹립하는 공화국을 수립하려 한다는 거짓 보고로 고종의 위기감을 자극했다. 결국 독립협회 지도자 17인은 11월 4일 밤 전격 체포되었다. 윤치호는 사전에 아펜젤러의 사저로 피신했기 때문에 체포는 면했지만 독립협회는 1898년 12월 말 해체되었다. 그런데도 윤치호는 1899년 3월 함경남도 덕원감리 겸 덕원부윤으로 부임했다. 당시 법부대신으로 있던 부친 윤웅렬의 노력과 고종의 배려, 그리고 일부 수구 인사들과의 친분 관계가 작용한 덕분이었다. 이후 삼화부윤, 천안군수 등을 거치며 5년 동안 지방관직을 전전했다. 그 5년 동안 개혁정치의 이상을 지방에서 실현하고자 진력했다.

윤치호는 1904년 2월 러일전쟁 발발 후 외부협판에 발탁되었으나 1905년 11월 을사조약이 체결되자 바로 사퇴했다. 그는 을사조약을 개혁과 개선을 외면해온 한국인에 대한 역사의 심판 또는 신의 심판으로 인식했다. 을사조약 후 상소운동이 펼쳐졌을 때는 상소운동에 참여할 것을 3차례나 요청받았으나 상소한다고 일본이 파기하겠느냐며 모두 거절했다.

국제 여론에 호소하는 외교 운동에 대해서는 훌륭한 정부 없는 외교는 사실상 불가능하다고 지적하고 우국지사들의 잇따른 자결에 대해서는 용기와 애국심은 인정하면서도 문제 해결의 바람직한 방법이 아니라는 입장을 견지했다. 항일의병 운동도 오히려 일본군에게 점령지 확대의 구실을 주고 백성을 괴롭히는 또 다른 병폐가 되고 있다고 지적했다.

그는 을사조약에 의한 독립 상실은 약육강식의 냉엄한 국제사회에서 실력 부족 때문이라고 인식하고 직접적인 항일운동이나 정치적인 개혁 운동을 사실상 포기한 채 실력 양성을 위한 애국 계몽운동에 전념했다. 1906년 4월 대한자강회 회장을 수락한 것도 그 연장선이었다.

윤치호는 미국의 남감리교가 송도(개성)에 설립한 한영서원의 초대 교장(1906.10)으로도 활동하며 과수·채소·원예·목축·목공·철공·피혁·직조·사진술 등의 실업 과목을 집중적으로 가르쳤다. 안창호·양기탁·전덕기 등이 1907년 조직한 비밀결사 조직 '신민회'에도 참여하고 1908년 안창호와 함께 평양에 설립한 대성학교 초대 교장으로 독립운동과 교육 운동에 열성을 다했다. 다만 신민회의 독립군 기지 설립 같은 직접적인 국권 회복 운동에는 소극적이었다. YMCA 운동에도 적극 참여해 이사(1905), 부회장(1906), 총무(1916)로 활동했다.

"물 수 없다면 짖지도 마라"

한일합방 후인 1912년 2월, 윤치호는 '105인 사건'의 주모자로 체포되어 혹독한 고문 끝에 1913년 10월 징역 6년을 선고받았다. 3년간의 옥고를 치르고 1915년 2월 출감 후 응한 매일신보와의 인터뷰에서 일제의 일선동화(日鮮同化) 정책에 협력하겠다는 의사를 밝혔다. 유영렬 전 국사편찬위원장은 자신의 저서 '개화기의 윤치호 연구'에서 윤치호가 대일 협력을 천명한 배경을 "일제의 가혹한 고문과 강요 그리고 심정의 변화가 작용했겠지만 그의 지식 속에 내재되어 있던 비관적인 한국사관에 의한 민족 패배의식과 현실 상황론에 의한 대세 순응주의 그리고 사회진화론에 의한 개화 지상주의가 작용했던 것으로 생각된다"고 분석했다.

윤치호는 서서히 일제의 통치를 기정사실로 받아들였고 점차 독립 불능론이나 독립 무용론으로 기울었다. 심지어는 독립이 불가능한 상황에서 일어나는 독립운동은 일제에 조선인을 더욱 가혹하게 탄압할 구실을 줄 뿐이며 조선의 토지와 자원에 대한 일본인의 강탈을 촉진해 조선인들에게 해를 끼치고 일본인들을 도와주는 결과가 될 것이라며 독립운동 유해론도 제기했다.

이런 생각에 빠져 있는 윤치호가 보기에 당장 조선인에게 시급한 것은 교육과 계몽이었다. 좌우명 "물 수 없다면 짖지도 마라"가 말해 주듯 그에게 정의는 곧 힘이고 실력이었다. 윤치호는 일본을 반감과 선망의 교차 속에서 바라보았다. 일제가 식민지 조선에 끼치는 해악을 분명히 인식하면서도 친일과 민족진영 사이를 서성거리며 어정쩡한 회색인으로 살았다.

조선체육회 회장(1928), 조선어사전편찬회 발기인(1929), 흥업구락부 부장(1930) 등으로 활동하던 그가 마침내 일제에 대한 비판 의식을 스스로 무장해제하고 본격적으로 친일의 길로 들어선 것은 1931년 만주사변 후였다. 그는 일본의 만주 점유를 영국의 인도 점유, 프랑스의 베트남 점유와 같은 경우로 간주했다. 과거 백인 제국이 일본의 조선 지배에 방조자였음을 상기하며 백인 국가들에 대한 분노를 드러냈다.

1937년 중일전쟁 발발 후 시작된 내선일체에 대해서는 그가 항상 갈망하던 '민족 차별의 철폐' 곧 조선인의 지위 향상을 의미하는 정책이라고 긍정적으로 인식했다. 이후 국민정신총동원조선연맹, 국민총력조선연맹, 조선지원병후원회, 조선임전보국단 등 각종 친일 단체에 이름을 올려 친일을 몸소 실천했다. 태평양전쟁에 대해서는 "일본이 인류 역사상 가장 위대한 전쟁을 시작한 이상 백인종 특히 앵글로색슨족의 인종적 편견과 민족적 오만과 국가적 침략으로부터 유색인종을 해방시키는 데 성공했으면 좋겠다"는 소회를 일기에 피력했다.

해방 후인 1945년 12월 6일, 80세로 눈을 감은 윤치호의 생각이 어떻게 변화해왔는지 그리고 그가 살아온 시대 상황은 어떠했는지를 정확하게 알려주는 것이 1883년 1월 1일부터 1945년 죽는 날까지 60여 년간 쓴 '윤치호 일기'다. 1883년 1월부터 1887년까지는 한문, 1887년 11월부터 1889년 12월까지는 한글, 미국 유학시절이던 1889년 12월 7일부터는 영어로 일기를 썼는데 일제의 수탈 정책과 민족 차별 정책에 대한 분노가 잘 드러나면서도 나라 잃은 지식인의 고뇌와 절망과 변명이 그대로 묻어 있다.

또한 일기에는 윤치호가 경험하거나 목격한 갑신정변과 개화당의 활동은 물론 당시의 일본, 청, 미국 등의 정세가 상세히 기록되어 있어 한국의 개화사 또는 근대사 연구에 빼놓을 수 없는 중요한 기록으로 평가받고 있다. 특히 일제강점기 자신의 입장과 국내 지식인들의 동향 등 그와 연결된 수많은 사람의 정보들이 적나라하게 기록되어 있어 사료 비판만 제대로 이뤄진다면 '백범일지'를 능가하는 한국 근대사 연구의 귀중한 자료라는 게 학계의 평가다.

대한자강회와 애국계몽운동

애국계몽운동은 1905년 을사조약 체결 후 본격화한 일제의 국권 침탈에 맞서 경제·문화·교육적으로 실력을 양성해 국권을 회복하자는 운동이다. 당시 상당수의 개화 지식인은 강대국이 약소국을 지배하는 것은 사회진화론상 당연한 결과이고 대한제국이 일본의 보호국으로 전락한 것은 문명개화에 뒤떨어졌기 때문이라며 실력 양성을 최우선 과제로 삼았다. 애국계몽운동은 신교육운동, 언론운동, 경제구국운동, 신문화운동, 국학운동, 종교운동 등 여러 형태로 진행되었다. 을사조약 전에 결성된 국민교육회 (1904.8)와 헌정연구회(1905.5) 등이 출발점이지만 본격화한 것은 을사조약 체결 후였다.

대표적인 애국계몽운동 단체는 장지연·윤효정·심의성·임진수·김상범 등 5인이 발기하고 1906년 3월 31일 결성된 대한자강회였다. 공개적인 합법단체를 표방했기 때문에 4월 9일 발기인들이 경무청에 소환되어 정치에 관여하지 않고 국법 내에서 활동한다는 증명서를 제출하고 4월 14일 임원진을 구성한 후에야 정식 발족했다.

친일 단체인 일진회의 반민족적 행위를 규탄하다가 강제해산된 '헌정연구회'를 모체로 하고 기독교청년회·국민교육회·대한구락부 등 사회단체와 황성신문·제국신문·대한매일신보 등 언론사의 주요 간부들이 참여했다. 윤치호가 회장, 윤효정이 부회장으로 추대되고 장지연·이상재·김규식·지석영·이준·박은식 등이 평의원으로 이름을 올렸다. 일본인 오가키 다케오가 고문으로 추대되어 눈길을 끌었다.

대한자강회는 조선을 보호국으로 삼은 일제를 비판하면서도 불가항력적인 현실로 받아들였다. 국권 상실의 근본적 책임은 국가 자강을 도모하지 못한 우리 자체에 있다는 자기반성론에서 접근했다. 그러다 보니 외세의존적 외교독립론을 배격하고 의병처럼 준비도 없이 무모하게 무력을 행사하는 급진적인 무력투쟁론을 비판했으며 비폭력에 의한 실력 양성을 강조하는 점진적 자강독립론을 강조했다.

월 1회 회의를 열고 일반 대중이 참여하는 연설회를 개최했다. '대한자강회월보'(1906.7~1907.7)도 발간, 서양 문명국가의 근대적 교육 내용을 소개하고 신학문과 신사상 보급·확대의 필요성을 일깨웠다. 전성기 때는 전국 33개 지회에 2,000명 이상의 회원이 가입했다. 전국 지회에서 영신학교, 보흥학교, 자신학교 등 다양한 학교를 설립·운영했다. 1907년 2월 대구에서 발화한 국채보상운동에도 적극 참여하고 관존민비·직업존비 등 폐습을 타파하는 데도 노력을 기울였다. 여성교육을 강조하고 조혼을 금지하도록 정부에 건의했다.

일제가 고종을 강제로 퇴위시키려 할 때는 동우회·기독교청년회·대한구락부·국민교육회 회원들과 함께 고종 양위에 반대하는 민중대회를 열어 경찰과 유혈 충돌을 벌였다. 고종이 물러난 7월 20일에도 수천 명의 인파를 모아 고종 퇴위 반대 연설회를 열었다. 그러자 일제는 7월 24일 보안법을 공포하고 8월 대한자강회를 강제 해체했다.

국권 상실의 책임이 우리 자체에 있다는 자기반성론에서 접근

그 후 애국계몽운동 세력은 현실 인식과 운동 방략을 놓고 분화했다. 대표적인 두 단체 중 대한협회는 합법단체를, 신민회는 비밀결사를 표방했다. 대한협회는 윤효정·장지연 등 대한자강회 간부들, 황성신문 계열 사람들, 권동진·오세창 등 천도교 세력들의 주도로 1907년 11월 10일 설립되었으나 주요 인사들은 대한자강회 출신이었다. 초대 회장에는 남궁억, 부회장 오세창, 총무 윤효정이 선출되었고, 평의원으로 장지연·권동진·류근·정교·이종일 등이 참여했다.

대한협회 역시 당시의 국제사회를 사회진화론적 시각에서 분석했다. 그 결과 러일전쟁에서 승리한 일본 세력을 무력으로 축출하는 것은 현실적으로 불가능하다는 패배주의, 일본은 한국의 병탄을 기도하지 않을 것이라는 낙관론에 빠져 실력 양성에 의한 점진적인 국권 회복론을 폈다. 그들이 볼 때 힘의 격차를 무시한 의병활동은 민족의 역량을 파괴하는 무모한 행동이었다.

대한협회는 교육 보급, 산업 개발, 민권 보장, 행정 개선 등의 강령을 내걸고 실력양성운동을 전개했다 전국 87개 지회에 8,000여 명의 회원을 확보하고 '대한협회회보', '대한공보', '대한민보' 등을 기관지로 발간했다.

1909년 10월에는 친일적인 이완용 내각의 권력 독점에 반대해, 계몽운동 단체인 서북학회와 손을 잡은 뒤 친일 단체인 일진회와 연합을 시도해 애국계몽운동 회원들을 깜짝 놀라게 했다. 사실 일진회 역시 대한자강회·대한협회와 마찬가지로 애국과 문명화를 주장하는 단체였다. 다만 일진회는 친일을 통한 문명화를 국가의 존립보다 중요시한 반면, 애국계몽단체는 문명화보다 국가 독립을 더욱 중요시했다는 점에서 차이를 보였다.

일진회는 이완용 내각 타도를 앞세우면서도 이 연합 세력을 합방 촉진 운동으로 발전시키려는 의도를 갖고 있었다. 그래서 합방 청원서를 제출하려 했다. 그러자 일진회의 의도를 간파한 서북학회가 먼저 탈퇴를 선언했고 대한협회도 12월 결렬 선언을 했다. 정권에 참여하려는 의지가 너무 강하다 보니 자칫하면 일진회처럼 일본의 병합에 찬성하는 친일 단체가 될 뻔했던 것이다.

세계 첫 라디오 방송과 진공관 개발
무선을 이용해 유선전화처럼 목소리를 직접 전달할 수 있다면 얼마나 편리할까?

1895년 시작된 마르코니의 무선통신 실험은 20세기 지구촌 통신 시대의 리허설이었다. 다만 모스부호를 사용할 줄 아는 소수만이 마르코니의 무선통신기를 이용한다는 점에서 근본적인 한계가 있었다. 무선을 이용해 유선전화처럼 목소리를 직접 전달할 수 있다면 얼마나 편리할까? 누구나 한번쯤 해보았을 법한 상상을 처음 현실화한 사람은 캐나다 출신의 발명가 레지널드 페선던(1866~1932)이었다.

페선던은 성공회 성직자의 아들로 태어나 1886년 입사한 에디슨연구소를 거쳐 1892년부터 퍼듀대와 펜실베이니아 웨스턴대(피츠버그대 전신) 전기공학과 교수로 근무했다. 이후 몇 년 동안 모스부호 대신에 실제 소리를 전달하겠다는 꿈을 이루기 위해 길고 외로운 연구를 시작했다. 1900년 대학을 떠나 개인 무선연구소를 세운 것도 이런 꿈을 실현하기 위해서였

레지널드 페선던

다. 페선던은 기능이 대폭 향상된 새로운 형태의 수신기를 개발, '버레터'라고 명명했다. 그렇게 개발한 수신기를 이용해 1900년 12월 23일 워싱턴DC 부근의 록포인트에서 1.6㎞ 거리의 조수에게 자신의 목소리를 송수신하는 데 세계 최초로 성공했다.

그렇다면 라디오 방송이 시간 문제일 것 같지만 몇 가지 근본적인 문제가 앞을 가로막고 있었다. 1차 관문은 무선전신을 검파하는 일이었다. '검파'란 무선전파를 정류(整流)해 전파에 들어 있는 정보를 찾아내는 과정을 말하고, '정류'란 전류의 교류를 직류로 바꾸는 것이다. 이 기술에 가장 앞선 인물은 '2극진공관'을 개발하고 1904년 11월 영국 특허를 취득한 영국의 존 앰브로즈 플레밍(1849~1945)이었다.

플레밍의 2극진공관은 많은 발명가에게 목소리를 전송하는 전파를 탐지해낼 수 있다는 가능성을 열어주었다. 무선전파가 안테나에 포착되면 이것을 사람의 귀로 인식할 수 있는 진동(pulse)으로 전환해야 하는데 2극진공관이 이것을 가능하게 해준 것이다. 2극진공관은 정류 기능을 통해 교류 전파 신호를 직류로 전환하고 이것을 다시 가청(可聽) 신호로 전환(검파)해 주는 최초의 획기적인 부품이었다. 문제는 2극진공관이 수신 상태가 불안정하고 소리가 너무 작다는 것이다.

그 무렵 음성 발신과 수신기 개발에 힘을 쏟아부은 사람 중에는 미국의 리 디포리스트(1873~1961)도 있었다. 그는 1899년 예일대에서 무선전파 관련 논문으로 박사학위를 받고 AT&T의 자회사인 웨스턴 일렉트릭에 입사했다. 대부분의 시간은 각종 장치를 조립했다가 분해하고 다른 발명가들이 내놓은 아이디어를 시험하는 데 보냈다. 그래도 최종 목표는 모든 사람이 들을 수 있을 만큼 큰 소리로 나오는 전파의 발신과 수신이었다.

디포리스트는 1906년 1월, 플레밍의 진공관을 개량한 2극진공관을 개발했다. 이 진공관은 유리관 안에서만 신호를 전달하는 플레밍의 2극진공관과 달리 전파 신호를 증폭해 사람의 귀로 직접 들을 수 있게 해주었다. 그러나 디포리스트의 진공관 역시 소리를 증폭하면 전파에서 찍찍거리는 불규칙한 잡음들이 난다는 문제를 안고 있었다. 플레밍의 2극진공관과 너무 흡사하다는 것도 문제였다.

이를 보완해 1906년 다시 개발한 것이 3극진공관(오디언)이다. 그는 플레이트(양극)와 필라멘트(음극) 사이에 제3의 전극인 '그리드'라는 금속판을 놓고 전자들을 가속시킴으로써 작은 신호를 크게 증폭했다. 오디온의 개발로 진공관은 교류를 직류로 바꿔주는 정류 기능, 미세한 신호를 키워주는 증폭 기능, 일정한 조건을 만족해야 전류가 흐르는 스위치 기능까지 모두 갖추게 되었고 인류는 처음으로 기계적인 조작 없이 전류의 흐름을 통제할 수 있게 되었다. 따라서 오디언은 전자공학의 시대의 개막을 알리는 서곡이었다.

목소리를 송수신하는 데 세계 최초로 성공한 사람은 레지널드 페선던

페선던도 1906년 고성능 전류 검파기를 새로 개발해 방송의 가능성을 한층 더 높여주었다. 그리고 1906년 12월 24일, 아내, 아들, 조수, 기자와 함께 매사추세츠주 브랜트 록 기지국에서 밤 8시쯤 그곳에 설치된 송신 마이크를 이용해 크리스마스 이브를 축하한다는 육성을 내보냈다. 이어 축음기에서 흘러나오는 헨델의 '라르고'를 들려주고 아돌프 아당이 작곡한 '거룩한 밤'을 직접 바이올린으로 연주했으며 성서 누가복음 중 '지극히 높은 곳에서는 하나님께 영광, 땅에선 그 사랑받는 사람들에게 평화'라는 구절을 읽어주었다. 그리고는 마지막으로 "메리 크리스마스!"라고 말한 뒤 "31일 밤 신년 인사차 다시 방송으로 인사를 하겠다"는 메시지를 전했다.

이 작별 인사를 끝으로 방송은 몇 분 만에 끝이 나고 다시 귀에 익은 모스부호가 삑삑거렸다. 당시 동북부 대서양을 운행하고 있던 몇몇 선박의 무선통신사들은 모스 신호음만 들리던 수신기에서 갑자기 사람의 소리와 음악이 나온 것에 경악했다. 페선던의 목소리와 연주는 멀리 320㎞ 떨어진 곳에서도 감지되었다.

한편 디포리스트는 자신의 구상을 실현하기 위해 1907년 뉴욕에서 음악방송 사업을 시도하고 1908년 파리 에펠탑에서 라디오 시험방송을 했다. 이 방송은 885㎞ 떨어진 곳에서도 들려 많은 투자자의 관심을 끌었다. 1910년 엔리코 카루소의 미국 메트로폴리탄 오페라 공연을 생중계로 방송하고 1915년 자신의 공장에서 정기 음악방송을 시작했다. 페선던과 디포리스트의 시도는 메시지를 광범위하게(broad) 던진다(cast)는 의미의 '방송(broadcasting)'이라는 개념을 세상에 등장시켰다. 무선 애호가와 과학자들 사이에서는 '무선'이라는 용어 대신 '라디오'라는 개념이 확산되었다.

그런데도 라디오 방송은 여전히 사람들의 관심을 끌지 못했다. 육성 방송을 수신할 수 있는 라디오가 없었던 것이 가장 큰 이유였다. 아메리칸 마르코니 무선전신회사가 디포리스트의 오디언이 자사가 특허권을 갖고 있는 플레밍의 2극진공관 설계를 교묘하게 도용했다며 디포리스트를 법정에 세우고 법원이 '오디언 판매 중지' 결정을 내린 것도 라디오 수신기의 보급을 지연시켰다.

그 무렵 아메리칸 마르코니 무선전신회사에 근무하는 직원 중에는 1906년 사환으로 입사한 러시아 태생의 데이비드 사노프(1891~1971)가 있었다. 사노프는 마르코니사에서 착실하게 무선 수업을 쌓아 주로 선박과 해안 지사에 근무했다. 1912년 4월 14일 밤, 뉴욕 브로드웨이 워너메이커백화점 꼭대기에서 근무하고 있을 때 갑자기 어디선가 대참사 소식이 수신되었다. 타이태닉호 침몰 사건이었다.

사노프는 대서양의 폭풍우와 수신 잡음을 뚫고 짤깍거리며 쏟아지는 무선신호를 정신없이 수신하면서 한편으로는 사방에 참사 소식을 전했다. 연락을 받고 달려간 구조대가 사건 현장에서 구조 작업을 벌인 72시간 동안 사노프는 쉬지 않고 사건 현장의 선박들과 생존자들의 반응을 전파했다. 신문사는 사노프가 무선으로 받은 내용들을 토대로 신문을 제작했다.

타이태닉호 사건의 충격이 점차 가라앉을 무렵 사람들은 그나마 700여 명을 구조할 수 있었던 무선전신의 위력에 주목했다. 정부 차원에서도 대책을 강구했다. 미국 의회는 무선통신의 교통정리를 위해 라디오 사용을 원하는 사람은 정부의 허가를 얻어야 한다고 규정한 '1912년 라디오법'을 통과시켰다. 이처럼 타이태닉호 침몰 사건은 방송 발달사에 한 전환점이 되었다.

사노프는 1913년 1월, 에드윈 암스트롱과 함께 새로운 수신 장치를 실험했다. 수신기에 스피커를 연결하자 어디에선가 송신한 소리가 뚜렷하게 들렸고 음원은 멀리까지 확장되었다. 사노프는 이에 고무되어 필라델피아에 있는 마르코니사 교환수에게 주파수를 맞추도록 한 뒤 브로드웨이의 워너메이커백화점 건물 꼭대기층에서 레코드판 음악을 틀었다. 놀랍게도 교환수는 모스부호가 아닌 악기의 선율이 흐르는 교향곡을 들을 수 있었다.

사노프는 1916년 페선던의 발명을 상업화할 것을 마르코니사에 제안했다. 최신 진공관을 활용한 무선통신 수신기를 각 가정에 팔아 음악방송을 공급하자는 사업 계획이었다. '라디오 뮤직 박스 메모'로 명명된 수신기

사업 제안은 라디오 산업과 방송의 미래를 정확히 예견한 것이지만 마르코니사는 제안을 거절했다.

세계 최초의 정시 상업 라디오 방송국은 'KDKA'

1918년 1차대전 종전 후, 라디오 방송을 국유화하는 법안이 미국 해군과 국무성 주도로 의회에 제출되었다. 그러나 정부 독점에 대한 반발이 만만치 않자 해군은 차선책으로 군수업체인 GE와 타협해 해군이 마음대로 조종할 수 있는 민간 기업체 RCA를 탄생시켰다. 1919년 10월 17일 출범한 RCA는 외형상으로는 민간 기업체였지만 실질적으로는 국영기업체 성격이 짙었다. 당시 영국의 영향력 아래 놓여 있던 아메리칸 마르코니 무선전신회사도 반강제적으로 RCA에 흡수되었다. 사노프는 RCA 총지배인으로 승진했다.

한편 미 웨스팅하우스는 라디오 수신기 판매를 위해 1916년 라디오 방송국 '8XK'를 설립했다. 이후 비정기적으로 실험방송을 하다가 레코드 음악방송이 점차 인기가 높아지는 것에 주목, 당시 최고 인기 햄(HAM)이던 프랭크 콘래드를 초빙해 세계 최초의 정시 상업 라디오 방송국인 'KDKA'를 설립했다. 방송국은 피츠버그에서 조금 떨어진 월킨스버그의 콘래드 집 창고에 세워졌다. 콘래드는 1920년 11월 2일 오후 6시 첫 방송을 내보냈다.

방송은 그날 실시된 하딩과 코크스 간의 대통령 선거 결과를 속보로 전했다. 방송국은 개표 결과가 늦어지면 중간에 축음기를 틀거나 악사가 밴조를 연주하는 것으로 청취자들의 무료함을 달래주었다. 첫날 방송에서 향후 방송의 성공 가능성을 높여준 것은 갑자기 불어닥친 폭풍우였다. 라디오가 없는 사람들은 비를 맞아가며 옥외 선거 속보판을 지켜봐야 했지만 라디오를 구입한 사람들은 따뜻한 난로 옆에서 시시각각 전해오는 선거 결과를 들을 수 있었기 때문이다. 웨스팅하우스사는 교외의 시민회관에 라디오 확성기를 설치해 라디오의 편리함을 시민들에게 홍보하는 마케팅 전략도 폈다.

이후 KDKA는 개척자가 겪어야 할 각종 시행착오를 겪으면서도 야구와 복싱 경기를 생중계하고 증권 시황을 방송하는 등 수많은 '세계 최초'를 기록하며 방송사를 새롭게 써나갔다. 사람들은 스피커 상자에서 흘러나오는 엔리코 카루소의 감미로운 노래에 편안함을 느끼고 베이브 루스의 홈런에 열광했다. 이후 일반 회사들까지 방송 사업에 뛰어들어 1923년에는 방송국이 550여 곳으로 늘어났다. 1922년 0.2%에 불과하던 라디오 보급률은 1925년 10%, 1927년 20%, 1929년 30%, 1930년 40%로 급증했다.

최초 방송광고는 1922년 8월 28일 뉴욕 WEAF 방송국의 부동산업자 광고였다. 1926년에는 RCA사가 WEAF 방송을 사들여 미국 전역을 커버하는 NBC 방송을 출범시켰다. NBC는 1927년 1월 1일 캘리포니아주 패서디나에서 벌어진 미식축구경기 로즈볼 게임 중계를 첫 방송으로 내보냈다. 방송국의 급증으로 전파의 송수신이 큰 혼란을 빚자 미 정부는 1912년 제정된 라디오법을 개정해 주파수 배정과 관리를 맡을 연방라디오위원회를 1927년 발족시켰다. 오늘날의 연방통신위원회(FCC)다.

RCA는 1950년대 중반까지 미국은 물론 세계적으로 사람들의 마음을 사로잡은 가장 유명한 라디오 수신기 브랜드였다. 그것을 깬 것은 1955년 등장한 소니의 트랜지스터 라디오였다. 와이셔츠 주머니에 들어갈 정도로 라디오가 작아지고 어디서나 라디오를 들을 수 있게 된 것은 트랜지스터 덕분이었다. 일본은 1925년 3월 22일 도쿄 라디오 방송국이 첫 방송을 하고 우리나라는 1927년 2월 16일 오후 1시, 첫 라디오 전파를 하늘로 쏘아 올렸다.

알프레드 드레퓌스 무죄 판결

'나는 고발한다!'는 편지 내용은 에밀 졸라가 외치는 양심의 호소이자 절규

사건은 1894년 9월, 프랑스의 한 정보 요원이 프랑스 주재 독일대사관에 근무하는 독일 무관의 우편함에서 프랑스군의 기밀이 적힌 이른바 '명세서'를 빼내오면서 시작된다. 당시 프랑스는 독일과의 보불전쟁(1871)에서 패한 뒤 거액의 배상금을 물고 알자스·로렌 지방의 대부분을 독일에 내주는 등 치욕을 당한 터라 반독일 감정이 극에 달해 있었다.

군 내부에 간첩이 있다고 판단한 프랑스군은 범인 색출에 나서 1894년 10월 프랑스 참모본부 소속 포병 대위 알프레드 드레퓌스(1859~1935)를 체포했다. 그러나 드레퓌스가 혐의 사실을 극구 부인하고 명세서의 필적이 그의 것이라고 단정할 만한 확증이 없어 수사는 답보 상태에 머물렀다. 그때 반유대계 신문 '자유 언론'이 유대인인 드레퓌스의 체포 사실을 대대적으로 보도하면서 유대인을 매국노로 매도하고 군부의 우유부단을 격렬하게 성토했다. 다른 보수 언론들까지 동참하고 나서자 군부는 유사 필적을 유일한 증거로 삼아 드레퓌스를 반역죄로 기소했다.

비공개로 열린 군사재판은 증거 불충분에도 불구하고 반유대주의 사회 분위기에 휩쓸려 1894년 12월 드레퓌스에게 국가반역죄를 씌워 종신형을 선고했다. 드레퓌스는 1896년 2월 영화 '빠삐용'의 무대로 유명한 남미 기아나의 악명 높은 '악마의 섬'에 유배되었다.

이후 드레퓌스의 존재가 사람들의 기억 속에서 서서히 잊히고 있던 1896년 3월, 양심적이고 용감한 조르주 피카르 중령이 방첩 책임자로 부임하면서 꺼져가던 불씨가 되살아났다. 그는 빚더미에 올라앉은 헝가리 출신의 육군 소령 페르디낭 에스테르하지가 독일 무관과 주고받은 편지의 필체가 명세서 필체와 일치한다는 사실을 발견하고 상부에 보고했다.

그런데도 이미 반유대주의에 사로잡힌 군부는 진실이 밝혀질 것이 두려워 피카르의 보고 사실을 묵살하고 그를 아프리카 튀니지로 전출시켰다.

알프레드 드레퓌스

그러나 피카르 중령에게서 사건의 내막을 전해 들은 한 변호사가 이 사실을 드레퓌스 가족에게 알리면서 가라앉았던 사건이 다시 수면 위로 올라왔다. 드레퓌스의 가족은 세상의 관심을 끌기 위해 에스테르하지를 고발했다. 하지만 에스테르하지는 계속 음모를 꾸미고 위베르 앙리 중령은 그를 도와 문서를 조작했다. 그 결과 에스테르하지는 1898년 1월 무죄가 되고 피카르만 변호사에게 군사 기밀을 누설했다는 이유로 체포되었다.

사태를 더 이상 방관할 수 없었던, 훗날 총리가 될 조르주 클레망소는 자신이 편집장으로 있는 일간지 '로로르(여명)'의 지면을 통해 1897년 가을부터 드레퓌스의 무죄를 주장하는 대대적인 구명 운동을 벌였다. 여기에 당대 최고 인기작가이자 대문호로 칭송받고 있던 에밀 졸라의 '나는 고발한다!'가 1898년 1월 13일 '여명'지 1면 머리에 실리면서 구명 운동에 불이 붙었다.

'공화국 대통령에게 보내는 편지'라는 제목 위에 그보다 더 크게 활자화된 '나는 고발한다!'라는 제목의 편지 내용은 에밀 졸라가 프랑스 대통령 펠릭스 포르에게 외치는 양심의 호소이자 절규였다. 프랑스 정부의 반유대주의와 불법 투옥, 사법 당국의 증거 부족에 기인한 판결의 오류 등을 조목조목 짚어나간 편지에서 졸라는 증거를 조작하고 은폐하고 방조한 인물들을 하나하나 거론했다. 제1차 군사법정과 국방부도 예외가 아니었다. 졸라의 편지 덕에 그날 자 로로르는 평소보다 훨씬 많은 30만 부가 팔려나갔다.

편지 게재 다음날 지식인들의 항의문까지 '여명'지에 게재되면서 드레퓌스 사건은 새로운 국면을 맞았다. 흔히 '지성인의 선언'으로 불리는 항의문에는 졸라를 비롯해 아나톨 프랑스, 마르셀 프루스트, 앙드레 지드, 에밀 뒤르켐, 클로드 모네 등 당대 예술가, 과학자, 교수들이 대거 서명했다. '지성인들의 선언'이 발표된 날부터 '여명'지에는 연일 드레퓌스의 재심을 요구하는 학자, 작가, 예술가, 기자, 의사 등의 서명이 잇따랐다.

물론 드레퓌스 사건 이전에도 국가나 법의 임의적 집행에 맞서 자신의 목소리를 내는 지식인들은 있었다. 그러나 드레퓌스 사건은 지식인들이 개인이 아닌 하나의 집단으로 움직이기 시작한 첫 출발이고 지식인이 단순히 지식의 전달자가 아니라 사회의 불의를 시정하기 위해 현실에 뛰어드는 사람이라는 새로운 정의를 얻게해 주었다.

진실을 향한 험난한 투쟁의 여정

그러나 작가 모리스 바레스를 위시해 국가주의를 앞세운 왕당파와 가톨릭, 그리고 국수주의적 언론들이 반드레퓌스 운동에 가담하면서 프랑스는 마치 내전과도 같은 혼란으로 빠져들었다. 바레스는 1898년 2월 1일자 일간지 '주르날'에 기고한 글을 통해 드레퓌스파 인사들을 정면으로 공격했다. 바레스는 드레퓌스파 지성인들을 두고 "타락하고 가련한 정신들"이라고 비난하면서 "같은 민족 내부에는 정의밖에 없다. 그러나 드레퓌스는 다른 종족의 대표자이다"라고 선언함으로써, 국수주의와 반유대주의 그리고 외국인 배척주의를 적나라하게 드러냈다. 졸라를 향해서는 "반이탈리아인, 4분의 1 그리스인, 4분의 1 프랑스인"이라고 비아냥거렸다.

드레퓌스파는 졸라가 재판에 회부되자 1898년 2월 '인권연맹'을 창설해 집단적인 투쟁에 돌입했다. 인권연맹은 동조 세력을 규합, 1년 뒤 8,000

명의 회원을 거느린 단체가 되었다. 반드레퓌스파 역시 1898년 10월 '조국 프랑스연맹'을 창설, 드레퓌스파 지성인들을 기회주의적 프롤레타리아로 몰아붙이면서 기존의 사회질서를 고수해야 한다고 주장했다. '조국 프랑스연맹' 역시 세 확장에 나서 1899년에 2만 명, 이듬해에는 약 30만 명의 회원을 확보했다.

이런 상황에서 1898년 7월 19일 법원이 졸라에게 징역 1년에 벌금 3,000프랑을 선고했다. 졸라가 선고 당일 영국 런던으로 망명하자 프랑스 정부는 졸라의 레지옹 도뇌르 수훈자 자격을 박탈했다. 이렇게 찬반으로 갈려 극심하게 분열상을 보이고 있던 1898년 8월 앙리 중령이 문서 조작을 고백하며 자살하고 겁에 질린 에스테르하지까지 영국으로 달아나면서 누가 보아도 드레퓌스가 범인이 아니라는 것은 분명해졌다.

1899년 6월 재판을 다시 하라는 법원의 명령으로 드레퓌스는 그해 악마의 섬에서 풀려나 전 세계에서 몰려온 기자들의 주목 속에서 공개재판을 받았으나 9월 9일 또다시 10년형을 선고받았다. 그러자 유럽과 미국의 프랑스 대사관 앞에는 연일 재판에 항의하는 군중으로 넘쳐나고 1900년에 열릴 파리만국박람회 보이콧 주장까지 등장했다. 미국의 루스벨트 대통령까지 판결을 공개적으로 비난하고 나서자 프랑스 대통령은 2심 선고 열흘 만인 9월 19일 드레퓌스를 사면했다. 풀려난 드레퓌스는 1904년 3월 재심을 청구했고, 최고재판소는 1906년 7월 12일 "1899년의 판결은 오심이었다"며 무죄를 선고했다.

개인에게는 12년간의 악몽이었고 양심 있는 지성인들에게는 진실을 향한 험난한 투쟁의 여정이었다. 드레퓌스 대위는 소령으로 진급해 군대에 복귀했으나 얼마 후 은퇴했다. 졸라는 1899년 6월 영국에서 돌아왔으나 1902년 9월 29일 의문의 질식사로 세상을 떠났다.

1907년

헤이그 밀사 파견과 이준 열사 분사
고종 강제 퇴위
한일신협약(정미 7조약) 체결
대한제국 군대 강제해산
이완용 참정대신(총리) 취임
국채보상운동과 대일 악성 차관
이승훈 오산학교 설립
전덕기 상동교회 담임목사 부임
길선주 장로와 평양대부흥운동회
최익현 대마도에서 순국
파블로 피카소 '아비뇽의 처녀들' 완성

헤이그 밀사 파견과 이준 열사 분사

이위종이 '조선의 호소'라는 주제로 열변을 토하자 각국 언론이 뜨거운 관심을 보였다.

1905년 러일전쟁이 끝나고 을사조약 체결이 가시화하자 고종은 미국과 러시아를 향해 대한제국 문제에 개입해줄 것을 요청했다. 하지만 미국은 일본과 가쓰라·태프트 밀약(1905.7)으로 조선을 일본에 넘기는 데 동의하고 러시아는 러일전쟁 패전 후 체결한 포츠머스 조약(1905.9)에서 한국에 대한 일본의 우월권을 승인하는 것으로 고종의 요청을 뿌리쳤다. 결국 을사조약은 1905년 11월 17일 체결되었다.

고종은 국내에 체류하는 외국 기자들에게 호소하는 방법을 취했다. 첫 대상은 영국의 트리뷴지 기자 더글러스 스토리였다. "을사조약에 조인·동의하지 않았다"는 고종의 밀서가 스토리 기자에게 극비리에 전달된 것은 1906년 1월 29일이었다. 스토리는 1903년 홍콩에서 창간된 사우스차이나 모닝 포스트지의 부편집장을 지내고 러일전쟁에 관한 책까지 쓴 동아시아 전문가였다.

당시 고종은 사실상의 포로나 다름없었다. 이런 상황에서 고종의 붉은 옥새가 찍힌 밀서는 한복 바짓가랑이 속에 밀서를 숨겨 밖으로 빼낸 고종의 측근을 통해 스토리에게 전달되었다. 밀서에는 ▲조약에 조인·동의하지 않았고 ▲독립권을 한 치도 타국에 양여할 수 없으며 ▲조약의 외교권도 근거가 없으므로 내치상 한 건도 인준할 수 없다. ▲통감의 주둔을 허락하지 않는 것은 물론 황실권도 외국인에 허가하지 않고 ▲세계 열강이 조선을 집단보호 통치하되 그 기한은 5년이 넘지 않기를 바란다는 고종의 의지가 담겨 있었다. 별도의 제목은 없었으나 인장만은 대한제국에서 외교문서에 공식

3명의 헤이그 밀사. 왼쪽부터 이준, 이상설, 이위종

적으로 사용하는 '대한국새'를 찍어 국가 문서임을 분명히 했다.

스토리는 1906년 2월 7일 중국 지부(芝罘·현 산동성 연태)에 도착하자마자 주중 영국영사에게 고종의 밀서 사실을 알리고 그 내용을 기사로 작성해 런던의 트리뷴지 본사로 송고했다. 기사는 이튿날인 2월 8일자 트리뷴지 3면 머릿기사로 실렸다. '을사조약은 고종의 재가를 받지 않고 고종은 실질적으로 포로 신세'라는 내용의 기사는 영문으로 번역된 6개항의 밀서 내용과 함께 신문에 게재되었다.

기사는 로이터통신을 타고 거꾸로 동양으로 되돌아와 조선, 일본, 중국 신문에도 실려 평소 "을사조약은 한일 양국이 자발적으로 합의한 것"이라고 주장해 온 일본을 곤혹스럽게 했다. 주영 일본대사관이 "고종이 조약에 동의했다"고 억지를 부리며 트리뷴지 보도가 사실무근임을 주장하자 스토리는 2월 10일자 또 다른 기사로 일본의 주장을 정면으로 반박했다. 일본이 고종과 대신들을 협박해 보호조약을 체결하게 한 상세 전말을 고종 측근의 말을 인용해 쓴 것이다. 이 기사 역시 로이터통신을 타고 세계 각국으로 전송되었다.

스토리는 더 나아가 1906년 10월부터 트리뷴지에 '동양의 장래'란 시리즈를 연재하고 12월 1일자에는 문제의 밀서 사진을 크게 실었다. 고종이 보낸 밀서는 이뿐만이 아니었다. 독일 황제 빌헬름 2세와 프랑스 대통령에게도 1906년 5월과 6월 밀서를 보냈다. 제2차 만국평화회의가 1906년 8월 네덜란드 헤이그에서 열릴 예정이라는 소식이 들려온 것은 그 무렵이었다.

고종은 세계 47개국이 모이고 러시아가 주관하는 제2차 평화회의야말로 일본의 불법적인 국권 침탈을 국제적으로 공론화할 수 있는 절호의 기회라고 생각해 1905년 10월 말 관립 법어학교 교사 에밀 마르텔을 북경 주재 러시아공사에게 보내 자신의 뜻을 전달했다. 러시아 외무부는 11월 1일자로 "헤이그 국제회의에 대한제국 대표를 초청한다"는 의사를 북경 주재 러시아공사를 통해 전달했다. 고종은 러시아 측 태도에 고무되어 블라디보스토크에 있는 이용익에게 러시아 수도 상트페테르부르크로 가서 니콜라이 2세 황제에게 도움을 청하고 헤이그 평화회의에 참석할 것을 지시했다.

세 밀사, 일본의 국제법 위반 폭로해

문제는 1906년 8월에 열릴 예정이던 제2차 평화회의가 강대국들의 사정으로 1년 연기되고 그 1년 동안 러시아의 입장이 바뀌었다는 것이다. 1906년 4월 3일자로 헤이그 주재 러시아대사가 네덜란드 외무부에 보낸 서한을 보면, 대한제국은 분명히 초청장을 발송한 47개국 중 12번째로 명단에 있었다. 그런데 그 후 러시아가 동아시아 전략을 일본과 타협하는 쪽으로 반전시켜 헤이그 평화회의에 대한제국을 불참시키는 쪽으로 입장을 바꾼 것이다. 이런 사실은 10월 9일 주일 러시아공사가 일본 외무대신에게 통보했다.

러시아의 태도 변화에도 불구하고 고종에게는 여전히 평화회의 특사 파견만이 유일한 희망이었다. 그런데 고종의 밀명을 받았던 이용익이 1907년 2월 급서하는 바람에 고종은 다른 밀사를 물색해야 했다. 그래서 결정한 특사가 이상설(정사)과 이준(부사)이었다. 당시 이상설(1870~1917)은 블라디보스토크에 있었기 때문에 이준(1859~1907)이 고종의 부름을 받았다.

고종은 이준에게 "블라디보스토크에 체류하고 있는 이상설과 함께 러시아 상트페테르부르크로 가서 주러공사 이범진을 통해 러시아 황제 니콜라이 2세에게·짐의 친서를 전하고 헤이그 만국평화회의에 참가하라"고 지시를 내렸다. 그리고 1907년 4월 20일 수결과 국새가 찍힌 백지 위임장을 작성해 시종과 내시, 그리고 고종의 생질 조남승을 거쳐 상동청년학원에 극비리에 보냈다. 상동청년학원의 이회영·이시영 형제, 전덕기, 양기탁 등이 이것을 부사로 임명된 이준에게 전해주었다.

이준은 조선 최초의 근대적 사법교육기관인 '법관양성소'의 제1기생 출신으로 법관양성소에서 6개월간의 교육을 마치고 수료 이듬 해인 1896년 한성재판소 검사시보로 임관한 법조인이었다. 그러나 조정 신하들의 불법과 비행을 파헤치다 한 달 만에 면직되자 일본으로 건너가 와세다대 법과에서 체계적으로 법을 다시 공부했다. 1898년 귀국 후 대한적십자사 초대 총재(1905) 등 사회 활동에 전념하다 1906년 대한제국 최고 사법기관인 평리원(대법원) 예심판사(검사)로 임용되었다.

걸음마 단계였던 개화기 검찰의 부패를 적발하는 검찰 내 포청천 역할을 했으나 항명 파동으로 체포·수감되었다. 종친인 고종의 감형 조치로 곧 석방되긴 했지만 평리원 검사직에서는 쫓겨났다. 그러던 중 고종의 밀명을 받은 것이다.

이준은 고종의 위임장을 품에 숨긴 채 1907년 4월 22일 서울을 출발했다. 부산에서 배를 타고 러시아 블라디보스토크로 건너가 이상설을 만났다. 두 사람은 5월 21일 함께 시베리아 횡단열차를 타고 블라디보스토크를 떠나 보름 후인 6월 4일 상트페테르부르크에 도착, 이범진(1852~1911)을 만났다. 1901년 주러시아공사로 부임한 이범진은 1905년 을사조약으로 외교권이 박탈된 후에도 일제의 소환 명령을 거부한 채 상트페테르부르크에 남아 항일 외교 활동을 펼치고 있었다.

이상설·이준 두 밀사는 이범진 공사와 함께 러시아 황제 니콜라이 2세에게 "대한제국의 국권을 찾을 수 있도록 도와 달라"는 내용의 고종의 친

서를 전달하기 위해 15일간 체류하면서 교섭을 벌였지만 결국 니콜라이 2
세를 알현하지 못했다. 당시는 1907년 7월 30일에 타결된 러일 협약을 앞
두고 있던 시점으로, 러시아는 일본과 비밀협상을 통해 몽골에서 특수 이
해를 보장받는 대신 대한제국에서 일본의 자유행동을 인정하기로 합의한
상태여서 대한제국의 지원 요구를 들어줄 수 없었다.

러시아는 이에 그치지 않고 헤이그 평화회의 의장을 맡은 러시아 넬리
도프에게 전문을 보내 두 밀사가 헤이그에 도착해도 협조하지 말도록 지
시했다. 두 밀사는 어쩔 수 없이 이범진의 둘째 아들 이위종(1887~?)과
함께 6월 19일 상트페테르부르크를 떠나야 했다. 당시 20세였던 이위종
은 9세 때부터 아버지를 따라다니며 외국에서 성장했기 때문에 영어, 불
어, 러시아어에 능통했다.

"너무나 슬프다, 슬프다(So sad, so sad)"

세 밀사가 헤이그에 도착한 것은 평화회의가 개최되고 열흘도 더 지난
6월 25일이었다. 6월 15일 개회한 만국평화회의는 10월 18일까지 예정되
어 있었다. 고종의 밀사 역할을 한 미국인 선교사 호머 헐버트는 개별적
으로 서울을 출발, 7월 헤이그에 도착했다. 세 밀사는 투숙지인 더 용 호
텔 앞 현관에 당당히 태극기를 내걸고 공개 활동을 시작했다.

희망과 절망, 비관과 낙관이 교차하는 가운데 밀사들은 6월 26일 대회
의장인 러시아의 넬리도프에게 고종의 옥새가 찍힌 전권위임장을 내보이
며 면담을 신청했다. 그러나 러시아 정부가 이미 넬리도프 의장에게 대한
제국 특사들과의 접촉을 삼가라는 전문을 보내놓은 탓에 면담은 성사되
지 않았다.

특사들은 영국·프랑스·독일·중국 대표 등도 만나 협력을 요청했지만
그때마다 문전 박대를 당했다. 일본의 집요한 방해까지 있어 특사들은 끝

내 회의장에 입장하지 못했다.

특사들이 할 수 있는 일이라곤 회의에 참석한 각국 대표들에게 프랑스어로 번역한 독립 호소문을 배포하는 등의 선전 활동뿐이었다. 특사단은 '만국평화회의보' 6월 27일자 지면을 통해 일본의 국제법 위반 행위를 폭로했다. 호소문은 만국평화회의보뿐만 아니라 '런던 타임스', '뉴욕 헤럴드' 등에도 전재되었다. 만국평화회의보 6월 30일자에는 일본의 강압을 낱낱이 고발한 이위종의 호소문이 '왜 조선을 제외시키는가'라는 제목으로 실렸다. 영국의 로이터통신도 특사들의 활동 상황을 세계로 전파했다.

특사들은 7월 8일 국제기자클럽에 초청되었다. 그 자리에서 이위종이 "대한제국 황제의 서약이 없는 을사조약은 명백한 불법"이라고 열변을 토하자 각국 언론이 뜨거운 관심을 보였다. 이날의 연설회 장면은 '헤이그 신보' 7월 10일자에 상세히 보도되었다. 유창한 영어 실력과 서양식 매너가 몸에 밴 이위종을 "대한제국의 왕자"라고 소개한 언론도 있었다.

일본의 수석대표는 "청중 앞에서 프랑스어로 1시간 동안 웅변조로, 격렬하게 일본을 공격하는 연설을 했다"고 본국 외무부에 보고했다. 일본 기자로는 유일하게 대회를 취재한 마이니치신문 기자는 "그들 3명은 진실로 애국의 지사라고 하지 않을 수 없다. 궁핍해보였으나 풍채와 언어, 거동을 보면 나라의 쇠망을 우려해 자진해서 임무를 떠안은 것 같았다"는 기사를 남겼다.

이처럼 열강 대표들이 냉담한 반응을 보여도 특사들은 아랑곳하지 않고 활동을 이어갔다. 그러던 중 갑자기 이준 부사가 통분을 참지 못하고 7월 14일 분사하는 일이 벌어졌다. 이위종은 그 전에 며칠 일정으로 상트페테르부르크로 갔다가 7월 18일 돌아와 임종은 하지 못했다. 이준의 죽음은 7월 17일자 '만국평화회의보', '헤이그 신보', '더 텔리그라프' 등에 실렸다. 신문들은 "얼굴에 생긴 종양 수술이 원인이 되어 사망했다", "얼굴의 종기를 잘라내는 수술을 한 결과, 단독(상처에 균이 들어가 생기는 급성 전염병)에 걸려 사망했다"고 보도했다.

더 용 호텔에 2일간 안치되었던 시신은 7월 16일 이상설과 호텔 주인에 의해 헤이그 공동묘지에 매장되었다. 만국평화회의보 발행자인 미국인 저널리스트 윌리엄 스티드는 "유일하게 이준의 최후를 지켜본 이상설이 영어로 '너무나 슬프다, 슬프다(So sad, so sad)'는 말을 되뇌었다"고 기록했다. 황성신문과 대한매일신보는 7월 18일자 기사에서 "이준 열사가 헤이그에서 장렬하게 자결했다"고 대대적으로 보도했다. 이후 자결설, 병사설, 단식 순절설 등 사인을 놓고 설들이 무성했지만 1962년 우리 정부 조사에서 병사로 최종 확인되었다.

일본은 이준의 분사 후에도 분이 풀리지 않았는지 조선의 재판소가 궐석재판을 열도록 압력을 가해 8월 8일 이상설에게는 사형, 이준과 이위종에게는 종신징역을 선고하도록 했다. 이준의 시신은 현지 공동묘지에 매장되었다가 1963년 10월 서울 수유리에 안장되었다.

고종 강제 퇴위
일제는 일본이 개입했다는 것을 기록으로 남기지 않기 위해 전면에 나서지는 않았다.

　　　　일제는 고종이 헤이그 만국평화회의에 밀사를 파견했다는 사실을 알게 되자 당혹감을 감추지 못했다. 국제적인 망신을 당한 것은 물론 국가적 위신이 크게 실추되었기 때문이다. 하지만 눈엣가시였던 고종을 쫓아낼 구실로 삼을 수 있었다는 점에서는 호기이기도 했다.

일제는 고종을 무섭게 몰아붙였다. 먼저 이토 히로부미 통감이 1907년 7월 3일 총리대신 이완용을 불러 "당신이 책임지고 고종을 양위시키라"고

고종(왼쪽)과 순종(1907)

다그쳤다. 고종의 퇴위에 일본이 개입하지 않은 것처럼 위장하려는 술수였다. 이토는 같은 날 고종을 만난 자리에서 "음흉한 방법으로 일본의 보호권을 거부하려는 것은 차라리 일본에 당당히 선전포고를 하는 것만 못하다"고 빈정거렸다.

이토는 고종이 다시는 밀사 파견 등의 주권 수호 운동을 전개하지 못하도록 고종과 측근들을 떼어놓기 시작했다. 누구라도 궁궐에 침입할 때는 문표를 소지하게 해 측근들의 접근을 가로막았고 고종에게는 법률과 칙령을 공포하는 일 외에 다른 어떠한 정무에도 간섭하지 못하도록 못을 박았다.

이런 상황에서 총리대신 이완용과 농상공부대신 송병준이 앞장서 고종의 양위를 추진했다. 두 사람은 고종이 스스로 양위하는 형식으로 사죄하는 것만이 대한제국의 살길이라는 주장을 폈다. 송병준이 동원한 일진회원 수백 명이 덕수궁을 에워싼 가운데 이완용은 7월 6일 내각회의를 열어 헤이그 밀사 사건의 책임을 고종에게 추궁한다는 데 의견을 통일시켰다.

뒤이어 고종과 내각이 참석한 어전회의를 열어 "동궁(순종) 전하께 선위하심이 천리를 따르고 중의를 저버리지 않는 것"이라며 고종의 자진 퇴위를 강요했다. 송병준은 고종의 면전에서 "일본으로 건너가 천황에게 사과하든지 아니면 덕수궁 대한문에 나가 하세가와 요시미치 조선 주차군사령관에게 항복하든지 선택하라"고 폭언을 서슴지 않았다. 다른 대신들은 누구 한 사람 입을 열지 않았다.

일본 정부는 7월 10일 각의에서 '대한(對韓) 처리 요강'을 결정하고 7월

12일 이토 통감에게 조선 내정의 전권을 장악하는 구체적 방안을 통보했다. ▲조선 황제가 황태자에게 양위하게 할 것 ▲조선 정부의 행정은 통감의 동의를 얻어 실행하게 할 것 ▲대신 이하 중요 관리를 일본인으로 임명하거나 통감의 동의를 얻어 임명하게 할 것 등이었다.

일제는 사안의 중대성을 감안해 외무대신 하야시 다다스를 조선에 급파해 이토와 긴밀히 협의해 처리하도록 했다. 그러면서도 일본이 개입했다는 것을 기록으로 남기지 않기 위해 전면에 나서지는 않았다. 대신 의도적으로 살벌한 분위기를 조성했다. 무장한 일본군이 덕수궁 주변을 포위하도록 하고 환구단 앞에는 1개 대대 병력을, 남산 왜성대에는 포대를 구축해 덕수궁 주변을 감시했다. 이런 상황에서 이완용과 송병준 일파가 7월 16일 또다시 고종을 찾아가 "일본에 가서 사죄하라"고 요구하며 끈질기게 퇴위를 강요했다.

사실상 조선왕조의 종언이자 한 국가의 소멸

이토와 이완용이 고종의 최종 결단일로 삼은 7월 18일이 되자 상황이 긴박하게 돌아갔다. 이완용은 오후 3시 내각회의를 연 데 이어 오후 4시 입궐해 고종에게 사태 수습책을 건의했다. 고종은 오후 5시 이토를 만나 헤이그 밀사 사건을 변명하면서 양위에 대한 이토의 의견을 물었다. 이토는 "조선 황실의 중대 문제에 간섭할 수 없으며 내각 대신들과 상의한 일도 없다"고 천연덕스럽게 답하고 덕수궁을 떠났다. 고종은 오후 7시 외무대신 하야시에게도 매달렸으나 모두가 부질없는 짓이었다.

이완용을 필두로 한 내각 대신들은 오후 8시 다시 고종을 찾아가 양위를 요구했다. 밤 11시 고종은 원로대신들의 의견을 들어보겠다며 신기선·민영휘·민영소를 불렀으나 이들 역시 이완용과 별반 다르지 않은 인물이었다. 결국 그들에게서도 아무런 위안을 듣지 못하자 7월 19일 새벽 3시

마침내 "슬프도다. 짐이 왕위에 오른 지 어언 44해가 지났노라.… 이에 군국의 대사를 황태자로 하여금 대리케 한다"는 내용의 황제 조칙을 내렸다. 이 조칙은 나라의 대사를 황태자로 하여금 대리케 한다는 섭정 조칙일 뿐 양위 조칙은 아니었다.

그런데도 이토는 퇴위를 공식화하기 위해 황급히 본국으로 연락을 취해 천황이 고종의 양위를 축하한다는 전보를 치게 하고 7월 20일 오전 9시 덕수궁 중화전에서 양위식을 거행하도록 했다. 그런데 양위식은 주인공이 없는 이상한 자리였다. 왕위를 물려줄 고종도, 왕위를 물려받을 순종도 보이지 않았다. 환관 두 명이 고종과 순종의 대역으로 동원되어 용상에 앉았고, 이완용·임선준·고영희·이병무·이재곤·조중응·송병준 등 이른바 '정미7적'이 하례를 올렸다. 절차 자체가 불법과 무효였지만 그래도 이 힘없는 나라의 군주는 1863년 제26대 왕으로 즉위한 후 44년 만에 왕위에서 쫓겨났다. 이는 개인의 몰락이자 사실상 조선왕조의 종언이었으며 한 국가의 소멸이었다. 일제는 세계 각국에 이 사실을 알리고 고종의 퇴위를 기정사실화했다.

고종의 퇴위가 확정되기 전, 친일 대신들의 압박에 못 이겨 고종이 순종에게 양위하려 한다는 사실을 알게 된 백성은 7월 17일부터 덕수궁 주변에서 퇴위 반대 집회를 열었다. 7월 18일에는 상점들이 문을 닫았고 밤에는 시민들이 종로에서부터 덕수궁으로 시위행진을 했다.

고종이 물러난 7월 20일에도 수많은 시민과 유생이 대한문 앞으로 몰려와 절규하고 통곡했다. 종로에서는 수천 명의 인파가 모인 가운데 대한자강회, 동우회, 기독교청년회 회원들이 주도하는 고종 퇴위 반대 연설회가 열렸다. 이들은 대규모 시위대로 변모해 이완용의 중림동 집으로 몰려가 이완용의 집에 불을 지르고 일진회 기관지 국민신보사를 습격했다. 그러나 찻잔 속의 태풍일 뿐 이미 모든 게 끝난 뒤였다.

한일신협약(정미7조약) 체결

대한제국을 더욱 옭아맨 것은 한일신협약을 체결하면서 교환한 전 5개조의 실행 각서였다.

1906년 3월 초대 통감으로 부임한 이토 히로부미가 을사조약 체결에 공을 세운 친일 대신들을 중심으로 신내각을 발족한 것은 1907년 5월 22일이었다. 이완용을 참정대신(총리)으로 내세우고 법부대신 권중현, 농상공부대신 송병준 등으로 구성한 신내각은 조선을 병합하기 위한 전 단계의 '한일신협약(정미7조약)' 체결에 앞장섬으로써 역사에 '정미7적'으로 기록되었다.

통감부 초기 일본은 고문(顧問)정치를 통해 대한제국의 권력을 일정 부분 장악했다. 하지만 독자적인 위상을 확보하고 있던 고종 직할의 궁내부가 행사하는 권력은 완전히 봉쇄하지 못했다. 고종의 영향력이 건재해 황실 재산에 대한 실제적 정리도 착수하지 못했다. 더구나 고종은 친일 내각을 불신하며 끊임없이 정국의 주도권을 회복하려 했다.

일제는 황제권이 작동하는 이상 실질적 내정 장악에 한계가 있다고 판단해 법적으로 황제권을 제한해야겠다고 별렀다. 그러던 중 고종의 헤이그 밀사 파견 사실이 드러나자 일제는 1907년 7월 20일 고종을 강제로 퇴위시켰다. 이로써 조선을 사실상 일본의 속국으로 만들 '한일신협약'을 저지할 세력은 더 이상 존재하지 않았다.

이토가 '한일신협약'안을 대한제국 정부에 제시한 것은 고종이 퇴위한 지 4일 만인 7월 24일이었다. 친일 신내각은 그날 바로 각의를 열어 일본 측 원안을 그대로 채택한 뒤 무력한 순종의 재가를 받아 이완용을 조약 체결의 전권위원으로 내세웠다. 이완용은 그날 밤 이토를 찾아가 한일신협약에 조인했다. 조약 내용은 이튿날 관보 호외를 통해 공표되었다. 사실 이토가 통감 부임 후부터 사실상 조선의 정무 일체를 통제했기 때문에 한일신협약은 이를 명문화한 것에 불과했다. 그럼에도 통감의 권한을 확대·강화하는 조항이 적지 않아 대한제국의 국권 전부가 사실상 일제에 넘어가는 결정적 역할을 했다.

7개조로 구성되어 있어 '정미7조약' 혹은 '제3차 한일협약'으로도 불리는 협약은 ▲대한제국 정부는 시정 개선에 관해 통감의 지도를 받아야 하고(제1조) ▲대한제국의 법령 제정 및 주요 행정상의 처분은 통감의 승인을 거쳐야 하며(제2조) ▲대한제국의 고등관리 임면은 통감의 동의를 얻어야 했다(제4조). ▲대한제국 정부는 통감이 추천하는 일본인을 관리로 채용하고(제5조) ▲통감의 동의 없이 외국인을 관리로 임명할 수 없도록 했다(제6조).

이 중에 일제가 대한제국 내정을 간섭하는 전가의 보도로 삼은 것은 제1조에 명시한 '시정 개선'이었다. 1905년 을사조약 체결 후에도 시정 개선이라는 명목으로 사실상의 내정간섭을 하고 있었지만 조약 상 통감의 임무는 대한제국의 외교권만을 대행하는 것이었다. 따라서 통감은 내정에 간섭하더라도 형식상 대한제국 정부에 협조를 요청하거나 권고하는 절차를 밟아야 했다.

반면 한일신협약은 이런 간접적이고 우회적인 방법을 폐기하고 법령 제정과 중요한 행정상 처분에 대한 승인권 등을 통감에게 부여(제2조)함으로써 통감을 대한제국 국정 운영의 실질적인 최고 실력자로 만들었다. 고종에게 결재를 청하는 문안도 통감이 먼저 승인했기 때문에 대한제국의 모든 권한은 통감에게 주어졌다. 통감은 또한 일본인을 대한제국 관리로 임명(제5조)할 수 있는 권리도 확보함으로써 행정 실무까지 장악했다.

대한제국을 더욱 옭아맨 것은 한일신협약을 체결하면서 이토와 이완용이 교환한 전 5개조의 비밀각서였다. 비밀각서가 대한제국 군대 해산, 재판소 신설, 통감의 지시를 받는 일본인 차관 채용 등을 명문화함으로써 대한제국은 사실상 해체 과정에 들어갔다.

각서에는 사법권 침탈을 위한 구체적 계획이 명시되었다. 각서 제1조는 대심원, 공소원, 지방재판소, 구재판소 등 재판 기관을 설치하고 각 재판 기관의 장·검사장·판사·서기 등에 일본인을 임명하도록 했다. 궁내부·내부·학부·탁지부·농상공부·법부 등에도 일본인 차관을 임명해 실권을 장악함으로써 통감은 대한제국 정부 대신을 통감 관저로 불러들이거나 각 부의 일본인 차관을 소집해 국정 운영을 직접 지휘했다.

한일합방으로 가기 위한 징검다리

대한제국 정부 조직도 대대적으로 통폐합했다. 먼저 손을 댄 것은 저항의 물적·인적 기반이었던 궁내부와 황실 재산의 정리였다. 궁내부 소속 다수 부서를 폐지하고 관리도 대폭 감축하는 한편, 일본인을 궁내부에 배치했다. 국가를 지탱하는 가장 중요한 물리적 기반인 군대 해산 계획이 명시된 각서에 따라 1907년 7월 31일 군대 해산 조칙과 함께 군대 해산으로 인해 야기될 수 있는 폭동 진압의 임무를 통감에게 위임한다는 내용의 조칙이 발표되었다. 이로써 대한제국 군대는 궁궐을 수비하는 1개 대대만 남고 서울에 주둔한 시위대 소속 보병 5개 대대, 기병대, 포병대, 지방에 주둔하고 있는 8개 진위대가 해산되었다.

일제는 마지막 단계로 1909년 7월 12일 대한제국의 사법과 감옥 사무를 모두 일본 정부에 위탁하는 내용의 이른바 '기유각서'의 체결을 강요해 성사시켰다. 일제가 '기유각서'를 구상한 이유는 열강의 치외법권 때문이었다. 일본 입장에서 열강의 치외법권은 일본의 식민 지배에 필요한 제도 정비를 위해 반드시 철폐해야 할 장애물이었다. 치외법권이 유지되는 한 조선과 열강의 불평등한 관계는 병합 이후 일본과 열강 간의 관계로 발전해 사태를 복잡하게 만들 수도 있었다.

통감부 정책의 효과적 시행이나 치안 확보를 위해서도 치외법권은 철폐되어야 했다. 일본의 침략이 노골화할 때 헐버트나 베델 같이 한국인들의 국권 회복 운동을 돕는 외국인이 늘어났지만 일본은 그들을 처벌할 수단을 갖고 있지 못했다. 그래서 이를 타개하기 위한 기유각서가 필요했던 것이다. 정미조약 이후 새로운 사법기관을 설치한 뒤 다수의 일본인 관리를 사법기관에 임용하고 기유각서를 통해 사법권을 장악하려 한 것은 치외법권 철폐를 끌어내기 위한 최소한의 장치요 조건이었다.

전 5개조로 구성된 기유각서는 대한제국의 사법 및 감옥 사무가 완비될 때까지 일본 정부에 위탁한다는 형식을 취했다. 사법의 권한은 여전히 한국이 갖고 있으며 일본은 다만 그 운용을 위임받아 실행할 뿐이라는 인상을 주려한 것이다. 기유각서에 따라 1909년 10월 대한제국 법부가 폐지되고 그 사무는 신설된 통감부 사법청으로 이관되었다. 이후 일본에 저항하면 일본 경찰에게 체포되고 일본인 판사의 재판을 받고 일본인 간수가 감독하는 감옥에 갇히게 되었다. 사실상 대한제국의 공권력이 해체된 것이다.

대한제국 군대 강제해산
"군대가 나라를 지키지 못하고 신하가 충성을 다하지 못한다면 만 번 죽어도 아깝지 않다"

을사조약(1905.11)으로 외교권을 빼앗기고 정미7조약(1907.7)으로 행정적 지휘권마저 박탈당한 대한제국에 마지막 남은 보루는 군대뿐이었다. 그래봤자 병력은 1만 명이 채 되지 않았다. 1904년 1만 6,000여 명이던 병력은 1905년과 1907년 일제의 대대적인 감축으로 급감했다. 시위보병 2개 연대 약 3,600명, 기병·포병·공병 약 400명, 지방군

대 8개 대대 약 4,800명을 다 합쳐
봐야 8,800여 명에 불과했다.

일제는 그래도 이 잠재적 위협 요
소를 제거하지 않는 한 안심할 수
없었다. 그렇다고 공개적으로 처리
할 수도 없어 1907년 7월 24일 체결
한 정미7조약에 '비밀각서'를 끼워
넣어 군대해산의 근거를 마련했다.
혹시 있을지 모르는 대한제국 군대
의 동요와 저항을 어떻게든 줄여보
려는 꼼수였다. 비밀각서에는 궁궐
수비를 전담할 육군 1개 대대를 제

프랑스 신문 '르 프티 주르날'에 실린 남대문 시가전 그림

외한 모든 부대를 해산하고, 군과 관련된 모든 기관은 폐지한다는 내용이
담겨 있었다. 일본은 군대해산에 앞서 만주에 주둔하고 있던 보병여단을
서울로 불러들여, 예상되는 대한제국 군대의 저항에 대비했다.

이토 히로부미 통감이 마침내 본색을 드러낸 것은 7월 31일이었다. 이
완용 총리대신, 이병무 군부대신, 하세가와 요시미치 조선주차군 사령관
을 통감 관저로 불러, 비밀각서에 따라 군대를 해산해야겠다며 군대해산
조칙을 순종에게 받아내라고 지시한 것이다. 이완용과 하세가와가 그날
밤 순종을 알현해 군대해산 조칙을 내리도록 강박하자 순종은 어쩔 수 없
이 조칙을 발표했다. 조칙에는 대한제국군이 저항할 경우 통감이 진압을
명하도록 한다는 내용도 포함되었다.

일본은 서울에 주둔한 시위대 소속 보병 5개 대대와 기병대, 포병대 등
을 먼저 해산시키고 다음 단계로 지방에 주둔하고 있는 8개 진위대를 해
산시킨다는 계획을 세웠다. 궁궐을 수비하는 1개 대대(제2연대 2대대)는

해산 대상에서 제외했다. 당시 대한제국 군대는 서울에 제1, 2연대가 있었고, 각 연대는 3개 대대 총 6개 대대로 편성되어 있었다. 지방에는 수원, 청주, 원주, 대구, 광주, 해주, 안주, 북청 등 8개 지역에 각각 1개의 진위대가 있었다.

군대해산의 D데이는 8월 1일이었다. 아침 7시 하세가와 조선주차군 사령관과 군부대신 이병무가 대대장급 이상을 일본군 사령관 관저인 대관정에 소집해 순종의 조칙을 전달하며 오전 10시까지 모든 사병을 비무장 상태로 동대문 밖 훈련원(현 국립의료원 자리)에 집합시키도록 명령했다.

오전 10시 일본군의 삼엄한 경계 속에서 각 부대원이 속속 훈련원에 도착했다. 그러나 집결한 병력은 대상군인 3,441명 중 절반 정도에 그쳤다. 오후 2시가 되어도 제1연대 제2대대 575명, 제3대대 488명, 제2연대 제3대대 405명, 기병대 88명, 포병대 106명, 공병대 150명 등 총 1,812명에 불과했다. 제1연대 제1대대와 제2연대 제1대대가 미리 이 사실을 알고 현장에 오지 않은 것이 가장 큰 이유였다.

결국 통감부는 참석 인원만으로 해산식을 강행했다. 일제는 군모·견장 등 군인의 상징을 모두 회수하고 하사에게는 80원, 병사 1년 이상자에게는 50원, 1년 미만자에게는 25원의 은사금을 지급했다. 박은식은 '조선통사'에서 "이날은 흐리고 부슬비가 소리 없이 내리고 있었다. 아아 훈련원은 국가 500년 무예를 닦던 장소이며, 오늘날의 군인들도 역시 다년간 뛰면서 무예를 익힌 곳인데 갑자기 오늘부터 헤어져야 하니 하늘인들 어찌 슬퍼하지 않겠는가!"라며 그 쓰라린 순간을 묘사했다. 잔존 부대인 여단사령부, 연성학교, 헌병대, 치중대, 홍릉수비대, 군악대는 8월 28일 해산되었다.

한 나라의 군대가 해산되는데 저항이 없을 리 없었다. 저항의 신호탄이 된 것은 그날 오전 자결한 제1연대 제1대대장 박승환 참령의 죽음이었다. 박승환의 순국 사실을 전해 들은 휘하의 제1연대 제1대대 병사들은 일제히 대대장과 함께 죽겠다며 반일 무장투쟁에 돌입했다. 제2연대 제1대대 장병들도 남상덕 참위의 지휘 아래 반일 무장투쟁 대열에 동참했고, 다른 대대 소속 군인 일부도 가담했다.

병사들은 곧바로 탄약고를 접수한 뒤 병영을 포위하고 있던 일본군과 총격전을 벌이며 영외로 빠져나갔다. 대한제국 군대의 마지막 투쟁으로 기록된 '남대문 시가전'의 시작이었다. 병사들은 탄환이 바닥날 때까지 남대문과 서소문 사이에서 일본군과 시가전을 벌였다. 일본군은 이들을 향해 기관총 세례를 퍼부었다. 시가전은 대한제국군의 탄약이 고갈된 밤 11시쯤 막을 내렸다.

합방의 물줄기를 틀어볼 아무런 무력 수단도 남지 않아

황현의 '매천야록'은 당시의 참상을 이렇게 전했다. "숭례문에서 쏜 기관포가 천둥처럼 진동하고 성 안팎의 수백 집이 불탔다.… 장안 백성이 돈을 거둬 전사 장병의 장례를 지내고 곡을 한 뒤 돌아갔다." 그로부터 1주일이 지난 8월 7일 일본군 헌병사령관은 육군 대신 데라우치에게 일본군은 3명이 죽고 18명이 부상했으며 대한제국군은 70명이 죽고 100명이 다쳤다고 보고했다. 체포된 군인은 516명에 달했다.

일본군은 시위대 해산을 마친 뒤 지방군인 진위대에 대해서도 해산 작업을 벌였다. 8월 3일 개성과 청주를 시작으로 9월 3일 북청 진위대까지, 해산 작업은 약 1개월에 걸쳐 진행되었다. 진위대 대부분은 그럭저럭 해산을 마쳤으나 강원도 원주와 경기 강화도·수원 등지에서는 무력으로 저항했다.

특히 민긍호의 지휘 하에 8월 6일 봉기한 원주 진위대의 활약은 눈물겨웠다. 민긍호는 서울 시위대의 봉기 소식을 듣고 무장봉기를 위해 원주 진위대 대대장 홍유형을 설득했으나 홍유형이 겁을 먹고 도망가자 자신이 직접 병사들을 이끌고 거사했다. 민긍호 부대는 군대해산 직후 조직된 최초의 의병부대로 변신, 경기도와 강원도 일원의 일본군 수비대를 공격해 큰 전과를 올렸다. 이들이 원주를 비롯해 경기도 여주와 이천, 강원도 홍천 일대에서 벌인 전투만 100여 회에 달했다. 충주·제천 등 다른 진위대 군인들의 저항도 이어졌다.

군대해산 후 보병 1대대, 기병 1중대 등만 남아서 무관학교 업무 등을 관장하며 명목만 유지하던 군부도 1909년 7월 30일 칙령 제68호로 완전히 폐지되었다. 폐지된 무관학교 생도들은 전원 일본에 유학시켜 사관 양성을 위탁했다. 이로써 대한제국 군대는 실질적으로 해체되고 조선에는 합방의 물줄기를 틀어볼 아무런 무력 수단도 남지 않게 되었다. 다만 해산 군인의 저항은 전국적인 의병 봉기로 연결되었다.

이완용 참정대신(총리) 취임
일제는 이완용의 갑작스러운 제안에 "그물을 치기도 전에 물고기가 뛰어들었다"고 환영했다.

이완용(1858~1926)은 을사조약(1905) 때는 '을사5적'으로, 정미7조약(1907) 때는 '정미7적'으로 악명을 떨치다가 1910년 한일합방 후에는 친일 매국노의 대명사가 되었다. 이후 그는 며느리와 사통한 패륜아, 을사조약에 반대하는 고종에게 칼을 들이대는 불충한 신하 등 인간 말종으로 묘사되었다. 하지만 이 부분만은 사실이 아니다.

이완용은 친부·양부 모두에게 더없는 효자였고 학식이 깊은 선비형 엘리트였으며 가슴 뜨거운 개화파 선구자였다. 말이 많지 않았고 술을 즐기지 않았으며 여자도 가까이 하지 않았다. 다만 돈과 관련된 구설수에 수차례 오르내린 것으로 미루어 재물에 대한 집착은 적지 않았던 것으로 추정되고 있다.

이완용은 당대의 명필이었다. 덕수궁의 경소
전·숙목문·살량문, 창덕궁의 함원전 등 궁궐의
전각들은 물론 독립문 편액에 글씨를 남길 정도
로 뛰어난 솜씨를 자랑했다. 다이쇼 일본 천황
의 요청을 받아 비단 위에 휘호를 써 보낸 적도
있었다. 이처럼 재주가 많고 얼핏 심성에도 문
제가 없어 보이는 사람이 어쩌다가 만고의 역적
이 된 것일까.

이완용

이완용은 경기도 광주의 가난한 선비의 아들로 태어났다. 9살 때인
1867년 4월 먼 친척이자 대원군의 사돈인 이호준의 양자로 입적되었다.
그 무렵 이호준은 고종의 총애를 바탕으로 출세 가도를 달렸다. 이완용은
24살이던 1882년 증광별시 문과에 급제했으나 4년 만인 1886년에야 관직
의 길에 들어섰다. 그해 9월 우리나라 최초의 서구식 관립학교로 설립된
'육영공원'에 입학해 영어를 배웠다. 덕분에 1888년 1월 그로버 클리블랜
드 미국 대통령에게 신임장을 제정하러 가는 박정양 초대 주미공사를 수
행했다.

몸이 아파 5개월 만에 귀국했는데도 고종이 이번에는 주미 대리공사로
발령해 1888년 12월 다시 미국으로 건너가 1889년 6월부터 1890년 9월까
지 1년 3개월간 근무하면서 친미 개화파로 변모했다. 그 기간 이완용은
조선 정부의 고위 관료로는 처음으로 미국에 장기 체류하면서 서구 문명
사회를 오랜 시간에 걸쳐 정밀하게 관찰했다. 다만 미국에 오랫동안 체류
한 서재필, 서광범, 윤치호 등과는 달리 기독교를 받아들이진 않았다. 그
는 문명개화를 위해서는 서양의 선진 기술을 받아들이되 동양 전래의 도
에 기초해 수용해야 한다는 입장에 서 있었다. 왕실과 민씨 일족에게 끝
까지 충성을 바친 연유를 여기서 찾는 목소리도 있다.

이완용은 1890년 10월 귀국 후 고종의 각별한 신임 속에 성균관 대사성, 이조참판, 공조참판 등 요직을 두루 경험한 후 1894년 12월 외부협판(차관급)에 임명되었다. 그의 입각은 당시 새로운 정치 세력으로 등장한 정동파의 결집과도 관련이 있었다. 정동파는 각국 외교관들이 정동의 손탁호텔을 중심으로 활동할 때 이곳을 왕래하며 그들과 빈번하게 접촉한 친미·친러파를 일컬었는데 이범진·이완용·민영환·윤치호 등이 이에 해당한다. 정동파는 고종과 민비의 의중에 따라, 반일적 색채를 띠고 왕권을 제약하려는 친일 개화파들과 각을 세웠다.

1895년 5월 성립한 박정양·박영효 내각(제3차 갑오내각) 때는 학부대신(장관급)으로 승진, 비록 재임 기간은 4개월에 불과했지만 서구 교육 방식을 도입했다. 성균관에서 역사·지리·산수 등을 가르치게 해 성균관을 근대적 고등교육기관으로 탈바꿈시키고 서울에 관립 소학교 4개교를 신설해 최초의 의무교육 제도를 도입했다.

그러던 중 1895년 10월 을미사변으로 친일 내각이 수립되면서 정동파는 실각하고 이완용은 미국공사관으로 피신했다. 그곳에서 1896년 2월 11일 고종을 러시아공사관으로 빼내오는 아관파천을 이범진과 함께 결행했다. 러시아공사관에서 단행된 개각에서 이완용은 외부대신 겸 학부대신, 이범진은 법부대신 겸 경무사(현재의 경찰청장)로 임명되었다. 하지만 친러파인 이범진이 독주하자 이완용은 전 주미공사 서기관이자 친미파인 이하영을 주일공사로 부임토록 손을 써 친일 세력과의 관계 개선을 도모했다. 그것은 자파 세력의 유지와 확대를 위해 활용 가능한 세력과 연대를 모색할 줄 아는 노회한 정치인의 모습이었다.

이완용은 유생 등 보수 세력의 발호에 대응하면서 개혁을 표방하는 세력의 결집에도 동참했다. 1896년 7월 독립협회 발족 때 발기인으로 이름을 올리고 발기 모임은 자신이 외부대신으로 있는 외부 건물에서 열도록 했다. 기금도 가장 많이 냈다. 이후 독립협회 부회장과 회장을 지내며 독립협회를 음양으로 후원하고 만민공동회를 주도적으로 이끌었다.

이때문에 1898년 3월 10일 종로의 만민공동회에서 러시아의 부산 절영도 조차 강요의 철회를 요구하는 대규모 집회가 열린 직후 해임되고 전북관찰사로 임명되면서 중앙 정계에서 물러났다. 1900년 7월에는 공금을 유용했다는 탐학 조사를 받아 관직 생활을 접었고 1901년부터는 양부의 3년상을 치르느라 중앙 정계에 발을 들여놓지 않은 채 은거 생활을 했다. 이런 이완용에게 또다시 변신의 기회가 찾아온 것은 러일전쟁 후였다. 1905년 9월 하야시 곤노스케 주한 일본공사의 추천을 받아 학부대신으로 복귀해 본격적으로 친일 행각을 벌였기 때문이다.

이완용 매국매족 행위의 근원은 대세 순응론

1905년 11월 을사조약 체결 때는 박제순(외부대신), 이근택(군부대신), 이지용(내부대신), 권중현(농상공부대신) 등과 함께 조약 체결에 찬성, 이른바 '을사 5적'으로 불렸다. 당시 이완용은 조선의 실력으로는 일본에 대항하는 것이 불가능하므로 일본과 타협해 조금이라도 우리에게 유리한 조건을 받아내자는 현실론적 입장을 견지했다.

을사조약 체결 후 박제순을 참정대신(총리)으로 하는 친일 내각이 구성되었으나 박제순은 보호조약 체결 당시 책임이 큰 외부대신이었다는 점에서 각계의 공격을 받았다. 대한자강회, 서북학회 등 계몽운동 단체들과 황성신문, 대한매일신보 등도 친일 내각 타도를 목표로 맹렬히 정부를 공격했다. 고종도 친일 내각을 불신임하는 방법으로 끊임없이 주권 회복을 시도했다.

1906년 3월 부임한 이토 히로부미 통감은 1907년 5월 22일 유약한 박제순 내각을 경질하고 일찍부터 고종 폐위를 주장해온 이완용을 참정대신으로 발탁했다. 이완용이 을사조약 체결 당시 단호히 찬성 태도를 보인 것과 황제 폐위 방안을 제시한 것 등이 발탁의 이유였다.

이완용 내각은 내부대신 임선준, 군부대신 이병무, 학부대신 이재곤 등 나이와 경력이 어리거나 짧고 일반의 여론도 좋지 않은 인물들로 구성되었다. 고종과 재야 정치단체의 강력한 반발에도 불구하고 일진회장 송병준을 농상공부대신으로 임명했다. 오랜 일본 망명 생활에서 귀국한 조중응을 법부대신에 임명한 것도 파격이었다.

이완용 내각은 이례적으로 지위가 낮은 3품관들이 일약 대신의 지위에 올랐다는 이유로 관료 사회에서 '3품 내각'으로 불렸다. 대한자강회, 서북학회 등 재야 단체들과 천도교 세력들은 송병준이 입각한 신내각에 더욱 반대했다. 일반의 여론도 냉담했으나 통감부와 이완용 내각은 6월 14일 그동안 황제권의 반발로 실시하지 못했던 '내각 관제'를 전격적으로 발표했다. 일본의 내각 관제를 모델로 한 신관제에서 내각 총리대신은 정부 수반으로 내부, 탁지부, 군부, 법부, 학부, 농상공부 등 각부를 통할하게 되었다. 내각의 위상을 강화함으로써 황제권의 위상을 축소하고자 한 것이다.

이완용은 이토 통감과 호흡을 맞춰 고종을 퇴위(1907.7.20)시키는 데 앞장섰다. 그러자 분노한 시민들이 이완용의 집으로 몰려가 불을 질렀다. 을사조약 때까지만 해도 백성들로부터 가장 많은 욕을 얻어먹은 사람은 을사조약에 서명한 박제순이었다. 그러나 고종의 양위를 계기로 매국노의 상징은 이완용으로 바뀌었다.

이토는 군중의 시위가 어느 정도 가라앉자 대한제국의 법령 제정권, 관리 임명권, 행정권 및 일본 관리의 임명 등을 내용으로 한 정미7조약을 이완용과 체결(1907.7.24)하고 대한제국 군대를 해산(8.1)시켰다. 이완용은 공로를 인정받아 일본 정부로부터 '욱일' 훈장을 받았다. 순종도 이완용에게 공을 세웠다며 '이화' 훈장을 수여했다. 고종을 양위시키고 내정의 권한을 일본에 넘겨준 공을 인정받아 일본 정부와 조선 황실로부터 동시에 훈장을 받는 희귀한 일이 빚어진 것이다.

"때에 따라 마땅한 것을 따를 뿐. 달리 길이 없다"

1909년 6월 이토가 통감에서 사임하고 7월 6일 일본 정부가 적당한 시기에 조선을 병합한다는 내용의 '한국 병합에 관한 건'을 의결했다. 후임 통감 소네 아라스케는 '일본 정부가 대한제국으로부터 사법권을 위탁받아 인민의 생명과 재산을 보호하겠다'면서 이완용에게 이른바 '기유각서' 체결을 요구했다. 이완용이 이 문제를 내각회의에 부쳤을 때 이완용을 제외한 내각 대신 6명 중 4명이 찬성함으로써 통치권의 상징인 사법권도 일본에 넘어갔다.

이완용은 1909년 10월 26일 이토가 안중근 의사의 총에 맞고 쓰러지자 조문을 위해 중국의 대련만까지 갔다가 현지 일본 거류민들의 분노에 막혀 상륙하지는 못하고 선상에서만 조문하고 돌아왔다. 그 후 3일간 조선 전국에 음악 연주를 금지하고 장충단에 설치한 이토 영정에 조의를 표하도록 했다.

이토가 죽자 대한제국을 합방해야 한다는 목소리가 일본은 물론 국내 일부에서도 높아졌다. 송병준은 일본의 낭인과 군부의 영향을 받아 식민지 방안을 제시했고 일진회장 이용구는 12월 5일 '정합방(政合邦) 청원서'를 통감, 이완용, 순종에게 제출했다. 이완용 역시 탁지부대신 고영희를 일본에 보내 합방 조건을 제출케 했다.

이완용은 1909년 12월 22일 서울 종현성당(명동성당)에서 열린 벨기에 황제의 추도식에 참석했다가 귀가하던 중 이재명 의사의 비수를 맞고 중상을 입었다. 그런데도 1910년 5월 30일 데라우치 마사타케가 신임 통감으로 부임하자 8월 4일 측근인 이인직을 통감부 외사국장 고마쓰 미도리에게 보내 합병 의사를 전달했다. 훗날 고마쓰는 당시의 상황을 "그물을 치기도 전에 물고기가 뛰어들었다"고 환영했다. 그리고 8월 22일 순종에게서 전권 위임장을 받아 데라우치 통감과 함께 한일합방 조약 즉 '병합을 알리는 조칙'에 조인함으로써 영원히 기억될 매국노의 원흉이 되었다. 이완용이 조선을 일본에 팔아넘긴 공로로 받은 대가는 거액의 특별 은사금과 백작 작위였다.

이완용의 매국매족 행위는 어디에서 비롯된 것일까? 전문가들이 먼저 주목한 것은 대세 순응론이었다. 이완용 평전을 쓴 김윤희는 "이완용이 매국노라는 오명을 쓴 것은 인간성을 상실한 탐욕 때문이 아니라 현실을 인정한 가운데서 나름대로 합리적인 실리를 추구했던 사고 때문"이라고 분석했다.

이완용은 다른 양반 관료들과 달리 선진적이고 합리적이고 실용적인 사고의 소유자였다. 따라서 뛰어난 머리와 처세술로 출세 가도를 달리던 중 대세가 일본으로 기운 것을 간파하자 일본과의 싸움이 힘에 부치기도 하려니와 부질없다고 생각해 저항보다는 순응 쪽으로 행로를 결정했다는 것이다. 능숙한 영어 실력에 국제 정세를 읽는 안목을 갖춘 외교 엘리트라면 그 무렵 누구라도 빠지기 쉬운 길을 선택했다는 것이다. 훗날 "때에 따라 마땅한 것을 따를 뿐. 달리 길이 없다"고 말했던 매국의 변도 이런 상황과 일맥상통한다.

합방 후에는 1912년 7월 조선인이 오를 수 있는 최고 관직인 중추원 부의장에 임명되고 1920년 12월 조선 귀족 최초이자 유일한 후작으로 승작되었다. 1924년 아들 항구가 남작 작위를 습작해 조선에서 유일한 부자 귀족이 되었다. 1926년 이완용이 죽은 후에는 후작 작위가 장손 이병길에게 세습되었다.

이완용은 1919년 3·1운동이 일어나기 전 손병희가 민족 대표자 속에 이완용을 넣기 위해 그와 접촉할 정도로 처세에도 능했고 신망도 두터웠다. 당시 이완용은 "세상이 나를 친일 매국노라고 하는 데 이제 와서 민족 대표자가 되면 뭐라 하겠느냐"며 거절했다고 한다. 이완용은 3·1운동 사실을 밀고할 수 있는 상황이었으나 밀고하지 않았다. 대신 3·1운동 후 3번에 걸쳐 담화 형식의 글로 3·1운동을 비난했다. "아이들의 헛소리를 믿고 지방의 인민들이 부화뇌동", "조선 독립 선동은 허설이요 망동", "조선과 일본은 고대 이래로 동종동족(同宗同族), 동종동근(同種同根)이므로 독립할 이유가 없다"는 망발을 일삼았다. 1926년 2월 11일 눈을 감았고 장례는 성대하게 치러졌다.

국채보상운동과 대일 악성 차관
운동의 취지를 널리 전파한 것도 신문이었고 의연금을 접수하는 중심 기관도 신문사였다.

한말 일제의 침략은 군사·외교·경제 등 다방면에서 진행되었다. 이 가운데 경제 침략은 조선에 막대한 차관을 제공하는 데 중점을 두고 진행되었다. 다만 경제 예속은 만성적인 재정난에 허덕이는 조선 정부가 먼저 일본에 손을 내밀었다는 점에서 일본만을 탓할 수 없는 특성이 있다.

일본이 차관 제공 정책을 본격화한 것은 1894년 청일전쟁 승전 후였다. 조선을 재정적으로 일본에 예속시켜 내정간섭의 빌미를 마련하고 식민지 건설의 정지 작업을 하려면 차관이 필요하다고 판단했기 때문이다. 1895년 주한 일본공사 이노우에 가오루가 300만 원의 차관을 제공키로 한 것은 차관정책의 시작이었다. 일본의 차관 제공은 1904년 러일전쟁 도발 후

국채보상운동을 주도한 서상돈(왼쪽)과 김광제

더욱 노골화되었다.

일본이 1904년 8월 '외국인 용빙 협정'(제1차 한일협약)을 강압적으로 체결한 것은 차관 정책의 사전 정지 작업이었다. 협정에 따라, 대한제국 정부는 일본 정부가 추천하는 일본인 1명을 재정고문으로 용빙하고, 재무에 관한 사항은 그에게 의견을 물어 시행해야 했다. 일본이 재정고문으로 파견한 인물은 미국 하버드대 출신의 일본 대장성 주세국장 메가타 다네타로였다. 그의 역할은 대한제국의 세금과 일본이 제공한 차관으로 식민지 기초를 닦는 일이었다.

메가타는 먼저 대한제국이 각종 명목의 고금리 악성 차관을 일본에서 도입하도록 했다. 그래서 막대한 차관이 들어왔으나 통감부가 차관을 임의로 사용해 대한제국 정부는 돈을 만져볼 수도 없었다. 차관은 도로, 학교, 병원 등 사회 기반시설 공사에도 쓰였지만 조선인을 억압하는 경찰 조직을 강화하거나 일본인 거류민들의 시설을 짓는 데 주로 사용되었다. 일본인 고문들의 월급까지 차관으로 충당했다. 이로 인해 외채가 눈덩이처럼 불어나 1907년 당시 대한제국의 한 해 예산과 맞먹는 1,300만 원에 달했다. 차관은 계속 늘어나 1910년 한일합병 때는 총액이 4,400만 원을 넘어섰다.

막대한 차관 도입으로 대한제국의 경제가 사실상 파탄에 직면하자 대구 지역 유지들의 근심이 깊어졌다. 1907년 1월 29일 대구 최대 인쇄소인 광문사 설립자 겸 부사장인 서상돈과 사장 김광제 등 10여 명의 대구 지역 유지가 뜻을 모았다. 그들은 "국채 1,300만 원은 나라의 재정으로는 도저히 상환할 수 없으니 차관에 차관을 더하다가 한국의 강토는 장차 한국 민족의 소유가 되지 못할 것이므로 국민의 성금으로 나라의 빚을 갚자"며 전 국민이 모금에 참여하는 이른바 '국채보상운동'을 벌일 것을 결의했다.

그들은 2,000만 동포가 금연하고 한 사람이 한 달 담뱃값 20전을 3개월만 모으면 1,300만 원의 차관을 갚을 수 있다고 계산했다. 서상돈이 즉석에서 800원을 내기로 약속하고 김광제가 10원 60전을 내는 등 첫날 모임에서만 2,000여 원이 모금되었다. 서상돈과 김광제는 전 국민의 동참을 호소하기 위해 2월 초 '국채보상 취지문'을 전국에 배포했다. 1907년 2월 21일에는 대구 북문 밖 북후정에 2,000여 명의 시민이 운집한 '국채보상운동 대구군민대회'를 열었다. 대구가 생긴 이래 단일 집회로는 최대 규모였다. 시민들은 즉석에서 모금운동을 벌였다. 운동은 곧바로 확산되어 2월 22일 서울에 국채보상기성회가 설립되는 등 유사한 성격의 단체가 전국에 27개나 설립되었다.

위기를 극복하는 우리 민족의 저력을 유감없이 보여준 국민운동

국채보상운동에 가장 적극적으로 참여한 것은 토착 상인층과 애국계몽 인사들이었다. 전국의 상인들은 일본차관과 직접적인 이해관계가 있는 당사자들이었기 때문에 적극적으로 모금에 참여했다. 애국계몽 인사들은 각종 단체·학회·학교·언론기관 등을 중심으로 동참했다. 노동자·농민에서 상인·군인·학생·기생·백정·승려에 이르기까지 참여하지 않은 계층이 없었다.

여성들도 적극 동참했다. 반지·팔찌·목걸이 등 금은 패물을 의연하자는 '패물폐지부인회'(대구), 식생활을 절약해 국채보상금을 내자는 '부인감

찬회'(서울)를 비롯해 전국 각지에서 무수한 여성단체가 출현해 국채보상운동을 전개했다. 기생들도 금가락지나 은가락지를 내놓았다. 고종도 2월 26일 국채보상운동에 대한 칙어를 내리고 몸소 단연을 실천하겠노라고 공표해 큰 반향을 불러일으켰다.

기생 중에는 100원이라는 거금을 내어 세상을 깜짝 놀라게 한 18살의 앵무라는 기생도 있었다. 염농산으로도 불린 앵무는 "국채보상은 국민 의무이거늘 여자로서 감히 남자보다 한 푼이라도 더 낼 수 없으니 누구든지 기천원을 출연하면 나도 그만큼 출연하겠다"며 기염을 토했다. 이것은 한국 근대사에서 여성의 남성에 대한 최초의 공개 도전이었고 남성들의 통큰 기부를 자극하고 국채보상운동에 여성의 참여, 특히 전국 기생들의 참여를 촉발한 천둥소리였다.

국채보상운동이 단시일 내에 전국적으로 확산한 데는 기본적으로 전 국민이 열성적으로 호응했기 때문이지만 무엇보다 당시 신문의 역할이 컸다. 운동의 취지를 널리 전파한 것도 신문이었고 의연금을 접수하는 중심 기관도 신문사였다. 다만 대한매일신보는 가난한 백성들의 모금으로 엄청난 국채를 갚는 것은 현실적으로 불가능하다고 판단해 초기에는 소극적이었다. 그래서 황성신문과 제국신문이 의연금을 접수할 때도 의연금을 가지고 오지 말라는 사고를 실었다.

그렇다고 전국적으로 뜨겁게 펼쳐지는 애국운동을 방관할 수 없어 국채보상기성회에 접수된 의연금과 출연자의 명단을 매일 게재했다. 그러다가 1907년 3월 31일자 특별 사고를 통해 의연금을 접수하겠다고 밝혔다. 4월 3일에는 각처에서 제각기 거두는 의연금을 통합된 조직으로 일원화하기 위해 '국채보상지원금총합소'를 결성해 임시 사무소를 회사 안에 설치하고 대한매일신보의 양기탁 총무를 회계로 선임했다. 이후 대한매일신보의 맨 뒤 4면은 매일 보상금 출연자 명단과 기탁에 얽힌 사연들로 뒤덮였다. 하지만 일제가 조직적으로 방해 책동을 벌이면서 1907년 말부터 모금이 주춤해졌다.

운동이 시작된 지 1년 6개월이 지났을 시점인 1908년 7월 주한 일본 헌병대가 집계한 자료에 따르면 전국에서 걷힌 의연금 총액은 18만 7,842원이었다. 당초 기대했던 것보다 훨씬 적은 금액이었지만 그래도 의연금을 처리해야겠기에 1909년 11월 '국채보상금처리회'를 결성했다. 그리고 모금액을 교육 사업에 투자하기로 결정한 뒤 전담을 사 모금액을 보관하기로 했다. 그러나 1910년 한일합방 조약 후 '국채보상금처리회'가 관리 중이던 9만여 원과 '국채보상금총합소'의 4만 2,000원을 총독부가 모두 압수해가 계획은 수포로 돌아갔다.

국채보상운동은 결국 통일적인 지도 체제 결여, 고급 관료층과 부유층의 불참, 일제의 방해 공작으로 인해 소기의 목적을 달성할 수 없었다. 그럼에도 나라가 어려울 때 힘을 모아 위기를 극복하는 우리 민족의 저력을 유감없이 보여준 국민운동으로 평가받고 있다.

이승훈 오산학교 설립
"총을 드는 사람, 칼을 드는 사람도 있어야 하겠지만 더 중요한 것은 백성들이 깨어나는 일입니다."

1907년 12월 24일, 평북 정주 제석산 기슭에서 장차 민족운동의 요람이 될 오산학교가 개교했다. 학교 설립자인 40대 중반의 이승훈(1864~1930)이 개교식에 참석한 학생들에게 일장 연설을 했다. "오늘 이 자리에 7명의 학생밖에 없지만 차츰 70명, 700명에 이르는 날이 올 것입니다. 일심협력해 나라를 남에게 빼앗기지 않는 백성이 되기를 부탁합니다."

그의 말대로 학생이라곤 7명뿐이었다. 학교가 자리를 잡은 뒤에도 학

이승훈

생 수는 기껏해야 100명 남짓에 불과했다. 하지만 졸업생들의 면면은 실로 놀라웠다. 이광수, 함석헌, 주기철, 김억, 한경직, 김소월, 백석, 이중섭, 백인제(백병원 설립자), 김홍일(광복군 참모장), 서춘(언론인), 홍종인(언론인), 이기백(국사학자) 등 우리의 현대사를 화려하게 장식한 인물들이 졸업했고 일제와 싸우다 이름 없이 죽어간 많은 독립투사와 애국지사가 거쳐갔다. 조만식, 유영모, 김억, 함석헌, 이윤재, 이광수, 홍명희, 신채호, 염상섭 등은 교사로 학생들에게 민족정신을 심어주었다. 이승훈은 학교를 세우고, 선생을 모셔오고, 경비를 마련하고, 학교의 뜰을 쓸고, 변소를 깨끗이 치우고, 기숙사에서 학생들과 먹고 잠을 잤을 뿐, 학생들을 가르치지는 않았다.

이승훈은 평북 정주에서 태어났다. 생후 1년도 안 되어 어머니가 작고하고 아버지마저 10살 때 세상을 떠나 의지할 데 없는 천애 고아가 되었다. 배운 것이라곤 3~4년간 한학을 공부한 것이 전부인 상황에서 생업 전선에 뛰어들었다. 유기상점의 사환으로 시작했다가 근면함과 성실성을 인정받아 수금원 겸 판매원이라는 중요 직책을 맡았다. 유기상점에서 나온 뒤에는 10년 동안 보부상으로 장터를 돌아다니며 돈을 벌었고 국내외 정세에 눈을 떴다.

23세 때인 1887년에는 평안도 철산군의 거부 오희순에게 돈을 빌려 고향 근처에 유기공장과 상점을 설립해 어엿한 기업인이 되었다. 그 후 서울과 인천에 물건을 납품하러 왕래하면서 유통이 중요하다는 것을 깨닫고 유통업과 운송업에도 진출했다. 노동자를 신분과 계급에 상관없이 평등하게 대하고 노동조건을 개선하는 경영 철학에 힘입어 사업은 날로 번창했다.

　그러나 1894년 청일전쟁이 발발하면서 상점과 공장은 순식간에 잿더미가 되었다. 남은 것이라곤 산더미 같은 빚뿐이었다. 다른 상인들도 마찬가지여서 오희순에게 돈을 빌렸던 사람 대부분은 슬그머니 자취를 감췄다. 그러나 이승훈은 오희순을 찾아가 남아 있는 재고대장과 그동안 오희순에게서 빌린 부채를 갚을 계획서를 건네며 다시 손을 내밀었다. 세상인심을 한탄하던 오희순은 이승훈의 정직함에 감동해 필요 자금을 다시 빌려주었다.

　이승훈은 상점과 공장을 재건하는 데 성공하고 사업 영역을 도매업, 무역업, 운송업으로 확장해 큰돈을 벌었다. 덕분에 30대 나이에 조선 최고의 대실업가로 부상했다. 1904년 러일전쟁 때도 파산했다가 다시 일어나 국제 무역상으로 입지를 굳히고 국내 굴지의 부호가 되었다.

　그가 승승장구하고 있을 때 나라는 망국으로 치달았다. 1905년 을사조약으로 나라의 외교권마저 사라지자 이승훈은 좌절과 실의의 나날을 보냈다. 그러던 중 1907년 7월 우연히 자신보다 14세나 적은 안창호의 평양 연설을 듣게 되었다. "교육으로 백성을 일깨우지 않으면 독립도 있을 수 없다"는 안창호의 연설은 이승훈에게 감동이자 충격이었다. 이승훈은 곧 금주·금연·단발을 결단하고 구국 운동가로서의 각오를 다졌다. 1907년 7월 신식 교육기관인 '강명의숙'을 설립한 것은 잠자는 민족의 혼을 깨우기 위한 구체적 실천의 하나였다.

　이승훈은 또한 안창호의 발기로 1907년 4월 비밀리에 결성한 '신민회'에 가입하고 신민회의 평안북도 총감을 맡아 기업가에서 애국계몽운동가로 인생의 행로를 바꿨다. 당시 신민회는 민족의 힘을 기르기 위해 교육과 실업에 역점을 두었다. 이승훈은 신민회의 설립 취지에 부응했다. 1907년 12월 강명의숙을 확대 개편한 오산학교를 세우고 1908년 평양에 자기 회사를 설립했으며 서적의 출판·공급을 목적으로 하는 태극서관을 세웠다.

그래도 결국에는 1910년 8월 나라가 망해 이승훈을 좌절에 빠뜨렸다. 그때 평양 산정현교회 한석진 목사의 '십자가의 고난'이라는 제목의 설교를 듣게 되었고 그것은 그대로 이승훈의 가슴을 파고들었다. 이승훈은 1910년 9월 기독교에 입교했다. 그해 12월 오산학교를 기독교 학교로 바꾸고 고향 정주에 오산교회를 세웠다.

금주·금연·단발을 결단하고 구국 운동가로서의 각오 다져

이승훈은 1910년 말 이른바 '안악사건'에 연루되어 1911년 2월 제주도로 유배되었다. 그러던 중 일제가 조작한 '105인 사건'에 또다시 연루되어 1911년 9월 제주도에서 서울로 압송되었고 재판 결과 징역 10년을 선고받아 영어의 몸이 되었다. 신문 과정에서 온갖 고문이 자행되었으나 이승훈은 의연히 버텨 형리들을 숙연케 했다. 옥중에서 구약을 10번, 신약을 40번 읽고 변소 청소를 도맡아 했다는 일화는 유명하다. 이승훈은 1915년 2월, 4년 2개월 만에 가출옥한 뒤 51세의 만학도로 평양신학교에 입학했다. 당시 평양신학교는 다수의 민족 지도자들을 배출한 서북 지역 독립운동의 요람이었다.

1919년 3·1운동 때는 "안방에서 편히 죽을 줄 알았더니 이제야 죽을 자리를 얻었구나"라며 33인 민족 지도자에 이름을 올렸다. 33인 민족 지도자 가운데 기독교인이 가장 많은 16명을 차지한 것은 이승훈의 독려가 크게 작용했다. 33인 서명을 앞두고 서로 자기 종교인을 먼저 써야 한다며 의견이 분분할 때 이승훈은 "이거 죽는 순서야, 죽는 순서. 아무를 먼저 쓰면 어때. 손병희의 이름을 먼저 써"라는 한마디로 불화를 일거에 잠재웠다.

오산학교 학생들도 1919년 3월 2일 시가행진을 하며 격렬한 독립만세

시위를 전개했다. 일제는 독립운동의 진원지를 없앤다는 명목으로 3월 말 오산교회는 불태우고 오산학교는 폐교했다. 비록 이승훈은 감옥에 갇혀 있어도 오산학교는 1920년 9월 다시 개교해 조만식, 유영모, 홍명희 등을 교장으로 모셔 민족교육을 더욱 강화했다. 이승훈은 여전히 감옥에서 변기 청소 등 궂은 일을 도맡아 해 수인들을 감복시켰다. 1921년 3월 1일에는 감옥 안에서 수인들과 함께 3·1만세운동을 기념하는 만세를 불렀다. 이승훈은 33인 민족대표 가운데 가장 늦은 1922년 7월 22일 출옥했다.

출옥 후에는 다시 개교한 오산학교 운영에 심혈을 기울이고 1922년 물산장려운동을 벌였다. 1922년 11월에는 각계 인사들과 더불어 민립대학 기성준비회를 결성하는 등 민립대학 설립운동에 적극 가담했다. 그러자 일제는 1924년 3월 오산학교 졸업생들이 편찬한 이승훈 관련 '약전(略傳)'을 모두 압수·소각하는 것으로 분풀이를 했다. 이승훈은 1924년 동아일보가 내우외환의 위기에 빠졌을 때 5월부터 10월까지 동아일보 사장을 맡아 민족지의 경영 정상화에도 노력했다.

이승훈은 1930년 5월 9일, "유해는 땅에 묻지 말고 생리학 표본을 만들어 오산학생들을 위해서 쓰라"는 유언을 남기고 66세를 일기로 운명했다. 그의 유언대로 유해는 생리 표본으로 만들어졌으나 일제는 그의 뼈마저 두려웠는지 강제적으로 매장했다. 또한 일제는 이승훈이 운명하기 6일 전에 오산학교 졸업생들이 학교에 제막한 이승훈의 동상과 1931년 제막한 묘비에도 만행을 저질렀다. 동상은 1942년 12월 강제 철거하고 묘비문은 쪼아 삭제했다.

해방 후에는 오산학교에서 반공 의거가 연이어 일어났다. 1945년 11월 오산학교를 공산주의 이념의 학교로 재편·장악하려는 공산당의 음모를 전해 듣고 학생들이 격분해 있던 중 공산 당국이 러시아 혁명기념일 행사에 오산학교 밴드부를 강제 동원하려 하자 4학년 전원이 11월 6일 정주의 공산당 기관들을 습격한 이 반공 의거는 공산 체제에 항거한 북한 지역 최초의 학생 의거였다.

오산학교 학생들은 1947년 5월에도 공산 당국이 공산주의자를 교장으로 내세우자 또다시 반공 의거를 일으켰다. 이 의거로 20여 명의 학생과 교사가 체포·구속되자 이를 계기로 대부분의 오산 관계자, 교사, 학생들은 자유를 찾아 월남했다. 오늘날 서울 용산구 보광동에 위치한 오산고등학교는 이 오산학교의 전통을 이어받은 학교다.

전덕기 상동교회 담임목사 부임
전덕기 생애 최대의 전환점이 된 것은 스크랜턴과의 만남이었다.

조선 말 미국 개신교의 한국 선교는 크게 두 축으로 진행되었다. 하나는 헨리 아펜젤러와 호러스 언더우드로 대표되는 엘리트 선교였고 다른 하나는 윌리엄 스크랜턴이 주도한 민중 선교였다. 엘리트 선교는 왕실과 양반층, 개화파 학생들이 주로 모여 사는 서울 정동을 중심으로 이뤄지고, 민중 선교는 가난하고 헐벗고 병든 사람들을 상대로 4대문 밖에서 이뤄졌다.

스크랜턴은 민중 선교를 구현한 대표적인 의료선교사였으나 그 역시 입국(1885.5) 초기에는 아펜젤러, 언더우드와 마찬가지로 서울 정동에서 환자를 치료하고 선교 활동을 펼쳤다. 그러다가 가난하고 헐벗은 사람들이 몰려사는 4대문 밖에 시약소를 차려 병을 치료하고 교회를 설립했다.

남대문 부근 상동에 지어진 상동교회도 그중의 하나였다. 상동교회는 스크랜턴의 손때가 묻은 곳이었지만 교회를 애국계몽운동의 거점으로 만든 것은 전덕기(1875~1914)였다.

전덕기는 서울 정동에서 태어나 9세 때인 1884년 부모를 여의는 불행을 겪고 남대문 일대에서 숯 장사를 하는 숙부의 양자로 입적되었다. 전덕기 생애 최대의 전환점이 된 것은 스크랜턴과의 만남이었다. 전덕기는 17세 때인 1892년 스크랜턴 집안의 일꾼으로 고용되었다. 곧 스크랜턴 가족의 자상하고도 부드러운 가르침에 감동받아 기독교 신앙을 받아들였다.

전덕기

1896년 스크랜턴에게서 세례를 받은 후에는 1898년 상동교회 속장, 1900년 상동교회 예배당 신축 재정 담당이 되어 평신도 지도자로 두각을 나타냈다. 권사(1901)와 전도사(1902)를 거쳐 1905년 6월 25일 집사목사 안수를 받아 한국인으로는 5번째 목사가 되었다. 그는 사람들이 교회로 오기를 기다리는 목회자가 아니라 민중을 찾아 거리로 나가 설교하는 전도자였다. 그의 열정적이고 적극적인 선교 활동은 곧 상동교회의 부흥을 가져왔고 전덕기의 위상은 교회에서 더욱 높아졌다.

교회 밖에서는 1896년 독립협회에 가입하고, 이승만·신채호·남궁억·양기탁·안창호 등 민족 지도자들과 어울리며 구국 계몽운동을 펼쳤다. 상동교회 안에 상동청년회와 상동청년학원을 설립하는 데 주도적으로 참여한 것은 구체적 실천이었다. 상동청년회의 모체는 1897년 미 감리교 한국 선교회가 전국의 주요 감리교회에 설립한 '엡웟청년회'였다. 상동교회에도 엡웟청년회가 설립되었으나 별다른 활동을 하지 못하다가 1903년 5월 전덕기가 회장을 맡으면서 애국심과 구국 정신 고취로 초점이 맞춰졌다.

전덕기는 신학문을 보급하고 구국의 정신을 가르치기 위해 1904년 10월 상동교회 안에 중등교육기관인 상동청년학원도 설립했다. 상동청년학원은 정주의 오산학교, 평양의 대성학교와 함께 민족주의 교육을 펼쳤다.

교사진도 화려했다. 이승만이 초대 교장직을 맡고 주시경(국어), 호머 헐버트(역사), 이필주(군사훈련) 등이 교사로 참여했다. 이른바 '상동파'로 불린 이동녕·장도빈·조성환·최남선·남궁억·장지연 등 기라성 같은 지도자들도 교사로 나서 상동청년학원은 그야말로 우국 청년들의 집합소가 되었다.

상동청년회와 상동청년학원은 1904년 이후 실추되어가는 국권을 회복하는 정치단체로 변모하면서 정치적 성격이 더욱 두드러졌다. 을사조약 체결이 가까워오는 1905년 11월 10일 상동청년회는 구국 기도회를 개최했다. 기도회는 을사조약이 체결된 다음날인 11월 18일 초교파 연합기도운동으로 발전했다. 도끼 상소운동으로 알려진 을사조약 반대 상소운동도 이 구국 기도회와 연결되어 있다. 그러자 도끼 상소운동에 충격을 받은 상동교회 선교사들이 일본 정부와의 충돌을 피하기 위해 1905년 11월 상동청년회를 해산했다. 상동청년회는 이렇게 맥이 끊겼지만 상동청년학원은 계속 유지되면서 민족운동을 추구했다.

나막신과 마른 쑥의 민중 목회자

상동청년학원은 정규 과정 외에 노동자와 빈민층을 위한 야학, 일반인을 위한 다양한 강습회 프로그램 등도 실시하며 계몽운동을 전개했다. 교사들을 대상으로 '국어강습소'도 개설하고 국어를 가르쳤다. 1907년 11월 '국문야학교', '일어야학강습소', '정칙(ML)야학교'도 설치했다. 이 같은 다양한 야학과 강습 프로그램은 민중 계몽과 실력 양성을 겨냥한 민족주의 성격을 띠고 있었다. 일반 대중을 상대로 한 계몽잡지도 발행했다. 1905년 12월 '수리학잡지', 1906년 6월 우리나라 최초의 여성잡지로 기록되고 있는 '가뎡잡지'를 창간해 국민 계몽에 앞장섰다. 전덕기는 1907년 4월 결성된 비밀결사 조직 '신민회'에도 안창호, 양기탁, 이승훈, 이동휘 등과 함께 7인의 준비위원으로 이름을 올리고 신민회 지방조직의 수장인 경성총감을 맡았다.

한편 스크랜턴은 1905년 5월 미국 감리회가 한국과 일본 선교를 관리할 감독으로 임명한 메리먼 해리스가 일본 편향적인 선교 태도를 취하자 해리스를 비판했다가 결국 1907년 6월 선교사직과 목사직을 사임했다.

후임 목사로 전덕기가 부임하면서 상동교회는 본격적으로 구국 운동의 보루가 되었다. 이후 상동파 인맥은 그대로 한국 근대 독립운동가의 '인재 풀'이 되었고, 전덕기는 그 상동파의 구심점 역할을 했으며 상동교회 지하실은 애국계몽운동의 본거지가 되었다.

당시 상동교회가 위치한 남대문시장 일대는 가난하고 소외된 민중의 거주지였다. 전덕기는 이들을 상대로 노방전도에 나서는 한편 가난한 사람들의 장례를 치르는 데도 힘을 쏟았다. 이와 관련한 유명한 일화가 있다. 당시는 전염병으로 사람들이 죽어도 돌볼 사람이 없으면 누가 나서서 장사 지낼 여유가 없었다. 하지만 전덕기는 마른 쑥 한 줌으로 코를 틀어막고 나막신을 신은 채 시신이 썩기 시작해 체액이 줄줄 흐르는 방에 들어가 손수 시신을 수습했다. 이런 행적으로 '나막신과 마른 쑥의 민중 목회자'로 명성이 높았다. 상동교회도 질적·양적으로 괄목할 성장을 이뤘다.

이런 상황에서 1911년 말 이른바 '105인 사건'이 터졌다. 일제는 반일 지도자들을 한꺼번에 제거할 생각으로 1911년 이른바 '데라우치 총독 모살 미수'라는 허위 사실을 조작했다. 이와 관련해 700여 명을 체포했는데 전덕기 역시 체포되어 혹독한 고문을 받았고 이 때문에 병을 얻어 불기소로 풀려났다. 그러나 몸은 이미 상할 대로 상해 1914년 3월 23일 39세 나이로 눈을 감았다.

전덕기의 사망 소식이 전해지자 상동교회로 조문객이 구름같이 몰려들었다. 생전에 전덕기에게 신세를 졌던 남대문시장의 상인은 물론 기생과 걸인들까지 통곡하며 상여꾼을 자청했다. 그 인파가 10리 밖까지 이어졌다고 한다. 전덕기가 떠난 후에도 3·1운동을 주도한 민족대표 33인 가운데 최석모, 오화영, 이필주, 신석구 4명이 상동교회 출신일 정도로 상동교회의 독립운동 전통은 면면히 이어졌다. 해방 후 환국한 김구가 전덕기의 업적을 기념하는 기념비를 껴안고 울었다는 일화는 유명하다 .

길선주 장로와 평양대부흥운동회
평양은 이후 "동방의 예루살렘", 평양대부흥운동은 '한국의 오순절'로 불렸다.

오늘날 한국 교회의 특성을 결정짓는 요소 중에는 새벽 기도회와 통성기도가 있다. 근원을 좇아가보면 길선주 목사(1869~1935)와 그가 점화해 한국의 기독교 흐름을 완전히 바꿔놓은 '평양대부흥운동회'를 만나게 된다.

길선주는 평남 안주에서 태어나 한학을 배우다가 중국의 관우를 신으로 모시는 관성교와 선도 등에 심취해 20세 때인 1889년 입산수도했다. 산중에서 정좌법과 도인법으로 심신을 단련해 초인적인 힘을 얻고 차력술에 능했다. 전국에서 선도를 배우고 차력을 연마하기 위해 찾아오는 사람들의 발걸음이 끊이지 않아 저잣거리에서는 '길 도인'으로 불렸다.

그러던 중 언젠가부터 "눈이 파랗고 코가 크고 머리털이 빨간 괴상한 사람이 나타났다", "양교에 발을 들여놓으면 혼을 뽑아서 미치고 만다"는 소문이 떠돌았다. 소문에서 말하는 양교는 기독교였고 괴상한 사람은 미국 북장로교 선교사로 조선에 파송된 새뮤얼 모펫(한국명 마포삼열)이었다. 모펫은 1890년 1월 제물포에 도착해 그해 말부터 평양에서 선교사로 활동했다. 1893년 2월 평양의 널다리골에 있는 자신의 집에서 처음 예배를 드리고 1894년 1월 평양 장로교회에서 첫 세례를 주었다.

길선주는 기독교의 실체가 궁금했다. 모펫

평양장로회신학교 제1회 졸업 기념 사진. 앞줄 왼쪽에서 3번째가 길선주 목사

을 만나 기독교 교리를 묻기도 했던 그에게 큰 영향을 미친 책은 '텬로력뎡(천로역정)'이었다. '텬로력뎡'은 영국 소설가 존 버니언의 종교소설을 조선에서 활동하는 캐나다 선교사 존 게일이 1895년 번역·간행한 것으로 한국 최초로 번역된 첫 서양 소설이라는 의미가 있다.

길선주는 책을 읽으면서 번민에 빠져 며칠 동안 간곡하게 기도했다. 그러던 어느 날 청아한 옥피리 소리가 방에 진동하더니 어느 순간 자신을 부르는 소리가 하늘에서 들려왔다. 길선주는 대성통곡하며 회개했다. 눈물이 계속 쏟아졌고 몸이 펄펄 끓었다. 결국 이튿날 모펫의 널다리골교회 문을 두드렸다. 길선주는 1897년 8월 15일 28세로 미국 북장로회 선교사 그레이엄 리(한국명 이길함)에게서 세례를 받았다.

모펫은 전도와 교육 사업을 길선주에게 일임했다. 길선주는 글방과 야학을 설립해 성경과 학문을 가르쳤다. 가정의 복음화가 중요하다고 생각해 1898년 3월 여전도회를 조직했다. 아들과 딸이 1898년과 1900년 연이어 세상을 떠나는 큰 아픔을 겪었으나 그럴수록 교회에 더욱 헌신했다. 널다리골교회는 교인이 급속히 증가해 1900년 6월 장대현에 새로 지은 대형 교회로 이사했다. 1년 뒤 장대현교회의 교인은 1,400여 명으로 급증했다.

길선주는 1902년 장대현교회의 조사(전도사)로 임명되었다. 1903년 모펫이 설립한 평양장로회 신학교 1기생으로 입학하고 1904년 신앙생활에서 게으름을 추방해야 한다며 '해타론'이라는 순한글 가로쓰기 전도책자를 발간했다. 장대현교회는 2,000명이나 수용할 수 있는 큰 건물이었는데도 넘쳐나는 교인 때문에 공간이 부족했다. 결국 남문밖교회(1903), 사창골교회(1905), 산정현교회(1906), 서문밖교회(1909)를 잇따라 세워 교인을 분산했다.

평양의 교인 수가 이처럼 폭발적으로 증가한 데는 평안도라는 특수성에 기인한 바가 크다. 평안도는 16세기부터 조선 사회의 성리학적 기준에 의해 학문도 없고 예의도 모르는 지역으로 인식되어 정치적으로 차별 대우를 받아왔다. 평안도 출신 과거 급제자들은 개인의 능력에 관계없이 고위 관직에 오르지도 못했다. 그러다보니 남쪽의 삼남 지방과는 달리 사족 세력의 형성이 미약해 향촌 지배 질서가 비교적 느슨했고 신분적 질곡 역시 약했다. 그 대신 국제 교역과 국내 상업 분야에서는 괄목할 만한 성장을 보여 18세기에는 전국에서 상업이 가장 번성한 지역으로 발돋움했다. 이런 이유로 평안도는 다른 지역보다도 새로운 사회질서를 지향할 가능성이 높았다.

미국의 선교사들이 간파한 것은 바로 이런 지역적 특성이었다. 특히 미국 북장로회 소속 선교사들은 평안도가 자립적 중산층이 상대적으로 많고 중앙정부나 성리학적 질서에 대한 반감이 높아 선교사업을 벌이는 데 가장 알맞은 지역이라는 결론을 내리고 평안도 전역과 황해도 일부 지역에서 집중적으로 선교 사업을 벌였다. 1898년 조선 장로교의 전체 교인 7,500여 명 가운데 평안도와 황해도 곧 서북 지방의 교인 수가 5,950명(79.3%)이라는 통계가 있을 정도로 다른 지역보다 교인이 압도적으로 많았다.

평안도가 일찍부터 기독교의 본고장이 된 이유는 또 있었다. 1894년 5

월 평안 감사의 명령으로 교인이 체포되었을 때 선교사들이 영국과 미국 총영사의 힘을 빌려 교인들을 석방시키면서 기독교의 힘을 유감없이 발휘한 게 또 하나 이유였다. 이후 평안도민 중에는 관리에게 빼앗긴 토지를 찾아주면, 부당한 잡세의 징수를 막아주면, 자신의 토지와 가옥의 명의를 선교사 이름으로 이전해 재산을 보호해주면 기독교 신자가 되겠다는 사람들이 나타났다. 순수한 종교적 고뇌보다는 자신의 사회적 욕구와 경제적 보호를 위해 기독교를 믿으려 한 것이다.

평양대부흥운동은 기독교가 폭발적으로 확산된 기폭제

이런 상황에서 평양에 부흥의 불길이 타오른 것은 1906~1907년이었다. 출발점은 1903년 8월 24일부터 30일까지 함남 원산에서 열린 선교사 부흥회였다. 미국 남감리교회 조선 주재 의료선교사였던 로버트 하디가 집회 도중 갑자기 자신의 교만과 학력·인종 우월주의 등을 고백하고 그동안의 선교 실패와 영적 침체의 원인이 자신에게 있음을 눈물로 회개하자 설교를 듣던 교인들까지 죄를 고백하고 회개하면서 성령강림을 체험한 것이다. 하디는 이후 인천, 서울, 평양에서도 계속 집회를 했는데 그때마다 놀라운 성령의 역사가 나타났다.

1906년 1월 전국에서 펼쳐진 신년 부흥회를 통해 놀라운 영적 각성 운동이 펼쳐진 가운데 1906년 하반기 들어 평양선교사 사경회, 서울선교사 사경회, 장대현교회 준비기도회 등 몇 개의 중요한 사건이 연이어 일어났다.

평양선교사 사경회는 원산부흥운동의 주역인 하디가 설교자로 나서 1906년 8월 26일부터 9월 2일까지 진행되었다. 사경회에 참석한 그레이엄 리 선교사를 비롯해 많은 선교사가 큰 은혜를 받았다. 조선에서 의료선교사로 활동하다가 1894년 발진티푸스로 운명한 윌리엄 홀 캐나다 선교사의 아들 셔우드 홀도 그중의 한 명이었다. 당시 13살의 셔우드 홀은 하디의 설교에 큰 은혜를 받아 사업가의 꿈을 접고 캐나다로 돌아가 토론토 의과대를 졸업했다. 이후 의료 선교사가 되어 다시 한국으로 돌아와 부인과 함께 황해도 해주에 결핵요양원을 설립하고 폐결핵 환자를 위한 크리스마스실을 도입했다.

1906년 하반기에 있었던 중요한 두 번째 사건은 서울선교사 사경회였다. 미국 북장로교 해외 선교부 위원이자 유명한 부흥사 패트릭 존스턴이 설교를 맡은 이 사경회에는 조선 주재 북장로교 선교회 소속 선교사가 모두 참석해 은혜를 받았다.

1906년 하반기에 일어난 마지막 중요한 사건은 길선주가 주도한 장대현교회 준비기도회였다. 평양시내 장로교·감리교 선교사들은 1906년 12월 26일부터 1주일간 장대현교회에서 매일 저녁 기도회를 열고 1907년 1월 열리는 평남 사경회 때 영적 대각성운동이 일어나도록 간절히 기도했다. 길선주 장로가 설교를 주관한 기도회에서는 회개의 통성기도가 멈추지 않았고 장내는 울음바다를 이뤘다. 심지어 경찰, 승려, 가톨릭 신부까지 회개했다.

이처럼 영적 분위기가 무르익은 가운데 1907년 1월 6일부터 15일까지 장대현교회에서 평안남도 겨울 남자 사경회가 열렸다. 여성 교인은 평양의 산정현교회, 사창골교회, 남문밖교회 등에 모여 선교사들의 설교를 들었다. 신도들이 매일 저녁 부흥을 달라고 하나님께 간절히 기도하고 길선주 장로의 설교에 빨려 들어가는 가운데 놀라운 성령의 역사가 나타난 것은 사경회 마지막 이틀인 14일과 15일이었다.

첫 영적 대각성은 1월 14일 저녁 길선주 장로가 1년 전 세상을 떠난 자신의 친구가 죽기 전 아내 대신 재산을 정리해 달라는 부탁을 받고 일을 처리하다 미화 100달러를 사취했다는 것을 공개적으로 회개하면서 폭발했다. 길선주의 예기치 않은 고백은 교인들에게 충격을 주었고 마치 뇌관에 불을 붙인 것처럼 교인들 사이에 성령이 강하게 임재하고 통회의 기도로 이어졌다. 곧 다른 교인들도 하나둘 큰 소리로 "축첩했다", "장사에서 폭리를 취했다"며 자신의 죄를 털어놓는 회개 릴레이가 펼쳐졌다. 그날 밤 길선주 장로를 지켜본 한 교인은 "그는 길선주 목사가 아니고 예수님이었다"는 증언을 남겼다. 저녁 7시에 시작된 회개는 이튿날 새벽 5시까지 계속되었고 통성기도로도 나타났다.

마지막 날인 1월 15일 사경회에서도 성령의 역사가 강하게 나타났다. 교인들은 과거에 지었던 모든 죄를 고백하고 회개했다. 1월 16일은 공식적인 사경회가 아닌 일상적인 수요 저녁 예배였는데도 눈물로 통회하고 회개하는 성령의 역사가 그대로 반복되었다.

"사도행전 이후 가장 강력한 성령의 역사였다"

1907년 1~6월 한반도 전역에서 부흥을 경험하지 않은 곳이 없을 정도로 성령의 불길이 활활 타올랐다. 이를 지켜본 한 외국인 선교사는 "사도행전 이후 가장 강력한 성령의 역사였다"고 해외에 전했다. 평양은 이후 "동방의 예루살렘", 평양대부흥운동은 '한국의 오순절'로 불렸다. 오순절은 기독교에서 성령이 강림한 날을 뜻한다.

평양대부흥운동은 기독교가 폭발적으로 확산된 기폭제가 되었고 한국 기독교 역사의 분기점이 되었다. 사회 각성으로도 이어져 교육열 고조, 금연·금주, 우상숭배 퇴치, 여권신장, 기독교 학교 설립, 윤리 의식 증진 등에 이르기까지 놀라운 변화가 일어났다. 길선주는 평양대부흥회 후에도 서울 지역 장로교연합회 사경회(1907.2), 평양신학교 사경회(1907.3) 등을 인도하는 등 한국 교회 부흥운동을 주도적으로 이끌었다.

그럼에도 불구하고 당시 기독교인들의 열광적인 신앙 집회를 부정적으로 보는 시각도 있다. 즉 당시는 일본이 우리나라를 침략하는 위기 상황인데 일제에 저항해도 모자랄 판에 현실에서 눈을 돌린 채 죄를 회개한다며 울고불고 난리 법석을 친 것에 문제가 있다는 것이다. 실제로 1907년 전국이 의병 항쟁의 열기로 휩싸였을 때 평양만큼은 무풍지대로 남아 조용했다.

길선주는 1907년 6월 10일 평양신학교 졸업과 함께 한국 최초의 장로교 목사가 된 7명의 목사 가운데 한 명으로 이름을 올렸다. 9월 17일 장대현교회 담임목사로 부임한 후에는 교회에 남녀 좌석을 구별하는 휘장을 걷어치우고 교인 명부와 교회 장부 등을 상세히 정비해 교회 행정 체계를 정립했다. 서양 찬송 일색에서 탈피해 국악으로도 찬양하도록 해 기독교 토착화를 실천했으며 오늘날 한국 교회의 독특한 전통이 된 새벽 기도회와 통성기도를 정착시켰다. 1911년 '105인 사건' 때는 당시 숭실대를 졸업하고 교사로 일하던 맏아들 진형이 구속되는 아픔을 겪었다. 아들은 3년간 옥고를 치른 뒤 1918년 병으로 세상을 떠났다.

길선주는 1919년 3·1운동이 일어났을 때 독립선언서에 서명한 33인 중 한 명이었으나 그날 황해도 장연의 부흥회를 이끌다가 서울 현장에는 저녁에 도착, 경찰에 체포되지는 않았다. 하지만 곧바로 총독부로 직행해 "나도 33인의 한 사람이니 감옥에 넣으라"고 요구해 1년 7개월간 옥고를 치렀다. 그런데도 1920년 10월 경성복심법원에서 민족대표 33인 중 유일하게 무죄 판결을 받았다는 이유로 오랫동안 포상을 받지 못하다가 2009년에야 공적을 인정받았다. 아들 진경도 3·1운동에 적극 동참해 1년 6개월간 실형을 살았다.

1920년 10월 출옥 후에는 전국적인 부흥목사로 신앙 집회를 계속 인도하다가 1935년 11월 26일 평남 강서 고창교회 부흥 집회 중 폐회 축도를 마치고 뇌출혈로 쓰러져 그의 소원대로 '하나님의 뜻을 펼치던 가운데' 세상과 작별했다. 2만 번 이상의 설교로 380만 명의 교인에게 복음을 전하고 60여 개 교회를 세운 한국 기독교의 상징이 세상을 떠난 것이다.

최익현 대마도에서 순국

타협과 굴절을 외면한 채 상소를 올리거나 의병장으로 활약한 '행동하는 지성'이었다.

조선 말, 더욱 노골화하는 서양 세력과 일본의 침투에 맞서 조선의 관료·지식인들의 대응은 크게 위정척사론, 급진 개화론, 동도서기론으로 나뉘었다. '동도서기(東道西器)'는 동양의 정신(道)을 근간으로 하고 서양의 기술(器)을 채용해 개화를 이루자는 사상이고, '위정척사(衛正斥邪)'는 올바른 것을 지키고 사악한 것을 배척한다는 뜻이다. 여기서 '올바른 것'은 그동안 조선을 지배해온 성리학적 질서이고 '사악한 것'은 서양과 일본의 모든 문명을 가리켰다.

국제 정세를 읽지 못한 시대착오적이라는 비판이 없지 않지만 위정척사론의 사상적 지주이자 실천적 활동가의 대표 인물로 꼽히는 인물이 최익현(1833~1907)이다. 그는 나라가 존망의 위기에 놓이면 타협하거나 굴절하지 않고 상소를 올리거나 의병장으로 활약한 '행동하는 지성'이었다.

최익현은 경기도 포천에서 태어나 13살 때 조선 말기 성리학을 대표하는 이항로를 스승으로 모셨다. 22살 때인 1855년 급제해 승문원 부정자(종9품)을 시작으로 성균관 전적, 사헌부 지평, 사간원 정원, 사헌부 장령 등 주요 관직을 두루 거쳤다. 그러다가 상소와 유배로 점철된 삶을 산 것은 30대 중반부터였다. 최익현 상소의 방향과 타당성을 두고 오늘날 이견이 없진 않으나 상소는 최익현식 애국의 또 다른 표현이었다.

초기의 상소는 원하든 원치 않든 당시의 실권자 대원군을 겨냥할 수밖에 없었다. 대원군의 위세가 하늘을 찌를 때인 1868년 11월 최익현은 사헌부 장령(감찰 등을 담당하던 벼슬) 자격으로 국가재정의 파탄을 초래한 대원군의 경복궁 중건과 당백전 발행을 비판하는 상소 '시폐사조소'를 올렸다. 이 때문에 현직에서 쫓겨났다.

최익현 초상화

1873년 12월에는 대원군을 직접 겨냥한 2편의 '계유상소'를 올려 여전히 기세등등하던 대원군을 궁지로 몰아넣었다. 계유상소는 대원군의 서원 철폐로 유림의 기반이 뿌리째 뽑힌 것에 대한 항의의 표시이기도 했지만 크게는 대원군 집정 전반에 대한 반기이고 도전이었다.

대원군의 행태를 낱낱이 고발한 최익현의 상소는 마침 아버지 대원군의 그늘에서 벗어나고자 했던 고종의 의중과도 맞아떨어져 고종이 대원군의 세도를 무너뜨리는 데 활용되었다. 이로써 10년 동안 유지되던 대원군의 권력은 하루아침에 사라졌다. 최익현 역시 아버지와 아들의 천륜을 이간했다는 대원군 측 신하들의 계속된 탄핵 상소에 1873년 12월 제주도로 유배되었다. 유배는 1년 3개월 만인 1875년 3월 풀렸다.

1876년 2월 병자수호조약이 체결되었을 때는 조약을 강요한 일본 사신의 목을 베라며 2월 17일(양력) '도끼를 지니고 대궐문에 엎드려 화의를 배척한다'는 내용의 상소문 '병자지부소'를 올리는 추상같은 모습을 보였다. 자신이 들고 있는 도끼로 자신의 목을 치라고 강변한 이른바 '도끼 상소'는 죽음을 초월한 강직성과 투철한 애국심의 발로였으나 또다시 흑산도로 유배되어 3년 만인 1879년 3월 풀려났다. 이후 임오군란(1882), 갑신정변(1884), 동학농민운동과 청일전쟁(1894) 등이 연이어 일어났으나 최익현은 1895년까지 20년 가까이 상소를 올리지 않았다.

최익현이 긴 침묵을 깨고 다시 상소를 올린 것은 62세의 고령이던 1895년 6월이었다. 박영효·서광범 등의 급진 개화파를 처단하고 좁은 소매에 검은 옷으로 바꿔 입은 그들의 의복제도를 원래대로 되돌리게 하라는 상소였다. 그러나 시국은 의복제도를 운운할 만큼 한가롭지 않았다. 1895년

10월 민비가 시해되는 을미사변이 일어나고 1896년 1월에 단발령이 내려졌기 때문이다.

전국 각지에서 을미의병이 전개되자 고종은 최익현을 의병을 해산시키도록 하는 선유위원으로 임명했다. 하지만 최익현은 도리어 상소를 올려 "충성과 의리를 앞세운 백성들"이라며 "그들의 의거는 구국의 의거이기 때문에 탄압해서는 안된다"고 주장했다. 단발령에는 "내 목을 자를지언정 머리카락은 자를 수 없다"며 강하게 반발했다.

1897년 2월 아관파천 후 대한제국을 선포한 고종이 최익현을 궁내부 특진관, 의정부 찬정, 경기도 관찰사 등 요직에 연이어 임명했으나 그때마다 번번이 사직상소를 올려 잘못된 정치를 시정하고 일본을 배격할 것을 주장했다. 그리고 새로운 도모를 위해 정든 고향을 떠나 충남 청양으로 이사해 후진 교육에 진력했다. 그러다가 1905년 11월 을사조약이 체결되자 체결을 주도한 박제순·이완용·이근택·이지용·권중현 다섯 매국노의 처단을 주장하는 '청토오적소'를 올렸다.

상소는 최익현식 애국의 또 다른 표현

그러나 시대는 이미 '상소'만으로는 문제가 해결될 수 없는 세상이었다. 나라의 존망이 기로에 선 것이 아니라 사실상 망한 것이나 마찬가지였다. 최익현은 결국 상소의 한계를 깨닫고 붓 대신 칼을 들기로 했다. 1906월 3월 15일(음력 2월 21일) 비장한 각오로 가묘(家廟)에 하직을 고하고 집안 사람들과 작별 인사를 나눴다. 그때 나이가 73세였으니 최고령 의병장이 탄생하는 순간이었다.

그가 찾아간 곳은 후학을 양성하다가 거병을 준비하고 있는 제자이자 전 낙안군수 임병찬의 집이었다. 임병찬은 12년 전, 갑오농민전쟁의 주역이었던 김개남이 1894년 12월 정부군과 일본군에 패해 전북 태인으로 몸음 숨겼을 때 그를 밀고해 죽음으로 몰고 간 사람이었다. 임병찬이 김개남을 밀고한 것은 나라를 사랑하는 방식이 김개남과 달랐기 때문이다. 임병찬에게 동학군은 임금에게 반기를 든 '동학 비도' 이상도 이하도 아니었다. 그에겐 '우정'보다 임금에 대한 '충'이 먼저였다.

최익현은 1906년 6월 4일 임병찬과 함께 전북 태인에서 거병했다. 의병은 정읍, 곡성, 순창 등지로 이동하면서 800명으로 불어났다. 순창군수는 의병이 들어오자 바로 최익현 앞에 나아가 항복하고 곡성군수는 의병을 영접했다.

최익현·임병찬 의병대는 기세를 떨치며 전주로 가는 길목인 남원으로 향했다. 당황한 정부는 남원과 전주 진위대에 최익현의 체포와 의병군의 섬멸을 명했다. 최익현은 남원에 다다랐을 때 남원을 지키고 있는 부대가 일본군이 아니라 우리 측 진위대임을 알게 되었다. 한동안 고뇌하다가 6월 12일 "동족끼리 서로 박해하면 안 된다"며 의병 해산을 명했다. 동족의 가슴에 총탄을 쏘느니 차라리 자신이 포로가 되겠다는 뜻이었다. 의병들이 눈물을 머금고 해산한 곳에는 최익현과 임병찬을 포함해 13명만이 남아 있었다.

결국 최익현과 임병찬은 체포되어 서울에서 우리 사법부가 아닌 일본군의 심문을 받았다. 그리고 8월 28일(음력 7월 9일) 임병찬과 함께 대마도로 끌려갔으나 "왜놈의 땅을 밟지 않겠다"며 고국에서 신발 속에 가져간 흙 한 줌을 짚신 바닥에 깔고 살았다. 음식도 일본 것이라면 모두 거부했다. 결국 일본군 장교가 사과하고 다른 의병들이 국가와 민족의 앞날을 위해 자결해서는 안 된다고 간청한 후에야 3일 만에 다시 식사를 했다.

결국 최익현은 단식의 후유증으로 몸이 쇠약해진 탓에 1907년 1월 1일(음력 11월 17일) 대마도 땅에서 눈을 감았다. 보름 남짓 후 시신이 부산에 도착했을 때 수많은 백성이 운구 행렬을 뒤따르며 죽음을 애도했다. 유해는 충남 청양에 안치되었다. 임병찬은 최익현의 순국 후 대마도에서 풀려나 국채보상운동에 참여하고 1910년 망국 후에는 의병전쟁을 준비하다가 발각되어 다시 투옥되었다. 감옥에서 자결을 시도했으나 실패하고 거문도로 유배되어 그곳에서 1916년 한많은 생을 마감했다.

최익현을 가리켜 안중근 의사는 "실로 만고에 얻기 어려운 고금 제일의 우리 선생"이라 했고, 중국의 원세개는 "굴원과 개자추를 합친 절의"라고 격찬했다. 이토 히로부미 역시 최익현의 기개를 칭송했다.

파블로 피카소 '아비뇽의 처녀들' 완성
"나는 열두 살 때 이미 라파엘로처럼 그렸다."

파블로 피카소(1881~1973)는 생전에는 예술가가 누릴 수 있는 모든 명예와 부를 누리고 죽어서는 숱한 전설을 남긴 20세기의 대표적인 화가다. 그는 대부분의 미술계 대가들이 한 생애에 한 경향만 유지하다가 생을 마친 것과 달리 92살까지 장수하면서 변화무쌍한 화풍을 구사했다. 이런 잦은 변화를 비판하는 평자들도 있다.

피카소는 많은 여성과 염문을 뿌린 것으로도 유명하다. 공개적으로는 2명의 여성과 결혼하고 5명과 동거했으나 알려지지 않은 여성도 셀 수 없이 많다. 20~30살은 고사하고 45살이나 차이가 나는 여성도 있었다. 결혼을 하든 하지 않든 이 여성들은 때로는 모델이자 연인이었고 때로는 그의 아이를 낳은 아내였다. 피카소의 창조성은 새 여성을 만날 때마다 활화산처럼 폭발했다. 그의 여성 편력은 새로운 예술에 대한 욕망을 불러일으켰고 그는 화풍을 바꿀 때마다 새 애인을 그림에 등장시켰다. 공교롭게

파블로 피카소

도 그의 명성이 날로 높아가는 동안 이 여성들은 요절하거나 정신병을 앓거나 자살하는 등 불행한 종말을 맞았다.

피카소는 스페인 말라가에서 태어났다. "나는 열두 살 때 이미 라파엘로처럼 그렸다"고 말할 정도로 일찌감치 그림에 천재적인 재능을 보였다. 14세이던 1895년 바르셀로나로 이사해 아버지가 미술교사로 재직하는 미술학교에서 본격적으로 그림을 배우고 16세이던 1897년 마드리드 왕립 아카데미 미술학교에 입학, 그림을 심화시켰다.

당시 피카소는 10대였는데도 바르셀로나 전위 문예운동의 거점이던 '네 마리의 고양이'란 이름의 카페에 드나들면서 시인, 화가, 작곡가들과 교류하고 촉망받는 화가로 인정을 받았다. 1900년 2월에는 이들의 모습을 스케치한 그림들로 첫 개인전을 그 카페에서 열어 호평을 얻었다. 1900년 4월 개막한 파리 만국박람회에는 스페인 화가로 '최후의 순간'을 출품했다.

피카소는 1900년 10월 절친한 친구이자 화가인 카를로스 카사헤마스와 함께 청운의 꿈을 품고 프랑스 파리로 갔다. 당시 파리는 화가 지망생들에게는 꿈의 도시였고 피카소에게는 도시 전체가 거대한 미술학교였다. 그러던 중 1901년 2월 17일 카사헤마스가 권총으로 자살했다. 사랑했던 창녀가 자신의 청혼을 거절했기 때문인데, 그 여성이 피카소와 성관계를 맺었다는 사실을 알고 자살했다는 설도 있다. 피카소는 친구의 죽음에 충격을 받았다. 그해 중엽부터 아버지의 성인 '루이스' 대신 어머니의 성인 '피카소'를 따 파블로 피카소로 작품에 서명했다. 친구의 죽음 이듬해에는 친구를 그린 대작 '환기'를 비롯해 죽음을 다룬 몇 점의 그림을 그렸다.

피카소는 1901년 6월 24일 파리의 볼라르 화랑에서 첫 프랑스 개인전을 열었다. 화랑 주인 앙브루아즈 볼라르는 프랑스의 유명한 미술 중개인이자 수집가였다. 그는 고흐, 세잔, 마티스를 비롯한 파리의 주요 화가들을 일찌감치 알아보고 그들의 개인 전시회를 열어주며 적극적으로 후원했다. 피카소는 이후 스페인과 파리를 보헤미안처럼 오가다가 1904년 봄 파리에 정착했다.

92살까지 장수하면서 변화무쌍한 화풍 구사

당시 피카소가 숙식을 해결하고 아틀리에로 활용한 곳은 몽마르트르 언덕 부근의 라비냥 거리에 있는 건물의 5층이었다. 금방이라도 무너질 것 같은 건물은 피카소와 그의 가난한 보헤미안 친구들의 아지트였고, 3류 가수, 목수, 약장수, 상인, 건달 등 하층 계급들이 뒤섞여 사는 집합소였다. 건물은 센강에 떠다니는 세탁선을 연상시킨다고 해서 '바토 라부아르(세탁선)'로 불렸다. 피카소는 이곳에서 5년간 거주하면서 다양한 예술가들과 교유했다.

미술사가들은 피카소의 그 시기를 청색 시대(1901~1904)로 구분한다. 절친한 친구의 죽음이 영향을 미쳤을 그 시기에 피카소는 가난한 부부, 세탁녀, 거지, 창녀, 어릿광대 등의 우수와 비애, 절망과 죽음을 연민의 정으로 바라보았다. 이러한 소재들은 희미한 가로등의 불빛을 받아 차갑고 창백하게 보이는, 짙푸른 청색의 기조로 다뤄졌다.

피카소가 청색 시대의 팔레트와 소재를 버리고 장밋빛이나 적색으로 그림을 그리기 시작한 것은 1904년 말 무렵이었다. 이때부터 1906년까지의 시기를 '장밋빛 시대' 또는 '적색 시대'라고 부른다. 피카소를 '장밋빛 시대'로 안내한 여인은 페르낭드 올리비에다. 7명의 연인 중 첫 연인에 해당하는 그녀는 피카소의 일생 중 가장 가난했던 시절의 동반자였다. 올리비에 덕에 화폭은 밝아지고 그림은 장밋빛이 되었다. 청색 시대도 그랬지만 장밋빛 시대에도 주요 등장인물은 맹인, 반신불수, 난쟁이, 정신박약아, 거지, 어릿광대, 창녀, 줄 타는 무희, 곡예사, 점쟁이, 유랑 악사, 마술사 등이다. 다만 청색 시대에는 이들을 어둡게, 장밋빛 시대에는 밝게 그렸다는 차이가 있다.

피카소는 1906년 봄부터 여름까지 스페인에 머물며 밤낮으로 그림만 그렸다. 그중에는 이듬해 세상에 나올 '아비뇽의 처녀들'(243㎝×233㎝)을 위한 습작도 수백 점이나 되었다. 미국의 여류작가 거트루드 스타인의 초상을 그린 것도 그 무렵이었는데 초상화는 단순하면서도 힘이 있는 얼굴선과 거칠고 대범한 형태 표현으로 앞으로 전개될 '큐비즘'을 예고했다.

피카소는 또한 미지의 귀신을 퇴치하려 만든 아프리카의 목조(木彫)를 접하고 민족학박물관에 전시된 세계 여러 민족의 조각품들을 관람하면서 그 속에 신비롭고도 위험한 유령이 깃들어 있다고 생각했다. 통제할 수 없는 정체불명의 기이하고 사악한 힘도 서려 있는 것처럼 보였다. 그 과정에서 피카소는 앞으로 무엇을 해야할 지를 깨달았다. 당시 피카소는 '모자를 쓴 여인'(1905)과 '삶의 기쁨'(1906)을 그려 야수파의 대표 화가로 자리매김한 앙리 마티스의 그림에 자극을 받아 심적으로 동요하고 있었다.

피카소는 그동안 작업해 온 수백 점의 습작을 토대로 1907년 6~7월 '아비뇽의 처녀들'을 완성해 늦여름 지인들에게 공개했다. 그림을 그리는 동안에는 누구에게도 아틀리에 방문을 허락하지 않다가 그 문을 파리의 친구들에게 활짝 열어주자 지인들이 경악을 감추지 못했다. 기존의 그림과 달리 그림 속 여인 5명의 눈이 비뚤어지거나 얼굴이 뒤로 돌아가 있었기 때문이다. 몸은 각지고 뒤틀린 나체였으며 가면을 쓴 얼굴은 위협적이고 흉포한 표정이었다. 그림 속 여인은 피카소가 자주 들렀던 바르셀로나의 유명한 홍등가의 매춘부들이었다. 그래서 붙여진 당초 제목은 '아비뇽의 사창가'였으나 프랑스 시인 앙드레 살몽에 의해 '아비뇽의 처녀들'로 바뀌었다.

훗날 예술사가들이 입체주의(큐비즘) 예술의 출발점으로 간주하고 있는 '아비뇽의 처녀들'에서 피카소는 원근법, 명암법, 운필법 등 전통적인 기법을 완전히 내팽개치고 여러 각도에서 보이는 대상의 모습을 동시에 표현하려는 자신의 의도를 반영했다. 이것은 물체의 단순한 일면만이 아니라

피카소의 '아비뇽의 처녀들'(245×234cm)

여러 측면에서 파악되어야 한다는 분석적인 대상 해석의 방법을 창안한 것이다. '아비뇽의 처녀들'은 이전의 고전주의적 그림에서 보이는, 투시법에 기초한 대상의 정확한 재현이라는 서구 근대 회화의 근본적인 규범을 깨뜨렸다는 데 미술사적 의미가 크다.

하지만 당대에는 미에 대한 기존의 개념을 무너뜨린 추악하고 기괴한 그림이라는 혹평을 받았다. 마티스조차 조롱을 하고 분노를 표시했다. 야수파 화가인 앙드레 드랭은 "저 커다란 캔버스 뒤에서 목을 매달고 자살한 피카소가 발견될지도 모른다"며 우려를 표시했다. 결국 그림은 동시대 작가들의 이해 부족으로 아틀리에 한쪽 구석에 처박히는 신세로 전락했다가 17년 뒤인 1924년이 되어서야 한 미술 수집가에게 팔리면서 대중에 널리 알려졌다.

피카소는 1908년부터 조르주 브라크와 함께 입체주의 작품들을 잇따라 내놓았다. 작품이 발표될 때마다 파리 화단은 '큐비즘 열풍'에 빠져들었다. '큐비즘(입체주의)'이란 이름은 1908년 조르주 브라크의 그림을 본 마티스가 "큐브(입방체)들만으로도 그렇게 그릴 수 있구나"라고 감탄하고,

같은 해 평론가 루이 보셀이 "브라크는 형태를 무시하고 장소든 사람이든 집이든 모든 것을 기하학적 동형으로 즉 입방체로 환원했다"라고 평을 쓰면서 미술사의 한 획을 긋는 용어로 자리 잡았다. 이후 큐비즘은 조각, 건축, 무대미술 등으로부터 문학, 음악 등에 이르기까지 20세기 예술의 전 영역에 침투함으로써 20세기 예술 혁명을 이끌었다.

서구 근대 회화의 근본적 규범 깨뜨려

피카소의 화풍에 또다시 변화가 생긴 것은 1917년 댜길레프 무용단의 무대 디자인을 맡은 것이 계기가 되었다. 이른바 신고전주의의 시작이었는데 이 변화는 무용단원인 올가 코클로바를 만나면서 시작되었다. 대체로 큐비즘 시대까지의 피카소의 작품이 사회적 주제나 조형적 관심으로 일관되었다면 신고전주의를 추구할 때는 올가를 비롯한 여러 여인의 생활이 중심 테마로 등장하는 등 자전적인 것이 특징이다.

피카소는 1925년부터 초현실주의 화풍을 유지하는 등 왕성한 활동을 전개했다. 그러던 중 1933년 히틀러가 집권하고 1936년 프란시스코 프랑코 장군이 촉발한 스페인 내란으로 전환기를 맞았다. 피카소는 스페인 공화파에 가담, 침략자와 독재자의 반대편에 섰다. '프랑코의 꿈과 거짓'이라는 연작 등 판화를 제작해 독재자에 대한 분노를 드러냈다. 그중 유명한 그림이 1937년 작 '게르니카'다.

1937년 4월 26일, 독일 공군의 콘도르 비행단이 스페인의 게르니카를 무차별로 폭격해 1,600여 명의 목숨을 빼앗았다. 피카소는 모든 활동을 중단하고 게르니카의 참상을 대형 벽화에 담았다. 그렇게 완성된 그림 '게르니카'(7.82m×3.51m)에는 고통과 분노, 절규와 죽음이 가득했다. 흑백을 주조로 한 단순 배색과 기하학적 구도로 전쟁의 비극을 더욱 강하게 부각했다. "전쟁과 폭력을 고발한 20세기 묵시록적 작품", "학정에 대한 저항과 화해의 상징"이라는 찬사가 쏟아졌다.

피카소는 파리가 나치로부터 해방된 1944년 프랑스 공산당에 정식 가입했으나 피카소의 현대성과 프랑스 공산당의 예술관이 부딪치면서 곧 불화하는 관계가 되었다. 첫 충돌은 한국전쟁을 소재로 한 '한국에서의 학살'(1951)에 대해 프랑스 공산당이 그림 형식을 문제 삼으면서 시작되었다. 대중이 이해할 수 없는 그림이라는 비판이 제기되자 피카소의 분방한 예술은 끝내 그들과 결별하는 수순을 밟았다.

1950년대에 피카소는 과거의 대가들 작품을 매재(媒材)로 끌어냈다. 즉 다른 유명 화가들의 작품을 모델로 삼아 자신의 화풍으로 다시 그린 것이다. 대표적인 게 외젠 들라크루아의 '알제의 여인들'을 본떠 그린 피카소 풍의 '알제의 여인들'이다. 이것을 두고 창조냐 표절이냐는 시비가 있었지만 오늘날에는 그대로 모방한 것이 아니라 전혀 다른 풍으로 해석되어 독창성을 인정받고 있다. 피카소의 '알제의 여인들'은 2015년 경매 사상 최고가인 1억 7,936만 달러(1,968억 원)에 경매되었다. 피카소는 다작으로도 유명하다. 1973년 92세로 숨질 때까지 그림 말고도 도자기, 조각, 판화, 데생, 콜라주 등 각 방면에 손을 댄 작품이 자그마치 4만여 점에 이른다.

1908년

항일 의병의 '서울 진공작전'과 주요 의병장

빈약한 화승총으로 무장했지만 게릴라전을 펼치며 신식 무기로 무장한 일본군의 간담을 서늘케 했다.

1907년 8월 1일 대한제국 군대의 강제 해산에 반발하며 시작된 대한제국 군인들의 저항을 계기로 전국에서 국권 회복을 위한 항일 의병투쟁이 봇물처럼 터졌다. 신분과 지위 고하를 막론하고 전국 각지에서 봉기한 의병장 중 특히 이름을 떨친 의병장으로는 강원도의 이인영·민긍호, 경기도의 허위, 충청도의 이강년, 경상도의 신돌석, 호남의 기삼연·전해산(전수용) 등이 있다. 의병들은 비록 빈약한 화승총으로 무장했지만 게릴라전을 펼치며 신식 무기로 무장한 일본군의 간담을 서늘케 했다.

이인영(1868~1909)은 경기도 여주에서 태어나 1895년 일제의 민비 시해와 단발령을 통탄하며 고향에서 봉기했다. 이후 강원도 원주에서 활동하다가 1896년 3월 충북 제천을 근거지로 삼고 있는 유인석 의병진에 합류했다. 1897년 유인석이 관군에 쫓겨 근거지를 옮길 때는 따라가지 않고 고종의 선유에 따라 부대를 해산한 뒤 경북 문경 산중에 은거했다.

그렇게 10여 년을 보내고 있던 1907년 일제가 고종을 강제로 퇴위시키고 군대를 해산하자 울분을 참지 못하고 1907년 8월 강원도 원주에서 거병했다. 강원 지역을 중심으로 30여 차례 항전을 벌이던 중 경기도에서 의병 활동을 벌이던 허위와 뜻이 맞아 1907년 11월 서울로 진격하자는 통문을 전국의 의병 부대에 돌렸다.

강원도의 민긍호, 충청도의 이강년 등 전국의 의병장들이 호응한 결과 1907년 12월 의병 연합부대인 '13도 창의대진소'가 경기도 양주에서 결성되었다. 이인영이 총대장, 허위가 군사장에 추대되고 관동군(강원) 창의대장

왼쪽부터 이인영, 허위, 민긍호, 이강년, 신돌석, 전해산

민긍호, 호서군(충청) 이강년, 호남군(전라) 문태수, 교남군(경상) 박정빈, 진동군(황해) 권의회, 관서군(평안) 방인관, 관북군(함경) 정봉준이 지역별 대장으로 이름을 올렸다. 당초 발표된 교남군 창의대장은 신돌석이었으나 신돌석이 자신의 근거지에서 계속 전투를 벌여 박정빈으로 교체되었다. 연합부대 규모가 총 1만여 명에 달한다는 기록이 있지만 실제로는 모이기로 예정된 병력의 총합인 것으로 보인다.

연합 의병부대의 목표는 '서울 진공작전'이었다. 연합부대는 1908년 1월 이인영과 허위가 이끄는 300명의 선봉대를 앞세워 동대문 밖 30리까지 진출했다. 선봉대는 곧 망우리 일대의 군사 요충지를 선점한 일본군과 전투를 벌였으나 화력과 병력을 당해낼 수 없었다. 더구나 본대는 도착도 하지 않고 있었다. 이강년 부대는 양주 왕방산에서 일본군에 묶여 있었고 민긍호 부대는 진군 중이었다. 결국 선봉대는 후퇴를 결정했다.

그 무렵 총대장 이인영의 부친이 작고했다는 소식이 전달되었다. 이인영은 부친상을 치르기 위해 뒷일을 군사장 허위에게 일임한 채 경북 문경으로 돌아갔다. 결국 1차 서울 진공작전은 실패로 끝이 났다. 이인영은 1909년 6월 충북 영동군 황간에서 체포되어 9월 20일 서울에서 순국했다.

허위(1854~1908)는 의병운동사에서 빼놓을 수 없는 인물이다. 경북 선산 태생인 허위 역시 민비 시해와 단발령에 분개했다. 1896년 3월 경북 김천 읍내에서 수백 명의 장정이 항일 의병의 기치를 내걸 때 참모장을 맡았다. 허위 부대는 경북 김천과 성주에서 의병을 모집한 뒤 대구로 진격했으나 관군에게 패해 충북 진천으로 이동해 때를 기다렸다. 그때 "충정은 알겠으나 자중하라"는 고종의 밀지가 내려와 허위는 의진을 해산한후 낙향해 학문에 정진했다.

그러다가 1899년 고종의 부름을 받아 성균관 박사, 중추원 의관, 평리원 서리 재판장(대법원장 서리), 의정부 참관, 비서원승 등을 지내며 쓰러져가는 나라를 바로 세우고자 했다. 1905년 1월에는 일제의 침략상을 규탄하고 전 국민이 의병 대열에 나설 것을 촉구하는 배일 통문과 격문을 전국에 살포했다가 4개월간 구금되었다. 고향에서 은거하고 있던 1905년 11월 을사조약이 강제 체결되자 다시 고향을 떠나 전국을 돌며 지사들과 시국을 논했다. 곽종석, 유인석, 민긍호, 이인영, 이강년 등이 그들이었다. 허위는 1907년 다시 의병을 일으켜 연천과 철원 등 주로 경기 북부 지역에서 활동했다.

허위는 의병 운동사에서 빼놓을 수 없는 인물

허위는 제1차 서울 진공작전이 무산된 후에도 제2차 서울 진공작전을 준비했다. 1908년 4월 전국의 창의대장과 연명으로 13도 의병 연합부대의 재의거 격문을 전국에 띄워 이에 호응하는 의병들과 연합군을 재편성했다. 그리고 경기도의 창신리, 불광리, 뚝섬, 동작나루에서 서울 진공작전에 나섰으나 이번에도 압도적으로 우세한 일본군에 밀려 1908년 6월 다시 서울 외곽으로 철수했다.

그러던 중 은신처가 발각되어 1908년 6월 체포되었고 그 해 9월 27일(양력 10. 21) 서대문형무소에서 형무소 개소 후 첫 사형수로 순국했다. 당시 허위를 신문한 일본인 소장은 허위를 가리켜 "조선의 국사(國士)"라 추앙하고 안중근은 "관계 제일의 충신"이라며 구국의 본보기로 삼았다. 허위가 제1차 서울 진공작전을 펼친 것을 기념하기 위해 1966년 서울시가 공식 명칭으로 지정한 도로명이 허위의 호를 딴 '왕산로'(동대문~청량리)다.

허위 집안만큼 일가족 모두가 독립운동에 뛰어든 예도 드물다. 허위의 형 허혁은 1912년 한인 자치단체 조직으로 만주에서 결성된 '부민단'의 초대 총장을 지냈고 조카 허형식은 만주 동북항일연군 참모장이었다. 허위의 조카딸 허길은 퇴계의 진성 이씨 집안에 시집가 저항시인 이육사를 비롯해 아들들을 독립지사로 길러냈다.

친손자인 허진은 독립군인 아버지를 따라 만주 벌판을 누비다 광복 후 북한으로 갔다. 그러나 러시아 모스크바로 유학을 갔다가 1956년 흐루쇼프의 스탈린 격하 운동을 보고 김일성 비판 운동을 시작했다. 북한 최초의 민주화 운동이자 반김일성 운동이었다. 1957년 주소련 북한대사관에 잡힌 그가 2층 화장실 창문을 통해 탈출한 사건은 유명하다.

민긍호(미상~1908)는 1907년 8월 군대 해산 당시 강원도 원주 진위대 소속 군인이었다. 그는 서울 시위대의 봉기 소식을 듣고 무장봉기를 결심한 뒤 원주 진위대 대대장 홍유형을 설득했으나 대대장이 겁을 먹고 도망가자 자신이 원주 진위대를 직접 지휘하기로 작정하고 1907년 8월 5일 거병했다. 병사들은 원주를 비롯해 여주, 이천, 홍천 일대를 옮겨다니며 전투를 벌였는데 그 횟수가 100여 회에 달했다.

1차 서울 진공작전 때는 경기도 가평을 거쳐 서울 근교까지 진출했으나 서울 진공작전이 무위로 돌아가자 다시 강원도로 돌아가 유격전을 펼쳤다. 그러던 중 1908년 2월 29일 강원도 원주 치악산 인근에서 숙영하다가 일본군에게 피살되었다. 민긍호의 거병은 대한제국 군대가 일으킨 첫 의병이라는 점에서 의의가 크다.

이강년(1858~1908)은 경북 문경에서 태어나 무과에 급제했는데도 고향에서 학문에 열중하다가 1894년 동학군에 투신했다. 1896년 을미의병이 전국적으로 번졌을 때 고향에서 거병 후 일본의 앞잡이로 지목된 안동관찰사 등 3명을 처단했다. 그 후 충북 제천으로 이동해 유인석 의병 부대에 합류하고 각종 전투에서 뛰어난 전공을 세웠다. 1897년 일제와 관군에 쫓긴 유인석을 따라 중국 요동으로 건너갔다가 충북 단양으로 되돌아왔다.

이후 10년이 지난 1907년 의병운동이 전국적으로 확산하자 다시 의병을 일으켜 원주, 제천, 단양 등지에서 전과를 세웠다. 서울 진공작전 실패 후에도 강원도 인제 전투를 비롯해 경북 안동과 봉화 등지에서 치열하게 전투를 벌였다. 하지만 1908년 6월 충북 청풍의 까치봉 전투에서 일본군의 총탄을 맞고 체포되어 1908년 10월 13일 교수형에 처해졌다.

평민 출신 신돌석의 등장은 획기적인 사건

신돌석(1878~1908)은 30년의 짧은 인생을 살면서도 항일 무력투쟁에 뚜렷한 족적을 남긴 후기 의병운동의 대표적 인물이다. 흥미로운 사실은 그 시대 다른 의병들과 달리 홍길동이나 전우치처럼 온갖 신화의 주인공으로 각인되어 있다는 점이다. 축지법을 쓰고 전신주를 뽑아 일본군을 쳐죽였다는 등의 무용담도 신돌석에게서만 발견되는 특징이다. 더구나 그에 관한 기록이 많지 않다 보니 그저 바람결처럼 입으로 전해지는 것이 많다.

신돌석은 경북 영덕에서 태어났다. 선조 중에는 양반에 해당하는 향리가 적지 않았으나 점차 가세가 기울고 직책을 받지 못해 신돌석이 태어날 무렵에는 평민 신분으로 전락했다. 다행히 부친이 적당한 재산을 갖고 있어 신돌석은 양반가 서당에서 글을 배우고 양반들과 교류했다.

신돌석은 1896년 을미사변과 단발령에 항거하는 전기 의병운동이 전국적으로 펼쳐졌을 때 고향의 영덕 의진(義陣·의병부대)에 참가해 관군을 상대로 전투를 벌였다. 1897년 말 의병이 해산된 후에는 10년간 전국을 방랑하며 지사들과 교유하고 세상 돌아가는 형세를 살폈다. 그러다가 1906년 4월 거병했다. 유교적 지배 질서 사회에서 평민 출신 지도자가 탄생한 것은 당시로서는 획기적인 사건이었다.

신돌석은 먼저 영덕 부근의 일본군을 격파한 뒤 울진의 일본 기지를 4차례 공격해 때로는 패배하고 때로는 성공했다. 이후 영양과 울진 관아, 영해읍과 영덕읍을 공격하며 세를 과시했다. 활동 무대는 남으로는 경상도 영덕·포항·경주 접경지, 북으로는 강원도 삼척 남부, 서로는 일월산에서 영양을 거쳐 청송에 이르기까지 경상북도 전역을 포괄했다. 신돌석 부대는 200~300명 단위로 작전을 펼쳤다. 주요 공격 대상은 관아였으나 때로는 일본이 장악했거나 일본의 이익을 위해 존재하는 경무서와 우편소 등을 습격했다.

전국적으로 명성을 떨치던 신돌석 의진의 활동 범위가 현격히 축소된 것은 1907년 말 시작된 '신돌석 생포 작전'의 여파였다. 일본 경찰은 골짜기를 누비면서 의병 용의자들을 색출하고 의병과 주민 사이의 연결 고리를 잘라버려 신출귀몰하는 신돌석을 압박했다. 1907년 말 일제가 발급한 '면죄문빙(免罪文憑·귀순자의 죄를 면하는 증서)'과 1908년 6월 만들어진 헌병 보조원 제도는 결정타였다.

일제는 1908년 9월 무뢰한으로 구성된 4,000여 명의 보조원을 선발해 헌병·경찰과 함께 활동하게 했는데 이들은 특정 지역의 지리, 친인척 관계 및 활동 양상까지 훤하게 꿰고 있어 의병에겐 매우 위협적인 존재였다. 결국 신돌석 의진에서도 투항자가 나타나 신돌석은 기동력을 이용한 유격전으로 전술을 바꿔야 했다. 부대 규모는 100명 이하로 줄어들었고 숙식은 거의 산중 요새에서 해결했다. 힘겨운 산악 행군도 잦아졌다. 1908년 후반기 들어 전국적으로 의병 투항자가 급증하는 가운데 신돌석의 부하도 예외가 아니었다.

곧 닥칠 혹한에 보급까지 어려워지자 신돌석은 더 이상 버티면 남은 부하들의 희생만 가져온다고 판단해 1908년 10월 몇 명의 인원만 남기고 모두 살길을 찾아 떠나도록 했다. 자신은 만주로 갈 계획이었다. 만주행에 앞서 1908년 12월 11일 밤 9시 무렵 경북 영덕군 북면 눌곡(현 지품면 눌곡)으로 가 과거 자신의 부장이던 김도윤(김상렬로도 불림)과 그의 형 김도룡(김상근으로도 불림)을 만났다. 그런데 며칠 후 일본 경찰이 "신돌석이 12월 12일(음력 11월 19일) 새벽 1시 무렵 살해되었다"고 발표했다.

일본 측 기록에 따르면 신돌석이 1908년 8월 귀순한 김도윤을 회유하는 과정에서 형 김도룡과 언쟁이 벌어지자 김도윤이 돌로 신돌석의 뒤통수를 내리쳐 죽였다는 것이다. 그 무렵 한국인이 작성한 기록물에는 김도윤 형제가 현상금을 타낼 목적으로 신돌석을 취하게 한 후 살해한 것으로 나와 있지만 현장을 조사한 일본 측 기록이 더 신뢰를 받고 있다. 김도룡은 체포되고 김도윤은 도주했다. 시신은 신돌석의 집 뒷산에 매장되었다가 1971년 서울 국립묘지로 이장되었다.

무려 5만 3,000여 명의 의병이 이 땅 위에 선혈 뿌려

호남 지방에서는 기삼연(1851~1908)과 전수용으로도 불리는 전해산(1879~1910)의 활약이 컸다. 기삼연은 전남 장성에서 태어나 호남 유림을 대표하는 기정진의 문하에서 글을 배웠다. 1896년 3월 기우만, 고광순 등이 광주에서 봉기하자 장성에서 300여 명의 의병을 모집해 광주 의진에 합류했다. 하지만 그해 4월 정부 관리가 광주에까지 내려와 의병 부대 해산을 권유하자 기우만은 기삼연의 반발에도 불구하고 의병을 해산했다. 결국 기삼연도 고향으로 돌아가야 했다.

그렇게 10년간 고향에서 은거하던 기삼연이 전남 영광에서 봉기한 것은 의병 항쟁이 전국적으로 확산하던 1907년 10월이었다. 기삼연은 호남 각지의 의병을 규합해 '호남창의회맹소'라는 연합 의병 지휘부를 결성했다. 호남창의회맹소는 각지에서 따로 활동하다가 작전 목표가 정해지면 각개 행동으로 집결지에 모여 일시에 작전을 수행했다가 다시 분산하는 전법을 구사했다.

호남창의회맹소의 선봉장은 김태원이었다. 그는 1907년 12월 전북 고창에서 일본군을 격파하고 1908년 1월 일본인이 다수 거주하는 전남 영광 법성포로 진격, 순사 주재소와 우편소, 일본인 가옥 7채를 불태웠다. 그리고 일본군의 추적을 따돌리기 위해 다시 부대를 분산했다. 기삼연이 영도하는 본대는 장성과 담양, 김용구가 지휘하는 부대는 고창, 김태원이 인솔하는 부대는 나주·함평·광주로 이동해 활동을 전개했다.

의병 부대가 각지에서 기세를 떨치자 일본군이 병력을 대거 호남으로 파견했다. 기삼연은 겨울을 보낼 생각으로 300여 명의 의병 부대를 이끌고 1908년 1월 전남 담양의 금성으로 이동했다. 하지만 일본군의 급습으로 30여 명이 전사하는 큰 피해를 당했다. 잔여 병력을 이끌고 전북 순창의 산간 지대로 들어가 은신하다가 음력 설날이 다가오자 의병들을 해산해 고향에서 설을 지내게 한 다음 정월 보름에 다시 집결토록 했다. 기삼연은 부근에서 휴식을 취하다가 일본군에게 은신처가 발각되어 설날인 1908년 2월 2일(음력 1월 1일) 체포되었다. 곧바로 광주로 호송되어 2월 3일 처형되었다.

전해산은 전북 임실 출신으로 1907년 전국에서 의병운동이 확산하자 1908년 2월 임실에서 결성된 '창의동맹단'의 참모로 의병활동에 가담했다. 창의동맹단은 호남 동부 지역 9개군을 활동 지역으로 삼아 경찰서와 헌병분견소 등을 습격하고 일본군 토벌대와 전투를 벌였다. 하지만 1908년 3월과 4월 전투에서 잇따라 참패해 활동이 위축되자 다른 의병 부대를 찾아 나섰다.

광주에 머물고 있을 때 강제 해산된 수십 명의 대한제국군 군인들이 찾아와 의병대장을 맡아줄 것을 요청했다. 전해산은 1908년 8월 '대동창의단'을 조직했다. 군인, 유생, 농민, 포수 등 500여 명으로 결성된 대동창의단은 이후 10개월 동안 일본군과 70여 차례 교전을 벌이며 한때 호남 서남부 지역에서 세력을 떨쳤다. 1908년 겨울에는 호남 지역 의병 연합체로 결성된 '호남동의단' 대장으로 추대되어 전라도 전역을 활동 지역으로 삼았다.

그러나 1909년 9월부터 일제가 벌인 '남한 대토벌작전'으로 의병 활동이 한계에 봉착했다. 남한 대토벌 작전은 전남 전체를 완전 포위해 동남으로 그물질하듯 좁혀 들어가는 작전이었다. 약 2개월에 걸친 이 도살 작전으로 전남 지역 의병은 거의 섬멸되다시피 했다. 전해산도 후일을 도모하며 1910년 5월 시골에 은신했으나 결국 일본군에 체포되어 광주법원에서 사형선고를 받고 1910년 8월 22일 교수형에 처해졌다. 부인은 독약을 마시고 자결했다.

당시 의병의 규모는 어느 정도였을까? 신용하 전 서울대 교수는 동아일보에 기고한 '신용하의 새로 쓰는 한국 문화'(2003.3.6)에서 의병의 규모를 이렇게 기록했다. "일제의 저평가된 통계에 의해도 1907년 8월부터 1910년까지 연인원 14만 6,000명의 의병이 2,820회의 항일 전투를 전개했다. 이 중 1908년 전투가 1,452회, 전투 참가 의병이 6만 9,832명이었다. 이 전투 대부분이 의병 연합부대의 서울 진공작전 전투였다. 일본군 사령부는 1908년 2, 3월에 의병의 종식을 보리라 예견했는데 도리어 5월에 의병의 '미증유의 치성(熾盛)'이 있었다고 기록 보고했다. 의병 희생자는 일본군의 저평가된 통계에 의해도 1907년 8월부터 1909년 말까지 전투 중 전사한 의병이 1만 6,700여 명, 중상자가 3만 6,770여 명이었다. 빼앗긴 조국을 찾으려고 이 짧은 기간에 무려 5만 3,000여 명의 의병이 이 땅 위에 선혈을 뿌린 것이다."

한말 의병 전쟁　　한말 의병 전쟁은 1894년 6월 시작해 1918년까지 약 25년간 계속되었다. 시기별로는 전기 의병, 중기 의병, 후기 의병, 전환기 의병으로 나뉜다. 전기 의병(1894~1896)은 1894년 동학군에 가담했다가 의병으로 발전하고 1895년 일제의 민비 시해와 단발령 후 본격적으로 확산한 시기의 의병이다. 주도 세력은 재야와 유생이었고 이념적 지향은 복고성, 반근대성, 근왕성이다. 봉기 이념은 위정척사이지만 충군의 성격을 띤 의병도 있었다. 전기의병을 대표하는 의병장은 유인석과 기우만이다. 전기 의병은 1896년 2월 아관파천으로 친일 내각이 물러나고 정부가 단발령을 철폐함에 따라 점차 해산되었다.

중기 의병(1904~1907.7)은 일제가 1904년 2월 러일전쟁을 일으킨 후 '한일의정서'를 강제로 체결한 것이 도화선이 되었다. 여기에 1905년 11월 을사조약이 체결된 후 더욱 확산했다. 허위·원용팔 등 유림이 주도했으나 최익현과 민종식처럼 관료 출신 의병장의 활약도 두드러졌다.

중기 의병은 전기 의병에 비해 구국 의병적 성격이 강화되고 민중운동적 성격을 띠었다. 유림이라고 해도 성리학이 존립할 국가가 위태로운 상황에서 먼저 국가를 보전하는 것이 급선무였기 때문이다. 중기 의병 때는 활빈당 등의 농민운동 조직이 의병으로 전환한 경우도 있었다. 대표적인 경우가 신돌석 의진이다. 고종이 전기 의병 때와 달리 의병 봉기를 적극 지원했다는 점도 중기 의병의 또 다른 특징이다.

후기 의병(1907.8~1909.10)은 1907년 고종의 강제 퇴위, 정미7조약 체결, 군대 해산 등으로 망국 사태가 심화하면서 일어나 전 국민이 동참하는 의병 전쟁으로 발전했다. 후기 의병은 전기와 중기 의병에 비해 전국적이고 대규모였다. 이념적 성향과 지도 계층은 다양하고 독립 전쟁의 성격이 강했다. 이강년·이인영처럼 전통 유학자의 충군적인 성향과 허위·민긍호처럼 충군적이지만 근대 국가를 지향한 성향이 혼재했다. 홍범도처럼 평민 출신

의병이 추구하는 반봉건적인 성향도 있었다. 전투성, 조직성, 기동성, 지속성이 높아진 것도 후기의병의 특징 중 하나다.

당시 의병의 모습. 1907년 영국 신문 특파원으로 한국에 온 프레드릭 매킨지가 촬영했다.

전환기 의병(1909.11~1915.7)은 국내 의병이 해외로 이동해 독립군으로 전환하는 시기의 의병을 말한다. 일제의 '남한 대토벌 작전'에 의해 의병 전선이 심대한 타격을 입고 국내 항쟁이 불리한 조건에 놓였기 때문이다. 이들 의병 중 일부는 연해주와 만주로 이동, 초기 독립군으로 활약했다.

최남선 '신문관' 설립과 '소년'지 창간

일제 말기에 친일 활동을 벌여 그를 아끼고 사랑한 동료 지식인들을 안타깝게 했다.

최남선(1890~1957)은 다양한 근대 잡지를 펴내고 우리의 고전을 단행본으로 발간한 출판인이자 신문화의 선구자였다. 단군을 우리 역사에서 제외하려 한 일본의 관제 학자들에 맞서 싸운 사학자이자 논객이었다. 무엇보다 3·1독립선언문을 기초해 2년 8개월간 옥고를 치른 독립운동가였으나 일제 말기에 친일 활동을 벌여 그를 아끼고 사랑한 동료 지식인들을 안타깝게 했다.

최남선이 일찌감치 개화 문명을 접하고 문화 활동을 활발하게 펼칠 수 있었던 것은 한약재 무역업으로 거부가 된 부친 최헌규 덕분이었다. 부친은 두 아들 최창선과 최남선이 장차 문명개화 사업을 벌일 수 있도록 물

최남선

심양면으로 지원했다.

최남선은 1902년 일본인이 운영하는 경성학당에 입학했다. 일본어, 산수, 지리 등을 배우다가 황실 유학생으로 뽑혀 1904년 11월 일본 도쿄부립 제1중학교에 입학했다. 그러나 집안에 사정이 생겨 1개월 만에 자진 사퇴하고 1905년 1월 귀국했다가 1906년 4월 다시 일본으로 건너가 그해 9월 와세다대 고등사범 지리역사과에 입학했다. 이번에는 1907년 3월 일본 학생들이 조선 국왕을 모독하는 모의국회 사건에 항의하다 10여 명의 다른 유학생들과 함께 자퇴했다. 일본 유학 시기에 최남선은 2살 위 홍명희의 하숙집에 드나들었고 그곳에서 2살 아래 이광수를 만났다. 세 사람은 '도쿄 삼재'로 불렸다.

최남선은 우리의 국력과 국세가 날로 쇠퇴하는 원인이 신문명의 도입과 신문화 건설의 후진성에 있음을 일본에서 절감했다. 1908년 4월 도쿄에서 인쇄 기술을 속성으로 배우고 부친이 내준 자금으로 활판인쇄기, 주조기, 자모기 등을 사 모은 뒤 일본인 인쇄 기술자들을 데리고 귀국했다.

1908년 6월 서울 중구 상리동(지금의 외환은행 본점 동편 어름)에 위치한 부친의 약재상 건물에 '신문관'이라는 간판을 내걸고 위층은 편집실로 아래층은 사무실로 꾸몄다. 옆집을 사서 벽을 튼 곳에는 인쇄 공장을 차렸다. 그 무렵, 출판·인쇄 활동은 신문화 운동의 중심축이자 민족공동체를 구성하는 중요한 수단이었다. 부친의 자금이 신문관 창립의 밑거름이었다면 형 최창선은 신문관 운영의 숨은 주역이었다. 최남선이 잡지와 단행본의 콘텐츠를 고민하고 있을 때 형은 발행인·인쇄인으로 신문관 경영을 책임졌다. 신문관은 점차 편집·인쇄·판매의 네트워크를 갖춘 근대적인 출판 복합체로 성장했다.

최남선은 1908년 11월 1일 '소년'지를 창간했다. '소년'은 오늘날 본격적인 청년교양잡지의 효시로 꼽힌다. 우리나라 잡지사를 돌아보면, 우리나라에서 최초로 발간된 잡지는 1892년 1월 영국인 선교사 올링거 부부가 창간한 '코리안 리포지터리(The Korean Repository)'다. 한국인이 최초로 발간한 잡지는 1896년 2월 재일 유학생들이 창간한 '친목회보'다. 다만 '코리안 리포지터리'는 외국인이 발간한 영문 잡지이고, '친목회보'는 일본에서 발간되었기 때문에 두 잡지를 우리나라 최초의 잡지로 받아들이는 데는 무리가 있다.

그래서 조선 최초의 잡지로 인정하는 것은 1896년 11월 '독립신문'의 자매지로 창간한 '대죠선독립협회보'(반월간)다. 이후에도 1906년 6월 상동교회의 전덕기가 여성을 위해 창간한 '가뎡잡지', 1906년 11월 청소년잡지로 창간한 '소년 한반도' 등 여러 잡지가 명멸했다.

그런데도 조선잡지협회가 1965년부터 제정·기념하고 있는 '잡지의 날'은 '소년'지가 창간된 1908년 11월 1일이다. 우리나라 종합잡지의 효시를 말할 때도 언제나 거론되는 것이 '소년'지다. 이유는 '소년'지가 우리나라 문학사의 한 획을 긋는 기념비적인 간행물인 데다 내용과 형식면에서 잡지 형식을 완벽하게 갖췄기 때문이다.

근대 잡지를 펴낸 출판인이자 신문화의 선구자

'소년'지 창간호는 대륙을 향해 앞발을 들고 일어서 포효하는 호랑이 모습의 한반도 지도를 실어 눈길을 끌었다. 호랑이 지도를 게재한 목적은 일본의 지리학자 고토 분지로가 한반도를 토끼 형상에 비유해 조선이 대륙에 대해 두려워하고 순응하며 살아야 하는 약한 존재임을 주입하려는 의도를 뒤집는 데 있었다.

창간호 독자는 6명, 2호는 14명에 불과했다. 1년이 지나도 200명을 넘지 못했다. 그러나 점차 이광수, 홍명희, 박은식 등의 문필가들이 필자로 가담하면서 큰 인기를 끌었다. '소년'은 요즘의 10대 소년이 아니라 새로운 사상을 가진 신세대를 뜻했다. 창간호는 '이솝 우화', '걸리버 여행기' 등 해외 소설과 자연과학, 한국사, 국내외 지리, 석탄과 철 등을 다루고 러시아의 표트르 대제 등을 위인으로 소개했다.

'소년'은 신민회의 청년운동 단체로 출범한 청년학우회의 기관지 역할도 했다. 윤치호·이승훈·최남선 등 12명이 발기인으로 참여한 청년학우회의 취지·강령·동향 등은 '소년'을 통해 전파되었다. '소년'은 최남선이 창가와 시조를 보급할 때도 적극 활용되었다. 2008년 조선동시문학회는 '해에게서 소년에게'가 발표된 11월 1일을 '동시의 날'로 제정·기념하고 있다. 최남선은 '소년'에 투고하는 독자들에게는 새로운 문장을 쓰도록 요청했다. 시를 쓸 경우 순전한 우리말로 쓰고 그 말의 뜻이 분명하지 않을 때만 옆에 한문을 달도록 했다. 당시는 중국의 고사를 많이 인용하는 것이 글의 질을 높인다고 생각하던 때였다.

'소년'은 통감부와 총독부로부터 여러 차례 압수와 발행금지 처분을 당하다가 1911년 5월 통권 23호로 종간되었다. '소년'은 창간만으로도 조선 문학사의 첫머리를 장식할 만큼 기념비적인 일이었지만 최남선의 권두시 '해에게서 소년에게'가 창간호에 실렸다는 점에서도 큰 의미가 있다. 흔히 최초의 신체시 또는 신시의 효시로 꼽는 '해에게서…'는 비록 제목이 번역투이고 본문의 정조도 지금의 눈으로 보면 퍽 유치하지만, 4·4조나 7·5조 같은 그때까지의 창가 형식에서 벗어나 자유시 형태를 취했다는 점에서 우리 문학사의 일대 혁신으로 기록되고 있다.

최남선은 이후에도 '붉은 져고리', '새별', '아이들 보이', '청춘' 등의 잡지를 계속 창간했다. '붉은 져고리'는 1913년 1월 창간된 첫 어린이 대상의 격주간 신문으로 1913년 6월 제12호를 끝으로 종간되었고 '새별' 첫호는 '붉은 져고리'가 종간되기 전인 1913년 4월 발행되었다. '아이들보이'는 '붉은 져고리'가 종간된 후인 1913년 9월 창간되었다.

최남선은 1914년 10월 성인 대상의 본격적인 종합잡지 '청춘'을 창간해 계몽운동에 힘썼다. 이광수·홍명희·현상윤·이상협 등 젊은 문사들이 글을 쓰고 일본에서 서양화를 공부하고 돌아온 우리나라 최초의 서양화가 고희동이 표지를 그렸다. '청춘'은 과학·역사·지리·세계고전 등 다채로운 편집으로 종합교양잡지 면모를 갖춰나갔다. 현상금까지 내걸고 문예 작품을 모집했다. 서구의 명작을 소개하고 우리의 고전을 발굴하는 등 근대문학 형성에 기여하다가 1915년 3월 통권 제6호가 국시 위반이라는 이유로 정간되었다. 이후 속간과 휴간, 월간과 격월간을 반복하다가 1918년 9월 제15호를 끝으로 사라졌다.

'소년'지는 우리나라 종합잡지의 효시

최남선은 '한글'과 '어린이'라는 순 우리말도 창안했다. 사람들이 저마다 '우리글', '국문', '언문', '조선글', '배달글', '정음' 등 다르게 부를 때 '아이들 보이' 1913년 10월호에서 우리말을 처음 '한글'이라고 이름 붙임으로써 한글을 탄생시켰다. '청춘' 창간호(1914.10)에는 시 '어린이 꿈'을 게재함으로써 방정환이 1920년 '개벽'지에 발표한 '어린이 노래'보다 6년이나 앞서 '어린이'라는 단어를 사용했다.

최남선은 일본의 과학잡지나 과학서 등에 실린 서구의 과학·지리·문학 등을 번역해 '소년'과 '청춘'에 게재했다. '대한지지', '조선불교통사' 등 지리역사서, '조선말본' 등 국어학 사전, '검둥이의 설움'(엉클 톰스 캐빈) 등 번역소설류 등도 출판했다. 그중에서도 우리나라 문고본의 효시인 '십전총서'와 '육전소설'은 신문관 출판의 가장 큰 공적으로 기록되고 있다.

10전이라는 저렴한 가격으로 구입할 수 있다고 해서 붙여진 '십전총서'

의 첫 문고본은 1909년 2월 발간한 아일랜드 작가 조너선 스위프트의 '걸늬버유람긔' 번역본(54쪽)이었다. '십전총서'의 발간 예정표에는 10여 권의 책명이 소개되어 있었으나 '산수격몽요결'을 두 번째이자 마지막으로 발간하고 중단되었다. 우리 고전을 염가로 보급하기 위한 '육전소설'도 기획해 '춘향전', '옥루몽', '홍길동전', '심청전', '전우치전' 등 10여 종을 발간했다.

최남선이 근대 조선학의 아카이브이자 당대 최대·최고의 민간문화 계몽기구가 될 '조선광문회'를 발족한 것은 경술국치 직후인 1910년 10월이었다. 조선광문회는 서울 중구 삼각동 굽은다리(곡교)에 위치한 부친의 사랑채 2층에서 문을 열었고 신문관은 1층에 자리를 잡았다. 고전 희귀본을 수집·복간하고 우리말 사전을 편찬하는 등 순수 학술 문화사업이 설립 취지였는데 이는 우리의 역사와 언어, 문화를 일으키려는 부흥 운동이자 민족정신의 각성 운동이었다.

조선광문회가 출범하자 박은식·안창호·주시경·장지연·양기탁·이승훈 등 당대 석학과 지식인들이 적극 동참했다. 이들에게 조선광문회는 고전 간행을 핑계로 자연스럽게 모여 시국에 관한 생각들을 나눌 수 있는 사랑방이었다. 조선광문회는 '동국통감', '연려실기술', '해동역사', '삼국사기', '삼국유사', '발해고', '택리지', '산경표', '성호사설', '경세유표' 등 고전 24종 46책을 포함해 총 35종 59책의 서책을 간행했다.

고서 간행과 더불어 조선광문회가 역점을 둔 사업은 조선어사전 편찬이었다. 주시경, 김두봉, 권덕규, 이규영 등이 1911년 시작해 4년간의 작업 끝에 원고 집필을 거의 마무리했으나 주시경이 1914년 38세의 젊은 나이에 세상을 떠나 더 이상 지속되지 못하고 중단되었다.

최남선은 3·1운동의 발단에서부터 상당한 공헌을 하고 조선광문회는 1919년 3·1운동의 산파와도 같은 역할을 했다. 3·1운동을 발의한 곳도, 최남선이 3·1독립선언문을 구상한 곳도 조선광문회였다. 3·1운동 후 최남선은 독립선언문을 기초했다는 이유로 투옥되었다. 1921년 10월 19일, 2년 8개월간의 옥고를 치르고 풀려났을 때 신문관과 조선광문회는 침체에 빠져 있었고 부친의 자금 지원도 한계에 도달해 있었다. 결국 신문관은 1922년 7월 출판 기능을 중단하고 인쇄소로서만 명맥을 유지하다 1928년 문을 닫았다.

최남선은 1922년 9월 3일 조선 최초의 시사주간지 '동명'을 창간했다. 타블로이드 판형인 '동명'은 창간호 2만 부가 매진될 만큼 선풍적인 인기를 끌었다. 그러나 두 차례의 발매금지 처분과 이에 따른 경제적 타격으로 1923년 6월 3일 23호를 끝으로 자진 폐간했다. 다만 동명사는 계속 살아남아 지금도 출판사로 존속하고 있다.

최남선은 1924년 3월 31일 '시대일보'를 창간했다. 편집국장 진학문, 정치부장 안재홍, 사회부장 염상섭으로 진용을 짠 시대일보는 한때 조선일보·동아일보와 함께 3대 민간지 대열에 오를 정도로 인기가 높았다. 그러나 경영난의 악화로 최남선은 1924년 9월 퇴사하고 신문은 1926년 8월 폐간되었다. 이후 소유권이 이상협에게 넘어가 '중외일보'란 제호로 발행되다가 '중앙일보'(1931), '조선중앙일보'(1933)를 거쳐 1937년 폐간되었다.

조선광문회는 근대 조선학의 아카이브

시대일보를 떠난 후 최남선은 출판인·언론인으로서의 삶에 종지부를 찍고 학자로서의 삶을 본격화했다. '심춘순례'(1925), '백두산근참기'(1926), '금강예찬'(1928)을 발표하는 등 기행수필에서도 남다른 공적을 남겼다. 창작시조집 '백팔번뇌'(1926)와 고시조 1,000수 이상을 정리한 '시조유취'(1928)를 펴내 시조의 현대적 계승과 발전에 힘썼으며 시조 부흥운동의 논리적 근거를 세웠다.

최남선은 1928년 10월 총독부의 역사 왜곡 기관인 조선사편찬회에 촉탁 편수위원으로 들어가 조선 지성계에 파문을 일으켰다. 최남선의 조선 사편수회 활동에 대한 평가는 친일 행위이며 변절이라고 비판하는 목소리가 압도적으로 높지만 조선의 단군을 역사적 사실로 정립하고 '조선사'에 단군을 편입시킬 목적으로 편찬회에 들어갔다는 평가도 있다.

1930년대에 들어서자 최남선은 일본이 지도적 역할을 해야 한다고 생각했다. 이후 최남선의 친일 활동은 거침이 없었다. 1936년 6월부터 1938년 3월까지 약 21개월간 조선총독부 중추원 참의를 지냈으며 만주국의 기관지 '만선일보'의 고문과 만주국의 엘리트 양성기관인 건국대 교수로 근무했다. 국민총력조선연맹 문화위원(1941.1), 흥아보국단 준비위원(1941.8), 조선임전보국단 발기인 및 이사(1941.10)로도 활동했다. 1943년 11월에는 총독부의 요청을 받고 이광수와 함께 일본으로 건너가 조선인 유학생들을 상대로 학병 지원을 권유하는 연설을 했다. 조선인 학병 독려 활동은 귀국 후에도 이어졌다. 태평양전쟁을 성전이라고 강변하며 전쟁 참여를 독려하는 글을 매일신보 등에 기고했다.

결국 해방 후 반민특위에 끌려가는 수모를 당했다. 1949년 2월 7일 이광수와 함께 반민특위 조사관들에게 체포됨으로써 일제하 문화계의 양대 거목이 역사 법정에 끌려나가는 비극적인 순간을 맞았다. 최남선은 옥중에서 작성한 '자열서'에서 일제강점기 말엽 전시에 보인 자신의 행동을 '훼절'이라고 하면서도 자신의 선택을 '방향 전환'이라고 변명했다.

6·25는 최남선의 집안에도 비극이었다. 큰딸은 인민군에게 피살되고 사위는 납북되어 행방불명되었다. 서울대 의대 교수였던 큰아들은 의용 군으로 징집되었다가 전쟁 중 병사하고 막내아들은 월북했다. 막내 동생은 인민군이 내려왔을 때 서울시 인민위원회 부위원장을 맡았다가 인천 상륙작전으로 전세가 불리해지자 북으로 퇴각하면서 사회 저명인사들을 끌고 갔다.

최남선은 종전 후에도 필생의 과업으로 생각해온 '조선역사사전' 집필
에 몰두했다. 그러나 지병인 고혈압과 당뇨로 활동이 중단되었고 1957년
10월 10일 뇌일혈로 눈을 감았다. 장준하는 사상계 1957년 12월호를 최
남선 특집호로 꾸미고 '육당 최남선 선생을 애도함' 제목의 권두언에 최남
선을 평생 '민족의 재흥(再興)'을 위해 노력한 인물이라고 소개했다. 유서
가 깊었던 신문관과 조선광문회의 한식 목조 건물은 무분별한 도로 개발
계획에 밀려 1969년 4월 27일 허무하게 허물렸다.

전명운·장인환, 통감부 외교고문 스티븐스 저격
전명운·장인환의 행적은 이처럼 비슷했는데도 거사가 있기 전까지 서로를 알지 못했다.

1908년 3월 23일 오전 9시 30분, 중년의 한 미국인이 차에
서 내려 미국 샌프란시스코의 페리빌딩으로 걸어가고 있었다. 그는 선착
장인 페리빌딩에서 배를 타고 만(灣)을 건너가 오클랜드 정거장에서 출발
하는 대륙횡단열차를 타고 워싱턴으로 갈 계획이었다. 그가 주미 일본영
사와 걷고 있을 때 주변에 숨어 있던 조선인 청년이 그를 향해 권총 방아
쇠를 잡아당겼다. 그러나 "찰칵" "찰칵" 빈 권총 소리만 날 뿐 2발 모두
불발이었다.

당황한 청년이 미국인에게 달려가 권총으로 가격하면서 두 사람 사이
에 격투가 벌어졌다. 그 순간, 또 다른 조선인 청년이 그 미국인을 향해 3
발의 총탄을 발사했다. 첫 발은 미국인과 뒤엉켜 있던 조선인 청년의 어
깨를 관통하고 2, 3번째 총탄은 미국인의 등과 허리에 명중했다. 총을 쏜
청년은 곧 현장에서 체포되었고 엉켜있다가 총탄을 맞은 두 사람은 병원
으로 옮겨졌으나 미국인은 탄환 제거 수술을 받다가 3월 25일 절명했다.

사건을 보도한 '샌프란시스코 크로니클'지 1908년 3월 24일자.
가운데가 스티븐스, 왼쪽이 전명운, 오른쪽이 장인환 의사

숨진 미국인은 일제의 조선통감부 외교고문 더럼 화이트 스티븐스였다. 스티븐스는 1852년 미국에서 태어나 대학에서 법학을 전공하고 변호사로 활동했다. 1873년 대학 은사가 주일 미국공사로 발령받아 일본으로 건너갈 때 공사관 서기관으로 스승을 따라가면서 일본과 첫 인연을 맺었다. 1882년 11월 주일 미국공사관의 서기관에서 주미 일본공사관의 서기관으로 전직하면서 그는 머지않아 조국과도 거리를 두는 친일 미국인으로 변신하게 된다.

1884년 2월 일본 외무장관의 비서관으로 승진한 그가 조선과 첫 인연을 맺은 것은 갑신정변 사후 처리를 위해 방한하는 이노우에 가오루 특명전권대사를 따라 1885년 1월 조선 땅을 밟으면서였다. 그는 조선 정부의 사죄와 배상금 지불을 강요하는 한성조약 체결(1885.1)의 공로를 인정받아 일본 정부로부터 훈장을 받았다.

1887년 9월 주미 일본공사관의 외국인 공관원으로 다시 부임한 그의 임무는 일본이 그동안 미국과 맺은 불평등조약을 폐기하고 일본에 유리한 새 조약을 체결하는 것이었다. 그 결과 1889년 2월 미일신조약, 1894년 11월 미일통상항해조약을 체결했다. 1895년 4월 일본이 청국과 체결한 시모노세키 조약에도 관여하는 등 일제의 침략 정책마다 그가 빠지는 곳이 없었다. 1904년 8월 제1차 한일협약 후 신설된 대한제국의 첫 외교고문에도 그가 임명되었다. 이후 대한제국은 외교에 관한 모든 안건을 반

드시 스티븐스의 동의를 얻어 처리해야 했고 외부대신은 모든 외교 문서를 외교고문에게 보여주어야 했다.

그 무렵 미국 서부에서는 일본인 노동자를 배척하고, 일본인 학생의 공립학교 취학을 거부하는 일련의 반일 운동이 전개되고 있었다. 미국 정부도 1907년 11월 '일본인 이민 금지법'을 의회에 제출해 일본인의 미국 이민을 원천적으로 봉쇄하려는 움직임을 보였다. 상황이 급박하게 전개되자 일본 정부는 미국 내 반일 감정을 무마하고 '일본인 이민 금지법'의 통과를 무산시킬 목적으로 스티븐스를 미국에 파견했다. 스티븐스는 일본을 떠나 1908년 3월 20일 샌프란시스코에 도착했으나 결국 조선인 청년이 쏜 총을 맞고 불귀의 객이 되고 말았다.

스티븐스를 저격하려다 실패하고 동족의 총에 맞은 조선인 청년은 전명운(1884~1947)이었다. 그는 서울에서 태어나 10대 때 부모가 모두 작고해 큰형 집에서 생활했다. 조국의 앞날을 걱정해 배재학당에서 열린 시국강연회와 토론회 등에 참가하다가 미국 유학을 결심했다. 전명운은 인천항을 떠나 1903년 9월 하와이 호놀룰루에 도착했다. 공부를 하고 싶었으나 돈 때문에 포기하고 사탕수수 농장에서 일을 했다. 1년 후인 1904년 9월 샌프란시스코로 건너가서는 부두와 철로공사장 노동, 채소 행상, 방직공장 보일러실 화부, 농장 일 등을 하며 근근이 생활했다. 그러면서도 한인 단체인 '공립협회'에 가입·활동했다.

한인들, 스티븐스의 기자회견에 격분

스티븐스를 절명케 한 조선 청년은 장인환(1876~1930)이었다. 그는 평남 평양에서 태어나 일찍 부모를 여의고 숙부 밑에서 자라다가 1905년 2월 하와이로 건너갔다. 그 역시 사탕수수 농장 등에서 일하다가 1906년 8월 샌프란시스코로 이주했다. 철도 역부, 공장 노동, 여관 청소 등의 일을 하며 '공립협회'와는 또 다른 한인단체인 '대동보국회'에서 활동했다. 공립협회는 1905년 4월 샌프란시스코에서 안창호가 중심이 되어 결성한 한인단체이고 대동보국회는 1907년 1월 국민 계몽과 국권 회복을 목적으로 역시 샌프란시스코에서 조직된 한인 단체였다.

두 사람의 행적은 이처럼 비슷했는데도 거사가 있기 전까지 서로를 알지 못했다. 스티븐스를 저격할 때도 사전 모의가 없었다. 다만 스티븐스의 망언에 대한 대책을 논의하던 한인 단체 모임에서는 마주쳤을 것으로 추정되고 있다.

스티븐스는 미국행 선박 인터뷰에서 "항구적인 동양 평화를 위해 조선은 독립을 포기하고 일본의 보호국으로 편입되는 것이 당연한 일"이라고 망언을 쏟아냈다. 3월 20일 샌프란시스코 도착 후 마련한 기자회견에서도 "일본의 조선 지배는 조선에 유익하다", "조선민은 일본의 보호정치를 환영한다"며 친일의 본색을 감추지 않았다.

한인공동회는 3월 22일 오후 열린 제2차 회의에서 스티븐스 응징을 결의했고 전명운과 장인환은 각기 따로 거사를 준비했다. 그리고 3월 23일 아침 일찍 오클랜드 도선 대합소인 페리빌딩에서 스티븐스를 기다렸다가 처단했다. 두 사람의 의거 사실은 샌프란시스코의 각 신문에 연일 상세히 보도되었다. 일본과 스티븐스 측을 변호하는 기사가 일부 있기는 했어도 전체적으로는 두 의사의 행위를 애국적인 것으로 칭송하고 일제의 조선 침략을 규탄하는 논조가 주를 이뤘다.

한인공동회가 법정 투쟁을 통해 일제 침략의 실상을 세계에 널리 알리기로 의견을 모은 가운데 전명운은 살인미수 혐의로, 장인환은 1급 모살 혐의로 재판에 회부되었다. 전명운은 목격자가 없는 것을 알고 권총을 주웠다고 재판에서 주장했다. 더구나 장인환이 전명운과는 안면이 없다고 증언한 덕에 1908년 6월 27일 보석으로 석방되었다. 장인환은 1909년 1

월 2급 살인죄로 25년형을 선고받았다.

전명운은 석방 후 재미 일본인들이 자신에게 가할 위해가 염려되는 데
다 재판을 피하려고 이름을 맥 필즈로 개명한 뒤 1908년 10월 러시아 블
라디보스토크로 망명했다. 그곳에서 공립협회 지부 설치에 힘을 쏟고 최
재형, 엄인섭, 안중근 등 의병 지도자들이 1908년 연해주에서 조직한 동
의회에서도 활동했다. 안중근도 서너 차례 만났다.

1909년 11월 샌프란시스코로 돌아온 뒤에는 대외 활동을 자제하면서
조선에 있는 부인을 미국으로 불러 함께 생활했으나 부인이 1929년 아들
을 낳은 뒤 후유증으로 죽고 1935년 6살 된 아들마저 익사하는 아픔을 겪
었다. 노동으로 생계를 꾸리면서도 상해 임시정부에 군자금을 보내는 등
조국의 독립을 위해 진력하다가 해방 후 귀국하지 못하고 1947년 11월 18
일 미국에서 생을 마쳤다. 유해는 1994년 조국을 떠난지 90년 만에 서울
국립현충원에 안장되었다.

장인환은 전명운보다 더 비극적인 말년을 보냈다. 10여 년간 복역한 끝
에 1919년 1월 17일 가석방되고 1924년 자유의 몸이 되었으나 1927년 귀
국한 조국에 정착하지 못하고 다시 미국으로 돌아갔다가 실의와 병고를
이기지 못해 1930년 5월 22일 자살로 생을 마감했다.

배설과 양기탁의 재판

양기탁은 편집과 경영 업무를 총괄했기 때문에 그가 신문사에서 차지하는 비중은 절대적이었다.

양기탁(1871~1938)은 20세기 초 대한매일신보의 총무로 활
동하면서 신문을 통한 항일운동에 진력하고 국채보상운동을 주도한 언론
인이다. 비밀결사 조직 '신민회'의 총감독을 맡고 비타협적인 항일 투쟁을

배설(왼쪽)과 양기탁

벌이는 과정에서 몇 차례나 체포·기소되고 4년 여간 옥고를 치른 우국지사이기도 하다.

평양에서 태어나 한학을 공부하던 양기탁이 영어를 배우기 시작한 것은 15살이던 1886년 3월이었다. 미국인 선교사이자 의사인 호러스 알렌이 설립한 제중원의 보조원 양성 교육을 받으면서 영어를 접한 것이 시작이었다. 6개월 만에 교육을 중단했기 때문에 자칫 영어와 멀어질 수 있었는데도 독학으로 영어 공부를 계속하고 아버지 양시영과 함께 제임스 게일의 '한영자전' 편찬에 몇 년간 참여하면서 영어 실력이 일취월장했다.

게일이 사전 인쇄를 위해 1895년 12월 일본으로 갈 무렵, 양기탁도 나가사키상업학교 조선어 교사로 초빙되어 일본으로 건너갔다. 게일은 1897년 6월 서울야소교서회에서 발간한 '한영자전' 서문에 양시영·양기탁 부자 등 편찬을 도운 8명의 이름을 기록해 두었다. 양기탁은 일본에서 2년 동안 체류한 뒤 1898년 귀국했기 때문에 한문, 영어, 일어까지 이해할 수 있었다. 기독교 신자인 데다 과거 동학에도 관계한 적이 있어 동·서양의 사상과 학문도 두루 섭렵했다.

양기탁은 1901년 7월 위조지폐를 만들려 했다는 혐의로 투옥되었다. 정확한 사실 여부는 알 수 없으나 1903년 3월 출옥 후 관직에 임명된 것으로 미루어 정치적인 이유나 모략에 의한 재판일 수 있다는 해석도 있다. 양기탁은 감옥에서 독립협회 사건으로 투옥된 이승만과 함께 옥중학교를 운영했다. 두 사람은 형무소의 한 구석에서 한글을 가르치다가 점차 영어, 일어, 지리 등으로 과목을 늘려나갔다. 외부의 도움을 받아 한글, 영어, 한자로 된 서적 250여 권도 감옥에 비치했다.

출옥 후인 1904년 2월 궁내부 예식원의 번역관보로 임명되어 활동하고 있을 무렵 운명적으로 만난 인물이 러일전쟁 취재차 조선에 온 영국의 일간지 '데일리 크로니클'지의 특별통신원 어니스트 베델(배설·1872~1909)이었다. 배설은 1904년 3월 조선에 첫발을 내디뎠으나 한국말을 몰라 양기탁을 소개받아 통역과 번역을 의뢰했다.

배설은 영국의 브리스톨에서 태어나 상업기술학교를 졸업하고 1888년 아버지 무역회사의 일본 사무소가 있는 고베로 건너갔다. 무역업을 하며 안정적인 생활을 하던 배설의 인생을 바꿔놓은 것은 1904년 2월 발발한 러일전쟁이었다. 배설은 조선에서 '데일리 크로니클'지의 특파원으로 활동하다가 한·영 양국어로 된 신문을 창간하기로 했다. 중국과 일본에는 영자지가 여럿 있는데 조선에는 하나도 없다는 점이 매력적인 요소였다. 양기탁도 배설의 신문 창간을 거들었다.

두 사람이 우리 언론사에 길이 빛날 '대한매일신보'와 '코리아 데일리 뉴스'를 창간한 것은 1904년 7월 18일이었다. 총 6개면 중 4개면은 영문(코리아 데일리 뉴스), 2개면은 한글(대한매일신보)로 된 타블로이드판 신문이었다. 다만 창간 당시 양기탁은 궁내부 예식원의 번역관보로 일하고 있었기 때문에 신문사 업무에는 전념하지 못했다. 그러던 중 1905년 11월 17일 을사조약이 체결되자 이튿날 예식원에 사표를 던지고 신문 제작에 뛰어들었다. 한국인은 양기탁을 대한매일신보의 총무로 호칭했지만 외국 언론은 편집인 또는 전무를 뜻하는 '제너럴 매니저'로 불렀다.

양기탁은 신문이 최고의 발행부수를 유지하고 최대 영향력을 행사할 수 있도록 편집과 경영 양면의 업무를 실무적으로 총괄했기 때문에 그가 신문사에서 차지하는 비중은 절대적이었다. 박은식, 신채호 같은 사학자이자 논객들은 항일 논설로 신문에 힘을 보탰다. 양기탁은 대한매일신보 업무 말고도 각종 애국계몽운동을 적극적으로 펼쳤다. 1907년 4월에는 안창호와 함께 결성한 비밀결사 조직 신민회의 총감독을 맡아 본부를 대한매일신보 안에 두었다.

양기탁은 언론인이자 우국지사

당시 대한매일신보는 일본인들이 침범하지 못하는 불가침의 영역으로 인식되었다. 두 차례의 영일동맹 체결로 영국인을 함부로 대할 수 없다는 점과 신문이 영국인 소유라는 점에서 일제는 기사가 못마땅해도 직접 탄압할 수 없었다. 대한매일신보를 무력화하기 위해 일제가 꾸민 꼼수는 외교 경로를 통한 배설의 추방 공작이었다. 일제는 도쿄 주재 영국대사에게 배설을 추방하거나 대한매일신보를 폐간하도록 요구했다. 하지만 영국 정부는 관련 규정이 없어 배설을 제재할 수 없었다.

배설이 더욱 강도 높은 논조로 일본을 비판하는 상황이 계속되자 1907년 10월 통감부가 3건의 기사와 논설을 문제 삼아 서울 주재 영국 총영사 헨리 코번에게 배설의 처벌을 요구하는 소장을 제출함으로써 외교적 압박을 본격화했다.

결국 배설은 1907년 10월 15일 서울 주재 영국 총영사관에 설치된 약식 재판정에서 코번 총영사로부터 '6개월간의 근신' 처분을 받았다. 하지만 배설은 근신 처분 기간이 끝나자 더욱 강경한 논조로 되돌아왔다. 그러자 통감부는 1908년 4월 29일 대한제국의 이완용 내각으로 하여금 1907년 7월 제정된 신문지법을 개정토록 해 조선에서 발행되는 외국인 신문까지 발행·배포 금지·압수할 수 있도록 했다.

그런데도 대한매일신보의 논조가 좀처럼 수그러들 기미를 보이지 않자 통감부가 1908년 5월 27일 배설을 고소했다. 영국 정부는 배설로 인해 야기된 문제들을 해결키로 하고 배설을 재판에 회부하는데 동의했다. 배설은 곧바로 대한매일신보의 발행인 명의를 앨프리드 만함으로 바꿨으나 이는 만일의 사태에 대비한 형식상의 교체일 뿐 대한매일신보는 여전히 배설의 영향 아래 있었다. 하지만 '코리아 데일리 뉴스'는 재정난이 해결되지 않아 6월 1일 발행을 중단했다.

배설의 재판은 1908년 6월 15일, 서울 정동의 주한 영국 총영사관 구내에 있는 영국 경비대 건물에서 열렸다. '재팬 크로니클'지 기자가 "동양 역사상 이런 재판은 처음"이라고 기사를 쓰고 AP통신이 특파원을 파견할 정도로 국제적인 관심을 끌었다. 무엇보다 고소인은 일본인, 증인은 한국인, 판사·검사는 중국에서 온 영국인, 변호사는 일본에서 온 영국인이라는 점이 눈길을 끌었다. 재판에는 이토 히로부미 통감을 대신해 통감부의 서기관이 고소인으로 나섰고 양기탁 등이 증인으로 참석했다. 한국어-영어 통역은 김규식이, 일본어-영어 통역은 일본인이 맡았다.

4일 동안 진행된 재판에서 통감부가 증거물로 제시한 논설은 3건이었다. 전 미국인 외교고문 더럼 화이트 스티븐스 암살을 찬양한 1908년 4월 17일자 논설과 '일백 매특날(메테르니히)이가 한 이태리를 압제치 못함'(1908.4.29), '학계의 꽃'(1908.5.16)이라는 논설이었다.

판사는 재판 4일째인 6월 18일 배설에게 3주일간 금고형, 복역 후 6개월간 근신, 350파운드 벌금을 선고했다. 그런데 당시 서울에는 영국인을 구금할 수 있는 형무소 시설이 없었다. 결국 중국 상해의 형무소로 호송해야 했는데 상해로 가는 배편이 일본을 경유하도록 되어 있었다. 만일 배설이 일본을 거쳐 상해로 갈 경우 일시적으로 일본의 사법권 관할하에 놓이게 된다는 문제가 있었다. 결국 영국은 일본 요코하마에 있던 영국 군함을 인천으로 오도록 해 6월 20일 배설 한 사람만을 태우고 상해로 보냈다. 배설은 3주 후 출옥했다.

일제의 다음 표적은 양기탁이었다. 일제는 배설이 감옥에서 나온 이튿날인 7월 12일 국채보상운동 수집금 7만여 원 중 일부를 횡령했다며 양기탁을 전격 구속했다. 이는 대한매일신보의 제작에 타격을 가하는 동시에 당시 전국적으로 번지고 있던 국채보상운동의 총본산을 와해하려는 2중의 효과를 노린 것이다. 그러나 양기탁의 구속은 영국 총영사 헨리 코번이 "비겁한 행위"라며 석방을 요구하는 공문을 통감부에 보내는 예기치 않은 결과를 낳았다. 영국 정부까지 맥도널드 주일대사를 통해 양기탁의 석방을 요구하는 상황에서 양기탁의 건강까지 악화했다.

"배설의 활동을 중단시키는 방법은 암살밖에 없을 것"

결국 이토 통감은 8월 11일 양기탁을 병원에 입원시키는 것으로 영국과의 관계 개선을 꾀했다. 그러나 양기탁이 병원으로 이송되던 중 감시 소홀을 틈타 대한매일신보 사옥으로 피신하면서 양국 관계는 또다시 꼬이기 시작했다. 통감부가 코번 총영사에게 양기탁의 인도를 요구했으나 코번은 본국 정부에서 훈령이 없다는 이유로 거절했다. 그러자 일본 정부가 코번의 경질을 영국 정부에 요구했고 영국 정부가 코번 총영사에게 양기탁의 재판에 협조토록 훈령을 내림에 따라 양기탁은 8월 21일 다시 수감되었다.

그런데 8월 31일 시작해 9월 29일까지 5차례 열린 재판에서 양기탁이 어떠한 돈도 부정으로 횡령하지 않았다는 사실이 입증되었다. 결국 검사는 공소를 취하했고 양기탁은 9월 25일 풀려나 9월 29일 무죄판결을 받았다. 이로써 영·일 양국 간 벌어진 64일간의 숨 막히는 드라마는 끝을 맺었다. 처음부터 의연금 횡령에 대한 수사가 아니라 국채보상운동을 무산시키고 다른 한편으로 대한매일신보를 탄압하기 위한 정치적 목적을 지닌 수단이었음을 드러낸 것이다. 양기탁을 보호하려던 코번은 사건이 마무리되기 전에 본국으로 송환되어 사임했다. '코리아 데일리 뉴스'는 1909

년 1월 30일 속간되었다.

배설은 옥고를 치른 후 건강이 크게 악화했다. 결국 1909년 5월 1일 37세의 젊은 나이에 생을 마감했다. 워싱턴포스트지가 "배설의 활동을 중단시키는 방법은 암살밖에 없을 것"이라고 기사를 쓸 만큼 온몸으로 일제에 맞섰던 배설의 황망한 죽음은 전국을 애도의 눈물로 넘쳐나게 했다. 5월 2일 서대문 자택에서 열린 장례식에는 수천 명이 모여들었고 서울 양화진 외국인 묘역까지 가는 운구 행렬에는 흰옷을 입은 사람들이 뒤를 따랐다.

배설이 없는 대한매일신보에서 양기탁의 역할과 비중은 더욱 커질 수밖에 없었다. 사장은 만함이었으나 한국어를 알지 못해 신문제작 일체를 양기탁에게 의존했다. 그러자 이같은 상황을 달갑지 않게 여긴 주한 영국 총영사 헨리 보나르가 만함에게 "법정에 서기 싫으면 통감부에 신문을 처분하라"고 겁을 주었다. 결국 만함은 1910년 5월 21일 대한매일신보를 통감부에 매각했다. 대한매일신보는 한일합병 이튿날인 1910년 8월 30일 '대한'을 빼고 '매일신보'란 이름의 총독부 기관지로 다시 태어났다.

총독부가 양기탁에게 보복을 노골화한 것은 한일합병 후였다. 1911년 1월 양기탁·임치정·옥관빈 등 대한매일신보를 이끌던 핵심 인사들을 보안법 위반 혐의로 구속하더니 그해 7월 양기탁·안태국·임치정 등에게는 징역 2년, 옥빈관 등에게는 징역 1년 6개월을 선고한 것이다. 그런데도 일제는 양기탁이 옥중에 있던 1912년 2월 또 다른 혐의를 씌워 이른바 '105인 사건'으로 양기탁 등을 기소했다.

일제는 1912년 9월 27일 양기탁 등 4명의 보안법 위반자에게 사면령을 통보해놓고 이틀이 지난 9월 29일 '105인 사건'에 대한 형량을 대폭 늘려 선고했다. 양기탁·윤치호·임치정·이승훈 등 7명은 1심에서 징역 10년형, 2심과 3심에서 6년형을 선고받았다. 결국 양기탁은 보안법 위반으로 구속된 후부터 4년여 동안 옥고를 치른 후 1915년 2월 특사로 석방되었다.

이후 양기탁은 만주, 블라디보스토크, 우수리스크 등지에서 활동하다가 1918년 12월 중국 천진에서 다시 일경에게 체포되어 전라남도 고금도로 유배되었다. 1년 뒤 유배가 풀린 뒤에도 미국의 상하 양원 의원단이 중국을 거쳐 1920년 8월 24일 서울로 들어올 때 독립청원서를 제출하려 했다는 이유로 또다시 체포되었다.

양기탁은 모친의 작고로 석방되자 다시 만주로 가 1920년 10월 무장 단체 '의성단'을 조직하고 1922년 8월 독립운동 단체인 '대한통의부' 창설에 참여했다. 1924년 11월 지청천, 김동삼 등과 함께 만주에 산재한 수십 개의 무장 독립운동 단체를 통합해 '정의부'를 창립하고 1926년 4월 고려혁명당을 조직했으며 1929년 5월 '국민부' 결성에 기여하는 등 만주 독립운동 단체에 그의 손길이 미치지 않은 곳이 없었다. 일본의 중국 침략이 본격화하던 1938년 5월 21일 중국 강소성 담양에서 눈을 감았다. 정부는 사후 60년 만인 1998년 5월 중국에서 유해를 봉환, 국립묘지 임시정부 요인 묘역에 안장했다.

김약연의 명동서숙 설립과 명동촌
이주 목적은 북간도의 넓은 땅에 지어질 이상촌 건설과 몰락하는 조국을 지켜낼 인재 교육이었다.

1899년 2월 18일 김약연, 김하규, 문병규, 남도천을 가장으로 하는 네 가문의 가족 142명이 아직 얼음이 풀리지 않은 두만강을 건너 중국 북간도 화룡현(현 용정)의 부걸라재로 이주했다. 네 가문의 가장들은 당시 관북지방(함경도) 일대에서 나름대로 명성이 있는 가문의 후예들이었다. 김약연은 조선의 동북쪽 국경을 지킨 무인의 후손으로 30대 초반이었고 김하규는 30대 후반의 동학도이자 실학자였으며 문병규는 함북

종성의 두민(頭民·고을의 우두머리가 되는 어른)을
지낸 학자였고 남도천은 김약연의 스승이었다.

김약연

네 가문의 이주 목적은 북간도의 넓은 땅을
무대로 한 이상촌 건설과 몰락하는 조국을 지켜
낼 인재 교육이었다. 당시는 네 가문 말고도 먹
고살기 위해 북간도로 이주한 한인 개척자가 많
았는데 이들은 자신이 정착한 땅을 '개간할 간
(墾)'자를 써 '간도(墾島)'라고 부르며 한인이 개간
한 땅임을 분명히 했다. 북간도는 중국 길림성 동부의 연길·화룡·왕청·
훈춘 4현을 망라한 지역으로 오늘날에는 백두산 북쪽의 안도와 돈화 2현
을 합쳐 연변조선족자치구로 불린다. 이후 개척 지역이 서쪽으로 확대되
면서 북간도의 서쪽, 백두산 서북쪽의 압록강 주변은 남만주 또는 서간도
라고 불렸다.

네 가문은 땅을 공동으로 구입·분배한 뒤 그중 1%는 반드시 '학전'으로
활용했다. 학전은 교육에 필요한 자금을 충당하기 위한 땅이었다. 이후
인근의 임야와 토지도 조금씩 매수해 훗날 김약연의 제자가 될 문재린(문
병규의 손자이자 문익환의 부친)은 당시 사들인 땅의 규모가 약 600만 평 정
도가 된다고 회상했다.

네 가문의 실질적인 지도자로 활약한 것은 가장 젊은 김약연(1868~
1942)이었다. 김약연은 부친과 조부 모두 무과에 급제한 함북 회령의 무
인 집안에서 태어났으나 부친과 달리 문관의 길을 원했다. 하지만 조선시
대 관북 지방 출신이 문관으로 가는 길은 멀고도 험난했다. 더구나 조선
말기 들어 망국의 조짐이 보이고 계속된 가뭄과 흉년으로 함경도 일대가
빈곤과 기아에 허덕이면서 관직을 고집할 수 없었다. 그래서 선택한 길이
북간도 이주였다. 김약연은 이주에 앞서 함북 회령과 종성에 살고 있는

원로·지인들과 협의했다.

김약연 일가는 장재촌에 터전을 마련했다. 남도천 일가는 중영촌, 김하규 일가는 대사동, 문병규 일가는 동구에 있는 경지를 일구었다. 1년 뒤인 1900년 윤동주 시인의 조부인 윤하현도 그곳으로 이주했다. 그들은 자신들의 마을을 '동쪽을 밝힌다' 즉 '조선을 밝힌다'는 뜻에서 '명동(明東)'이라고 이름 붙였다. 명동은 두만강변에서 50여 리 북쪽에 떨어져 있는 곳으로 그곳에서 서북쪽으로 40여 리 올라가면 용정이 위치했다. 함북 회령을 출발해 북간도 용정으로 가는 길목에 그들의 터전이 자리 잡고 있었기 때문에 조선과 북간도를 오가는 사람들이 주막처럼 쉬어가는 교통의 요지였던 셈이다.

윤하현을 포함한 다섯 가문은 결혼을 통해 인척 관계로 발전하면서 사이가 더욱 깊어졌다. 김하규의 딸 김신묵이 문병규의 손자인 문재린과 결혼해 문익환을 낳았고 김약연의 누이동생은 윤하현의 아들 윤영석과 결혼해 순국 시인 윤동주를 낳았다. 다섯 가문은 일반 농사꾼과 같은 생활을 하면서도 기울어가는 나라의 운명을 바로 세울 인재 양성에 각별했다.

명동학교는 대성학교·오산학교와 함께 3대 민족 사학

그들이 먼저 힘을 쏟은 것은 전통적인 서당 마련이었다. 문병규·남도천 두 학자는 환갑이 넘어 서재에서 손을 뗐으나 김약연은 1901년 4월 장재촌에 자신의 호를 딴 '규암재'라는 기와집 서당을 지었고 김하규는 '소암재', 남도천의 아들 남위언은 '함한재'를 세웠다. 그렇다고 생활이 순조로운 것은 아니었다. 1900년 중국에서 일어난 의화단사건의 여파로 마적들이 한인 재산을 약탈하고 집에 불을 지르는가 하면 청국 관리가 변발이나 중국옷 착용을 강요했기 때문이다.

중국인들의 횡포가 끊이지 않자 대한제국은 이범윤을 1902년 5월 간도

시찰원, 1903년 7월 간도관리사로 임명해 한인들을 보호하도록 했다. 덕분에 간도 이주 한인들은 1905년 11월 을사조약 체결 후 부쩍 늘어났다. 국내에서 활동할 수 없게 된 의병들도 간도를 활동 무대로 삼았다. 한 통계에 따르면 간도 이주 한인들은 1907년 7만여 명, 1910년 11만여 명이나 되었다. 명동촌은 점차 애국 투사들이 만주로 갈 때나 일본인들을 상대로 거사를 준비할 때 찾아오는 곳이 되었다.

명동에 신학문을 가르치는 교육 시스템이 도입된 것은 이상설과 동지들이 1906년 10월 용정의 서전 벌판에 '서전서숙'을 설립한 후였다. 서전서숙의 설립 목적은 간도에 정착한 우리 민족의 항일의식 고취와 민족의식이 투철한 인재 양성이었다. 과목은 신학문 위주로 구성했다. 하지만 서전서숙은 이상설이 헤이그 밀사로 발탁되어 1907년 4월 간도를 떠나면서 재정난에 시달렸다. 게다가 1907년 8월 일제가 용정에 통감부 간도임시파출소를 설치해 서전서숙에 대한 감시와 압박을 가중하면서 결국 문을 닫았다.

김약연은 서전서숙의 영향을 받아 자신의 규암재와 김하규의 소암재, 남위언의 함한재를 합쳐 1908년 4월 27일 신학문을 가르치는 '명동서숙'을 설립했다. 김약연은 서전서숙의 교육 이념과 민족정신을 이어받아 박정서를 명동서숙의 숙장으로 임명하고 자신은 숙감으로 취임해 실무를 담당했다. 김약연은 한 걸음 더 나아가 유능하고 우수한 교사를 초빙했다. 그가 주목한 인물은 서울에서 상동청년학원을 나온 신민회 회원 정재면이었다.

정재면은 1908년 5월 교무주임으로 부임한 뒤 학생은 물론 부모들도 기독교를 믿어야 한다는 조건을 내걸었다. 주민들 사이에서 난리가 났으나 김약연을 포함해 모두 상투를 자르고 22살의 젊은 선생 앞에서 성경을 배우며 예배를 드렸다. 곧 1909년 명동교회가 설립되고 명동서숙은 기독교 학교로 탈바꿈했다. 이후 황의돈(국사), 장지영(국어), 박태환(윤리), 김홍일(체육), 김철(법률), 최기학(수학) 등의 교사를 잇따라 채용해 교사진을 강화했다.

명동서숙은 1909년 4월 10일 교명을 '명동학교'로 개칭하고 규모를 확대한 뒤 김약연을 교장으로 추대했다. 1910년에는 3년제 중학부가 설립되고 1911년에는 명동여학교가 들어서 여성들도 교육의 혜택을 받게 되었다. 명동학교의 명성은 점차 북간도 지역을 넘어 국내와 연해주 등지로 퍼져 평양의 대성학교, 정주의 오산학교와 더불어 3대 민족 사학으로 자리매김했다.

김약연은 교육에 치중하면서도 간도민들의 자치기관을 조직하는 데 심혈을 기울였다. 자치기관은 간민자치회(1907), 간민교육회(1909)를 거쳐 1913년 4월 간민회로 확대·발전했다. 간민회는 중국 정부의 허가를 받아 북간도 지역 최초로 창립된 조선 동포들의 공식적인 자치기관이었다. 이것은 1909년 불법적인 중·일 간의 간도협약으로 간도의 영유권이 완전히 중국으로 넘어간 상태에서 중국이 인정한 파격적인 사건이었다.

중국인 관리는 이후 일체의 한인 관련 업무를 간민회를 통해 집행하고 이주민들과의 문제가 생길 때면 먼저 김약연 간민회장과 의논했다. 이 때문에 중국인들은 김약연을 '동만의 대통령' 즉 '간도 대통령'으로 불렀다. 간민회는 연길현, 화룡현, 왕청현에 분회를 세우고 지회도 30개 가깝게 설립했다. 하지만 원세개가 중앙집권 체제를 강화하기 위해 지방자치기관의 철폐를 지시하고 일제가 중국 정부에 집요하게 압력을 가해 1914년 3월 해산되었다.

명동촌은 민족교육의 산실, 독립군 병영, 군인양성소

당시 명동촌은 민족 교육의 산실에 그치지 않고 독립군의 병영과 군인양성소로도 기능했다. 김약연은 독립운동을 위해서라면 이념과 사상과 종교를 초월해 협력했다. 사회주의자 이동휘와도 손을 잡았고 서일 등 대종교 지도자들과도 협력했다. 김약연은 1919년 2월(음력) 길림에서 작성된 '대한독립선언서'에도 이동휘·김좌진·이승만·안창호 등 독립운동 지도자들과 함께 서명했다.

명동학교 학생 300여 명과 일부 교사들은 무장 독립운동이 중요하다고 생각해 1919년 3월 '충렬대'를 조직했다. 충렬대는 1919년 3·1만세운동의 영향을 받아 3월 13일 용정 벌판에서 8,000여 명이 만세 시위를 벌였을 때 적극적으로 동참했다. 하지만 이 만세 시위는 일본이 회유한 중국 경찰의 발포로 17명의 사망자를 포함해 30여 명의 사상자가 났다.

일본군은 1920년 청산리 전투에서 대패하자 간도의 한인들을 무참히 살육하고 한인 마을을 파괴하거나 불태워 초토화하는 '경신참변'을 자행했다. 1920년 10월부터 3개월에 걸친 대살육으로 간도에는 한인의 피가 강물을 이뤘다. 명동학교도 일제의 방화로 잿더미가 되었다. 다만 그 무렵 김약연은 명동에 없어 참변을 겪지는 않았다. 1920년 2월 중국 관헌에 체포되어 1922년 2월까지 수감되어 있었기 때문인데, 김약연과 친하게 지내는 연길의 중국인 관리가 김약연을 보호할 생각으로 미리 그를 격리한 것이라는 해석도 있다.

명동학교는 1923년까지 교사를 모두 복구했고 김약연은 1923년 가을 명동학교 교장으로 다시 부임했다. 그런데 명동학교는 과거의 그 명동학교가 아니었다. 공산주의 사상으로 무장한 학생들이 명동학교의 기본교리인 기독교에 도전하고 있었기 때문이다. 김약연이 종교적 통제를 강화하는 것으로 응전하자 학생들은 교장의 퇴진을 요구하면서 동맹휴학에 들어갔다. 이런 마당에 1924년 대흉년까지 들어 학교 재정이 곤란해졌다. 결국 학교 운영이 더 이상 불가능해져 1925년 2월 명동소학교만 남기고 명동중학교는 폐교했다. 그동안 명동학교를 졸업한 학생은 1,200여 명에 달했다.

　명동중학교가 폐교되자 학생들은 캐나다 선교부가 용정에 설립한 은진중학교로 전학하고 김약연은 은진중학교 이사장으로 옮겨갔다. 윤동주와 문익환은 함께 명동소학교를 졸업하고 은진중학에 입학(1932)했다가 평양의 숭실중학으로 편입(1935)했다. 당시 용정에도 일제가 세운 5년제 광명중학이 있었으나 두 학생은 식민 교육을 받지 않겠다며 숭실중학으로 편입했다. 하지만 숭실학교가 신사참배 문제로 또다시 폐교되는 바람에 결국 광명중학으로 편입해 졸업했다.

　김약연은 1908년 기독교를 받아들인 후 독실한 신자가 되었다. 1915년 8월 장로가 되고 1929년 평양신학교를 졸업했으며 1930년 목사 안수를 받아 명동교회 목사로 부임했다. 1942년 10월 29일 "내 삶이 유언이다"라는 말을 남기고 용정 자택에서 타계했다.

헨리 포드 '모델 T' 자동차 생산
포드는 노동운동에 관한 한 무자비한 자본가였다.

　　　　　　포드자동차의 신화가 시작된 것은 헨리 포드(1863~1947)가 33살이던 1896년 6월 4일이었다. 그날 새벽 포드는 4개의 자전거 바퀴에 4륜 마차의 차대를 얹고 자신이 직접 만든 2기통짜리 가솔린엔진을 장착한 자신의 첫 번째 자동차 '쿼드리 사이클'을 몰고 비가 부슬부슬 내리는 디트로이트 거리를 달렸다. 포드차 1호에 들어간 부품 대부분은 여기저기서 그러모은 폐품들이었다. 헤드라이트는 없었고 경적은 종소리로 대신했다. 브레이크가 없어 차를 세우려면 엔진을 꺼야 했고 후진할 때는 뒷바퀴를 들어 올려 방향을 바꿔야 했다. 하지만 그날 이후 포드차는 디트로이트의 명물이 되었다.

포드는 미국 미시간 주 디트로이트 근처의 한 농촌에서 아일랜드 계 이민자의 아들로 태어났다. 16살에 학교를 중퇴한 그는 낮에는 디

포드자동차 모델 T와 헨리 포드

트로이트에 있는 에디슨 전기회사에서 생활비를 벌고 밤에는 자동차 개발에 몰두했다. 그 결실이 '쿼드리 사이클'이다.

포드는 36살이던 1899년 8월 직장을 그만두고 자동차 공장을 세울 결심을 했으나 좀처럼 투자자가 나타나지 않았다. 더구나 디트로이트에는 정비소 수준의 영세 자동차공장이 50여 개나 있어 공장을 세운들 승산이 없어 보였다. 포드는 그 무렵 열리는 자동차 경주에 착안했다. 경주에서 이기면 자신의 자동차가 인정을 받게 될 것이고 그러면 투자자가 나타날 것이라고 생각한 것이다. 포드는 자동차 경주에서 우승을 거머쥐었다. 그러자 투자자가 나타나 1899년 8월 5일 '디트로이트 자동차'를 설립했다. 하지만 품질이 떨어지고 자동차도 팔리지 않아 결국 문을 닫았다.

포드는 다시 자동차 경주에 도전, 1901년 10월 우승했다. 이것을 계기로 다시 확보한 투자금을 종잣돈 삼아 1903년 6월 16일 자신의 이름을 딴 '포드자동차'를 설립했다. 그해 7월 20일 시판한 850달러짜리 'A형' 자동차는 그해에만 2,000대 가까이 팔려 포드자동차의 돌풍을 예고했다. 당시 자동차는 숙련된 기술자들이 소량만 생산하는 값비싼 사치품이었다. 투자자들은 당연히 부유층을 상대로 한 시장을 선호했다.

하지만 포드는 보통 사람들을 위한 튼튼하고 값싼 차를 꿈꿨다. 포드는 투자자들과 상의 없이 1905년 봄 디트로이트 신문에 이런 자신의 계획을

발표했다. 그러자 투자자들이 반발하며 포드에게 회사 주식을 모두 떠맡으라고 했다. 포드는 투자자들의 주식을 사들여 1906년 11월 회사를 자기소유로 만들었다. 이후 2기통 엔진의 '모델 A'를 시작으로 B, C, F, N, R, S 등 차례차례 새 모델을 시장에 내놓은 포드자동차가 마침내 운명의 차 '모델 T'를 출시한 것은 1908년이었다.

10월 1일 첫선을 보인 '모델 T'는 당시만해도 부의 상징물이었던 자동차를 일반 대중 곁으로 가까이 다가가게 한 신개념의 자동차였다. 볼품은 없었으나 견고하고 조작이 간단했으며 가격이 저렴했다. 다른 자동차 값이 평균 2,000달러였을 때 825달러짜리 '모델 T'의 등장은 1980년대 전 세계를 강타한 PC 혁명과도 같은 것이었다. 자동차가 실용화된지 이미 30년 이상이나 지났고 '모델 T'에 앞서 여러 종류의 모델이 나왔지만 '모델 T'는 자동차의 개념과 자동차 시장의 판도를 완전히 바꿔놓았다.

포드는 한 발 더 나아가 공장에서 벌어지는 작업을 치밀하게 분석했다. 그 결과, 노동자들이 실제 작업에 걸리는 시간보다 더 많은 시간을 재료와 도구를 가지러 가는 데 허비하고 있다는 것을 알게 되었다. 포드는 생산 공정을 표준화·단순화하고 그 유명한 프레더릭 테일러의 '과학적 관리기법'을 도입했다. 또한 검은색 모델만 생산하겠다고 선언했다.

20세기 대량생산과 대량소비 양식의 출발점

모델 T가 미시간주 하일랜드 파크의 포드자동차 공장에서 물 흐르듯 연결된 컨베이어 벨트를 타고 생산되기 시작한 것은 1913년 4월 1일이었다. 이 아이디어는 도매업자들이 소고기를 포장할 때 머리 위에 매달아놓고 쓰는 수레에서 힌트를 얻었다. 사람이 일로 가는 것이 아니라 일이 사람에게로 오게 하는 것이었다. 대량생산 → 가격할인 → 대량소비를 가능케 하는 컨베이어 생산방식은 대량생산과 대량소비라는 20세기적 생산·소비양식의 출발점이었다.

포드가 구상한 2대 원칙은 '1초 이상 걷지 않는다', '결코 몸을 구부리지 않는다'였다. 이 원칙을 충족시킨 컨베이어의 등장은 대당 생산시간을 630분에서 93분으로 단축시켰고, 연간 7만~8만대에 불과하던 생산량을 비약적으로 증대시켰다. 1908년에는 1시간에 1대꼴로 자동차가 만들어졌으나, 1914년에는 24초당 1대가 만들어졌다.

1914년 한 해 동안 포드자동차 노동자 1만 3,000여 명이 27만 대를 생산할 때 미국의 나머지 299개 자동차업체는 6만 6,000여 명의 노동자가 28만 대를 생산했다. 그만큼 가격도 내려가 1908년에 825달러이던 모델 T의 가격은 1914년 400달러로 떨어졌다. 포드의 생산방식과 경영 철학은 T형 자동차처럼 세계로 퍼져나갔다. 컨베이어 벨트를 이용한 라인 생산, 과학적 관리기법, 소품종 다량생산은 현대 자본주의의 주요 테마로 자리잡았다. 이른바 '포디즘'의 출현이었다.

포드는 1914년 1월 1일 임원회의에서 생산비 절감의 효과를 노동자들에게 나눠주겠다고 선언했다. 노동시간을 9시간에서 8시간으로 줄이고 동종업계 평균임금이 2.38달러에 불과할 때 하루 최저임금을 5달러로 인상했다. 포드는 노동자들의 출신 학교도 묻지 않았다. 그가 중학교를 졸업하건 하버드대를 졸업하건 똑같이 대우했다. 장애인의 일자리도 마련했다. 그러나 단조롭고 반복적인 작업, 비인간적인 작업환경은 노동자들의 불만을 야기했다. 훗날 올더스 헉슬리는 풍자소설 '멋진 신세계'(1932)에서 포드를 저주와 마법을 나타내는 말로 사용했고, 채플린은 영화 '모던 타임스'(1936)에서 컨베이어 생산방식의 비인간화를 고발했다.

1922년, 포드는 창당한 지 얼마 안 되는 독일의 나치당에 거액의 정치자금을 기부했다. 소규모이고 신생 정당인 나치당에서 얻을 이익은 없었느데도 막대한 기부를 한 것은 나치당의 노선이 그의 평생 신념과 일치했기 때문이었다. 그것은 반노동조합, 반사회주의, 그리고 반유대주의였다. 16년 뒤, 포드는 집권당이 된 나치당으로부터 대십자훈장을 받았다.

포드는 노동운동에 관한 한 무자비한 자본가였다. 그는 고임금을 주는데도 노동자가 노동조합을 결성하려는 것을 이해하지 못했다. 포드는 노조를, 증권가를 장악한 유대인이 회사를 빼앗으려는 조직적인 수단으로 이해했다. 그래서 공장 안에서는 노동자들을 통제하고 공장 밖에서는 구사대가 노동조합을 결성하려는 노동자들에게 살인과 고문, 집단 린치를 자행하며 노동조합의 결성을 막았다. 그가 노조와 신경전을 벌이는 동안에도 컨베이어 벨트는 계속 돌아가 모델 T의 가격은 290달러까지 떨어졌고 미국 내 시장 점유율은 1924년 한때 50% 이상으로 올라갔다. 그러나 거기까지였다. 시대가 바뀌었는데도 이런 변화를 애써 외면한 게 문제였다. 포드는 트렌드 변화를 읽어내지 못했다. 젊은 사람들은 단순한 모델을 외면했다. 1908년 첫 설계 후 거의 변하지 않는 모델 T는 겉모양도 시대에 뒤떨어진 느낌을 주었다.

1924년은 포드에게 영광과 시련이 함께 시작된 해였다. 그해는 모델 T의 누계 생산량이 1,000만 대를 넘어선 해이자 '세비'라는 애칭으로 불린 GM의 시보레가 출시된 해였다. 시보레는 모델 T의 단점을 보완한 신선한 스타일로 눈길을 끌었다. 시보레가 다양한 모델과 색채로 자동차 시장을 급속히 잠식했지만 포드는 실용성만 강조했다. 기본설계도 바꾸지 않고 검은색만 고집했다. 결국 영원할 것 같던 포드의 신화도 1924년 내리막길을 걷기 시작했다. 모델 T는 1927년 5월 31일 마지막 차가 생산될 때까지 모두 1,545만 대가 나왔다. 1970년대에 독일의 국민차 폴크스바겐의 '비틀'이 이 기록을 깨기까지 단일 모델로선 세계 최대 생산기록이었다.

중동 지역 첫 대규모 유전 발견

'일곱 자매'로 불리게 될 7개 메이저 석유회사 카르텔이 탄생하는 발판이 되었다.

1901년 페르시아(이란)에서 석유가 발견되었다는 소문을 전해 들은 영국의 윌리엄 녹스 다시가 대리인을 이란으로 급파했다. 다시는 19세기 말 호주의 '골드 러시'에서 부를 축적한 광산 기술자였다. 다시의 대리인은 현금과 주식을 제공하고 개발이익의 16%를 돌려준다는 조건으로 이란 남부 전역의 석유·천연가스 개발에 관한 60년 독점 개발권을 1901년 5월 8일 이란의 무자파르 알딘 샤 국왕과 계약을 체결했다. 북부 5개주는 러시아의 영향권에 있어 제외되었다.

계약 후 다시가 동원한 전문가들이 이란으로 건너가 수년간 이란 땅 이곳저곳을 탐사했으나 어디에서도 상업적인 성공을 보장할 만한 양의 유전은 발견되지 않았다. 실망한 다시가 현지 채굴 책임자 조지 레이놀즈에게 1908년 철수 준비를 지시했다. 그러나 레이놀즈는 최종 철수 명령이 떨어질 때까지 채굴을 계속했다. 그러던 1908년 5월 26일, 이란의 서남부 지역에 있는 마스제드솔레이만 지하에서 시커먼 석유가 솟구쳐 올라왔다. 중동 땅에서 발견된 첫 대규모 유전이었다.

다시는 1909년 4월 영국 정부와 함께 출자·설립한 '앵글로 페르시안 석유회사(APOC)'의 대표로 활동하다가 얼마가지 않아 그 자리를 영국 정부에 내주었다. 영국 정부는 1차대전이 터지기 직전인 1914년 APOC의 주식 대부분을 매입, 경영권을 장악했다. 이후 APOC는 이란의 막대한 석유를 장악하게 되었고 1954년 이란의 석유 국유화 분쟁 때 'BP(영국석유회사)'로 이름을 바꿔 오늘에 이르고 있다.

한편 미국에서는 록펠러가 설립한 석유회사 '스탠더드 오일 트러스트'가 1911년 5월 '셔먼 반트러스트법'을 위반했다는 이유로 33개사로 분할

되었다. 이때 분리된 회사 중 뉴저지 스탠더드 석유회사(오늘날의 엑손), 뉴욕 스탠더드 석유회사(모빌), 캘리포니아 스탠더드 석유회사(세브론)가 가장 규모가 컸는데 이들 중 일부가 중동에 진출했다. 이후 이라크의 키르쿠크(1927), 바레인(1932), 사우디아라비아의 다란(1938) 등 중동 지역 곳곳에서 엄청난 양의 석유가 쏟아져 나오면서 영국과 미국이 석유 개발을 둘러싸고 계속 부딪쳤다.

결국 1928년 영국의 APOC 대표, 미국의 엑손 대표, 영국·네덜란드계 로열더치셸의 대표가 만나 갈등을 조정했다. 이 만남은 '일곱 자매'로 불리게 될 7개 메이저 석유회사 카르텔이 탄생하는 발판이 되었다. 미국계 엑손·모빌·세브론·걸프·텍사코 5개사와 영국계 APOC, 영국·네덜란드계 로열더치셸로 구성된 '일곱 자매'는 2차대전 후 엄청난 부를 축적했다.

'일곱 자매' 중 걸프와 텍사코는 1911년 미국 텍사스주 스핀들톱에서 처음 성공한 새로운 굴착법으로 대량 원유생산이 가능해진 후 남부 지역을 기반으로 설립된 석유회사였다. 로열더치셸은 1890년 인도네시아에 설립된 로열더치 석유회사와 수송·판매 부문을 전담하던 셸운수무역회사가 1907년 통합해 탄생한 기업으로 영국과 네덜란드의 합작회사였다. 7대 메이저들은 국제 석유 자본을 형성하고 막강한 자본과 기술을 배경으로 석유 개발에서부터 운송·정제·판매 등의 사업을 수직적으로 독점했다. 그럴수록 중동 국가들은 단순한 원료 생산기지로 전락했다.

중동 국가, 단순한 원료 생산기지로 전락

중동의 석유산업에 큰 변화가 생긴 것은 2차대전 후였다. 식민지 지배로부터 독립한 중동 국가들이 민족주의의 물결과 함께 자원민족주의를 주장한 것이다. 막대한 석유 자원이 7대 메이저에게 약탈당하고 있다는 사실이 불만이었던 중동 국가들은 과거 불리한 조건으로 맺었던 자원 계약을 다시 검토했다.

이란은 중동 국가 중 미·영과의 마찰이 가장 거칠게 드러난 나라 가운데 하나였다. 이란의 민족주의자들은 APOC가 1961년까지 60년 동안 남부 이란에 매장된 석유를 마음껏 쓸 수 있는 권리가 못마땅했다.

모하메드 모사데크는 1951년 합법적 선거를 통해 이란의 총리로 취임한 후 '앵글로 이란 석유회사'를 국유화하는 것으로 문제를 풀어보려다가 1953년 미·영의 정치 공작으로 촉발된 군부 쿠데타로 축출되었다. 이후 국제 석유시장은 이란의 국유화 분쟁(1951~1953)을 계기로 대량 증산되고 소련도 석유를 대량으로 수출해 1953년부터 과잉 공급 문제에 부닥쳤다. 1959년에는 미국이 국내 석유산업을 보호한다는 구실로 수입제한 조치를 취하면서 중동 원유 가격이 폭락했다.

그러자 세계 석유 수출의 85% 이상을 차지하고 있던 베네수엘라, 사우디아라비아, 이란, 이라크, 쿠웨이트 5개국이 1960년 9월 이라크의 수도 바그다드에서 OPEC(석유수출국기구)를 결성, 유가 하락에 공동보조를 취하면서 주도권이 OPEC로 넘어갔다. 그 후 8개국이 OPEC에 더 가입함으로써 지금까지 막강한 권한을 행사하고 있다.

1968년 1월에는 사우디아라비아, 쿠웨이트, 리비아 3국이 OPEC 내에서 아랍의 입지를 강화하고 석유 정책의 결정에 그들의 요구를 관철할 목적으로 '아랍석유수출국기구'를 결성했다. 이후 이라크, 카타르, 바레인, 알제리, 시리아 등이 이 기구에 잇따라 가입해 오늘날은 회원국이 10개국이다. 1970년 리비아를 시작으로 중동 각국과 베네수엘라, 인도네시아 등이 석유를 국유화한 가운데 1973년 10월 제4차 중동전이 일어났다. 이를 계기로 아랍 산유국들은 석유를 무기화하는 전략을 취해 대량 감산, 유가 대폭 인상, 대미 수출 금지를 단행함으로써 1차 오일 쇼크를 일으켰다. 중동 국가들이 7대 메이저를 내몰고 주도권을 쥐기 시작한 것이다.

미국의 유전 개발사　　　석유의 상업적 이용 가능성이 처음 확인된 곳은
1859년 미국 펜실베이니아주의 소도시 타이터스
빌이다. 1851년 이곳 노천에서 처음 석유가 발견되자 뉴욕의 법률가 조지
비셀이 주변 땅을 매입해 은행가인 제임스 타운센드와 함께 코네티컷 석
유회사를 세웠다. 그러나 그 정도의 분량으로는 채산성을 맞출 수 없었
다. 결국 지하의 석유를 지상으로 퍼올려야 했는데 설사 퍼올리더라도 당
시에는 석탄을 증류해 등유를 뽑아내고 있어 석탄등유와 가격경쟁을 벌
이려면 상대적으로 저렴하게 퍼올려야 했다.

　타운센드는 경제성 있는 석유를 퍼올리는 방법을 개발하기 위해 전직
철도원 에드윈 드레이크를 고용했다. 드레이크는 1858년 파이프를 연결
하는 방법으로 굴착기를 만들어 1859년 8월 28일 지하 23m 석유 지층에
서 원유를 땅 위로 끌어올리는 데 성공했다. 이 굴착 방식은 노천 유전에
서 이뤄지던 단순 소량 채취가 시추공을 뚫어 지하의 석유를 끌어올리는
대량생산으로 바뀌는 획기적인 사건이었다. 이후 석유에 대한 관심이 급
속히 확대되어 땅값이 상승하는 등 투기 열풍이 불었다. 석유는 국내 수
요를 채우고도 남아 1861년 12월 영국으로 처음 수출된 것을 시작으로 19
세기 말까지 미국 전체 산유량의 3분의 1이 영국·프랑스·독일 등에 수출
되었다.

　문제는 드레이크의 굴착기 기술로는 땅속 깊숙이까지 파 들어가는 데
한계가 있다는 점이었다. 하루 1m밖에 파 들어가지 못했고 배출량도 30
배럴에 불과했다. 지하 수백 수천m까지 파 들어가야 하는 상황에 봉착하
자 완전히 새롭고 획기적인 굴착 방법이 필요했다. 그 무렵 미국 텍사스
주 버몬트 마을의 파틸로 히긴스가 10년간의 노력 끝에 시추공 3개를 뚫
었으나 굴착 파이프로는 지하 100m 정도에서 압반에 막혀 더 이상 들어
가지 않았다. 히긴스는 새로운 굴착법을 찾는다는 신문광고를 냈다. 이

광고를 보고 찾아온 사람이 전 오스트리아 해군 함장이며 광산 전문가 앤서니 루카스였다.

루카스는 로터리 굴착법으로 땅 주인의 고민을 해결해주었다. 종래의 굴착기와 달리 파이프 끝에 분쇄기를 달아 이것을 회전시키면서 지하에 박아넣는 식의 이 로타리 굴착법은 석유 개발 사상 최대 발명으로 꼽힐 만큼 획기적이었다. 로터리 굴착법으로 땅을 파 들어가던 1901년 1월 10일, 버몬트 남쪽 스핀들톱 땅속 깊숙이 박혀 있던 굴착 파이프가 폭발 압력을 이기지 못하고 땅 위로 튕겨 올랐다. 뒤이어 시커먼 석유가 분수처럼 솟아올랐다. 이 분출은 20세기 현대 문명의 밑거름이 되어 20세기 굴뚝산업을 급속도로 발전시켰다.

굴착 파이프 끝에 달린 회전 비트 덕에 현장의 암반층이 돌파되자 파이프는 길이 130m에서 '검은 황금'을 담아 올렸다. 남부에서도 이렇게 거대 유전이 발견됨으로써 '걸프'와 '텍사코'라는 2개의 메이저 석유회사가 탄생하고 미국 석유의 주도권이 북부에서 남부로 옮겨져 미국 석유 역사를 다시 써야 했다. 1년 8개월 만에 자연 분출이 끝나 생산량이 감소했지만 이후 30년간 미국 땅에 엄청난 부를 쌓아주었다.

아르투로 토스카니니 미국 무대 데뷔
작곡가 자신도 잘 외우지 못하는 복잡한 곡들을 3~4번만 연습해도 악보를 거의 외웠다.

아르투로 토스카니니(1867~1957)의 지휘 신념은 악보 그대로 음악을 전달해야 한다는 엄정한 '음악적 객관주의'였다. 이것은 작곡가의 의도와 다르게 자신의 개성과 주관적 해석을 가미한 그 시대 지휘자들의 낭만주의적 연주 전통에 대한 반기였다. 결국 토스카니니의 철저한 객

아르투로 토스카니니

관주의는 지휘의 개념을 송두리째 바꾸어놓고 그 시대 지휘자들의 제멋대로 된 해석을 바로잡았다.

악보는 토스카니니의 음악적 출발점이자 종착점이었다. "포르티시모(아주 강하게)를 원하는 것은 내가 아니고 베토벤이란 말이야"라고 입버릇처럼 외친 데서도 알 수 있듯 악보의 자의적 변경은 그에게 있을 수 없는 일이었다. 악보대로 연주하지 않으면 고래고래 고성을 지르며 화를 내는 것은 기본이고 지휘봉을 부러뜨리거나 악보를 집어던지는 경우가 다반사였다.

토스카니니의 기억력은 거의 전설적이었다. 작곡가 자신도 잘 외우지 못하는 복잡한 악보들을 서너 번만 연습하고도 거의 외웠다. 암보(暗譜)로 지휘한 곡만 교향곡이 200여 곡, 오페라가 100여 곡에 달해 '걸어다니는 악보 도서관'으로 불렸다. 그가 악보를 외울 수밖에 없었던 이유는 악보대 위의 악보조차 볼 수 없었던 지독한 근시 때문이었다.

또한 토스카니니는 호색한이었다. 그에게 연애란 긴장을 해소해주고 삶을 충족시켜주는 원동력이었다. 엽색은 70대에도 멈추지 않았다. 다만 끊임없이 난봉을 일삼으면서도 가정만은 등한시하지 않았다.

토스카니니는 이탈리아 파르마에서 가난한 재봉사의 아들로 태어났다. 9세에 파르마 음악원에 입학, 9년 동안 첼로와 작곡을 배우고 졸업 후에는 첼리스트로 활동했다. 19세이던 1886년 지방 오페라단의 수석 첼리스트 겸 합창단 부지휘자로 기용되어 브라질 리우데자네이루에서 펼쳐질 '아이다' 공연에 동행했다. 그런데 1886년 6월 25일 리우데자네이루의 두 번째 공연을 앞두고 지휘자가 악단과 불화해 지휘를 거부하는 사태가 벌어졌다. 다급해진 오페라단이 악단 부지휘자와 합창단의 지휘자를 연이어 지휘대에 세웠지만 청중의 야유는 좀처럼 멈추지 않았다. 결국 지휘자를 구할 수 없게 된 오페라단은 궁여지책으로 단원들이 추천한 토스카니니에게 지휘를 맡겼다.

토스카니니가 무대에 올랐을 때 청중은 1시간 이상이나 야유를 부리고 고함을 치고 있었다. 토스카니니는 이런 청중의 소동에도 아랑곳하지 않고 지휘대에 오르자마자 악보를 덮어 버리고 암보로 지휘를 시작했다. 순간 놀라운 일이 벌어졌다. 그토록 소란스럽던 청중이 이내 조용해지더니 곧이어 감탄사가 흘러나오고 1악장이 끝났을 때는 박수갈채가 쏟아졌다. 토스카니니는 나머지 공연에서도 계속 지휘를 했다.

이탈리아로 돌아와서는 객원 지휘자로 활동하며 본격적으로 지휘자의 길을 걸었다. 1892년 리하르트 바그너의 '방황하는 네덜란드인'과 루지에로 레온카발로의 '팔리아치'를 이탈리아 최초로 초연하고 1896년 2월 1일 자코모 푸치니의 '라보엠'을 세계 최초로 초연했다. 1898년에는 세계적인 라 스칼라 극장의 수석 지휘자로 발탁되어 이탈리아의 오페라 개혁에 칼을 빼들었다. 당시의 오페라는 오늘날 대중가수들의 팝 콘서트와 같은 형식이었다. 따라서 청중의 복장은 정장이 아니라 편안한 차림이었다. 공연은 가수를 중심으로 이뤄졌고 지휘자는 단지 가수를 보조하는 위치에 불과했다. 오페라 아리아의 한 곡이 끝났을 때 청중이 앙코르를 요청하면 가수가 다시 나와 응하는 것이 관행이었다.

토스카니니는 이런 관행에 과감히 손을 댔다. 공연이 시작되면 누구라도 객석으로 들어올 수 없도록 하고 청중은 지위고하를 막론하고 모자를 쓰지 못하도록 했다. 공연 중에는 앙코르를 일절 금지하고 오페라 공연이 발레로 끝나는 관례를 폐지했다.

결국 1903년 3월 11일 라 스칼라 극장에서 '가면무도회'를 지휘할 때 청중과 충돌했다. 당대의 유명 테너 조반니 제나텔로가 절창을 하자 청중은 발을 구르며 환호하고 앙코르를 요청했다. 토스카니니가 거절하자 청중은 공연을 지속할 수 없도록 날뛰었다. 토스카니니는 지휘봉을 내던지고 극장을 뛰쳐나가 다시는 라 스칼라 극장으로 돌아오지 않았다.

'걸어다니는 악보 도서관'

토스카니니는 3년 후인 1906년 라 스칼라로 복귀했다가 1908년 다시 라 스칼라를 떠나 그해 11월 뉴욕의 메트로폴리탄 오페라하우스에서 베르디의 '아이다'를 지휘하는 것으로 미국 무대에 진출했다. 이후 1915년까지 메트로폴리탄 오페라단의 수석 지휘자로 활동했다. 토스카니니는 메트로폴리탄에서도 초연과 인연이 많았다. 1910년 12월 10일 푸치니의 오페라 '서부의 아가씨', 1915년 1월 25일 움베르토 조르다노의 오페라 '몽유병의 여인'을 초연했다.

1920년 이탈리아로 돌아와 다시 라 스칼라로 복귀했으나 1922년 이탈리아 총리가 된 무솔리니의 파시스트 정부와 사사건건 충돌했다. 무솔리니 정권은 공연 때 파시스트 당가(黨歌) 연주를 강력히 원했다. 그러나 평생 반파시즘과 반나치즘을 견지할 토스카니니는 권력자들의 압력에 굴하지 않았다. 극장을 포함해 모든 공공장소에 무솔리니와 국왕의 사진을 걸어야 한다는 지시도 따르지 않았다. 푸치니의 '투란도트'를 초연한 1926년 4월 25일에는 극장 안에 무솔리니가 와 있었는데도 오페라의 마지막 부분에서 "위대한 푸치니가 작곡한 것은 여기까지입니다"라고 말하고는 연주를 중단했다. 푸치니가 '투란도트'를 작곡하던 중 1924년 숨지자 제자 알피노가 완성한 뒷부분을 생략한 것이다.

1931년 5월 14일에는 그 유명한 '볼로냐 사건'이 일어났다. 그날 공연이 있기 전 토스카니니는 파시스트 정부의 장관이 공연을 관람할 것이라며 이탈리아 국가인 '조비네차'로 공연을 시작할 것을 파시스트들로부터 요청반았다. 토스카니니가 거절하자 파시스트 깡패들이 64살 노인의 얼굴에 주먹질을 했다.

결국 토스카니니가 공연을 포기하고 호텔로 돌아가자 파시스트들이 호텔까지 찾아가 고래고래 고함을 지르고 욕설을 퍼부었다. 그것만으로는 성이 차지 않아 토스카니니를 밀라노로 쫓아내고 여권을 압수했다. 이후 토스카니니는 이탈리아에서 지휘하는 것을 거부했다. 1933년에는 독일 바이로이트 공연 이후 나치가 유대인을 박해한다는 이유로 독일에서의 공연도 모두 거부했다.

토스카니니는 1929년부터 1936년까지 뉴욕 필하모니의 상임지휘자로 활동하다가 1937년 특별히 토스카니니를 위해 창단한 NBC 교향악단으로 옮겨 그해 12월 지휘 활동을 시작했다. 1937년 12월 25일 라디오를 통해 토스카니니의 연주회를 청취한 사람은 2,000만 명에 육박했다. 토스카니니는 이후 17년간 이 오케스트라와 더불어 연주를 하면서 음악사상 불후의 명반들을 내놓았다.

하지만 나이는 어쩔 수 없었다. 87세이던 1954년 4월 4일 카네기홀에서 '탄호이저' 공연 도중 종결부에서 갑자기 지휘를 멈추고 공허한 표정으로 서 있는 사태가 벌어졌다. 30초 후 시작된 연주가 끝나 우레와 같은 박수를 받으며 무대를 떠난 뒤에는 두 번 다시 무대로 돌아오지 않았다. 그리고 3년 뒤인 1957년 1월 16일 89세로 뉴욕에서 타계했다. 그의 죽음과 함께 17년간 그의 지휘봉에 따라 움직여 왔던 NBC 교향악단도 자진 해산했다.

단원들은 해산 후 새로운 악단을 결성해 순회공연을 마쳤는데 그때마다 지휘대는 공석으로 비워두고 공연했다. 토스카니니만 한 지휘자는 없다는 뜻이었다.

잭 존슨, 흑인 최초 세계 헤비급 챔피언 등극

백인들은 존슨을 쓰러뜨릴 '위대한 백인의 희망(great white hope)'을 찾아 나섰다.

    잭 존슨(1878~1946)은 흑백차별이 극심하던 1908년 미국에서 흑인 최초로 세계 헤비급 챔피언에 오른 복서다. 백인을 경멸하고 조롱하는 경기로 이룬 그의 세계 챔피언 등극은 수많은 백인들의 분노를 샀다.

  존슨은 미국 텍사스주 갤버스턴에서 태어나 목화송이를 따면서 어린 시절을 보냈다. 10대 시절 읍내에서 마차에 짐 싣는 일을 하던 중, 일요일 저녁마다 읍내 살롱에서 벌어지는 백인들의 복싱에 흥미를 갖게 되었다. 존슨은 주먹이라면 누구보다 자신이 있어 홀로 훈련했다. 점차 실력을 인정받아 이 도시 저 도시를 돌아다니면서 복싱으로 돈을 벌었다. 샌프란시스코 등 대도시에서도 연승 가도를 달리며 승승장구하자 백인을 업신여기는 발언도 서슴지 않았다. 이런 그를 좋아하는 백인 여성들도 적지 않아 존슨은 18세 때 결혼한 흑인 여성과 헤어지고 백인 여성들과 교제했다.

  존슨은 1904년 당시 세계 헤비급 챔피언인 제임스 제프리스에게 도전장을 냈다. 제프리스는 1899년부터 무적의 챔피언이었다. 그러나 제프리스가 "흑인과는 경기를 하지 않겠다"며 거절해 존슨은 다른 백인 선수를 상대로 간접 분풀이를 했다. 그 사이 제프리스는 6차례 방어전에 모두 성공한 뒤 더 이상 상대가 없어 1905년 스스로 링을 떠났다. 그 뒤를 이어 마빈 하트(1905~1906)와 토미 번즈(1906~1908)가 새 챔피언이 되었다. 특히 번즈는 1906년 챔피언에 오른 이래 연전연승하는 철권이었다.

  존슨은 번즈에게도 도전장을 냈으나 번즈 역시 거절했다. 흑인과 대결하는 것도 내키지 않았지만 자칫 백인을 깔보는 흑인에게 챔피언 타이틀을 넘겨줄지 모른다는 우려도 작용했다. 그렇다고 포기할 존슨이 아니었다. 번즈가 경기를 벌이는 영국, 아일랜드, 프랑스 등지까지 쫓아다니며 경기를 요구했다. 그러던 중 번즈가 호주에 있을 때 한 복싱 프로모터가 번즈에게 거액을 제시하며 경기를 제안했다. 번즈는 그때서야 잭슨의 도전을 받아들였다.

잭 존슨

1908년 12월 26일 호주 시드니에서 벌어진 존슨과의 경기는 번즈에게는 12번째 방어전이었다. 그러나 경기는 일반의 예상과 달리 존슨의 일방적인 우세로 펼쳐졌다. 존슨은 복싱 역사상 최초로 아웃복싱을 선보이며 위력적인 레프트 잽을 구사했다.

존슨은 1회 첫 다운을 빼앗아 금방 경기를 끝낼 수 있었는데도 일부러 시간을 끌며 번즈를 난타했다. 번즈가 쓰러질 것 같으면 기력을 회복할 시간을 준 뒤 펀치를 날렸다. 게다가 경기 중 쉴 새 없이 독설을 뿜어내며 번즈에게 온갖 모욕을 주었다. 번즈는 턱뼈가 부러지고 두 눈이 멍이 드는 처참한 상황에서도 흑인에게 챔피언 벨트를 넘겨준 최초의 백인이 되기 싫다는 자존심 하나로 버텼다. 그러나 14회가 끝날 무렵 자칫 번즈의 목숨이 위태롭다고 판단한 입회 경찰이 경기를 중단시켜 존슨은 흑인 최초의 세계 헤비급 챔피언이 되었다.

이 사실을 전해 들은 미국의 백인들은 경악했다. 그들은 흑인 챔피언을 인정할 수 없었다. 당시 세계 헤비급 챔피언은 세상에서 가장 강한 남자를 의미했다. 그런데 인간 같지 않은 흑인이 챔피언이라니…. 백인들에게 수치도 이런 수치가 없었다. 더구나 상대는 주먹은 물론 세 치 혀로도 백인을 조롱하고 비웃어온 존슨 아닌가? 백인들은 존슨을 쓰러뜨릴 '위대한 백인의 희망(great white hope)'을 찾아 나섰다. 작가 잭 런던은 전 챔피언 제임스 제프리스를 떠올렸다. 런던은 신문을 통해 제프리스의 컴백을 강력히 요청했다. 제프리스는 몸무게도 크게 불고 폐 기능도 떨어진 상태라 처음에는 거부했으나 거액의 파이트머니를 보장받고 경기를 수락했다.

입으로는 상대를 조롱하고 주먹으로는 가격해

미국의 독립기념일인 1910년 7월 4일 미국 네바다주 리노에서 펼쳐진 존슨과 제프리스의 경기를 앞두고 미국 전역은 열광했다. 언론은 '세기의 대결'이라며 분위기를 고조시켰다. 복싱 경기가 국민적 사건이 된 건 이때가 처음이었다. 주최 측이 만약의 사태에 대비해 총을 가지고 들어오지 못하도록 입구를 엄중히 지킨 가운데 펼쳐진 이 경기 역시 존슨의 일방적인 우세로 펼쳐졌다. 존슨은 백인 관중에 포위되어 있으면서도 시종 여유를 부리며 입으로는 상대를 조롱하고 주먹으로는 상대를 가격했다. 결국 제프리스는 15회에 경기를 포기했다.

흑인들은 떼를 지어 거리로 몰려나와 춤을 추며 존슨의 승리를 축하했다. 반면 백인들은 폭동으로 분노를 표출했다. 25개 주, 50개 시 이상에서 벌어진 폭동으로 20여 명의 흑인이 죽고 수백 명이 부상하는 사상 초유의 사태가 벌어졌다.

백인을 또다시 참을 수 없게 한 것은 흑인이면서도 주로 백인 여성을 사귀는 존슨의 여성 취향이었다. 존슨이 1911년 1월 백인 여성과 결혼하자 백인들의 흥분은 최고조에 달했다. 백인들은 존슨에게 욕설을 퍼붓고 거친 행동을 일삼았다. 협박 편지도 예사였다. 결국 첫 번째 백인 부인은 1912년 9월 자살했다. 그런데도 백인들은 매춘부 여성을 다른 주로 보내지 않기 위해 제정된 "부도덕한 목적을 위해 부녀자들을 주 경계선 너머로 수송할 수 없다"는 이른바 '맨 법률(Mann Act)'을 꺼내 들었다. 그들은 존슨의 두 번째 아내가 될 백인 여성 루실 캐머런을 타깃으로 삼았다. 그러나 캐머런이 협조를 거부하자 존슨에게 불리한 증언을 할 다른 백인 여성을 찾아냈다.

백인들은 매춘부였던 그 백인 여성을 피츠버그(펜실베이니아주)에서 시카고(일리노이주)로 보내기 위해 존슨이 열차권을 끊어 준 것을 문제 삼았다. 결국 존슨은 1912년 10월 체포되어 1913년 5월, 1년형을 선고받았다. 그러나 존슨은 1912년 12월 결혼한 루실 캐머런과 함께 1913년 6월 캐나다로 도주했다. 이후 존슨은 주로 프랑스 파리에서 논타이틀전을 벌이거나 극장 무대에서 어릿광대 노릇을 하는 것으로 생활비를 벌었다. 1914년에는 파리에서 세계 챔피언 방어전을 치러 20회 판정승을 거두기도 했다.

존슨은 1915년 4월 5일 쿠바 아바나에서도 챔피언 방어전을 치렀다. 어느덧 37세가 된 존슨은 신예 복서 제스 윌라드와 45회 경기를 벌였으나 26회를 넘기지 못하고 KO패했다. 이때 존슨이 경기를 포기했다는 루머가 돌았다. 백인들의 화를 누그러뜨려 다시 미국으로 돌아갈 때 죄를 감해 보려는 의도였다는 것이다.

경기에서 패한 후 존슨은 스페인과 멕시코 등지를 전전하다가 1920년 7월 미국으로 돌아가 10개월형을 살고 1921년 7월 풀려났다. 감옥에서 나온 뒤에도 복싱은 계속했으나 타이틀과는 무관한 경기였다. 젊은 시절 함께 동고동락했던 루실 캐머런과는 1924년 이혼하고 1925년 다른 백인 여성과 세 번째 결혼했다. 1946년 6월 10일, 68세 나이에 자동차 충돌 사고로 숨졌다.

1909년

안중근 의사, 이토 히로부미 처단
이재명 의사, 이완용 암살 미수
나철, 단군교(대종교) 중광
일본·중국의 간도협약 체결과 백두산 정계비
로버트 피어리 인류 최초로 북극점 도달
세르게이 댜길레프와 바츨라프 니진스키
　_ 안나 파블로바
리오 베이클랜드, 플라스틱 최초 개발
앙드레 지드 '좁은 문' 발간
윌리엄 듀보이스와 NAACP 결성
　_ 부커 워싱턴

안중근 의사, 이토 히로부미 처단

러시아 말로 "코레아 우라(대한민국 만세)"를 힘차게 외친 뒤 현장에서 체포되었다.

1909년 10월 26일 오전 9시 30분. 중국의 하얼빈역 하늘에 6발의 총성이 울려퍼졌다. 첫 3발은 일본 초대 내각총리와 초대 조선통감을 지낸 이토 히로부미의 가슴과 옆구리, 배에 명중했고 다른 3발은 이토를 수행하던 3명의 일본인을 쓰러뜨렸다. 이토는 30분 후 죽고 다른 3명은 중경상을 당했다. 그날의 총성은 이토를 향한 안중근(1879~1910)의 엄중한 경고였다. 안중근은 적의 심장을 향해 방아쇠를 당긴 뒤 러시아 말로 "코레아 우라(대한민국 만세)"를 힘차게 외친 뒤 현장에서 러시아군에게 순순히 체포되었다.

안중근은 황해도 해주 수양산 아래 광석동에서 장남으로 태어났다. 가슴과 배에 7개의 검은 점이 있어 어려서는 '응칠'로 불렸다. 부친 안태훈은 안중근이 5살 때인 1884년 대대로 살던 해주를 떠나 인적이 드문 신천군 청계동의 산속으로 이사했다. 그곳에서 안중근은 비교적 풍족하게 성장했다.

안중근이 15살 때인 1894년 동학농민운동이 들불처럼 번졌다. 당시 동학군은 고을마다 관리를 살해하고 백성의 재물을 약탈해 부정적인 면도 적지 않았다. 황현은 '매천야록'에 동학도를 '동도(東徒)' 또는 '동비(東匪)' 등으로 칭하면서 일부 동학군의 비행을 상세히 기록했다. 안중근의 부친 안태훈도 동학당의 포악한 행동을 참을 수 없어 뜻을 같이하는 70여 명의 포수를 끌어모았다. 안중근의 자서전 '안응칠 역사'에 따르면 1894년 12월 동학군 1,700여 명이 청계동을 기습하려고 할 때 안태훈은 40여 명의 포수가

안중근 의사. 왼손 약지 끝마디가 잘려있다.

야간에 동학군을 기습공격하도록 했다. 안중근은 15세 나이로 정찰대 역할을 맡았다.

안태훈의 민병들은 기습 공격으로 다량의 무기를 노획하고 1,000여 포대의 군량을 얻었다. 동학군은 수십 명이 죽거나 다쳤다. 안태훈의 민병은 이후에도 동학군을 상대로 수십 차례의 전투를 벌여 번번이 승리했다. 당시 황해도 동학 농민군의 우두머리 중에는 18세 청년 접주 김구도 있었다. 김구는 1894년 마을 뒷산(팔봉산)의 이름에서 딴 팔봉 접주 자격으로 해주성 공략 작전에 선봉장으로 참전했다가 실패해 쫓기는 신세가 되었다. 김구가 몽금포에 은거해있을 때 김구의 재주를 높이 평가한 안태훈이 밀사를 보내 김구를 불러들였다. 이후 김구는 1895년 2월부터 3개월 동안 안태훈의 환대를 받으며 청계동 산속에 머물다가 떠났다. 두 사람의 기록에는 없지만 김구와 안중근은 나이가 3살밖에 차이가 나지 않아 같이 어울렸을 공산이 크다.

안태훈은 1896년 10월 억울한 역모에 몰려 서울의 종현성당(명동성당)으로 피신한 것을 계기로 천주교를 받아들였다. 이후 청계동 사람들 중 상당수가 안태훈의 영향을 받아 천주교 신자가 되었고 안중근도 세례(세례명 도마)를 받았다. 1898년 4월 청계동본당이 설립되고 니콜라스 빌렘이 부임하자 안중근은 빌렘 신부의 복사로 활동하며 사람들을 전도했다. 틈틈이 국제 정세와 외국 동향을 빌렘 신부에게서 전해 들었다.

안중근은 황해도 진남포에서 1906년 봄부터 1907년 8월 망명할 때까지 천주교에서 운영하던 돈의학교를 인수하고 중등 수준의 야학교인 삼흥학교를 설립해 교육 구국 사업을 벌였다. 1907년에는 국채보상운동에도 참여하고 애국계몽운동 단체인 서우학회(서북학회의 전신)에도 가입했다. 구국 운동 자금은 평양에 미곡상과 무연탄 판매회사를 차려 마련했다.

1907년이 되자 헤이그 밀사 사건, 정미조약, 고종의 폐위, 군대 해산 등 국가의 존재 자체를 위협하는 사건이 연이어 일어나고 이에 대한 의병들의 저항이 전국적으로 격렬했다. 이러한 급격한 상황 변화는 안중근이 계몽운동에만 머물도록 내버려두지 않았다. 결국 안중근은 1907년 8월 서울을 떠나 1907년 9월 북간도로 망명했다. 그러나 그곳에 일본군이 주둔하고 있어 의병을 일으키기가 곤란하다고 판단해 러시아령 연추(크라스키노)와 목허우(포시예트)를 거쳐 1907년 10월 블라디보스토크로 갔다.

그 날의 총성은 이토를 향한 안중근의 엄중한 경고

당시 블라디보스토크의 유력 인사는 이범윤과 최재형이었다. 이범윤이 망명 한인을 대표하는 인물이었다면 최재형은 블라디보스토크 정착 한인을 대표했다. 안중근은 그들에게 의병을 일으키자고 설득하고 엄인섭과 김기룡을 만나 의형제를 맺었다. 또한 연해주 각지를 돌아다니며 의병 참가자와 군자금을 모았으며 1908년 4월 이범윤과 최재형 등 블라디보스토크 한인들이 의병 활동을 위해 결성한 '동의회' 발기인으로 참여했다. 동의회는 수백 명으로 구성된 연합 의병부대를 산하에 두었는데 김두성이 총독, 이범윤이 총대장으로 추대되고 안중근과 엄인섭은 각각 우영장과 좌영장을 맡았다. 안중근이 의거 후 공식 직함으로 내세운 '의병참모중장'은 이 우영장에서 연유한다.

의병부대가 국내 진공작전을 펼칠 때 안중근도 참가했다. 안중근의 의병부대는 1908년 6월 두만강을 건너와 함북 경흥군 노면 삼리에 주둔한 일본군 수비대를 급습했다. 일본군 여러 명을 사살하고 수비대 진지를 점령하는 등의 전과를 올렸다. 1908년 7월에도 제2차 국내 진공작전을 전개해 4명의 일본군을 생포하는 전과를 거두었다. 그런데 안중근은 "만국공법(국제법)에 포로를 죽이는 일이 없다"며 일본군을 풀어주었다.

안중근의 포로 석방은 의병부대 내에 심각한 파장을 불러왔다. 이에 불만을 품은 엄인섭의 의병부대는 러시아로 돌아가고 안중근 부대는 사방으로 흩어졌다. 더구나 풀어준 일본군이 의병의 위치를 알려주면서 기습공격을 해 와 피해가 더 컸다. 안중근도 산속을 헤매다가 진공작전을 벌인 지 한 달도 더 지나 귀환했다. 1년 뒤 안중근과 거사를 도모하게 될 우덕순은 먹을 것을 구하러 마을로 내려갔다가 일본군에 붙잡혀 사형까지 구형받았지만 구사일생으로 탈출했다.

안중근은 자책감과 좌절감에 빠져 의병부대를 떠났다. 1909년 3월 5일 (음력 2월 7일)에는 러시아 연추에서 '단지동맹'(혹은 동의단지회)을 결성했다. 안중근은 11명의 동지들과 함께 태극기를 펼쳐놓고 왼손 약지 끝마디를 끊어 그 피로 태극기에 '대한독립'이라 크게 쓰고 "대한독립 만세"를 3번 외쳤다.

안중근이 1909년 10월 19일 블라디보스토크에 도착했을 때 이토가 러시아 재무장관 코코프체프와 회동하기 위해 하얼빈을 방문한다는 소식이 들려왔다. 이토는 그해 6월 조선통감을 그만두고 일본의 추밀원 의장으로 활동하고 있었다. 안중근은 하얼빈에서 이토를 저격하자며 우덕순에게 거사를 제의했다. 우덕순은 충북 제천 출신으로 1905년 을사조약 뒤 블라디보스토크로 건너와 안중근과 함께 국내 진공작전을 펼쳤던 동지였다.

안중근과 우덕순은 10월 21일 아침 8시 50분 블라디보스토크에서 열차를 타고 780㎞ 떨어진 하얼빈을 향해 출발했다. 오후 9시 25분 수분하(쑤이펀허)에 도착한 열차가 1시간 정차하는 동안 열차에서 빠져나와 통역을 담당할 유동하를 만났다. 유동하는 안중근과 평소 친분이 있는 한의사의 아들로 당시 나이 18세였다. 세 사람을 태운 열차는 10월 22일 밤 9시 15분 하얼빈에 도착했고 안중근 일행은 그곳에 머물렀다.

안중근은 현지 신문을 통해 이토를 태운 특별열차가 10월 25일 밤 장춘을 출발해 10월 26일 하얼빈에 도착한다는 사실을 알고 열차의 출발지인 장춘까지 갈 계획을 세웠다. 그러나 여비가 부족한 데다 채가구에서 열차가 교차한다는 사실을 알고 나서는 채가구에서 거사를 벌이는 것으로 계획을 바꿨다. 안중근과 우덕순은 유동하 대신 새로 통역을 맡아줄 조도선과 함께 25일 12시쯤 채가구에 도착했다. 역무원을 통해 이토의 특별열차가 26일 아침 6시에 채가구에 도착하고 9시쯤 하얼빈에 도착한다는 사실을 알아냈다.

그런데 아침 6시쯤이면 아직 날이 밝지 않아 이토는 채가구 역에 내리지 않을 것이고 설사 내린다 해도 이토의 얼굴을 몰라 어둠 속에서 진짜를 가려내기가 힘들다고 판단해 안중근 자신은 종착지인 하얼빈에서, 두 사람은 채가구에 남아 기회를 엿보는 것으로 계획을 수정했다. 안중근은 헤어지면서 덤덤탄이라고 불리는 특수 탄환을 우덕순에게 건넸다. 탄환의 끝 부분에 십자형을 새겼기 때문에 사람의 몸에 적중하기만 하면 납 알갱이가 퍼져 치명적인 상해를 주는 것이어서 당시는 국제적으로 사용이 금지된 탄환이었다.

일본인 검찰관에게 이토의 죄목 15개항 진술

안중근은 10월 25일 하얼빈으로 돌아가 지인의 집에서 밤을 보내고 이튿날 오전 7시쯤 권총을 지닌 채 하얼빈역으로 가 역내 찻집에서 차를 마시면서 열차를 기다렸다. 특별열차는 오전 9시쯤 도착했다. 이윽고 러시아의 재무장관 코코프체프가 열차에 올라가 이토와 15분간 환담을 나눈 뒤 함께 열차에서 내려왔다. 이토가 플랫폼에서 러시아 악대의 군악 소리에 맞춰 군인과 외교사절단을 사열하는 동안 안중근은 서서히 접근했다. 그때 러시아 관리들의 호위를 받고 있는, 얼굴은 누렇고 수염은 흰 자그마한 늙은이 하나가 눈에 띄었다.

안중근은 이토로 짐작되는 그에게 다가가 브라우닝 7연발 권총으로 3발을 쐈다. 총탄은 이토의 가슴과 옆구리, 배에 명중했다. 그리고 이토를 뒤따르던 하얼빈 총영사, 궁내대신, 만철 이사 등 3명의 일본인을 향해 또다시 3발을 발사했다. 그리고 곧 하늘을 향해 "코레아 우라(대한민국 만세)"를 힘차게 세 번 외친 뒤 현장에서 러시아 헌병에게 체포되었다. 10월 26일 오전 9시 반쯤이었다.

이토는 피격 30분 만인 오전 10시경 숨졌다. 오른쪽 폐를 관통한 총알이 결정적 사인이었다. 조선인이 자신을 쐈다는 말을 병원에서 전해 듣고 이토가 "바보 같은 놈"이라고 했다는 일본 관리의 전언은 사실이 아니라는 게 국내 학계의 정설이다. 이토의 죽음으로 조선의 식민지화를 앞당기고 위인의 면모를 보이려는 의도에 맞춘 발언이라는 것이다.

채가구에 있던 우덕순과 조도선은 전날 밤부터 엄중한 감시를 받고 있어 특별열차가 2분 정도 정차했을 때도 머물던 방에서 나오지 못하고 있다가 결국 안중근의 거사 후인 오전 11시 55분쯤 방에서 러시아 헌병에게 체포되었다. 하얼빈에 거주하던 한인 다수도 체포되었다. 김구도 청계동 시절의 인연으로 황해도에서 일경에 체포되어 해주감옥에서 한 달 넘게 구속되었다가 불기소로 풀려났다.

당시 하얼빈은 러시아가 청국으로부터 조차 형식으로 빼앗은 땅이었다. 따라서 안중근의 공식적인 재판권은 러시아에 있었다. 하지만 일본이 "을사조약에 따라 일본국은 한국인을 보호할 의무가 있으므로 일본국 형법을 적용해야 한다"고 주장하며 안중근의 신병을 요청하자 러시아는 1차 조사만 마친 후 그날 밤 늦게 안중근, 우덕순, 조도선, 유동하 등 8명과 조서 서류 일체를 하얼빈 일본 총영사관으로 넘겼다. 러일전쟁에서 패한 러시아로서는 일본의 요구를 수용할 수밖에 없었다.

안중근은 10월 30일 일본인 검찰관 앞에서 ▲조선의 민황후를 시해한 죄 ▲조선 황제를 폐위시킨 죄 ▲5조약과 7조약을 강제로 체결한 죄 ▲동양 평화를 파괴한 죄 등 이토의 죄목 15개항을 진술했다. 그리고 11월 3일 중국 여순감옥으로 옮겨졌다. 안중근은 12월 13일 옥중 자서전인 '안응칠 역사'를 한문으로 쓰기 시작해 1910년 3월 15일 탈고했다. 그러나 원고는 안중근 순국 후에도 유족에게 전달되지 않고 일제의 한국 통치 자료로 이용되었다. 현재 '안응칠 역사'와, 역시 감옥에서 안중근이 쓴 '동양평화론' 원본은 아직도 소재가 밝혀지지 않고 있다.

1910년 2월 7일 시작된 재판에서 안중근은 자신의 거사는 개인 자격으로 한 일이 아니라 대조선 의병 참모중장의 자격으로 독립전쟁을 수행하는 과정에서 적장을 포살한 것이므로 만국공법(국제법)에 따라 전쟁 포로로 재판을 받아야 한다고 주장했다. 그러나 판사는 6차 공판인 2월 14일 안중근에게 사형을 선고했다. 우덕순에게는 징역 3년, 조도선과 유동하에게는 징역 1년 6개월을 선고했다.

안중근은 항소를 포기했다. 2심에서도 어차피 사형이 선고될 게 뻔한 상황에서 자신의 주장을 정리해 '동양평화론'을 저술하는 게 2심 재판을 받는 것보다 낫다고 판단했기 때문이다. 더구나 틈틈이 법원과 여순감옥의 관리들에게 부탁받은 글씨도 써야 했다. 순국 때까지 감옥에서 쓴 글씨는 현재 70여 점이 남아 있다. '동양평화론'은 완성하지 못했다.

안중근은 안정근과 안공근 두 아우에게 "유해는 하얼빈 공원에 묻었다가 조국이 독립하면 그때 가져가 달라"고 당부하고 6통의 편지를 전달했다. 어머니, 부인, 사촌동생, 뮈텔 천주교 조선대목구 주교, 빌렘 신부, 숙부에게 보낸 편지들은 사실상의 유서였다. 고국에 있는 2,000만 동포에게도 "학문을 면려하고 실업을 진흥하라"고 유언을 남겼다.

안중근은 사형 집행이 예정된 날에도 한 폭의 글을 썼다. 안중근을 경외한 일본 간수에게 써준 유묵이었다. '국가를 위해 몸을 바치는 것은 군인의 본분'이라는 '위국헌신군인본분(爲國獻身軍人本分)' 유묵 옆에는 무명지(약지)를 절단한 왼손 손바닥의 수인을 찍었다. 이 휘호는 1979년 소지자인 간수의 질녀가 한국에 반환해 현재는 서울 남산 안중근 의사 기념관에 보관되어 있다.

안중근은 3월 26일 오전 10시 모친이 보낸 하얀 명주 한복을 입고 교수대 옆 대기실로 갔다가 눈을 가린 채 교수대에 올라가 10시 4분쯤 조용히 형의 집행을 받았다. 감옥의는 10시 15분 절명했다고 보고했다. 밖에는 추적추적 부슬비가 내리고 있었다. 감옥 측은 침관에 사체를 넣고 흰 천을 덮어 교회당으로 운구했다. 뒤이어 우덕순, 조도선, 유동하 세 사람이 예배를 하게 하고 오후 1시 여순감옥 묘지에 파묻었다. 이 매장지 위치는 지금도 밝혀지지 않고 있다.

두 동생 안정근·안공근도 독립운동사에서 중요한 역할 해

안중근의 가족은 어떻게 되었을까. 안중근은 부인 김아려와의 사이에 딸 하나와 아들 둘을 두었다. 거사에 앞서 1909년 음력 7,8월경 지인에게 가족을 데리고 와 달라고 부탁했다. 거사 후 가족의 안위가 염려되어 러시아로 오게 한 것이다. 어머니, 부인, 자식들이 블라디보스토크로 왔으나 안중근은 가족을 상봉하지 못한 채 거사를 위해 블라디보스토크를 떠났다.

안중근 순국 후 가족은 한동안 블라디보스토크에 살다가 1911년 4월 중국 흑룡강성 목릉현으로 이주했다. 그런데 그곳에서 그해 여름 장남 분도가 12살 나이에 죽었다. 분도가 죽기 전 어떤 낚시꾼이 주는 과자를 먹었다는 말을 남긴 채 쓰러져 독살일 가능성이 제기되었다.

가족은 1914년 러시아령 우수리스크로 이주했다가 1919년 중국 상해의 프랑스 조계지로 거처를 옮겼다. 그때 딸 현생은 19세, 아들 준생은 13세 였다. 1932년 이후에는 독립운동 진영과 단절된 채 생활했다. 윤봉길 의사 사건 이후 임시정부가 상해를 떠날 때 부인과 안준생이 상해를 벗어나지 못했기 때문이다. 딸은 25세에 독립운동을 하던 황일청과 결혼, 상해를 떠나고 없었다.

조용히 지내던 아들과 딸이 국내 언론에 집중적으로 등장한 것은 조선총독부에서 기획한 것으로 알려진 이른바 '박문사의 화해극'에 이용된 1939년이었다. 사건은 '재상해 실업가유지 만선시찰단'에 포함된 안준생이 10월 15일 서울의 박문사를 방문해 이토의 명복을 빌면서 불거졌다. 안준생은 아버지가 죽기 직전에 자신의 행위가 "오해로 인한 폭거"였음을 인정했다고도 발표했다. 박문사는 이토 히로부미를 현창하기 위해 1932년 장충단 동쪽에 세운 절로 이토의 이름인 박문(히로부미)에서 땄다.

10월 17일에는 이토의 둘째 아들 이토 분키치와 함께 박문사를 방문, 부친의 죄를 사죄하고 이토 영전에서 화해하는 더욱 극적인 장면이 연출되었다. 1941년 3월 26일에는 딸 안현생도 박문사에 들러 참배하고 아버지를 대신해 사죄했다.

이 때문에 두 자식은 1945년 광복 후에도 한동안 조국으로 돌아오지 못했다. 김구는 광복을 맞아 조국에 돌아오기 직전, 안준생을 체포해 교수형에 처해 달라고 중국 관헌들에게 부탁하기까지 했다. 부인은 1946년 상해에서 세상을 떠나 중국에 묻혔다. 안준생은 폐결핵에 걸려 1950년 6월 귀국했다가 이듬해 부산 앞바다에 정박한 덴마크 적십자선에서 사망했다. 안준생의 부인과 아들은 이후 미국으로 이주했다. 안현생의 남편 황일청은 일본 패망 후 상해에서 광복군과 학병 간의 알력을 중재하다가 광복군이 쏜 총을 맞고 1945년 12월 사망했다. 안현생은 1946년 11월 귀국해 잠시 대구 효성여대(현 대구가톨릭대)에서 불문과 교수로 활동하다가 1959년 고혈압으로 사망했다.

안중근의 두 동생인 안정근과 안공근은 독립운동사에서 중요한 역할을 했다. 안정근은 러시아군 장교로 1차대전에 참전하고 1918년 8월 상해에서 김규식, 여운형 등과 함께 신한청년당을 창당했다. 1919년 2월(음력)에는 길림에서 조소앙이 작성한 대한독립선언서에 39명 가운데 한 사람으로 서명했다. 김구가 낙양군관학교에 설치한 한인특별반 생도들을 국내외에서 모집할 때도 크게 기여했다. 1926년부터는 조선업 종사자로 위장하고 공작선 건조에 주력하다가 일제의 탄압이 극심해지자 홍콩으로 피신했다. 1939년 지병이 생겨 중국에서 은거하다가 1949년 3월 상해에서 눈을 감았다. 안정근의 딸 안미생이 김구의 장남인 김인과 결혼함으로써 김구와는 사돈이 되었다.

안공근은 1930년 한국독립당 창당 과정 때부터 15년 이상 김구의 최측근 동지로 동고동락했다. 1931년 김구가 한인애국단을 만들 때도 핵심적인 역할을 했다. 본부는 프랑스 조계 내에 위치한 안공근의 집에 설치되었고 한인애국단의 중요한 일들은 안공근의 집에서 이뤄졌다. 1931년 12월 이봉창 의사의 선서식도 안공근의 집에서 거행되고 윤봉길 의사가 출정에 앞서 태극기를 들고 찍은 사진도 안공근의 차남 안낙생의 집에서 촬영한 것이다. 특히 윤봉길 의거 후 김구가 가흥으로 피신했을 때는 가흥과 상해를 오가며 한인애국단을 총괄했다.

1934년 12월에는 한인특별반의 후신인 한국특무대독립군의 관리와 운영 책임을 맡았으나 1939년 5월 30일 중경에서 실종되었다. 독립운동단체 내부의 분파 투쟁으로 희생되었다는 설과 일제 밀정이 암살했다는 설이 있다.

이재명 의사, 이완용 암살 미수

이재명의 칼에 인력거꾼 박원문은 즉사하고 이완용은 두 군데에 치명상을 입었다.

1909년 12월 22일 오전 11시, 서울 종현성당(명동성당)에서 5일 전 사망한 벨기에 국왕 레오폴드 2세의 추도식이 거행되었다. 벨기에 총영사가 주최한 행사에는 총리대신 이완용을 비롯해 각부 대신이 대거 참가했다. 그 시각, 성당 밖에서는 군밤 장수로 변장한 20대 청년 이재명(1886~1910)이 이동수와 함께 이완용이 내려올 성당 언덕 위 동태를 살폈다.

오전 11시 30분쯤 추도식이 끝나고 이완용이 인력거를 타고 교당을 빠져나와 언덕을 내려오는 모습이 이재명의 눈에 들어왔다. 곧 이재명이 달려들어 이완용의 왼쪽 어깨를 찔렀다. 제지하는 인력거꾼도 칼로 찔러 쓰러뜨린 뒤 다시 이완용의 오른쪽 신장 부분을 찔러 폐와 신장에 치명상을 입혔다. 길바닥에는 유혈이 낭자하고 일대는 순식간에 아수라장이 되었다.

그 순간을 1909년 12월 23일자 대한매일신보는 이렇게 기록하고 있다. "교당문 밖에서 7~8간(약 14m) 되는 데 이르러서는 단발한 사람 한 명이 돌출하여 8치(약 24㎝) 남짓한 한국칼로 인력거 끄는 차부부터 꺼꾸러뜨리고 몸을 소스쳐 차 위에 앉은 이완용 씨의 허리를 찌르매 이씨가 달아나려 하거늘 이씨의 등을 찔러서 3군데 중상을 입혔는데, 그 자객은 평양 사람 이재명이라 즉시 포박되었다더라." 함께 거사를 준비한 이동수는 현장에서 재빠르게 피신해 이후 15년간 붙잡히지 않았다.

이재명은 평북 선천에서 태어나 평양에서 성장했다. 출생 연도는 1886년, 1887년, 1888년, 1890년 등 각각이어서 정확하지는 않다. 어려서 부모를 여의고 1904년 미국 하와이로 이민을 떠났다. 1906년 3월 다시 하와

이재명

이에서 미국 본토로 건너가 안창호 등이 1905년 4월 샌프란시스코에서 창립한 재미 한인 독립 운동단체인 공립협회에 가입했다. 1907년 헤이그 밀사 사건에서 이준 열사가 분사하고 그 여파로 고종이 강제 퇴위했다는 사실에 분개해 그해 10월 일본을 거쳐 귀국했다.

이후 일제의 침략 원흉들과 매국노를 처단하기 위해 기회를 엿보던 중 1909년 1월 기회가 찾아왔다. 이토 히로부미 조선 통감이 순종의 평안도 순시 때 동행한다는 사실을 알고 이토를 처단할 목적으로 동지들과 평양역 부근에서 기다렸다. 그러나 이토가 신변의 위협을 우려해 순종 옆에 붙어다니는 것을 본 안창호가 자칫 이토 옆에 있는 순종까지 피해를 볼지 모른다며 만류해 실행에 옮기지는 못했다. 다시 이토를 처단하기 위해 블라디보스토크로 건너갔으나 1909년 10월 26일 안중근 의사가 하얼빈역에서 이토를 처단했다는 소식을 듣고 귀국했다.

곧 13명의 동지를 규합해 친일 매국노 이완용과 일진회 회장 이용구를 처단하기로 뜻을 모았다. 동지들 가운에 이재명 자신과 이동수·김병록은 이완용을 처단하고 김정익·조창호는 이용구를 주살하기로 했다. 오복원·박태은·이응삼은 거사에 필요한 자금을 조달하고 김용문은 이완용·이용구의 일상적인 동정을 살피기로 했다. 거사 당일에도 김용문은 대한매일신보 기사에서 알아낸 이완용의 당일 일정을 이재명에게 알려준 뒤 학기말 시험을 보러 대한의원으로 갔다. 당시 김용문과 오복원은 대한의원 부설 의학교 학생이었다. 이재명을 포함해 동지들의 나이는 전태선(43세)을 제외하면 평균 23.3세였으며 대부분 평양이나 인근 출신이었다. 기독교도가 8명, 천도교도가 2명이었다.

친일 매국노에게 가해진 의열 투쟁의 과감한 응징

이재명의 칼에 인력거꾼 박원문은 애꿎게 즉사하고 이완용은 두 군데 치명상을 입었다. 이완용은 피습 후 옥인동 자택에서 밤새 의료진의 치료를 받아 고비를 넘긴 다음 12월 23일 대한의원에서 수술을 받았다. 이후 1910년 2월 14일까지 병원에서 치료를 받아 거의 완쾌된 상태에서 53일 만에 퇴원했다. 이완용은 이렇게 목숨을 부지하긴 했으나 평생 해수병과 천식, 폐렴에 시달렸다.

이재명은 달려든 일본 경찰에게도 칼을 휘두르며 저항했으나 경찰의 대검에 허벅지를 찔려 붙잡혔다. 1909년 12월 24일자 대한매일신보는 체포 순간을 이렇게 기록하고 있다. "이재명을 포박할 때에 방관자가 구름같이 모였는데, 그 신색이 자약(自若·큰일을 당해서도 놀라지 아니하고 보통때처럼 침착하다)하여 사방으로 돌아보며 왈 '너희 등은 어찌 나를 돕지 않고 방관만 하느냐' 하고, 또 하는 말이 '내가 오늘날 우리나라 원수를 죽였으니 쾌하다, 쾌하다' 하고 만세를 부르며 방관자에게 궐련을 청하여 먹는데, 그 거동이 여상(如常·평소와 다름없음)하더라더라."

이재명이 체포된 후 전국에 검거 열풍이 휘몰아쳐 수십 명이 연행되었다. 그중에는 대한의원 학감 지석영과 부속의원 학생 대표도 있었는데 두 사람은 혐의가 없어 이튿날 석방되었다. 반면 천도교 지도자 양한묵은 넉 달 가까이 갇혀 있다가 풀려났다. 그는 1919년 3·1운동 때 33인 대표 중 유일하게 옥사했다. 다른 동지들 역시 이동수를 제외하고 모두 체포되었다. 이재명은 재판 과정에서 배후를 묻는 판사에게 "이천만 동포 모두가 배후요"라고 답변해 방청석을 가득 메운 방청객들의 갈채를 받았다.

일제는 1심(1910.5.18), 2심(7.20), 3심(8.13) 모두 이재명에게 사형을 선고한 후 데라우치 마사타케가 초대 총독으로 부임하기 하루 전인 1910년 9월 30일 서대문형무소에서 사형을 집행했다. 김정익·김병록·조창호 15

년, 오복원·전태선 10년, 김용문·박태은 7년, 나머지 4명은 5년을 선고했다. 이들 중 상당수는 출옥 후에도 계속 독립운동에 헌신했다.

한편 현장에서 피신했던 이동수는 이후에도 끊임없이 이완용의 목숨을 노렸지만 성공을 거두지는 못했다. 그러다가 공소시효를 1년 남겨둔 1924년 10월 체포되었으나 '범행이 미수에 그쳤다'는 점이 정상참작되어 징역 2년에 집행유예 3년을 선고받았다.

참고로 일제를 상대로 한 의사·열사의 과감하고도 자기희생적인 투쟁을 '의열 투쟁'이라고 한다. '의사(義士)'는 침략자와 불의에 대해 목숨을 걸고 무력으로 거사를 결행한 사람으로 안중근·이봉창·윤봉길·이재명 의사가 대표적이다. '열사(烈士)'는 침략자와 불의에 대한 항거의 뜻과 의지를 자결 또는 그에 준하는 행동으로 표출한 사람을 뜻하며 대표적인 인물로 이준과 유관순을 꼽는다.

나철, 단군교(대종교) 중광
항일 독립외교의 선구자였고 실천적 지식인이었으며 단군교(대종교)를 다시 일으켜 세운 종교인이었다.

대종교는 일제 치하 내내 전개된 항일 무장투쟁, 임시정부를 통한 외교투쟁, 민족정신을 고취하는 문화투쟁의 중심에 있었다. 임시정부의 주요 인사는 물론 민족 지도자, 역사·국어학자, 무장 독립운동가 중 상당수가 대종교 신자였을만큼 일제 하에서 대종교의 영향력은 가히 독보적이었다. 이 대종교를 중광한 이가 나철(1863~1916)이다. '중광'이란 다시 빛낸다는 뜻으로 부활을 뜻한다.

나철은 항일 독립 외교의 선구자였고 을사5적을 처단하려 했던 실천적 지식인이었으며 단군교(대종교)를 다시 일으켜 세운 종교인이었다. 특히 한국 근대사의 굴곡 속에서 단군 신앙의 재건을 통해 문학·역사·철학·종교·민속 등 우리 문화와 학문 전반에 정체성을 재확인시켜 주고 '국학'을 학문의 영역으로 끌어올린 업적을 인정받고 있다.

나철

나철은 전남 보성에서 태어나 1891년 문과에 급제하고 1895년 징세국장(현 국세청장)에 임명되었다. 하지만 을미사변으로 민비가 시해당하는 등 나라가 어지러워지자 관직을 사직하고 구국 운동에 뛰어들었다. 구국의 첫 행보는 '동양평화론'를 앞세운 민간외교였다. 1905년 6월 처음 방문한 일본 도쿄에서 이토 히로부미가 특명전권대사로 조선에 파견된다는 소식을 접하고 이토에게 직접 편지를 보내 조선의 주권을 보장하고 동양평화를 위해 한중일 3국이 친선 동맹을 맺을 것을 촉구했다. 그러나 회신이 없자 천황 궁성 앞에서 3일 동안 단식을 벌였다. 1905년 11월 을사조약이 체결되자 분통한 마음으로 귀국을 서둘렀다.

1906년 1월 24일 서울역에 도착했을 때 갑자기 한 노인이 나타나더니 "나는 백두산에서 수도하고 있는 백봉도사의 제자인 백전"이라며 '삼일신고'와 '신사기' 2권의 책을 건네주고 홀연히 사라졌다. 나철은 1906년 5월과 9월 두 차례 일본을 더 방문했으나 외교 투쟁의 한계를 깨닫고 돌아와 비밀결사 조직 '자신회'를 기반으로 을사5적 처단에 나섰다.

나철은 을사5적 처단에 앞서 자금을 조달하고 권총을 극비리에 구입하고 결사대원을 규합했다. 나철은 폭탄을 넣은 상자를 미국인 모씨가 보낸 것처럼 선물로 위장해 박제순의 집에 보냈으나 박제순이 눈치를 채 성공하지 못했다. 작전이 수포로 돌아가자 작전을 바꾸어 5적을 직접 사살하기로 했다. 1907년 2월 13일(음력 1월 1일)을 거사일로 잡은 나철은 '간신을 목 베는 글'이라는 뜻의 '참간장'을 수백 장 인쇄해 비밀리에 경상·전라도 지방으로 보내 대원을 모집했다. 그러나 거사 당일 지방 대원들이 미처 상경하지 못해 거사일은 3월 25일 오전 10시로 연기되었다.

5적에 1명이 더 늘어난 6명의 역적을 처단하기로 한 결사대는 총 18명으로 편성하고 결사대에는 각각의 책임자를 임명했다. 박제순(1907년 1월 당시 참정대신)은 오기호, 이지용(내부대신)은 김동필, 권중현(군부대신)은 이홍래, 이완용(학부대신)은 박대하, 이재극(법부대신)은 서태운, 이근택(을사조약 당시 군부대신)은 이용채가 거사 책임을 맡았다. 을사6적이 궁궐에 들어가는 3월 25일 결사대원들은 각자 맡은 곳에서 처단자를 기다렸다.

박제순을 맡은 결사대는 광화문 근처에서 박제순을 발견했으나 일본군의 호위가 삼엄해 우물쭈물하다 기회를 놓쳤고, 이재극팀은 서대문을 지날 때 기회를 노렸으나 경비가 삼엄해 역시 총을 쏘지 못했다. 권중현팀은 인력거를 타고 가는 권중현을 보고 총을 발사하긴 했으나 명중시키지 못하고 되레 강상원 대원만 체포되었다. 잇따른 실패로 사방의 경계가 엄중해지자 각각의 결사대는 뿔뿔이 흩어졌다. 워낙 기일이 촉박해 대원들이 연습을 충분히 하지 못한 게 실패의 원인이었다. 결국 체포된 한 대원이 고문에 못 이겨 거사 전말을 실토하는 바람에 피신한 일부를 제외한 대부분의 동지들은 차례로 체포되었다.

나철은 4월 1일 대한제국의 사법기관인 평리원에 자진 출두했다. 나철을 비롯한 전원은 정부 전복 내란죄로 실형을 받아 유배되었다. 나철은 1907년 7월 유배 10년형을 선고받고 전남 무안군 지도로 유배되었으나 고종의 특사 조치로 얼마 지나지 않아 풀려났다.

나철은 1908년 12월 네 번째 방문한 일본에서 또다시 단군교 중광과 관련된 운명적인 만남을 경험한다. 12월 5일 '백봉신사'의 제자 '두일백'이라는 노인이 나타나 단군교의 핵심 경전인 '단군교포명서' 등 여러 책을 건네주고, 12월 9일 "국운이 다했으니 속히 귀국해 단군 대황조의 교화를 펴라"고 말을 던지고는 홀연히 사라진 것이다.

나철은 국내로 돌아와 삼일신고 등 경서를 탐독하고 단군 신앙의 중광을 본격적으로 모색했다. 그리고 1909년 1월 15일(음력) 밤 12시, 오기호·최전·유근·정훈모·이기 등 뜻을 같이하는 수십 명의 동지들과 함께 서울 재동 취운정 아래 초가집 북벽에 '단군 대황조 신위'를 모시고 '단군교포명서'를 공표함으로써 공식적으로 '단군교'를 중광했다.

대종교, 우리 민족사 전반에 혁명적 변화 몰고 와

나철이 교주에 해당하는 '도사교'에 취임한 가운데 나철을 비롯해 주요 동지들은 과거의 몰민족적 자아를 탈각하는 종교적 통과 의례의 하나로 이름을 모두 외자로 개명했다. 나인영은 나철, 최동식은 최전, 김교헌은 김헌, 신규식은 신정, 조완구는 조량이 되었다. '창교'라 하지 않고 '중광'이라 한 것은 단군의 옛 가르침을 다시 펼치겠다는 각오이자 고려 때 원나라에 의해 말살되었던 왕검교를 700여 년 만에 부활한다는 의미였다.

대종교의 중광은 절망적 현실 속에서 장차 우리 민족사 전반에 혁명적인 변화를 몰고 왔다. 주권을 잃어버린 암울한 민족사회 전반에 희망의 메시지를 전달했으며 민족 정체성의 와해 속에서 방황하던 수많은 우국지사와 동포에게 정신적 안식처 역할을 했다. 그러나 일제가 단군교를 항일 독립 단체로 규정하자 나철은 일제의 탄압을 비껴갈 생각으로 1910년 8월 5일(음력) 단군교를 전래의 교명인 '대종교(大倧敎)'로 바꿨다. '대종'이란 밝고 큰 옛사람인 '한얼' 혹은 '단군'을 뜻한다.

그래도 일제가 대종교를 종교로 인정하지 않아 국내 포교 활동이 어렵게 되자 1911년 7월 서울을 떠나 강화 참성단을 참배하고 평양을 거쳐 중국 화룡현 삼도구 청파호에 거점을 마련했다. 1914년 5월 13일에는 대종교 총본사를 아예 이곳으로 옮겨 만주 항일 투쟁의 근거지로 삼았으며 백두산을 중심으로 사도본사(四道本司)로 나누어 각각의 책임자를 임명했다. 동만주에서 연해주를 총괄하는 동도본사는 서일, 남만주에서 산해관까지 이르는 서도본사는 신규식과 이동녕, 북만주에서 만주리까지 총괄하는 북도본사는 이상설, 한반도 전역을 통괄하는 남도본사는 강우가 책임자로 임명되었다.

대종교가 조선인 사이에 급속도로 번져가자 중국 정부가 1914년 11월 해산령을 내렸다. 나철은 대종교를 종교로 인정받기 위해 1915년 1월 남도본사가 있는 서울로 돌아왔다. 1915년 10월 일제가 포교 규칙을 공표해 종교 등록을 받을 때 나철 역시 '신교'라는 이름으로 등록 신청서를 냈으나 총독부는 다른 종교단체는 모두 등록을 받아주면서도 대종교만은 받아주지 않았다. 단군을 인정하면 동화정책이 불가능하다고 판단해 불법화한 것이다.

결국 남도본사가 1916년 강제 해산되자 나철은 단군의 마지막 행적을 따라 한글학자 김두봉 등 6명의 수행원을 데리고 구월산 삼성사로 들어갔다. 그리고 1916년 8월 음력 보름날(양력 9월 12일) "오늘부터 3일간 절식 수도에 들어갈 것이니 문을 열지 말라"며 방문을 걸어 잠그고는 대종교의 수행법인 조식법에 따라 스스로 목숨을 끊었다. 나철에 이어 교주가 된 김교헌은 1919년 2월(음력) 대종교인을 중심으로 대한독립선언서를 선포해 일제에 정면으로 맞섰다.

당시 대종교의 위세는 어느 정도였을까? 1919년 임시정부 의정원 29명 가운데 21명이 대종교인이고 임시정부의 산파 역할을 한 이시영·이동녕·신규식·조완구·박찬익·조성환·김동삼 등도 대종교인이었다는 점을 감안하면 사실상 임시정부는 대종교에 의해 만들어지고, 운영된 셈이다. 조소앙·안재홍·안호상 등 민족지도자, 신채호·박은식·정인보 등의 역사학자,

최현배·주시경·김두봉·이극로·김윤경 같은 국어학자 역시 대종교 신자였다. 홍범도는 물론 김좌진과 휘하의 북로군정서 병사 대부분도 대종교인이었고, 지석영·나운규·홍명희도 대종교인이었다.

일본·중국의 간도협약 체결과 백두산정계비
그렇다면 간도협약은 국제법상 유효한 것인가? 그렇지 않다는 게 우리 학계의 연구 결과다.

간도는 중국의 만주 지역을 관통하는 송화강을 경계로 서간도와 동간도로 나뉘며, 우리가 간도라고 할 때는 통상 두만강 북부와 송화강 동부 사이의 만주 땅인 동간도(북간도)를 말한다. 송화강은 백두산의 천지에서 발원해 북쪽으로 흐르다 눈강·목단강과 합치고 다시 흑룡강(러시아어로 아무르강) 본류와 합류해 러시아 연해주를 지나는 강이다.

간도에서 처음 힘을 키운 세력은 여진족이었다. 그들은 조선 사람들이 자신들의 성지인 간도로 드나들지 못하도록 청을 개국(1636)하기 전인 1627년(인조 5년) 조선과 국경을 획정하는 '강도회맹'을 맺어 간도 지역을 봉금했다. 당시 어느 선을 국경으로 삼았는지는 구체적으로 전해지지 않지만 '강도회맹' 후에도 오랜 세월 미개척 지대로 남았다.

그러던 중 이곳을 생활 터전으로 삼고 있는 조선인과 청나라 사람들 간의 크고 작은 분쟁이 빈발하자 청의 강희제가 양국 간 경계를 분명히 하기 위해 1712년(숙종 38년) 목극등을 백두산에 파견했다. 목극등은 5월 15일 백두산 천지 동남쪽 4㎞, 해발 2200m 지점에 높이 72㎝, 아랫부분 너비 55.5㎝, 윗부분 너비 25㎝의 크기로 '백두산정계비'를 세웠다. 정계비에는 '서쪽은 압록강, 동쪽은 토문강으로 정한다(西爲鴨綠 東爲土門). 분수령상의 돌에 이를 기록한다(故於分水嶺上 勒石爲記)'라는 문구를 새겨넣었

중국 간도를 관통하는 송화강

다. 이 정계비는 만주사변 직전인 1931년 9월에 사라지고 지금은 그 자리에 백두산 등산도라는 푯말이 세워져 있지만 비석의 기록과 탁본, 사진 등이 남아 있어 역사적 기록으로서의 문제는 없다.

1712년 청이 정계비를 설치했다고 해도 조선인들의 생활에는 아무런 변화가 없었다. 당시 조선인들이 조사해보니 토문강은 백두산 천지에서 발원해 북쪽으로 흐르면서 땅 밑으로 복류했다가 다시 땅 위로 나와 송화강의 상류를 구성하기 때문이다. 당시 양국은 복류하는 지역에 목책과 석퇴, 토퇴를 쌓아 국경을 분명히 했다. 청도 국경 문제를 적극적으로 제기하지 않아 그렇게 세월이 흘렀다.

그런데 1860년대에 큰 흉년이 들어 조선 사람들이 살길을 찾아 간도로 대거 이주하고 1883년 청이 "두만강 이북의 조선인을 1년 내에 추방한다"고 고시하면서 국경분쟁이 다시 표면화했다. 양측은 제1차 감계담판(1885)과 제2차 감계담판(1887)을 통해 국경 문제를 논의했지만 "토문강은 송화강 상류이므로 송화강을 경계로 해야 한다"는 조선 정부의 주장과 달리 청 정부가 "토문·도문·두만은 모두 같은 강"이라고 주장해 결렬되었다.

그런데 이 제2차 감계담판(1887) 때 조선·중국의 관리 5명이 함께 국경선을 답사한 뒤 그린, 중국 측에서 '중한감계지도'라 이름붙인 지도가 최근 발견되어 학계의 주목을 끌고 있다. 지도에 따르면, 당시 국경을 표시했던 토퇴·석퇴는 두만강과 상관없는 별개의 강을 따라 만주 대륙을 거슬러 올라가며 설치되어 있다. 백두산정계비의 위치도 표시되어 있다. 이것은 한·중 두 나라 대표가 (두만강이 아니라) 백두산정계비~송화강으로 이어지는 선을 당시의 국경으로 간주했다는 것을 의미한다. 조선은 20세기들어 간도 지역에 거주하는 조선인의 생명과 재산을 보호하기 위해 1902년 5월 이범윤을 간도관리사로 임명하고, 조선 주민에 대해 직접적인 관할권을 행사하며 적극적으로 간도 문제에 대처했다.

'서쪽은 압록강, 동쪽은 토문강으로 정한다(西爲鴨綠 東爲土門)'

간도 문제는 1905년 일본이 을사조약을 강제 체결해 외교권을 강탈하고부터는 우리에게 불리한 상황으로 전개되었다. 일본은 간도 지역이 조선에 대한 식민 통치를 확보하는 것은 물론 중국 동북 지역 침략을 위한 요충지로 인식했다. 그래서 조선과 청나라 간의 국경 문제를 조사하고 역사·지리·법률적 검토를 통해 이 지역에 대한 조선과 청나라의 영토권은 미정이라고 결론을 내린 뒤 이 지역을 청나라 영토로 인정할 수 없음을 분명히 했다.

고종이 1906년 10월 이토 히로부미 통감에게 간도의 한인 보호를 요청하자 일본은 "조선 정부의 대외 관계는 일본 정부에 귀속되었으므로 통감부 관원이 간도에서 조선인의 생명과 안전을 보호한다"고 주장하며 1907년 8월 용정촌에 조선통감부 간도파출소를 설치, 다수 헌병과 경찰을 주재시켰다. 그러면서 "간도는 조선의 영토이고 조선인은 청국의 재판에 복종하지 않으며 청국 관리가 발표하는 일체의 법령을 인정하지 않는다"는 내용의 훈령을 발표했다. 청국은 "통감부의 파출소를 인정할 수 없다"며 일제의 헌병과 경찰의 즉각적인 철수 요구로 맞섰다. 이때부터 간도 문제는 조·청의 문제가 아니라 청·일의 문제가 되었다.

양국은 결국 협상 테이블에 앉았다. 일제는 협상 초기에는 "간도는 조선 영토의 일부"라며 조선 정부의 입장을 두둔하는 듯하더니 1909년 2월 6일 느닷없이 '동삼성 6안'을 청에 제시했다. '6안'은 '전5안'과 '후1안'으로 나뉘는데, 전5안은 '일본이 간도에 만주 철도를 부설하고 석탄 채굴권을 갖는다는 등 5가지 이권을 부여해줄 것'을 요구한 것이고 후1안은 '그 대가로 일본이 청에 간도 영유권을 넘겨준다'는 내용이었다. 청은 일본의 동삼성 6안을 즉각 받아들였다. 그 결과가 1909년 9월 4일 북경에서 체결된 '간도협약'과 '만주협약'이다.

간도협약은 후1안, 만주협약은 전5안에 대한 조약이다. 전문 7조로 된 간도협약은 ▲대한제국과 청의 국경은 도문강(두만강)으로 경계를 이루며 ▲일본은 간도를 청나라의 영토로 인정한다. ▲간도에 거주하는 조선인은 청나라 법률에 복종하고 생명·재산의 보호와 납세에 있어 청 국민과 동등한 처우를 받는다. ▲일본은 조선통감부 간도파출소와 관원을 철수하고 용정촌 등 간도 지역 4곳에 영사관이나 영사관 분관을 설치한다고 되어 있다. 결국 간도협약은 일본이 중국 침략을 도모하기 위해 간도 지역의 지정학적 가치를 이용한 셈이다. 이후 간도는 우리의 손을 벗어났다.

그렇다면 간도협약은 국제법상 유효한 것인가? 그렇지 않다는 게 우리 학계의 연구 결과다. 일본이 조선을 대신해 간도협약에 나선 근거는 1905년 11월에 체결된 을사조약이다. 국제법상 보호조약이란 보호국이 외교권을 장악한 것일 뿐 피보호국의 영토 처분권까지 갖는 것은 아니다. 을사조약에도 그러한 규정은 없다. 따라서 간도협약은 무효인 것이다. 설사 을사조약에서 영토 처분권이 인정된다고 하더라도 대한제국의 조약 체결권자인 고종의 비준이 없었다는 점, 일본이 조인 과정에서 대신들을 총칼로 위협했다는 점 때문에 을사조약은 무효이고 따라서 을사조약을 근거로 체결한 간도협약도 무효라는 결론은 마찬가지다.

무효라는 근거는 이것 말고도 많다. 일본이 2차대전에서 패한 뒤 '간도협약과 을사조약을 포함, 대륙 침략 과정에서 체결한 모든 조약과 이권 및 특혜를 무효 또는 원상회복시킨다'는 내용의 각종 문서에 서명한 것도 그 중의 하나다. 2차대전 후 간도 지역이 중국에 귀속된 상태로 남아 있는 것 역시 국제법상 모순이다. 1952년 4월 중국과 일본이 체결한 평화조약 제4조에서 '전쟁의 결과로서 1941년 12월 9일 이전에 체결한 모든 조약·협약·협정을 무효로 한다'고 규정했기 때문에 중국이 간도를 자신의 영토로 삼은 것 역시 잘못된 것이다.

따라서 국제법상 강제로 주권을 침탈한 국가가 맺은 조약은 아무런 효력을 발생하지 못하기 때문에 간도협약 역시 효력을 상실했어야 마땅하다. 그러나 간도협약은 광복 후 혼란기, 한국전쟁, 남북 분단의 상황을 거치면서 아무런 이의 제기가 없었기 때문에 현재까지 효력이 지속되고 있다.

로버트 피어리 인류 최초로 북극점 도달
동상에 걸려 8개의 발가락을 잃는 시련을 겪었어도 북극점을 향한 열정은 식지 않았다.

16세기 이래 각국의 탐험가들이 무수히 도전했지만 수백 명이 목숨만 잃고 누구도 밟지 못한 북극점을 인류 최초로 도달한 사람은 미국 해군 중령 로버트 피어리(1856~1920)다. 그는 23년간 8번째의 시도 끝에 1909년 4월 6일 마침내 북극점 도달이라는 오랜 꿈을 이뤄냈다.

피어리는 미국에서 태어나 대학에서 지리학과 측량학을 공부하고 미 해군 측량대에서 운하건설 측량을 하며 20대를 보냈다. 평생의 탐험 동

로버트 피어리

지이자 조수가 될 매슈 헨슨(흑인)을 만난 것은 1881~1884년 니카라과 운하 탐사 때였다. 피어리는 1886년 헨슨과 함께 그린란드에서 161km의 대륙을 횡단한 것에 자신감을 얻고 북극점 도달을 평생의 꿈으로 삼았다. 1891년 또다시 그린란드로 건너가 93일간 2,000km를 주파하고 그린란드가 섬이라는 것을 밝혀내 일약 미국 제1의 북극 탐험가로 부상했다. 1902년에는 북위 84도 17분 지점까지 갔다가 동상에 걸려 8개의 발가락을 잃는 시련을 겪었어도 북극점을 향한 열정은 식지 않았다.

1903년 기업가들이 '뉴욕 피어리 북극 클럽'을 결성한 덕에 피어리는 원정 자금을 조달받고 탐험용 선박 '루스벨트호'를 구입할 수 있었다. 피어리는 1905년 루스벨트호를 타고 뉴욕을 떠나 1906년 북극점 탐험을 시도했으나 이번에도 북극점에서 315km 떨어진 지점인 북위 87도 6분에서 뱃머리를 돌려야 했다. 그래도 당시까지 인간이 북극점에 가장 가까이 도달한 공로를 인정받아 시어도어 루스벨트 대통령으로부터 탐험 분야에 수여하는 미국 최고의 메달인 허버드 메달을 받았다.

50대의 나이에도 꿈을 포기하지 않은 피어리가 또다시 루스벨트호를 타고 뉴욕항을 떠난 것은 1908년 7월 6일이었다. 그린란드 해안에서 겨울을 보낸 탐사대는 1909년 3월 1일 북극점을 향해 캐나다 엘즈미어섬 컬럼비아곶을 출발했다. 매슈 헨슨과 5명의 대원 그리고 17명의 에스키모로 꾸려진 탐사대에는 19대의 썰매와 133마리의 허스키개가 동원되었다. 그렇게 한 달 동안 전진하던 피어리는 북극점에서 245km 떨어진 북위 87도 47분 지점에서, 지원대는 모두 베이스캠프로 돌려보내고 자신과 헨슨 그리고 4명의 에스키모로 구성된 공격대를 편성했다.

그러나 북극은 남극과 달리 육지가 아니고 찬 바다에 떠 있는 큰 얼음이라는 데 탐험의 어려움이 있었다. 즉 얼음길 자체가 항상 이동하기 때문에 진로를 정할 때 조류의 방향과 속도를 정확하게 계산하지 않으면 엉뚱한 곳에 가 있게 되는 것이다. 이런 어려움 속에서도 피어리 탐사대가 마침내 북극점에 도달한 것은 1909년 4월 6일 오전 10시였다. 피어리는 4월 23일 베이스캠프로 돌아왔으나 당시만 해도 통신수단이 없어 사실이 세상에 알려지는 데는 5개월이 걸렸다. 구체적인 북극점 도달 사실이 뉴욕에 알려진 건 피어리가 캐나다 래브라도의 인디언 하버에 도착한 9월 5일이었다.

23년간의 시도 끝에 북극점 도달이라는 오랜 꿈 이뤄

미국의 신문들은 이 사실을 9월 7일자에서 대서특필했으나 기사를 본 사람들은 이해할 수 없다는 반응을 보였다. 5일 전인 9월 2일자 뉴욕헤럴드 신문에, 프레더릭 쿡(1865~1940)이 1년 전 인류 최초로 북극점에 도달했다는 기사가 실렸기 때문이었다. 쿡은 피어리가 1891년 그린란드를 탐험할 때 군의관 자격으로 합류했던 피어리의 오랜 동료였다. 1906년에는 북미 대륙 최고봉인 알래스카 매킨리봉(6,194m)을 등정해 각광을 받았다. 쿡은 1908년 2월 11명의 에스키모, 11대의 썰매, 103마리의 개와 함께 북극점 탐험에 나서 1908년 4월 21일 2명의 에스키모와 함께 북극점에 도달했다고 주장했다. 정복 사실이 세상에 늦게 알려진 것은 북극점 도달 후 북극 지역의 한 동굴에서 겨울을 보내다 1909년 4월 15일에야 베이스캠프로 돌아왔기 때문이라고 했다.

이 때문에 1909년 10월 1일 뉴욕에 도착한 피어리를 기다리고 있는 것은 환영이 아니라 '북극 최초 발견자 논쟁'이었다. 언론도 둘로 갈려 논쟁을 부채질했다. 뉴욕헤럴드는 쿡을 지지했고 뉴욕타임스는 국립지리학회의 지지를 받고 있는 피어리를 후원했다. 일반 가정에서까지 치열한 설전과 비난들이 오가는 가운데 미국지리학회는 과학적 조사 끝에 1911년 쿡의 주장을 거짓으로 결론지었다. 이 과정에서 쿡의 1906년 매킨리 등정도 사실이 아님이 드러났다.

쿡과의 싸움이 끝나자 이번에는 피어리의 북극점 도달 진위에 대한 논쟁에 불이 붙었다. 비판론자들은 당시 피어리가 정확한 위치 측정 기구를 갖고 있지 않았으며 그의 북극점 도달 속도가 너무 빠르다는 점을 지적했다. 즉 과거 프리드쇼프 난센과 피어리 자신도 하루에 15㎞밖에 전진하지 못했는데 어떻게 하루 평균 70㎞나 전진할 수 있었는가 하는 점이었다. 미국지리학회는 다시 면밀한 조사 끝에 당시 위도 계산이 가능했던 최북단 지점은 북위 89도 47분(정북극점으로부터 5㎞ 지점)이며 피어리가 도달한 곳은 바로 그 지점이라고 결론을 내렸다. 그렇더라도 당시 기술로는 계속 움직이는 북극섬에서 북위 90도인 정북극점을 정확히 찾기란 사실상 쉽지 않기 때문에 큰 문제가 되지는 않았다.

피어리의 북극점 최초 도달은 또 다른 도전도 받았다. 매슈 헨슨이 피어리보다 먼저 북극점에 도달했다는 것이다. 헨슨의 주장에 따르면 북위 89도 47분 지점 위에 서 있다는 사실을 처음 확인한 사람은 헨슨 자신이었고 발가락이 없어 썰매에 의존해야 했던 피어리는 45분 뒤 그 지점으로 왔다는 것이다. 이 주장은 헨슨의 말년에 인정을 받아 헨슨은 1948년 미국지리학회로부터 상을 받고 1954년 아이젠하워 대통령의 백악관 초대를 받았다. 사후에는 1988년 알링턴 국립묘지 피어리의 묘 옆으로 이장되었고 1996년에는 미국의 해양탐사선에 '헨슨'이라는 이름이 붙었으며 2000년 미국 지리학회로부터 허버드 메달이 수여되었다. 그렇더라도 피어리를 북극점 최초 도달자의 지위에서 내려놓을 수 없는 것은 늘 그랬듯 최초는 언제나 탐사대의 대장 몫이기 때문이다.

세르게이 댜길레프와 바츨라프 니진스키

파리는 종합예술을 펼쳐 보이는 '발레 뤼스'에 열광했다.

러시아 발레단 '발레 뤼스'가 프랑스 파리의 샤틀레 극장에서 창단 후 첫 공연을 펼친 것은 1909년 5월 17일이었다. 파리 관객들은 러시아의 발레 수준이 높다는 것은 익히 알고 있었지만 20세기 들어 발레의 인기가 시들해진 탓에 그날 공연에 특별히 기대를 걸지는 않았다. 하지만 이고리 스트라빈스키가 편곡한 쇼팽의 '레 실피드' 음악이 극장 안에 울려 퍼지고 미하일 포킨이 안무한 춤이 무대에서 펼쳐지자 관객들 표정에 놀랍다는 반응이 역력했다. 바츨라프 니진스키와 안나 파블로바 등 무용수들의 수준 높은 춤 솜씨와 화려한 무대장치 등 전에 보지 못한 전혀 새로운 발레가 눈앞에서 펼쳐졌기 때문이다.

파리 무용계를 이처럼 깜짝 놀라게 한 주인공은 '발레 뤼스' 단장 세르게이 댜길레프(1872~1929)였다. 그는 러시아 태생으로 상트페테르부르크 대에서 법학을 전공한 후 음악가를 꿈꿨으나 음악에 재능이 없다는 사실을 깨닫고 꿈을 접었다. 대신 그가 선택한 길은 다른 사람의 재능을 키워주는 예술 후원자의 역할이었다.

그는 뛰어난 예술가를 알아보는 감식안, 모래알처럼 흩어져 있는 예술가를 한데 모아 하나의 작품을 창조해내는 조직력, 예술을 비즈니스로 연결하는 마케팅 능력을 두루 갖춘 문화기획자였다. 먼저 그는 아방가르드 잡지인 '예술세계'를 창간(1898)해 서구의 새로운 예술 조류를 러시아에 소개했다. 점차 상트페테르부르크 문화예술계의 중심인물로 부상하자 예술의 중심지 파리로 눈을 돌렸다. 파리에서는 러시아 미술전시회를 개최(1906)하고 러시아 작곡가 모데스트 무소륵스키의 오페라 '보리스 고두노프'를 공연(1908)하는 것으로 파리 예술계에 이름을 알렸다.

댜길레프가 다음 목표로 삼은 것은 러시아인들로 구성된 발레단 창단이었다. 먼저 그는 무용수이면서 안무가인 미하일 포킨을 비롯해 니진스키와 파블로바 등 뛰어난 무용수들을 끌어모았다. 작곡가 스트라빈스키에게는 쇼팽의 피아노곡 '레 실피드'를 편곡해줄 것을 요청하는 것으로 자신의 사단에 합류시켰다.

댜길레프는 이처럼 분야별 최고 인물들을 끌어모은 후 1909년 러시아 발레라는 뜻의 '발레 뤼스'를 파리에서 창단했다. 하지만 당시의 발레는 파리의 문화예술계 인사들에게 시효가 끝난 낡은 예술 형식으로 간주되고 있었다. 더구나 음악은 없고 거의 춤만 있었다. 댜길레프는 시각적인 춤이 청각적인 음악과 함께 무대 위에서 어떻게 융합되어야 하는지를 잘 알고 있었다. 그래서 음악, 무대예술, 무용 등 여러 장르의 예술을 결합한 '레 실피드'를 제작해 1909년 5월 17일 파리 무대에 올렸다. '레 실피드'는 오늘날 러시아 발레의 창세기이자 현대 발레의 출발점으로 인정받고 있다.

파리는 종합예술을 펼쳐 보이는 '발레 뤼스'에 열광했다. 공연 성공은 댜길레프의 인생 행로는 물론 니진스키와 스트라빈스키의 삶까지 바꿔놓았다. 스트라빈스키는 자신이 작곡하고 포킨이 안무한 '불새'(1910.6)와 '페트루슈카'(1911.6)의 초연에서도 열광적인 호응을 얻었다. 특히 스트라빈스키가 작곡하고 니진스키가 안무한 '봄의 제전' 초연(1913.5.29)은 스트라빈스키를 일약 당대 최고의 작곡가로 올려놓는 밑거름이 되었다. 니진스키 역시 '불새'에 이어 '페트루슈카'에서도 주역을 맡아 명성을 이어갔다.

'페트루슈카'는 전통적인 발레와는 전혀 다른 음악 언어와 무용 언어를 선보였다는 점에서 파격적이었다. 인형이 발레나 오페라에 등장한 적은 있었지만 전적으로 주인공으로 나선 경우는 처음이었다. 그런점에서 '페트루슈카'는 19세기 발레 전통의 종지부였다.

'발레 뤼스' 공연 성공, 댜길레프의 인생 행로 바꿔

문제는 댜길레프가 동성애자라는 사실이었다. 댜길레프는 니진스키는 물론 자신의 발레단 소속의 다수 무용수를 동성애 상대로 삼았다. 니진스키의 일기에 따르면, 댜길레프는 1907년 17살이던 니진스키를 처음 만난 날부터 동성애를 원했다. 니진스키는 자신의 성공을 위해 '무용계 대부'의 요구를 거부하지 못하고 6년 동안 순응했다.

니진스키는 1913년 여름, 여성과 결혼하면서 댜길레프와 결별했다. 그러자 분노한 댜길레프가 니진스키를 '발레 뤼스'에서 해고했다. 그것은 둘 모두에게 치명적인 상처가 되고 말았다. 니진스키는 결국 정신질환의 나락으로 떨어지고 댜길레프는 니진스키가 없는 '발레 뤼스'와 더불어 하향 길로 접어 들었다. 그리고 1929년 8월 19일 이탈리아의 베네치아에서 눈을 감았다. '발레 뤼스'는 댜길레프의 죽음과 함께 해체의 길을 걸었지만 단원들은 프랑스로 영국으로 미국으로 건너가 '발레 뤼스'의 유산을 계승하며 현대 발레의 주춧돌을 놓았다.

바츨라프 니진스키(1890~1950)는 생전에 '20세기 최고 발레리노'라는 찬사를 들었다. 어려서는 '발레의 신동'이었고 성인이 되어서는 '발레의 신'이었으며 죽어서는 '발레의 전설'이었다. 깃털처럼 가벼운 몸짓과 중력의 법칙을 무시하는 듯한 도약을 자유자재로 구사해 그의 춤동작은 언제나 불가사의하다는 소리를 들었다. 결국 그의 등장은 고전발레와 현대발레의 분기점이자 여성 무용수의 보조에 머물렀던 남성 무용수의 자리를 새롭게 확보한 전환점이었다.

니진스키는 러시아령 우크라이나 키예프에서 태어나 8세 때 러시아 최고 발레학교인 마린스키 황실 발레학교에 입학했다. 163㎝의 작은 키와 굵은 다리, 그리고 동양적인 누런 피부는 무용수로는 최악의 신체 조건이었는데도 경이적인 도약으로 어디서나 화제를 불러일으켰다.

세르게이 댜길레프(왼쪽)와 바츨라프 니진스키

1907년 4월 발레학교를 졸업하고 마린스키 황실 극장(현 상트페테르부르크 발레단) 무용수로 입단했다.

당시 러시아의 귀족이나 재력가들이 남녀를 불문하고 자기 취향에 맞는 젊은 가수나 무용수를 애인으로 삼는 것은 흔한 일이었다. 마린스키 황실극장 소속의 무용수 중에도 이런 스폰서를 남몰래 숨겨둔 무용수가 적지 않았다. 니진스키 역시 동성애자 귀족이 아낌없이 제공하는 재정적 도움에 기꺼이 몸을 의탁했다. 그러다가 1년 정도 지났을 무렵 댜길레프가 손짓했고 니진스키는 17살의 나이 차에도 불구하고 요구를 받아들였다.

니진스키는 1911년 6월 '페트루슈카' 공연에 출연하고 '발레 뤼스'가 1912년 공연할 '목신의 오후' 안무를 맡았다. 당시 안무는 약속된 틀을 정하는 요즘과 달리 무용수들에게 지침만을 제공할 뿐 실제 공연에서는 즉흥적인 춤이 허용되었다. 그러나 니진스키는 음악가가 악보에 적힌 대로 연주하는 것처럼 사전에 약속된 동작을 춤추도록 안무의 틀을 짰다. 고전 발레의 전통에 사로잡혀 있던 단원들은 이런 안무를 이해하지 못해 한동안 새로운 테크닉을 익히느라 호된 시련을 겪었다.

클로드 드뷔시가 작곡하고 니진스키가 안무와 주역 무용수를 담당한 '목신의 오후'는 1912년 5월 29일 초연되었다. 댜길레프는 '목신의 오후'가 성공한 것에 고무되어 스트라빈스키가 작곡한 '봄의 제전'까지 니진스키에게 안무를 맡겼다. 니진스키는 이번에도 고전적인 훈련 방식을 버리고 팔과 자세 그리고 몸동작을 재구성할 것을 단원들에게 요구했다. 무용수들은 니진스키의 안무와 구성이 인간의 무용이라기보다는 야만스러운 동물의 춤 같다며 항의했다.

결국 1913년 5월 29일 파리 샹젤리제 극장에서 초연한 '봄의 제전'은 관객들로부터 온갖 비명과 욕설과 야유를 들었다. 원시적이고 불규칙적인 리듬, 긴장과 신경질을 강요하는 스트라빈스키의 불협화음도 한 이유였지만 관객이 짜증을 낸 가장 큰 이유는 무용수들이 아름답기는커녕 사납고 공격적인 모습으로 춤을 추었기 때문이다.

'봄의 초연'은 이처럼 당대에는 소란이 부각되었으나 오늘날에는 무용 혁신을 이룬 대표적인 공연으로 인정받고 있다. 무엇보다 무용을 음악의 종속물에서 해방시켜 대등한 위치로 끌어올렸다는 점에서 획기적이라는 평가를 듣고 있다.

니진스키, 살아서는 '발레의 신' 죽어서는 '발레의 전설'

댜길레프와 니진스키 간의 파국이 피할 수 없는 현실로 다가온 것은 1913년 8월 니진스키가 '발레 뤼스'의 남미 순회공연을 떠나면서였다. 댜길레프는 선박 여행을 무서워해 동행하지 않았다. 그런데 순회공연단에 로몰라 드 풀츠키라는 헝가리 귀족 출신의 신참 여성 단원이 있었다. 사실 그의 입단 목적은 연극이나 발레가 아니라 니진스키와의 사랑이었다. 니진스키가 동성애자라는 사실을 알고도 충격을 받기는커녕 여자 애인이 없다며 오히려 반가워할 정도였다.

두 사람은 20여 일간의 선박 여행 중 결국 사랑에 빠져 1913년 9월 19일 아르헨티나 부에노스아이레스에서 결혼했다. 유럽에서 전보를 통해 이 사실을 알게 된 댜길레프는 배신과 분노에 몸을 떨다가 곧 니진스키에게 해고 전보를 쳤다. 댜길레프는 니진스키가 파리로 돌아온 뒤에도 니진스키의 앞길을 가로막는 온갖 방법으로 보복을 가했다.

그런 상황에서 니진스키가 선택한 길은 자신의 발레단 창설이었다. 1914년 여동생과 처남을 비롯해 10여 명의 무명 무용수를 끌어모아 발레단을 만들었으나 결과는 실패로 끝났다. 니진스키가 없는 '발레 뤼스' 역시 침체 일로를 걸었다. 댜길레프는 위기에서 벗어나기 위해 '발레 뤼스'의 1915년 미국 공연에 동행할 것을 니진스키에게 제의했고 니진스키는 4개월에 걸친 미국 공연에 동참했다.

그 무렵 니진스키의 정신 상태는 정상 궤도를 벗어나고 있었다. 결국 1917년 9월 30일, 우루과이 몬테비데오에서 피아니스트 아르투르 루빈스타인과 함께 적십자를 위한 자선공연 '페트루슈카'를 공연한 것을 마지막으로 더 이상 공식 무대에는 서지 않았다. 다만 1919년 1월 스위스의 장크트 모리츠에서 수백 명의 지역 주민을 위한 공연을 열었는데 관객은 미친 사람의 공연을 본 것인지 정말 미친 사람을 본 것인지 혼란스럽다는 반응을 보였다. 니진스키는 1919년 1월 19일부터 3월 4일까지 자신이 살아온 과정을 일기로 정리했다.

1919년 3월 6일 니진스키를 진찰한 의사가 "불치의 정신분열증에 걸렸으니 요양소로 보내야 한다"고 조언한 것을 시작으로 이후 10여 년 동안 세계 최고의 정신과 의사들이 니진스키를 치료했으나 결국 암흑 속에서 빠져나오지 못했다. '정신분열증'이란 용어를 처음 조어한 오이겐 블로일러를 비롯해 카를 구스타프 융, 지그문트 프로이트까지 진찰했으나 누구도 니진스키의 상태를 되돌리진 못했다.

결국 니진스키는 30년간을 정신병동에서 지내다 1950년 4월 8일 영국 런던의 한 사설 진료소에서 생을 마감했다. 니진스키의 전기작가 리처드 버클의 표현대로 "10년은 자라고 10년은 배우고 10년은 춤추고 30년은 암흑에 가려진 60 평생"이었다.

안나 파블로바

안나 파블로바 안나 파블로바(1881~1931)
는 세계 발레 역사상 가장
위대한 발레리나 중 한 명으로 칭송받는 프리
마 발레리나다. 20세기 초 전 세계 무대를 투어
하며 발레의 대중화에 평생을 바치고 유럽과
북미 지역의 무용 발전에 큰 영향을 미쳤다.

파블로바는 러시아 상트페테르부르크에서 태
어났다. 1898년 마린스키 황실 발레학교를 졸
업하고 그해 11월 상트페테르부르크의 마린스키 황실극장에서 데뷔했다.
그러나 엄격하고 힘이 있는 동작을 추구하는 러시아 발레의 전통에서 보
면 파블로바는 결코 뛰어난 발레리나가 될 수 없었다. 친구들 사이에서
'빗자루'라고 불릴 만큼 마르고 가녀린 데다 재능까지 부족했기 때문이다.
춤을 출 때 무릎을 곧게 펴지 않았고 턴 아웃 자세나 팔을 펴는 자세도 바
르지 않았으며 회전도 부정확했다.

다행히 파블로바는 지기 싫어하는 성격과 남다른 승부욕이 있었다. 무
리할 정도로 턴과 점프를 반복 연습하는 것으로 자신의 신체적 약점을 극
복했다. 그 결과 우아하고 시적인 표현력, 자신을 캐릭터에 완전히 동화
시키는 능력을 체득해 섬세한 감정 표현과 아름다운 연기로 남과 다른 자
신만의 발레를 개척했다.

파블로바를 대표하는 작품은 '빈사의 백조'다. 1905년 미하일 포킨이 카
미유 생상스가 작곡한 '동물의 사육제' 중 '백조'를 토대로 안무한 이 2분
짜리 작품은 사냥꾼에게 총을 맞고 숨져가는 백조의 마지막 순간을 묘사
하고 있다. 파블로바는 공기처럼 가벼운 발놀림, 길고 여린 팔을 흐느적
거리며 처절하게 날갯짓을 하다 죽어가는 백조 연기로 관객을 감동시켰
다. 이후 '빈사의 백조'는 파블로바의 대표작이자 상징처럼 되었고 파블로

바에게는 '백조의 화신'이라는 별명이 따라다녔다.

파블로바는 같은 시대를 살며 새롭고 혁신적인 춤을 선보인 이사도라 덩컨과 달리 고전발레의 아름다움을 널리 알리는 것을 예술적 신념으로 삼았다. 특히 1907년 처음 러시아를 떠나 접하게 된 유럽 무대는 그야말로 신세계였다. 유럽 관객들이 러시아 관객 못지않게 열렬히 갈채를 보내고 환호한 덕에 점차 국제적인 명성을 얻었다.

섬세한 감정 표현과 아름다운 연기로 자신만의 발레 개척

1909년 러시아의 세르게이 댜길레프가 파리에서 '발레 뤼스' 발레단을 창단했을 때 파블로바도 합류했다. 당시 '발레 뤼스'에는 니진스키, 포킨 등 쟁쟁한 안무가와 무용수가 포진해 있었는데 파블로바는 니진스키의 파트너로 여러 차례 공연했다. 그러나 전제 군주 같은 댜길레프 밑에 있고 싶지 않아 1913년 영국 런던으로 건너가 독립적인 무용단을 꾸렸다. 파블로바는 런던을 중심으로 전 세계를 순회하며 무대 위의 여신으로 군림했다.

무대에서는 완벽을 추구했다. 커튼이 드리워진 위치가 마음에 들지 않는다고, 군무의 연습이 불충분하다고 스태프들을 닦달했다. 조명 한 줄기가 잘못 비춰지거나, 의상에 단추 하나가 마음에 들지 않는 곳에 박혀 있으면 욕설과 함께 주저 없이 토슈즈를 매니저에게 집어던졌다.

성격이 활달해 세계 투어 공연은 적성에도 맞았다. 1913년 첫 미국 공연 때는 황금빛 왕립극장 대신 낡고 누추한 시골 무대들이 살인적인 스케줄과 함께 기다리고 있었는데 파블로바는 그 무대들을 기쁜 마음으로 즐겼다. 9개월간 미국의 77개 지역에서 무려 238회의 공연을 소화했다. 그가 미국의 낡은 무대를 전전하는 동안, 귀족 취향의 사치스러운 예술로 각인되어 있던 고전발레는 점차 일반 대중이 즐기고 사랑하는 보편적인 공연으로 이미지가 바뀌었다.

파블로바의 발레단은 1차대전 때도 유럽과 미국은 물론 인도, 중국, 일본까지 누비며 발레 공연을 선물했다. 세계 순회공연을 통해 문화 선진국에는 예술의 아름다움을 일깨워주고 문화 후진국에는 발레 붐을 일으키게 했다. 파블로바가 이렇게 15년간 기차와 배를 타고 전 세계를 여행한 거리는 56만㎞, 공연 횟수는 4,000여 회를 헤아렸다. 항공 여행이 없던 시절 이룬 기록이라는 점을 감안하면 거의 매일 쉬지 않고 공연을 한 셈이다.

파블로바는 1930년 12월 런던 교외의 골드그린에서 마지막 공연을 한 뒤 1931년 1월 23일 네덜란드 헤이그의 한 호텔방에서 숨졌다. 그녀가 세상을 떠난 이틀 뒤 런던의 한 공연장에 '빈사의 백조'가 무대에 올랐다. 오케스트라가 연주하는 생상스의 '백조'가 흐르는 가운데, 무대에는 발레리나가 서 있어야 할 자리를 조명만이 비추었다. 음악이 끝나자 이제는 세상에 없는 파블로바에게 열렬한 기립 박수가 쏟아졌다.

리오 베이클랜드, 플라스틱 최초 개발
셀룰로이드는 완전한 인공 합성수지라고 볼 수 없다.

조물주가 세상 만물을 만들 때 유일하게 빼먹은 물질이 '플라스틱'이라는 우스갯소리가 있다. '아무 모양이나 만들 수 있다'는 뜻의 그리스어 '플라스티코스'에서 유래한 플라스틱은 열이나 압력을 가해 원하는 모양을 만들 수 있는 물질을 통칭한다. 튼튼하고 가볍고 색깔도 마음대로 낼 수 있다는 점에서 '만능 물질'로 인식되고 있는 최초의 플라스틱을 개발한 사람은 벨기에 태생의 미국인 리오 베이클랜드(1863~1944)였다.

그는 벨기에 겐트대 교수로 근무하다가 26세 때인 1889년 미국으로 건너가 고분자 화합물을 연구했다. 고분자는 말 그대로 많은 수의 작은 분자가 화학적으로 연결되어 만들어진 큰 분자를 말한다. 플라스틱이나 옷의 원료인 합성 고분자뿐만 아니라 생명체를 구성하는 단백질과 DNA도 고분자이다. 베이클랜드는 도미 후 사진 인화지 등을 생산하는 회사에 입사했다가 2년 만에 회사를 떠나 개인 연구를 시작했다.

그러다가 햇빛을 쬐어야 하는 종래의 사진 감광지 대신 인공 빛을 쬐어도 인화가 가능한 '벨록스 인화지'를 개발하는 데 성공, 일거에 부를 거머쥐었다. 1899년 이 벨록스 기술을 이스트먼 코닥사에 넘기면서 받은 대가는 100만 달러나 되었다. 덕분에 베이클랜드는 생계를 걱정하지 않고 플라스틱을 개발하는 데 전념할 수 있었다.

베이클랜드는 기존의 절연체를 대체할 새로운 물질을 연구하던 중 우연히 독일의 화학자 아돌프 폰 바이어가 쓴 논문을 발견했다. 페놀과 포름알데히드를 반응시키면 나뭇진(소나무나 전나무 따위의 나무에서 분비하는 점도가 높은 액체) 같은 것이 만들어진다는 논문이었다. 베이클랜드는 페놀과 포름알데히드 반응 한 가지에만 5년간 매달린 결과 1907년 마침내 자신이 명명한 '베이클라이트'를 개발하는 데 성공했다. 베이클라이트는 천연 원료를 사용하지 않고 만들어진 최초의 합성수지로, 절연성이 뛰어나고 열이나 화학물질에 강했으며 부식되지 않았다. 베이클랜드는 베이클라이트 개발 사실을 1909년 2월 미국화학회에서 발표하고 12월 7일 특허를 받았다.

베이클라이트를 최초의 플라스틱으로 여기는 것이 학계의 정설이지만 당구공을 만들기 위해 개발된 '셀룰로이드'가 최초의 플라스틱이라는 주장도 있다. 19세기 중반까지 당구공 산업은 전성기를 구가했다. 당시 당구공은 코끼리의 상아로 만들었는데 1860년대에 이르러 코끼리 수가 급격하게 감소하면서 상아를 구하는 것이 어렵게 되자 1863년 미국의 당구공 제조업

자들이 상아를 대체할 만한 원료를 제공하는 사
람에게 주겠다며 1만 달러의 상금을 걸었다.

리오 베이클랜드

도전자 중에는 미국의 인쇄업자 존 하이엇도
있었다. 그는 영국의 화학자 알렉산더 파크스가
개발한 '파크신'이라는 물질에서 아이디어를 얻
었다. '파크신'은 독일의 크리스티안 쇤바인이
합성한 폭발성이 강하고 탄성이 큰 질산섬유소
(니트로셀룰로오스)를 1862년 파크스가 에테르와
알코올에 용해시켜 만든 물질로 틀에 넣으면 원하는 모양대로 만들 수 있
었다. 파크신은 단단하고, 탄성도 있어 성형하는 게 쉬웠다. 그러나 건조
하면 줄어드는 결점이 있었다.

가히 혁명적이나 '플라스틱의 재앙'이라는 오명도 써

하이엇은 1869년 질산섬유소와 장뇌(녹나무를 증류해서 얻는 고체 성분)
를 섞으면 매우 단단한 물질이 된다는 사실을 알아내 1870년 '셀룰로이드'
라는 이름으로 특허를 받았다. 그러나 셀룰로이드는 쉽게 폭발한다는 심
각한 문제를 안고 있었다. 결국 셀룰로이드는 당구공 재료 대신 장난감,
영화 필름, 틀니, 만년필 등을 만드는 데 사용되었고 이 때문에 하이엇은
상금을 모두 받지 못했다. 이 셀룰로이드를 플라스틱 범주에 포함해야 한
다는 의견도 있으나 셀룰로이드가 식물 세포막을 이루는 셀룰로오스를
원료로 했다는 점에서 완전한 인공 합성수지라고 볼 수 없다는 게 학계의
정설이다. 이 때문에 최초 플라스틱의 영예는 베이클라이트에 돌아갔다.

베이클라이트는 전기가 급속도로 보급되던 당시에 녹지도 부식되지도
않고 절연성까지 뛰어나 전기제품 재료로 안성맞춤이었다. 호박을 대신
해 목걸이, 팔찌, 브로치 등 장신구나 고급 화장품 용기, 빗 등 여성용품

재료로도 사용되었다. 베이클랜드는 1910년 나이아가라 폭포 근처에 세운 공장에 '천 가지 용도의 물질'이라는 광고 카피를 붙여 눈길을 끌었다. 이후에도 100여 개의 특허를 출원해 미국화학회로부터 '학자형 기업가'라는 별명을 듣다가 1944년 자신이 소유한 모든 재산을 사회에 환원하고 세상을 떠났다.

플라스틱이 다양한 형태로 개발되기 시작한 것은 1922년 독일의 화학자 헤르만 슈타우딩거가 플라스틱이 서로 연결된 수천 개의 분자 사슬, 즉 고분자로 이루어졌다는 사실을 밝혀내면서였다. 이후 1920년대 중후반에 폴리스티렌(PS)과 폴리염화비닐(PVC)이 개발되고, 1933년 포장용 비닐봉지, 플라스틱 음료수 병, 전선용 피복 따위의 재료로 사용되는 폴리에틸렌(PE)이 재발견되었다. 1937년 미국의 듀폰사가 '거미줄보다 가늘고 강철보다 질긴 기적의 실'로 불리는 나일론을 합성했으며 1941년 폴리에틸렌테레프탈레이트(PET)도 등장했다. 독일의 바이에르사는 1956년 강화유리보다 훨씬 강도가 세고 가벼우며 투명한 폴리카보네이트(PC)를 개발함으로써 이른바 '플라스틱 패밀리'의 위상을 높였다. 스티로폼(다우케미컬사) 혹은 스티로폴(바스프사)이라는 상표명으로 더 잘 알려진 발포폴리스티렌(EPS)이 1959년 미국의 코퍼스사에 의해 개발되고 1987년 전기가 통하는 폴리아세틸렌까지 개발되어 가히 플라스틱 만능 시대가 열렸다.

앙드레 지드 '좁은 문' 발간

닫혀 있던 영혼은 2살 위의 외사촌 누이 마들렌 롱도에게 순수한 사랑을 느끼면서 조금씩 열렸다.

앙드레 지드(1869~1951)에 대한 평가는 구구하다. 한편에선 '현대의 양심'이라고 극찬하고 다른 한편에선 '위험한 배덕자'라고 폄하한다. 동성애 성향과 기존의 도덕적 전통을 거부하는 사고와 실천적 행동을 바라보는 관점이 사람들마다 각기 다르기 때문이다. 그러나 이런 성향은 지드만의 문학적 매력을 낳은 토양이기도 하다. 지드의 전체 삶을 관통하는 주제어는 '편력'이었고 그래서 그는 '편력의 작가'였다.

앙드레 지드

지드는 프랑스 파리의 상류 부르주아 가문에서 태어났다. 어린 시절부터 어머니의 과잉보호 아래 엄격한 신앙 교육을 받으며 성장해 자기희생과 영적인 열정에 길들여졌다. 늘 성경을 끼고 다녀 친구들로부터 목사라는 별명을 듣기도 했다. 초등학교 때는 신경증이 발작해 자주 학업을 중단하고 세상과 벽을 쌓은 채 살았다. 11세 때인 1880년 아버지가 세상을 떠난 뒤에는 어머니와 큰어머니 등 여성들에게 둘러싸여 생활했다.

닫혀 있던 영혼은 2살 위의 외사촌 누이 마들렌 롱도에게 순수한 사랑을 느끼면서 조금씩 열렸다. 다른 한편에서는 반도덕주의를 내세우는 니체의 저서와, 부르주아 사회의 위선을 폭로하는 오스카 와일드의 글을 읽고 가정과 사회에 반항하고 도덕과 종교의 굴레에서 벗어나기 위해 갈등했다. 삶의 추구 대상이 '신의 실존'이 아니라 '인간이 신을 발견해 내는 길'이라고 깨닫고부터는 자신의 내부에서 진실을 찾는 일에 몰두하고 자신을 누르고 있는 금욕주의로부터의 탈피를 꿈꿨다.

24세 때인 1893년 10월 폐결핵 요양차 떠난 북아프리카 여행은 그에게 자연에 대한 눈을 뜨게 해줌으로써 생명력과 관능을 찬미하는 정신적 전환기 역할을 했다. 지드는 그곳에서 전혀 다른 도덕 기준을 접함으로써 답답했던 기성의 사회적·성적 관습에서 벗어날 수 있었다. 아프리카에서 만난 오스카 와일드는 그에게 억압된 성적 본능을 북돋아주었고 이에 자극을 받아 욕망과 충동에 이끌려 '소년의 몸'을 경험했다. 그때부터 그는 동시대인들을 부르주아 사회의 도덕적·종교적 구속에서 해방시키고 그들에게 끊임없이 변화하는 열정적인 삶을 계시하는 것을 자신의 소명으로 여겼다.

지드는 1895년 10월 외사촌 누이 마들렌과 결혼했으나 육체적 결합보다는 신앙과도 같은 사랑을 유지했기 때문에 아내가 죽을 때까지 아내의 몸에 손을 대지 않았다. 지드는 종교적인 금지 조항들에 맞서 자기의 욕망을 정당화해 줄 새로운 철학을 모색했다. 그 결과물이 쾌락과 본능을 정열적으로 옹호한 '지상의 양식'(1897)이다. 유려한 산문의 미학을 보여준 '지상의 양식'에서 지드는 기성의 도덕적 잣대에서 육체와 정신의 해방을 갈구하는 심정을 표현하고 방황을 두려워하지 말 것을 강조했다. 다만 해방과 자유를 주장하면서도 구속과 절제의 필요성을 자각하고 있었기 때문에 '배덕자'(1902)에서는 욕망의 한없는 추구에서 오는 정신의 타락과 파멸을 보여주었다.

진실을 찾는 일에 몰두하고 금욕주의 탈피 꿈꿔

지드가 20세기 전반 프랑스 문학사를 장식한 또 하나의 주요 업적은 1909년 2월 1일 몇몇 지성들과 함께 창간한 '신프랑스평론지'다. 흔히 'NRF'로 불리는 이 문학월간지는 폴 발레리, 마르셀 프루스트, 앙드레 브르통, 프랑수아 모리아크, 장 콕토, 앙드레 말로, 장 폴 사르트르 등 20세기 전반의 수많은 작가와 지성인들의 산실이자 무대가 되었다.

18년 동안 구상하고 집필해온 소설 '좁은 문'은 이 잡지 창간호부터 3호까지 연재되었다. '좁은 문'은 제롬과 그의 외사촌 누이 알리사의 금욕적이고 비극적인 사랑을 그린 작품이다. '좁은 문'을 통해 그는 무조건적인 자기희생이나 지나친 종교적 믿음이 가져다주는 허무를 신랄하게 비판했다. '좁은 문' 역시 상찬과 폄훼의 양극단을 달렸다. 1918년 2월 집필을 시작하고 1919년 출간한 '전원교향곡'에서는 목사의 도덕적 위선과 자기 기만을 폭로하면서 기독교와 기독교적 사랑을 통렬하게 비판했다.

지드는 1924년 또 하나의 문제작이자 스스로 자신의 작품 가운데 가장 중요한 작품이라고 공언한 '코리동'을 발표했다. 소설은 동성애 문제가 뜨거운 감자로 등장한 20세기 초, '나'가 학교 친구였던 동성애자 코리동을 만나 이야기를 나누는 형식으로 전개된다.

'나'와 코리동은 동성애를 바라보는 사회적 편견에 대해 불꽃 튀는 논쟁을 벌인다. 동성애를 사갈시하는 '나'가 직접화법으로 질문하면 코리동은 서양 고금의 철학자, 과학자, 역사학자들의 이론과 말을 빌려 논리정연하게 반박한다. 그러면서 동성애를 방탕한 성도착증 환자쯤으로 보는 사회적 편견에 맹공을 퍼붓는다. 이는 코리동의 목소리를 빌린 지드 자신의 항변이었다. 당시 프랑스 지성계에 동성애가 패션처럼 퍼져 있었다고는 하지만 '코리동'의 출판은 지드에게 심각한 타격을 입혔다. 청년들을 타락시킨다는 비난을 받았고 가장 가까운 친구들로부터도 맹렬한 공격을 받았다.

그래서 다시 떠난 북아프리카 여행은 지드로 하여금 개인적인 번민에서 벗어나 눈을 바깥세상으로 돌리도록 했다. 지드는 콩고 여행 중 가혹한 프랑스 식민정책에 희생되고 있는 원주민의 비참한 실태를 발견하고 '콩고 기행'(1927)을 발표해 고발했다. 이를 기점으로 지드는 사회 참여를 본격화했다. 1930년대 들어 참여문학을 몸소 실천하기 시작한 그는 비록 공산당에 가입하지는 않았지만 1932년 공산주의자로 전향한다고 선언했다.

그러나 지드의 친공적 성향은 1936년 6월 소련공산당작가동맹 초청으로 소련을 방문하면서 산산이 깨졌다. 귀국 후 발표한 '소련 기행'(1936)에서 사회주의 천국이라 통하던 소련의 실상을 적나라하게 고발했다. 당시

만 해도 스탈린의 소련을 공격한다는 것은 좌파 지성인에게는 금기 사항이었다. 하지만 지드는 진실과 정의를 외면할 수 없어 냉혹한 공산주의의 실체를 폭로했다.

지드의 환멸이 겨냥한 또 다른 표적은 "소련의 실상을 뻔히 아는 사람들, 또는 알고 있어야 하는 사람들이 자기들의 정치적 목적을 위해서 다른 나라 노동자들을 속여온"(소련 기행) 프랑스의 지성이었다. 지드는 여성 문제를 다룬 3부작 '여인들의 학교'(1929), '로베르'(1930), '준비에브'(1936)를 통해 페미니즘적 시각에서 바라본 여성해방에 대한 입장을 피력하기도 했다.

지드는 전통적 도덕의 억압을 거부하면서 새로운 윤리를 모색한 공로로 1947년 노벨문학상을 받았다. 그러자 그의 동성애 성향이 불만스러웠는지 한 신문은 그의 인물 사진을 거꾸로 싣는 방식으로 그의 수상에 불편한 심기를 드러냈다.

윌리엄 듀보이스와 NAACP 결성
흑인 문화의 우월성을 주장한 '흑인문화운동(할렘 르네상스)'의 창시자였다.

남북전쟁의 전황이 사실상 북부의 승리로 기울어진 1865년 1월, 미 의회가 노예제도를 전면 금지하는 수정헌법 제13조를 통과시킴으로써 미국의 노예제도는 법률상으로 종말을 고했다. 하지만 남부 각 주에서는 '짐 크로법'으로 통칭되는 각종 차별법을 1876년부터 잇따라 제정, 유색인이 레스토랑·호텔·병원 등에 출입하는 것을 금지하고 공공장소는 'Colored'와 'White Only'로 분리했다.

1890년 루이지애나주가 제정한 '열차분리법'도 '짐 크로법' 중 하나였다. 법에 따르면 철도회사는 백인 전용칸과 유색인종 열차칸을 분리·운영해야 하고 흑인이 백인 열차칸에 탑승하면 차장이 유색인종 열차칸으로 옮기라고 명령을 내릴 수 있었다. 불응하는 승객은 체포하거나 벌금·구류까지 처벌까지 할 수 있게 했다.

윌리엄 듀보이스

그러자 뉴올리언스의 양식 있는 주민들이 1892년 호머 플레시라는 혼혈 흑인을 내세워 시민 불복종 운동을 전개했다. 사실 그는 혈통상 8분의 7은 백인, 8분의 1은 흑인이었기 때문에 사실상 백인이나 다름없었다. 플레시가 1892년 6월 7일 일부러 백인 열차칸에 앉자 차장이 유색인종 열차칸으로 옮기라고 강요했다. 플레시는 거부했다가 체포·기소되었다. 루이지애나 법원의 담당 판사는 루이지애나 주정부의 손들 들어주었다.

플레시의 변호인단은 열차칸의 인종 분리는 흑인에게 오명을 씌우고 그들의 마음에 '열등의 징표'를 각인하므로 수정헌법 제13조와 제14조(어떤 주도 그 관할권 내에 있는 주민에 대해 법률에 의한 평등한 보호를 거부하지 못한다)에 위배된다고 주장하면서 대법원에 항고했다. 그러나 대법원 역시 1896년 5월 18일 열차분리법이 인종차별을 금지하는 수정헌법 제13조와 14조를 거스르지 않는다고 판결했다. 이를 정당화한 논리가 그 유명한 "분리하되 평등하면 된다"였다. 이른바 '플레시 대 퍼거슨' 판결 후 남부에서는 각종 공공시설에서 흑백을 분리하는 시설이 합법화되었다.

그 무렵 두 흑인 지도자가 있었다. 한 명은 부커 워싱턴(1856~1915)으로 그는 흑인들이 경제·교육적 기회를 얻으려면 백인들의 협조가 필요하고 따라서 흑인의 양보가 필요하다고 역설했다. 그 양보는 흑인들이 일정 기간 정치 참여 권리를 포기하고 인종차별(분리)을 받아들이는 것을 의미했다. 이런 그의 생각이 공식적으로 표명된 것이 1895년 9월의 '애틀랜타 박람회 연설'이었다. 그는 연설에서 흑인과 백인의 화해와 조정을 강조해 흑백 모두로부터 주목을 받았다.

워싱턴의 이런 현실주의적 태도를 굴종이라고 비판한 또 한 명의 흑인 지도자가 있었으니 윌리엄 듀보이스(1868~1963)였다. 듀보이스는 헌법상 노예가 사라진 1868년 미국 매사추세츠주 그레이트배링턴에서 태어났다. 흑인을 위해 설립한 테네시주 내슈빌의 피스크대를 졸업하고 독일의 베를린대에서 수학하고 돌아와 1895년 흑인 최초로 하버드대 역사학 박사 학위를 취득했다.

그는 자신의 피에 흑인, 프랑스인, 독일인, 인디언의 피가 두루 섞인 것을 빗대 "앵글로 색슨의 피가 섞이지 않아 신에게 감사한다"며 백인과의 타협을 거부했다. 흑인의 아름다움을 강조하고 흑인 문화의 우월성을 주장한 '흑인문화운동(할렘 르네상스)'을 주창했으며 전 세계 흑인의 단결을 호소한 '범아프리카 운동'을 주창했다. 워싱턴을 '위대한 순응주의자', '백인 얼굴을 한 엉클 톰'이라고 경멸하고 '애틀랜타 박람회 연설'은 '애틀랜타 타협'이라고 비꼬았다. 그러면서 즉각적이고 전면적으로 흑인들의 정치·사회적 권리와 민권을 회복해야 한다고 목소리를 높였다.

수십 권의 책을 저술하고 수많은 논문을 썼지만 그중 가장 유명한 저서가 '흑인의 영혼'(1903)이다. 책에서 그는 날카로운 분석력과 간결한 문체로 흑인들이 당면한 문제의 원인을 설명하고 당시 미국 사회가 앓고 있는 인종주의 병폐를 지적했다. 흑인들에게 기술 등 실용 학문을 권장한 워싱턴을 신랄하게 비판하고 10%의 재능 있는 엘리트 흑인들이 각종 고등 학문을 연구한 후 대중을 이끌면서 흑인들의 권리를 요구해야 한다고 설파했다. '흑인의 영혼'은 지금까지도 계속 출판되고 있으며 '톰 아저씨의 오두막' 이후 흑인들에게 가장 많은 영향력을 준 책으로 꼽히고 있다.

듀보이스, 부커 워싱턴을 신랄하게 비판

듀보이스는 1905년 60여 명의 저명한 흑인 중산층 전문직 종사자들에게 편지를 보내 "이제야말로 조직적이고 단호하고 공격적인 행동을 취할 때가 되었다"고 호소했다. 그리고 그해 7월 나이아가라 폭포의 캐나다 쪽에서 첫 모임을 열어 최초의 근대적 흑인 민권운동 단체라고 할 수 있는 '나이아가라 운동'을 탄생시켰다. 그러나 '나이아가라 운동'은 자원과 자금이 부족하고 흑인 중산층의 대변자라는 한계를 극복하지 못해 몇 년 후 소멸되었다.

그러던 중 1908년 일리노이주 스프링필드에서 백인 폭도들이 흑인 거주지를 공격하는 사태가 발생했다. 그러자 경악한 일부 백인과 흑인 지도자들이 흑백을 막론한 주요 민권운동가들에게 초대장을 보냈다. '시민적·정치적 자유를 위한 투쟁을 재개하기 위해 링컨 대통령 탄생 100주년이 되는 1909년 2월 12일 전국적인 회합을 할 예정'이라는 초대장에는 듀보이스를 포함해 흑백 지도자 53명이 서명했다.

1909년 5월 30일 뉴욕에서 첫 모임을 연 데 이어 1910년 5월 30일 2번째 모임에서 '전미유색인지위향상협회(NAACP)'라는 명칭이 확정되면서 NAACP는 20세기 흑인 민권운동을 대표하는 상징어가 되었다. 오늘날 NACCP는 초대장을 보낸 날자인 1909년 2월 12일을 창립일로 기념하고 있다.

NAACP는 주로 선전과 항의와 법적 투쟁을 통해 인종차별에 대항하고 흑백 간 평등을 이끌어냈다. 1915년 3월 데이비드 그리피스 감독의 '국가의 탄생'이 "KKK단을 호의적으로 묘사하고 흑인을 모욕적인 존재로 그렸다"며 극장 앞에서 연일 수천 명의 흑인들이 항의시위를 벌이도록 주도한 것도 NAACP였고, 1954년 미국 연방대법원이 '브라운 대 토피카 교육위 사건'에서 "분리된 시설은 본질적으로 불평등하다"고 선고하도록 온몸으로 뛰어다닌 것도 NAACP였다. NAACP의 영향력이 이처럼 막강해지자 1963년 NAACP 미시시피 지도자 메드거 에버스가 살해당하는 등 백인 단체로부터 집중적인 테러를 당했다.

NAACP의 주도 세력에는 흑인보다 비흑인이 많았다. 주요 간부 대부분도 백인이었고 초대 회장부터 1975년까지 역대 회장도 유대계 미국인이었다. 엄밀히 말하면 듀보이스 역시 순수 흑인은 아니었지만 창립이사회의 흑인 이사 자격으로 참여해 공보이사가 되었다. 듀보이스는 1932년까지 20여 년간 NAACP의 기관지 '크라이시스(The Crisis)'지의 편집장으로 활동하면서 인종주의와 분리 정책, 투표권 제한, 흑인 린치 등을 거침없이 비판하고 공격하면서 전 세계의 흑인 통합운동인 '범아프리카주의' 운동을 확산시켰다.

범아프리카주의는 트리니다드토바고 출신 헨리 실베스터 윌리엄스 변호사의 주도로 1900년 7월 영국 런던에서 결성된 '범아프리카회의'에서 점화했지만 실질적인 출발점은 듀보이스가 중심이 되어 1919년 2월 프랑스 파리에서 개최한 제1회 범아프리카회의이다. 듀보이스는 이후에도 전 세계 흑인들과 연대해 백인과 같은 수준의 권리를 획득하기 위한 운동을 개최했다.

듀보이스는 이처럼 범아프리카주의 운동에는 열심이었으나 NAACP 동지들과는 차츰 소원해졌다. 결국 1934년 "NAACP가 흑인 부르주아 계급의 이익에만 힘쓸 뿐 대중의 문제들을 무시하고 있다"며 NAACP에서 탈퇴했다. 생애 말년인 1961년에는 93세의 나이로 미국 공산당에 가입하고 미국 사회에 대한 배신감으로 아프리카 가나로 이주해 그곳의 시민권을 얻었다.

1963년 8월 27일 사망한 그의 죽음 소식이 8월 28일 워싱턴DC의 링컨기념관 앞에서 마틴 루터 킹 목사의 연설을 듣기 위해 모여든 수많은 청중에게 전달되었다. 청중은 킹 목사의 "나에겐 꿈이 있습니다!" 연설을 들으며 듀보이스를 대신할 새 지도자가 탄생했음을 직감했다.

부커 워싱턴 부커 워싱턴은 미국 버지니아주 프랭클린 카운티의 한 농장에서 노예로 태어났다. 어머니는 흑인 노예 요리사였고 아버지는 신원 미상의 백인이었다. 출생일은 알지 못해 성인이 된 후 1856년 4월 5일을 자신의 생일로 정했다. 부커는 9살 때인 1865년 남북전쟁 후 자유인이 되자 어머니를 따라 웨스트버지니아주 몰던으로 이주했다. 그곳에서 의붓아버지와 함께 살며 소금 제조, 광부, 하인 등의 일을 하며 독학으로 글을 배웠다. 부커 역시 다른 노예들처럼 성 없이 이름으로만 불렸으나 흑인을 위해 급조한 학교의 교사가 이름이 뭐냐고 물었을 때 막연히 부커 워싱턴이라고 답하면서 워싱턴이라는 성을 갖게 되었다.

워싱턴은 5~6년간 노동을 하다가 배움에 목이 말라 1872년 버지니아주의 햄프턴 농업기술학교에 입학했다. 이 학교는 흑인 교사와 농부를 양성할 목적으로 미국선교사협회가 설립한 학교로, 초대 교장은 "해방 노예들에게 가장 필요한 것은 자립을 위한 기술교육"이라는 철학을 가진 새뮤얼 암스트롱(백인)이었다. 워싱턴은 죽는 날까지 암스트롱을 가장 존경했다. 워싱턴은 1875년 6월 정규 수업 과정을 모두 마친 후 몰던에서 잠시 학생들을 가르치다가 1879년 햄프턴 기술학교로 돌아가 본격적으로 학생들을 가르쳤다.

그러다가 암스트롱 교장의 추천으로 1881년 7월 4일 개교한 앨라배마주 터스키기 전문학교의 초대 교장으로 부임했다. 이 학교는 루이스 애덤스(흑인)가 1880년 앨라배마주 상원의원 선거 때 지지를 요청하는 민주당 후보와 협상해 터스키기에 흑인 전문학교를 세울 기금을 지원하는 주법을 만들도록 해 지어진 학교다. 그런데 학교에는 제대로 된 건물 하나 없

부커 워싱턴

었다. 개교 때도 허름한 오두막이 전부였다. 교사도 개교 후 6주가 지나서 부임했는데 그 교사는 장차 워싱턴의 두 번째 부인으로 인연을 맺었다. 학생들은 실업교육을 받으면서도 직접 벽돌을 만들고 학교 건물을 짓는 노동을 병행했다. 이후 이것은 터스키기 학교의 전통으로 이어졌다.

워싱턴은 학교 일을 하면서 백인 정치인·기업가들과 친분을 쌓았다. 특히 부유한 백인들을 설득해 흑인을 위한 사업에 돈을 기부하도록 설득하는 데 재주가 있었다. 부유한 백인들에게서 받은 기부금은 터스키기 학교가 미국 남부의 명문학교로 성장하는 데 요긴하게 쓰였다. 또한 남부 전역에 설립된 5,000여 개 학교에도 기부금이 사용되었다. 당시 재정적으로 지원한 백인 재력가들 중에는 강철왕 앤드루 카네기, 석유 재벌 존 록펠러, 스탠더드 오일의 헨리 로저스, 코닥의 조지 이스트먼, 시어스 로벅의 줄리어스 로젠왈드 등도 있었다.

"백인과의 대결은 재앙을 불러올 것" 주장

워싱턴은 평소 "흑인들은 수적으로 열세이므로 백인과의 대결은 재앙을 불러올 것"이라며 "백인들과 협력하는 것이 결국 인종주의를 극복하는 길"이라고 주장했다. 그러면서 경제적으로 자립할 때까지는 흑인의 정치·사회적 권리 주장을 잠시 보류하자고 호소했다. 이런 그의 생각이 공식적으로 표명된 것이 이른바 '애틀랜타 박람회 연설'이었다.

1895년 9월 18일 2,000여 명의 청중을 상대로 한 애틀랜타 박람회 연설에서 "사회적인 모든 일에서 흑인과 백인은 손가락처럼 서로 분리될 수 있다. 그러나 상호 발전을 위해 필요한 모든 일에서 우리는 하나의 손이 될 수 있다"는 유명한 '손가락 연설'을 통해 인종차별을 받아들이면서 흑백 간의 선의와 이해를 촉구했다. 흑인들에게는 '짐 크로법'을 받아들이라고 촉구하고 백인들에게는 흑인들이 스스로 개발할 수 있는 기회를 달라고 호소했다. 연설은 전국의 많은 신문에 소개되었다. 그 덕에 강연 요청이 쇄도하고 전국적 인사로 부상했다. 듀보이스 역시 초기에는 워싱턴을 지지했다가 나중에 노선 차이를 보여 대립했다.

워싱턴은 1900년 카네기의 지원을 받아 흑인 기업가 단체인 '전미 흑인 기업가연맹(NNBL)'을 결성했다. 흑인의 평등을 위해서는 경제적인 성공이 필수적이고 그러기 위해서는 전국적으로 흑인 기업가 조직이 필요하다고 판단한 것이다. 기업가연맹은 워싱턴의 뛰어난 리더십에 힘입어 워싱턴이 사망한 1915년 무렵 600개의 지부에 회원 수는 최대 4만 명에 이르는 방대한 조직으로 성장했다.

1901년 출판한 자서전 '노예제도로부터 몸을 일으켜'가 베스트셀러가 되고 같은 해 취임한 시어도어 루스벨트 대통령의 초대를 받아 백악관 만찬에 참석했다. 당시만 해도 흑인이 백악관 초대를 받는 것은 금기였다는 점 때문에 루스벨트는 남부 정치가들로부터 반감을 샀다. 한 신문은 이를 두고 "미국 역사상 가장 가증스런 폭거"라고 평했다.

나이아가라 운동과 NAACP가 출범했을 때 워싱턴은 자신의 대의와 영향력이 훼손되지 않을까 한동안 경계의 눈빛을 보냈지만 생의 후반기로 가면서 이념적으로는 점차 NAACP에 가까워졌다. 공개적으로는 백인과의 대결 구도를 피했으나 뒤에서는 자신의 정체를 숨긴 채 흑백 분리에 도전하는 많은 소송을 경제적으로 후원했다.

워싱턴의 이름은 오늘날 미국 전역에서 기념되고 있다. 흑인으로서는 최초로 우표(1940)에 등장하고 50센트짜리 기념주화(1946~1951)와 50센트짜리 미국 동전(1951~1954)으로 만들어졌다. 테네시주 채터누가에 있는 주립 공원과 햄프턴 강을 가로지르는 다리는 그의 이름을 따 명명되었다. 무엇보다 미국 전역의 수많은 초·중·고교 이름에 그의 이름이 붙여져 평생에 걸친 그의 교육사업을 숭모하고 있다.

찾아보기

❶

007 영화   1962년
1·21 사태   1968년
1·4후퇴   1951년
10·26 사태   1979년
10·27 법난   1980년
100억 달러 수출   1977년
105인 사건   1911년
10월 유신   1972년
10월 혁명(러시아)   1917년
12·12 쿠데타   1979년
14개조 평화원칙   1918년
155호 고분   1973년
1984(소설)   1949년
1차 경제개발 5개년 계획   1962년
1차 대전   1914년, 1915년, 1916년, 1917년, 1918년,
        1919년
1차 중동전   1948년
1차 천안문 사건   1976년
1차 통화개혁   1953년
1차원적 인간(저서)   1964년
2·8 독립선언   1919년, 1922년(이광수)
2·26 쿠데타(일본)   1936년
2·4보안법 파동   1958년(신국가보안법)
21개조 요구(중국)   1919년
25시(소설)   1949년
2공화국   1960
2월 혁명   1917년(러시아혁명)
2차 대전   1939년, 1940년, 1941년, 1942년, 1944년,
        1945년
2차 중동전   1956년
2차 천안문 사건   1989년
2차 통화개혁   1962년
3·1 운동   1919년
3·15 부정선거   1960년
38선   1945년(남북 분단)
38선 돌파   1950년
3공화국   1962년
3선 개헌   1969년
3저 호황   1986년(국제무역수지)
3차 중동전   1967년
3한강교   1966년
4·19 혁명   1960년
4·3사건   1948년

40대 기수론   1970년
4분 33초(작곡)   1952년
4인방(중국)   1976년
4차 중동전   1973년
5·10선거   1948년
5·16 쿠데타   1961년
5·17 계엄   1980년
5·4 운동   1919년
5·16 쿠데타   1961년
5·18 광주민주화운동   1980년
5공 청문회   1988년
5공비리특위   1988년
5공화국(프랑스)   1958년
5월 혁명(6·8 혁명)   1968년
5인의 고리(스파이)   1963년
6·10 만세운동   1926년
6·10 민주항쟁   1987년
6·25 전쟁   1950년, 1951년, 1952년, 1953년
6·29 선언   1987년
6·3 사태   1964년
6·8 혁명(5월 혁명)   1968년
63빌딩   1985년
64K D램   1983년
6월 항쟁   1987년
6일 전쟁(3차 중동전)   1967년
7·7 선언   1988년, 1990년(남북한 유엔 가입)
7·4 남북공동성명   1972년
731부대   1936년
8·15 해방   1945년
8·3 사채동결 조치(긴급경제 명령)   1972년
8월 종파 사건(북한)   1956년
9·30 쿠데타(인도네시아)   1965년
9월 총파업   1946년

Ⓐ

AIDS   1981년
ARPANET(인터넷)   1969년
B-17·29 폭격기   1944년
B양 비디오   1999년
CJD(크로이츠펠트 야코프병)   1982년(프루지너),
                    1996년(광우병)
CNN   1980년
DDA(도하개발어젠다)   1994년

딥 블루·딥 소트(컴퓨터)   1997년(체스)
딥스로트   1972년
뜻으로 본 한국 역사(저서)   1962년

ㄹ

라 스칼라   1908년(토스카니니)
라듐   1902년
라디오   1906년(세계 최초), 1920년, 1927년(국내),
          1933년, 1959년(국내)
라면   1958년
라베, 욘   1937년
라쇼몽(영화)   1951년
라스베이거스   1931년
라스푸틴   1918년
라이브 에이드 콘서트   1985년
라이스, 팀   1971년
라이크 어 버진(노래)   1983년
라이트 형제   1903년
라이트, 프랭크 로이드   1939년
라이프지   1936년
라인강의 기적   1949년
라즈니쉬, 오쇼   1985년
라캉, 자크   1966년
라테란 조약   1929년
락희화학   1947년
란트슈타이너, 카를   1901년
랑데부   1975년(도킹)
래핑스톤 무용단   1981년
랩소디 인 블루(음악)   1924년
러더퍼드, 어니스트   1900년(플랑크), 1913년(보어)
러브록, 제임스   1979년
러셀, 버트런드   1910년
러시아혁명   1917년, 1918년
러일전쟁   1904년
런던 올림픽   1948년
레 미제라블(뮤지컬)   1981년
레넌, 존   1964년(비틀스), 1969년
레닌, 블라디미르   1917년, 1924년
레마르크, 에리히   1929년
레비 스트로스, 클로드   1955년
레빗, 헨리에타 스완   1929년(허블)
레셉스, 페르디낭 드   1914년(파나마 운하)
레이건, 로널드   1980년

레인보 워리어호   1971년(그린피스)
레인저 프로젝트   1959년(루나 2호)
로드니 킹 사건   1992년
로런스, 데이비드 허버트   1928년
로런스, 토머스 에드워드   1917년
로마 올림픽   1960년
로마노프 왕조(러시아)   1918년
로마인 이야기(저서)   1995년
로마클럽   1972년
로빈슨, 재키   1947년
로셀리니, 로베르토   1950년
로스트 제너레이션   1925년(피츠제럴드), 1926년
로열발레단   1934년(폰테인)
로웰, 퍼시벌   1930년, 19세기(조미수호통상조약)
로저스, 리처드   1943년(오클라호마)
로젠버그 부부   1953년
로즈, 세실   1902년(남아공)
로즈웰 UFO 사건   1947년
로커비 사건(팬암기 폭파)   1988년
로켓   1926년, 1944년
로큰롤   1956년
록펠러, 존   1913년
롤럿법   1930년(간디)
롤리타(소설)   1955년
롤링, 조앤   1997년
롤스, 존   1971년
롬멜, 에르빈   1944년
롯데 그룹   1948년
롯데라면   1958년
뢴트겐, 빌헬름   1901년
룀, 에른스트   1934년
루게릭병   1935년
루나 2호   1959년
루스, 베이브   1935년
루스, 헨리   1936년
루스벨트, 시어도어   1901년
루스벨트, 엘리너   1933년
루스벨트, 프랭클린   1933년
루시(화석)   1974년
루이스, 조   1938년
루이스, 칼   1984년
루치아노, 찰스   1931년
루카치, 게오르크   1923년
루프트한자 여객기 피랍   1977년
룩셈부르크, 로자   1919년

뤼미에르 형제(영화)   1913년
뤼팽, 아르센(소설 주인공)   1905년
르블랑, 모리스   1905년
르완다 대학살   1994년
르윈스키, 모니카   1998년(섹스 스캔들)
르코르뷔지에   1952년
리, 비비안   1939년(바람과 함께 사라지다)
리, 트뤼그베   1953년(함마르셸드)
리눅스   1991년
리니지(온라인 게임)   1998년
리베라, 디에고   1929년
리비, 윌러드   1947년
리비아 대수로   1983년
리영희   1973년
리우 환경회의   1992년
리콴유   1965년
리키, 루이스   1959년
리키, 메리   1959년
리틀록 사태   1954년
리펜슈탈, 레니   1938년
리프크네히트, 카를   1919년(룩셈부르크)
리프킨, 제러미   1980년
린드버스, 찰스   1927년

⊡

마니 폴리테   1994년
마돈나   1983년
마라톤   2000년
마루타   1936년(731부대)
마르케스, 가브리엘   1967년
마르코니, 굴리엘모   1901년
마르코스, 페르디난드   1986년, 1983년(아키노)
마르쿠제, 헤르베르트   1964년
마르크스, 카를   1917년
마셜 플랜   1947년
마스트리흐트 조약   1993년
마쓰시타 고노스케   1918년
마운트배튼, 필립   1952년(엘리자베스 2세)
마이웨이(영화)   1943년(시내트라)
마이크로소프트   1975년
마이트너, 리제   1938년(우라늄 핵분열)
마인(소설)   1939년
마지노선   1940년

마키우나스, 조지   1984년(플럭서스)
마타 하리   1917년
마티스, 앙리   1905년
마포아파트   1958년(종암아파트)
마플, 제인   1926년(크리스티)
마피아   1929년, 1931년
마하티르 모하마드   1981년
막부 체제(일본)   19세기
만공(스님)   1904년
만델라, 넬슨   1994년
만민공동회   19세기
만보산 사건   1931년
만세보   1906년
만인보(시집)   1986년
만주국   1932년
만주사변   1931년
만추(영화)   1966년
만화   1918년, 1924년, 1952년, 1955년, 1963년,
          1972년, 1983년, 1987년
말레비치, 카지미르   1915년
말로, 앙드레   1933년
말로리, 조지   1953년
말모이(사전)   1915년
말콤 엑스   1965년
매그넘   1952년(브레송)
매독   1910년
매일신보   1904년
매천야록(역사서)   1910년
매춘업   1916년(공창)
매카시, 조지프   1950년
매카시즘   1950년
매킨토시(PC)   1984년
매킨토시, 캐머런   1981년
맥도널드   1955년
맥루한, 마셜   1964년
맥마흔 선언   1917년
맥아더, 더글러스   1945년, 1951년
맥타가트, 데이비드   1971년(그린피스)
맨발의 청춘(영화)   1964년
맨해튼 프로젝트   1941년
머독, 루퍼트   1952년
머리, 리처드   1954년(신장이식)
먼로, 마릴린   1949년(밀러), 1952년
멋진 신세계(소설)   1932년
멍텅구리(신문만화)   1924년

빅토리아 여왕(영국)   1918년(로마노프 왕조)
빌라 사보아(건축)   1952년(르코르뷔지에)
빌보드 차트   1964년
빨알간 피이터의 고백(연극)   1977년
빨치산   1951년
뿌리(드라마)   1977년

사그라다 파밀리아 대성당(건축)   1910년(가우디)
사다트, 안와르 엘   1977년
사라예보 사건   1914년(1차대전)
사라예보 세계탁구선수권대회   1973년
사람의 아들(소설)   1979년
사랑의 선교회(테레사 수녀)   1950년
사랑의 찬가(샹송)   1946년
사랑이 뭐길래(드라마)   1991년
사르트르, 장폴   1945년, 1949년, 1952년
사물놀이   1978년
사민필지(저서)   19세기(헐버트)
사법 파동   1971년
사북탄광   1980년
사사오입 개헌   1954년
사상 논쟁(박정희)   1963년
사상계   1970년
사슴(시집)   1936년
사의 찬미(노래)   1926년
사이드, 에드워드   1978년
사이코(영화)   1939년(히치콕)
사이토 마코토   1910년(조선총독), 1919년(강우규)
사진 신부   1902년(하와이 이민)
사채(私債)   1972년
사카린 밀수사건   1966년
사코, 니콜라   1927년
사코와 반제티 사건   1927년
사파타, 에밀리아노   1910년(멕시코 혁명)
사하로프, 안드레이   1980년
사해문서   1947년
사회구성체 논쟁   1985년
사회생물학(저서)   1975년
산디니스타 정권   1979년
산불(희곡)   1962년
산아제한운동(미국)   1916년
산울림(가수)   1977년

살바르산   1910년(매독)
살아있는 화석   1938년
살트셰바덴 협약   1938년
삼대(소설)   1931년
삼둔자전투   1920년(봉오동전투)
삼선 개헌   1969년
삼성전자   1969년, 1983년(반도체), 1993년(이건희),
            1996년(휴대폰)
삼양라면   1958년
삼풍백화점 붕괴   1995년
삼학소주   1924년
삼환기업   1973년
상대성이론   1905년
상동교회   1907년
상록수(소설)   1935년
상해 반공 쿠데타   1927년(장개석), 1928년(북벌)
상해 임시정부   1919년, 1923년
새나라자동차   1955년
새마을운동   1970년
새미리   1948년
샌프란시스코 조약   1951년
생명이란 무엇인가(저서)   1944년
생물다양성보존협약   1992년(리우 환경회의)
생어, 마거릿   1916년
생체 실험   1936년(731부대)
생태(그림)   1951년
생텍쥐페리, 앙투안 드   1943년
샤넬, 가브리엘   1913년
샤프빌 학살(남아공)   1976년
섀클턴, 어니스트   1914년
서경석(사회운동가)   1989년
서구의 몰락(저서)   1918년
서독 적군파   1977년
서독(독일연방공화국)   1949년
서민호   1952년
서베를린 봉쇄   1948년
서봉수   1992년
서부전선 이상 없다(소설)   1929년
서북청년단   1948년
서북파(지역감정)   1937년
서사극   1928년(브레히트)
서안사변   1936년
서영춘   1967년
서울 아시안게임   1986년
서울 올림픽   1988년

서울 천도 1946년
서울교향악단 1946년
서울아시안게임 1986년
서울역 19세기
서울올림픽 1988년
서울의봄 1980년
서울진공작전(의병) 1908년
서울특별시 1946년
서유견문(저서) 19세기
서재필 19세기
서정주 1941년
서태석 1924년(암태도 소작 쟁의)
서태지와 아이들 1992년
서태후 1900년
서편제(영화) 1993년
서편제(판소리) 1929년(임방울)
서푼짜리 오페라(희곡) 1928년
서프, 빈턴 1983년, 1990년
석유 파동 1973년
석주명 1939년
선경(SK) 1977년
선동열 1987년
선불교 1904년(경허)
선전(조선미술전람회) 1922년
설리번, 애니 1915년(켈러)
성가족 대성당(건축) 1910년(가우디)
성경 1947년(사해문서)
성고문 1986년
성남시 1971년
성매매 1916년(공창)
성서조선(잡지) 1927년
성수대교 붕괴 1995년
성의 정치학(저서) 1970년
성장의 한계(보고서) 1972년
성전환 1952년
성철 1947년(봉암사 결사), 1981년
세계기독교통일신령협회(통일교) 1954년
세계사편력(저서) 1947년(네루), 1984년(간디)
세계여자농구대회 1967년
세계저작권협약 1957년(저작권법)
세계청년학생축전(평양) 1989년(임수경)
세계흑인개선협회 1914년
세균전 1936년(731부대)
세니커폴스 집회 1920년(앤서니), 1970년(밀레트)
세르비아 1991년(유고슬라비아)

세브란스 병원 19세기
세브르 조약 1923년(케말)
세시봉 1968년
세이건, 칼 1980년
세이빈, 앨버트 1952년(소아마비)
세일즈맨의 죽음(희곡) 1949년
섹스 스캔들(클린턴) 1998년
셀라시에, 하일레 황제 1930년
셀린저, 제롬 데이비드 1951년
셔먼 반트러스트법 1913년(록펠러)
셜록 홈즈(소설 주인공) 1905년
소격 효과 1928년(브레히트)
소금 행진(간디) 1930년
소년(잡지) 1908년
소니 1979년
소떼 방북 1998년
소련 소멸 1991년
소련 쿠데타 1991년(소련 소멸)
소모사 정권 1979년(니카라과 산디니스타)
소변기(미술) 1917년
소쉬르, 페르디낭 드 1916년
소아마비 백신 1952년
소양강댐 1973년
소웨토 봉기(남아공) 1976년
소유나 존재냐(저서) 1976년
소유즈호 1975년
소주 1924년
소크, 조너스 1952년
소프트뱅크 1981년
소행성 1930년(명왕성)
손기정 1936년
손문 1912년, 1911년(신해혁명), 1924년(국공합작),
1927년(장개석)
손병희 1905년
손정의 1981년
손화중 19세기(동학농민운동)
솔리다르노시치(폴란드 자유노조) 1980년
솔베이 회의(물리학) 1927년
솔제니친, 알렉산드르 1974년
솜 전투 1916년
송가수(중국) 1927년
송경령 1927년
송만갑 1932년
송몽규 1945년(윤동주)
송미령 1927년

시드니 올림픽　2000년
시모노세키 조약　19세기(청일전쟁)
시몬스, 윌리엄　1925년(KKK)
시민 케인(영화)　1941년
시민아파트　1958년(종암아파트)
시발 자동차　1955년
시베리아 횡단철도　1905년
시아파　1980년
시오노 나나미　1995년
시오니즘　1948년
시집가는 날(영화)　1957년
시칠리안 마피아　1931년
시카고 대화재　1931년(엠파이어 스테이트)
시카고 불스(NBA)　1991년
시카고 학파　1962년
시카고박람회　1900년(파리박람회)
시크교도 분리독립운동　1984년(간디)
시험관 아기　1978년
식민지 근대화론　1987년(낙성대경제연구소)
식민지 수탈론　1987년(낙성대경제연구소)
신간회　1927년
신격호　1948년
신경영(삼성)　1993년
신경제정책(NEP)　1921년
신국가보안법　1958년
신금단　1964년
신도시 건설(분당·일산)　1989년
신돌석　1908년(의병)
신들러, 오스카　1944년
신라의달밤(노래)　1947년
신문관　1908년
신미양요　19세기
신민당　1960년, 1979년
신민부(독립운동)　1925년
신민회　1910년
신사참배　1938년
신상옥　1978년
신성일　1964년
신세계 백화점　1932년
신용욱　1936년
신유박해　19세기
신의 아그네스(연극)　1983년
신자유주의　1962년(프리드먼), 1974년(하이에크)
신장이식　1954년
신조형주의　1920년(몬드리안)

신중현　1964년
신채호　1936년
신축교난　1901년(이재수의 난)
신칸센　1981년
신탁통치안　1945년(찬탁·반탁)
신페인당　1922년(아일랜드)
신포석(바둑)　1933년
신해박해　19세기
신해혁명　1911년
신흥무관학교　1911년
신흥우　1919년(임시정부)
실러캔스　1938년
실미도 특수부대원　1971년
실존주의　1945년
실크로드　1900년(스타인)
심장이식　1967년
심청(오페라)　1958년(김동진), 1972년(윤이상)
심프슨 부인　1936년(에드워드 8세)
심형래　1999년
심훈　1935년
싱가포르 독립　1965년
쌀값 폭동(일본)　1919년
쌍성보 전투　1933년(지청천)
쓰시마 해전　1904년
씨름　1983년
씨받이(영화)　1987년(강수연)

◎

아Q정전(소설)　1921년
아관파천　19세기
아나스타샤(러시아 공주)　1918년
아나키즘　1910년(이회영), 1936년(신채호)
아데나워, 콘라드　1949년
아도르노, 테오도어　1947년
아라비아의 로렌스(영화)　1917년(로렌스)
아라파트, 야세르　1969년, 1993년(중동평화협정)
아랍 적군파　1970년
아래아한글　1989년
아렌트, 한나　1951년, 1962년
아롱, 레몽　1955년
아르디(화석)　1974년
아르파넷(인터넷)　1969년
아리랑(영화)　1926년

인공위성　1957년
인도　1947년, 1984년
인도·파키스탄 분리 독립　1947년
인도·파키스탄 전쟁　1971년
인도네시아 독립　1949년
인민공사　1958년(대약진운동)
인민사원 집단 자살　1978년
인민혁명당 사건　1974년
인슐린　1922년(당뇨병)
인종법　1935년(단종법), 1947년(쇼클리)
인종차별　1909년, 1954년, 1955년, 1960년, 1964년,
　　　　　1965년, 1968년
인천상륙작전　1950년
인터넷(국내)　1990년, 1992년(PC통신),
　　　　　1995년(인터넷신문), 1997년(야후),
　　　　　1999년(네이버)
인터넷(국외)　1969년(아르파넷), 1975년(게이츠),
　　　　　1983년(TCP/IP), 1991년(WWW),
　　　　　1993년(웹 브라우저), 1995년(윈도95),
　　　　　1997년(구글)
인터넷신문　1995년
인텔　1968년
인혁당 사건　1974년
일라이자 무하마드　1965년(말콤 엑스)
일반상대성이론　1905년
일반언어학 강의(저서)　1916년
일반이론(저서)　1936년
일본 역사교과서 왜곡 파동　1982년
일본 장기 불황　1985년
일본 적군파　1970년
일본 항복　1945년
일산·분당 신도시　1989년
일장기 말소 사건　1936년
일진회(친일)　1904년
잃어버린 세대　1925년(피츠제럴드), 1926년
잃어버린 시간을 찾아서(문학)　1913년
임권택　1993년
임꺽정　1928년(소설), 1972년(만화)
임동창　1995년(장사익)
임방울　1929년
임병찬　19세기(동학), 1907년(최익현)
임수경　1989년
임시 연통제　1910년(활명수), 1919년(쇼)
임시정부　1919년, 1923년, 1940년(김구)
임영웅　1985년

임오군란　19세기
임원식　1946년
임종국　1966년
임표　1966년
임화　1935년
입체주의(미술)　1907년(피카소)

 ㅈ

자바, 압둘　1991년
자바원인　1924년(타웅 아이)
자본(저서)　1917년(마르크스)
자본주의 맹아론　1987년(낙성대경제연구소)
자본주의, 사회주의, 민주주의(저서)　1942년
자살론(저서)　1900년
자유당　1951년
자유부인(소설)　1954년
자유시 참변　1921년
자유언론실천선언　1974년
자이르(콩고)　1960년
자토페크, 에밀　1952년
잡스, 스티브　1984년
장개석　1927년, 1928년
장기려　1951년
장길산(소설)　1974년(황석영)
장대높이뛰기　1985년
장대현 교회　19세기(제너럴셔먼호), 1907년(길선주)
장도영　1961년
장면　1948년(대한민국 승인), 1960년
장문의 전보　1946년(케넌)
장미의 이름(소설)　1980년
장밋빛 인생(상송)　1946년
장사익　1995년
장암동 학살 사건　1920년(봉오동 전투)
장영주　1990년
장욱진　1964년
장인환　1908년
장작림　1928년(군벌), 1936년(장학량)
장정구　1988년
장준하　1970년(사상계), 1975년
장진호 전투　1950년
장진홍　1927년
장학량　1936년
장한나　1994년

체코군단   1918년(러시아혁명 내전)
체코슬로바키아   1918년, 1938년(뮌헨 회담),
        1968년(프라하의 봄), 1989년,
        1993년
초끈이론   1984년
초당(소설)   1931년
초신호 전투   1950년(장진호 전투)
초파리   1910년(모건)
초현실주의   1924년
촘스키, 놈   1957년
총련(조총련)   1959년
총선   1948년, 1952년, 1956년, 1960년
최남   1932년(박흥식)
최남선   1908년
최독견   1935년(배구자)
최동원   1987년
최배달   1964년
최병우   1958년
최수봉   1919년(의열단)
최승희   1934년
최열   1984년(온산병), 1993년
최용신   1935년
최은희   1978년
최익현   1907년
최인호   1972년
최인훈   1960년
최재형   1911년
최제우   19세기(동학농민운동)
최종길   1973년
최종현   1977년
최종환   1973년
최창선   1908년(최남선)
최창학   1930년
최하영   1948년(대한민국 헌법)
최현배   1937년
최형섭   1966년
최홍희   1955년
추리문학   1905년, 1926년, 1939년
추상표현주의   1947년
추송웅   1977년
추수 봉기(중국)   1927년
축음기   1902년
춘생문 사건   19세기(아관파천)
춘향전(영화)   1927년, 1957년(김지미)
춘향전(오페라)   1950년

춘희(오페라)   1948년
치머만 전보   1917년
치산녹화   1973년
치수고치기 10번기(바둑)   1933년(오청원)
친일문학론   1966년
친일인명사전   1966년
침묵의 봄(저서)   1962년

카, E.H.   1961년
카네기, 앤드루   1901년
카다피, 무아마르   1969년, 1988년(로커비 사건)
카라얀, 헤르베르트 폰   1955년
카레이스키   1937년(강제 이주)
카렐린, 알렉산드르   1996년
카루소, 엔리코   1902년
카를 1세(오스트리아 황제)   1918년
카를로스 1세(스페인)   1975년
카뮈, 알베르   1942년
카사 밀라(건축)   1910년
카슈미르 분쟁   1971년
카스트로, 피델   1959년
카스파로프, 가리   1997년
카슨, 레이철   1962년
카오스 이론   1984년(프리고진)
카이로 선언   1945년(남북 분단)
카잔, 엘리아   1949년
카잔차키스, 니코스   1946년
카지노   1931년
카탈로니아 찬가(소설)   1949년(오웰)
카틴 숲 학살   1940년
카파, 로버트   1954년
카포네, 알   1929년
카프   1935년
카프라, 프리초프   1975년
카프카, 프란츠   1915년
카피레프트   1984년(스톨먼)
칸딘스키, 바실리   1911년
칸영화제   1946년
칼라스, 마리아   1947년
칼로, 프리다   1929년
칼슨, 체스터   1938년
캄보디아 침공   1978년

페론, 에바   1946년
페론, 후안   1946년
페르마의 마지막 정리   1994년
페르미, 엔리코   1941년(맨해튼 프로젝트), 1942년
페미니즘   1927년(울프), 1949년(보부아르),
          1963년(프리단), 1970년(밀레트),
          1972년(스타이넘)
페선던, 레지널드   1906년(라디오)
페이지, 래리   1997년
페탱, 앙리 필리프   1940년
펜타곤 페이퍼   1971년
펜트하우스   1953년(플레이보이)
펠레   1958년
평양대부흥운동회   1907년
평양축전   1989년(임수경)
평화선(이승만 라인)   1952년
평화원칙 14개조   1918년
평화의댐   1989년
포그롬   1938년(제국 수정의 밤)
포기와 베스(음악)   1924년(거슈윈)
포니 자동차   1976년
포드, 헨리   1908년
포드자동차   1908년
포로석방(6·25전쟁)   1952년, 1953년
포로수용소(거제도)   1952년
포시, 다이앤   1960년(구달)
포와로, 에르퀼   1926년(크리스티)
포츠담 회담   1945년
포츠머스 조약   1905년
포클랜드 전쟁   1982년
포터, 에드윈   1913년(대열차강도)
포템킨호(영화)   1925년
포토저널리즘   1936년(라이프지)
포퍼, 칼   1945년
포항종합제철   1973년
폰테인, 마고   1934년
폴 포트   1978년
폴란드 자유노조   1980년
폴로늄   1902년(퀴리)
폴록, 잭슨   1947년
폴리오 바이러스   1952년(소아마비)
폴링, 라이너스   1962년
폴크스바겐   1935년
표본실의 청개구리(소설)   1931년(염상섭)
표준시   1961년

표준어 원칙   1933년(한글맞춤법)
표준조선말사전   1943년(이윤재)
표현주의(미술)   1911년(칸딘스키)
푸에블로호 나포   1968년
푸이   1932년(부의)
푸치니, 자코모   1904년
푸코, 미셸   1961년
푸틴, 블라디미르   2000년
풍우란   1934년
풍크, 카지미르   1912년(비타민)
프라하의 봄   1968년
프랑스 항복(2차대전)   1940년
프랑코, 프란시스코   1936년
프랑크, 안네   1942년
프랑크푸르트 학파   1947년
프랭클린, 로절린드   1953년(DNA)
프레슬리, 엘비스   1956년
프로게이머   1998년(스타크래프트)
프로레슬링   1954년
프로야구(미국)   1904년, 1935년, 1939년, 1947년,
                1974년
프로야구(일본)   1970년, 1980년
프로야구(한국)   1982년, 1987년, 1996년
프로이트, 지그문트   1900년, 1913년
프로테스탄티즘…자본주의 정신(저서)   1904년
프롬, 에리히   1976년
프루스트, 마르셀   1913년
프루지너, 스탠리   1982년
프리고진, 일리야   1984년
프리단, 베티   1963년
프리드먼, 밀턴   1962년
프리드먼, 윌리엄   1941년(암호 전쟁)
프리온 단백질   1982년, 1996년(광우병)
프린키피아(저서)   1900년(뉴턴)
플라스틱   1909년
플라이어호   1903년(라이트 형제)
플라자 합의   1985년
플랑크, 막스   1900년
플럭서스   1984년
플레밍, 알렉산더   1928년, 1940년(페니실린)
플레밍, 앰브로즈   1906년(라디오)
플레밍, 이언   1962년
플레시 대 퍼거슨 판결   1954년(공립학교 흑인차별
                        위헌 판결)
플레이보이(잡지)   1953년